Johannes Kunisch

FRIEDRICH DER GROSSE

Keine andere Gestalt der preußischen Geschichte hat mehr Widerspruch und Faszination hervorgerufen als Friedrich der Große. Er ist unbestreitbar das Genie unter Preußens Herrschern und zugleich die Inkarnation all dessen, was an Preußen fragwürdig, unheilvoll und geradezu dämonisch erscheint.

Johannes Kunisch schildert in seinem elegant geschriebenen Buch das Leben des Königs und die Epoche des Ancien Régime, an deren Ende, nur wenige Jahre nach Friedrichs Tod, mit der Französischen Revolution ein neues Zeitalter beginnen wird. Auf der Grundlage jahrzehntelanger eigener Forschungen portraitiert er anschaulich den König und den Staatsmann, den Feldherrn und den Philosophen, den Schöngeist und den «privaten» Friedrich. Jenseits aller ideologischen Vereinnahmungen wird der König dabei als ein Herrscher lebendig, der sich in den Bahnen seines Jahrhunderts bewegte, aber zugleich in vielen Bereichen, wie etwa der Rechtsprechung, der Staatsauffassung oder der Frage der Toleranz, erstaunlich modern war.

Johannes Kunisch, bis zu seiner Emeritierung o. Professor für Neuere Geschichte an der Universität zu Köln, war u. a. Vorsitzen der der Preußischen Historischen Kommission in Berlin. Zu seinen zahlreichen Veröffentlichungen gehören u. a. «Das Mirakel des Hauses Brandenburg» (1978) und «Absolutismus. Europäische Geschichte vom Westfälischen Frieden bis zur Krise des Ancien Regime» (²2009). Bei C.H. Beck sind zuletzt erschienen «Friedrich der Große in seiner Zeit. Essays» (2008) und in der Reihe «Wissen» «Friedrich der Große» (2011).

Johannes Kunisch

FRIEDRICH DER GROSSE

Der König und seine Zeit

Verlag C. H. Beck

Die ersten fünf Auflagen dieses Buches
erschienen von 2004 bis 2005 in
gebundener Form im Verlag C. H. Beck

Mit 29 Abbildungen und 16 Karten (© cartomedia-karlsruhe)

Sonderausgabe
1. Auflage. 2011
2. Auflage. 2012

© Verlag C. H. Beck oHG, München 2004
Satz: ottomedien, Darmstadt
Druck u. Bindung: Druckerei C. H. Beck, Nördlingen
Umschlagabbildung: Friedrich der Große,
Gemälde von Anton Graff (Foto: akg-images. Berlin)
Umschlaggestaltung: Nach einem Entwurf von Fritz Lüdtke
Gedruckt auf säurefreiem, alterungsbeständigem Papier
(hergestellt aus chlorfrei gebleichtem Zellstoff)
Printed in Germany
ISBN 978 3 406 62482 7

www.beck.de

Inhalt

Prolog

Ist das Leben eine Geschichte?[1] Ist es ein unzerlegbar-kohärentes Ganzes, das sich durch die Existenz und den Lebensweg einer einzelnen Person definieren läßt? Ist es eine Wegstrecke, die zurückgelegt wird, eine Fahrt, ein Wettlauf, eine lineare Aufeinanderfolge, die von einem Anfang und einem Ende, von Geburt und Tod umgrenzt und zugleich auch als Ursache und Ziel aufgefaßt werden kann? Gewiß hat der Historiker die Aufgabe – er muß sie von Profession her übernehmen –, auch bei einer Biographie eine Sinnstiftung zu versuchen und zurückblickend und vorausschauend die Logik eines persönlichen Schicksals aufzudecken. Er muß die wahrscheinlichen oder evidenten Ursachen aufeinanderfolgender Ereignisse offenlegen und so die Etappen einer in sich schlüssigen Entwicklung nachvollziehbar und plausibel machen. Insofern gilt es gerade bei einer so komplexen Lebensgeschichte wie der des Preußenkönigs, Leitlinien sichtbar zu machen und Ereignisse hervorzuheben, die in einleuchtender Verknüpfung die Kohärenz des Geschehens darzustellen ermöglichen. Im Falle Friedrichs sind nicht nur der Konflikt mit dem Vater, sondern auch die Eroberung Schlesiens unmittelbar nach seiner Thronbesteigung oder die Ablehnung jeder Form zeremonieller Selbstdarstellung Motivkomplexe, die den gesamten Lebensweg des Königs geprägt haben.

Freilich erscheint die idealistische Vorstellung von einer konsistenten Ganzheit des Individuums und seiner Lebensentwürfe seit der intensiven Theoriedebatte der Kulturwissenschaften in den letzten Jahrzehnten nicht mehr haltbar.[2] «Die fiktive Konstanz des Eigennamens» (Pierre Bourdieu) könne nach Auffassung der neueren Forschung auch bei «eminenten» Persönlichkeiten, die «in einer charakteristischen Mannigfaltigkeit als Repräsentanten von vielen anderen dastehen [und] eine gewisse Totalität in sich schließen»,[3] kein Leitfaden biographischen Arbeitens mehr sein.[4] So soll in dieser Lebensgeschichte auch das Nichtauflösbare, das Nichtexzeptionelle und das Rhapsodisch-Beiläufige der hier geschilderten Herrscherpersönlichkeit zur Sprache kommen. Darüber hinaus muß eine Biographie aber auch den Versuch unternehmen, den überindividuellen Strukturen und Prozessen als determinierende Rahmenbedingungen des konkreten Lebens gerecht zu werden.[5] Sie hat ihren «Helden» mit den objektiv gegebenen Entfaltungsmöglichkeiten seiner Zeit zu konfrontieren und die Begrenztheit seines Handelns aufzuzeigen. Sie muß ausloten, welche Handlungsspielräume sich für den Einzelnen eröffneten, aber zugleich auch die Barrieren in den Blick nehmen, die selbst für einen sich als autonom und omnipotent verstehenden Herrscher wie Friedrich unüberwindlich waren.

Im übrigen geht es in diesem Buch um die durch das Medium der Sprache vermittelte «Herstellung» einer Lebensgeschichte, die eigenen, vor allem narrativen Strategien folgt – ein höchst artifizielles Verfahren also, das als rhetorisches Konstrukt verstanden werden muß und in gleicher Weise den Autor wie den Betrachtungsgegenstand charakterisiert. Auch ein um «Wahrheit» bemühter Autor kann bei aller quellenkritischen Professionalität keine Realität abbilden, sondern nur etwas erfinden, was sich der wirklichen Gestalt des Dargestellten annähert. Es ist die Vorstellung des Historikers, der Schattenriß einer auf Fakten, Texte und den konkreten Augenschein gestützten Imagination, die hier vermittelt werden kann. Das Leben als solches ist demnach keine Geschichte! Es wird dazu erst durch den Historiker.[6]

Jedem, der diese Biographie zur Hand nimmt, dürfte bewußt sein, daß hier nicht zum ersten Mal der Versuch unternommen wird, die Lebensgeschichte des Preußenkönigs zu schreiben; auch die Fußnoten im Anhang dieses Buches belegen das. Es wäre ein eigenes Thema, das kollektive Gedächtnis, das diesem Herrscher in mehr als zweihundert Jahren seit seinem Tod in glühender Verehrung wie in rigoroser Ablehnung zuteil geworden ist, nachzuvollziehen und zu analysieren. Hinzu kommen die Anstrengungen vieler Generationen von Historikern und Publizisten, dem «authentischen» Friedrich in aktuelle Fragen aufgreifenden Essays, fundierten Detailuntersuchungen und erschöpfend angelegten Biographien auf die Spur zu kommen. So hat das grundlegende, in Neuauflagen immer wieder erweiterte Werk des Historikers Reinhold Koser Maßstäbe an Quellenkritik und literarischem Darstellungsvermögen gesetzt, die auch heute noch unübertroffen sind.

Warum also ein neues Buch, obwohl nicht einmal ein Gedenktag oder ein Jubiläum ansteht, das vom Hause Hohenzollern, von «fritzisch» gesinnten Politikern und Publizisten oder wem auch immer zu feiern wäre?

Die Geschichtsforschung hat von den Kulturwissenschaften gelernt – Maurice Halbwachs und Jan Assmann seien hier ausdrücklich genannt –, daß Vergangenheit nicht als solche und ein für alle Mal im Gedächtnis der Nachwelt bewahrt werden kann, sondern von der jeweiligen Gegenwart her nach Maßgabe aktueller Sinnbedürfnisse, neuer Relevanzkriterien und sozialer Rahmenbedingungen «rekonstruiert» wird.[7] Es ist – wie schon Johann Gustav Droysen (1808–1884) in seinen posthum veröffentlichten Vorlesungen zur «Historik» deutlich gemacht hat – eine Illusion zu glauben, daß es ein objektives und damit endgültiges Bild der Vergangenheit gibt. «Jede Gegenwart hat das Bedürfnis, sich ihr Gewordensein, ihre Vergangenheit von neuem zu rekonstruieren, d. h. in dem Licht der gewonnenen Erkenntnis, gleichsam von einem höheren Standpunkt aus, mit um so weiterem Horizont das, was ist und so geworden ist, zu begreifen.» Zwar bleibe der Historiker dem Studium der Quellen verpflichtet und habe insofern einen Treueid geleistet, von dem ihn niemand entbinden kann. Aber er könne die Überlieferung mit seinem Scharfsinn und seiner Interpretationskunst erneut «ins Kreuzverhör nehmen» und auf diesem Wege Dinge ans Licht befördern, die anderen verborgen geblieben sind.[8] So ist Geschichte nicht einfach das Geschehene, das statisch Vorgegebene, sondern verdankt sich einer imaginativen, von Eingebung gelenkten Beobachtung, so daß Theodor Mommsen, der Verfasser der großen, mit dem Nobelpreis für Literatur ausgezeichneten «Römischen Geschichte», zu der Ansicht gelangte, daß der Geschichtsschreiber «mehr zu den Künstlern als zu den Gelehrten» gezählt werden müsse.[9] Bereits Leopold von Ranke hatte in der Einleitung zu seiner Vorlesung «Idee der Universalgeschichte» über die Historie festgestellt: «Wissenschaft ist sie, indem sie sammelt, findet, durchdringt; Kunst, indem sie das Gefundene, Erkannte wiedergestaltet, darstellt. Andere Wissenschaften begnügen sich, das Gefundene schlechthin als solches aufzuzeichnen: bei der Historie gehört das Vermögen der Wiederhervorbringung dazu.»[10]

Jede Erinnerung geht von der eigenen Gegenwart, der eigenen Lebenserfahrung und dem eigenen Bildungshintergrund aus und erfaßt das Bild der Vergangenheit dementsprechend neu. Sie ist zwar gebunden an «unverrückbare Erinnerungsfiguren und Wissensbestände» (Jan Assmann). Aber jede Gegenwart muß sich dazu in aneignende, bewahrende und verändernde Beziehung setzen. Die Spuren der Vergangenheit sind nur im Bezugsrahmen und Kontext der eigenen Gegenwart zu erfassen und verändern sich deshalb in ihrer Wahrnehmung immer wieder von neuem. So sollte der Wissensvorrat, den die Geschichtswissenschaft gerade im Hinblick auf den Preußenkönig zusammengetragen und bereitgestellt hat, nach einem heutigen Erkenntnisinteresse neu strukturiert und im Sinn von wichtigen und marginalen, grundlegenden und peripheren, markanten und belanglosen Merkmalen bewertet werden. Den Leitfaden für dieses Aneignungsverfahren liefern weniger die Fakten als solche, sondern die Funktion und Bedeutung, die ihnen im Rekonstruktionsprozeß des Erinnerns zugemessen werden können. Insofern ist es nicht nur eine Herausforderung, sondern zugleich eine Notwendigkeit, sich trotz aller verdienstvollen und z.T. grandiosen Vorarbeiten auf das Wagnis einer neuen Biographie des Preußenkönigs einzulassen.

I. Der Kronprinz

Elternhaus und Jugend

Friedrich wurde am 24. Januar 1712 im Berliner Stadtschloß geboren. Der Großvater, Friedrich I., der erste König in Preußen, lebte zu diesem Zeitpunkt noch († 25. Februar 1713), während der Sohn, der Vater des neugeborenen Prinzen, Friedrich Wilhelm I., bereits ein Regierungsprogramm vor Augen hatte, das eine radikale Abkehr von den Selbstdarstellungsgelüsten des Vaters bedeutete. Die Taufe des Prinzen Friedrich, dessen ältere Geschwister wie so häufig in der Vormoderne früh verstorben waren, wurde noch einmal mit einem Aufwand gefeiert, den sich Friedrich I. dem neuerworbenen Rang seines Hauses entsprechend schuldig zu sein glaubte. Er dekorierte das Kind sogleich mit dem aus Anlaß der Krönung gestifteten Orden vom Schwarzen Adler und nahm mit gravitätischer Würde die Glück- und Segenswünsche der Taufpaten, des Kaisers, des Zaren, der Königin von England, der Generalstaaten und anderer Potentaten, die dem königlichen Haus verwandtschaftlich oder mächtepolitisch verbunden waren, entgegen. Dieses ganz dem hochbarocken Zeremoniell entsprechende Fest war die letzte «Solennität», die im Stile einer Herrschaftsauffassung gefeiert wurde, die schon der Sohn, Friedrich Wilhelm I., aber entschiedener noch der Enkel, Friedrich II., beiseite schieben sollte.

Die Mutter des Prinzen Friedrich, Königin Sophie Dorothea, stammte aus dem Hause Hannover und war eine Tochter König Georgs I., der seit 1714 in England regierte. Sie trat majestätisch und zutiefst durchdrungen von ihrem königlichen Rang in Erscheinung und galt unter den Fürstinnen Europas als eine ausgesprochene Schönheit. Sie war auf eine besondere Art liebenswürdig und charmant und verfügte über die im höfischen Ambiente überaus geschätzte Eigenschaft, ihre Empfindungen und Affekte immer unter Kontrolle zu halten. Ein größerer Kontrast zum ungezügelt aufbrausenden und grobianischen Temperament des Vaters läßt sich kaum vorstellen. Sophie Dorothea galt aber zugleich auch als

Antoine Pesne:
Königin Sophie
Dorothea (1737)

ehrgeizig, intrigant und in dynastischer Hinsicht als unerbittlich standesbewußt. Insofern waren sie und ihr Refugium, das sie sich in Schloß Monbijou auf dem jenseitigen Ufer der Berliner Spreeinsel zu schaffen vermocht hatte, auch in der Wahrnehmung der Kinder ein eigenständiger Bezugspunkt, wie überhaupt die Vielfalt höfischer Erscheinungsformen zu den Besonderheiten der preußischen Residenz in dieser Zeit gehörte.

Ob dem Heranwachsenden in seiner Kinderzeit jemals mütterliche Zuwendung und Wärme zuteil geworden ist, mag trotz einer ausgeprägt familiären Atmosphäre im Umkreis König Friedrich Wilhelms I. zweifelhaft erscheinen. Spätestens seit die dynastischen Ambitionen der Königin in Bezug auf ihre Kinder abgewiesen und enttäuscht worden waren, trat zutage, daß besonders der Kronprinz und seine Schwester Wilhelmine lediglich Werkzeuge eines machtpolitischen Kalküls waren, das ständig häusliche Konflikte und gelegentlich auch heftige Auseinandersetzungen heraufbeschwor; davon im einzelnen später.

Antoine Pesne:
König Friedrich
Wilhelm I. (1729)

Der Kronprinz verbrachte seine ersten Lebensjahre unter der Fürsorge einer Untergouvernante, der Madame de Roucoulles, die als Madame de Montbail bereits Erzieherin des Königs selbst gewesen war. Als der Kronprinz vier Jahre alt geworden war, wurde er einem *précepteur* anvertraut: Jacques Egide Duhan de Jandun, einem hugenottischen Refugié, den der König bei der Belagerung von Stralsund 1715 im Gefolge des Feldmarschalls Graf Alexander von Dohna kennen und schätzen gelernt hatte. Zwei Jahre später traten als Erzieher noch der Feldmarschall Albrecht Konrad Finck von Finckenstein als Gouverneur und Oberst von Kalckstein als Sous-Gouverneur hinzu, beide Offiziere ostpreußischer Herkunft, die vor allem für die militärische Erziehung des Kronprinzen zuständig waren. Sie erwiesen sich jedoch in den zehn Jahren, die sie sich in der engsten Umgebung des Thronfolgers aufhielten, als Mentoren von Herzensgüte und Einfühlungsvermögen, die sich in der spannungsreichen Beziehung des Kronprinzen zu seinem Vater vielfach schützend vor ihren Zögling stellten. Ihnen wurde die Ausführung einer Instruktion übertragen, die der König am 13. August 1718 eigenhändig aufgesetzt und niedergeschrieben hatte.

Dieser «Fürstenspiegel» fußte auf einer Instruktion, die der damalige Kurfürst Friedrich III. 1695 für die Erziehung des Kronprinzen, des späteren Königs Friedrich Wilhelm I., hatte ausarbeiten lassen. Es scheint ihn dabei wenig gekümmert zu haben, daß dieses auch durch Leibniz inspirierte Bildungskonzept an der Ungebärdigkeit und dem heftigen Widerwillen des Thronfolgers gegen das Studium lateinischer Grammatik immer wieder zu scheitern gedroht hatte. Aber neben die Elemente eines Fürstenbildes, wie es sich schon in der Staats- und Herrschaftslehre des 17. Jahrhunderts ausgeprägt hatte und insofern zum Bildungskanon zumindest der deutschen Herrscherhäuser zählte, traten nun Impulse, die ungeachtet der formelhaften Sprache, deren sich der König bediente, auf pietistische Einflüsse hinzudeuten scheinen. So wurde dem Thronfolger eindringlicher als in den Erziehungsinstruktionen des 17. Jahrhunderts die «Obrigkeit Gottes» vor Augen geführt und mahnend unterstrichen, daß für große Fürsten, die weder der Strafe noch der Belohnung durch menschliche Institutionen unterworfen seien, die Gottesfurcht Richtschnur allen Handelns sein müsse. Es war der an sich alte Gedanke, daß gerade ein Monarch, der in der Staatstheorie der Zeit als *legibus solutus*, als über den Gesetzen stehend, vorgestellt wurde, in der Sphäre des persönlichen Gewissens an das göttliche Gesetz, das *ius divinum*, gebunden sein sollte. Aber er wurde hier verknüpft mit dem beschwörenden Appell, in Demut und Askese zu leben und «Opern, Comödien und andere weltliche Eitelkeiten»[1] zu meiden. Die im Calvinismus verankerte Vorstellung freilich, daß mangelnder Erfolg auf Erden als ein Indiz dafür gewertet werden müsse, der ewigen Verdammnis anheimzufallen, verwarf der König ausdrücklich; denn sie war jenes Menetekel, das seine Kindertage überschattet hatte und ihn auch in Stunden tiefer Niedergeschlagenheit immer wieder in Angst und Schrecken versetzte.

Hinzu trat als weiteres Kernstück des königlichen Erziehungsplans die Forderung, daß sich der Thronfolger auch als «guter Wirth», als sparsamer und rechtschaffener Hausvater und Ökonom bewähren müsse.[2] Sie war unverkennbar jener Bestandteil seines Fürstenbildes, dem er selbst in heftiger Abkehr von der höfischen

Welt des Vaters am meisten entsprochen haben dürfte. Und sie war zugleich jenes Postulat, das er dem Sohn mit starrer und pedantischer Strenge aufzunötigen vermochte. Kaum weniger nachdrücklich war er indes bestrebt, den Thronfolger auf seine Rolle als oberster Kriegsherr festzulegen. So wies er die Erzieher an, dem Sechsjährigen die «wahre Liebe zum Soldatenstande» einzuflößen und ihn anzuleiten, «einen Officier und General zu agiren».[3] Aber er war über den Erwerb militärischer Kompetenz hinaus auch der Uberzeugung, daß es nächst der Gottesfurcht nichts gebe, was ein fürstliches Gemüt mehr zum Guten antreiben und vom Bösen abhalten könne «als die wahre Gloire und Begierde zum Ruhme, Ehre und zu der Bravour».[4]

Das Militärische lag dem Prinzen zunächst in keiner Weise, obwohl er auf ausdrückliche Anordnung des Königs bereits seit seinem dritten Lebensjahr mit Zinnsoldaten, Spielzeugkanonen und Pistolen zu spielen angehalten worden war. Er war zum Verdruß des Vaters ein scheues und «hasenfüßiges» Kind, das sich vor dem Abfeuern von Kanonen fürchtete. Der Argwohn des Königs seinem so unsoldatisch erscheinenden Sohn gegenüber konnte schon im Kindesalter nur beschwichtigt werden, wenn ihm hinterbracht wurde, daß Friedrich «kein Feigling mehr», sondern «ein tapferer Junge» zu sein versprach.[5] Aber mehr als das Kriegsspiel, dem er sich bis in die späte Kronprinzenzeit hinein nur widerwillig und gezwungenermaßen widmete, dürfte den Heranwachsenden angesprochen haben, was ihm der König hinsichtlich der Ruhmbegierde zu vermitteln wünschte. Denn in seiner Instruktion wurden ungeachtet aller sprachlichen Unbeholfenheit und begrifflichen Verkürzung Leitbilder entworfen, die schon wenige Jahre später als geistiger Besitz des Kronprinzen zu betrachten sind. Wahrscheinlich war es im besonderen auch Duhan, der die hier angeschlagenen Grundakkorde in eine Vision umzusetzen verstand, die bereits einem Kind konkrete Vorstellungen von dem einmal auszuübenden Herrscheramt vermittelte. Denn in der Gedächtnisrede, die der König 1746 vor der Königlichen Akademie der Wissenschaften auf seinen Freund und Lehrer verlesen ließ, rühmte er neben den Geistesgaben ausdrücklich auch den militärischen Heldenmut des Verstorbenen. Er verdanke seinem «Cher Duhan», daß er ihm den Eifer («zèle») für den Ruhm vermittelt habe, der «so charakteristisch für

den französischen Adel» ist. «Die heroischen Tugenden und glän-
zenden Eigenschaften», fuhr er fort, «welche wir so lieben und
ganz Europa bewundert, zeigen, wie sich der erlauchte Zögling den
Unterricht seines Lehrers zunutze zu machen verstand, und die
Freundschaft, mit welcher dieser Fürst denselben stets geehrt hat,
beweist zugleich, daß die Gabe zu unterrichten die zu gefallen nicht
ausschließt.»[6]
Der vom Vater entworfene Bildungskanon sah im übrigen vor,
daß der Kronprinz anstelle von Latein und Altertumskunde als
nichtsnutzigen Fächern vor allem in angewandter Mathematik,
Ökonomie, Geographie, neuerer Geschichte (vom 16. Jahrhundert
an) und Staatenkunde unterrichtet werden sollte. In einer ergän-
zenden Instruktion von 1725 ordnete er darüber hinaus an, daß
Friedrich Kenntnisse in «aller europäischen Reiche Macht und
Schwäche, Größe, Reichtum und Armut der Städte» vermittelt
werden sollten, wobei sowohl das *Theatrum Europaeum*, ein viel-
bändiges Kompendium zur großen Politik der Kabinette seit 1617,
als auch die entsprechenden Lehrbücher des Staatsrechtsgelehrten
Samuel Pufendorf – einer europäischen Zelebrität, die in den Jahren vor ihrem Tod (1694) in brandenburgischen Diensten gestanden hatte – herangezogen werden sollten.[7] Einen Schwerpunkt dieser Realienkunde zur Lehre von der Macht der Staaten hatten der
Anordnung des Königs zufolge neben der Geschichte des eigenen
Hauses, zu deren Vermittlung Duhan einen Abriß mit eigener
Hand verfaßte, vor allem jene Dynastien zu bilden, die dem Hause
Brandenburg besonders verbunden waren: England, Braunschweig
und Hessen. Die Reichsgeschichte und die Geschichte des Kaiserhauses fehlten in diesem Kanon – ob zufällig oder mit Vorbedacht,
muß dahingestellt bleiben –, obwohl ja die erstere noch immer die
Rahmenbedingungen brandenburg-preußischer Politik absteckte.
Die Unterweisung in Fragen der Religion bestand vor allem darin,
daß der Kronprinz Bibelsprüche und Psalmen auswendig zu lernen
hatte. Als Siebenjähriger wurde er angewiesen, maßgebliche Passagen aus den Evangelien abzuschreiben und dann in eigenständiger
Formulierung wiederzugeben. Wie gerade auch spätere Äußerungen belegen, erwarb sich Friedrich in diesen Jahren ein hohes Maß
an Kenntnissen in biblischer Geschichte und der Dogmatik der
christlichen Religionen, obwohl das Prüfungsverfahren anläßlich

der Konfirmation im Jahre 1727 zu durchaus unbefriedigenden Ergebnissen führte.

Aber alle diese von Duhan mit so viel Nachdruck und Anteilnahme vermittelten Bildungseindrücke führten – so präsent sie auch blieben – nur zu einem Sachkundewissen, das den Heranwachsenden in seinem Inneren nicht erreichte und als Persönlichkeit nicht zu prägen vermochte. Dieses Lernpensum schien indessen auszureichen, «um frühzeitig mit einer an Frivolität grenzenden Keckheit gegen die Nörgeleien des Vaters verwendet zu werden».[8] Es scheint, daß Friedrich auch als König aus diesem Fundus schöpfte, wenn es galt, andere mit ihren eigenen Waffen zu schlagen und der Lächerlichkeit preiszugeben.

In den Instruktionen des Königs wie auch seines Vaters findet sich überdies eine Fülle von Hinweisen auf das auch für preußische Prinzen anzumahnende Tugendideal des *honnête homme*. Offenbar ist es auf Veranlassung von Leibniz bereits in den Erziehungsplan von 1695 für den Kronprinzen Friedrich Wilhelm eingefügt worden. Aber was war von diesem Leitbild einer französisch inspirierten Adelskultur in die Vorstellungswelt des Soldatenkönigs wirklich eingedrungen? Meinte er mit dem Begriff der *honnêteté* wirklich jenen aus der gesamteuropäischen Tugendlehre erwachsenen Verhaltenskodex, der durch Eleganz und Beredsamkeit und die spielerische Beherrschung aller Affekte als die höchste Form gesellschaftlicher Stilisierung erschien?[9] Oder meinte er mit *honnête* nicht vielmehr ein wohlanständiges Betragen, wie es von einem «frommen Herrn» und Landesvater erwartet werden durfte? Gerade an diesen eigentümlich selektiven Anverwandlungsversuchen wird offenkundig, wie wenig Bildungseinflüsse mit überzeugender Evidenz nachgewiesen werden können.

Man hatte offenbar viel Mühe, um den Kronprinzen zum Lernen anzuhalten. Ungeklärt ist dabei die Frage, ob die Unwilligkeit des Zöglings aus der völligen Reglementierung seiner Studien resultierte, oder ob die bis ins kleinste geregelte Aufsicht über den Tagesablauf darauf zurückzuführen war, daß eine Erziehung anders nicht möglich erschien. Aber vieles spricht dafür, daß sich der Kronprinz unabhängig davon, was ihm geistig und körperlich zugemutet werden konnte, einem Erziehungsdruck ausgesetzt sah, dem er auch physisch nur mit Mühe standzuhalten vermochte. Und es war der König in Person, der die Erfüllung täglicher Pflichten

nach einem streng geregelten Stundenplan zu erzwingen versuchte.
Es ging dabei weniger um eine konkrete Person als um ein vor-
gegebenes Prinzip, um ein System von starrer Monotonie und For-
melhaftigkeit, dem sich nicht nur der Zögling selbst, sondern auch
seine Erzieher mit der Androhung zu unterwerfen hatten, bei Verfehlungen persönlich zur Rechenschaft gezogen zu werden. Vermutlich war es dieser unausgesetzte Zwang, unter dem der Kronprinz
wirklich gelitten hat. Jedenfalls findet sich in der eigenhändigen Instruktion, die Friedrich der Große dann auch seinerseits für den
Thronfolger verfaßte, der sicherlich aus eigener Erfahrung resultie-
rende Satz: Weder Strenge «noch irgendeine Macht der Welt können den Charakter eines Kindes ändern; das, was durch Erziehung
erreicht werden kann, ist allenfalls die Mäßigung heftiger Leidenschaften».[10]
Das der Natur eines Kindes zweifellos nicht im geringsten entsprechende Erziehungskonzept legte die Wurzeln für die tiefe Entfremdung zwischen dem Vater und seinem Sohn. Die Fürsorge der
Mutter und der Gouvernante und die Vermittlungsbemühungen
der Erzieher, zu denen der Kronprinz ein enges und freundschaft-
liches Verhältnis hatte, verhinderten zwar, daß es im ersten Lebensjahrzehnt des Heranwachsenden zu ernsthaften Zusammenstößen
mit dem Vater kam. Aber bereits in dieser Phase zeichnete sich
ab, daß der Thronfolger sich aus Furcht vor dem väterlichen Un-
willen ständig zu verstellen begann und das Soldatenspiel, das Jagen
und das Exerzieren mit der für ihn aufgestellten Kadettenkompanie
nur mit kalkuliert vorgetäuschter Begeisterung absolvierte. In den
Berichten der Mutter und der Erzieher mochte es dann scheinen,
als wenn sich der Thronfolger tatsächlich auf die Erziehungsmaß-
regeln des Vaters einließ und im Begriffe war, sich auf sein Herrscheramt als Sachwalter Gottes, als guter Wirt und als Feldherr
ernsthaft vorzubereiten. Um so größer war die Enttäuschung, als
der König immer wieder von neuem erkennen mußte, daß der
Sohn offensichtlich eigene Wege ging und sich mit zunehmender
Verschlossenheit seiner Aufsicht entzog.
Die Erziehungspläne des Königs hatten demzufolge nur eine begrenzte Wirkung. Sie sagen im Grunde mehr über den Vater als
über den Sohn aus, obwohl viele Leitbilder der Instruktionen zum
Allgemeingut der europäischen Bildungstradition gehörten und be-

reits vom Vater des regierenden Königs formuliert worden waren, ohne dem Thronfolger ein klar umrissenes Herrscherbild vermitteln zu können. Sie waren auch in sich zu wenig schlüssig, um ein Bild von solcher Anschaulichkeit zu entwerfen, das auf den Zögling eine Wirkung von suggestiver Kraft auszuüben vermochte. Vieles, wie die Vorstellung vom «Amtmann Gottes», stand unverbunden neben jenem «Soldaten und General», der sich der «wahren Gloire und der Begierde zum Ruhm» verschreiben sollte. Insofern blieben die Entwürfe des Königs wie die Umsetzungsversuche der Erzieher Stückwerk. Nur die Bedrohlichkeit des unberechenbar aufbrausenden Vaters trat für den Kronprinzen immer beherrschender in den Vordergrund. «Er ließ nicht mit sich spaßen», bekannte Friedrich noch Jahrzehnte später in Gesprächen mit seinem Vorleser de Catt, «wer ihm bei schlechter Laune unglücklicherweise in die Quere kam, bedachte er plötzlich mit Stockhieben und Tritten in den Hintern».[11]

In den Instruktionen war indes auch die lapidare Anweisung enthalten, daß der Thronfolger neben seinen Studien auch gute Bücher lesen solle. So einengend die anbefohlenen Bildungsziele des Königs sonst auch waren: Hier eröffnete sich ein Horizont, der die Einbildungskraft des Heranwachsenden herausforderte und beflügelte. In kurzer Zeit trug er mit Unterstützung Duhans und ohne Kenntnis des Vaters eine Bibliothek von beinahe viertausend Bänden zusammen, die vor allem französische Autoren des *grand siècle* und die Hauptwerke der neueren Philosophie und Staatslehre umfaßte. Aber auch für zeitgenössische Autoren wie Voltaire interessierte sich Friedrich bereits zu dieser Zeit. Freilich konnte dem ständig mißtrauischen Vater auf die Dauer nicht verborgen bleiben, daß sich der Kronprinz ein Refugium zu schaffen versuchte, in dem er seinen Interessen ungehindert nachgehen konnte. So wurden die Bücher entdeckt und auf königliche Anordnung sogleich verkauft.[12]

Unter diesen Umständen war allerdings an eine Lektüre in Muße und Konzentration nicht zu denken. Dennoch fallen in diese Jahre Leseeindrücke, die eine langfristige Wirkung auf den Thronfolger ausgeübt haben. Zu ihnen zählte in besonderer Weise der Bildungsroman über die Abenteuer des *Télémaque*, die der französische Theologe und Kirchenfürst François Fénelon als Prinzenerzieher für die Enkel Ludwigs XIV. verfaßt hatte. Fénelon entwarf in deutlicher Distanzierung zur Herrschaftsauffassung des Sonnenkönigs das Idealbild einer Monarchie, aus der Despotismus, Krieg und höfischer Müßiggang verbannt waren. Aber mehr als die staatstheoretischen Aspekte des Romans und die Prägnanz seiner Tugendlehre dürften den neunjährigen Kronprinzen die Kraft und Farbigkeit der Bilder fasziniert haben, mit denen der Held des Buches und die Schauplätze seines märchenhaft verklärten Wirkens in einem die Empfindsamkeit antizipierenden Stil geschildert wurden. Offenbar waren die Eindrücke dieser Lektüre so tiefgreifend, daß sich Friedrich in seinem Lerneifer und Betragen zeitweise zu bessern schien. Aber vor allem blieben sie fester Bestandteil einer fürstlichen Selbstorientierung, die sich zu dieser Zeit allmählich auszubilden begann.

Unterdessen spitzte sich der Konflikt zwischen Vater und Sohn immer mehr zu. Später, in den Wochen und Monaten höchster Anspannung und tiefer Erschütterungen während des Siebenjährigen Krieges, hat sich Friedrich zu diesen Demütigungen geäußert. So vertraute er seinem Vorleser Henri de Catt an, daß er eine Szene in den Auseinandersetzungen mit dem Vater nie vergessen werde. Er sei noch ein Kind gewesen, berichtete er, und habe Latein gelernt. «Ich deklinierte mit meinem Lehrer: mensa, -sae, dominus, -i, ardor, -ris, als plötzlich mein Vater ins Zimmer trat. ‹Was machst du da?› – ‹Papa, ich dekliniere mensa, -ae›, sagte ich in kindlichem Tone, der ihn hätte rühren müssen. ‹O du Schurke, Latein für meinen Sohn! Geh mir aus den Augen!› und verabreichte meinem Lehrer eine Tracht Prügel und Fußtritte und beförderte ihn auf diese grausame Weise ins Nebenzimmer.» Erschreckt durch die Schläge und durch das wütende Aussehen seines Vaters habe er sich starr vor Angst unter dem Tisch verkrochen, wo er in Sicherheit zu sein glaubte. Aber er habe seinen Vater auf sich zukommen sehen. «Ich zittere noch mehr; er packt mich an den Haaren, zieht mich unter dem Tisch hervor, schleppt mich so bis in die Mitte des Zimmers und versetzt mir endlich einige Ohrfeigen: ‹Komm mir wieder mit deiner mensa, und du wirst sehen, wie ich dir den Kopf zurechtsetze.»[13]

Überhaupt betrachtete der König die Leselust des Kronprinzen mit Argwohn und zunehmender Gereiztheit. Er hielt sie ebenso

wie das Musizieren für nutzlosen Zeitvertreib. Die Beaufsichtigung
des Heranwachsenden wurde demzufolge immer strenger und der
Tagesablauf immer mehr reglementiert. Am 1. Mai 1725 ernannte
ihn der König zum Hauptmann in seinem Leibregiment. Friedrich
siedelte daraufhin nach Potsdam über und wurde angewiesen, sich
in der engsten Umgebung des Königs aufzuhalten und nur mit Mi-
litärpersonen, in der Regel Subalternoffizieren, zu verkehren. Zugleich wurde der Militärdienst intensiviert und peinlich darauf geachtet, daß sich der Kronprinz statt an Eitelkeit und Luxus, zu
denen er nach Auffassung des Königs neigte, an «Sparsamkeit und
Genügsamkeit» gewöhne. Das Eingeständnis der Erzieher, daß der
Zögling in religiöser Beziehung keine Fortschritte mache, veranlaßte den König, eine Verdoppelung des Religionsunterrichtes an-
zuordnen. Aber schon zuvor, im März 1724, hatte der König dem
Sohn gegenüber bekannt, daß er nicht wisse, «was in diesem kleinen Kopf vorgeht; ich weiß, daß er nicht so denkt wie ich, und daß
es Leute gibt, die ihm andere Gesinnungen beibringen und ihn veranlassen, alles zu tadeln; das sind Schufte». «Fritz», fuhr er dann
wie mit letztmaliger Eindringlichkeit fort, «denke an das, was ich
dir sage. Halte immer eine gute und große Armee, du kannst keinen besseren Freund finden und dich ohne sie nicht halten. Unsere
Nachbarn wünschen nichts mehr, als uns über den Haufen zu werfen, ich kenne ihre Absichten, du wirst sie auch noch kennenlernen.
Glaube mir, denke nicht an die Eitelkeit, sondern halte dich an das
Reelle. Halte immer auf eine gute Armee und auf Geld; darin besteht die Ruhe und die Sicherheit eines Fürsten.»[14]
   Eine Folge des sich immer mehr steigernden Mißtrauens des
Königs war im übrigen, daß dem Kronprinzen auch verwehrt
wurde, Reisen zu machen. Sie gehörten als Kavalierstour zum Bildungskanon des Adels und galten auch für Prinzen, die sich auf ihr
Herrscheramt vorbereiteten, als unerläßlicher Bestandteil einer umfassenden Erziehung.[15] Und überdies war es ein sehnlicher Wunsch
des Kronprinzen, einmal in jene Länder des Mittelmeeres reisen zu
dürfen, die er in Fénelons *Télémaque* in so einprägsamer Farbigkeit
geschildert gesehen hatte. Ein Jahr nach seiner Flucht bekannte er,
daß alles anders gekommen wäre, wenn ihn der Vater einmal «nach
Italien geschickt hätte».[16] Und im Frühjahr 1732 scheint er nur
deshalb so bereitwillig in die ihm aufgezwungene Eheschließung

eingewilligt zu haben, weil ihm der König nach der Geburt eines Sohnes eine Reise in Aussicht gestellt hatte.[17] Friedrich war damals erfüllt von einer tiefen Reisesehnsucht, die ihm zu verheißen schien, der quälenden Enge und drückenden Last des väterlichen Hofes wenigstens vorübergehend entrinnen zu können. Doch all diese Wünsche blieben zeitlebens unerfüllt. Der Thronfolger durfte den König lediglich auf einige Inspektionsreisen nach Magdeburg, Ostpreußen und Kleve, also in die entlegeneren Provinzen des Königreichs, begleiten.

Eine Ausnahme war der vierwöchige Besuch des königlich-kursächsischen Hofes in Dresden im Januar und Februar 1728, zu dem Friedrich Wilhelm aus protokollarischen Rücksichten auch den Thronfolger mitzunehmen genötigt war. Und hier geschah, was in der Erziehung des Thronfolgers immer zu unterbinden versucht worden war: die schwindelnd machende Berührung mit einem höfischen Szenarium, das in seinem strahlenden Glanz, seiner verlockenden, spielerischen Leichtigkeit und der atemlosen Aufeinanderfolge von Komödien und Balletten, von Galatafeln und Redouten, Maskeraden und Feuerwerken als grandioses, die Sinne betörendes Blendwerk empfunden werden mußte. Der Kronprinz ist offensichtlich für die Reize dieses höfischen Spektakels, in dessen Freizügigkeit «das Laster in der holdseligsten Larve sich vordrängte» (Reinhold Koser), durchaus empfänglich gewesen. Hier lernte er die Gräfin Orczelska kennen, eine natürliche Tochter Augusts des Starken und einer seiner Mätressen. Er traf sie beim Gegenbesuch des sächsischen Hofes in Berlin und Potsdam wieder und erbat sich ein Porträt von ihr.

Aber allen Befürchtungen des Königs zum Trotz hat sich der Kronprinz von der Pracht und den Ausschweifungen dieser höfischen *somptuosité* letztlich nicht beirren lassen. Bei allem Widerwillen gegen die Kargheit des eigenen Hauses und das grobianische Temperament des Vaters hatte er bereits jetzt akzeptiert, den militärischen Dienst und die Anforderungen des Unterrichts als eine Pflicht zu betrachten, der er sich zu entziehen nicht berechtigt war. Er hatte sich eine Vorstellung von der europäischen Staatenwelt und der Geschichte seines Hauses erworben. Er hatte ungeachtet seiner wachsenden Indifferenz in religiösen Fragen Maßstäbe kennengelernt, die ihn zu Askese und Pflichterfüllung anhielten. Insofern hatten die Anfechtungen, denen er am sächsischen Hof in Dresden ausgesetzt war, keine nachhaltige Wirkung, so sehr sie auch den König in der Befürchtung bestärkten, daß der Kronprinz in seiner sittlichen Unreife dereinst in die Verschwendungssucht seines Großvaters zurückfallen werde. Jedenfalls hat sich das Verhältnis des Vaters zu seinem Sohn nach dem Aufenthalt in Dresden entscheidend verschlechtert.

Dies wird in erschütternder Weise belegt durch einen Brief des Kronprinzen an seinen Vater vom 11. September 1728, in dem er den «grausamen Haß, den ich aus allem seinen [des Königs] Tun genug habe wahrnehmen können», von sich fernzuhalten hoffte. Er schreibe ihm, weil er bei einem Besuch augenblicklich einen noch schlechteren Empfang als den gewöhnlichen gewärtige, und weil er fürchte, «meinen lieben Papa mehr mit meinem gegenwärtigen Bitten zu verdrießen». Er habe sich, schrieb er, nach gründlicher Gewissenserforschung zwar nichts vorzuwerfen. Wenn er aber ohne sein Wissen und seine Absicht etwas dem Vater Mißfälliges getan habe, so bitte er hiermit untertänigst um Vergebung. In den «grausamen Haß» könne er sich gar nicht schicken, weil er immer gedacht habe, «einen gnädigen Vater zu haben und ich nun das Konträre sehen sollte. Ich fasse denn das beste Vertrauen und hoffe, daß mein lieber Papa dieses alles nachdenken und mir wieder gnädig sein wird».[18]

Offensichtlich litt der Kronprinz unter dem Zerwürfnis mit dem Vater. Er fühlte sich nicht nur mißverstanden, sondern von Ungnade und Haß verfolgt. Aber bemerkenswert ist zugleich, daß er dem Vater gegenüber nicht nachzugeben bereit war, sondern selbstgerecht und fordernd auftrat. Da er sich irgendwelcher Verfehlungen nicht bewußt war, schien es ihm Sache des Vaters zu sein, nachzudenken und etwas zu ändern. Aber wie immer das Ansinnen eines Sechzehnjährigen auch eingeschätzt werden muß: Der Vater reagierte auf diesen Brief mit außerordentlicher Schroffheit. Auch er griff eigenhändig zur Feder und äußerte sich in heftigem Affekt. Das kurzatmige Stakkato der Vorwürfe, mit denen er in seiner Antwort den Sohn überschüttete, dürfte ein ziemlich authentisches Bild von jenen Auftritten vermitteln, die in der Familie des Königs spätestens seit 1726 an der Tagesordnung waren. «Sein eigensinniger böser Kopf, der nicht seinen Vater liebet, denn wenn man nun Alles thut, absonderlich seinen Vater liebet, so thut man, was er haben will, nicht wenn er dabei steht, sondern wenn er nicht Alles sieht. Zum Andern weiß er wohl, daß ich keinen effeminirten Kerl leiden kann, der keine menschliche Inklinationen hat, der sich schämt, nicht reiten noch schießen kann, und dabei malpropre an seinem Leibe, seine Haare wie ein Narr sich frisieret und nicht verschneidet, und ich Alles dieses tausendmal reprimandieret, aber Alles umsonst und keine Besserung in nichts ist. Zum Andern hoffärtig, recht bauernstolz ist, mit keinem Menschen spricht, als mit welchen, und nicht populär und affable ist, und mit dem Gesicht Grimassen macht, als wenn er ein Narr wäre, und in nichts meinen Willen thut, als mit der Force angehalten; nichts aus Liebe, und er Alles dazu nichts Lust hat, als seinem eigenen Kopf folgen, sonsten alles nichts nütze ist. Dieses ist die Antwort.»[19]

Wenige Monate nach diesem Briefwechsel – im März 1729 – ernannte der König einen neuen Begleiter für den Thronfolger, den Oberstleutnant von Rochow. Er wies ihn an, dem Prinzen klarzumachen, daß alle «effeminierten, lasziven, weiblichen Occupationes» einem Manne höchst unanständig seien und derjenige, der «den Kopf zwischen den Ohren hangen läßt und schlotterig ist», ein «Lumpenkerl» sei. Er solle dem Kronprinzen, wurde Rochow aufgetragen, «die Schlafmütze aus dem Kopp vertreiben» und ihm statt seiner Verschlossenheit dem König gegenüber «ein aufrichtiges, ouvertes Humeur einsprechen».[20] Doch auch dieser Neubeginn brachte keine Änderung in den Beziehungen des Vaters zu seinem Sohn, im Gegenteil! Die Zusammenstöße häuften sich, und der Ton wurde lauter und verletzender. Schließlich verlor der Vater vollständig die Contenance. Er ließ sich in seinem tatsächlich «furchtbaren Haß» zu Schlägen und Mißhandlungen hinreißen und stellte den Sohn in hemmungslosem Jähzorn nicht nur vor den Offizieren seines Regiments, sondern auch vor der Dienerschaft bloß. Dabei schrie er ihn an und gab ihm in provozierender Verächtlichkeit zu verstehen, daß er sich totgeschossen hätte, wenn er von seinem Vater so behandelt worden wäre; doch er, Friedrich, lasse sich ja alles gefallen.[21] Das waren nicht mehr nur aus dem Affekt geborene Entgleisungen, sondern offenkundig Versuche, den Kronprinzen in seinem Selbstbewußtsein und seiner persönlichen Würde vernichtend zu treffen. Vieles an der Kindheits- und Jugendgeschichte Friedrichs mag sich im Rahmen dessen abgespielt haben, was in einer Fürstenfamilie der Frühen Neuzeit mit derart ausgeprägten Charakteren üblich, zumindest möglich war. Aber bemerkenswert an der Entwicklung Friedrichs ist auf jeden Fall, daß der Kronprinz an den offensichtlich tiefen Verletzungen, die ihm durch das Unverständnis und die Demütigungen des Vaters zugefügt worden sind, nicht zerbrochen ist. Es hat vielmehr den Anschein, als wenn gerade die Konfrontationen mit dem Vater jenen Selbstbehauptungswillen zu wecken vermocht haben, der im Persönlichkeitsbild Friedrichs so unverkennbar in Erscheinung tritt. Freilich liegen in der Unbeugsamkeit den Gewalttätigkeiten des Vaters gegenüber sicherlich auch die Wurzeln jener an Verschlagenheit grenzenden Verstellungskünste, mit denen er erst den Vater und dann die Kontrahenten im Konzert der Mächte hinters Licht zu führen verstand. So spricht vieles dafür, daß diese Erfahrungen in der Umgebung des Königs der Schlüssel zu jener Widersprüchlichkeit sind, die in der Literatur über Friedrich den Großen immer wieder hervorgehoben worden ist.[22]

Zur Vollständigkeit des Bildes gehört indes, daß sich der Kronprinz für die Kränkungen, die ihm der Vater zufügte, durchaus schadlos zu halten wußte und ihn vielfach sogar herausforderte. Denn je mehr er sich auf der einen Seite zurückzog und versteckte, desto vorlauter und übermütiger wurde er auf der anderen. So mokierte er sich in spitzen und leichtfertigen Bemerkungen über den König, seine auf Sparsamkeit erpichte Herrschaftsauffassung und besonders die bizarren Formen seiner Geselligkeit. Er stöhnte laut und vernehmlich über die ständigen Parforcejagden, die mit abendlichen Gelagen im Tabakskollegium beendet zu werden pflegten. Er witzelte über die ewig gleichen Gesprächsthemen, über die Derbheit der Belustigungen und Scherze, die zum Wohlbefinden des Vaters gehörten, und über die Manieren einer Gesellschaft, die ihm «höchst übel erlesen» und töricht in ihrer Zusammensetzung erschien. Dieser häufig beißende und hinterhältige Spott, den nicht nur der Kronprinz, sondern auch seine ältere Schwester Wilhelmine mit dem Vater und den Eigenheiten seines Temperaments trieben, konnte bei aller Heimlichkeit dem König nicht verborgen bleiben. Grumbkow, der allgegenwärtige Minister des Vaters, empfahl dem Kronprinzen dringend, in Gegenwart des Königs seine Spottlust zu zügeln und alle verletzenden Scherze («tout esprit rail-

leur et expressions badines») zu unterlassen, selbst in bezug auf
den geringsten seiner Bediensteten.[23] Wie vielfach überliefert ist,
hat den König die Zurückweisung durch den Sohn außerordentlich
gekränkt und immer wieder auch in tiefe Zerknirschung gestürzt.
Insofern hat auch die Aufsässigkeit Friedrichs zur Vergiftung des
gegenseitigen Verhältnisses erheblich beigetragen.[24]

Die Spannungen in der königlichen Familie bekamen freilich
bald auch eine politische Dimension. Das Szenarium dieser zunehmenden Politisierung war der Hof, der sich auch im Preußen des
Soldatenkönigs nicht gänzlich gegen die Sphäre des Hauses im engeren Sinne abgrenzen ließ. Zwar hatte sich Friedrich Wilhelm geschworen, das Parteien- und Intrigenspiel, wie es am Hofe seines
Vaters üblich war, ein für alle Mal zu unterbinden. Aber er hatte
trotz der asketischen Strenge, mit der er das Leben bei Hofe in die
Bahnen absoluter Zweckmäßigkeit zu lenken trachtete, nicht verhindern können, daß sich Gruppen und Parteien bildeten, die ungeachtet gewisser Unschärfen ihres Erscheinungsbildes die Politik
des Königs in gegensätzlicher Weise zu beeinflussen suchten. So gab
es eine entschieden kaiserlich gesinnte Partei, an deren Spitze der
österreichische Feldzeugmeister Friedrich Heinrich Graf Seckendorff
dorff stand. Der König schätzte ihn seit dem Feldzug von 1709 als
Kriegsgefährten und strengen Protestanten und wies ihm wegen
seiner leutseligen Umgänglichkeit bei vielen Anlässen eine herausgehobene Stellung zu, obwohl Seckendorff aus Gründen größeren
Handlungsspielraums klug genug war, auf den offiziellen Status
eines Diplomaten zu verzichten. Ihm gelang es, ein feinmaschiges
Netz von Informanten und Vertrauensleuten einzurichten und vor
allem den einflußreichsten unter den Ministern des Königs, den
General Friedrich Wilhelm von Grumbkow, durch hohe Beste-
chungsgelder ins Vertrauen zu ziehen. Grumbkow war ein Mann
von exzellenter Bildung, politischem Weitblick und einer Skrupellosigkeit, die in auffälligem Kontrast zu der strengen, von antihöfischen Affekten geleiteten Amts- und Herrschaftsauffassung des
Soldatenkönigs stand. Er wußte den außenpolitisch unsicher agie-
renden König jahrelang geschmeidig und virtuos zu lenken und dabei seinen persönlichen Vorteil so geschickt zu nutzen, daß ihm die
Gunst und Wertschätzung des Landesherrn bis zu seinem Tod im
Jahre 1739 erhalten blieb.

Auf der anderen Seite des Parteienspektrums am preußischen
Hof standen die Königin und ein ansehnlicher Kreis von Familien
und Persönlichkeiten, der ihren Plänen gewogen war. Sophie Dorothea hatte zunächst im Einvernehmen mit ihrem Gemahl eine
Doppelheirat ihrer beiden ältesten Kinder mit Enkeln des in England regierenden Welfenhauses ins Auge gefaßt. Die Vermählung
des Kronprinzen mit der englischen Prinzessin Amalie hätte eine
Verbindung mit dem Hause Hannover in dritter Generation bedeutet und eine wirkliche Familientradition begründet. Nach der
Hinwendung der preußischen Politik zum Kaiserhof im Jahre 1726
gerieten die Verhandlungen jedoch ins Stocken, nicht zuletzt auch
deshalb, weil entsprechende Heiratspläne durch die Wiener Diplomatie mit professioneller Ranküne hintertrieben wurden. Und da
sich Friedrich Wilhelm durch die inzwischen kühle und abwartende Haltung des englischen Königshauses auch persönlich brüskiert fühlte, trat in der Heiratsangelegenheit immer deutlicher ein
Dissens unter den königlichen Ehegatten zutage, in den schließlich
auch der Kronprinz als unmittelbar Betroffener hineingezogen
wurde. Eine große Meerkatze solle man malen, erwiderte Friedrich
Wilhelm, als ihm hinterbracht wurde, daß der Hof von St. James
ein Konterfei des Kronprinzen zu besitzen wünsche: «das ist sein
Portrait!»[25]

Es war offensichtlich der Ehrgeiz der Königin, durch die Verbindung ihrer Kinder mit den welfischen Verwandten wieder etwas an
dem Glanz und der Lebensfreude zu partizipieren, die sie in der
Kargheit des Berliner Hofs so schmerzlich vermißte. Dabei zog sie
frühzeitig schon die beiden Kinder ins Vertrauen und nahm sie in
einem intriganten Spiel von vornherein gegen die Pläne des Königs
ein. Alles deutet indes darauf hin, daß der Kronprinz in dieser Affäre eine eigenständige Rolle noch nicht gespielt hat. Es gab in der
Frage der englischen Heirat keine Partei des Kronprinzen, obwohl
viele bei Hofe mit dem Unabhängigkeitsstreben Friedrichs durchaus sympathisierten und ihn in seinem Trotz bestärkt haben. Er
hatte nicht zuletzt auch wegen der gewalttätigen Selbstherrlichkeit
des Vaters noch keine Vorstellungen von der außenpolitischen und
familiären Brisanz dieses Ränkespiels. Vielmehr war er zu diesem
Zeitpunkt noch das Instrument seiner Mutter, die ihn gegen die
Maßregelungen des Vaters immer wieder in Schutz nahm und nun

durchzusetzen versuchte, daß er eine ihrem Familiensinn und Ehrgeiz entsprechende Verbindung einging. Der Kronprinz dagegen
hatte offensichtlich nur den Wunsch, über das Heiratsprojekt ein
Stück jener Freizügigkeit zu erlangen, die ihm der Vater verwehrte.
Und offensichtlich genoß er es auch, erstmals in den Mittelpunkt
eines hochpolitischen Geschehens zu rücken, von dem man ihn bislang fernzuhalten versucht hatte. Er wurde plötzlich einbezogen in
die konspirative Geschäftigkeit beider Parteien, in die sich schließlich auch der französische Gesandte am Berliner Hof hineinzudrän-
gen für nötig hielt. Er selbst nahm Kontakte mit den diplomatischen
Vertretern auf und führte, ganz wie es ihm opportun erschien, ernsthaft sondierende oder beiläufige Gespräche, über deren Inhalt sogleich an die Höfe aller an diesem Heiratsprojekt interessierten
Mächte berichtet wurde.

   Aus diesen nun unvermittelt sprudelnden Quellen diplomatischer
Korrespondenzen geht hervor, daß sich der Kronprinz in dieser
Affäre ungeachtet einiger riskanter und durchaus eigennütziger
Manöver äußerst geschickt verhielt, obwohl der Heiratsplan der
Königin am Ende scheiterte. Sie dokumentieren, mit welcher Gewandtheit sich Friedrich in diesem diplomatischen Spiel zu behaupten wußte. Er verstand es offensichtlich schon damals, seine
wahren Absichten zu verbergen und die Dinge durch widersprüchliche Aussagen in der Schwebe zu halten. Dennoch ist unverkennbar, daß das von der Mutter mit allen Mitteln betriebene Projekt
das Verhältnis Friedrichs zu seinem Vater ein weiteres Mal schwer
belastete. Statt das spielerische, im Grunde noch völlig unpolitische
Auftreten des Kronprinzen mit Gelassenheit zu betrachten, sah der
König in dem undurchsichtigen Verhalten Friedrichs eine Infragestellung seines Machtanspruchs und seiner gesamten Politik. Es
war ihm unerträglich, mit ansehen zu müssen, wie der Sohn sich
seinen Erziehungsanweisungen ständig widersetzte und sich nun
überdies auch anmaßte, außenpolitischen Grundsatzentscheidungen
des Königs wie der Annäherung Preußens an das Kaiserhaus ent-
gegenzuarbeiten. Das waren aus der Sicht des Königs Kompetenz-
überschreitungen, die nach seiner ganzen Herrschaftsauffassung
jedes Vertrauen untergruben und nicht hingenommen werden
konnten.

Fluchtversuch, Kriegsgericht und Begnadigung

Die Folge dieser erneuten Zuspitzung im Verhältnis zwischen Vater und Sohn und abermaliger Züchtigungen war, daß der Kronprinz den schon früher einmal erwogenen Plan einer Flucht erneut aufgriff und nun mit Vehemenz in die Tat umzusetzen versuchte. Als er während des Besuchs im «Lustlager» von Mühlberg-Zeithain, das August der Starke seinen preußischen Nachbarn zu Ehren im Mai und Juni 1730 veranstaltete, erstmals mit dem Gedanken an eine Flucht gespielt hatte, waren das alles noch chimärische und aus dem Aufbegehren des Augenblicks geborene Hirngespinste. Aber nun ging er mit planmäßiger Entschlossenheit daran, sich dem Zugriff des Vaters zu entziehen und in England dem Willen der Mutter gemäß um die Hand der Prinzessin Amalie anzuhalten. In Verhandlungen mit dem englischen Gesandten Sir Charles Hotham war bereits erwogen worden, der Prinzessin die Statthalterschaft über das welfische Kurfürstentum zu übertragen, so daß die Vermählten dann in Hannover mit eigener Hofhaltung hätten residieren können. Aber es hat den Anschein, als wenn er sich von diesen rasch geschmiedeten und ebenso rasch verworfenen Plänen wenig versprochen hat, zumal man ihn durch den am preußischen Hof akkreditierten Gesandtschaftsattaché Guy Dickens schließlich wissen ließ, daß er in England unerwünscht sei und von seinem Fluchtplan Abstand nehmen möge. Ein Asyl in Frankreich dagegen schien aussichtsreicher, obgleich die entsprechenden Zusicherungen und Ratschläge wegen der den Diplomaten nur allzu bewußten Brisanz des gesamten Komplotts in schemenhafter Unverbindlichkeit verblieben. Das einzige, was der Kronprinz wirklich und mit aller Energie durchzusetzen versuchte, war der in höchster Erregung gefaßte Entschluß, dem unerträglich gewordenen Zwang und den Nachstellungen des Vaters zu entkommen. Schon frühzeitig hatte er sich mit diesem allmählich zur fixen Idee gewordenen Plan dem Leutnant Hans Hermann von Katte vom Regiment *gens d'armes* anvertraut – einem Freund von unbekümmert impulsivem Temperament, dem sich der Kronprinz allerdings auch durch Zuneigung und eine Fülle musischer Interessen verbunden fühlte. Als sich dann im Mai 1730 abzeichnete, daß der König in Begleitung des Kronprinzen zu einer Reise an süd- und westdeutsche Höfe aufzubrechen gedachte, stand fest, daß Friedrich ungeachtet mangelhafter Vorbereitungen und strengster Bewachung die Flucht ergreifen und über Frankreich nach England gehen wollte.

Die Reiseroute führte über Ansbach, wo eine Woche lang Hof gehalten wurde, Augsburg und Höchstätt, wo man das Schlachtfeld von 1704 besichtigte, ins württembergische Ludwigsburg; dort war die 24köpfige Reisegesellschaft Gast am herzoglichen Hof. Am 4. August bestieg man erneut die Kutschen und überquerte bei Heilbronn den Neckar in Richtung Mannheim. Der Rhein als erste Etappe der geplanten Flucht konnte nun in wenigen Stunden erreicht werden. Quartier wurde im Dorfe Steinsfurt an der Straße nach Sinsheim in dürftig hergerichteten Scheunen genommen, wie es den Reisegewohnheiten des Königs entsprach. Am Morgen des 5. August war der Zeitpunkt gekommen, den Fluchtplan in die Tat umzusetzen. Friedrich hatte seinen Pagen Keith angewiesen, um drei Uhr in der Frühe mit zwei Pferden vor seinem Quartier zu erscheinen. Doch als der Kronprinz in einen soeben neuerworbenen, roten Reiserock gekleidet auf die Straße trat, wurde er von dem zuvor bereits verständigten Oberstleutnant von Rochow in Empfang genommen und in ein unverfänglich scheinendes Gespräch verwickelt. Graf Seckendorff und andere Offiziere der Reisegesellschaft traten hinzu. Friedrich war umstellt, ohne daß der König zunächst erfuhr, was sich ereignet hatte. Erst in Mannheim eröffnete ihm der reumütige Page, was in Steinsfurt geschehen war. Friedrich Wilhelm versuchte, bei der Weiterfahrt nach Darmstadt und Bonn jedes Aufsehen zu vermeiden, ordnete gleichzeitig aber unter Androhung von Todesstrafen an, daß der Kronprinz tot oder lebendig auf preußisches Gebiet nach Wesel gebracht werde. Und obwohl Friedrich nun eines Fluchtversuchs überführt und daraufhin seine Bewachung noch einmal verschärft worden war, gab er in hartnäckigem Eigensinn den Plan, die Reise zu einer Flucht zu nutzen, noch immer nicht auf. Vielmehr drängte er den Pagen auf heimlich zugesteckten Zetteln erneut, Pferde zu beschaffen oder Hilfe zu holen.

Der Kronprinz wurde schließlich nach Wesel vorausgeschickt. Ihm scheint erst jetzt bewußt geworden zu sein, daß der König über alle Einzelheiten des Fluchtversuchs und die konspirativen

Kontakte zu dem in Berlin zurückgebliebenen Leutnant von Katte unterrichtet war. Am Abend des 1 2. August traf auch der König in der Festung ein und nahm den der Fahnenflucht Verdächtigten sogleich ins Verhör.[27] Noch am selben Abend wurde er unter Arrest gestellt und in den folgenden Tagen mehrfach vernommen. Entscheidend war dabei die immer von neuem gestellte Frage, wohin der Kronprinz zu fliehen beabsichtigt habe.

Er beharrte in listenreicher Verschleierung eines möglicherweise entscheidenden Anklagepunktes darauf, daß er sich nach Frankreich habe absetzen wollen, während der Vater an eine Verschwörung der englischen Partei glaubte und sich in völliger Verkennung der Unvernunft des Sohnes einzubilden begann, daß man ihm nach dem Leben trachte. Friedrich räumte in einem der Verhöre in Wesel zwar ein, eine «retraite» nach England erwogen zu haben. Weil er sich jedoch überlegt habe, daß Seine Königliche Majestät dadurch in dem Gedanken, er habe es «auf die bewußte Heirath» abgesehen, bestärkt und dadurch «die brouillerie» noch vermehrt worden wäre, so habe er diesen Plan nicht weiterverfolgt und an dem Vorsatz festgehalten, «die retraite in Frankreich zu suchen».[28] Zugleich wurde Katte, dessen Mitwisserschaft an den Fluchtplänen Friedrichs inzwischen außer Zweifel stand, in Berlin in Gewahrsam genommen und der Kronprinz unter großer Geheimhaltung und unter Umgehung hannoverschen Territoriums in einer plombierten Kalesche nach Küstrin gebracht, jener – wie Fontane anmerkt – graugelben, mehr häßlich als gespensterhaft aufragenden Festung, die einem «Landarmenhaus» glich und dem achtlos Vorbeireisenden den Eindruck ästhetischen Mißbehagens vermittelte.[29] Noch unterwegs begannen die Verhöre von neuem.

Der Fluchtversuch des Kronprinzen und seine Verurteilung durch den König sind vielfach geschildert und durch eine vortreffliche Quellenedition erschlossen worden. Doch bleibt die Frage, wie diese Vorgänge im Hinblick auf das Persönlichkeitsbild Friedrichs eingeschätzt werden müssen. Aus psychoanalytischer Perspektive sind neuerdings Argumente angeführt worden, die die Vermutung, daß ein Scheitern des Fluchtplanes durchaus im Kalkül des Kronprinzen gelegen haben könnte, plausibel erscheinen lassen. So fällt auf, daß die überstürzte, unzureichend vorbereitete und angesichts einer verschärften Bewachung geradezu waghalsige Durch-

führung der Flucht den ohnehin latenten Argwohn des Vaters
wachrufen mußten. Auch der auffällige rote Rock, den Friedrich in
den Morgenstunden des schicksalhaften 5. August trug und dessen
Farbe dem Vater generell ein Dorn im Auge war, könnte als Indiz
dafür gewertet werden, daß hier lediglich ein Kräftemessen und
keine Trennung beabsichtigt war. Als besonders fatal erwies sich
jedoch, daß der Brief, in dem Friedrich seinem Komplizen Katte
seine Fluchtabsichten erläuterte, so unzureichend adressiert war,
daß er dem namensgleichen Vetter des Freundes ausgehändigt
wurde. So konnte das Komplott aufgedeckt werden, bevor das
Fluchtvorhaben ausgeführt war.[30]

Das ganze Szenarium der Flucht, meint der Psychoanalytiker
Ernst Lürßen, zwinge demnach zu der Frage, ob der Kronprinz
das Entkommen wirklich gewollt habe oder ob es sich nicht vielmehr um eine bewußt herbeigeführte, provozierende Zuspitzung
des gegenseitigen Verhältnisses handelte – um einen Machtkampf
also, der aus der Sicht des Kronprinzen vielleicht unbewußt, aber
mit erschreckender Konsequenz zutage fördern sollte, ob der Vater
wirklich bis zum Äußersten gehen und seine mörderischen Drohungen wahrmachen würde.[31] Das Fortschwelen des Konfliktes
und letztlich auch das gesamte Charakterbild Friedrichs scheinen
Anhaltspunkte dafür zu bieten, daß diese Frage nur allzu berechtigt
ist.

Eine königliche Untersuchungskommission wurde eingesetzt, die
Klarheit über die Absichten und den Tathergang des Komplotts
bringen sollte; ihr gehörten die Generale Grumbkow und Glase-
napp, Oberst von Sydow, der Generalauditeur Christian Otto
Mylius und ein weiterer Auditeur an. In einem Schlußverhör am
16. September wurde dem Kronprinzen dann ein 185 Artikel umfassender Fragenkatalog vorgelegt, dessen letzter Abschnitt (Artikel
179–185) über die Vernehmung im engeren Sinne hinausgriff und
bereits die politischen Konsequenzen ins Auge faßte, die aus einer
Verurteilung des Kronprinzen zu ziehen waren.[32] Der immer wieder um Ausgleich bemühte Generalauditeur hatte sich zunächst aus
prozessualen Gründen gesträubt, diese Artikel in das Anhörungs-
verfahren einzubeziehen, war aber auf ausdrücklichen Befehl des
Königs angewiesen worden, auch diese inquisitorischen, eine Unterwerfung erzwingenden Fragen zur Sprache zu bringen.[33] So

sollte der Thronfolger in Artikel 179 danach befragt werden, welche Strafe er für seine Missetat gewärtige.[34] Dann sollte er Auskunft darüber geben, was ein Mensch verdiene, «der seine Ehre bricht und zur Desertion complot macht». Aber der Kernpunkt war vermutlich die in Artikel 183 gestellte Frage: «Ob er meritire, Landesherr zu werden?»[35] Hier wurde wahrscheinlich zum ersten Mal für den Kronprinzen die ganze Tragweite der Krise sichtbar, die er mit seinem Fluchtversuch heraufbeschworen hatte: die Frage der Thronfolge. Scheinbar unvermittelt wurde dann in Artikel 184 Auskunft darüber verlangt, ob Friedrich sein Leben geschenkt haben wolle oder nicht. Aber dann folgte im letzten Artikel des Verhörs die Verknüpfung beider Fragen mit dem suggestiven und offenbar wohlüberlegten Hinweis auf einen Ausweg aus dem Dilemma der durch die Goldene Bulle festgelegten Erbfolgeregelung in den weltlichen Kurfürstentümern. Wenn er, der Kronprinz, sich durch Verletzung seiner Ehre «der Sukzession unfähig gemacht hätte», so stelle sich die Frage, ob er «die Sukzession abtreten» und – unter der Voraussetzung einer Zustimmung durch das Heilige Römische Reich – renunzieren wolle, «um sein Leben zu erhalten?»[36] Friedrich Wilhelm setzte demnach voraus, daß sich der Sohn dafür entscheiden werde, um sein Leben zu bitten. Der Preis freilich, den der Vater für diesen Gnadenakt einzufordern gedachte, war offensichtlich der Verzicht auf die Thronfolge zugunsten des nächstjüngeren Sohnes, zu dem der Vater ohnehin ein unbefangeneres Verhältnis hatte. Es waren aber in jedem Falle außerordentlich weitreichende, für Friedrich niederschmetternde Konsequenzen, die der König aus seinem Fluchtversuch zu ziehen beabsichtigte.

Die Bedrohlichkeit seiner Lage ist dem Kronprinzen offenbar nicht sogleich bewußt gewesen. Vielmehr ist überliefert, daß er sich während der ersten Verhöre durch die königliche Kommission in herausfordernder Weise selbstgerecht und uneinsichtig verhalten habe.[37] Erst nach der abschließenden Befragung am 16. September, als auch durch die Geständnisse Kattes längst schon feststand, daß Friedrich neben seinen konspirativen Durchstechereien sich von englischer Seite auch einen erheblich überhöhten Betrag zur Erstattung seiner persönlichen Schulden zu verschaffen versucht hatte, lenkte er ein und stand dann in einer Weise Rede und Antwort, die bereits die Zeitgenossen überraschte und beeindruckte. Denn er verteidigte sich nicht nur mit bemerkenswerter Schlagfertigkeit, sondern auch mit Gespür für das Prekäre seiner Lage. So vermied er es etwa mit großem Geschick, sich auf die Insinuation einer Ehrenrührigkeit seines Verhaltens einzulassen. Auf die Frage, ob er Landesherr zu werden verdiene, antwortete er ebenso ausweichend wie entwaffnend: «er könne sein Richter nicht sein».[38] Und mehrfach – so auch bei seiner Auskunft auf die Frage, ob ihm das Leben geschenkt werden solle oder nicht – erwiderte er sicherlich nicht nur in taktischer Berechnung, daß er sich des Königs Gnade und Willen «submittire». Vielfach wich er aber auch – so besonders in der heiklen Angelegenheit des Thronverzichts – einer präzisen Beantwortung aus. Aber insgesamt wird deutlich, daß der Kronprinz nun keinen anderen Ausweg mehr sah, als sich dem Spruch des Königs bedingungslos zu unterwerfen. Nachdem er es nach seiner Verhaftung zunächst noch abgelehnt hatte, um Gnade und Verzeihung zu bitten, ersuchte er Mylius nach der Beendigung des Schlußverhörs zu Protokoll zu nehmen, «daß er wohl erkenne, ganz und gar und in allen Stücken unrecht zu haben; am meisten beklage er, daß Seine Königliche Majestät chagrin darum hätten; bäthe Dieselbe aber zu glauben, daß seine Intention niemals criminel gewesen, noch er gesuchet, Seine Königliche Majestät das geringste zu Leide zu thun; er submittire sich», wiederholte er noch einmal, «in allem des Königs Willen und Gnade, Se. Majestät möchten es mit ihm machen, wie Sie es gut finden würden, und bäte Dieselbe um Vergebung».[39]

Der König zerriß dieses Zusatzprotokoll, als es ihm vorgelegt wurde, und verfügte noch am 16. September, daß der Kronprinz in verschärfte Verwahrung genommen werde. Er hatte auf Anweisung des Königs die braune Kluft eines Strafgefangenen zu tragen. Zwei Vorhängeschlösser wurden an der Tür zu seinem Kerker angebracht. Nur drei Mal am Tag durfte dieser beinahe kahle Raum für jeweils vier Minuten gelüftet werden. Das Wasser zum morgendlichen Waschen und das in einer Garküche zubereitete Essen wurden dem Kronprinzen unter der Aufsicht zweier Offiziere angereicht, wobei die Benutzung eines Messers untersagt war. Ferner wurde das Wachpersonal angewiesen, auf Fragen des Delinquenten nicht zu antworten. Der König hatte darüber hinaus angeordnet,

daß das kleine Talglicht, das ihm zum Lesen der Bibel und eines
Gebetbuches zugestanden wurde, um sieben Uhr abends auszulö-
schen sei.

Es folgten für Friedrich Wochen schrecklicher Ungewißheit und
tiefer Zerknirschung. Schon nach wenigen Tagen, die er in vollkommener, grausam verfügter Abgeschiedenheit zu verbringen
hatte, bat er darum, sich noch einmal der Untersuchungskommission mitteilen zu dürfen. Aber erst am 11. Oktober erschienen die
Kommissare erneut in Küstrin, an ihrer Spitze Grumbkow, der
nach dem Fluchtversuch Friedrichs uneingeschränkter denn je das
Vertrauen des Königs genoß und im geheimen Einverständnis mit
Seckendorff die preußische Politik maßgeblich zu beeinflussen
wußte. Die nochmalige Einvernahme des Kronprinzen ließ erkennen, daß dieser mit dem Schlimmsten zu rechnen begann und auch
eine Hinrichtung nicht mehr ausschloß. Er äußerte, daß er in seinem letzten Verhör vor die Wahl zwischen einem Verzicht auf die
Thronfolge und Tod oder ewigem Gefängnis gestellt worden sei.[40]
Darauf erwiderte man ihm, daß von einer Haftstrafe keine Rede
gewesen sei. «Woferne es das Letzte sein und er sein Leben verlieren sollte», gab er sodann zu Protokoll, «bäte er, daß es ihm bei
Zeiten zu verstehen gegeben würde. Wegen der Renunciation aber,
wann er wüßte, des Königs Gnade damit zu erlangen, so würde er
sich auch desfalls des Königs Willen submittiren. Er könne», setzte
Friedrich hinzu, «auch versichern, der König möge es mit ihm
machen, wie er wollte, so würde er den König dennoch lieb haben
und seinen Respect und Liebe von ganzem Herzen nimmermehr
verlieren.»[41]

Es war dem Kronprinzen nun offenbar Ernst mit seinen Schuld-
bekenntnissen. Er erkannte, daß er bei der despotischen Konsequenz, mit der der Vater seine Unterwerfung zu erzwingen versuchte, einer Bestrafung nicht entgehen würde, und bat nur noch
darum, im Falle eines Todesurteils von langer Ungewißheit verschont zu bleiben. Aber auch in den Thronverzicht willigte er ein,
wenn er dadurch das Wohlwollen des Königs zurückgewinnen
würde. Sicherlich tragen diese unter dem Eindruck einer entwürdigenden Haft erzwungenen Eingeständnisse Züge tiefer Gewissens-
not und aufkeimender Resignation. Gleichwohl hat es den Anschein,
als wenn Friedrich ungeachtet der nochmaligen Verschärfung seiner

Haft weit davon entfernt war, sich und seine Sache aufzugeben. Denn offenbar war es ihm gelungen, die vom Vater zu seiner Überführung eingesetzte Kommission so sehr für sich einzunehmen, daß er im Angesicht eines seine Existenz bedrohenden Unheils die Bitte vorzubringen wagte, wieder Uniform tragen und «gute und nützliche Bücher» lesen zu dürfen.[42] Vielleicht war es die längst eingespielte Rollenkonstellation der beiden Kontrahenten, die den König wie in einem voraussehbaren Reflex veranlaßte, auf dieses als anmaßend und keck erscheinende Ansinnen des Delinquenten mit schroffer Ablehnung zu reagieren.

Die Haftbedingungen blieben also auch in den folgenden Wochen unverändert. Unverkennbar ist jedoch, daß der Kronprinz in dieser auswegslosen Lage den Glauben an einen guten Ausgang des Verfahrens keineswegs aufgegeben hatte, sondern in Gedanken bereits anknüpfte an jenen Zustand, wie er vor seinem Fehltritt geherrscht hatte. In der historiographischen Einschätzung Friedrichs ist gelegentlich sehr pointiert die Auffassung vertreten worden, daß die sicherlich nicht unbegründete Lebensangst während der Haft und der anschließende Prozeß an der Charakterbildung des Kronprinzen nichts Grundlegendes mehr zu verändern vermocht haben. Das Protokoll der nochmaligen Anhörung durch die Untersuchungskommission bestätigt jedenfalls, daß Friedrich unbeschadet der gewiß nicht mehr nur vorgetäuschten Bereitschaft, Abbitte zu leisten, an einem letztlich ungebrochenen Selbstbehauptungswillen festhielt.

Am 22. Oktober setzte der König ein Kriegsgericht ein, das über das weitere Schicksal des Kronprinzen und seiner Mitverschwörer, der Leutnants Katte, Keith, Ingersleben und Spaen entscheiden sollte. Als Vorsitzender wurde der ehrwürdige Generalleutnant Graf Achaz von der Schulenburg berufen; hinzu traten je drei Vertreter aus fünf Offiziersrängen: Generalmajore, Obersten, Oberstleutnants, Majore und Kapitäne.[43] Jede der fünf Gruppen sollte ein Votum abgeben; eine sechste Stimme führte der Vorsitzende. Am 25. Oktober trat das Gericht zum ersten Mal im Schlosse von Köpenick zusammen, um zunächst die Untersuchungsprotokolle zur Kenntnis zu nehmen. Dann traten die fünf Rangklassen zu getrennten Beratungen auseinander, um schließlich die Einzelvoten in einer gemeinsamen Sitzung zu koordinieren.[44]

Nicht der König als Souverän und Quelle allen Rechts wollte in dieser Angelegenheit also entscheiden. Vielmehr war es offenkundig seine Absicht, das Vergehen des Kronprinzen nicht als eine dynastische oder familiäre Angelegenheit erscheinen zu lassen, sondern als eine Straftat, die unter militärischem Vorzeichen zu betrachten und abzuurteilen war. Von Anfang an achtete er deshalb darauf, daß der Fluchtversuch nicht – wie der Beschuldigte immer wieder zu insinuieren versuchte – als «retraite», «retirade» oder «echappade» bewertet wurde, sondern als Desertion. Und das war wirklich ein Tatbestand, der nach preußischem Kriegsrecht mit dem Tode geahndet werden konnte. Der König behielt also auch bei Wahrung eines streng geregelten Verfahrens die Möglichkeit, eine harte Bestrafung durchzusetzen.

Dennoch hat sich das Gericht in der Hauptsache des Prozesses, also in dem «so delicaten» Verfahren gegen den Kronprinzen, für nicht zuständig erklärt. Ungeachtet des offenkundigen Bestrebens, den Fluchtversuch des Kronprinzen als ein militärisches Delikt hinzustellen, das für alle Angehörigen der Armee gleiche Konsequenzen nach sich zog, erkannte das Gericht, daß im Falle des Thronfolgers die Grundfesten der Monarchie und damit des Staates insgesamt auf dem Spiele standen. So äußerte das Richterkollegium übereinstimmend, daß es sich hier um eine «Staats- und Familien-Sache zwischen einem großen Könige und dessen Sohne»[45] handele, in die sie als Offiziere, Vasallen und Untertanen einzugreifen nicht berechtigt seien.[46] Die Obersten etwa äußerten in ihrem Votum, daß sie sich viel zu schwach fänden, «was des Kronprinzen Königl. Hoheit selbst eigene Person und die von deroselben intendirte, aber nicht exequirte Flucht betrifft, zu beurteilen und darüber ein decisum einzuschicken». In dieser Sache dürfe sich kein Kriegsgericht noch sonst eine weltliche Instanz erkühnen, ein Urteil zu fällen. Dabei wurde in mehreren Voten jedoch als offenbar rechtsrelevante und den Angeklagten entlastende Fakten angeführt, daß es «zu keiner Tat und wirklichen Flucht gekommen» sei und der Kronprinz in dem offenkundig in den Akten verbliebenen Zusatzprotokoll vom 16. September «mit der allerdemütigsten und vollkommensten Submission» Abbitte getan habe und «allein Gnade und Vergebung seines übereilten Verbrechens erwarte».[47] Das Richterkollegium überwies die Entscheidung also einvernehmlich in die Kompetenz «Seiner Königlichen Majestät höchsten und väterlichen Gnade» zurück.[48] Unterschiedliche Plädoyers gab es indessen bei der Beurteilung des Vergehens des «cassierten» Leutnants Hans Hermann von Katte. Drei der Richtergremien, nämlich die Majore, Oberstleutnants und Obersten, erkannten auf Todesstrafe, während die Kapitäne und Generalmajore auf ewige Festungshaft votierten. Da jedoch auch der Präses des Kriegsgerichts, der fromme und in tiefer Aufrichtigkeit seinem Gewissen verpflichtete Graf von der Schulenburg, wegen der Nichtvollziehung des Fluchtplanes eine Haftstrafe für angemessen hielt,[49] kam es am Ende zu einem Richterspruch, der Katte lebenslänglichen Festungsarrest zuerkannte.[50] Friedrich Wilhelm indes war mit diesem Urteil nicht einverstanden. Vielmehr notierte er auf dem ihm vorgelegten Immediatbericht des Generalleutnants von der Schulenburg: «sie sollen Recht sprechen und nit mit dem Federwisch vorüber gehn; da es Katte also wohl gethan, soll das Kriechgericht wieder zusammen komen und ein anderes sprechen».[51] Das am 31. Oktober im Schlosse von Köpenick erneut zusammentretende Kollegium blieb jedoch bei allem ehrerbietigen Respekt bei seinem Spruch, ohne daß sich der König seinerseits beirren ließ. So erging am 1. November, also bereits am folgenden Tag, eine Kabinettsordre an das Kriegsgericht, das die Sprüche über die übrigen Mitverschwörer bestätigte, über Katte jedoch das Todesurteil fällte. Am 3. November wurde der zunächst reumütig um sein Leben flehende, später aber außerordentlich gefaßte Delinquent von einer Eskorte seines eigenen Regiments nach Küstrin gebracht, wo am Morgen des 6. November in Sichtweite des Kronprinzen die Hinrichtung durch das Schwert stattfand.

Die Begründung, die der König für dieses besonders in England mit Entrüstung und Fassungslosigkeit aufgenommene Urteil gab, war wohlüberlegt und offenbar das Ergebnis eines frühzeitig gefaßten Entschlusses. So ist auch die Sprache, in der die obrigkeitliche Anweisung an das Kriegsgericht erging, nicht von jener ungelenken Holprigkeit gekennzeichnet, wie sie in spontanen Äußerungen des Königs üblich war, sondern von einer rationalen Abgewogenheit, die eine klare Konzeption erkennen läßt. Zum einen machte der König deutlich, daß von den Offizieren des Regiments *gens d'armes*

«vermöge ihres Eides» absolute Loyalität erwartet werden müsse.
«Da aber dieser Katte», heißt es dann, die «künftige Sonne», also
den Kronprinzen, zur Desertion angestiftet und «mit fremden Mi-
nistren und Gesandten allemal durch einander gesteckt» und überdies nicht davor zurückgeschreckt sei, mit dem Kronprinzen zu
«complottiren», so wisse er nicht, «was vor kahle Raisons» das
Kriegsgericht herangezogen und ihm das Leben nicht abgespro-
chen habe. Hinzu komme, daß eine zu milde Bestrafung Kattes allen, die sich zu ähnlicher Pflichtvergessenheit hinreißen lassen soll
ten, als Präzedenzfall dienen würde. Er erinnerte sich in diesem
Zusammenhang, in seiner Schulzeit das Sprichwort gelernt zu haben: *fiat iustitia et pereat mundus*. Also, fuhr er fort, wolle er «hiermit und zwar von Rechts wegen, daß der Katte, ob er schon nach
denen Rechten verdienet gehabt, wegen des begangenen Crimen
laesae Majestatis mit glühenden Zangen zerrissen und aufgehänget
zu werden», aus Rücksichtnahme auf seine Familie *nur* «mit dem
Schwert vom Leben zum Tode gebracht werden soll». Wenn das
Kriegsgericht Katte diese Sentenz verkünde, solle ihm mitgeteilt
werden, «daß Sr. K. M. es leid thäte; es wäre aber besser, daß er
stürbe als daß die Justitz aus der Welt käme».[52]

Offensichtlich ging es dem König also darum, mit Härte, aber
zugleich auch im Rahmen der gültigen Rechtsordnung, ein Exempel zu statuieren. Er erkannte in seinem Urteilspruch nicht nur auf
eine Strafe für das Komplott, das zur Flucht des Kronprinzen ge-
schmiedet worden war, sondern auch für das *Crimen laesae Maiestatis*, auf das nach der Rechtsvorstellung der Zeit in jedem Fall die
Todesstrafe stand.[53] Keines der fünf Richterkollegien hatte die Vergehen Kattes in dieser Weise bewertet. Insofern gelangte der König
in obrigkeitlicher Souveränität nicht nur hinsichtlich des Strafma-
ßes, sondern auch in der Einschätzung der Straftatbestände zu einer Verschärfung des Richterspruchs, obwohl er in seiner Kabinettsordre ausdrücklich unterstrichen hatte, daß er gewöhnlich
bestrebt sei, die von Kriegsgerichten gefällten Urteile nicht «zu
schärfen, sondern vielmehr, wo es möglich zu mindern». Er glaubte
dabei durchaus im Rahmen des geltenden Rechts zu urteilen. Aber
unverkennbar ist, das belegt vor allem die Schlußsentenz seines
Plädoyers, daß ihm an einer unmißverständlichen Lektion gelegen
war und daß er – wie er die Engländer in heftiger Zurückweisung

jeglichen Einspruchs wissen ließ – «keinen Nehben Regenten» an
seiner Seite zulassen werde.[54] Aber wem galt diese Lektion?

Der Kronprinz, dem sich Katte ebenso offenherzig wie berech-
nend angeschlossen hatte, wird in der das Todesurteil fällenden
Kabinettsordre des Königs in seltsamer Zwielichtigkeit lediglich als
die «künftige Sonne» hingestellt. Dem König mag unbeschadet der
Eifersucht, mit der er bereits vorher schon den Thronfolger betrachtet hatte, in den Wochen und Monaten nach dem Fluchtversuch erst ganz bewußt geworden sein, welche Sympathien der jetzt
18-jährige, offenkundig hochbegabte und so unendlich viel ge-
winnendere Kronprinz in der Familie, in der Armee und sogar im
Ränkespiel der Höfe genoß. Er mochte vielen wirklich wie die auf-
gehende Sonne erscheinen. Aber daß das über Katte gesprochene
Urteil auch etwas Konkretes mit dem Kronprinzen zu tun hatte,
wird aus den Anweisungen ersichtlich, die der König dem Generalmajor von Lepel, dem Gouverneur der Festung Küstrin, hinsichtlich der Exekution des Leutnants Katte erteilte. So wies er Lepel in
einer Kabinettsordre vom 3. November 1730 an, daß der zum
Tode Verurteilte vor dem Fenster des Kronprinzen oder aber an
einem Platz hinzurichten sei, den der Inhaftierte gut übersehen
könne. «Bevor die Execution angehet, sollt Ihr, der Obriste Reich-
mann, und ein Capitain oben bei den Kronprinzen gehen, und in
Meinem Namen Ihm befehlen, es mit anzusehen [...].»[55]

Noch aufschlußreicher für die Absicht des Vaters, mit der Hinrichtung Kattes vor allem auch den Kronprinzen zu bestrafen, ist
ein Schreiben, das der König ebenfalls am 3. November an den
Feldprediger Johann Ernst Müller vom Regiment *gens d'armes* richtete. Wenn er sich nach Küstrin begeben habe, «so befehle ich
Euch gleich nach der Execution oben bei den Kronprinz zu gehen,
mit Ihm zu raisonniren und Ihm vorzustellen, daß wer Gott ver-
ließe», auch von ihm verlassen werde. Er, der Kronprinz, «möchte
in sich gehen, Gott recht von Herzen um Vergebung bitten vor die
schwere Sünde, so er begangen und Leuthe mit verführet», von denen nun einer sein Leben lassen müsse. Wenn er den Kronprinzen
daraufhin zerknirscht finde, solle er ihn animieren, mit ihm auf die
Knie zu fallen und Gott mit tränendem Herzen um Vergebung zu
bitten. «Ihr müsset aber alles mit guter Arth und Vorsicht thun,
denn Er ein verschlagener Kopf ist, und müsset Ihr wohl acht ge-

ben, ob alles auch mit einer wahren Reue und gebrochenem Herzen geschehe.» Er hoffe, fuhr der König fort, «daß der jetzige Umstand, und die in frischem Andenken alsdenn seiende Execution Ihm das Herz rühren und weich machen wird». «Weil er ein ingeniöser Kopf ist», müsse ihm auf jeden Einwand «kurz und mit wenig Worten, aber bündig und gründlich» geantwortet werden. Wenn der Feldprediger schließlich finde, daß dem Kronprinzen seine Appelle zu Herzen gingen, solle er regelmäßig zu ihm gehen und ihm unablässig ins Gewissen reden.[56]

Die Hinrichtung Kattes war demnach ein Strafgericht, das sich ganz unmittelbar auch gegen den Kronprinzen richtete. Es sollte ihn zu einer grundsätzlichen Umkehr bewegen. Alle Äußerungen des Königs in dieser Affäre deuten in diese Richtung. Ja, sie vermitteln den Eindruck, daß der König wohlüberlegt und planmäßig und von Versuchen einer vermittelnden Einflußnahme, wie sie sich Seckendorff etwa zugute hielt, völlig unabhängig handelte. Die lükkenlos überlieferten Briefe und Erlasse geben in ihrer raschen Aufeinanderfolge deutlich zu erkennen, daß der König in seinem auf unheimliche Weise entrückten Refugium im Schlosse von Wusterhausen die Fäden fest in der Hand hielt und während des ganzen noch schwebenden Verfahrens nichts anderes zu erreichen bestrebt war, als den Thronfolger endgültig auf die Knie zu zwingen.

Auch den Feldprediger, der auf Anweisung des Königs in Küstrin geblieben war und dem Kronprinzen nach der Hinrichtung tröstend und unterweisend zur Seite stand, hatte Friedrich in einem langen Gespräch wissen lassen, daß der König den Freund vor den Augen des Kronprinzen habe hinrichten lassen, um ihn dadurch «zum ernstlichen und gründlichen Nachdenken zu bringen».[57] Der König hatte zwar bei der Begründung des Todesurteils die Notwendigkeit angeführt, für die Gerechtigkeit in der Welt einstehen zu müssen. Eine gewiß nicht nebensächliche Absicht bestand indessen darin, den Kronprinzen von der Unerbittlichkeit seines Gehorsamsanspruchs zu überzeugen.

Daß der König den Thronfolger auch ganz persönlich haftbar zu machen wünschte, verdeutlichen die überaus eindringlichen Passagen seiner Instruktionen, in denen er die Prädestinationslehre des Calvinismus verwarf und die Verantwortlichkeit eines jeden Einzelnen für seine Glückseligkeit unterstrich. So wies er als calvinisti-

scher Landesherr den lutherischen Feldprediger an, dem Kronprinzen mit allem Nachdruck klarzumachen, daß es ein großer Irrtum
sei zu glauben, der eine sei zu diesem, der andere zu jenem prädestiniert.[58] Und obwohl Müller bereits am 8. November dem König
berichtet hatte, daß er dem Kronprinzen die Vorstellung von der
«absoluten Gnaden-Wahl» ausgeredet und statt dessen deutlich gemacht habe, daß es Gottes Intention sei, auch die bösesten Menschen selig zu machen, und daß nicht Gott, sondern die Menschen
schuld an ihrer Verdammnis seien,[59] beharrte der König in einer
Kabinettsordre vom 12. November noch einmal darauf, «alles, was
auf der Welt nur möglich ist», anzuwenden, um den Kronprinzen
davon zu überzeugen, daß gut und böse nicht «von einer besonderen fatalité» abhängen, der niemand entgehen könne. «Diesen so
schädlichen Irrthum», befahl der König, «sollet Ihr Ihm aus der
Heiligen Schrift klar widerlegen, und deshalb die Bibel selbst mit
Ihm aufschlagen und gründlich erweisen, daß der Mensch keine
pure Statue sei und Gott seine Gnade allen anbiethe, die Bösen
aber, so solche nicht annehmen wollen, sich selbst in Ihr Unglück
bringen». Müller sollte weder Mühe noch Fleiß scheuen, um mit
göttlicher Hilfe etwas Gutes auszurichten.[60]

Der Vater verfolgte also die Absicht, den Thronfolger durch das
Eingeständnis seiner Schuld zu einer Umkehr zu veranlassen. In
den Augen des Königs war und blieb er ein Übeltäter und Bösewicht. Aber Friedrich Wilhelm wollte ihn unter keinem theologisch
noch so fundierten Vorwand aus der Verantwortung entlassen, sich
um seines Seelenheiles, vor allem aber um seines Herrscheramtes
willen zu bessern. Deswegen mußte ihm weniger aus Gründen religiöser Überzeugungen, sondern aus Staatsräsonerwägungen beigebracht werden, daß es an ihm, dem Kronprinzen, selber liege,
sich anzustrengen und zu ändern.

Der König blieb dennoch mißtrauisch. Er hielt es einmal mehr
für erforderlich, Friedrich als einen «verschlagenen Kopf» zu bezeichnen, vor dessen Verstellungen man sich in acht nehmen
müsse. Wie sehr tatsächlich Anlaß zu solchem Argwohn bestand,
dokumentiert ein Brief, den Friedrich am Abend des 1. November
unter Umgehung der strengen Haftvorschriften an seine Schwester
Wilhelmine zu expedieren vermochte. «Welche Freude für mich»,
schrieb er, «daß weder Schloß noch Riegel mich hindern können,

dir meine vollkommene Freundschaft zu versichern.» In diesem
beinahe ganz verdorbenen Jahrhundert gebe es noch rechtschaffene
Leute («honnêtes gens»), die ihm dabei behilflich seien. Aber darüber hinaus beklagte er, daß ihn das Kriegsgericht verketzern
werde; denn es genüge ja bereits, nicht in allem mit den Ansichten
des Herrn und Meisters übereinzustimmen. «Du kannst dir also»,
fuhr er fort, «ohne Mühe die nette Art vorstellen, mit der man
mich behandeln wird. Ich meinerseits beunruhige mich nicht über
die Anathemas, die man gegen mich aussprechen wird, wenn ich
nur versichert bin, daß meine liebenswerte Schwester ihnen nicht
beipflichten wird.»[61]

Dieses Trugbild selbstgerechter Unbelehrbarkeit wich erst, als
man den völlig überraschten und zu Tode erschrockenen Kronprinzen am Morgen des 6. November von der unmittelbar bevorstehenden Hinrichtung des mitverschworenen Freundes unterrichtete.
Nachdem Friedrich um fünf Uhr in der Frühe geweckt worden
war, teilte man ihm mit, daß das über Katte verhängte Todesurteil
in zwei Stunden vollstreckt werde – auf ausdrückliche Anordnung
des Königs unter dem Fenster seiner Arreststube, damit er die Exekution mitverfolgen könne. Friedrich war nach allen Berichten, die
über das Geschehen in Küstrin vorliegen, außer sich vor Entsetzen.
Er versuchte, Katte noch einmal zu sprechen, und bat inständig
darum, die Hinrichtung aufzuschieben, um dem König den Verzicht auf Krone und Zepter, ja sein Leben für das des Freundes
anzubieten. Da indessen entsprechende Weisungen des Königs
nicht vorlagen, sah sich Generalmajor von Lepel gezwungen, die
Hinrichtung durchzuführen, ohne den Bitten des Kronprinzen zu
entsprechen.

Als Katte in brauner Häftlingskleidung an die Richtstätte trat,
warf ihm der Kronprinz einen Kuß zu und bat ihn mit flehent-
lichem Zurufen um Verzeihung.[62] Doch ehe das Urteil verlesen
war und der Scharfrichter seines Amtes waltete, war Friedrich ohn-
mächtig in sich zusammengesunken. Er erholte sich von diesem
Schock nur langsam. So trat er immer wieder an das Fenster seines
Gefängnisses und starrte auf den Hingerichteten, über dessen
Leichnam ein schwarzes Tuch gebreitet worden war. Der König
hatte angeordnet, daß der Delinquent unter den Augen einer dop-
pelten Schildwache bis um zwei Uhr nachmittags auf dem aufge-

schütteten Sandhaufen des Richtplatzes liegenbleiben und erst danach von angesehenen Bürgern der Stadt beigesetzt werden solle.
Der Immediatbericht der neumärkischen Kriegs- und Domänenkammer vom nächsten Tag vermerkt, daß entsprechend verfahren
wurde. Man teilte dem König im übrigen mit, daß sich der Kronprinz über die Hinrichtung «dergestalt alteriret» habe, daß er drei-
mal in Ohnmacht gefallen sei und sich auch heute noch sehr übel
fühle.[63] Auch der Bericht des Gouverneurs von Lepel bestätigte auf
ausdrückliche Nachfrage des Königs noch einmal, daß Friedrich
schlecht geschlafen habe und von schlimmen Phantasien geplagt
werde. Er habe immer wieder geweint und «allemal großen
Schrecken» gehabt. Auch habe er verlangt, daß der Sand unter seinem Fenster weggebracht werde.[64]

Den genauesten Eindruck von der tiefen Gemütsbewegung des
Kronprinzen vermitteln jedoch die Immediatberichte des Feldpredigers Müller vom 8. und 10. November. Müller war ein dreißigjähriger lutherischer Theologe, der nach seinem Studium in Leipzig
und Halle erst zwei Jahre zuvor das Amt des Feldpredigers beim
Regiment *gens d'armes* angetreten hatte. Der erste dieser Berichte
enthält ausführliche Darlegungen über die intensiven Gespräche,
die er mit dem Kronprinzen vor allem über theologische Probleme
geführt hatte. Aber dann kam auch der Konflikt mit dem Vater zur
Sprache. Dabei äußerte Friedrich, daß er an eine Vergebung nicht
mehr glauben könne, weil er den König allzu sehr gereizt habe.
Auch ängstigte er sich, daß er in den Gesprächen mit dem Prediger
auf den Tod vorbereitet werden sollte. Er habe, schrieb Müller,
große Mühe gehabt, dem Kronprinzen diese Meinung auszureden,
und ihn beschworen, daß der König, wenn er von der «emenda-
tion» seines Sohnes überzeugt sei, ein barmherziger Vater sein
werde. Weil ich nun, fuhr Müller fort, «aus seinem vielfältigen weh-
müthigen Bezeigen Ew. K. Maj. vor Gottes Angesicht versichern
kann, daß keine Verstellung bei dem Kronprinzen im geringsten zu
spüren; so bitte aufs aller Unterthänigste und Demüthigste, Ew.
Maj. wolten nach dem Exempel des Großen Gottes barmherzig
sein, indem ich immer mehr befürchte, daß der Kronprinz in
Furcht und Erwartung derer Dinge, die über ihn noch kommen
könten und wegen anhaltender und zunehmender großen Traurig-
keit in eine schwere Gemüthskrankheit [...] verfallen wird».[65]

Am selben Tag, dem 8. November, hatte der König aber bereits
seine Entschlüsse gefaßt. Bemerkenswerterweise gab er jenem Feldprediger Müller, der offenbar nur wegen seiner seelsorgerischen
Zuständigkeit für das Regiment, dem Katte angehört hatte, in dieses außerordentliche Vertrauen gezogen wurde, die Ordre, dem
Kronprinzen in seinem Namen anzudeuten, daß er «Ihn zwar noch
nicht gänzlich pardonniren könnte», aber die Absicht habe, ihn aus
dem scharfen Arrest zu entlassen. Er sollte jedoch Küstrin nicht
verlassen dürfen und angehalten werden, bei der Kriegs- und
Domänenkammer und Regierung von morgens bis abends in ökonomischen Sachen zu arbeiten und dabei Rechnungen entgegenzunehmen, Akten zu studieren und Exzerpte anzufertigen. Zuvor
werde er jedoch verlangen, daß der Kronprinz «einen körperlichen
Eid» ablege und vor einer nach Küstrin entsandten Kommission
schwört, dem königlichen Willen strikte und gehorsam nachzu-
leben. Wenn er jedoch «wieder umschlagen und auf die alten
Sprünge kommen würde, solle er der Krone und Chur bei der Suc-
cession verlustig sein, auch nach denen Umständen wohl gar das
Leben verlieren». Er kenne sein böses Herz, ließ er dem Kronprinzen noch einmal einschärfen; wenn er nun den Eid brechen werde,
so könne es keine Entschuldigung mehr geben. «So helfe unser
Heiland», schloß er seine Anweisung an den Feldprediger, daß
«dieser ungerathene Sohn» in die Gemeinschaft mit Gott, dem
Allerhöchsten, zurückgeführt und «sein gottloses Herz zerknirscht,
erweicht und geändert» werden möge.[66]

Nachdem der Feldprediger dem König am 10. November versichert hatte, daß Friedrich den von ihm geforderten Eid ohne
«réservations mentales» zu leisten bereit sei, ließ der König eine
Instruktion aufsetzen, die er den neuernannten Begleitpersonen des
Kronprinzen mit auf den Weg zu geben wünschte. Das Gremium,
dem die Betreuung und Unterweisung des Kronprinzen während
seines Aufenthaltes in Küstrin übertragen wurde, bestand aus dem
Geheimen Rat Gerhard Heinrich von Wolden und den Kammer-
junkern Karl Dubislav von Natzmer und Wilhelm von Rohwedell.
Ihre Aufgabe war insofern außergewöhnlich delikat, als die Instruktion des Königs nicht den geringsten Spielraum ließ und den Er-
ziehern immer wieder den Verlust von Kopf und Leben androhte,
wenn die Vorschriften nicht eingehalten werden sollten.

Dieser «Generalplan» ist einmal mehr ein Dokument nachtragender Engherzigkeit.[67] Es war der zwielichtige Seckendorff, der in der prokaiserlichen Euphorie, die nach dem Scheitern des Fluchtplans und damit auch des englischen Heiratsprojektes am Berliner Hof herrschte, mit der Ausarbeitung dieses Erziehungskonzepts betraut wurde. Auf ihn gingen die Idee einer Eidesleistung und der Vorschlag zurück, den Kronprinzen unter der Aufsicht der Küstriner Kriegs- und Domänenkammer in die Pflicht zu nehmen. Unverkennbar ist jedoch, daß der ganze Duktus der Instruktion und eine Fülle kleinlicher, jede Freizügigkeit despotisch unterdrückender Einzelbestimmungen nur auf den König selbst zurückgehen können. In insgesamt 31, teils ausführlichen Artikeln wurden Wolden, der die Oberaufsicht führen sollte, und das übrige Aufsichtspersonal angewiesen, wie in Zukunft mit dem Kronprinzen umgegangen werden sollte. Vor allem sei darauf zu achten, daß der Kronprinz niemals, weder tags noch nachts, allein sei und immer laut spreche. Er dürfe «an keinen Menschen in der Welt» schreiben, außer an den König, und zwar alle drei Monate zwei Briefe in deutscher Sprache. Überhaupt sei «keine andere Sprache als teutsch» zugelassen und das Französische untersagt. Es solle auch, heißt es in Artikel 11, «mit Ihm nichts gesprochen werden als vom Göttlichen Wort, von der Oeconomie, von des Landes Verfassung, von Manufacturen, Policei-Sachen, Bestellung des Landes, Abnahme der Rechnungen, Raisonnements über Pachtungen, imgleichen von Proceß-Ordnungen, und auf was Weise die Rendanten die Gelder tractieren und die Rechnungen führen sollen».[68] Über Fragen «von Krieg und Frieden und sonst andere politische Sachen» sei jeder direkte oder indirekte Diskurs verboten, ebenso der Ankauf und das Lesen unerlaubter Bücher. Dem Kronprinzen soll ferner jeglicher Umgang mit Musik – sei es hörend, sei es spielend – untersagt sein. Ein umfangreicher, jedes Detail berührender Abschnitt der Instruktionen war dem Tagesablauf während der ganzen Woche gewidmet. Damit aber auch der Kronprinz, heißt es dann im vorletzten Paragraphen, «accurat wisse und nicht aus der acht lasse, was ihm vermöge dieser Instruction zu thun obliegt, so soll er solches öfters, wenigstens alle 4 Wochen einmal durchlesen, und sich den Einhalt derselben recht genau bekannt machen [...]».[69]

Die Kommission, vor der Friedrich seinen Eid abzulegen hatte, erschien am 17. November in Küstrin. Sie hatte den Auftrag, die Wolden erteilte Instruktion und den Eid in Gegenwart des Kronprinzen vorzulesen und ihm dann bis zum nächsten Morgen Bedenkzeit zu geben. Nach der Eidesleistung wurde der strenge Arrest aufgehoben und zugestanden, daß Friedrich ein Haus in der Stadt bezog. Er erhielt zwar seinen Degen zurück, nicht aber seine Offiziersuniform; auch die entsprechenden Reverenzbezeigungen blieben untersagt. Am Montag, den 20. November, am Tage nach der Ablegung des Eides, wurde er in seine Tätigkeit in der Kriegs- und Domänenkammer eingeführt, wobei ihm auf Geheiß des Königs ein kleiner Tisch mit Tinte, Feder und Papier als Arbeitsplatz angewiesen wurde.

Am selben Tag entschloß sich auch der König, mit dem Sohn – dem «Kronprinzen von Preußen», wie er ausdrücklich schrieb – zum ersten Mal nach den Verhören in Wesel wieder in unmittelbaren Kontakt zu treten. Er beabsichtigte offensichtlich, ihm auch seinerseits zu erläutern, welche Erwartungen und Ziele er mit dem nun beginnenden Dienst in der Kriegs- und Domänenkammer verband. Da dem Kronprinzen, führte der König aus, «von bösen Leuthen» allerlei dunkle Geschichten über den Zustand des königlichen Regiments beigebracht worden seien, «so solle er anjetzo aus den Affairen selbst überzeuget werden, daß kein Staat bestehen könne sonder Wirtschaft und gute Verfassungen und ohne daß ohnstreitig das Glück und Heil des Landes davon dependire, wenn der Landes-Herr alles selbst verstehet und ein Wirth und oeconomus ist. Sonsten wenn dieses nicht geschiehet, das Land denen Favoriten und premiers ministres zur Disposition bleibet, welche den Vorteil davon ziehen und alle Sachen in Confusion setzen». Denn «wenn ein Landes-Herr nicht ein guter Wirth ist und Geld hat, und selbiges nicht vernünftig zusammen zu halten weiß», werde er von allen Leuten geschnitten und gerate bei seinen Nachbarn «in schlechte Consideration».[70]

Es sind die Tugenden eines unumschränkten, ängstlich auf seine Ressourcen bedachten Alleinherrschers, die der König hier noch einmal beschwor. Wie oft mochte der Kronprinz diese Sentenzen schon vernommen haben. Aber es hat den Anschein, daß er nach den Erschütterungen der letzten Monate nun ernsthaft bereit war,

sie als Richtschnur eines Amtes aufzufassen, das er einmal auszuüben nun wieder hoffen durfte. Es spricht gleichwohl wenig dafür,
daß die Bekehrung, die der Vater mit drakonischer Härte zu erzwingen versuchte, das Selbstbewußtsein des Kronprinzen endgültig untergraben hat.[71] Sicherlich haben die Erlebnisse dieser
Wochen sein Wesen verändert und zu Verletzungen geführt, deren
Folgen erst später sichtbar wurden. Er war in der Zeit seiner Festungshaft an die Grenzen des psychisch Erträglichen gestoßen,
und es dürfte außer Zweifel stehen, daß die Schrecken des königlichen Strafgerichts tiefe Schatten auf seine Seele geworfen haben.
In seiner Gefängniszelle hatte er dem Feldprediger anvertraut, daß
sein Gemüt «zu solchen Extremitäten» nicht gelangt wäre, wenn
man ihm «nur beweglich und ohne harte Drohungen» zugeredet
hätte.[72] Vielleicht liegen in diesen Wochen tiefer Erniedrigung und
fortwährender Nachstellungen die Wurzeln jener sarkastischen
Verächtlichkeit, mit der Friedrich dann als König auch Freunde
und Vertraute vor den Kopf zu stoßen pflegte. Aber unverkennbar
ist zugleich, daß das Erlebnis der von Todesangst erschütterten
Einsamkeit seine Fähigkeit, sich auch in ausweglos erscheinenden
Situationen zu behaupten und eigene Überzeugungen und Lebensentwürfe zu verbergen, noch stärker auszuprägen vermocht hat. Er
war in dieser verhängnisvollen Zeit völlig auf sich selbst gestellt –
auch von seiten der Mutter sind keine Interventionen oder unmittelbare Zuwendungen überliefert. So lernte er in einem Prozeß
leidvoller Güterabwägung, die Herrschaftsmaximen des ebenso ver-
haßten wie zugleich auch respektierten Vaters in ihrem Kern zu
akzeptieren.

Bemerkenswert ist im übrigen, daß sich im Betragen des Kronprinzen erstaunlich schnell wieder Zuversicht und Unbekümmert-
heit einstellten, Verhaltensweisen also eines offensichtlich ungebrochenen Wesens oder zumindest einer ins Euphorische tendierenden
«Stimmungsnachschwankung», die für alle in seiner Umgebung
etwas ungemein Bezwingendes gehabt haben muß.[73] «Se. Kgl. Hoheit», berichtete man aus Küstrin, «sind lustig wie ein Buchfink.»[74]
So gelang es ihm offenbar auch mühelos und in kurzer Zeit, die
Zuneigung der Mentoren und Hausgenossen zu erlangen, die der
König mit seiner Beaufsichtigung betraut hatte. Sie alle waren nach
wenigen Wochen des Zusammenlebens in Küstrin und der Tätig-

keit in der Kriegs- und Domänenkammer entschlossen, zwischen dem Vater und seinem Sohn zu vermitteln und alles daranzusetzen, daß die Lebens- und Arbeitsbedingungen in Küstrin allmählich erträglicher wurden. Entscheidend war dabei, daß sich jetzt auch der einflußreiche Grumbkow der Sache des Kronprinzen annahm und mit klugem Einfühlungsvermögen Hinweise gab, wie mit dem König am einvernehmlichsten verkehrt werden könne. Das Verhältnis der beiden Kontrahenten blieb gleichwohl schwierig und gespannt. Der fortschwelende Konflikt entzündete sich bemerkenswerterweise noch einmal an der Prädestinationslehre, an der der Kronprinz nach dem Eingeständnis des Geheimen Rates von Wolden unverändert festhielt.[75] Der König war entrüstet über diese Nachricht. In äußerster Erregung schickte er am 29. November einen Eilboten nach Küstrin und ließ Wolden wissen, daß er, der König, sich angesichts dieses Rückfalls nichts vorzuwerfen habe. Wenn der Bösewicht, so nannte er den Sohn, zum Teufel gehen wolle, so fahre er hin. Indessen solle auch weiterhin nichts unversucht gelassen werden, um ihm seinen Irrtum vor Augen zu führen.[76] Im übrigen aber stieg noch einmal der ganze Ärger über das Auftreten des Prinzen in seinem heftig erregten Gemüt auf. So hielt es ihn nicht zurück, sich wiederum über Friedrichs Frisur, seinen schiefen und gebogenen Gang, seine Unreinlichkeit, seine Tischmanieren, sein fortwährendes Grimassenschneiden und seine Handschrift auszulassen. Wolden werde, prophezeite ihm der König, seinen «Heiligen» noch kennenlernen: Es sei nichts Gutes an ihm.

Daß der Kronprinz sich jedoch auch nach der durch seinen Eid besiegelten Unterwerfung in keiner Weise beirren ließ, wird auch daran deutlich, daß er in der Gewissensfrage der göttlichen Gnadenwahl nicht nachzugeben bereit war. Er glaube, ließ er Wolden mit erstaunlicher Kühnheit wissen, daß er besser getan habe, seine Herzensmeinung klar und deutlich zu entdecken, als durch Heuchelei und verstelltes Wesen Gott und den König zu hintergehen.[77] Friedrich Wilhelm verlangte daraufhin, daß der Thronfolger die Namen derjenigen nenne, die ihn in diesen Irrglauben geführt hätten. Es folgten Verhöre der Religionslehrer und Erzieher, ohne daß die Hintergründe und Einzelheiten der Bildungseinflüsse wirklich aufgeklärt werden konnten.[78] Nur Duhan de Jandun, der erste

Mentor und Vertraute des Kronprinzen, wurde unter dem Verdacht, seinem Zögling das «partikularistische» Dogma vermittelt zu haben, aller Ämter enthoben und in Memel gefangengesetzt. Erst im April 1733 konnte Friedrich unter Vermittlung Seckendorffs seine Freilassung erwirken.[79] Christoph Werner Hille, der etwas pedantische, zugleich aber auch kluge und gebildete Kammerdirektor in Küstrin,[80] mit dem der Kronprinz täglich in der Kanzlei zusammenarbeitete, vertraute indessen Grumbkow an, daß Friedrich in der Frage der Gnadenwahl unnachgiebig sei. Aber zugleich äußerte sich der Prinz auch in tiefer Resignation: Alle Unterwürfigkeit und der Gehorsam bis ins kleinste habe nichts zuwege gebracht. Man suche ständig Streit mit ihm. Deshalb erschien es ihm letztlich auch gleichgültig, sich aufzubäumen oder in Ehren unterzugehen.[81]

Hille war es jedoch am Ende, der Friedrich davon zu überzeugen vermochte, daß es eine Torheit wäre, über diesen Streit um Worte das Martyrium zu erleiden.[82] So berichtete der Kronprinz dem König schließlich am 27. Dezember, daß er angesichts der rein spekulativen Natur der Streitfrage der Auffassung des Vaters beizupflichten geneigt sei und die bisher vertretene Meinung aufgeben wolle, zumal sie dem König so sehr mißfalle.[83] Wolden berichtete im übrigen, daß der Kronprinz «die Frage des Particularismo» mehr für philosophisch als theologisch halte und «folglich der aus dieser Opinion gefolgerten gefährlich scheinenden Consequenzen sich gar nicht theilhaftig gemacht, noch weniger geglaubet, daß solche auf das praktische Christenthum die geringste Influence habe».[84] Aber ging es hier tatsächlich um theologische Probleme?

Der König war in der Frage des calvinistischen Prädestinationsdogmas seit seiner eigenen Jugend in höchstem Maße sensibilisiert. Um dem Thronfolger ähnliche Gewissensnöte zu ersparen, hatte er bereits in seiner Instruktion von 1718 die Prinzenerzieher ausdrücklich angewiesen, den Heranwachsenden mit der Lehre von der Unausweichlichkeit der göttlichen Gnadenwahl nicht zu verängstigen. Während der Verhöre in Wesel erkannte er aber nun zu seinem Entsetzen, daß der wegen seiner religiösen Indolenz immer wieder Gescholtene ausgerechnet in dieser Frage eine feste, theologisch wohlbegründete Auffassung vertrat. Friedrich hatte in den Gesprächen mit dem Feldprediger Müller sogar Luther selbst ins

Feld geführt, um die Rechtmäßigkeit seiner Überzeugung unter Beweis zu stellen. Insofern waren es in der Tat theologische Grundsatzfragen, die in den Auseinandersetzungen zwischen Vater und Sohn zur Debatte standen. Aber warum traten sie plötzlich mit solcher Vehemenz in den Vordergrund?

Dem Kronprinzen war erst in Wesel die ganze Tragweite seines leichtfertig unternommenen Fluchtversuchs zu Bewußtsein gekommen. Und als er sich auch physisch umstellt sah von der Macht- und Körperfülle des Vaters, erkannte er in der so verwerflich erscheinenden Vorstellung der göttlichen Gnadenwahl jene Bastion, in der er sich vor den Attacken des Vaters zu behaupten vermochte. Ja, es gelang ihm mit außerordentlichem Geschick sogar, den Vater in die Defensive zu drängen und ihm die Verantwortung für jenes Zerwürfnis zuzuschieben, das die Uneinsichtigkeit und Verstocktheit des Sohnes erst heraufbeschworen hatte. Er scheint die geheime Angst des Vaters erahnt zu haben, daß dem Thronfolger in dem Glauben an seine unwiderrufliche Verworfenheit nicht mehr beizukommen und daß jeder Versuch, ihn zur Umkehr zu bewegen, von vornherein zum Scheitern verurteilt sei. Daß der Vater tatsächlich ein schlechtes Gewissen hatte, zeigte sich in der brüsken Äußerung Wolden gegenüber, daß er sich hinsichtlich der theologischen Auffassungen des Prinzen nichts vorzuwerfen habe, obwohl es ja gerade der Vater war, der in die Erziehung des Prinzen immer wieder und so kleinlich reglementierend eingegriffen hatte. Und wie anders ist zu deuten, daß er die Erzieher hochnotpeinlich zu befragen befahl, wie dem Kronprinzen die Vorstellung von der Gnadenwahl hatte beigebracht werden können?

Aber auch der König verstand sich darauf, den Sohn in der Frage der Prädestination in die Enge zu treiben. Auf die Nachricht, daß sich der Kronprinz in Küstrin zu langweilen beginne, antwortete er in einem an den Geheimen Rat von Wolden gerichteten Handschreiben vom 12. Dezember, daß dies seine Schuld nicht sei. Vielmehr habe er seinem Sohn tausendmal vorgestellt, was süß und sauer sei. Dieser habe das Saure erwählt, und so sei es nun an ihm, es standhaft auszuhalten. Küstrin, fuhr er in grimmiger Ironie fort, sei doch besser, als dem Vater zu gehorchen. Er, Friedrich, sei von Gott dazu prädestiniert, ihm ungehorsam zu sein; das ist seine verdammte Lehre: «also sollte er nur feste dabei bleiben». Wenn er seine Meinung nicht

ändere, solle er zum Teufel fahren. Küstrin sei eine Bagatelle; «aber
ewig, ewig, ewig zum Teufel verdammet, da ist kein Pardon!»[85]
Auch das Ringen um die Prädestinationslehre dürfte demnach
Bestandteil jenes verbissenen Kräftemessens gewesen sein, in dem
sich Vater und Sohn nach wie vor unversöhnlich gegenüberstanden.
Friedrich wird mit dem wachen Instinkt eines taktisch bereits überaus Versierten nicht zu Unrecht darauf spekuliert haben, daß er
sich in der bedrohlichen Lage, in die er durch sein Aufbegehren
geraten war, mit dem Rückgriff auf seine Vorherbestimmtheit Beachtung und Nachsicht zu verschaffen vermochte. Insofern ist die
auf den ersten Blick beiläufig erscheinende Auseinandersetzung um
die Lehre von der göttlichen Gnadenwahl ohne Zweifel als ein zentraler Aspekt des Konfliktes zwischen Vater und Sohn zu betrachten. Sie dürfte ein Seitenstück zu der trotzigen Selbstbehauptung
während der fiebrigen Erkrankung des Kronprinzen im Dezember
1730 gewesen sein. Hille teilte Grumbkow in einem seiner zahlreichen, beinahe täglich erstatteten Berichte mit, daß sich Friedrich
redlich bemühe, alles ohne Klagen zu ertragen und wacker durchzuhalten. Aber er glaube, «seine Absicht dabei ist mehr als alles andere, den König ins Unrecht zu setzen».[86]
Die Debatte über dieses heikle Thema wurde auf allen Seiten
auf einem hohen Niveau geführt. Die Einwände, die der Kronprinz
gegen die Lehrmeinung des Vaters und der von ihm bestellten Erzieher vorbrachte, dokumentieren auf eindrucksvolle Weise, daß er
sich allen Klagen des Vaters zum Trotz hervorragende Bibelkennt-
nisse und eine beachtliche Kompetenz in theologischen Streitfra-
gen erworben hatte – Bossuet, den letzten großen Vertreter einer
heilsgeschichtlich inspirierten Weltgeschichte, den Bischof von
Meaux und Hofprediger Ludwigs XIV., nannte er ausdrücklich.
Aber die Wendigkeit, mit der er in der Frage der göttlichen Gnadenwahl dann doch einzulenken für nötig hielt, zeigt mit aller
Deutlichkeit, daß es hier nicht so sehr um existentielle Fragen ging,
sondern mehr um ein taktisches Spiel, das ihm in der Auseinandersetzung mit dem Vater moralische Entlastung verschaffen sollte. So
ist nicht zu leugnen, daß der Thronfolger eine innere Beziehung zu
Glauben und Frömmigkeit wohl von Anfang an nicht gehabt hat.
Vielleicht waren die Ängste und Obsessionen des Vaters gerade in
religiösen Fragen an dieser Immunisierung nicht schuldlos.

Aber wie wenig innig Friedrichs religiöse Überzeugungen auch gewesen sein mögen: Festzuhalten ist, daß er auch nach der Aussöhnung mit dem Vater sich intensiv mit Fragen der Theologie auseinandersetzte und im April 1736 schließlich das Folgende mit offenbar grundsätzlichem Nachdruck zu Protokoll gegeben hat: «Es genügt mir», schrieb er an den Grafen von Manteuffel, «daß ich von der Unsterblichkeit meiner Seele überzeugt bin, daß ich an Gott glaube und an den, welchen er gesandt hat, die Welt aufzuklären und zu erlösen; und daß ich mich tugendhaft zu machen trachte, so viel es mir durch meine Kräfte möglich ist; daß ich die Werke der Anbetung verrichte, die die Kreatur ihrem Schöpfer schulden, und die Pflichten erfülle, die ich als guter Bürger meinesgleichen, also den Menschen gegenüber habe.» Dann könne er sicher sein, daß die Zukunft ihm nicht verderblich sei; nicht als ob er glaube, den Himmel durch seine Werke erlangen zu können, was widersinnig und der Gipfel der Lächerlichkeit wäre; er sei vielmehr der festen Überzeugung, «daß Gott ein Geschöpf nicht ewig unglücklich machen wird, das ihn in jener Hingabe liebt, welche das Geschenk verdient, von Gott geschaffen worden zu sein – ein Geschöpf voller Fehler und Sünden, deren Ursachen freilich in seinem Temperament und nicht in seinem Herzen liegen».[87] Es hat den Anschein, als wenn diese Sentenzen ein abschließendes Wort in dieser Angelegenheit darstellten, auch wenn bei allen Äußerungen dieser Art berücksichtigt werden muß, daß der Kronprinz die Wirkung solchen Räsonnements gerade auch im Hinblick auf den Vater und seine Zuträger genau kalkuliert haben dürfte. Das listenreiche Versteckspiel gehörte längst zu seinem Habitus. Aber unverkennbar traten in den Überzeugungen Friedrichs gerade auch unter dem Einfluß Voltaires nun immer deutlicher die Prinzipien jener «Antitheologie» in den Vordergrund, die von der Schule der *philosophes* in ihrem Streben nach aufgeklärter Rationalität vertreten wurde.

Es folgten Wochen und Monate schrecklicher Eintönigkeit und fortwährender Ermahnungen. Alle Bitten um das eine oder andere Buch wurden durch den Vater schroff zurückgewiesen. Noch im Juni 1731 ließ er dem Kronprinzen erklären, daß er schon wisse, «wann das böse Herz wird gebessert sein, wahrhaftig, und nit Heuchelei darin ist».[88] Erst am 14. August, dem Geburtstag Friedrich Wilhelms, kam es dann in Küstrin erstmals wieder zu einer Begegnung zwischen dem Vater und seinem Sohn. Der König erschien in Begleitung von Grumbkow, dem Generaladjutanten Christoph Reinhold von Derschau und dem Gouverneur von Küstrin. Und obwohl ihm der Kronprinz sogleich zu Füßen fiel, nutzte er seinen ersten Auftritt nach einem ganzen Jahr peinigender Entrücktheit, um dem Sohn erneut ins Gewissen zu reden. Wir erfahren aus den entsprechenden Berichten Grumbkows, daß alle Missetaten, Verfehlungen und Liederlichkeiten des Prinzen noch einmal zur Sprache kamen. Dabei unterstrich der König, daß noch niemand etwas gegen seinen Willen auszurichten vermocht habe. «Ihr habt», fuhr er fort, «gemeint, mit eurem Eigensinne durchzukommen; aber höre, mein Kerl, wenn du auch sechzig oder siebzig Jahre alt wärst, so sollst du mich nichts vorschreiben.» Und da er sich bis dato noch gegen jeden behauptet habe, werde es ihm auch jetzt an Mitteln nicht fehlen, den Prinzen zur Räson zu bringen. Als der Vater dann aber zum Schluß seiner Philippika erklärte, daß er das Geschehene nunmehr zu vergeben gedächte, fiel der Sohn schluchzend auf die Knie und küßte dem Vater die Füße. Daraufhin schloß ihn der König in die Arme. Als er schließlich den Wagen bestieg, umarmte er den Sohn vor allem Volk noch einmal und gab ihm das Versprechen, auch weiterhin für ihn zu sorgen.[89]

Der königliche Besuch in Küstrin brachte tatsächlich eine Wende. Denn für Friedrich öffneten sich nun die Festungstore, so daß er zunächst in Tagesausflügen, später auch auf mehrtägigen Reisen die Neumark bis an die polnische und schlesische Grenze zu erkunden vermochte. Das Studium französischer Bücher und Amüsements bei Tanz und Musik blieben freilich untersagt. Dennoch wurden nun Feste gefeiert und in wiedergewonnener Lebensfreude auch Fensterscheiben eingeworfen. In der Kammer führte der Prinz jetzt eine eigene Stimme und rückte auf einen Platz neben dem Präsidenten auf.

Im November war es dann soweit, daß Friedrich aus Anlaß der Vermählung seiner Schwester Wilhelmine mit dem Markgrafen von Bayreuth für einige Tage nach Berlin reisen durfte. Auf Fürsprache der Generalität wurde er am 27. November wieder in die Armee aufgenommen. Zugleich sprach ihm der König das in Ruppin und Nauen stationierte Infanterieregiment von der Goltz als neuem Chef zu. Erst jetzt war die Begnadigung wirklich vollzogen und ein Ende seines Festungsarrestes absehbar. So sehr sich Friedrich zunächst auch gegen das Kriegshandwerk gesträubt hatte: Jetzt, als er die «Galeere» zu verlassen im Begriffe war, empfand er es als Wiederherstellung seiner Reputation, wieder Offizier zu sein und nicht mehr zu jenen tintenklecksenden, meist bürgerlichen Zivilbeamten gezählt zu werden, die im Staate des Soldatenkönigs eben letztlich doch als Kanaillen und Subalterne eingeschätzt wurden.

Der außerordentlich enge und vertraute Umgang, den der Kronprinz auf Anordnung des Vaters mit seinen Küstriner Mentoren zu pflegen hatte, brachte es mit sich, daß sich sowohl der Geheime Rat von Wolden als auch der Kammerdirektor Hille in Schreiben an den nach wie vor die Fäden ziehenden Grumbkow Rechenschaft über die zurückliegenden Monate zu geben versuchten. Wolden hatte, wie er am 2. Oktober 1731 schrieb, den Eindruck gewonnen, daß Friedrich «mit seinem eindringenden Verstand» zu allem befähigt sei. Im übrigen vermutete er, daß der Küstriner Aufenthalt Friedrichs nicht ganz ohne Nutzen für ihn gewesen sei. «Denn abgesehen davon, daß die Trübsal ihm Kopf und Herz gebildet hat, so beginnt er doch auch eine richtige Vorstellung von sehr vielen Dingen zu gewinnen, von denen er vorher keine Ahnung hatte. Der liebe Gott wolle nur seine Majestät noch einige Jahre leben lassen, damit der Kronprinz ausreifen kann; aber dann wette ich, daß er einer der größten Fürsten sein wird, die das Haus Brandenburg hervorgebracht hat.»[90]

Kritischer äußerte sich Hille. Er anerkannte zwar den Eifer, mit dem sich der Kronprinz seiner Aufgaben in der Kammer entledigt hatte, sah im übrigen aber die Bewunderung Friedrichs für alles Französische mit ähnlicher Skepsis wie der Vater. «Da er», führte Hille aus, «alle Leute nach dem beurteilt, was glänzt, oder was die Franzosen Esprit nennen, so wird der, welcher nichts als den nackten, gesunden Menschenverstand hat, in den Wettbewerb nicht eintreten können, besäße er gleich sämtliche Kenntnisse, Tüchtigkeiten und Tugenden.» Die Deutschen kenne er so gut wie gar nicht.[91] Friedrichs Vorstellungswelt war demnach festgefügt und in Abgrenzung gegen den Bildungshorizont des Vaters eindeutig definiert. Auch in der hermetischen Abgeschiedenheit des Küstriner Festungsquartiers traten jene ins Schwärmerische übersteigerten

Vorlieben und tiefsitzenden Ressentiments zutage, die ihn bis zu
seinem abschätzigen Traktat über die deutsche Literatur von 1780
begleitet haben.

Zu den Eindrücken, die der Kronprinz in den Monaten seines
Küstriner Arrestes seiner Umgebung vermittelt hat, gehören auch
die Beobachtungen des Generalmajors Adolf Friedrich von der
Schulenburg, der in Landsberg ein Kommando führte. Sie waren
wie die Einschätzungen Hilles durchaus kritisch und berührten Eigenheiten Friedrichs, die bis ins hohe Alter für sein Wesen und
sein Erscheinungsbild kennzeichnend blieben. Seine Neigung, an
jedem, der ihm begegnete, sogleich eine lächerlich wirkende Seite
ausfindig zu machen, und sein Hang zu verletzenden Neckereien
schienen Schulenburg gefährliche Charakterzüge eines Fürsten, der
sich bei aller Menschenkenntnis in seinen Äußerungen doch mäßigen müsse. «Ich merke wohl», schrieb er an Grumbkow, «daß er
Ratschläge nicht liebt; er gefällt sich nur im Umgang mit solchen,
die geistig unter ihm stehen.»[92] Es wird noch zu zeigen sein, wie
hellsichtig diese Eindrücke Schulenburgs gewesen sind.

Die Spuren der vergangenen Jahre hatten sich jedoch trotz aller
Versuche Friedrichs, aus dem Bannkreis des Vaters herauszutreten,
tief in sein Bewußtsein eingegraben. Das Grauen der durch den
Vater erlittenen Kränkungen und die schrecklichen Ängste seiner
Jugendjahre haben ihn auch später verfolgt. Es ist sicherlich kein
Zufall, daß sich diese traumatischen Erinnerungen gerade in den
Jahren einer erneuten existentiellen Bedrohung, in den Krisen des
Siebenjährigen Krieges, wieder einstellten. Und es dürfte ebenso
wenig ein Zufall sein, daß sie mit dem strafenden und belobigen-
den Vater als Bezugsperson in mehrfach sich wiederholenden Träumen in Erscheinung traten. Traumüberlieferungen und Traumdeu-
tungen sind bekanntermaßen nicht nur für Historiker ein dorniges
und von Fallstricken übersätes Feld. Zu diesem Aspekt der Biographie Friedrichs liegen indessen Texte von solcher Überzeugungskraft und Intensität vor, daß an ihrer Authentizität kein Zweifel bestehen kann.

Dafür mag auch die Koinzidenz zweier Umstände eine Rolle gespielt haben. Zum einen befand sich der König seit dem Einmarsch
in Sachsen im Jahre 1756 und dann während des ganzen Siebenjährigen Krieges psychisch und physisch in einem Ausnahmezustand,

der die Bedrohungskonstellation, in der er sich in Gegenwart seines
Vaters immer befunden hatte, zwangsläufig ins Gedächtnis rufen
mußte. Es handelte sich bei diesen von seinem Vorleser Henri de
Catt überlieferten Träumen ausgeprägter als je zuvor um traumati-
sche Reminiszenzen seiner Kindheits- und Jugendängste. Hinzu
kam aber, daß am 13. März 1758 mit de Catt erstmals seit längerer
Zeit wieder ein Mann in den engsten Umkreis des Königs trat, der
als Gesprächspartner sogleich das absolute Vertrauen des Königs
gewann – ein Mann im übrigen, der mit Billigung des Herrschers
Tagebuchaufzeichnungen verfaßte, die in einer später überarbeiteten Fassung das Bild des Königs entscheidend mitgeprägt haben.
Diese «Gespräche» sind – davon wird später noch die Rede sein –
durch den König nicht autorisiert worden. Gleichwohl verspürt
jeder, der dieses erst von Reinhold Koser zum Druck beförderte
Tagebuch zur Hand nimmt, an Inhalt und Diktion, daß es hier
offensichtlich um ein Dokument von hohem, durch andere Aussagen nicht zu ersetzenden Quellenwert geht.

Der König vertraute ihm in der angespannten Erwartung eines
neuen, wiederum offensiv zu führenden Feldzugs im schlesischen
Hauptquartier von Münsterberg an, daß er in der Nacht vom 24.
auf den 25. April einen seltsamen Traum gehabt habe. Er wisse
nicht, äußerte er, wie es zugehe, daß er immer wieder dieselben
Träume habe. Ihm träumte also, daß sein Vater nächtens mit sechs
Soldaten in seinem Zimmer erschienen sei und befohlen habe, ihn
gefesselt auf die Festung Magdeburg zu bringen. «Aber warum
nur?» habe er seine Schwester Wilhelmine gefragt. «Weil Sie Ihren
Vater nicht lieb genug gehabt haben.» Er sei danach schweißgeba-
det aufgewacht, so als wenn man ihn in einen Fluß getaucht hätte.
Friedrich äußerte sich über das scheinbar Unerklärliche und Rätselhafte dieser Vision überrascht. Denn er setzte hinzu: «Welche
absonderlichen Gedanken, welche wirren Bilder tauchen empor
während des Schlummers der Vernunft!» – Aber er, de Catt, möge
bitte nicht glauben, daß er wie viele Dummköpfe und alte Weiber
auf diese Träume Wert lege. Sie seien nichts als der Ausfluß körperlichen Unbehagens oder des Kreislaufs, der von den Verdrieß-
lichkeiten des Tages erregt ist.[93]

Aber auch in Eintragungen vom 1. Juli 1760 wird noch einmal
Erstaunliches über die psychische Befindlichkeit des Königs im

vierten Feldzugsjahr des Krieges mitgeteilt. In der vorigen Nacht, notierte de Catt, habe der König geträumt, er befände sich mit dem Feldmarschall Daun – einem der Hauptkontrahenten im Siebenjährigen Krieg – in Straßburg, «der mit mir plötzlich, ohne daß ich wüßte wie, nach Charlottenburg versetzt wurde. Dort sah ich meinen Vater und den Alten Dessauer. ‹Hab ich's gut gemacht?›, sagte ich zu diesem – ‹sehr gut!› – ‹Das freut mich; Ihr Beifall und der meines Vaters schmeicheln mir mehr als der der ganzen Welt›». Aber er, de Catt, dürfe nicht glauben, daß er auf solche Narreteien irgendetwas geben würde. «Kann man sich», setzte der König hinzu, «etwas Wunderlicheres denken als diesen Traum?» Aber so absurd er auch sei: Für viele Leute wäre er ein Anlaß zu Furcht und Hoffnung, obwohl er beides gleichermaßen für töricht halte.[94]

Friedrich sprach also seinen Träumen jede Bedeutung ab. Aber beide Textstellen belegen auf eindringliche Weise, daß der Vater nicht nur in seiner Angst und Schrecken einflößenden Bedrohlichkeit nach wie vor präsent war, sondern auch als jene Instanz, von der ihm Zuspruch und Absolution zuteil wurde. Längst war jedoch an die Stelle des Vaters die außenpolitische und nun wiederum auch militärische Herausforderung getreten, die Friedrich mit der Annektierung Schlesiens im Jahre 1740 ebenso ingeniös wie leichtfertig heraufbeschworen hatte. Insofern handelte es sich tatsächlich hier um «Reinszenierungen» traumatischer Erlebnisse, von denen die neuere psychoanalytische Forschung gesprochen hat.[95] Aber es ging Friedrich nun nicht mehr um die Selbstbehauptung in einem persönlichen Kräftemessen mit dem ebenso gefürchteten wie geliebten Vater, sondern um prinzipielle Machtfragen, die sich über ein familiäres Zerwürfnis hinaus auf den Fortbestand des preußischen Staates erstreckten.

Eine erneute und – wie sich zeigen sollte – schwere Belastung des mühsam hergestellten Einvernehmens zwischen Vater und Sohn brachte die jetzt anstehende Frage der Verheiratung des Kronprinzen. Der Vater hatte ihm im Mai 1731 mitgeteilt, daß er ihm die Wahl zwischen mehreren Prinzessinnen zu lassen gedenke. Aber im Grunde wünschte Friedrich zu diesem Zeitpunkt, von Problemen dieser Art verschont zu werden, obwohl er unmittelbar nach der Wiedergewinnung seiner Bewegungsfreiheit im Umkreis von Küstrin der 24-jährigen Gemahlin des Obersten von Wreech, auf dessen Schloß in Tamsel er mehrfach zu Gast war, in ungestümer Gemütsbewegung den Hof gemacht und sie mit entsprechenden Versen überschüttet hatte.[96] Aber sehr frühzeitig fiel dann die Wahl des Königs und seiner Berater ganz dem Konvenienzkalkül der großen Dynastien entsprechend auf Elisabeth Christine von Braunschweig-Bevern, eine Nichte der Kaiserin, die auf Seckendorffs Insinuationen hin auch von der Wiener Hofburg als Gemahlin des Thronfolgers empfohlen wurde.[97] Sie war indessen, wie selbst in welfischen Hofkreisen zugestanden wurde, weder schön noch geistreich. Und so kann es nicht verwundern, daß Friedrich bereits am 26. Januar 1732 Grumbkow gegenüber äußerte, daß er die Prinzessin von Bevern nach seinem Herrschaftsantritt verstoßen werde, wenn man ihn zur Ehe mit ihr zwingen sollte. «Ich will keine dumme Gans zur Frau haben. Ich müßte mit ihr vernünftig reden können oder ich mache nicht mit.» Kein Mensch könne ihm einen Vorwurf daraus machen, da er zu etwas gezwungen werde, wozu er nicht die geringste Neigung habe.[98]

Als dann in der Nacht vom 4. auf den 5. Februar per Eilboten die endgültige Verfügung des Königs in der Heiratsangelegenheit in Küstrin eintraf, reagierte der Kronprinz zunächst gefaßt. Er habe dem König, berichtete er Grumbkow, in aller Unterwürfigkeit geantwortet und zugesagt, seinen Geboten zu gehorchen.[99] Aber dann bäumte er sich noch einmal gegen das drohende Schicksal dieser unseligen Liaison auf und beschwor Grumbkow in einer wahren Flut aufbegehrender Briefe, sich bei seinem Vater für eine Suspendierung des Bevernschen Heiratsplanes einzusetzen. Alle diese im höchsten Maße heiklen Briefe wurden durch Seckendorff sogleich an den Kaiser und den in der Außenpolitik federführenden Prinz Eugen weitergeleitet, so daß man am Wiener Hof ungleich umfassender über den Gemütszustand des Kronprinzen unterrichtet war als die Eltern und Geschwister.[100]

Man möge sich, schrieb Friedrich in heftiger Erregung, doch einmal die Peinlichkeit vorstellen, wenn er vor «einer stummen Häßlichkeit» («une laideur muette»), «einer Betschwester mit einem halben Dutzend Frömmlern an ihren Rockschößen» den Amoroso spielen müsse.[101] Er weigere sich nicht, äußerte er am 18. Februar, überhaupt zu heiraten; aber er wolle sich nicht für sein ganzes Leben unglücklich machen. Lieber wolle er sterben, als gegen seinen Willen heiraten zu müssen.[102] Schon im Januar hatte er Grumbkow allerdings anvertraut, daß er wohl einen sehr schlechten Ehemann abgeben werde. Denn er fühle nicht genügend Beständigkeit und Zuneigung für das weibliche Geschlecht, um sich vorstellen zu können, die Ehe anzunehmen. Der bloße Gedanke an seine künftige Frau sei ihm so zuwider, daß er nicht ohne Abscheu daran denken könne. Er würde indes alles aus Gehorsam tun, nur gäbe das keine gute Eheverbindung.[103]

Es folgten weitere Briefe in der Heiratsangelegenheit. Weder Hoffnung auf Glück, schrieb er am 19. Februar wiederum an Grumbkow, noch Gründe der Vernunft oder Fügung des Schicksals könnten ihn von seiner Meinung abbringen. Der König möge als guter Christ doch bedenken, ob es rechtens sei, zwei Menschen zusammenzuzwingen und eine Scheidung in Kauf zu nehmen. «Ich bin mein ganzes Leben unglücklich gewesen, und ich glaube, daß es mein Schicksal ist, unglücklich zu bleiben [...]. Ich habe genug gebüßt für ein aufgebauschtes Vergehen und ich will mich nicht dazu verpflichten, mein Elend auf ewig zu verlängern.» Ihm bliebe, setzte er juvenil und aufbrausend hinzu, noch ein Ausweg: eine Pistolenkugel.[104]

Grumbkow reagierte verärgert auf diesen konfusen und selbstmitleidigen Brief. Er war außer sich, daß der Kronprinz sich auf der einen Seite dem königlichen Willen zu unterwerfen versprach, auf der anderen aber den Versuch unternahm, die Ratgeber des Königs gegen dessen Heiratspläne aufzuwiegeln. Er rede, wandte sich Grumbkow an den Kronprinzen, als Verzweifelter und erwarte, daß er, Grumbkow, sich auf eine Sache einlasse, die ihn Kopf und Kragen kosten könne. «Nein, gnädiger Herr», fuhr er fort, «das Hemd sitzt mir näher als der Rock.» Er sei zu gottesfürchtig, um sich einem Prinzen anzuschließen, der sich ohne jeden Grund umzubringen gewillt sei. «Was wollen Sie erst tun», fragte er Friedrich, «wenn Gott Sie durch ein wirkliches und fühlbares Unglück niederbeugt? Kurz, gnädiger Herr, Sie mögen der geistvollste Mann auf Erden sein, aber Sie denken nicht wie ein Ehrenmann (homme de bien) und ein Christ, und ohne dies gibt es keine Rettung.»[105]

Die Schärfe dieser Zurechtweisung, die in einer Abschrift sogleich nach Wien weitergeleitet worden war, löste bei Kaiser

Karl VI. Befürchtungen aus, daß der hier angeschlagene Ton eine gefährliche Wirkung nach sich ziehen könnte. Prinz Eugen wies Grumbkow deshalb an, «das Schreiben in originali» auf jede nur mögliche Weise wieder zurückzubekommen, damit der Kronprinz nach dem Tode des Königs nicht behaupten könne, zu seiner Heirat gezwungen worden zu sein.[106] Zwar könne sich der Kronprinz, meinte Seckendorff, im Grunde nicht beschweren, daß der Kaiser «zu dieser Allianz unmittelbar gerathen und geholfen» habe; aber er fürchte doch, daß man, wenn nicht Gott des Kronprinzen Herz völlig ändere, «mehr Böses als Gutes sich von dieser Vermählung zu versprechen hat».[107] Es hat jedoch den Anschein, als wenn die brieflich ausgetragene Kontroverse mit Grumbkow entscheidend dazu beigetragen habe, daß sich der Kronprinz mit den Plänen des Vaters nun endgültig arrangierte. In einem kühlen und hochfahrenden Schreiben ließ er Grumbkow wissen, daß es ihn sehr betrübt habe, erkennen zu müssen, wie schlecht dieser das Vertrauen einschätze, das er in ihn gesetzt habe. «Ich sehe darin ein sicheres Zeichen, daß Sie mir stets mißtraut haben.» Er werde den untertänigen Gehorsam, den er den Befehlen des Königs schulde, sein ganzes Leben bewahren, allerdings unter der Voraussetzung, daß er den Gegenstand («l'objet») gesehen habe. Er frage sich, was daran unvernünftig sei. Wenn ihm die Person nun jedoch gar nicht gefalle, werde er dies Knäuel mit dem König schon entwirren: «Er ist zu gerecht, um mich für immer unglücklich zu machen.» Und dann in beinahe drohendem Unterton – so, als wenn er das ganze Ausmaß der Intrige, die hier gesponnen wurde, tatsächlich durchschaute: «Gott verzeihe es denen, die diese Verwirrung angerichtet haben, denn alles Übel, das daraus erwachsen kann, wird auf ihr Gewissen zurückfallen. Ich kenne», setzte er in hoheitlicher Selbstgewißheit hinzu, «keine unterschiedlichen Interessen zwischen dem König und mir; wir haben dieselben, und wer dem König dient, dient mir, und wer mir dient, dient dem König […]. Das ist alles, was ich Ihnen zu sagen habe.»[108] Jede Wehleidigkeit war verflogen. Vielmehr trat nun ein stolzer, unerbittlicher Wille hervor, über den Dissens in der Heiratsangelegenheit das Verhältnis zum Vater nicht ein weiteres Mal aufs Spiel zu setzen. Es war unüberhörbar der künftige König, der sich hier zu Wort meldete.

Die Entscheidungen waren gefallen: Am 26. Februar 1732 durfte der Kronprinz Küstrin verlassen. Noch am selben Abend traf er im Kreise seiner Familie in Berlin mit dem «corpus delicti», seiner zukünftigen Braut, dem «Grasaffen», wie sich die Königin in strikter Ablehnung auszudrücken beliebte, zusammen.[109] «Sie ist blond, ziemlich groß und für ihr Alter ausgezeichnet gewachsen», berichtete der sächsische Kabinettsminister von Manteuffel dem Grafen Brühl. «Ja, es stimmt, daß sie ein wenig schüchtern und verlegen wirkt; aber das ist sie keineswegs, sobald sie sich unter ihr Bekannten und Vertrauten befindet. Und deshalb wird sie sehr bald auch kecker und unbefangener sein, wenn sie erst einmal die Ellenbogen freier bewegen kann.»[110] Bereits am 10. März fand dann in Gegenwart von 250 geladenen Gästen die Verlobung mit der drei Jahre jüngeren Elisabeth Christine statt, die den Kronprinzen an Körpergröße jedoch sichtbar überragte. Wenige Tage zuvor, als Friedrich der für ihn Auserwählten bereits begegnet war, hatte er seiner Schwester Wilhelmine anvertraut, daß «die Person» weder schön noch häßlich sei; zwar sei sie nicht ohne Geist, aber schlecht erzogen und schüchtern, und es fehle ihr an der rechten Lebensart. «Danach kannst du, liebste Schwester, ermessen, ob sie nach meinem Geschmack ist oder nicht.»[111] In einem von Wilhelmine mitgeteilten Gespräch unter den Geschwistern findet sich indessen noch eine andere Version, die für das taktische Kalkül, mit dem Friedrich auch in der Heiratsfrage agierte, sehr aufschlußreich ist. Was die Prinzessin betreffe, äußerte er, sei sein Haß nicht so groß, wie es scheine. «Ich stelle mich, als wenn ich sie haßte, um meinen Gehorsam dem König gegenüber um so besser zur Geltung zu bringen. Sie ist hübsch, hat einen blühenden Teint und feine Züge, so daß ihr Gesicht schön zu nennen ist [...]. Ich lege sie Ihnen ans Herz, teure Schwester, und hoffe, sie werden sie unter ihren Schutz nehmen.»[112] Ein weiteres Jahr sollte vergehen, bis schließlich der Vermählungstermin feststand. Selbst Seckendorff, der im Auftrag des Wiener Hofes das Bevernsche Heiratsprojekt mit allen Mitteln einer verdeckten Diplomatie betrieben hatte, gelangte in einem Schreiben an Prinz Eugen zu der Überzeugung, daß die Zwischenzeit dazu genutzt werden müsse, das Erscheinungsbild und die Manieren der Prinzessin so zu verändern, daß sie dem Thronfolger besser gefalle.

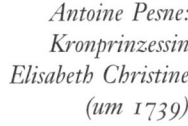

Antoine Pesne:
Kronprinzessin
Elisabeth Christine
(um 1739)

Am 4. April brach der Kronprinz zu seinem Regiment nach Nauen auf. Er widmete sich witzelnd und mürrisch dem Exerzieren und der Landesökonomie und mit Hingabe auch wieder dem Lesen und dem Musizieren. Und obwohl er es aus wohlerwogenen Gründen unterließ, gegen die bevorstehende Heirat mit Elisabeth Christine noch etwas zu unternehmen, konnte er es doch nicht lassen, Grumbkow noch einmal seinen ganzen Widerwillen zu offenbaren. Man wolle ihn, schrieb er, offenbar mit Stockschlägen verliebt machen. Da er aber nicht das Naturell eines Esels besitze, fürchte er, daß man damit keinen Erfolg haben werde. «Mein Gott, ich wünschte, daß man sich ein klein wenig daran erinnerte, daß mir diese Heirat nolens volens vorgeschlagen wurde und daß sie der Preis für meine Freiheit war.» Hoffentlich werde sich der König nicht in seine Angelegenheiten mischen, wenn er verheiratet sei. Die Ehe mache ihn mündig, und sobald er es werde, sei er Herr in seinem Hause und seine Frau habe darin nichts zu sagen. «Wenn ich heirate, heirate ich als Mann von Lebensart, das heißt,

ich lasse Madame ihre Wege gehen und tue meinerseits, was mir
gefällt; vive la liberté.» Er werde ihm, fuhr Friedrich fort, doch
wohl zugestehen, daß sich die Liebe niemals erzwingen lasse. «Ich
liebe die Frauen, aber meine Liebe ist sehr flatterhaft; ich suche
nur den Genuß, nachher verachte ich sie. Danach können Sie selbst
beurteilen, ob ich aus dem Holze bin, aus dem gute Ehemänner
geschnitzt sind. Der Gedanke, ein solcher zu werden, macht mich
rasend, aber ich mache aus der Not eine Tugend. Ich werde mein
Wort halten, werde heiraten, aber dann ist's genug: bon jour, madame, et bon chemin.»[113]

Es sollte sich bald erweisen, daß diese Drohung nicht eine schnell
und sorglos hingeworfene Pointe war, sondern der Realität des zukünftigen Eheverhältnisses sehr nahe kam. Offenbar wußte der
Kronprinz von Anfang an, wie er sich die Beziehung zu seiner Gemahlin vorstellte. Da er jedoch prinzipiell der Überzeugung war,
daß jegliche Art von Weiberherrschaft von Übel sei, konnte eine ihn
restlos zufriedenstellende Wahl wohl kaum getroffen werden. So ist
es im Grunde auch nicht verwunderlich, daß Friedrich sich schließlich in sein Schicksal fügte und bei der Hochzeit, die am 12. Juni
1733 im Lustschloß von Salzdahlum unweit von Wolfenbüttel stattfand, gute Miene zum bösen Spiel machte. Nach der Rückkehr nach
Berlin bezog das Kronprinzenpaar das bisherige Gouvernements-
gebäude Unter den Linden, das für die Jungvermählten hergerichtet
worden war. Friedrich brach freilich schon nach wenigen Tagen
wieder nach Ruppin in sein Garnisonsquartier auf.

Eine neue Dimension seines Lebenshorizonts eröffnete sich dem
Kronprinzen, als nach dem Tode Augusts des Starken im Jahre
1733 über das Problem der Thronfolge in Polen ein europäischer
Mächtekonflikt ausbrach. Frankreich hatte zur Unterstützung seines Kandidaten Stanislaus Leszczyński, des Schwiegervaters Ludwigs XV., an der Rheinfront mobil gemacht und damit das Haus
Österreich auf den Plan gerufen, das sich im Einvernehmen mit
Rußland für die erneute Wahl eines Wettiners, des Kurfürsten
Friedrich August II. von Sachsen, einsetzte. Der Preußenkönig
hatte in der Allianz der «Drei Schwarzen Adler» ein Hilfskorps
von 10 000 Mann zugesagt, das im Frühjahr 1734 in das Feldlager
an Rhein und Neckar entsandt wurde.[114] Friedrich Wilhelm begab
sich selbst zu seinen Truppen, schickte aber den Kronprinzen vor-

aus, um ihn als «Volontär» Erfahrungen in der praktischen Aus-
übung des Kriegshandwerks in Gegenwart eines der größten Feld-
herrn des Jahrhunderts, des Prinzen Eugen, sammeln zu lassen.
Am 7. Juli begegneten sich beide zum ersten Mal. Aber die hochfliegenden Pläne und ehrgeizigen Erwartungen, mit denen der
Kronprinz nach Heidelberg gereist war, sollten sich nicht erfüllen.
Denn es geschah in diesem auf defensives Hinhalten und taktische
Manöver angelegten Feldzug nicht viel, was dem auf spektakuläre
Auftritte eingestellten Kronprinzen hätte imponieren können. Vielmehr stand am Ende des mehrmonatigen, durchaus auch amüsanten Aufenthalts im kaiserlichen Heerlager die tiefbekümmerte Einsicht, daß selbst im Kreise der erhabensten Geister dieser Welt
alles seine Zeit habe und niemand, auch nicht ein Prinz Eugen, vor
Hinfälligkeit und Erniedrigung gefeit sei.[115]
    Immerhin war der Eindruck, den der greise Feldherr allein durch
seine Gegenwart auf die Einbildungskraft des in der Kriegsgeschichte bereits überaus bewanderten Kronprinzen machte, so lebhaft und nachhaltig, daß ihm seine Gestalt in ungetrübtem Glanz
und verklärt von der Aura unsterblichen Ruhms zeitlebens im Gedächtnis blieb. Er nahm ihn nicht als den Repräsentanten jener Hegemonialmacht wahr, die gerade auch durch ihre diplomatische Präsenz am Berliner Hof ihren Einfluß und ihre Vormachtstellung im
Reich zu behaupten suchte, sondern als einen Helden und Genius,
den er wie Gustav Adolf, Turenne oder Karl XII. als eine aller Zeit-
gebundenheit enthobene Erscheinung leidenschaftlich verehrte.[116]
Am Beispiel großer und heldenmütiger Männer wie Eugen unternahm er es bis weit ins hohe Alter hinein, den Aufstieg der Reiche
und ihren Niedergang zu studieren und in Lehrschriften und Geschichtswerken zu erläutern. Dabei waren es nicht die Eindrücke der
persönlichen Begegnung im Sommer 1734, die seine Bewunderung
hervorriefen, sondern die Maßstäbe, die er aus seiner Kenntnis der
Kriegsgeschichte gewonnen hatte. Er sah in Prinz Eugen vor allem
das Genie der großen Kriegsszenarien und den überragenden Geist,
der sich – wie es in den «Betrachtungen über die Feldzugspläne»
von 1775 heißt – «nicht mit Kleinigkeiten begnügte, sondern entscheidende Schläge zu führen suchte, die das Schicksal der Throne
und Völker entschieden».[117] Das Haus Österreich, dem Prinz Eugen
so viele Jahrzehnte gedient und in den Auseinandersetzungen mit

Ludwig XIV. und den Osmanen zu einer Fülle glänzender Siege verholfen hatte, trat dabei so sehr in den Hintergrund, daß er nach dem
schweren militärischen und politischen Prestigeverlust, mit dem der
Polnische Thronfolgekrieg für Österreich zu Ende ging, die tatsächlichen Ressourcen des Kaiserhauses bei weitem unterschätzte.

Die Entrücktheit, mit der der Kronprinz den Savoyer betrachtete,
korrespondiert in eigentümlicher Weise mit dem «strahlenden
Phantom» unsterblichen Ruhmes, das ihn beflügelnd und berau-
schend in das Abenteuer dieses Volontariats begleitete. Nachdem er
die militärischen Obliegenheiten seines Herrscheramtes längst zu
akzeptieren begonnen hatte, drängte es ihn schon in der Zeit seines
Küstriner Exils, das «Große und Ganze» des Kriegshandwerks einmal in einer Kampagne mit dem Prinzen Eugen kennenzulernen.[118]
Aber es war zugleich auch der leidenschaftlich entbrannte Wunsch,
im Kampf für eine gerechte Sache Ruhm und Unsterblichkeit zu erwerben, der ihn nun zunehmend beseelte. Schon im September
1732 hatte er sich Grumbkow gegenüber «animé par le désir de la
gloire» geäußert.[119] Aber als sich ihm dann die Möglichkeit eröffnete, tatsächlich ins Feld zu ziehen und den bewunderten Heros als
Heerführer zu erleben, trat der Impuls der Ruhmbegierde mit solcher Vehemenz hervor, daß in diesem emphatischen Hochgefühl
ungeachtet einer im Alter zunehmenden Skepsis ein Grundmotiv
seiner Lebensauffassung erkennbar wird.[120] Diese Faszination hat
ihren Ausdruck in der damals niedergeschriebenen, 1750 noch einmal überarbeiteten *Ode sur la gloire* gefunden. Sie ist die hymnische
Beschwörung irdischer Größe und ihrer Unsterblichkeit im Gedächtnis erhabener Geister. Aber neben dem Gestus überschwengli-
cher Rhetorik ist sie zugleich ein persönliches Bekenntnis, eine gedankliche Antizipation späterer Taten.[121]

«Der Odem eines Gottes entfachte
Die Seele mir zu hehrem Glühn:
O Ruhm, im tiefsten Herzensschachte
Fühl' ich dein himmlisch Feuer sprühn.
Berauscht von deinem starken Zwange,
Will ich mit holdem Leierklange
Besingen deine Segenskraft:
Du reichst dem wahren Wert die Krone;
Dein Lorbeer wird dem Erdensohne
Zum Sporn für alles, was er schafft.»

Und dann die Schlußstrophe:

«O Ruhm, dem ich zum Opfer bringe
All meine Kurzweil und Begier;
O Ruhm, du meines Glaubens Schwinge,
Gönn' meinen Taten deine Zier!
Du kannst, wenn ich ins Grab gesunken,
Bewahren einen schwachen Funken
Vom Geiste, der in mir geloht:
Die Schranken tu mir auf zum Siege,
Damit ich deine Bahn durchfliege,
Dir treu im Leben und im Tod.»[122]

Eduard Spranger hat in seinem bis heute maßgeblich gebliebenen Essay über den Philosophen von Sanssouci die Frage aufgeworfen, ob das vielbändige dichterische Œuvre Friedrichs als «ein
treuer und vollwertiger Ausdruck seines Innern» betrachtet werden
könne.[123] Es besteht kein Zweifel, daß sich in dieser Ode wie in
den meisten seiner Gedichte Passagen einer gestenreichen und
vielfach aufgesetzt wirkenden Deklamation finden. Seine Dichtkunst ist ganz der schulmäßigen, starren, unmittelbarer Emp-
findung und Imagination sich entziehenden Regelhaftigkeit der
nachklassischen französischen Literatur verpflichtet. Sie trägt unverkennbar den Stempel einer Epoche, die mit der Überschrift «La
poésie sans poésie» charakterisiert worden ist. Auch die Inhalte dieser
Dichtkunst sind von Stereotypen geprägt. So ist immer wieder von
«vertu» die Rede, von «modération, constance, héroisme, inflexibi-
lité, tranquillité» und «grandeur d'âme» – von Leitbegriffen und
Denkfiguren also einer ebenso stoisch wie epikureisch inspirierten
Lebensauffassung, wie sie der Kronprinz bei Autoren der Antike
und der französischen Klassik kennengelernt hatte. Es handelte
sich dabei um den Kanon einer Affektenlehre, wie er allen philosophisch Gebildeten der Zeit vertraut war. Auch um das zum Idol
verklärte Leitmotiv der Freundschaft kreisen immer wieder die
Dichtungen Friedrichs: Viele sind unmittelbar aus diesem Impuls
heraus entstanden und Personen gewidmet, die er verehrte und deren Nähe er sich zu versichern wünschte. Hinzu treten als ständig
wiederkehrende Fixpunkte seiner dichterischen Phantasie die Gestalten der antiken Mythologie und Geschichte, die Heroen von
Leonidas bis Caesar und Szenen, an deren imaginärem Glanz er

sich wie die Maler und Dichter seiner Zeit immer wieder zu berauschen vermochte.

Die bis in sein letztes Lebensjahrzehnt hineinreichenden Bemühungen um eine in Reime gefaßte Ausdrucksform müssen demnach als eine Poesie aufgefaßt werden, die ihre Formensprache und ihren Ideengehalt nicht aus individueller Erfahrung und spontaner Inspiration, sondern aus Konventionen herleitete, die allen im Geiste der *sciences* und der *belles lettres* Gebildeten geläufig waren. Es gehörte einfach zum guten Ton, sich in Versen mitzuteilen und dabei Muße, Zerstreuung und Trost zu finden, ähnlich wie beim Musizieren und Komponieren. Gedichte zu schreiben hatte demnach auch eine gesellschaftliche Funktion und gehörte als geistreich-spielerischer Zeitvertreib zu den subtileren Formen höfischen Divertissements. Insofern wird in der Poesie des «Philosophen von Sanssouci» sicherlich nicht der Kern seines schöpferischen Wesens vermutet werden dürfen, selbst wenn er auch auf diesem Gebiet erheblichen Ehrgeiz entfaltete und zeitlebens bestrebt war, mit Unterstützung seiner Vorleser und besonders auch Voltaires zu einer Vervollkommnung seiner Ausdrucksmöglichkeiten zu gelangen. «Wenn Ihnen meine Lernbegierde», schrieb er am 16. Mai 1749 an Voltaire, «und der heiße Wunsch, es in einer Kunst, die stets meine Leidenschaft war, zu etwas zu bringen, eine Entschädigung für Ihre Mühe sein kann, haben Sie allen Anlaß zur Zufriedenheit.»[124] Gleichwohl ist seine Dichtkunst als ein Medium zu betrachten, dem er unter dem Firnis artifizieller Überhöhung und konventioneller Rhetorik Empfindungen und Reflexionen anvertraute, die durchaus persönliche Züge tragen und den Radius brieflicher und schriftstellerischer Äußerungen überschreiten. Er wollte mit seinen Oden und Epigrammen belehren, aber zugleich auch unterhalten und gefallen, Ergriffenheit evozieren und überraschen.

So hat es den Anschein, als wenn es in den beiden oben angeführten Strophen seiner Ode an den Ruhm um mehr als nur Belanglosigkeiten geht. Unbestreitbar ist gewiß, daß gerade die Ruhmbegierde und das Streben nach Unsterblichkeit ein altes, auf antikes Denken zurückgehendes Motiv waren, das in besonderer Weise auch die Fürstenethik der Frühen Neuzeit geprägt hat.[125] Sie waren zentraler Bestandteil eines kulturellen Gedächtnisses, das mit der Entstehung und dem Selbstverständnis des alteuropäischen

Adelsstandes aufs innigste verknüpft war und gerade auch den
Krieg als ein Szenarium erscheinen ließ, wo Ehre eingelegt und
Mannhaftigkeit bewiesen werden konnten. Doch tritt die Idee des
Ruhmes als bewegender Kraft menschlicher Größe bei Friedrich
mit solcher Emphase in Erscheinung, daß sie ohne Zweifel zu einem seiner höchst persönlichen Handlungsimpulse zu zählen ist.
So gibt es im Gesamtœuvre des Königs eine Fülle von Seiten
stücken zu dieser frühen und programmatischen Beschwörung
einer durch Heldentaten begründeten Unsterblichkeit. Zwar finden
sich in seinen Dichtungen aus der Zeit höchster Bedrängnis während des Siebenjährigen Krieges auch selbstkritische und resigna-
tive Äußerungen.

«O Ruhm, dich kauft man nur um Qual und Pein:
Mit Tränen wasch' ich blut'gen Lorbeer rein»,

heißt es in einem Gedicht an George Keith, den ihm eng verbundenen Lordmarschall von Schottland, im Dezember 1758.[126] Oder in
einer «Epistel» an den Marquis d'Argens vom 8. November 1761:

«Einst hab' ich wohl, vom Spiegel der Geschichte
Geblendet, allzu stark nach Ruhm begehrt.
Wie jene großen Helden, allverehrt,
Hätt' ich gern gezeigt in vollem Lichte.
Philosophie hat anders mich belehrt.»[127]

Doch dann wird im Vorwort der *Histoire de mon temps* von 1775
mit kategorischer Unzweideutigkeit noch einmal unterstrichen: «Das
wahre Verdienst eines guten Fürsten ist seine treue Hingabe an das
allgemeine Wohl, die Liebe zum Vaterland und zum Ruhme. Ja, zum
Ruhme! Denn der glückliche Instinkt, der den Menschen drängt,
sich einen Namen zu machen, treibt ihn in Wahrheit zu Heldentaten. Er ist die Kraft, welche die Seele aus ihrer Trägheit reißt und sie
zu nützlichen, notwendigen und edlen Taten begeistert.»[128] Der
Kronprinz wie der König war umgetrieben und fasziniert von dieser
Idee. Selbst in jenen Versen, die der Verwünschung allzu ungehemm-
ter Ruhmsucht gewidmet sind, drängt sich der Eindruck auf, als
wenn sie nicht irgendeinem imaginären Fürsten, sondern ihm, dem
König selbst, in seiner Verführbarkeit Einhalt gebieten sollten:

«O Ruhm, Wahngebilde, hör auf uns zu verzaubern,
Die Liebe zur Tugend allein soll uns führen.»[129]

Doch geht es in diesen poetischen Selbstreflexionen nicht nur um Literarisches. Vielmehr ist offenkundig, daß die Ruhmbegierde Friedrichs von Anfang an mit dem Streben nach militärischer Kompetenz verknüpft war. Er hatte sich in das Hauptquartier des Prinzen Eugen begeben, um sich über den sichersten Weg «pour parvenir à la gloire» zu orientieren, aber zugleich auch in der Absicht, seine Kenntnisse in der Kriegskunst so schnell wie möglich zu vertiefen.[130] Offenkundig ist demnach, daß aus dem «heureux instinct», von dem er noch 1775 sprach, auch der Impuls für den spektakulären Zugriff auf Schlesien im Jahre 1740 hervorgegangen ist. Der König hat damals in die Tat umgesetzt, was dem Kronprinzen schon 1734 im Feldlager von Heidelberg vor Augen stand und ihn zu seiner Ode inspirierte. Von diesem Zeitpunkt an beseelte ihn die Vision unsterblichen Ruhms als Feldherr und gab seinem Leben jene folgenschwere, schicksalhafte Wende.

Während der Kronprinz noch am Neckar weilte, war der Vater an Wassersucht, Gicht und hohem Fieber schwer erkrankt. Friedrich kehrte daraufhin zurück und traf am 12. Oktober in Potsdam ein: Der Thronwechsel schien eine Zeit lang unmittelbar bevorzustehen. Zwei Tage später berichtete er seiner Schwester Wilhelmine, daß der König den erbarmungswürdigsten Anblick von der Welt biete. Seine Beine seien angeschwollen und die Füße zwischen Wade und Knöchel scharlachrot und offenbar vereitert. Der Leib hänge herab und sei zwei Hände breiter als zuvor. Arme und Gesicht erschienen ihm schrecklich mager, das Gesicht voll blauer Flecken und der Atem so kurz, daß er kaum Luft bekomme. Wenn er trotz aller Qualen schlummere, stütze er sich auf die Hände und sitze im Bett. Seine Geduld und seine Gefaßtheit seien grenzenlos. Er habe sich wie ein guter Christ in Gottes Willen ergeben und gläubig bekannt, daß sein Heiland noch viel mehr für ihn gelitten habe. «Wir können nichts anderes als weinen, wenn wir ihn so sehen, und ich persönlich kann dir schwören, ich hätte nie geglaubt, daß ich ihn so lieb habe.»[131] «Fritzchen», wie ihn der König nun in offenkundig wachsender Vertrautheit zu nennen pflegte, blieb tiefgerührt an seinem Krankenbett, bis er auf Weisung des Vaters am 16. November wieder nach Ruppin aufbrach. Zu Beginn des Jahres 1735 erholte sich der Vater jedoch wie durch «ein recht Mirakel».[132] Die Thronbesteigung rückte damit für den Kronprinzen noch einmal in weite Ferne.

Diese überraschende Wendung stürzte Friedrich in tiefe Resignation.[133] Hin- und hergerissen zwischen aufrichtigem Mitgefühl
und enttäuschtem Tatendrang teilte er am 10. Januar 1735 Wilhelmine mit, daß der König sich zum Erstaunen aller völlig erhole.
«Er beginnt wieder zu gehen und fühlt sich wohler als ich.»
«Das ist», fuhr er fort, «ein Wunder ohnegleichen; denn nach mehr als
drei tödlichen Krankheiten auf einmal wieder völlig zu genesen, ist
etwas Übermenschliches. Der liebe Gott muß wohl sehr gute
Gründe haben, daß er ihm das Leben wiedergibt.»[134] Im Sommer
steigerte sich dann die Desillusionierung des Kronprinzen, zumal
ihm der König offenbar nicht böswillig, sondern aus Gründen
wachsender Reserve gegenüber dem Kaiserhof verwehrte, auch den
Feldzug 1735 im Feldlager des Prinzen Eugen zu verbringen. «Die
[erneute] Krankheit des Königs», schrieb er wiederum an Wilhelmine, «ist rein politisch. Wenn er will, geht es ihm gut; er wird
kränker, wenn es ihm so paßt. Zu Anfang ließ ich mich dadurch
irreführen; aber jetzt weiß ich Bescheid. Du kannst es mir glauben,
liebste Schwester, er hat Gott sei Dank eine Bärennatur und wird
das künftige Geschlecht überleben, wenn er nur will und sich ein
bißchen schont.» Angewidert von der Welt überlasse er sich jetzt
ganz der stillen Betrachtung. Sie zeige ihm mehr und mehr, daß es
hier auf Erden kein dauerhaftes und beständiges Glück gebe. Er
werde der Welt immer überdrüssiger, je mehr er sie kennen-
lerne.[135]

Aber das Erstaunliche ist, daß der Kronprinz auch in dieser
Lage, in der er seine Entfaltungsmöglichkeiten durch den wieder
allgegenwärtigen und in seinem Mißtrauen nach wie vor unbere-
chenbaren Vater von neuem eingeschränkt sah, an seinen Lebens-
entwürfen unbeirrbar festhielt. Die Wochen in der unmittelbaren
Umgebung des auf den Tod erkrankten und nur noch eingeschränkt handlungsfähigen Königs hatten ihm freilich auch vor
Augen geführt, daß er mit vielen Bereichen des einmal zu übernehmenden Herrscheramtes noch keineswegs vertraut war. So sind
die Jahre bis zu seiner Thronbesteigung tatsächlich «ganz der stillen Betrachtung» gewidmet, von der er seiner Schwester berichtet
hatte. Im Vordergrund standen nun intensive Studien, die sich
mehr und mehr aus eigenem Impuls mit den geistigen Grundlagen
eines Fürstenregiments beschäftigten, das sich der Aufklärung und

dem Naturrecht verpflichtet fühlte. Besonders am Briefwechsel mit
Grumbkow wird deutlich, daß die flüchtig hingeworfenen Schilderungen über die Eintönigkeit seines täglichen Lebens nun der Erörterung philosophischer, theologischer und politischer Probleme
wichen und immer mehr an gedanklicher Substanz gewannen.

Der Musenhof in Rheinsberg

Von nicht weniger weitreichender Bedeutung war indessen, daß
Friedrich sich nun in einer eigenen Hofhaltung einzurichten begann. Auf Wunsch des Kronprinzen hatte der König die unweit
von Ruppin gelegene Herrschaft Rheinsberg erworben. Friedrich
selbst war es dann, der nach seiner Vermählung die Wiederherstellung des halb verfallenen Schloßbaus und die Ausstattung der mit
seinem Hofstaat zu bewohnenden Gemächer in die Hand nahm.
Schon 1734 begann der Hofbaumeister Johann Gottfried Kemme-
ter unter Einhaltung strenger Sparsamkeitsauflagen des Königs mit
der Instandsetzung des *corps de logis* und eines südlichen Seitenflü-
gels mit dem zum See hin anschließenden Klingenberg-Turm. Georg Wenzeslaus von Knobelsdorff, der enge Freund und Lehrer
des Kronprinzen, vollendete in den Jahren 1738 und 1739 dann
das Schloßareal durch den Anbau eines zweiten Flügels und verband den vorspringenden Giebelturm des Neubaus mit dem gegen-
überliegenden Klingenberg durch eine Kolonnade mit ionischen
Säulenpaaren, die die *cour d'honneur* zur Park- und Seeseite hin ab-
schloß. Dadurch entstand aus einem winkelförmigen Bau eine sym-
metrische Dreiflügelanlage, die das Erscheinungsbild der Schloßanlage bis heute prägt. Kemmeters durch den König genauestens
kontrollierte Umbautätigkeit hatte einen kargen, nüchternen
Zweckbau zustande gebracht, der dem Geschmack und den Raum-
vorstellungen des Kronprinzen indessen keineswegs entsprach.
Dennoch bezog Friedrich sein neues Refugium im August 1736,
beauftragte aber den im April 1737 von einer Italienreise zurück-
kehrenden Knobelsdorff, Vorschläge für einen residenzähnlichen
Erweiterungsbau auszuarbeiten. Aus diesem Zusammenwirken, in
das frühzeitig auch der Porträt- und Historienmaler Antoine Pesne
einbezogen wurde, entstand dann bis 1739 ein Schloßbau, der in

seiner zurückhaltenden Eleganz und dem anmutigen Wechsel von flächig-geschlossenen und Durchblicke gewährenden Baukompartimenten sich durchaus mit anderen Hauptwerken der deutschen Barockarchitektur messen konnte.

Bereits an der Raumanordnung des Rheinsberger Schloßumbaus ist jenes neue Selbstverständnis ablesbar, das Friedrich auch als König gekennzeichnet hat. Nicht das Schlafzimmer des Herrschers oder der Thronsaal waren wie im Zeitalter des höfischen Absolutismus der Bezugspunkt der Innenraumdisposition, sondern die privaten Interessen und das persönliche Wohlbefinden. Nicht die gravitätische Geste höfischer Repräsentation stand hier im Vordergrund, sondern ein epikureisch-heiteres Lebensgefühl, für dessen unbeschwerte Entfaltung der Schloßherr den angemessenen Rahmen zu schaffen wünschte. Der südliche Flügel des Schlosses mit dem Turmzimmer im Mezzanin, das einen freien Blick auf See und Park ermöglichte, stellte mit der Schreibkammer, der Bibliothek und dem Kabinett die eigentliche Privatsphäre des Kronprinzen dar; hier widmete er sich seinen Studien, seinen Kompositionen und der nun deutliche Konturen annehmenden Schriftstellerei. Daneben trat der mit einem stuckgerahmten Deckenfresko von Antoine Pesne ausgeschmückte Marmorsaal mit den angrenzenden Kabinetten – ein Ensemble, das der Tafelrunde und dem gemeinsamen Musizieren vorbehalten war. Alle übrigen Räume des Schlosses waren diesen beiden Hauptfunktionen untergeordnet. So kam ein Raumprogramm zustande, das unverkennbar die Züge einer neuen, philosophisch inspirierten Herrschaftsauffassung trägt und in seiner allem Pompösen abgewandten Heiterkeit bereits auf den Schloßbau von Sanssouci hinweist.

Von großer Bedeutung für den Glanz der Rheinsberger Jahre war darüber hinaus, daß in die schöngeistige Gesellschaft, die sich der Kronprinz wünschte, nun und nur für diese kurze Zeit auch Frauen einbezogen wurden. So hat er vielen der jungen Damen, die in der Zeit des Rheinsberger Musenhofes in seiner Umgebung weilten, in Versen und Gedichten gehuldigt und sie in ihrer Eigenart zu würdigen gewußt. Nur seine Gemahlin, die ebenfalls im August 1736 nach Rheinsberg übergesiedelt war, fehlte in diesen Elogen «wie nach stillschweigender Übereinkunft» (Reinhold Koser), obwohl gerade auch sie zu der lebensfrohen Atmosphäre, die in

diesen Rheinsberger Jahren herrschte, das Ihre beigetragen haben
muß. Elisabeth Christine verfügte trotz der Anmut und Frische, in
der sie Pesne um 1735 als Kronprinzessin gemalt hat, über keine
Reize, die den Gemahl zu fesseln vermochten. Aber ihr freund-
liches Wesen, ihre stille Hingabe und ihre liebenswürdige Bescheidenheit waren doch so einnehmend, daß sich auch der Kronprinz
dem eigentümlichen Charme ihrer Persönlichkeit nicht entziehen
konnte. «Ich müßte der niedrigste Mensch auf Erden sein», ist in
dem vielfach höchst aufschlußreichen Journal des jüngeren Seckendorff aus dem Munde Friedrichs überliefert, «wenn ich sie nicht
aufrichtig schätzen würde. Denn sie hat ein sanftes Gemüt und ist
so gelehrig, wie sich nur denken läßt. Sie ist darüber hinaus bis
zum äußersten gefällig, so daß sie mir alles an den Augen abliest,
womit sie mir eine Freude zu machen glaubt.»[136] In diesem wohl
als authentisch einzuschätzenden Bericht wird aber zugleich auch
die Barriere sichtbar, die im Verhältnis Friedrichs zu seiner Gemahlin von Anfang an bestand. So ließ er in Gesprächen mit seinen
Vertrauten keinen Zweifel daran, nie in sie verliebt gewesen zu
sein. Und entsprechend war auch die wortkarge Verächtlichkeit,
mit der er sie nach seiner Thronbesteigung von sich wies. Er be-
handelte sie korrekt, höflich und mit formellem Respekt, aber es
gab zwischen den Ehegatten keine Nähe und keine Spur von ehe-
licher Zuneigung mehr. Friedrich schenkte Elisabeth Christine
1740 das Schloß Niederschönhausen im Norden von Berlin und
räumte ihr den höfischen Gepflogenheiten des *ancien régime* entsprechend einen eigenen Hofstaat ein. Die Trennung blieb gleichwohl unwiderruflich.

Spätestens 1736 trat indessen auch die Frage eigener Kinder immer unabweisbarer in den Vordergrund. Sie scheint sich vor allem
deshalb gestellt zu haben, weil man dem ständig in Geldnöten
schwebenden Kronprinzen klargemacht hatte, daß die Zuwendungen des Vaters erst erhöht würden, wenn seine Gemahlin guter
Hoffnung sei. So riet ihm Ernst Christoph Graf von Manteuffel,
ehemals sächsischer Kabinettsminister und ein Mentor und Freund
Friedrichs in der Zeit der Rheinsberger Jahre,[137] ganz im Vertrauen, daß er «der Sache» mehr Aufmerksamkeit widmen müsse.
Der Kronprinz erwiderte darauf: «Ich kann mit meiner Frau nicht
aus Leidenschaft zu Bett gehen, und wenn ich sie liebe, dann tue

ich es mehr aus Pflichterfüllung als aus Leidenschaft.» Manteuffel
insistierte jedoch und gab zu bedenken, daß Leidenschaft dazu gar
nicht erforderlich sei. Ihm scheine, daß der Kronprinz sich seiner
Gemahlin nicht genug zuwende. Er müsse sich die erforderliche
Zeit nehmen und es wie die Bauern machen, die regelmäßig und
ganze Nächte lang mit ihren Frauen zu Bett gingen. Friedrich entgegnete, daß sich seine Frau nicht beklagen könne; er wisse deshalb
wirklich nicht, woran es liege, daß sie keine Kinder hätten. Aber
Manteuffel habe Recht, daß er – Friedrich –, wenn er nach Berlin
komme, immer unruhig und verängstigt sei: Denn man mache ihm
Vorwürfe und betrachte ihn mit Mißtrauen. In Rheinsberg jedoch
werde er es sich als guter Ehemann behaglich machen und beherzi-
gen, was ihm Manteuffel gesagt habe.[138] Im September äußerte der
Kronprinz dann Grumbkow gegenüber lakonisch, daß er ihm für
die Wünsche hinsichtlich seiner Fortpflanzung vielmals danke.
«Wenn ich dieselbe Bestimmung habe wie die Hirsche, die gegenwärtig in der Brunft sind, dann könnte jetzt in neun Monaten geschehen, was Sie mir wünschen. Ich weiß nicht, ob es ein Glück
oder Unglück für unsere Neffen und Großneffen sein würde; die
Königreiche finden immer Nachfolger, und es ist ganz ohne Beispiel, daß ein Thron unbesetzt geblieben ist.»[139] Ist dieser be-
schwichtigende Seitenblick auf die Nachkommenschaft der Geschwister und den auf jeden Fall gesicherten Fortbestand der
Monarchien bereits als Eingeständnis des Entschlusses zu eigener
Kinderlosigkeit zu werten? Wir wissen es nicht.

Unbestreitbar ist jedoch, daß der Kronprinz seine Gemahlin ungeachtet der ersten Entrüstung über den väterlichen Heiratsplan
zunächst einmal angenommen hat. Er begann offensichtlich zu begreifen, daß mit seiner Vermählung noch andere, über das Persönliche hinaus ins Politische reichende Erwartungen verknüpft waren.
So besuchte er seine Gemahlin regelmäßig in Berlin, auch wenn er
damit vor allem die Absicht verfolgt haben dürfte, seinen Vater und
dessen allgegenwärtige Späher zufriedenzustellen. Aber dann folgten die Jahre heiterer und unbeschwerter Lebensfreude in Rheinsberg, die zwischen den Ehegatten eine Atmosphäre ritterlichen Respekts und herzlicher Vertrautheit schufen. «Ich habe», schrieb er
wenige Monate nach seiner Übersiedlung nach Rheinsberg, «noch
nie so glückliche Tage verlebt wie hier.»[140] Und auch später, im

Juli 1739, äußerte er seiner Gemahlin gegenüber ganz freimütig seine unendliche Freude auf Rheinsberg und mehr noch auf das Vergnügen, sie nach seiner Rückkehr von einer gemeinsam mit dem Vater unternommenen Inspektionsreise nach Ostpreußen in die Arme nehmen zu können. «Gott erhalte Sie, Madame. Vergessen Sie mich bitte nicht, und gestatten Sie, daß ich Sie herzlich umarme.»[141] Nur im Mai 1742, im Überschwang des bei Chotusitz erfochtenen Sieges über die Österreicher, äußerte sich Friedrich noch einmal so warmherzig und spontan seiner Gemahlin gegenüber. «Madame, man muß Sie lieben, wenn man Sie kennt: und die Güte Ihres Herzens verdient, daß man Sie mag.»[142]

Auch Elisabeth Christine, die ihrem mittellosen und ständig verschuldeten Gemahl immer wieder mit Vorschüssen und Darlehen ihres herzoglichen Bruders aushalf, war offensichtlich einbezogen in die Glückseligkeit der Rheinsberger Jahre. Sie schien sich auch in ihrem Erscheinungsbild zu ihrem Vorteil zu verändern und wirkte freier und lebendiger. Nur der Kinderwunsch, der aus der angeführten, schwer einzuschätzenden und vermutlich nicht unabsichtlich gemachten Bemerkung des Kronprinzen hervorgeht, blieb unerfüllt. Er war unter den Voraussetzungen einer Staatsverfassung, die nach den Prinzipien dynastischen Erbrechts geregelt war, nicht nur eine Privatangelegenheit der Eheleute, sondern gerade auch in den Augen des Königs eine Staatsaffäre, an der die Tauglichkeit des Sohnes für sein Herrscheramt und die Führungsrolle im Hause Hohenzollern abgelesen werden konnte. Besonders auch Manteuffel hatte Friedrich darauf hingewiesen, daß er sich in Zukunft viel Kummer ersparen könne, wenn er einen Thronfolger habe. «Denn wenn man sieht, daß Sie keine Nachkommen haben, wird man Ihren Bruder [August] Wilhelm verheiraten, und dann werden Ränke und Intrigen nicht ausbleiben.»[143]

Aus der Sicht des Kronprinzen kam jedoch hinzu, daß vor allem auch seine materielle Freizügigkeit, die er – wie in vielen seiner Briefe dokumentiert ist – mit der Übersiedlung nach Rheinsberg sehnlichst zu erlangen hoffte, mit der Frage verknüpft war, ob er Kinder haben werde. Insofern war es weniger eine Angelegenheit von Zuneigung und Liebe, die hier zur Debatte stand, sondern ein Problem, das aus Gründen der Staatsräson und persönlicher Unabhängigkeit gelöst werden mußte. Erwähnt wurde bereits, daß sich

Friedrich nach dem Tod des Vaters sogleich von seiner Gemahlin abgewandt und sie mit verletzender Gleichgültigkeit behandelt hat.

Als erwiesen dürfte indessen aber auch gelten, daß er als Kronprinz ungeachtet des berechnenden Kalküls, mit dem er sich auch in dieser Situation zu behaupten versuchte, durchaus willens war, die Ehe zu vollziehen und mit Elisabeth Christine auch Kinder zu haben. Erst die Auflösung der gemeinsamen Hofhaltung in Rheinsberg führte dann in die wachsende und schließlich vollständige Entfremdung der Ehegatten.[144]

Die Muße der Rheinsberger Studienjahre wurde nur unterbrochen von den Aufenthalten in Ruppin, wo er sich besonders während des Frühjahrs exerzierend und inspizierend um sein Regiment kümmern mußte, und einigen Reisen, die ihn 1736 ins Herzogtum Preußen, 1738 an den Rhein und nach Holland und 1739 noch einmal nach Preußen und Litauen führten. Im übrigen aber widmete er sich seinen Studien und dem Freundeskreis, den er zum Tanzen, Spielen und Musizieren um sich versammelte. In seiner Ruppiner Zeit hatte ihn der Vater gezwungen, sich in seinem Umgang ganz auf seine mehr oder weniger ungebärdigen Regimentskameraden einzustellen. Friedrich hatte sich dem gefügt, in den Korrespondenzen mit seiner Schwester Wilhelmine und Grumbkow aber immer wieder zum Ausdruck gebracht, wie sehr er unter der geistlosen Eintönigkeit des Soldatendaseins leide und wie sehr er sich nach einer Geselligkeit sehne, die ihn inspiriere und zerstreue. In Rheinsberg nun konnte er sich diesen Wunsch endlich erfüllen. Neben die Damen, die Frau von Brandt, das wegen seiner Schönheit hochgerühmte Fräulein von Walmoden, die Baronin von Morrien oder das auch vom Kronprinzen umschwärmte Fräulein von Tettau traten nun Freunde und Gefährten, die sich jeder auf seine Weise durch Geist und Geschmack auszeichneten.

In besonderer Nähe zum Kronprinzen stand dabei Charles Etienne Jordan, Sohn eines Refugiés, der nach der Niederlegung einer Pfarrstelle im uckermärkischen Prenzlau als Sekretär, Vorleser und literarischer Berater in die Dienste Friedrichs trat und mit seiner leichten, überaus gewinnenden Beredsamkeit, mit seinem unerschöpflichen Fundus an gelehrtem Wissen und seiner Warmherzigkeit ein wirklicher Freund und einer der geistreichen Mittelpunkte der Rheinsberger Tafelrunde wurde.[145] Zu den militäri-

schen Gefährten des Kronprinzen zählten vor allem Christoph
Ludwig von Stille und Heinrich August de la Motte Fouqué. Stille
war ein ausgesprochen gebildeter Offizier. Er hatte studiert und
widmete sich in verschiedenen Disziplinen der Schriftstellerei.
Fouqué, ein Freund und Waffengefährte bis ins hohe Alter, war in
Rheinsberg der Großmeister eines fiktiven Ritterordens, den der
den ganzen Hof beseelende Drang nach Selbststilisierung ins Leben gerufen hatte.[146] Dieser «Bayard-Orden» war ebenso ein Spiegelbild des höfischen Szenariums wie die *fêtes galantes* und *plaisirs
d'amour*, die man im Stile der heiter-empfindsamen und von Friedrich so hochgeschätzten Genrebilder Watteaus und Lancrets in
Rheinsberg feierte. Offizier war auch der aus Frankreich stammende Isaak Franz Egmont Vicomte de Chasôt, an dessen gesel-
ligem Umgang dem Kronprinzen wegen seines geistreichen, vor
Einfällen sprudelnden Temperaments und seiner militärischen
Kompetenz gelegen war.[147] Seine Rededuelle mit Jordan an der
Rheinsberger Tafel waren fester Bestandteil der rhetorischen Rol-
lenspiele. Weniger Anklang scheint dagegen sein Flötenspiel gefunden zu haben. Er übte Tag und Nacht und vermochte seinem auf
Lyrisches gestimmten Instrument derart schmetternde Töne zu
entlocken, daß sein Zimmernachbar im Schloß über Kopfschmer-
zen klagte. Hinzu trat als Mentor für gegenwärtige und zukünftige
Bauaufträge und alle Fragen künstlerischen Geschmacks Georg
Wenzeslaus von Knobelsdorff; er hat zugleich auch als Porträtmaler den Kronprinzen und andere aus dem Rheinsberger Kreis in
qualitätvollen und authentischen Bildnissen festgehalten.[148]
    Prägend für den Musenhof des Kronprinzen war freilich in be-
sonderem Maße auch Dietrich Graf Keyserling, jener 14 Jahre ältere Offizier und Schöngeist, dessen inniges und immer wieder als
zärtlich beschriebenes Freundschaftsverhältnis zum Kronprinzen
Anlaß zu Vermutungen gegeben hat, daß Friedrich ähnlich wie sein
Bruder Heinrich eine homoerotische Neigung gehabt habe. Keyserling war hochgebildet und weitgereist und als Jäger, Tänzer und
Plauderer von leicht beschwingtem Temperament und unwidersteh-
lichem Charme – eine Erscheinung also, die nicht nur den Kronprinzen, sondern den ganzen Rheinsberger Hof in ihren Bann zog.
Hinzu kam, daß «Cäsarion», wie er im Freundeskreis in Anspielung
auf seinen Familiennamen genannt wurde, mit seiner Eloquenz und

der Beherrschung aller Affekte als die Personifikation des *honnête homme* erschien. Er verzauberte deshalb alle. Dennoch ist unverkennbar, daß Friedrich zeit seines Lebens eine gelegentlich durchaus leidenschaftliche Zuneigung zu Männern hatte, die ihm Esprit, Anmut und Grazie zu verkörpern schienen. Vor allem Voltaire, später dann der Leibarzt Johann Georg Zimmermann sind es gewesen, die diese Facette seines Wesens in denunziatorischer oder auch wichtigtuerischer Absicht in den Vordergrund gerückt und in einer Weise verabsolutiert haben, die einer abgewogenen Würdigung nicht standhält.[149] Offenkundig ist vielmehr, daß Friedrich in seiner Jugendzeit durchaus dem weiblichen Geschlecht zugetan war und sich in großer, offenbar standesgemäßer Freizügigkeit auf Eintagsliebschaften mit dörflichen, nach Knoblauch riechenden «Nymphen» einließ. So dürfte er sich kurz vor seiner Vermählung auch eine Geschlechtskrankheit zugezogen haben.[150] Spätestens seit 1741, als er im Alter von 29 Jahren seinen jüngeren Bruder August Wilhelm zu seinem Erben erklärte, stand aber dann wohl fest, daß ihm eigene Kinder versagt bleiben würden.[151] Er hat zu diesem Zeitpunkt übrigens nicht nur die Vermählung seines Bruders in die Hand genommen, sondern ganz im Stile des Vaters auch verfügt, daß der voraussichtliche Thronfolger wiederum eine Prinzessin aus dem Hause Braunschweig-Bevern, eine Schwägerin also, heiratete.

So eindeutig indessen das Kapitel seiner eigenen Ehebeziehung mit der Thronbesteigung abgeschlossen zu sein schien, so unverkennbar ist zugleich, daß seine homoerotischen Vorlieben bis ins hohe Alter nachweisbar sind. Die tiefe Enttäuschung über die kapriziöse und eigensüchtige Mutter und der absolute, Unterwerfung fordernde Liebesanspruch des Vaters hatten mit Sicherheit Spuren in seinem Wesen hinterlassen.[152] Vorstellbar ist bei dem außerordentlich listenreichen und vielschichtigen Charakter Friedrichs freilich auch, daß er seine schließlich subjektiv empfundene Impotenz mit einer bewußten Stilisierung seiner Neigung zu gleichgeschlechtlichen Beziehungen zu überspielen versuchte. So hatte er am Ende des Laubengangs vor seinem Bibliotheks- und Arbeitszimmer in Sanssouci in suggestiver Absicht die Statue des «Betenden Knaben» aus Rhodos aufstellen lassen, die man damals als Bildnis des Antinous, des Lieblings Kaiser Hadrians betrachtete. Friedrich hatte diese in ganz Europa berühmte Bronzeskulptur

Der betende Knabe im Laubengang-pavillon in der Ost-achse von Sanssouci

1747 auf Vermittlung des Fürsten Joseph Wenzel von Liechtenstein aus dem Nachlaß des Prinzen Eugen erwerben können;[153] sie ist eines der bedeutendsten Stücke der Berliner Antikensammlungen (in Sanssouci steht heute eine Kopie). Denkbar ist überdies, daß er als Kronprinz mit seiner ostentativen Vorliebe für schöne Männer mit einer aus Frankreich kommenden Modeströmung kokettierte, derzufolge es als schick und weltmännisch galt, daß große Feldherren wie Condé, Turenne, Villars und Prinz Eugen der Knabenliebe huldigten. Auch nach dieser Version wäre also zu unterstellen, daß sich Friedrich mit seinen Eskapaden durchaus absichtlich interessant zu machen versuchte, was ihm ohne Frage ja auch gelungen ist.

Als Gegenstück zu diesen Neigungen muß freilich die offenbar keineswegs unspektakuläre «Affäre» mit der aus Venedig stammenden Tänzerin Barbara Campanini gen. Barbarina Erwähnung finden, die in den Jahren 1744 bis 1748 an der Königlichen Oper in

Berlin auftrat und mit ihrem südländischen Temperament nicht nur das Publikum der Residenz, sondern auch den König verzauberte. Sie war nach einer auch in geschäftlicher Hinsicht beispiellosen Bühnenkarriere in Paris und London zu einer geradezu umschwärmten Favoritin des Königs aufgestiegen. Ausdruck dieser Wertschätzung war schließlich der Auftrag an Antoine Pesne, ein lebensgroßes Porträt der tanzenden Diva zu malen, das sicherlich zu den Meisterleistungen des Hofmalers in seiner Spätzeit zu zählen ist. Watteau hatte bereits Jahrzehnte zuvor der Welt der Schauspieler, Tänzerinnen und Komödianten eine bis dahin unvorstellbare Reverenz erwiesen. Die Barbarina wurde nun aber zu einem Sujet erhoben, das in Format und festlich leuchtendem Kolorit den Porträts der Herrscherfamilie an die Seite gestellt werden konnte. Pesne malte sicherlich auf Wunsch des Königs ein Bild, das alles Gravitätische der herkömmlichen Bildniskunst abstreifte und die Spontaneität und den Zauber des Augenblicks festzuhalten bestrebt war. Aber in dem hier zu erörternden Zusammenhang ist vor allem der Umstand zu würdigen, daß Friedrich dieses Porträt als einzigen Bildschmuck in seinem runden, an das Rheinsberger Turmzimmer erinnernden Kabinett im Berliner Stadtschloß aufhängen ließ. Bei aller Zurückhaltung und Rationalität, die ihm gerade auch in der Sphäre öffentlicher Ostentation zu unterstellen ist, muß dieser vermutlich bis ins Detail abgesprochene und auch in den Abmessungen des Bildes exzeptionelle Auftrag als eine Aussage gewertet werden, die nicht nur Emotionen dokumentieren, sondern auch auf Grundsätzliches verweisen sollte.

Die Zusammensetzung des Rheinsberger Kreises wechselte natürlich. Aber es dürften sich regelmäßig 20 bis 24 Gäste und Hausbewohner an der Tafel des Kronprinzen eingefunden haben. Auch Diplomaten wie der französische Gesandte Marquis de La Chétardie statteten dem Schloßherrn Besuche ab, so daß in Rheinsberg durch das Kommen und Gehen von Leuten, die sich der Wertschätzung des Kronprinzen rühmen konnten, eine Atmosphäre ungezwungener Freizügigkeit herrschte.

In die Rheinsberger Jahre fällt auch Friedrichs Annäherung an die Freimaurerei. Auf einer gemeinsam mit dem Vater unternommenen Reise in die westlichen Territorien war er in Minden dem hochgebildeten, mit Künsten und Wissenschaften vertrauten Al-

brecht Wolfgang Graf zu Schaumburg-Lippe begegnet, der sich auf eine abfällige Bemerkung des Königs hin vehement für den Freimaurerbund einsetzte. Dieser Auftritt hatte zur Folge, daß der Kronprinz den Grafen in aller Heimlichkeit um die Aufnahme in den Bund bat. Friedrich wurde daraufhin abweichend von der sonst üblichen Rangfolgeordnung im August 1738 sogleich zum «Meister vom Stuhle» ernannt, was ihm die Möglichkeit eröffnete, selbst «den Hammer zu führen», also einer eigenen Loge vorzustehen. Die Gründung dieser Loge erfolgte im Herbst 1739 in Rheinsberg. Nach der Thronbesteigung scheint sie noch einige Jahre mit Sitz in Charlottenburg fortbestanden zu haben. Im Jahre 1745 starben Keyserling und Jordan, zwei seiner Jugendfreunde, die er auch für den Freimaurerbund zu gewinnen vermocht hatte. Danach erlosch das Interesse an der Leitung seiner Hofloge, obwohl er – wie neuere Forschungen bestätigt haben – den humanitären und weltbürgerlichen Idealen des Freimaurertums bis ins hohe Alter verbunden blieb.[154] Die Gründe, die Friedrich bewogen haben, sich so spontan und dann mit allem Nachdruck für den Freimaurerbund zu interessieren, sind nicht bekannt. Das mag zum einen damit zusammenhängen, daß sich die Logen bewußt mit einer Aura des Geheimnisses und der Verschwiegenheit umgaben, also Verhaltensmustern verpflichtet waren, die dem Wesen und Charakter des Kronprinzen außerordentlich entgegenkamen. Aber darüber hinaus dürfte es ein weiteres Mal die drohende Gestalt des Vaters gewesen sein, die ihn veranlaßte, eigene Wege zu gehen und sich im Kreise weltoffen und tolerant gesinnter Brüder neuen Formen der Geselligkeit zu öffnen. Aber auch das Programm der Freimaurerei, in einer auf Freundschaft, Exklusivität und hierarchische Strukturen gegründeten Gemeinschaft einem gegen das religiöse Wertesystem der Kirchen gerichteten Humanitätsideal Geltung zu verschaffen, hat ihn angezogen und fasziniert.

Er begab sich damit in eine gesellschaftliche Sphäre, die für die «Pathogenese der bürgerlichen Welt» (Reinhart Koselleck) von größter Bedeutung gewesen ist. Denn in diesem «sozialen Gerüst einer moralischen Internationale, die sich aus den Kaufleuten und Reisenden, den Philosophen, Seeleuten und Emigranten, kurz den Kosmopoliten im Verein mit dem Adel und Offizieren zusammensetzte», entfaltete sich wie in keiner anderen Aufklärungssozietät jene neue Elite, die dann für die staatsbürgerliche Gesellschaft der Moderne maßgeblich geworden ist.[155] Es mag dahingestellt bleiben, ob Friedrich solche Perspektiven wahrgenommen und zu fördern gewünscht hat. Aber unverkennbar ist, daß er der eindeutig nichthöfischen, einem neuen Tugendkanon verpflichteten Geselligkeit der Logen durch die Aufgeschlossenheit seiner Kronprinzenzeit starke Impulse zu geben vermocht hat.

Es ist immer wieder erörtert worden, warum sich Friedrich in späteren Jahren distanzierter zur Freimaurerei geäußert hat. Einige haben darin eine programmatische Abkehr gesehen, andere haben betont, daß mit der Thronbesteigung neue Aufgaben und Verpflichtungen unabweisbar in den Vordergrund traten. Aber zutreffend ist gewiß, daß der König, obwohl ihm die zunehmend ritualisierten, mitunter steifen und esoterischen Umgangsformen des

Logenwesens immer weniger zusagten, an seiner positiven Einstellung zur Freimaurerei festhielt. Denn wie eindrucksvolle Äußerungen aus den siebziger Jahren belegen, war er je länger je mehr der Überzeugung, alles unterstützen zu müssen, was die Tugenden der Gesellschaft auf fruchtbringende Weise fördern und zur Bildung guter Patrioten und treuer Untertanen beitragen könne.[156] Der Staat als Bezugspunkt trat im fortgeschrittenen Alter also in den Mittelpunkt seiner Wertschätzung dieser einflußreichsten aller Sozietäten des 18. Jahrhunderts.

Neben den Gesprächen kam den musikalischen Divertissements eine wichtige Rolle zu. Der Vater hatte die musikalische Ausbildung des Kronprinzen, die zum festen Bestandteil des Erziehungskanons höfischer Selbstdarstellung zählte, trotz allen Mißtrauens zunächst geduldet. Als Siebenjähriger erhielt er durch den Berliner Domorganisten Gottlieb Heyne seinen ersten Cembalo- und Generalbaßunterricht, wobei er offensichtlich auch in Kompositionslehre und in der Kunst des Improvisierens unterwiesen wurde. Wann Friedrichs Ausbildung auf seinem späteren Lieblingsinstrument, der Traversflöte, begann, entzieht sich unserer Kenntnis. Überliefert ist jedoch, daß er bei seiner Begegnung mit dem damals schon berühmten Flötenvirtuosen Johann Joachim Quantz anläßlich des Besuchs der königlichen Familie am sächsischen Hof im Jahre 1728 bereits respektable und von vielen gerühmte Fähigkeiten auf seinem Instrument vorzuweisen hatte. Besonders sein Improvisationstalent, das bei der phrasierenden Ausgestaltung der langsamen Mittelsätze zur Geltung kam, hat auf die Zeitgenossen Eindruck gemacht. Es hat offenbar weit übertroffen, was von einem dilettierenden Fürsten an musikalischem Sachverstand erwartet werden konnte.[157]

Daneben komponierte Friedrich. Insgesamt 121 Flötensonaten und entsprechende Konzerte sind von ihm erhalten, die nach Hinweisen im Briefwechsel mit seiner Schwester Wilhelmine vor allem während der Kronprinzenzeit entstanden sind. Sie waren für die musikalischen Soireen bestimmt und sind zu Lebzeiten des Königs nicht veröffentlicht worden. Friedrich scheint nach den Auskünften von Zeitgenossen nur die Oberstimme ausgeführt zu haben, während das kompositorische Beiwerk den harmonischen Konventionen der Zeit entsprechend seinen Mitarbeitern überlassen blieb.

Offenkundig waren auch hier französische Vorbilder wie Lully
maßgeblich. «Für die Zeit des empfindsamen Stils, in der man den
Wert einer Komposition wesentlich nach der Oberstimmen-Melo-
dik bemaß, war die Führung der Mittelstimmen von untergeordne-
tem Rang und wurde lediglich als Handwerk betrachtet.»[158]
Formal lehnte sich Friedrich an Meister wie den Italiener Tartini
an, war danach aber sowohl in der melodischen Inspiration wie in
Fragen des kompositorischen Arrangements seinem Lehrer Quantz
verpflichtet. Dabei entwickelte er einen Kompositionsstil, der sich
von Experimenten ebenso fernhielt wie von dramatischen, von
Emotionen und Affekten geleiteten Ausdrucksformen. Vielmehr
verschrieb er sich einer zärtlich schmeichelnden Melodik, die ganz
auf das Gefällige und Galante höfischer Divertissements einge-
stimmt war. Insofern war Friedrich als Komponist wie als Musiker
Traditionalist. Er war es in der Kronprinzenzeit auf der Höhe seiner Zeit, blieb in den folgenden Jahrzehnten aber einem Geschmack verhaftet, der sich neuen Ausdrucksmöglichkeiten nicht
mehr öffnete. Es dürfte das Schicksal der meisten sein, daß sie über
das in der Jugendzeit Erlernte nicht hinauszuwachsen vermögen.
Für Friedrich gilt jedenfalls in auffälliger Weise, daß er gerade
auch in seinem musikalischen Vorstellungsvermögen zeitlebens aus
dem Fundus schöpfte, den er sich in der Kronprinzenzeit erarbeitet
hatte. Die Welt der Gluckschen Opern blieb ihm ebenso fremd wie
das Genie eines Mozart oder Haydn.

Schon in Neuruppin hatte sich der Kronprinz ein kleines Virtuo-
senensemble zu verpflichten gewußt, das nun nach Rheinsberg
übersiedelte. Zu diesem Kreis gehörten die Geiger František Benda
und Johann Gottlieb Graun und dessen Bruder Carl Heinrich, der
als Kapellmeister, Sänger und Kompositionslehrer Friedrichs in
Erscheinung trat, und schließlich Quantz, der 1741 endgültig von
Dresden nach Berlin übersiedelte und für seinen königlichen
Dienstherrn an die 300 Flötenkonzerte und etwa 200 Kammer-
musikstücke komponierte. Zu diesem Ensemble gehörten, wie der
Berliner Verleger und Publizist Friedrich Nicolai ausführt,[159] ferner eine Reihe von Streichern und Bläsern und der Cembalist Christoph Schaffrath, dessen vielseitige Begabung als Komponist erst
neuerdings wiederentdeckt und gewürdigt worden ist.[160] Aber auch
Liebhaber und Dilettanten wie Chasôt, Keyserling und der Kam-

Georg Wenzeslaus von Knobelsdorff: Friedrich als Kronprinz (um 1735)

merdiener Michael Gabriel Fredersdorf wirkten je nach Anlaß
und Besetzung an den Konzerten mit. Vor allem aber war es der
Kronprinz selbst, der mit seiner schließlich aus 17 Musikern bestehenden *petite bande* als Flötensolist zu musizieren pflegte.
Diese Auftritte waren Höhepunkte des geselligen Lebens in Rheinsberg.

Über das äußere Erscheinungsbild Friedrichs gerade während der Rheinsberger Jahre sind wir durch zwei Bildnisse Knobelsdorffs und eine Fülle offizieller Porträts von Antoine Pesne und seinem Umkreis unterrichtet. Knobelsdorff war als Porträtmaler Dilettant; Pesne dagegen muß als ein ausgesprochener Experte in diesem Genre eingeschätzt werden, als ein Meister, «der die Balance zwischen den Absichten des Dargestellten und dem Gebot künstlerischer Wahrhaftigkeit mit Hilfe eines mitreißenden malerischen Vortrags zu halten verstand».[161] Er war noch von Friedrichs Großvater kurz vor dessen Tod nach Berlin berufen worden (1711).[162] Er hatte Studien in Paris und Venedig betrieben, war also mit dem Geschmack der *régence*-Epoche aufs engste vertraut. Das Erstaunliche an seiner Biographie ist jedoch, daß er sich während des den Künsten so wenig gewogenen Regiments des Soldatenkönigs, gestützt auf die Königin und private Aufträge aus den benachbarten Residenzen, am preußischen Hof zu behaupten und dann die Wiederbelebung der Künste unter Friedrich maßgeblich mitzuprägen vermochte. Nicht zuletzt auch dadurch, daß er die Hinwendung des Kronprinzen zu Malern wie Watteau und Lancret zu vertiefen, wenn nicht überhaupt zu vermitteln wußte, wurde er «zum eigentlichen Bahnbrecher des sog. Friedericianischen Rokoko».[163]

Pesne hatte Friedrich bereits 1714 als Zweijährigen zusammen mit seiner Schwester Wilhelmine porträtiert und dann vor allem für die kunstsinnige Königin Sophie Dorothea gemalt, die in ihrem Residenzschloß Monbijou die Bilder ihrer Kinder um sich zu sehen wünschte. Es folgten dann Bildnisse aus den Jahren 1718/19 und 1728, hier bereits in Offiziersuniform, und dann ein Kniestück aus dem Jahre 1733, das auf Veranlassung des Vaters die Läuterung und den wiedererlangten Status des Kronprinzen mit ostentativer Gelassenheit und hoheitlicher Würde in Haltung und Blick zum Ausdruck bringen sollte.

Das erste der Rheinsberger Porträts Friedrichs entstand 1736, wiederum ein Kniestück, das die Schwester Wilhelmine, die Markgräfin von Bayreuth, bei Pesne in Auftrag gegeben hatte. Es zeigt den Kronprinzen als entschlossen nach rechts voranschreitenden Feldherrn, der den Kopf nach links wendet, ohne den Betrachter aus dem Auge zu verlieren. Die erhobene Rechte umfaßt den

Antoine Pesne: Kronprinz Friedrich (um 1736)

Antoine Pesne:
Friedrich als Kron-
prinz (um 1740)

Marschallstab, die Linke angewinkelt den Knauf des Degens. Alles deutet auf diesem Bildnis ausdrucksvoller und zuversichtlicher als je zuvor auf das heroische Lebenskonzept des künftigen Königs. Einen neuen, ebenfalls vielfach kopierten und in Kupferstichen verbreiteten Bildtypus stellt das 1738 gemalte En-face-Porträt dar, das als Gegenstück zu einem Bildnis der Kronprinzessin gedacht war und noch heute in Rheinsberg hängt.

Als das eigentliche Meisterwerk unter den Friedrich-Porträts Pesnes muß indessen das um 1740 gemalte Brustbild betrachtet werden, das noch zur Kronprinzenzeit begonnen, aber erst nach der Thronbesteigung fertiggestellt wurde. Helmut Börsch-Supan vermutet, daß es im Besitz des Malers geblieben ist und dadurch als Vorlage für zahllose Werkstattrepliken, Kopien von fremder Hand und Kupferstichversionen verwendet werden konnte. Erst 1841 ist es aus Privatbesitz in die Berliner Gemäldegalerie gelangt. Das Gesicht erscheint auf diesem Bildnis etwas fülliger als früher, die Halsbinde ist bereits schwarz, so wie sie der König nach seiner

Thronbesteigung zu tragen pflegte. Dennoch ging es auch auf diesem Bild nicht in erster Linie um eine authentische Darstellung Friedrichs, obwohl alle Pesne-Porträts zusammengenommen in wesentlichen Zügen übereinstimmen und das Charakteristische seines Erscheinungsbildes wirklichkeitsgetreu wiedergeben dürften. Aber maßgeblich war für Auftraggeber wie Dargestellten doch die politische und gesellschaftliche Rolle, in der man in einer sicherlich eingeschränkten, an einer höfischen Perspektive orientierten Öffentlichkeit wahrgenommen zu werden wünschte. Diesen Intentionen entsprechend sind alle Porträts mit den Attributen herrscherlicher Würde (Hermelin und Ordensschärpe), aber auch militärischer Kompetenz (Marschallstab, Küraß und Degen) ausgestattet und dokumentieren somit eine Herrschaftsauffassung, wie sie nicht nur der auch in dieser Sphäre allgegenwärtige Vater, sondern schließlich auch der Thronfolger als angemessen für einen König von Preußen betrachtet hat.

Man könnte diese Bilder nach dem am Muster der französischen *politesse* orientierten Tugendkanon als «artig» oder im heutigen Sprachgebrauch als korrekt bezeichnen. «Artig seyn heißt, so aussehen, so reden, so handeln, als wenn man ein vernünftiger, guter Mann wäre, und diejenigen liebte, unter welchen man sich befindet. Ist man dieses alles nicht, so muß man den Schein davon annehmen.»[164] Solch eine Haltung, schreibt der Moralphilosoph und Zeitgenosse Friedrichs, Christian Garve, «welche gemeine Menschen zur Falschheit verleitet, [kann] bey Menschen von edler Natur auch Muster wahrer Selbstbeherrschung hervorbringen». Beide Möglichkeiten waren in diesen Bildern ebenso wie im Wesen des Königs angelegt.[165]

Pesne – gestorben im Jahre 1757 in Berlin – hat nach 1740 nur noch wenige Porträts des Königs eigenhändig ausgeführt. Sie waren in der Regel als Gunsterweise oder Geschenke an fremde Potentaten gedacht und wiesen in Qualität, Anspruch und Format mannigfaltige Abstufungen auf. Das physiognomische Profil dieser Bilder war angesichts einer ausufernden Werkstattproduktion allerdings nicht eben ausgeprägt und der künstlerische Rang vieler dieser Repliken ebenfalls problematisch. Aber als entscheidender Einschnitt muß gewertet werden, daß Friedrich mit der Thronbesteigung konsequent und rigoros darauf verzichtet hat, sich porträtieren zu lassen. Während für die Kronprinzenzeit, zumindest für die Jahre von 1733 bis 1740, jeweils ein eigener, vielfach weiterentwickelter und in Kolorit und Gestus verfeinerter Porträttypus nachzuweisen ist, bricht die Bildnisproduktion, die sich auf authentische Eindrücke berufen konnte, unvermittelt ab.

Die Gründe, die den König bewogen haben, die bis 1740 immer aufwendiger inszenierte Selbstdarstellung aufzugeben, kennen wir nicht. Möglicherweise hatte er sich als Kronprinz den Konventionen des spätbarocken Repräsentationsgemäldes angepaßt, denen sich neben der in Stilfragen maßgeblichen Mutter auch der König verpflichtet fühlte, obwohl letzterer in seinen eigenhändig gemalten Porträts ganz andere Wege beschritten hatte.[166] Nach der Thronbesteigung Friedrichs scheint sich dann freilich die Vorstellung durchgesetzt zu haben, daß ostentative Formen fürstlicher Selbstdarstellung mit der Auffassung eines an der Aufklärung orientierten *roi philosophe* nicht mehr vereinbar und deshalb unzeitgemäß waren. Am 20. August 1743 gab er Voltaire auf dessen Bitte, ein Bildnis des Königs zu besitzen, die kategorische Auskunft: «Ich werde nicht gemalt, ich lasse mich nicht mehr malen; so kann ich Ihnen nur eine Gedenkmünze geben.»[167] Die Weigerung des Königs, sich porträtieren zu lassen, führte jedoch dazu, daß der vor allem von Pesne entwickelte Bildnistypus in einer Fülle von Repliken immer stärker schematisiert wurde und schließlich zu einer Erstarrung der Bildüberlieferung führte. Erst nach dem Siebenjährigen Krieg kam es in der Porträtdarstellung des Königs noch einmal zu einem Neuansatz, obwohl die meisten der populären und schließlich die Bildrezeption prägenden Darstellungen des «Alten Fritz» keineswegs in königlichem Auftrag, sondern in der Regel aus großer Distanz zum Porträtierten entstanden sind.

Im Mittelpunkt der gelehrten Studien, denen sich Friedrich in Rheinsberg widmete, stand zunächst die Philosophie Christian Wolffs.[168] Er las vor allem die 1719 erstmals erschienenen «Vernünftigen Gedanken von Gott, der Welt und der Seele des Menschen, auch allen Dingen überhaupt». Neben Manteuffel war es im besonderen sein Jugendfreund, der sächsische Diplomat Ulrich Friedrich von Suhm, der ihm diese Lektüre angeraten hatte. Er war es auch, der die Wolffsche Metaphysik für Friedrich ins Französische übertragen hat. Die Aneignung dieses «Systems» scheint ihm viel Mühe bereitet zu haben. So hat er in seinem Tagespensum der Lektüre jeweils zwei Stunden folgen lassen, in denen er den Lesestoff in Exzerpten festzuhalten versuchte. Er las mit der Feder in der Hand, um sogleich anstreichen und kommentieren zu können, was ihm bedenkenswert erschien. Nach diesem an einen Text angelehnten Verfahren ist dann auch eine ganze Reihe von selbständigen Arbeiten entstanden. Einige dieser Auszüge und Kommentare, zu denen auch der *Antimachiavell* zu zählen ist, hat er dann als König als Handexemplare drucken lassen.

Schon die Tatsache, daß sich der Kronprinz autodidaktisch mit einem der Hauptvertreter der damals leidenschaftlich diskutierten Naturrechtslehre auseinandersetzte und im Streit der Lehrmeinungen eindeutig für ihn Partei ergriff, ist für sein Bildungsinteresse wie für seine Herrschaftsauffassung außerordentlich bemerkenswert.[169] Denn hier zeigt sich jener neue Impuls, der dem Aufgeklärten am «Aufgeklärten Absolutismus» zugerechnet werden muß. Es scheinen in dieser Phase seines Selbststudiums noch weniger inhaltliche als systematische Fragen gewesen zu sein, die ihn in ihren Bann zogen. «Welch köstliche Prinzipien», schrieb er am 17. Juni 1737 begeistert an Suhm, «sind doch die Sätze des Widerspruchs und des zureichenden Grundes (raison suffisante). Sie verbreiten Licht und Klarheit in unserer Seele, auf sie gründe ich meine Urteile, zugleich aber auf den Satz, daß man keinen Umstand vernachlässigen darf, wenn man verschiedene Fälle vergleicht», um die Schlußfolgerungen aus dem einen auf den anderen anzuwenden. Und dann bereits dem elitären Selbstbewußtsein der *philosophes* entsprechend: «Dies sind die Arme und Beine meiner Vernunft; ohne sie wäre sie gelähmt und ich ginge wie die vulgäre Masse auf den Krücken des Aberglaubens und des Irrtums.»[170] Beim Studium dieses mit mathematischer Folgerichtigkeit entwickelten Systems, fuhr er fort, gehe ihm jeden Tag ein neues Licht auf und mit jedem seiner Sätze fielen ihm Schuppen von den Augen.[171] Auch Voltaire gegenüber, dem er die Werke Wolffs zugesandt hatte, zeigte er sich von der Schlüssigkeit und Beweiskraft der Wolffschen Philosophie überzeugt; «denn seine Sätze folgen mit geometrischer Genauigkeit einer aus dem anderen und sind wie die Glieder einer Kette ineinander verschränkt».[172]

Langfristig entscheidender war freilich der Einfluß, den Voltaire mit seinem vom englischen Empirismus und Sensualismus inspirierten Denken auf den Kronprinzen ausübte. Letzterer hatte sich am 8. August 1736 zum ersten Mal in einem Handschreiben an den Schriftsteller und Philosophen gewandt, der schon damals weit über den Kreis literarisch Eingeweihter hinaus als eine Berühmtheit galt. Aus dieser Beziehung zweier das Jahrhundert prägender Persönlichkeiten ist eine Korrespondenz hervorgegangen, die zusammengenommen etwa 800 Briefe umfaßt. Sie enthält neben tiefschürfenden Erörterungen auch launige, schnell hingeworfene Billetts und Gelegenheitsgedichte, vermittelt jedoch in ihrer Gesamtheit das faszinierende Bild einer über Jahrzehnte dauernden Freundschaft.

Die Grundlage der Textüberlieferung bilden die Werkausgaben der beiden Briefschreiber; sie erschienen 1785 (Voltaire) und 1788 als *Œuvres posthumes de Frédéric II*. Die Bände 64 bis 66 der *Œuvres complètes de Voltaire* enthielten zunächst 436 Briefe, darunter 251 von Friedrich und 185 von Voltaire. Aber bereits kurz nach dem Erscheinen dieser ersten Gesamtausgaben tauchten aus verschiedenen Quellen weitere Briefe auf, so daß in die Bände XXI bis XXIII der noch heute maßgeblichen *Œuvres de Frédéric le Grand*, herausgegeben von Johann David Erdmann Preuß (Berlin 1853), bereits 298 Briefe von Friedrich und 267 von Voltaire aufgenommen werden konnten. Etwas übersichtlicher wurde die Überlieferung, als der König nach der Wiederaufnahme des Briefwechsels nach dem Bruch von 1753 dazu übergegangen war, sich nicht mehr handschriftlich an Voltaire zu wenden, sondern Abschriften zu verwenden, deren Konzeptvorlagen er aufzuheben anordnete. Dennoch wirft die Frage der Vollständigkeit und Authentizität der Texte noch heute eine Fülle von Problemen auf.[173]

Der Kronprinz tat mit dieser Annäherung einen Schritt, der ihm über den eng umgrenzten Kreis seiner häuslichen Bildungs- und Erfahrungsmöglichkeiten hinaus eine Welt eröffnete, die alles umfaßte, was die führenden Köpfe seiner Zeit bewegte. Sicherlich hatte er sich sehr frühzeitig bereits mit seiner ganzen Einbildungskraft dem Denken und Stilempfinden der französischen Klassik verschrieben und trotz der Repressalien des Vaters alles darangesetzt, sich mit ihren Hauptvertretern und den exemplarischen Werken ihrer Dichtkunst vertraut zu machen. Aber erst jetzt, durch die

Begegnung mit Voltaire, gewann er jenen Mentor, der ihn im Geiste der *philosophes* und der *belles lettres* in das Universum der Künste und Wissenschaften seiner Zeit einführte und bis ins hohe Alter der Maßstab aller Dinge blieb. Und in der Tat – kein anderer verkörperte vollkommener als Voltaire jene Prinzipien, die mit dem Begriff Aufklärung zu erfassen versucht worden sind: ihre analytische Schärfe und Klarheit, ihre kämpferische Vernunftidee, ihre rhetorische Eleganz und ihre eigentümliche Verbindung eines konstruktiven, vorurteilsfreien Denkens mit dem praktischen Interesse an der Beförderung menschlicher Wohlfahrt. Alle diese Facetten eines epochalen Diskurses traten in den Intentionen und im Werk Voltaires mit einzigartiger Überzeugungskraft und Brillanz in Erscheinung. So stellte es für den Kronprinzen eine außerordentliche Herausforderung dar, sich als jemand, der einstweilen nur auf seinen Enthusiasmus und seine erst in Umrissen erkennbaren Überzeugungen, aber sicherlich auch auf seine Herkunft verweisen konnte, an einen ebenso Umstrittenen wie Vielumworbenen zu wenden und ihn um Belehrung und Dialog zu bitten.

Voltaire hat sich der ihm zugedachten Rolle bei aller Unbestechlichkeit seines kritischen Urteils mit außerordentlichem Geschick und bezaubernder Liebenswürdigkeit entledigt. Er verfügte über die Fähigkeit, mit seinen Elogen Einwände und Änderungsvorschläge zu verknüpfen, ohne dabei in pedantische Besserwisserei zu verfallen. Er wußte mit feinem Gespür für das Delikate seines Auftrags selbst Hinweisen auf elementares sprachliches Unvermögen eine Wendung zu geben, die dem Belehrten ein Schmunzeln abzugewinnen vermochte. So kam ein in Briefen geführter Dialog zustande, der neben galanter Plauderei immer wieder auf die Frage zusteuerte, wie dem unbändigen Mitteilungsbedürfnis des fürstlichen Schülers in den verschiedenen Gattungen der Schriftstellerei im allgemeinen und der Poesie im besonderen der angemessene Ausdruck verliehen werden könne.

Der Advokatensohn François-Marie Arouet, mit dem Friedrich in Verbindung trat, war 18 Jahre älter als der Kronprinz und längst zum maßgeblichen Wortführer des Aufklärungsdiskurses in Europa avanciert. Anläßlich des Erfolgs seiner ersten Tragödie *Oedipe* im Jahre 1718 hatte er seinen Namen in Voltaire, später in de Voltaire geändert. Er lebte damals, als sich Friedrich aus dem entle-

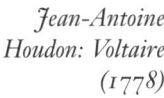

Jean-Antoine Houdon: Voltaire (1778)

genen Berlin und dann aus Rheinsberg Gehör zu verschaffen versuchte, auf Schloß Cirey im lothringischen Exil, weil er wegen seiner Forderung nach Toleranz und der Infragestellung geistlicher und weltlicher Autoritäten in Verruf geraten war und sich nach mehrfacher Bastillehaft dem Zugriff aufgebrachter Obrigkeiten entziehen wollte. Erst 1744 kehrte er nach Paris zurück, so daß der Briefwechsel mit Friedrich dann aus der Sphäre des beinahe Konspirativen in das helle Licht der Öffentlichkeit treten konnte. Die 1736 begonnene Korrespondenz führte schließlich auch zu persönlichen Begegnungen. Sie fallen in das Jahrzehnt zwischen 1740 und 1750 und erreichten ihren Höhepunkt in dem zweieinhalb Jahre währenden Aufenthalt Voltaires am Hofe des Königs in Potsdam und Berlin. Die Spannungen, die zwischen so ausgeprägten und eigenwilligen Charakteren nicht ausbleiben konnten, führten im März 1753 zu einer tiefen Verstimmung und zur beinahe fluchtartigen Abreise Voltaires. Nach dem Ausbruch des Siebenjährigen Krieges traten beide jedoch in erneuten Briefkontakt. Und es ist der König selbst gewesen, der dem 1778 verstorbenen Freund in einer Gedächtnisrede vor der Berliner Akademie ein würdiges und bewegendes Denkmal gesetzt hat. Ihre Beziehung hatte mit einer an Schwärmerei grenzenden Begeisterung begonnen; sie war während des «peinlich tragikomischen Intermezzos» am Hofe Friedrichs (Victor Klemperer) in Haß und Erbitterung auseinandergebrochen, aber am Ende doch in offenkundiger Zuneigung und menschlicher Güte fortgesetzt worden.[174]

Entsprechend weitgesteckt sind auch die Themen, die in dieser einzigartigen Korrespondenz erörtert wurden. Sie reichen von Fragen des literarischen Geschmacks und Grundproblemen der Geschichtsschreibung über staatstheoretische und tagespolitische Debatten bis hin zu Ratschlägen über die Gebrechen und Anfälligkeiten des Alters. Waren die Briefe der Kronprinzenzeit galant und vielfach auch etwas aufgesetzt geistreich, so gewann die Korrespondenz in der Zeit der Schlesischen Kriege an politischem, das Verhältnis von Macht und Moral grundsätzlich diskutierendem Gehalt. Schließlich sind es Töne herzlichen Einvernehmens und wachsender Gelassenheit, die ihre Mitteilungen durchziehen. Ein grandioses Spektrum menschlicher und geistiger Größe wird hier sichtbar; es gibt in der Literatur- und Geistesgeschichte wenig Vergleichbares. Nicht zu übersehen ist freilich, daß Voltaire ein nicht anders als kolossal zu nennendes Briefœuvre hinterlassen hat; es dürfte nach den bis in die letzten Jahrzehnte reichenden Neuentdeckungen Theodore Bestermans etliche zehntausend Einzelstücke umfassen.[175] Dabei sind neben Verwandten und engsten Vertrauten alle vertreten, die in der Sphäre der *sciences* und der *belles lettres* etwas mitzureden hatten. Friedrich war in diesem Kreis der großen Geister des Jahrhunderts jedoch nicht der einzige Regent. Vielmehr hat Voltaire neben weniger bedeutenden Fürsten vor allem auch mit der Zarin Katharina II. einen intensiven Briefwechsel geführt.[176] Vom Umfang und Gewicht her muß die Korrespondenz mit Friedrich jedoch zum Bedeutendsten gezählt werden, was das 18. Jahrhundert in dieser Gattung hervorgebracht hat.

Kurz vor der Übersiedlung des Kronprinzen nach Rheinsberg begann also der denkwürdige Dialog. «Obgleich ich nicht die Genugtuung habe», schrieb Friedrich, «Sie persönlich zu kennen, so sind Sie mir doch durch Ihre Werke bekannt. Diese sind Geistesschätze [...] und so geschmackvolle, feinsinnige und kunstreiche Arbeiten, daß ihre Schönheit bei der Lektüre jedesmal von neuem hervortritt. Ich glaube in ihnen den Charakter ihres geistvollen Verfassers zu erkennen, der unserem Zeitalter und dem menschlichen Geist zur Ehre gereicht [...]. Sie verbinden mit den Eigenschaften eines hervorragenden Dichters eine unendliche Fülle von Kenntnissen, die zwar mit der Poesie manches Verwandte haben, aber erst durch Ihre Feder in den Bereich der Dichtkunst einbezogen wurden. Nie hat ein Dichter metaphysische Gedanken in Verse gebracht, diese Ehre war Ihnen als Erstem vorbehalten.»

Und dann folgt das eigentliche Anliegen des Briefes: «Die Nachsicht und Unterstützung, die Sie allen gewähren, die sich den Künsten und Wissenschaften verschrieben haben, lassen mich hoffen, daß Sie mich nicht aus der Zahl derer ausschließen werden, die Sie Ihrer Belehrung würdig erachten. Denn ein Briefwechsel mit Ihnen muß für jedes denkende Wesen lehrreich und nützlich sein [...]. Darum habe ich das glühende Verlangen, alle Ihre Werke zu besitzen. Ich bitte Sie, Monsieur, sie mir zu schicken und mir keines vorzuenthalten.»[177] Voltaire antwortete im September desselben Jahres. «Die wirklich guten Könige», ließ er den Kronprinzen wissen, «sind nur die, welche wie Sie damit beginnen, sich zu bilden, ihre Mitmenschen kennenzulernen, die Wahrheit zu lieben und Verfolgung und Aberglaube zu verabscheuen. Ein Fürst, der so denkt, kann seinem Staate das Goldene Zeitalter zurückbringen [...]. Seien Sie versichert, daß Sie – wenn eines Tages nicht die Verwirrung der Ereignisse und die Schlechtigkeit der Menschen einen solch göttlichen Charakter verderben – von Ihren Völkern angebetet und von der ganzen Welt verehrt werden.»[178]

Die Grundakkorde eines epochalen Zwiegesprächs waren also angeschlagen, sie wurden in den Korrespondenzen der folgenden Jahrzehnte in vielfältiger Weise variiert und gewannen an gedanklicher Tiefe und menschlicher Wärme. Unverkennbar ist, daß sich der Kronprinz seit dem Entschluß, mit Voltaire in Kontakt zu treten, als *philosophe*, als Vertreter einer Geistesrichtung zu verstehen begann, die mit deutlich antimetaphysischen Affekten «zu einer Besitzergreifung der irdischen Wirklichkeit» (Victor Klemperer) entschlossen war. Ihre Protagonisten waren keine Philosophen im heutigen Verständnis.[179] Ihnen galt die Philosophie nicht als Selbstzweck, als reine Wissenschaft, als das unabhängige Bemühen um eine gedankliche Erfassung der Welt. Insofern hatte ihr diskursiver Gestus nichts mit pedantischer Gelehrsamkeit zu tun. Vielmehr waren sie durchdrungen von dem Wunsch, den Prinzipien der Vernunft, dem Menschheitsinteresse und einem universellen irdischen Glück Geltung zu verschaffen: Philosophie also als Erkenntnis des Nötigen und Nützlichen. Die Absicht war das Primäre; in ihren Dienst hatte das Räsonieren zu treten. Und die Aufgabe bestand darin, alles zu bekämpfen, was der Aufklärung des Menschengeschlechts im Wege stand. Aus dieser Einstellung erwuchsen die heftigen Affekte gegen Kirche, Aberglauben und jede Form von religiösem Fanatismus. Insofern blieb das Agitieren der *philosophes* eine besondere Spielart des theologischen Diskurses, auch wenn es ihnen weder um religiöse noch ethische Probleme ging.

Friedrich fühlte sich diesem Denken zutiefst verpflichtet. Schon 1728, während des ersten Aufenthalts in Dresden, hatte er unter dem Einfluß des hochgebildeten Grafen Manteuffel einen Brief mit «Frédéric le Philosophe» unterzeichnet. Trotz der religiösen Prägung durch seine Erzieher war er ein Freigeist, der sich über Aberglauben und Vorurteile erhaben wähnte und für sich in Anspruch nahm, ein Leben nach selbstgesteckten Zielen zu führen. Er erbitte von Gott, heißt es am Schluß eines emphatischen Gedichts über die Notwendigkeit gelehrter Studien, das er im April 1740 an Voltaire richtete, sein Leben in die friedvollen Arme der Philosophie betten zu dürfen.[180] Er liebe, schrieb er wiederum an Voltaire, die Philosophie und die Verse. Wenn er Philosophie sage, verstehe er darunter jedoch weder Geometrie noch Metaphysik. Und dann noch einmal ganz persönlich in einem Brief, mit dem der König den noch immer zögernden Freund endgültig zur Übersiedlung nach Berlin zu überreden versuchte: «Sie sind Philosoph, ich bin es auch. Was ist natürlicher und selbstverständlicher, als daß zwei Philosophen miteinander leben, die schon durch ihr Studium, ihren Geschmack und ihre gleiche Denkungsart miteinander verbunden sind? Ich achte Sie als meinen Lehrer in Fragen der Beredsamkeit und des Wissens, ich liebe Sie als einen redlichen Freund.» Was in der Welt könne er zu fürchten haben?[181]

Gleichwohl wurde seit der Thronbesteigung immer deutlicher auch ein Dissens in den Beziehungen der beiden Freunde sichtbar.

Denn neben die innige Verbundenheit mit den Anliegen und Überzeugungen der *philosophes* traten nun unabweisbar die Erfordernisse
eines Herrscheramtes, das Friedrich nach ganz anderen Prinzipien,
den Maßregeln einer rigorosen Staatsräson auszuüben gedachte.
Der König war einsichtig genug, um dieses Dilemma selbst zu erkennen. Und so steht am Ende die Aufforderung an Voltaire: «Unterscheiden Sie zwischen dem Staatsmann und dem Philosophen
und begreifen Sie, daß man aus Vernunftgründen Krieg führen, aus
Pflichtgefühl (devoir) ein Staatsmann und aus Neigung (inclina-
tion) ein Philosoph sein kann.»[182] Es war das Angebot zu einem
modus vivendi, der jedoch die Spannungen zwischen den gegensätzlichen Positionen der beiden Gesprächspartner letztlich nicht zu
überbrücken vermochte. Aber gerade in der Kontroverse über das
zentrale Problem von Macht und Moral liegt das Außerordentliche,
das den Briefwechsel der beiden Freunde über vieles hinaushebt,
was in diesem Jahrhundert sonst geschrieben wurde.

Bemerkenswert ist, daß der Kronprinz in der Korrespondenz der
Rheinsberger Studienjahre in grüblerischer Selbstprüfung noch
einmal auf das Problem der Prädestinationslehre zurückkam, das
ihn in den Monaten seiner Küstriner Festungshaft so außerordentlich beschäftigt hatte. Die Drohungen des Vaters hatten ihn damals
zu einem Widerruf veranlaßt. In Briefen an seine Vertrauten Suhm
und Voltaire wiederholte er nun mit außerordentlicher Eindringlichkeit die Auffassung, daß das Handeln des Menschen von einem
Grund bestimmt werde, einem Gesetz: «Dem Ton gemäß, auf den
der Schöpfer ihn gestimmt hat.»[183] Alles, heißt es in einem grandiosen, von außerordentlichem Scharfsinn und profundem Wissen
durchdrungenen Brief an Voltaire, sei durch die Gottheit vorausbe-
stimmt und einem «ewigen Schicksalsgesetz unterworfen». Der
Mensch jedoch, dem die Zukunft unbekannt sei, nehme nicht wahr,
daß, während er sich scheinbar unabhängig betätige, alle seine
Handlungen darauf abzielen, die Ratschlüsse der Vorsehung zu erfüllen.[184]

Es hat den Anschein, als wenn Friedrich mit dem Festhalten an
der Vorstellung eines im göttlichen Heilsplan verankerten Deter-
minismus Trost, Geborgenheit und Selbstgewissheit zu finden
suchte. Denn noch einmal war es die beklemmende Gegenwart des
Vaters während eines Aufenthaltes in Berlin im Winter 1738/39,

die ihn zurückversetzte in die Zeit seiner in Küstrin ausgestandenen Nöte. Er wisse nicht, schrieb er traurig und verbittert an seinen Jugendfreund Camas, welches Verbrechen man ihm nun wieder zur Last lege. «Es ist ein erneutes Aufleben des alten Hasses, den irgendetwas aus dem Schlummer aufgerüttelt hat, in dem er seit einiger Zeit ruhte.» Er habe sich eine Prognose gestellt: «Nie darf man darauf rechnen, mit einem so reizbaren Vater, den man gegen mich aufhetzt, friedlich auszukommen. Ich muß ihn als meinen schlimmsten Feind betrachten, der mir ständig auflauert und den Augenblick erspäht, wo er mir den Genickstoß versetzen kann. Ich muß unermüdlich auf der Hut sein. Der geringste Fehltritt, die kleinste Unvorsichtigkeit, eine Lappalie, ein aufgebauschtes Nichts genügen zu meiner Verurteilung [...]. Tausendmal denke ich an das italienische Sprichwort: *Soffri e taci*. Wie schwer ist es, lieber Camas, einen Grundsatz zu befolgen, der in so wenige Worte gefaßt werden kann, aber einen so tiefen Sinn in sich birgt!» Die Krankheit des Königs habe ihm einen Kurs in Standhaftigkeit erspart. Aber er wisse nur zu gut, «daß man sich den unwiderruflichen Fügungen des Schicksals nicht entziehen kann, daß der Strom der Ereignisse uns wider Willen mitreißt und daß es eine Torheit wäre, sich dem widersetzen zu wollen, was der Notwendigkeit entspricht und nach ewigem Ratschluß geordnet worden ist». Freilich sei die Einsicht in die Unabwendbarkeit des Unglücks ein schwacher Trost. «Aber es liegt doch etwas Beruhigendes in der Vorstellung, daß der Verdruß, den man uns bereitet, nicht aus unseren Fehlern resultiert, sondern zur Absicht und Ordnung der Vorsehung gehört.»[185]

Es ist erneut die stoisch-fatalistische Seite seines Lebensgefühls, die hier zum Ausdruck kommt. Der theologische Streit um das Prädestinationsdogma, den er wenige Jahre zuvor noch mit allen schrecklichen Konsequenzen mit dem Vater ausgefochten hatte, trat dabei in den Hintergrund. Maßgeblich war bei diesen Selbstreflexionen wohl eher der Wunsch, einen philosophischen Standpunkt zu finden, der Schicksalsschläge und Enttäuschungen ohne Beschädigung der eigenen Seele zu überstehen ermöglichte. Er versuchte sich zu wappnen, um ohne das Eingeständnis persönlichen Versagens dem Lauf der Dinge standhalten zu können. Die Vergleichbarkeit der Kontroverse, die er 1730 mit dem Vater zu bestehen hatte, ist unverkennbar. Aber der Kronprinz war bei allem unverändert bohrendem Fragen nach einem tragfähigen Konzept nun über das taktisch bedingte Zurückweichen des Jahres 1730 hinausgewachsen. Aus der Prädestinationslehre im dogmatischen Sinne hatte sich unter dem Einfluß der Wolffschen Philosophie eine stoische Lebensauffassung herausgebildet, die ihm nach den bitteren Erfahrungen seines eigenen Lebens und dem unermüdlichen Studium der letzten Jahre Schutz und Sicherheit zu gewähren vermochte. In der Stimmigkeit seines «Systems», das er Voltaire mit der ganzen Kraft und Hingabe seines Verstandes darzulegen versuchte, fand er diese Selbstgewißheit. Das «absolute Schicksal (cette fatalité absolue)», schrieb er, die «alles regierende Notwendigkeit, die unsere Handlungen bestimmt und die Geschicke besiegelt», gewähre ihm «eine Art von Trost». Voltaire werde ihm, vermutete Friedrich, zwar entgegnen, daß es ein schwacher Trost sei, den man aus der Betrachtung des Elends und der Unabänderlichkeit unseres Schicksals schöpfe. Aber aus Mangel an etwas Besserem werde man sich wohl damit bescheiden müssen. Der Trost gehöre zu den schmerzlindernden Medikamenten, die der Natur Zeit ließen, das übrige («le reste») zu tun.[186]

Neben die Vertiefung seiner philosophischen und theologischen Kenntnisse trat in Rheinsberg jedoch auch das engagierte Studium der antiken Autoren. Da er in Latein nicht unterwiesen worden war, erschloß sich ihm auch diese Welt aus den ins Französische übertragenen Originalen und ihrer Rezeption in der klassischen Literatur Frankreichs, Racine und Corneille an erster Stelle. Es waren vor allem die römischen Autoren, die ihn begeisterten und faszinierten. So machte er immer wieder Versuche, sich die Horazischen Oden zum Vorbild zu nehmen und sich in entsprechenden Versen zu äußern. Hinzu kamen Lukrez und Cicero und in besonderer Weise Marc Aurel, dessen autobiographischen Reflexionen er sich immer wieder in Stunden großer Bedrängnis anvertraute. Aber auch die pragmatisch-politische Geschichtsschreibung des Altertums schätzte er über die Maßen und las ihre großen Vertreter immer wieder bis ins hohe Alter. Von kaum zu überschätzender Wirkung auf den Kronprinzen war überdies, daß er mit Charles Rollins Meisterwerk zur römischen Geschichte (Paris 1738–1741) und den nicht weniger berühmten, politisch hochbrisanten Betrachtungen

Montesquieus über die Ursachen der Größe und des Niedergangs der Römer (Amsterdam 1734) zwei Bücher in die Hand bekam, die die Lektüre einzelner Quellentexte zu einem Gesamtbild der römischen Geschichte zusammenfügten und dieses scheinbar entrückte Szenarium im Kontext eines zeitgenössischen Diskurses erörterten.[187] So gewann er über die Vertiefung seiner Kenntnisse in römischer Geschichte hinaus zugleich auch nachhaltig wirksame Einblicke in die Methode einer modernen, auf die Probleme der Gegenwart bezogenen und um das Verständnis kausaler Zusammenhänge bemühten Geschichtsschreibung, die seine Verwurzelung in einer durch Frankreich geprägten Geistigkeit nur noch verstärken konnten. Beide Werke begleiteten den König bis in die letzten Lebensjahre; es ist durch einen seiner Sekretäre überliefert, daß er sich noch 1785 aus ihnen vorlesen ließ.[188]

Die Lektüre der *Considérations* Montesquieus faszinierte ihn so sehr, daß er sich veranlaßt sah, ähnlich wie dann bei Machiavellis *Principe* Randbemerkungen zu notieren. Ein von Friedrich verfaßter Essay mit dem Titel *Réflexions sur la cause de la Décadance des Romains* scheint verschollen zu sein.[189] Überliefert sind jedoch die Marginalien Friedrichs zu diesem historiographischen Hauptwerk Montesquieus, das er für ein «Musterbeispiel einer aufgeklärten, dem philosophischen Zeitgeist angepaßten Geschichtsschreibung» hielt.[190] Napoleon sah bei seinem Besuch in Sanssouci nach der Schlacht von Jena und Auerstedt das Werk Montesquieus mit den Randbemerkungen des Königs unberührt auf dem Tisch liegen und nahm es an sich. Später gelangte es in die Hände Talleyrands und tauchte erst in der Mitte des 19. Jahrhunderts im Pariser Buchhandel wieder auf.[191]

Bemerkenswert an diesen Kommentaren sind die Lehren, die Friedrich für sich und sein Herrscheramt aus diesem Geschichtswerk gezogen hat. Er fühlte sich durch Montesquieu offenbar in seiner Auffassung bestärkt, daß der Geschichtsschreiber der Ratgeber der Regenten sei und als solcher gelesen werden müsse. Er unterstellte dabei eine Komplizenschaft zwischen dem Historiker als einem der Aufklärung verpflichteten Sachwalter der Vergangenheit und dem Herrscher als dem Gestalter der Gegenwart. So wies er dem Historiker die Rolle eines Weisen zu, der am Beispiel vergangener Epochen die immer und überall geltenden politischen und moralischen Gesetzmäßigkeiten offenlegt. Auch die *Considérations* nahm er nicht in erster Linie als ein Geschichtswerk wahr, das ausdrücklich die Einzigartigkeit der römischen Geschichte zu ergründen suchte, sondern als einen Fürstenspiegel, der ihn über die Ursachen von Aufstieg und Niedergang der Staaten aufzuklären versprach.

Friedrich war als Leser Montesquieus im übrigen von der Vorstellung durchdrungen, daß sich die Zivilisationsgeschichte der Menschheit – beginnend mit der römischen Geschichte – in einem *grand siècle* vollenden werde, wie es Voltaire in vielen seiner Schriften in visionärer Emphase beschworen hatte. Friedrich teilte im Gegensatz zu dem viel moderneren Ansatz Montesquieus die Auffassung von einer teleologisch verlaufenden Entwicklung der Weltgeschichte. Und sein ganzes Streben war von dem Wunsch geprägt, auch Preußen in den Prozeß dieses zivilisatorischen Fortschritts einzubeziehen und zur Verbesserung «des mœurs, des coutumes, de l'industrie, des progrès de l'ésprit humain dans les arts et dans les sciences» – so ein Untertitel aus dem ersten Kapitel seiner Geschichte des Hauses Brandenburg – beitragen zu können.[192] Er sah in diesem grandiosen und bis in die letzten Lebensjahre als inspirierend und wegweisend empfundenen Geschichtswerk also in höchst subjektiver Perspektive das, was er zu sehen wünschte und sich während seiner Regentschaft zu verwirklichen vorgenommen hatte.

Das politische und staatstheoretische Rüstzeug des Kronprinzen

Neben die musischen Divertissements und das Studium traten bereits während der Rheinsberger Zeit erste Versuche, sich mit der großen Politik der Kabinette und den Konstellationen und Rivalitäten der großen Mächte vertraut zu machen. Der Vater war zwar eifersüchtig darauf bedacht, gerade in Fragen der auswärtigen Politik unangefochten als letzte und einzige Instanz zu gelten. Insofern wurden alle Entscheidungen in diesem Bereich ohne Kenntnis und Konsultation des Kronprinzen gefällt. Aber er war natürlich schon deshalb in das mächtepolitische Kalkül des Hofes einbezogen, weil mit ihm als dem Thronfolger ja auf jeden Fall gerechnet werden mußte. Hinzu kam, daß Friedrich durch die engen Kontakte, die er mit Grumbkow, Seckendorff, La Chétardie und einer Anzahl weiterer Diplomaten pflegte, über das mächtepolitische Szenarium insgesamt wohl zutreffend unterrichtet war. Zwar war er klug genug, seine außenpolitischen Ambitionen, denen der Vater in Küstrin ausdrücklich einen Riegel vorzuschieben angeordnet hatte, nicht zu erkennen zu geben. Aber möglicherweise war es genau dieses Verbot, das den Kronprinzen reizte, sich aus Selbstgefühl und Widerspruchsgeist intensiver mit dieser Materie zu beschäftigen.

Schon in Küstrin hatte er mit seinem weitgereisten, zum Politisieren neigenden Kammerjunker Karl Dubislaw von Natzmer immer wieder Debatten über das System der Mächte geführt und in einem Brief, den er im Februar 1731 nach einem nächtlichen Gespräch an Natzmer richtete, sich zum ersten Mal über die Rolle Brandenburg-Preußens in den internationalen Beziehungen geäußert. Er war dabei von der zweifellos zutreffenden Beobachtung ausgegangen, daß Preußen keine innere Geschlossenheit besitze und nur durch die Dynastie zusammengehalten werde. Daraus erwuchs für ihn die Notwendigkeit einer aktiven, «systematischen» Politik, die zwei Ziele ins Auge fassen müsse. Zum einen sei es unerläßlich, zur Wahrung des Friedens in Europa beizutragen und ein gutes Verhältnis zum Kaiser und zu den Nachbarn zu pflegen. Auf der anderen Seite sei jedoch auf eine Vergrößerung des Hauses Bedacht zu nehmen. «Da die preußischen Länder, wie schon gesagt, so zerschnitten und getrennt sind, halte ich es für das dringendste Erfordernis, sie zusammenzuführen oder die abgetrennten Teile wieder anzugliedern.» Namentlich bezeichnete er dann Westpreußen, Schwedisch-Pommern, Mecklenburg und Jülich-Berg als jene Territorien, die zur Arrondierung Preußens in Betracht zu ziehen seien. Er schreite, schrieb er, immer von Land zu Land voran und fasse wie Alexander stets neue Welten für eine Eroberung ins Auge.[193] Es ist ein hoher, herrschsüchtiger Ton, der hier angeschlagen wird. Vieles an den euphorischen Perspektiven dieser *rêveries politiques* mag der fatalen Lage zuzuschreiben sein, in der sich der Kronprinz während seines Küstriner Arrestes befand. Vieles weist im übrigen darauf hin, daß die reichs- und völkerrechtlichen Konsequenzen solcher Expansionsgelüste seine Urteilskraft noch bei weitem überstiegen. Aber unverkennbar ist an diesem ersten seiner außenpolitischen Entwürfe doch, daß er Preußen «aus dem Staub, in dem es bis jetzt gelegen hat», aufzurichten und ihm einen Rang zu verschaffen gedachte, der «unter den Großen der Erde eine gute Figur» zu machen ermögliche.[194] Einen neuen, ungleich reflektierteren Versuch, in die Welt der großen Politik analytisch vorzudringen, stellen die 1738 fertiggestellten *Betrachtungen über den gegenwärtigen Stand des politischen Körpers von Europa* dar. Das machtpolitische Szenarium, über das sich der Kronprinz Rechenschaft abzulegen versuchte, war das Resultat der Friedensschlüsse von Utrecht, Rastatt und Baden (1713/14) auf der einen und Stockholm und Nystad (1719/21) auf der anderen Seite.[195] Sie hatten den blutigen Konflikt um das spanische Erbe und den zwei Jahrzehnte währenden Kampf um die Vormachtstellung an der Ostsee beendet. Aus diesem Ringen waren England, Frankreich und Österreich als jene Mächte hervorgegangen, die unter der Vielzahl mittlerer und kleinerer Staaten eine hegemoniale Stellung innehatten. In diesen Kreis der «Großen Mächte» (Leopold von Ranke) drängte nun Rußland, das im Nordischen Krieg Schweden aus seiner dominierenden Position in Nordeuropa zu verdrängen vermocht hatte. Trotz des Status quo, der in den Mächtebeziehungen im Sinne eines Gleichgewichtssystems nun erreicht schien, blieb es jedoch bei einer fortwährenden Rivalität unter den konkurrierenden Mächten.

Die eigentliche Tendenz absolutistischer Außenpolitik zielte auf gegenseitige Abschließung, auf rücksichtslose Selbstbehauptung, auf Verdrängung und Überflügelung des Rivalen. Die Bündnisse wurden geschlossen und gelöst, die Partner fanden und schieden sich in kurzer Zeit. Man betrachte, entgegnete der erfahrene Grumbkow dem sich über die Unmoral der politischen Ränkespiele entrüstenden Kronprinzen, in der Mächtepolitik einen Vertrag nur so lange als bindend, «als er mit den Interessen des Abschließenden übereinstimmt»; jeder mache sich lächerlich, der mit diesen Prinzipien («maximes modernes») nicht konform gehe.[196] Alles war berechnet auf kurzfristige Arrangements, um jede Gelegenheit zur Wahrung des eigenen Vorteils nutzen zu können. Zumindest die großen Mächte betrieben eine Politik der Macht, nicht der Prinzipien und des Rechts. Sie führten *guerres de magnificence* und folgten dem Grundsatz, daß jeder Staat sich leiten lasse von der eigenen

Räson, dem egoistischen Gesetz seiner Interessen und einem Ver-
größerungsstreben, das erst vor den militärisch abgestützten Ansprüchen der Konkurrenten haltmachte.

Eine zusätzliche, expansiv-kämpferische Komponente erhielt das
Machtstreben durch die auf lange Sicht für alle Beteiligten ruinöse
Wirtschaftspolitik des Merkantilismus. Sie beruhte auf der Vorstellung, daß Wohlstand und Aufstieg des eigenen Landes nur durch
die Verminderung der ökonomischen Potenz aller rivalisierenden
Mächte erreicht werden könne, wobei das internationale Handels-
volumen als konstante Größe betrachtet wurde. Sie war zielbewußt
auf die Schwächung der Konkurrenten gerichtet und insofern nicht
an einer friedlichen Gesamtordnung interessiert. Die skrupellose
Fiskal- und Münzpolitik Friedrichs seinen Nachbarn und Rohstoff-
lieferanten gegenüber ist dafür ein markantes Beispiel. Auch die
großen Friedenskongresse von Cambrai (1724) und Soissons
(1728), die sich nach den aufrüttelnden Erfahrungen des Spanischen Erbfolgekrieges als eine feste Institution der europäischen
Staatenpolitik herauszubilden schienen, waren letztlich nicht getragen von einem Gemeinschaftsbewußtsein der Regenten und Diplomaten, sondern suchten auf der Grundlage eines pragmatischen In-
teressenausgleichs dem Geltungsbedürfnis jedes einzelnen im
Konzert der Mächte gerecht zu werden. Ein extremer Individualis-
mus allein sich selbst verantwortlicher Staaten trat hier zutage, obwohl das äußere Erscheinungsbild zumindest der Kontinental-
mächte so genormt und gleichförmig wirkte wie in keiner anderen
Epoche der neueren Geschichte. Überall beherrschte der fürstliche
Obrigkeitsstaat mit dem sitzenden Heer der Beamten und dem stehenden Heer der Soldaten, den Regeln des diplomatischen Ver-
kehrs, dem Instrumentarium militärischer Auseinandersetzungen,
den Formen höfischer Repräsentation und der Moral oder Unmoral seiner Staatsmaximen die Szene. Doch in Fragen der Reputation war jeder der unerbittliche Konkurrent des anderen.

Kennzeichnend für das Staatensystem des 17. und 18. Jahrhunderts war deshalb eine permanente, sich zyklisch immer wieder ver-
schärfende Rivalität. Die Ursache dieser dauernden Gespanntheit
der politischen Lage war ein vielfach mit elementarer Gewalt her-
vortretender Geltungsanspruch einzelner Fürsten und die immer
latente Habsucht der Dynastien. Beide Triebkräfte konnten zeit-

weise alle Anstrengungen von Staat und Gesellschaft in Besitz nehmen, auch wenn – wie zu allen Zeiten der Weltgeschichte – mit
mehr oder weniger großem Geschick versucht wurde, sie mit
höherer Legitimation und einem Schein von Rechtmäßigkeit zu
umkleiden. Gerade der fortwährend auf Ausdehnung drängende
Fürstenstaat des Absolutismus lieferte Beispiele dafür, mit welcher
Skrupellosigkeit sich des Krieges bedient werden konnte, um persönlicher Ruhmbegierde Genüge zu tun und die Machtfülle von
Staat und Dynastie zu demonstrieren. Die Armeen waren konzipiert als ein auf die Person des Fürsten zugeschnittenes Instrument
zur Durchsetzung von Machtansprüchen. Sie konnten deshalb kurz
entschlossen allem verfügbar gemacht werden, was diesen Prestige-
gelüsten entsprach. Unabhängige Beobachter vom Format eines
Fénelon versuchten zwar, reine Machtpolitik und jede Form von
Aggression und ausbeuterischer Bereicherung als verderbliche Auswüchse menschlicher Selbstsucht zu brandmarken. Sie erwarteten
Sicherheit nicht von der Demonstration militärischer Macht, sondern von einer Politik des Maßes, der Verständigung und Respektierung der legitimen Interessen anderer Mächte. Doch blieb es ungeachtet solcher kritischer Stimmen bei dem Grundsatz, daß Krieg
geführt wurde, wenn es die Reputation der Fürsten erforderte. So
sehr sich der junge Friedrich auch von der lichten Welt des Féne-
lonschen *Télémaque*, aus der Gewalt und Unterdrückung verbannt
waren, hatte verzaubern lassen: Schon als Kronprinz war er aus einem frühentwickelten Machtinstinkt heraus entschlossen, sich jede
Gelegenheit zunutze zu machen, die ihm die *Konjunkturen* des
Staatensystems boten.

Bei aller Dominanz machtstaatlicher Prätentionen und rücksichtsloser Geltungssucht der Souveräne darf freilich nicht übersehen werden, daß es sich bei den Zielsetzungen der klassischen
Kabinettspolitik um die Versatzstücke eines politisch-diplomatischen
Geschäfts handelte, das ganz die Züge eines letztlich auf regulie-
rende Mäßigung und kühle Rationalität bedachten Zeitalters trug
und zur Freisetzung von elementaren, sich planender Kontrolle
entziehenden Energien weder willens noch fähig war. Bei aller
Schärfe der Gegensätze behielten die Waffengänge des 18. Jahrhunderts doch den Charakter von Kabinettskriegen, die aus persönlichem Ehrgeiz oder wegen höchst artifizieller Rechtsansprüche

geführt wurden. So entsprach einer insgesamt als gezügelt erscheinenden Staatskunst eine Kriegführung, die – gemessen am Spannungsgrad und Vernichtungswillen der nachrevolutionären Kriege – verhältnismäßig geringe Durchschlagskraft besaß. Während der Krieg ehemals roh und wild war, wurde er allmählich verfeinert, bestimmten Regeln unterworfen und im Laufe der Zeit so weit gebändigt, daß man schließlich von dem *grand art de la guerre* sprechen konnte.

Eine Reihe von Kriegen hörte einfach auf, weil einzelne Bündnispartner das Interesse an der Durchsetzung der vereinbarten Kriegsziele verloren hatten. Aus ebendiesem Mangel an politischer Konsequenz zogen sich Kriege aber auch über Jahre hin, ohne daß der ernsthafte Versuch unternommen wurde, mit gemeinsamen und zielstrebigen Operationen eine Entscheidung herbeizuführen; so etwa auf seiten der großen Allianz im Spanischen Erbfolgekrieg, in der sich das Kaiserhaus, die Seemächte und eine Anzahl kleinerer Bündnispartner zur Abwehr der französischen Hegemonialbestrebungen zusammengefunden hatten. Die eigensüchtigen Machtprätentionen der Bündnispartner gestatteten eine ausdauernde Kriegführung nur in Ausnahmefällen. Die Regel war, daß der dünne Schleier politischer Absichtserklärungen den wahren Kern der Koalitionen, die Ab- und Vermietung von Subsidientruppen, nur notdürftig verhüllen konnte. Denn schon beim Ausbleiben der entsprechenden Zahlungen war der Bestand an Gemeinsamkeiten häufig aufgezehrt.

Nicht zu verkennen ist darüber hinaus, daß es in der Staatenpolitik des Absolutismus auch Ursachen für militärische Konfrontationen gegeben hat, die über das Tun und Lassen der Fürsten und Kabinette hinausreichten, also außerhalb des Entscheidungsbereichs der Herrschenden lagen. Wenn Macht ihre Befriedigung in sich selbst findet, bedarf es an sich keines weiteren Grundmotivs. Doch müssen auch die Ursachen in Betracht gezogen werden, die der Unbestimmtheit des Machttriebs erst zu einem Anlaß verhalfen. Denn selbst wenn Expansionstendenzen im Zeitalter der Kabinettskriege allgegenwärtig waren, führten sie nicht immer und gewissermaßen automatisch zu Machterweiterung und Gewaltanwendung, sondern taten dies nur unter spezifischen Bedingungen.

Anlässe zur Entfaltung der für die absolutistische Staatenwelt typischen Macht- und Vergrößerungsgelüste ergaben sich vor allem aus der inneren Verfassung der Fürstenstaaten. Denn im selben Maße, wie die dynastische Grundlage, auf der die Monarchien des 17. und 18. Jahrhunderts ruhten, zur Verfassungsnorm verabsolutiert wurde, beschwor jede Krise der Dynastie sogleich auch eine Krise des Staatswesens in seiner Gesamtheit und damit beinahe zwangsläufig auch eine Auseinandersetzung mit auswärtigen Mächten herauf. Unter den auf Ausdehnung sinnenden Mächten des europäischen Staatensystems galt längst der Grundsatz, daß Erbfolgestreitigkeiten zu territorialen Ansprüchen zu nutzen waren, sofern nur der Anschein eines Rechtstitels auf eines der zur Verteilung anstehenden Gebiete erweckt werden konnte. Und wo gab es in den verwickelten staatsrechtlichen Verhältnissen des *ancien régime* nicht Ansprüche, die den Zugriff auf ein Erbteil zu rechtfertigen vermochten? Schon die engen, bewußt und auf lange Sicht geplanten Verwandtschaftsverhältnisse der großen und kleinen Dynastien waren so verworren und unüberschaubar geworden, daß Zwiespältigkeiten und Konfrontationen gar nicht ausbleiben konnten. Aber auch das Hineinragen älteren Lehnrechts in den Besitzstand der neuzeitlichen Staatenwelt schuf vielfach eine Handhabe für das Geltendmachen von territorialen Besitzansprüchen. Und schließlich konnten die häufig sich überschneidenden Erbverbrüderungs-, Verpfändungs- und Übereignungsverträge unter den Herrscherhäusern ins Feld geführt werden, um bei Erbteilungen Berücksichtigung zu finden. So gab es immer wieder Anlässe und Vorwände, um in einer Atmosphäre ständiger Rivalität den eigenen Machtansprüchen Geltung zu verschaffen. Das Prinzip dynastischer Legitimität hatte ein solches Gewicht erlangt, daß die Erbberechtigungsfrage jedes Hauses zu einer Haupt- und Staatsaktion der gesamten europäischen Politik wurde, zu deren Instrumentarium selbstverständlicher denn je auch der militärische Konflikt gehörte.

So schuf die innere Struktur der Fürstenstaaten unabhängig von den Launen der Regenten ein Konfliktpotential von eminenter Bedeutung. Die nicht abreißende Kette von Erbfolgekriegen gibt Aufschluß darüber. Hier traten systembedingte Schwächen zutage, die die großen Umverteilungskonflikte des 18. Jahrhunderts mit einer zwangsläufig scheinenden Folgerichtigkeit heraufbeschworen. Sie

stellten Länder und Territorien als «erledigt» zur Disposition, deren politischer und rechtlicher Zusammenhang vor allem in der
Legitimität und Kontinuität des Herrscherhauses bestand. Denn
ein Staatsvolk kannte der Absolutismus nur unter der merkantilistischen Kategorie der Population. Der Masse der Untertanen, ihrer
Nationalität, Geschichte und Sprache wurde keine Bedeutung beigemessen. Vielmehr war der protonationale Staat des 18. Jahrhunderts im wesentlichen eine Schöpfung der Dynastie und insofern
unmittelbar von allen Krisen betroffen, die durch das Schicksal der
Herrscherhäuser – die Geburt und den Tod des Regenten und die
Heirat der Erbtöchter – ausgelöst wurden.

Gleichwohl ist unverkennbar, daß anstelle des überstaatlichen
Gemeinschaftsgefühls, wie es in der Staatenwelt des christlichen
Mittelalters geherrscht hatte, sich in Theorie und Praxis das Bewußtsein eines *corps politique de l'Europe* herausbildete, das die
schlimmsten Auswüchse hegemonialer Vergewaltigungstendenzen
zu überwinden und einzugrenzen bestrebt war.[197] Es erwuchs nicht
aus der Absicht, den Zusammenhalt des Kontinents auf der Grundlage verbindlicher Ordnungsprinzipien wiederherzustellen. Vielmehr entstand es gerade aus der Negation solcher Einigungsbestre-
bungen. Denn die Triebfeder der neuen Mächtepolitik war die
Verhinderung einer Vorherrschaft, die den einmal erreichten, auf
Souveränität und Konkurrenz beruhenden Pluralismus des neuzeitlichen Staateneuropa in Frage stellen konnte. So setzte sich ungeachtet aller krisen- und kriegsbedrohten Instabilität der mächtepolitischen Beziehungen immer nachdrücklicher die Denkfigur des
Staatensystems durch, derzufolge die sich anziehenden und abstoßenden Bewegungen Gesetzmäßigkeiten gehorchten, die im Frieden, in zunehmendem Maße aber auch im Krieg Geltung beanspruchten. Gerade auch ein zur Ausnutzung der mächtepolitischen
Konjunkturen entschlossener Staatsräsonpolitiker wie Friedrich
dachte und handelte nach diesen Ordnungsbegriffen.

Die Einsicht in die Unausweichlichkeit einer rational gesteuerten
Mächtepolitik fand darüber hinaus auch ihren Ausdruck in der Vorstellung vom *Theatrum Europaeum* – so der Titel eines Zeitschrif-
tenkompendiums, das von 1635 bis 1738 erschien und das auch der
junge Kronprinz zu studieren angehalten worden war. Es vermittelte das Bewußtsein, daß es bei aller Vehemenz, mit der die Staa-

ten die eigenen Interessen wahrzunehmen und die *Konjunkturen* auszunutzen entschlossen waren, doch Spielregeln gab, die im Sinne gegenseitiger Respektierung einzuhalten waren und das Lebensrecht der Kleinen wie der Großen sicherten. Es galt, ein die Partikularinteressen übergreifendes Ordnungsprinzip zu finden, das eine einvernehmliche Regelung der Staatenbeziehungen gewährleistete und trotz des Pochens auf das Selbstbestimmungsrecht der Staaten zu kalkulierbaren Verhältnissen führte. In Analogie zu einem Rechte- und Pflichtenverhältnis, wie es unter Einzelpersonen zu herrschen pflegte, wurden auch die Staaten in rechtliche Beziehung gesetzt, bis sich am Ende die Vertragsgemeinschaft der geschäfts- und satisfaktionsfähigen Souveräne konstituiert hatte, wie sie für das Staateneuropa des 18. Jahrhunderts kennzeichnend ist.

Aus diesem Zusammengehörigkeitsgefühl und der nüchternen Erkenntnis wechselseitigen Aufeinanderangewiesenseins entstand neben dem klassischen europäischen Völkerrecht das *Ius publicum Europaeum* als die Summe der die Staatenbeziehungen regelnden Rechtsnormen. Das von Hugo Grotius (1625) bis Emer de Vattel (1758) immer weiter systematisierte Völkerrecht hatte bereits die Monopolisierung des Krieges durch staatlich autorisierte und militärisch handlungsfähige Mächte und die Formalisierung von Kriegs- und Friedensrecht durch Kriegserklärung und Friedensschluß zustande gebracht. Es hatte Umgangsformen im Rahmen des Mächtesystems geschaffen, denen zufolge den kriegführenden Parteien der gleiche staatliche Charakter mit gleichen Rechten zuerkannt wurde und die Kriege temporäre Erscheinungsformen einer im Prinzip nicht in Frage gestellten Lebensgemeinschaft darstellten.[198]

Das wichtigste der in Staatstheorie und Herrschaftspraxis verfochtenen Regulative war die zu einem Leitbild der Epoche erhobene Idee des Gleichgewichts. Sie war als mächtepolitische Ordnungsvorstellung nicht erst die Erfindung des 17. und 18. Jahrhunderts. Doch erst im Gefolge der in ihrer Gewalttätigkeit beispiellosen Hegemonialpolitik Ludwigs XIV. stieg sie zu einer für die Staatenwelt unerläßlichen Formel gemeinsamer Überlebensabsicht auf. Am Ende setzte sich jedoch der Staatenpluralismus gegen alle Pressionen und Lockungen durch und begründete anstelle der französischen *prépondérance* das System der großen Mächte, das die Staatenpolitik des *ancien régime* geprägt hat.

Das wirksamste Instrument dieser auf gegenseitige Verständigung drängenden Politik war das Gleichgewichtsprinzip. Es orientierte sich nicht mehr an den Normen einer christlich-universalistischen Staatsethik, sondern war der Entwurf eines säkularisierten, partikularistischen Staateneuropa aus dem Geist reiner Politik. Zwar wurde es in der Staatslehre auch als Trugbild, als eine chimärische und dem Entfaltungsdrang der Einzelstaaten hinderliche Vorstellung abgetan. Aber in einem pluralistischen, auf Rivalität und Verdrängung gegründeten Staateneuropa, dem seit den rücksichtslosen Expansionsbestrebungen des ludovizianischen Frankreich jede Form von Vorherrschaft suspekt war, wurde es als ein Ordnungsprinzip aufgefaßt, mit dessen Hilfe Grundbedingungen staatlichen Zusammenlebens geschaffen und aufrechterhalten werden konnten. Ihr Inhalt war nicht Recht und Gerechtigkeit oder Moral und Weltanschauung, sondern die pragmatische Eingrenzung des freien Spiels der Kräfte auf eine allen zuträglich erscheinende Größenordnung. Denn es war die Überzeugung eines auf praktische Rationalität eingeschworenen Jahrhunderts, daß bei Geltung dieses aus der Mechanik entlehnten Prinzips kein Staat in Europa «die Unabhängigkeit oder die wesentlichen Rechte eines anderen, ohne wirksamen Widerstand von irgendeiner Seite und folglich ohne Gefahr für sich selbst, beschädigen» könne (Friedrich von Gentz, 1800). Kein Staat sollte so mächtig sein, um den anderen Gesetze zu diktieren und sie an der Durchsetzung ihrer eigenen Machtprätentionen zu hindern. Jeder verfolgte eigene Interessen; nur der Einspruch der anderen setzte ihm Schranken.

Unverkennbar ist freilich, daß die Idee des Gleichgewichts in erster Linie ein Steuerungsinstrument der großen Mächte war. Das Format entschied und die Macht. England hatte sie in den Friedensverhandlungen von Utrecht (1713) in den Rang einer die kontinentalen Machtverhältnisse regelnden Maxime erhoben, um eine *balance of power* zwischen den beiden Gravitationsfeldern der europäischen Politik, den Häusern Habsburg und Bourbon, herzustellen. Gleichgewicht bedeutete in der Vorstellungswelt des 18. Jahrhunderts also Gleichgewicht unter den Großmächten. Es war das aristokratische System der alten, saturierten, an ihre Vormachtstellung gewöhnten Staaten, die neben dem immer latenten, unersättlich scheinenden Drang nach Machterweiterung und territorialem Zugewinn zugleich auch die Tendenz verfolgten, im Interesse der Sicherung des Status quo Ruhe herzustellen und zu wahren. Die Mächte der nachgeordneten Ränge blieben ausgespart von diesen Arrangements auf höchster Ebene. Sie waren eingebunden in Friedens- und Subsidienverträge sowie in die Bündnissysteme und Außensteuerungsbereiche der wenigen wirklich Mächtigen und besaßen in diesem halbsouveränen Status durchaus eine Überlebenschance. Insofern war das Gleichgewichtsprinzip nicht nur ein defensives Regulativ zur Abwehr drohender Suprematie, sondern zugleich auch ein Herrschaftsinstrument der Hegemonialmächte zur Zähmung jener Staaten, denen ein mächtepolitischer Spielraum allenfalls im regionalen Rahmen zugebilligt wurde. Die großen erhoben den Anspruch, die Politik der mittleren und kleinen Mächte so zu steuern, daß selbständiges Handeln nur möglich war, wenn es der von oben verfügten Ruhe des Kontinents dienlich erschien.

Ergänzt wurde dieses politisch-ideologische Instrumentarium durch das Prinzip der *convenance*. Es bedeutete den Versuch, den politischen Antagonismus der einzelstaatlichen Machtansprüche in der Verpflichtung auf ein alle verbindendes Gemeinwohl aufzulösen und eine Handhabe dafür zu schaffen, zwischen dem Legitim-Vernünftigen und dem Illegitim-Usurpatorischen zu unterscheiden. Aber auch hier ist bemerkenswert, daß die Aristokratie der großen Mächte, wie sie sich in der Abwehr der französischen Hegemonie formiert hatte und dann unter Einbeziehung Rußlands und Preußens zum beherrschenden Machtkartell des europäischen Staatensystems aufschwang, mit der ganzen Überheblichkeit der *beati possidentes* den Anspruch erhob, über die Auslegung dessen, was mit den Vorstellungen von Gleichgewicht und Konvenienz auf den Begriff zu bringen versucht wurde, aus eigener Machtvollkommenheit zu befinden. Sie waren es, die das Urteil über die allgemeine Wohlfahrt der Staatengesellschaft fällten. Sie schufen ein Ordnungssystem, dem die Mächte der nachgeordneten Ränge zuzustimmen hatten.

Die Prinzipien des *aequilibrium* und der *convenance* hatten also ein friedliches und ein einschüchterndes, bedrohliches Gesicht. Sie waren in der Absicht zum Regulativ der Staatenpolitik erhoben worden, den nach dem Spanischen Erbfolgekrieg erreichten Status quo zu sichern und Ruhe und Interessenausgleich zu gewährleisten.

Aber sie konnten ebenso auch Anlaß zu kriegerischen Konfrontationen sein oder zumindest eine halbwegs akzeptable Begründung liefern, der ohnehin nicht eben geringen Versuchung zu widerstehen, zu den Waffen zu greifen. Denn der Krieg war nicht ein Element, das die politische Wertordnung außer Kraft setzte, sondern ein Instrument, um die Grundlagen ebendieser Wertordnung zur Geltung zu bringen. Und dennoch: Gleichgewichtssystem und Konvenienzprinzip waren die einzigen Modelle außenpolitischen Handelns, die sich in konkrete Politik umsetzen ließen. Während die im 18. Jahrhundert so viel diskutierte Idee des Ewigen Friedens angesichts einer zu Expansion und Arrondierung entschlossenen Staatenwelt letztlich chimärisch blieb und über das agitatorische Streitgespräch der Philosophen und Publizisten hinaus keine Wirkung zu erzielen vermochte, entsprach vor allem das Gleichgewichtsprinzip dem elementaren Interesse an einem Sicherheit und Überschaubarkeit gewährleistenden System. Es war Ausdruck eines pragmatischen Denkens, das im Gegensatz zu Forderungen, wie sie etwa der Abbé de Saint-Pierre in seinem *Traktat vom Ewigen Frieden* (1713) erhob, eine die Staatenbeziehungen regelnde Funktion tatsächlich erfüllen konnte. Ein durch den Zusammenschluß aller europäischen Souveräne verbürgtes Sicherheitssystem dagegen, ein internationales Schiedsgericht, ausgestattet mit einer jeden Einzelstaat überragenden Exekutivgewalt, und eine Staatenwelt, in der Usurpation und Gewaltanwendung nicht länger mehr geduldet wurden, das waren Vorstellungen, die unter den herrschenden Verhältnissen nicht durchsetzbar waren.

Zugeordnet zur Gleichgewichtspolitik der Großmächte erscheinen zwei andere Strukturmerkmale mächtepolitischen Handelns im Zeitalter des Absolutismus: der Tausch und die Teilung. Großmacht war, wer an den durch Erbgänge verursachten Verteilungskämpfen des Kontinents nicht als Objekt, sondern als Mitentscheidender und Nutznießer beteiligt war. So entstand das Prinzip, den Machtzuwachs des einen nicht zuzulassen ohne Kompensation für die anderen, mindestens für die nächst Beteiligten. Preußen als letzter der in den Kreis der Hegemonialmächte vorstoßenden Staaten hat eine Vormachtstellung im Grunde erst erreicht, als es in das *fait accompli* der ersten Teilung Polens im Jahre 1772 einbezogen wurde und das Bayerische Tauschprojekt Josephs II. von 1778/

79 zu hintertreiben vermochte. Erst jetzt war es wirklich aufgestiegen in das «europäische Machtverteilungssyndikat» des 18. Jahrhunderts (Friedrich Meinecke). Getauscht und geteilt wurde bei jedem der großen Friedensschlüsse über die Köpfe der Betroffenen hinweg. Das mochte anders als im Zeitalter der Nationalstaaten insofern unbedenklich erscheinen, als die staatlichen Gebilde, die geteilt oder zusammengefügt werden sollten, in der Regel noch kein organisch gewachsenes Ganzes darstellten, sondern allein durch die einheitstiftende Klammer der Dynastie zusammengehalten wurden. So entsprach es dem Stil der Zeit, daß Länder, die eben einem Staate zugesprochen oder zugefallen waren, sogleich wieder abgetrennt und einem anderen zuerkannt wurden. Gerade die dreißiger Jahre, als der Kronprinz seine ersten außenpolitischen Planspiele zu Papier brachte, lieferten eine Fülle solcher Beispiele: Lothringen, Toskana, Neapel/Sizilien, Parma und Piacenza. So große Fortschritte auch die Versachlichung des Staatsgedankens und das eifersüchtig gehütete Prinzip der territorialen Integrität gemacht haben mochten: Man scheute sich nicht, mit souveräner Geste Zusammengehöriges zu zerreißen und Gebiete miteinander zu verbinden, die nach regionalem Zusammenhang, Einwohnerschaft und Geschichte nicht das geringste miteinander zu tun hatten.

Alle diese für das 18. Jahrhundert maßgeblichen Denk- und Handlungsmaximen sind auch am außenpolitischen Konzept Friedrich Wilhelms I. erkennbar. Er war wie alle seine Konkurrenten auf das Ansehen und den Vorteil seines Hauses bedacht und prinzipiell entschlossen, den Rang und die Arrondierungsansprüche Preußens notfalls auch mit Waffengewalt durchzusetzen. Aber im Gegensatz zu vielen seiner Gegenspieler im Konzert der Mächte war er ein Fürst, der sich auf die Finessen und Winkelzüge des diplomatischen Geschäfts trotz seines ausgeprägten und ständig wachen Mißtrauens nicht verstand. Insofern treten in seinem fortwährenden Zögern und ängstlichen Lavieren die Verhaltensmuster absolutistischer Außenpolitik ungleich weniger scharf hervor, als es dann bei seinem Thronfolger der Fall sein wird.

Seit 1726 hatte Friedrich Wilhelm zunächst das Konzept verfolgt, sich außenpolitisch an Österreich zu orientieren und als einziges Ziel seiner mächtepolitischen Ambitionen an der pfalz-neuburgischen Erbschaft am Niederrhein beteiligt zu werden. Mit diesem Zweig des Hauses Wittelsbach hatte man sich 1614 arrangieren und die Herzogtümer Jülich und Berg den Pfälzern überlassen müssen. Der greise Kurfürst Karl Philipp, der keine männlichen Erben hatte, verfolgte jedoch den Plan, die Herzogtümer ungeteilt der Linie Pfalz-Sulzbach zugute kommen zu lassen. Er konnte dabei mit einer breiten Unterstützung der großen Mächte rechnen. Und da sich Friedrich Wilhelm mit seinen wohlbegründeten Erbansprüchen nicht einmal am Kaiserhof durchsetzen konnte, hatte er als Gegenleistung für die Garantie der *Pragmatischen Sanktion*, der grundgesetzähnlichen, auch die weibliche Deszendenz (Maria Theresia) einbeziehenden Erbfolgeregelung im Hause Habsburg, in den Verträgen von 1726 und 1728 lediglich die Anwartschaft auf das Herzogtum Berg zu erreichen vermocht. Mit der überraschenden Annäherung der alten Antagonisten Österreich und Frankreich im Präliminarfrieden von Wien, mit dem 1735 der Polnische Thronfolgestreit gütlich beigelegt worden war, hatte sich auf seiten des Wiener Hofes jedoch die Rücksichtnahme auf den preußischen Vertragspartner erübrigt. Am Ende stand deshalb die bedrückende Einsicht, daß Friedrich Wilhelm mit seiner Außenpolitik gescheitert war und Gefahr lief, in der zur Staatsmaxime erhobenen Frage der jülich-bergischen Erbschaft völlig übergangen zu werden.

Der Kronprinz hat das Debakel der königlichen Politik, wie es sich seit dem Jahre 1733 abzeichnete, wohl nur atmosphärisch zu erfassen vermocht. Er verfügte damals weder über die erforderlichen Informationen noch über die Maßstäbe, um die außenpolitischen «Konjunkturen» und den Rang Preußens im Konzert der Mächte abschätzen zu können. Erst zu Beginn des Jahres 1737 erkannte er mit wachsender Ungeduld und Erbitterung, daß durch das Zusammenrücken Österreichs, Frankreichs und der Seemächte an die Realisierung der preußischen Erbansprüche auf Berg nicht mehr zu denken war. Er zeigte sich entrüstet darüber, wie der König von seinen Bündnispartnern hinters Licht geführt worden war und ohne ein klares Konzept von einer Verlegenheit in die andere stolperte. Er liebe den König, schrieb er an Grumbkow, den er für die offenkundige Isolierung Preußens mitverantwortlich machte, sein Ruhm liege ihm am Herzen und er empfinde eine wahrhaftige

Liebe für sein Vaterland. Diese Gefühle, fuhr er fort, versetzten ihn in Erregung und ließen ihn für die Zukunft fürchten. Aber dann brach es aus ihm heraus: «Mit kaltem Blute schaue ich aus meiner Abgeschiedenheit zu, was in der Welt geschieht; komme, was da wolle, mein guter Ruf, mein Ruhm wird darunter nicht leiden.» Aber zugleich ließ er in trotziger Erkenntnis seines nach wie vor geringen Spielraums durchblicken, daß er sich auch in Zukunft aus den Angelegenheiten der auswärtigen Politik herauszuhalten gedenke.[199]

Dennoch hat sich der Kronprinz bereits kurze Zeit später im heimlichen, wenngleich keineswegs ungetrübten Einverständnis mit Grumbkow mit der Aktenlage des jülich-bergischen Erbfalls beschäftigt und dem Minister Ratschläge erteilt, die auf eine bemerkenswerte Mischung von verständigungspolitischen und militärischen Maßnahmen hinausliefen. Auch der Gedanke eines Faustpfandes tauchte hier bereits auf, das zur Absicherung eines friedensvertraglichen Arrangements erworben werden müsse. Erstaunlich ist darüber hinaus der souveräne Überblick, mit dem Friedrich das Mittel militärischen Drucks in das mächtepolitische Kalkül einzubeziehen vorschlug.[200] Aber alle diese Planspiele waren immer noch belastet durch den unvermindert bedrohlichen Argwohn des Vaters, der solche Belehrungen des Sohnes mit Empörung von sich gewiesen hätte. Grumbkow jedoch setzte bereits auf eine neue Ära, obwohl der Kronprinz sich noch einmal zurückzog und jeden Dialog über das Thema Außenpolitik verweigerte. Aber es war selbstverständlich, daß ihn die Frage, wie sich Preußen im Konkurrenzgefüge des Staatensystems behaupten könne, nun nicht mehr losließ.

Auskunft über die diesbezüglichen Überlegungen Friedrichs erteilen die bereits erwähnten *Considérations sur l'état présent du corps politique de l'Europe*, deren Kernstücke im Oktober und November 1737 niedergeschrieben worden sind.[201] Dieser als Flugschrift konzipierte Essay stellte den Versuch dar, durch die Beschwörung einer bourbonisch-habsburgischen Hegemonie in Europa unmittelbaren Einfluß auf den mächtepolitischen Diskurs auszuüben. Um die Herkunft der Flugschrift zu verschleiern, schlüpfte Friedrich in die Rolle eines räsonierenden Engländers, dessen mächtepolitische Betrachtungen in einer fiktiven Übersetzung in Holland erscheinen sollten.[202] Und obwohl die Veröffentlichung des Traktats wegen eines für die preußischen Interessen nicht ungünstigen Wechsels in den Bündnisbeziehungen unterblieb, lassen die *Considérations* doch eine Reihe charakteristischer Argumentationsmuster des sich in der Sphäre des Politischen orientierenden Kronprinzen erkennen. Es handelt sich hier um einen Text, der wie viele seiner späteren Staatsschriften durchaus auch literarischen Ansprüchen gerecht werden sollte.[203] So sind die mächtepolitischen Überlegungen, die er in entlarvender Absicht zu untersuchen sich vorgenommen hatte, immer wieder verknüpft mit grundsätzlichen Reflexionen und historisch weit ausgreifenden Analogien. Er beabsichtigte sicherlich, die für die Staatenbeziehungen Verantwortlichen und darüber hinaus ein breites Publikum mit seinen Argumenten zu überzeugen. Insofern hat er dem Studium der ihm von Grumbkow übersandten Akten und reichsrechtlicher Verfassungsdokumente wie der kaiserlichen Wahlkapitulation hohe Bedeutung beigemessen. Und unverkennbar hatte er sich bereits eine beachtliche Kompetenz in der Beurteilung solcher Texte erworben. Aber zugleich wollte er seine Leser auch geistvoll unterhalten und sein im Grunde ja agitatorisches Anliegen in einem Rahmen präsentieren, der auch dem Bildungs- und Erfahrungswissen seiner Zeit in angemessener Weise Rechnung trug. Schon in den *Considérations* treten demnach jene literarischen Prinzipien in Erscheinung, denen auch der König in seinen Lehrschriften und Geschichtswerken verpflichtet war.

Von besonderem Interesse an diesen Betrachtungen ist der Exkurs, mit dem Friedrich seine Analyse des gegenwärtigen Zustandes des politischen Körpers von Europa mit Argumenten einer historischen, bis weit in die Antike zurückverweisenden Evidenz zu untermauern versuchte. Denn hier wird das didaktisch-pragmatische Geschichtsverständnis, wie es für Friedrich und das Zeitalter der Aufklärung maßgeblich war, in besonders eindringlicher Weise offenkundig. Es gebe, schreibt der Kronprinz, kein besseres Mittel, um sich ein richtiges und zuverlässiges Bild von den Weltereignissen zu machen, als den Vergleich mit geschichtlichen Beispielen, denen die Begebenheiten unserer Zeit gegenübergestellt werden können. Nichts sei des menschlichen Nachdenkens würdiger, nichts belehrender und besser geeignet, unsere Einsicht zu mehren. Der Geist der Menschen, fährt er fort, bleibe in allen Ländern und

Zeitaltern gleich. Fast alle hätten die gleichen Leidenschaften, und ihre Meinungen unterschieden sich kaum. «Sie müssen also notwendigerweise die gleichen Wirkungen hervorrufen.»[204] Es folgen nun Versuche, Beispiele aus der Geschichte unmittelbar auf die Staatenbeziehungen der Gegenwart anzuwenden. Prüfen wir, schreibt Friedrich, wie Philipp von Mazedonien gegen Griechenland verfuhr und in welchem Maße einige Züge seines Vorgehens in der französischen Politik wiederzufinden sind. Wenn man sodann einige Begebenheiten der römischen Geschichte betrachte, werde der Leser sehen, daß zwischen dem einen wie dem anderen Ereignis «nicht nur eine gewisse Ähnlichkeit, sondern völlige Übereinstimmung besteht».[205]

Historie und Gegenwart waren in der Vorstellungswelt des Kronprinzen demnach aufs engste miteinander verflochten. Nicht das Andersartige und Individuelle interessierte ihn, sondern die Handlungsmuster, die ihm auf die Welt, in der er sich zu behaupten versuchte, unmittelbar übertragbar schienen. Er war der Überzeugung, daß die Geschichte die Aufgabe habe, die Normen praktischen Verhaltens exemplarisch vorzuführen und in diesem Sinne Erfahrungswissen zu vermitteln. Sie hatte seiner Auffassung nach die pädagogische Funktion, das aus eigener Lebenserfahrung für richtig Erkannte mit Beispielen – positiven wie negativen – sinnfällig zu illustrieren. Aus der Geschichte lernen! – diesem Grundsatz folgend erscheinen die Ereignisse und Personen, die der Kronprinz wie später auch der König in seinen Traktaten und Geschichtswerken als Belege anführt, um die Dimension des Zeitlichen verkürzt. Sie treten als Requisiten eines imaginären Zeughauses und damit losgelöst von ihrem ursprünglichen Umfeld hervor und werden im Sinne simultaner Verfügbarkeit für die Größe der menschlichen Existenz und die Wechselfälle des Schicksals aufblickend und mahnend vergegenwärtigt. Friedrich bediente sich in den *Considérations* wie in allen seinen späteren Werken der Geschichte, um sich selbst und seinen Ratgebern Gewißheit über die Grundlagen und Ziele der preußischen Politik und die Existenzbedingungen des Hauses Brandenburg zu verschaffen. Es sind die ersten systematischen Betrachtungen aus dem Geist einer preußischen Staatsräson.

Hinzu tritt das Deduktiv-Mechanistische seines Analyseverfahrens, zu dem sich Friedrich sogleich am Anfang seines Traktats geäußert hat. Ein geschickter Mechaniker, führt er aus, werde sich nicht mit der äußerlichen Betrachtung einer Uhr begnügen. Vielmehr wird er sie öffnen, um ihre Hebel und Federn zu prüfen. Entsprechend versuche auch ein erfahrener Staatsmann, die bleibenden Grundsätze der Höfe zu ergründen und die Triebfedern der Politik eines jeden Herrschers herauszufinden. Er überlasse nichts dem Zufall. Sein scharfblickender Geist sehe die Zukunft voraus und dringe durch die Verkettung der Ursachen bis zu den entferntesten Zeitaltern vor. Nach dieser als methodische Vorüberlegung zu verstehenden Exposition folgt dann ein gedrängter Überblick über die mächtepolitischen Verschiebungen seit dem Polnischen Thronfolgekrieg (1733/35). Erstaunlich ist dabei, mit welcher emotionslosen Nüchternheit Friedrich gerade auch die Politik des Versailler Hofes ins Kalkül zu ziehen und ungeachtet der Wertschätzung, die er sonst allem Französischen entgegenbrachte, mit außerordentlichem Einfühlungsvermögen und kritischer Distanz einzuschätzen vermochte.[206]

Noch schärfer und unversöhnlicher klingt freilich sein Urteil über die Politik des Wiener Hofes. Man könne leicht durchschauen, daß das Ziel der österreichischen Politik die Aufrichtung des Despotismus und der uneingeschränkten Herrschaft in Deutschland sei. In abergläubischen Vorurteilen befangen und durch vermessenen Hochmut angespornt, habe das Haus Österreich die deutschen Fürsten stets an dieses Joch zu gewöhnen versucht. Das alles zeige, heißt es an anderer Stelle, daß das Kaiserhaus die demokratische Verfassung («gouvernement démocratique»), die es in Deutschland seit Urzeiten gegeben habe, in eine monarchische verwandeln wolle. An vier Einzelpunkten erläutert Friedrich sodann überaus kenntnisreich und kompetent, in welchen Affären der jüngsten Zeit der Kaiser die Bestimmungen der Wahlkapitulation verletzt habe. Die Absicht des Wiener Hofes sei es demzufolge ganz unverkennbar, die Kaiserkrone mit Hilfe der *Pragmatischen Sanktion* erblich zu machen. Die Politik des Versailler Hofes dagegen sei schwerer zu durchschauen. Ihr kluges Vorgehen erfordere, nichts zu überstürzen. Als Zeitpunkt für die Ausführung dieser Pläne habe das Schicksal jedoch das Ableben des Kaisers bestimmt. «Welcher Zeitpunkt», schreibt Friedrich, «eignete sich mehr dazu, Europa Gesetze zu geben? Welche Konjunktur könnte günstiger sein, um alles zu wagen?» Waren solche Gedanken lediglich rhetorische Fragen im Hinblick auf die Analyse französischer Vergrößerungsgelüste? Oder waren sie bereits Bestandteil eigener Lebensentwürfe? Sie müssen ohne Zweifel mit den Ereignissen des Jahres 1740 in Verbindung gebracht werden.

Schon Friedrich Meinecke hat in einer seiner eindringlichen Analysen friderizianischer Texte dafür plädiert, diese Jugendschrift des Kronprinzen aus dem engumgrenzten Rahmen einer auf flüchtige Konstellationen bezogenen Gelegenheitsschrift herauszulösen und ihr den Rang einer Denkschrift zuzubilligen, die als «eine der ersten großen Manifestationen seines politischen Denkens und Wollens» zu betrachten ist.[207] Meinecke war es auch, der die *Considérations* erstmals in das Kontinuum eines politischen Konzepts gerückt hat, das von der späten Kronprinzenzeit bis ins hohe Alter reicht. Das Bild der Jugendentwicklung Friedrichs, schreibt Meinecke, werde dadurch nicht etwa undurchsichtiger, sondern einheitlicher, transparenter und kontinuierlicher. Denn es gebe Pläne und Optionen zu erkennen, die später zum festen Bestandteil seines politischen Handelns werden sollten. Aber im selben Maße, wie es gelinge, Berechnung und Ratio als durchgehende Leitmotive seiner Politik aufzudecken, trete auch das Unberechenbare und Irrationale seines Charakters, «die Lebensfülle des ganzen Menschen» in Erscheinung.[208]

Es besteht demnach kein Zweifel, daß der Kronprinz schon bei der Abfassung seiner *Considérations* entschlossen war, beim Tode des Kaisers in das mächtepolitische Geschehen einzugreifen. Er war sich, wie er Grumbkow mitteilte, schon für den Fall, daß er als König den Tod des Pfälzer Kurfürsten erleben sollte, im klaren, seine Interessen nicht fremden Mächten zu opfern. «Ich fürchte vielmehr, daß man mir zu viel Verwegenheit und Lebhaftigkeit vorwerfen wird [...]. Wer weiß, ob die Vorsehung mich nicht ausersehen hat, um ruhmreichen Gebrauch von den Vorbereitungen zu machen, die der Weitblick des Königs für den Krieg getroffen hat.»[209] In einem aufgebrachten und hochfahrenden Brief aus dem Januar 1738 verglich er den König von Preußen mit einer edlen Palme. Je tiefer man sie niederdrücke, schrieb er wiederum an Grumbkow, desto höher schnelle sie stolz ihren Wipfel empor.[210] Er warte wie der Schauspieler nur auf das Stichwort für seinen Auftritt.[211] So erscheint offenkundig, daß sich Friedrich spätestens seit 1737 zu jenen zählte, die von der Hoffnung auf große Allianzen beflügelt die Fackel des Krieges ergreifen würden, wenn sich die Gelegenheit dazu bieten sollte.[212]

In merkwürdigem Kontrast zu dieser sich immer mehr verdichtenden Entschlossenheit steht indessen die Schlußsequenz, die der Kronprinz seiner Analyse der augenblicklichen Mächtebeziehungen angefügt hat.[213] Sie klingt wie eine emphatische Klage über die Verderbtheit der Herrscher und ihre machtpolitischen Gepflogenheiten. Die meisten Fürsten glaubten, führt er aus, daß Gott ihrer Größe, ihrem Glück und ihrem Hochmut zuliebe das Gewimmel der Untertanen geschaffen und diese zu Werkzeugen ihrer zügellosen Leidenschaften gemacht habe. Dabei sei ihnen doch die Wohlfahrt der Völker anvertraut. Aus diesem Mißverständnis resultiere «jener unbändige Drang nach falschem Ruhm, jenes glühende Verlangen, alles zu erobern, die harten Auflagen, mit denen das Volk bedrückt wird, die Trägheit der Herrscher, ihr Dünkel, ihre Ungerechtigkeit, ihre Unmenschlichkeit, ihre Tyrannei und alle Laster, die die Menschennatur erniedrigen». Würden diese Fürsten ihre Irrtümer begreifen, sähen sie, daß ihre Würde «nur das Werk der Völker ist [und] daß sich die Abertausende, die ihnen anvertraut sind, nicht einem einzigen sklavisch unterworfen haben, um ihn noch mächtiger und furchtgebietender zu machen». Sie würden einsehen, «daß sie [die Untertanen] sich nicht vor einem Mitbürger beugten, um Märtyrer seiner Launen und Spielball seiner Einfälle zu sein, sondern daß sie den unter sich erwählten, den sie für den gerechtesten hielten, um sie zu regieren, den besten, um ihnen ein Vater zu sein, den menschlichsten, um Mitleid mit ihrem Mißgeschick zu haben und es zu lindern, den tapfersten, um sie gegen ihre Feinde zu beschützen, den weisesten, um sie nicht zur Unzeit in verderbliche, zerstörerische Kriege zu verwickeln, kurz, den rechten Mann, um den Staat zu repräsentieren».[214]

Stünden den Fürsten ihre Herrscherpflichten stets vor Augen, würden sie auch die Schritte ihrer Nachbarn genau beobachten und deren Pläne zu ergründen suchen. Sie würden sich «durch feste Bündnisse gegen die Umtriebe jener unruhigen Geister sichern, die unablässig auf Eroberungen sinnen und wie ein Krebsgeschwür alles annagen und zerfressen, was sie berühren». Und dann die vielzitierte Sentenz: «Es ist eine Schmach und Schande, seine Staaten zugrunde zu richten, und eine Ungerechtigkeit, eine verbrecherische Raubgier, etwas zu erobern, worauf man keinen rechtlichen Anspruch besitzt.»[215]

Nun hat Friedrich vieles, was hier mit großer deklamatorischer Geste angeprangert wird, in seiner Herrschaftspraxis ohne Zweifel in die Tat umgesetzt. So hat er seine Amtsgeschäfte und seinen Wohlfahrtsauftrag wirklich ernstgenommen und sich von Ausschweifungen und Müßiggang, wie sie an den Höfen seiner Zeit noch immer üblich waren, nicht nur aus Unlust an dünkelhafter Selbstdarstellung, sondern aus Überzeugung ferngehalten. Er war den Prinzipien aufgeklärter Rationalität, wie sie hier in bezug auf Regierungsformen und Herrscherpflichten erstmals mit programmatischem Nachdruck vertreten wurden, zutiefst verpflichtet. Aber zählte er nicht seinen kaum noch verhüllten Absichten entsprechend bereits vor seinem Herrschaftsantritt zu jenen «unruhigen Geistern», vor deren unablässigen Eroberungsgelüsten er seine Leser so eindringlich glaubte warnen zu müssen? War er nicht selbst von jenem glühenden Verlangen nach Herrscherruhm durchdrungen, in dem er eine der Ursachen des «europäischen Elends» sah? Er forderte feste Bündnisse und «Bande der Freundschaft unter gleichgesinnten Herrschern». Aber war er es nicht selbst, der alle Konventionen in den Beziehungen der Mächte in Frage zu stellen entschlossen war? Wir stoßen hier auf jene Selbsttäuschungen und Widersprüche, die für sein ganzes Wesen charakteristisch sind: auf der einen Seite die durch seine Analysen offengelegte Eigensüchtigkeit der europäischen Kabinette, über die er sich aus preußischer Perspektive, aber zugleich auch aus prinzipiell-moralischen Erwägungen entrüstete; auf der anderen Seite der elementare Wille, den Gegnern Preußens mit den Waffen ebenjener Staatskunst zu begegnen, deren Verwerflichkeit und Niedertracht er soeben beschworen hatte. Beides steht hier wie vor allem auch in seinem ebenfalls in Rheinsberg begonnenen *Antimachiavell* unverbunden nebeneinander.

Arnold Berney, einer der reflektiertesten Friedrich-Biographen, hat die Ernsthaftigkeit der hier so emphatisch geäußerten Überzeugungen ausdrücklich unterstrichen, im übrigen aber die Auffassung vertreten, daß dem Kronprinzen das sprunghaft Widersprüchliche

seiner Argumentation nicht bewußt gewesen sei. Angesichts seiner
von allen Staatsgeschäften abgeschnittenen und mit schmerzlicher
Ungeduld empfundenen Wartestellung wurde ihm eine Kongruenz
zwischen Denken und Handeln ja auch noch nicht abverlangt.
Aber unverkennbar ist darüber hinaus, daß Friedrich bei der Abfassung dieses Traktats einmal mehr den Verlockungen seines literarischen Ehrgeizes erlag. Der Moralist hatte einmal mehr über
den Beobachter der politischen Wirklichkeit gesiegt. «Der politische Idealismus der frühen Aufklärung, die ungemein pathetische,
schwärmerisch hoffnungsselige Atmosphäre dieser literarischen Welt
und besonders das anspornende, oftmals aufreizende Vorbild Voltaires erwiesen sich als wortgewaltige, die Stimme der eigenen realen
Erfahrung erstickende Verführer»,[216] auch wenn sie die machtpolitischen Energien und die noch verdeckte herrscherliche Natur des
Thronfolgers nicht zu bändigen vermochten.

Angesichts der politischen Tatenlosigkeit, zu der der Kronprinz
wegen der Eigenwilligkeit und des fortbestehenden Mißtrauens des
Königs verurteilt war, begab er sich auf seinem «Remusberg» ein
weiteres Mal in die literarische Provinz, «und aufs neue war dieser
Vorgang Flucht und Vormarsch zugleich».[217] Offenbar gab die
Lektüre der ersten Kapitel der *Histoire du siècle de Louis XIV*, die
Voltaire ihm in freundschaftlicher Verbundenheit im Manuskript
zugesandt hatte, den Anstoß, sich näher mit einem Traktat zu befassen, der die Debatte um die Grundsätze und Maßregeln fürstlichen Handelns während der gesamten frühen Neuzeit wie kein
anderes Buch geprägt hat: dem *Principe* des Machiavelli. Dieses
Lehrbuch über das Wesen der Politik stand in der Tradition der
mittelalterlichen Fürstenspiegel, stellte aber insofern einen radikalen Neubeginn dar, als das Idealbild eines weise regierenden Herrschers nun mit einer Wirklichkeit konfrontiert wurde, die alle
Maßstäbe christlicher Staatsethik als reine Fiktion erscheinen ließ.
Der Kronprinz war über dieses – wie es ihm erschien – Zerrbild so
entrüstet, daß er den Entschluß faßte, Machiavelli durch eine
Tugendlehre im Geiste aufgeklärter Humanität zu widerlegen. Er
verkenne das Geniale an Machiavelli keineswegs, schrieb er am
31. März 1738 an Voltaire; nur stehe diesem der Rang eines der
großen Männer seiner Zeit nicht zu.[218] Ein Jahr später, im März
1739, begann sich das Vorhaben zu konkretisieren. Friedrich be-

richtete Voltaire, daß er den Plan verfolge, ein Werk über den *Principe* zu schreiben: Einstweilen wälze er noch alles in seinem Kopfe hin und her. So werde es wohl göttlichen Beistandes bedürfen, um dieses Chaos zu entwirren.[219] Einige beiläufige Äußerungen in Friedrichs Korrespondenzen deuten darauf hin, daß Voltaires Heldenepos *Henriade*, das der Kronprinz damals intensiv studierte und in der Vorrede zu einer Neuauflage, datiert vom 10. August 1739, zu würdigen vorhatte,[220] als Gegenentwurf zu dem dienen sollte, was Machiavelli an seinem Protagonisten Cesare Borgia als das von Schrecken und Dämonie verdüsterte Fürstenbild einer neuen Epoche glaubte vorführen zu müssen. Voltaire ermunterte den Kronprinzen zu diesem Vorhaben und prophezeite, daß der *Antimachiavell* zum «Katechismus der Könige und ihrer Minister» werde.[221]

Die Niederschrift wurde vermutlich im Mai 1739 begonnen und im November im Konzept abgeschlossen. Am 1. Februar 1740 dürfte der noch einmal überarbeitete Text dann im wesentlichen fertiggestellt gewesen sein. Jedenfalls schickte Friedrich das Manuskript am 26. April an Voltaire und äußerte dabei die Hoffnung, daß der Text unter seinen Händen noch verschönert werden möge.[222] Veröffentlicht wurden dann im Laufe des Jahres 1740 zwei Versionen, die erste unter dem Titel: *Examen du Prince de Machiavel, avec des notes historiques et politiques* bei Johann van Duren im Haag, nachdem Versuche des inzwischen auf den Thron gelangten Königs, politisch opportun erscheinende Änderungen im Text vorzunehmen, fehlgeschlagen waren. Die zweite Ausgabe stellte eine von Voltaire redigierte, gekürzte und inhaltlich geglättete Version dar, die ebenfalls im Haag unter dem Titel: *Anti-Machiavel ou Essay de critique sur le Prince de Machiavel, publié par Mr. de Voltaire* erschien und ebenso wie die Originalfassung in kürzester Zeit zahlreiche Neuauflagen erlebte.[223]

Die Erstausgabe erschien also anonym. Sehr schnell wurde indessen bekannt, daß der Kronprinz der Verfasser war. Und sogleich setzte die Debatte über die unübersehbaren Widersprüche zwischen den moralischen Vorstellungen des Kronprinzen und den Taten des Königs ein, die im Grunde bis in die historiographischen Kontroversen der jüngsten Zeit fortgesetzt worden ist. Der König war jedoch mit beiden Versionen unzufrieden. Er beschloß deshalb,

sich noch einmal mit seinem Text zu beschäftigen, gab diesen Plan
aber nach ersten Änderungsentwürfen auf, so daß die Ausgabe letzter Hand erst in Band 8 der kritischen Gesamtausgabe von Preuß
(Berlin 1848) bekannt und zugänglich gemacht wurde.

Friedrich ging wiederum kommentierend vor, wobei er sich genau an seine Vorlage hielt und in strenger Reihenfolge ein Kapitel
nach dem anderen seiner Kritik unterzog. Im übrigen auch hier die
gleiche Methode einer völlig unhistorischen Auseinandersetzung
mit einem Staatsdenker, der ganz unverkennbar das Florenz des beginnenden 16. Jahrhunderts vor Augen hatte. Auch hier ging Friedrich von der Vorstellung aus, auf einer Stufe mit der Vergangenheit
zu stehen. Er befragte den *Principe* nach dem, was dieser zeitlos zu
lehren schien, und klammerte aus, was er zeitgeschichtlich zu bedeuten hatte. Darin lag nach Auffassung Friedrich Meineckes die
«eigentümliche Schwäche der damaligen Geschichtsauffassung».
Sie registrierte zwar schon die Veränderung der äußeren Wirklichkeit, die durchaus unterschiedlichen Beweggründe der Menschen
indessen vermochte sie nicht zu erfassen. Die moralischen Vorstellungen der Aufklärung galten Autoren wie Friedrich als eine absolute Größe und als ein Maßstab, an dem gerade auch die Geschichte gemessen wurde.[224]

Dieses Schlußkapitel des kronprinzlichen Räsonierens ist bekanntlich überaus kontrovers beurteilt und immer wieder als Beleg
für die Doppelzüngigkeit Friedrichs und die Verschlagenheit seines Charakters angeführt worden. Und in der Tat werden hier mit
unerhörter Emphase und moralischem Rigorismus Auffassungen
über Staat und Herrschaft vertreten, die zu dem, was der auf den
Thron Gelangte dann ins Werk gesetzt hat, in schroffem Gegensatz stehen. Ungeachtet der nüchternen, durchaus auch von Skepsis geprägten Wißbegierde, mit der sich der Kronprinz auch in
diesem Traktat Klarheit über sein Herrschaftskonzept zu verschaffen versuchte, überschlug er sich förmlich in der Verurteilung des
Florentiners. «Machiavelli verdarb die Staatskunst und unternahm
es, die Lehren der gesunden Moral zu vernichten.» Man müsse
dieses Buch als eines der allergefährlichsten betrachten, die jemals
in der Welt verbreitet worden sind. Er habe es deshalb übernommen, die Menschlichkeit diesem Monstrum gegenüber zu verteidigen.[225]

Bei aller Vehemenz seiner zornigen Entrüstung ist bei genauem
Lesen jedoch nicht zu übersehen, daß Friedrich in dieser Schrift
auch vieles offenbart hat, was seinem Wesen und seinem Lebens-
plan durchaus gemäß war. Es klingt – wie auch in anderen Passagen des Textes – wie eine Selbstbeschwörung, wenn er sich in
seinem Vorbericht über die Verführungskräfte dieser Lehren Rechenschaft abzulegen versucht. Nichts könne, schreibt er, einen
jungen, ehrgeizigen Menschen, dessen Gemüt und Verstand zwischen Gut und Böse noch nicht recht zu unterscheiden wisse, mehr
verderben als Maximen, die seinen Leidenschaften schmeicheln.
Wenn es jedoch schon verwerflich sei, die Unschuld eines Privatmannes, der nur geringen Einfluß auf die Welthändel besitzt, zu
untergraben, um so schädlicher müsse eingeschätzt werden, wenn
man Fürsten verführe, die Völker regieren, Gerechtigkeit verbür-
gen und durch ihre Güte und Großherzigkeit als lebendige Eben-
bilder des Göttlichen («images vivantes de la Divinité») erscheinen
sollen. Überschwemmungen, die Länder verwüsten, Blitze, die
Städte einäschern, oder die Pest, die Provinzen entvölkert, seien
bei weitem nicht so verderblich wie die gefährliche Moral und die
unbändigen Leidenschaften der Könige. Sie schadeten viel länger
und dazu noch ganzen Völkern.[226]
     War der hier so entschieden moralisierende Autor nicht selbst
noch jung und ehrgeizig? War er frei von Leidenschaften? War er
sich bei seinem allzu lange schon unterdrückten Tatendrang sicher,
daß nicht gerade auch er von diesen «gefährlichen Talenten» fortgerissen werden konnte und am Ende doch die «vivacité hardie»
über die «lenteur circonspecte» siegte?[227] Es scheint, daß Friedrich
bei der Abfassung dieses Traktats zumindest im Unterbewußten
spürte, daß die Leidenschaften durchaus eine Versuchung für ihn
darstellten und daß er sich zügeln mußte, ihnen nicht nachzugeben.
Anders ist die Heftigkeit seiner Ausfälle gerade in jenem Kapitel
nicht zu verstehen, in dem er zum Problem des gerechten Krieges
und zu Pflichten und Grenzen vertraglicher Bindungen Stellung zu
nehmen genötigt war (Kapitel 18). «Er wollte sich fest machen gegen sich selbst.»[228] Es sei, schreibt er im 25. Kapitel, unumgänglich nötig, «daß diejenigen, die die Welt beherrschen sollen, ihren
Durchblick (pénétration) zu verbessern suchen»; aber das sei noch
nicht alles. «Denn wenn sie das Glück fesseln (captiver) wollen,

müssen sie ihr Temperament unter die Umstände (conjonctures)
beugen lernen; und das ist sehr schwer.»[229]

So wird der *Antimachiavell* als der Versuch betrachtet werden
müssen, die aufgeklärt-humanitären Einsichten, die sich der Kronprinz durch seine philosophischen und literarischen Studien erworben hatte, mit jenen «agonalen Instinkten» (Joseph A. Schumpeter)
in Einklang zu bringen, die ihm von Natur aus angeboren waren.
Dabei hat er ungeachtet aller prinzipiellen Verurteilung Machiavellis und ungeachtet der auch von Voltaire bemängelten Tatsache,
daß er den Florentiner oftmals gar nicht an seinen eigentlich ver-
wundbaren Stellen kritisierte, Bekenntnisse abgelegt, die Umrisse
seiner eigenen Herrschaftsauffassung und Perspektiven seiner späteren Politik zu erkennen geben. Vermutlich war auch sein Selbst-
einschätzungsvermögen noch gar nicht so entwickelt, daß ihm die
prinzipielle Unvereinbarkeit seiner elementaren Machtgelüste und
einer auf Mäßigung und Berechenbarkeit pochenden Herrschafts-
theorie deutlich vor Augen trat. Er war in der Entrücktheit der
Rheinsberger Jahre noch nicht imstande, sich über sein zukünftiges
Handeln unter moralischem Vorzeichen Rechenschaft abzulegen.
Adressaten seines kühnen und eifernden Räsonnements waren im
übrigen nach wie vor seine Vertrauten Camas, Suhm und Jordan,
an erster Stelle freilich Voltaire und darüber hinaus der ganze Kosmos der *philosophes*, denen er sich so eng verbunden fühlte. Ihre
Aufmerksamkeit und Zustimmung wünschte er zu erlangen, also jener, die fernab der Höfe und Kabinette eine ideale Welt entwarfen
und in einer Sprache miteinander verkehrten, die der Wirklichkeit
immer ein Stück voraus war.

Gewissermaßen programmatisch findet sich sogleich im ersten
Kapitel der Satz, daß der Fürst keineswegs der unumschränkte
Herr («le maître absolu») der Völker sei, die unter seiner Bot-
mäßigkeit stehen. Er sei unter ihnen vielmehr nichts anderes als
der oberste Beamte («le premier domestique»).[230] Diese Auffassung
des Herrscheramtes war gewiß nicht neu und originell; sie war bei
Fénelon und Bossuet, bei Bayle und Voltaire und dann noch einmal
in besonderer Klarheit bei Montesquieu formuliert und aus dem
Gesellschaftsvertrag und dem Prinzip der freien Wahl abgeleitet
worden. Insofern verschmolzen im Denken des Kronprinzen die
katholische, die reformierte und die jansenistisch inspirierte Staats-

lehre mit dem Skeptizismus und dem Naturrechtsdenken der Aufklärung.[231] Aber es war eben ein Thronfolger, der hier das Wort ergriff – ein Mann, der bei allem ehrlich gemeinten Streben nach humanitärer Tugendhaftigkeit im Blick behalten wollte, was in reale Politik umgesetzt werden konnte und sollte. Insofern gewinnen diese aus dem Fundus aufgeklärter Rationalität schöpfenden Reflexionen ein eigenes Gewicht und eine ins Realpolitische reichende Dimension.

Große Mühe verwandte der Kronprinz darauf, den Vorrang der Erbmonarchie vor anderen Herrschaftsformen nachzuweisen. Zurückgreifend auf die Idee des Gesellschaftsvertrages entwickelte er, daß die republikanischen Staatsformen aus einem Geist der Freiheit und Gleichheit hervorgegangen seien und deswegen prinzipiell dem ursprünglichen Wesen staatlicher Vereinigungen näher stünden. Mit der Monarchie setzte er sich wie die gesamte Staatslehre der Aufklärung immer unter der Prämisse auseinander, daß der durch Erbfolge auf den Thron gelangte Herrscher ein guter und pflichtbewußter König, ein *honnête homme* sei. So glaubte er, die Segnungen einer aufgeklärten, auf die Wohlfahrt und Glückseligkeit des Menschengeschlechtes bedachten Staatslenkung nicht von republikanischen Institutionen erwarten zu dürfen, sondern allein von der Standhaftigkeit, dem Gerechtigkeitssinn und dem Großmut eines einzelnen. Die moralisch gebändigte, sich am Gemeinwohl orientierende Selbstregierung erschien ihm als die aufgeklärteste aller Herrschaftsformen. Die Widersprüche und Spannungen, die zwischen einer auf Erbrecht und Gottesgnadentum gegründeten Monarchie und einer aus dem Naturrecht hergeleiteten Gewaltenteilung herrschten, waren ihm durchaus bewußt. Insofern war er in seinem Staatsdenken und gerade auch in der Entschiedenheit, mit der er sich Machiavelli entgegenstellte, kein Phantast, sondern der Vertreter einer Herrschaftsauffassung, die Staatsgewalt und Aufklärung, Macht und Moral miteinander zu versöhnen hoffte.

Im übrigen jedoch ließ er auch in vielen indirekt erteilten Auskünften keinen Zweifel daran, daß er alle Souveränitätsrechte uneingeschränkt für den Monarchen zu reklamieren entschlossen war und deswegen auch die Mitregierungsbefugnis von Ministern – wie sie in Frankreich üblich war – kategorisch ablehnte. Es war das Bild eines allmächtigen und allgegenwärtigen Königs, das hier ent-

worfen wurde – eines Fürsten, der alles im Staat und in der Landesadministration in der Hand behalten sollte: die visionäre Vor-
wegnahme seines eigenen Fürstenregiments. Mit Händen zu
greifen ist das Antizipatorische dieses Herrscherbildes im 12. Kapitel, wo sich der Kronprinz auf das Stichwort Machiavellis hin mit
der Frage auseinandersetzte, wie der Fürst sich in bezug auf das
Kriegswesen verhalten solle. Dabei stellte er den Satz auf, daß das
Kriegführen zu den Pflichten und Rechten eines großen Herrschers
gehöre. So forderte er von einem wirklichen Souverän nicht nur
persönliche Anwesenheit bei der Armee, sondern auch den Oberbefehl in der Schlacht; es sei seine Obliegenheit, ihren Gang zu bestimmen und durch seine Gegenwart seinen Truppen den Geist
zuversichtlicher Kampfesfreude einzuflößen. Er müsse ihnen ein
leuchtendes Beispiel für die Verachtung von Gefahr und Tod geben. Das erfordere «le devoir, l'honneur et une réputation immortelle». «Welch ein Ruhm für einen Fürsten», schrieb er voller
Emphase, «der mit Gewandtheit, Klugheit und Tapferkeit seine
Staaten vor Invasionen schützt, der durch Kühnheit und Gewandtheit über alle Gewalttaten seiner Feinde triumphiert und durch
seine Standhaftigkeit, Besonnenheit und seine Tugenden als Soldat
sein gutes Recht behauptet.»[232]

Das sind Äußerungen, die Friedrich in völliger Übereinstimmung mit dem Fürstenideal des Machiavelli gemacht hat. Sie verweisen zugleich auf jenen Weg, den der Kronprinz dann nach seiner Thronbesteigung auch tatsächlich beschritten hat, und machen
deutlich, daß er in die Rolle des *roi connétable* nicht ohne eine frühzeitig erkennbare Vision hineingewachsen ist. Er war schon in der
Kronprinzenzeit von einem Herrscherbild geprägt, das dem Feldherrnruhm einen zentralen Platz zuwies. Verknüpft waren diese
literarischen Antizipationen späteren Handelns mit Reflexionen
über den Einfluß des Zufalls in der Geschichte. Um das Glück an
die eigenen Unternehmungen zu fesseln, schrieb er, müßten die
widerstreitenden Temperamente, die kühne Lebhaftigkeit auf der
einen und die umsichtige Gelassenheit auf der anderen Seite, mit
dem Wandel der Verhältnisse, den *Konjunkturen*, in Einklang gebracht werden. So gebe es Augenblicke, die der Ruhmbegierde der
Eroberernaturen – der «hommes hardis et entreprenants» – zustatten kämen – jenen Männern, die geboren scheinen, um zu handeln

und die außerordentlichen Veränderungen in der Welt zu bewirken. Der Geist des Mißtrauens, der die Fürsten entzweie, verschaffe ihnen die Gelegenheit, um ihre gefährlichen Talente zu entfalten.[233] Sind das Sentenzen, die losgelöst betrachtet werden können von der Selbsteinschätzung und den Absichten eines Kronprinzen, der seinen Herrschaftsantritt mit kaum gezügelter Ungeduld erwartete? Alles erscheint in diesen Äußerungen plötzlich relativiert: Die Umstände sind es, die einmal das eine und dann wieder das andere Temperament erforderlich machen. Kein generelles Verdikt mehr über die Eroberer aus Leidenschaft! Es hat in diesem vorletzten Kapitel seines *Antimachiavell* vielmehr den Anschein, als wenn Friedrich mit jenen kühnen und unternehmenden Fürsten sympathisiere, die er zuvor so gnadenlos verurteilt hatte. Die Rivalität unter den Herrschern und der Wandel der Verhältnisse verschafften ihnen die Gelegenheit, um Großes in der Welt zu bewirken. Im übrigen seien es die *causes physiques*, die auf die moralischen Entscheidungen einwirkten. «Die Vorsehung spottet aller Weisheit und Größe der Menschen. Geringe und manchmal lächerliche Ursachen verändern nur allzu oft das Glück ganzer Staaten und Monarchien.» Insofern sei es fast unmöglich, daß ein Fürst seiner selbst Herr zu werden vermöge.[234]

Mit Äußerungen wie diesen wird noch einmal deutlich, wie sehr der Kronprinz gerade auch in dieser Widerlegungsschrift bemüht war, über sein intellektuelles Fassungsvermögen Spielräume für sein späteres Handeln als Monarch auszuloten. Und unverkennbar ist, daß der vom Humanitätsideal der Aufklärung durchdrungene Moralist sich den Weg zu einem machtbewußten und im Konkurrenzgefüge der Monarchien respektierten Herrscher nicht verstellen lassen wollte. Bei aller Entrüstung über die Leichtfertigkeit, mit der Machiavelli seinen Fürsten auf die Fährte skrupelloser Selbstbehauptung zu locken versuchte, behielt er im Blick, was er als König zu tun vorhatte – notfalls auch unter Mißachtung des Tugendkanons, der ihm seit der Lektüre des *Télémaque* vertraut war.

Das Leben des Vaters neigte sich unterdessen dem Ende zu. Der den Werdegang des Kronprinzen so heil- und unheilvoll überschattende Staats- und Kriegsminister Friedrich Wilhelm von Grumb-

kow war bereits am 18. März 1739 gestorben. Er hatte seit dem
Fluchtversuch Friedrichs und dem anschließenden Untersuchungs-
verfahren allgegenwärtig zwischen Vater und Sohn gestanden und
seinen Platz in dieser schwierigen Wechselbeziehung mit dem eigentümlich widersprüchlichen Geschick eines ehrlichen Maklers
und der Verschlagenheit eines eigensüchtigen Höflings zu behaupten gewußt. Seiner unbestreitbar hohen Befähigung, seinem analytischen Verstand und seiner umfassenden Bildung «standen in ste-
ter Konkurrenz der gewissenlose Leichtsinn einer Spielernatur [...]
und eine bis zur Bestechlichkeit getriebene Habsucht gegenüber».[235] Unter beiden Aspekten ist er zu einer Bezugsperson für
den Kronprinzen geworden, die ihn zutiefst geprägt hat. Sicherlich
nicht zufällig entspannte sich das Verhältnis des Königs zu seinem
Sohn während einer gemeinsam unternommenen Inspektionsreise
nach Ostpreußen nur wenige Monate nach Grumbkows Tod. Freilich zeugen auch die letzten Briefe Friedrichs an seinen Vater nicht
nur wegen der sprachlichen Unbeholfenheit im Deutschen von einer Befangenheit, die das traumatisch Belastete dieser Vater-Sohn-
Beziehung deutlich zu erkennen gibt. Friedrich berichtete in einem
Brief vom 27. Juli an seine Gemahlin, daß der König in Wirklichkeit so sei, wie er sich ihn nur wünschen könne und wie er ihn
sich immer gewünscht habe.[236] Im April 1740 siedelte der Vater
schon mit Todesahnungen ein letztes Mal nach Potsdam über.[237]
Es stehe mit ihm, schrieb Friedrich am 3. Mai mit verhaltener,
aber doch unüberhörbarer Anteilnahme an seine Schwester Wilhelmine, «schlimmer denn je, die üblen Anzeichen mehren sich, und
wir rechnen nur noch mit Monaten, besser gesagt mit Wochen.
Mich hat der Dienst bei der Truppe noch einmal aus all dem Ach
und Weh herausgerettet, doch glaube ich, lange wird es damit
nicht mehr dauern; so atme ich noch einmal die Freiheit in vollen
Zügen – wer weiß, ob ich ihr nicht für lange Zeit werde entsagen
müssen!»[238]
   Am 28. Mai kam es in Potsdam zu einer alle Augenzeugen tief
bewegenden Begegnung mit dem Kronprinzen. Der Vater streckte
ihm vor dem Stadtschloß im Rollstuhl sitzend die Hände entgegen
und nahm ihn weinend in den Arm. Trotz seiner akuten Atem-
beschwerden legte er dann am Nachmittag dem Thronfolger noch
einmal ausführlich das Konzept seiner Mächtepolitik dar und be-

schwor ihn, sich besonders in bezug auf das Haus Österreich immer in acht zu nehmen. Dabei war er immer wieder gerührt von seinem Sohn. Er umarmte ihn schluchzend und äußerte an die Umstehenden gewandt, daß er wegen dieses würdigen Sohnes und Thronfolgers in Zufriedenheit sterben werde. In den Morgenstunden des 31. Mai entsagte er dann in Gegenwart seiner Vertrauten und Ratgeber, der Kabinettssekretäre und des Kronprinzen seines Thrones. Heinrich von Podewils, einer der wichtigsten unter den königlichen Kabinettsministern, wurde beauftragt, die Abdankungsurkunde aufzusetzen. Aber ehe sie unterzeichnet werden konnte, war der König am Nachmittag gestorben. Danach wurde ungeachtet aller Erschütterung und Trauer über den Tod eines noch nicht 52-jährigen Herrschers den Prinzipien der Erbmonarchie entsprechend verfahren: *Le roi est mort, vive le roi!*

Achtzehn Jahre später, mitten in den Wirren des Siebenjährigen Krieges, vertraute der König seinem Vorleser und Sekretär de Catt an, welches Bild sich ihm von seinem Vater eingeprägt hatte. «Welch ein schrecklicher Mann war mein Vater, aber zugleich wie gerecht, wie klug und geschäftskundig! Sie haben keine Vorstellung von der vortrefflichen Ordnung, die er in allen Zweigen der Verwaltung eingeführt hat. Es hat nie einen Fürsten gegeben, der so fähig war wie er, in die geringsten Einzelheiten einzudringen, und das tat er, wie er selbst sagte, um alle Bereiche der Verwaltung möglichst vollkommen zu machen. Durch seine Sorgfalt, seine unermüdliche Arbeit, seine stets von strengster Gerechtigkeit geleitete Politik, seine bewunderungswürdige Sparsamkeit und die strenge Manneszucht, die er in der von ihm geschaffenen Armee einführte – durch alles dies bin ich in den Stand gesetzt worden zu tun, was ich bis jetzt ausgeführt habe.»[239]

Land und Leute: Ein Exkurs

Zum Zeitpunkt der Thronbesteigung Friedrichs betrug die Einwohnerzahl Preußens einschließlich der zuvor neuerworbenen Gebiete Neuchâtel, Mörs, Geldern, Tecklenburg, Lingen und Vorpommern ca. 2 240 000 Seelen. Durch den Territorialerwerb Friedrichs in Schlesien, Ostfriesland und Westpreußen erhöhte sich diese Zahl um etwa zwei Millionen Einwohner, so daß die Gesamtbevölkerung des immer noch stark auseinandergerissenen Landes im Jahre 1784 auf fünfeinhalb Millionen geschätzt werden kann.[1] Mit Ausnahme der westlichen Provinzen am Niederrhein war es ein städtearmes, weitgehend agrarisch geprägtes und vor allem dünnbesiedeltes Land, das auch in seiner ökonomischen Leistungsfähigkeit keine Spitzenposition unter den Reichsterritorien einnahm. Vielmehr trat es als ein Land in Erscheinung, das nur bei konsequenter Ausschöpfung seiner Ressourcen und einer alles reglementierenden Planung das Ziel einer Statusaufwertung erreichen konnte, die seit dem Großen Kurfürsten als ein durchgängiges Leitmotiv brandenburgischer Hausmacht- und Außenpolitik zu betrachten ist.

Ein Kernstück des Erbes, das Friedrich am Beginn seiner Herrschaft antrat, war eine überaus funktionsfähige Verwaltung.[2] An der Spitze der Zentralbehörden stand das 1722/23 nach einer persönlichen Instruktion des Vaters geschaffene «General-Ober-Finanz-Kriegs- und Domänendirektorium» – das Generaldirektorium, wie es vereinfachend genannt wurde –, das zwei lange Zeit konkurrierende Behörden – das General-Finanzdirektorium und das General-Kriegskommissariat – in einer einzigen, nach klar umrissenen Zuständigkeiten gegliederten Oberverwaltungsinstanz zusammenführte. Es setzte zwei, sich scheinbar widersprechende Tendenzen frühmoderner Herrschaftspraxis in einer für viele Jahrzehnte vorbildlichen Weise um: Verwaltungseinheit auf der einen, Ressorttrennung auf der anderen Seite (Hans Haussherr). Diesem Kollegium, das seine Amtsräume im Berliner Stadtschloß hatte, wurde das gesamte Innenressort einschließlich der Finanzverwaltung

übertragen. Ferner war es für Angelegenheiten der Militärökonomie und das Kriegsproviantwesen zuständig. Es setzte sich aus vier
Provinzialdepartements zusammen, an deren Spitze je ein dirigie-
render Minister stand, dem wiederum drei bis vier vortragende
Räte zugeordnet waren. Jedes dieser Departements war sowohl für
die Verwaltung der einzelnen Provinzen als auch einiger die Gesamtmonarchie betreffender Angelegenheiten verantwortlich. Es
war demnach in einer für das 18. Jahrhundert noch typischen
Weise durch eine Mischung aus territorialer und sachlicher Zuständigkeit gekennzeichnet. Das erste Departement umfaßte die nordöstlichen Provinzen Ostpreußen, Pommern und die Neumark, das
zweite die Kurmark, Magdeburg und Halberstadt, das dritte den
Streubesitz am Niederrhein und das vierte die westfälischen Territorien. Die Schlesien betreffenden Maßnahmen hatte sich der
König persönlich vorbehalten. Dem sich in Zukunft mehr und
mehr durchsetzenden Sachressortprinzip entsprechend wurden die
Grenz- und Rodungsangelegenheiten des ganzen Landes dem ersten, das Marschwesen und die Militärökonomie dem zweiten, das
Post- und Münzwesen dem dritten und die Kassen- und Rech-
nungsangelegenheiten des Gesamtstaates dem vierten Departement
zugewiesen.

Friedrich der Große hat diese zentrale Regierungsbehörde im
wesentlichen unangetastet übernommen und Veränderungen nur
insofern für nötig erachtet, als ihm eine weitere Ressortdifferenzie-
rung unerläßlich schien. So hat er mit programmatischem Nachdruck unmittelbar nach seinem Herrschaftsantritt ein fünftes Departement für «Commercien- und Manufacturen-Sachen bei Dero
Generaldirectorio» ohne eine regionale Zuständigkeit eingerichtet.
Mit einer Instruktion vom 27. Juni 1740 wies er den Geheimen
Etatminister Samuel von Marschall an, sich im Rahmen seines Res-
sorts vor allem mit drei Aufgaben zu befassen: «1. um die jetzigen
Manufacturen im Lande zu verbessern, 2. die Manufacturen, so
darin noch fehlen, einzuführen und 3. so viel Fremde von allerhand
Conditionen, Charakter und Gattung in das Land zu ziehen, als
sich nur immer tun lassen will».[3] Das waren sicherlich keine Anweisungen, die als besonders originell oder gar visionär zu bezeichnen sind, im Gegenteil. Sie belegen jedoch, daß Friedrich neben
einer gewissen hausväterlichen Betulichkeit, die ja schon die Wirt-

schaftsauffassung des Vaters gekennzeichnet hatte, auch Grund-
vorstellungen der damals zeitgemäßen Wirtschaftsdoktrin des Merkantilismus gekannt haben muß. Jedenfalls dürften sie ihm nicht
zuletzt auch durch die Sachkompetenz der Ratgeber Friedrich Wilhelms I. vertraut gewesen sein.

Dem fünften, neueingerichteten Departement folgte nach den Erfahrungen, die der König in den beiden ersten Schlesischen Kriegen
gemacht hatte, 1746 ein sechstes für die gesamte Militärverwaltung,
bevor 1768 ein Departement hinzukam, das sich ausschließlich mit
dem Bergwerks- und Hüttenwesen – vor allem selbstverständlich in
Oberschlesien – beschäftigen sollte. Es wurde mit großem Geschick
und hoher Kompetenz von Friedrich Anton von Heynitz geleitet.[4]
1770 schließlich wurde im Rahmen des Generaldirektoriums eine
eigene Behörde für die Verwaltung der Forsten eingerichtet, so daß
am Ende der Regierungszeit Friedrichs die oberste Verwaltungsbe-
hörde des Landes aus acht Einzelressorts bestand, wobei angesichts
einer zunehmenden Spezialisierung die ursprünglich vorgeschrie-
bene «kollegialische» Arbeitsweise immer mehr in den Hintergrund
trat. Auch ist unverkennbar, daß nach dem Siebenjährigen Krieg
weite Bereiche der Finanz- und Steuerverwaltung aus der Zuständigkeit des Generaldirektoriums herausgelöst und einer nach
französischem Vorbild eingerichteten «Regie» unter Leitung des
Financiers Haye de Launay übertragen wurden, ohne daß die Kompetenzen beider Institutionen eindeutig abgegrenzt waren.[5] Hier
trat ein tiefsitzendes Mißtrauen des Königs gegenüber der Zuverlässigkeit und Effizienz seiner einheimischen Beamten zutage, das vielfach unbegründet war und von vielen der Betroffenen als kränkend
empfunden wurde.

Die Einzelressorts besaßen in der Instruktion des Vaters keine
autonome Entscheidungsbefugnis, sondern waren angewiesen worden, Vorträge auszuarbeiten, die dann in den Plenarsitzungen der
Gesamtbehörde beraten und entschieden wurden. Das Generaldirektorium war also eine – wie es in der Terminologie der Verwaltungsgeschichte heißt – *kollegialisch* verfaßte Behörde, in der der
König wie ursprünglich einmal konzipiert den Vorsitz führte. Aber
weder Friedrich Wilhelm I. noch sein Sohn haben an den Sitzungen jemals teilgenommen, sondern ihre letztendlich maßgeblichen
Entscheidungen in ihrem Kabinett, d. h. im Arbeitszimmer des

Monarchen, gefällt und durch die Kabinettssekretäre ausführen
lassen.[6] Dem Generaldirektorium als Zentralbehörde waren als
ausführende Organe die in den Provinzen tätigen Kriegs- und Domänenkammern unterstellt und mit entsprechenden Verwaltungs-
kompetenzen ausgestattet worden. Auf dem platten Land regierte
indes der Landrat, ein in seinem Kreis eingesessener Adliger, der
aufgrund eines althergebrachten Gewohnheitsrechts durch den lokalen Adel vorgeschlagen und in der Regel auch bestätigt wurde.
Er trat vielfach in einer eigentümlich zwielichtigen Rolle zwischen
den Verordnungen der landesherrlichen Obrigkeit und den Interessen des gutsbesitzenden Adels in Erscheinung. «Mit ihm wird», ist
zutreffend festgestellt worden, «eine von der königlichen Bürokratie in der Regel respektierte Schranke monarchischer Machtpräsenz
deutlich.»[7]
    Der Herrschaftsanspruch des Königs war in einem ländlichen
Umfeld also kaum noch wahrnehmbar. So könnte man mit dem
um die Absolutismusforschung hochverdienten Gerhard Oestreich
von drei Ebenen frühneuzeitlicher Staatsbildung sprechen: Auf der
höchsten Plattform, der des Gesamtstaates, der Zentralbehörden,
habe der Landesherr «eine weitgehende Entflechtung der in der
feudalen Staatlichkeit verschlungenen Gewalten» zustandegebracht
und in der Tat «eine Konzentration der zersplitterten Kräfte» erreicht. «Es handelt sich um eine langsame Straffung der Zentralgewalt durch Ablösung von nichtzentralen, d. h. regionalen und
lokalen Einflüssen, aber nicht um eine Unterwerfung der lokalen
Gewalten.» Auf den unteren Ebenen dagegen, in den Provinzen
und in der Lokalverwaltung, hatte der absolutistische Fürstenstaat
nur geringe Einflußmöglichkeiten. Hier blieb vielmehr bis in die
Zeit der Krise des *ancien régime* ein Bezirk örtlich begrenzter Autonomie erhalten, so daß sich im täglichen Leben der Untertanen, in
Rechtspflege, Schule und der Gewährleistung *guter Policey*, nur wenig veränderte.[8]
    Mit den auswärtigen Angelegenheiten war das Generaldirekto-
rium nicht befaßt. Vielmehr hatte sich bereits unter Friedrich Wilhelm I. – auch das ein Vorgang einer zeitgemäßen Ressorttrennung –
eine eigene Behörde, das sogenannte Kabinettsministerium, herausgebildet, das für den umfangreichen Schriftverkehr mit den
Botschaftern des Königs und den entsprechenden Ministerien der

auswärtigen Mächte zuständig war.[9] Der 1604 ins Leben gerufene
Geheime Rat, die erste Zentralbehörde des frühmodernen Terri-
torialstaats überhaupt, existierte als dritte der in Berlin ansässigen
Behörden noch immer, war in seinen Kompetenzen aber seit dem
Großen Kurfürsten schon auf den Bereich der Justiz und der geistlichen Angelegenheiten einschließlich des Bildungswesens eingeschränkt.

Mit diesem administrativen Instrumentarium wurde also im
18. Jahrhundert in einer der am weitesten entwickelten Autokratien
des Kontinents Herrschaft ausgeübt. Nach neuesten Berechnungen
ist zu vermuten, daß am Ende der Herrschaft Friedrichs des Großen in den Kriegs- und Domänenkammern aller Provinzen dreihundert Beamte vom Präsidenten bis zum Referendar beschäftigt
waren. Wenn man die Steuer- und Landräte hinzuzählte, ergäbe
sich für die Gesamtmonarchie ein Kreis von ca. fünfhundert Amtsträgern, die den königlichen Willen zu vollstrecken verpflichtet waren. Das mag man viel oder wenig nennen; festzuhalten ist jedoch,
daß mit diesem Apparat die Autorität der Krone in einem beträchtlich angewachsenen und nach wie vor weitverstreuten Land nur in
Teilbereichen wie etwa der Armee sichtbar gemacht und durchgesetzt werden konnte. Für die Gesamtepoche dieser Form auto-
kratischer Herrschaft hat sich in der Historie frühzeitig schon der
Begriff «Absolutismus» eingebürgert, um dem in den Quellen vielfach dokumentierten Willen der Fürsten zu einer unumschränkten
Ausübung ihrer monarchischen Gewalt Rechnung zu tragen.[10] Er
hat sicherlich den Nachteil, nur die oberste Ebene eines langwierigen Staatsbildungsprozesses angemessen zu charakterisieren. Aber
seine Verwendung ist insofern sinnvoll, als er die der Tendenz nach
absolute Monarchie von einer ausdrücklich *eingeschränkten*, der *monarchia limitata* oder *monarchia mixta*, wie sie in der Staatslehre der
Frühen Neuzeit bezeichnet wurde, zu unterscheiden ermöglicht.
Im Sinne einer unerläßlichen Distinktion grundlegender Epochen-
phänomene erscheint die Verwendung des Absolutismusbegriffs
aber auch deshalb geboten, weil so der sich deutlich abgrenzende
Übergang zur *konstitutionellen* Monarchie des 19. Jahrhunderts
markiert werden kann.[11]

Die Gesellschaft war – wie im *ancien régime* und selbst im *Allgemeinen Landrecht* (ALR) von 1794 noch üblich – in drei Geburts-

 stände gegliedert, wobei ungeachtet aller regionalen Unterschiede und vielfach fließender Übergänge an den überlieferten Statuskriterien Adel, (Stadt-)Bürger und Bauer festgehalten werden muß.[12] Hinzu kamen die unterständischen Landeseinwohner, die den überwiegenden Teil der Gesamtbevölkerung ausmachten. Zwischen der grundbesitzenden Aristokratie und dem freien Bauernstand gab es zahlreiche Interessenkonvergenzen. In den mittleren und östlichen Provinzen war es der Gutsherrschaft jedoch – nicht zuletzt infolge der Verwüstungen des Dreißigjährigen Krieges – gelungen, die Bauern als *homines proprii* und *glebae adscripti* weitgehend in Erbuntertänigkeit und Leibeigenschaft herabzudrücken.

Von größter Bedeutung war jedoch, daß auch der Landesherr über beträchtlichen Grundbesitz verfügte und sich die Nutzung der agrarisch erschlossenen Flächen mit dem Adel teilte. Beim Herrschaftsantritt Friedrichs betrug der landesherrliche Anteil hochgerechnet etwa ein Viertel der Anbaufläche. Dabei gab es naturgemäß große Unterschiede in den verschiedenen Provinzen. Im Herzogtum Preußen etwa war das Übergewicht der Krondomänen am ausgeprägtesten, während in der Kurmark und in Pommern die Besitzverhältnisse zwei zu eins zugunsten adliger Gutsherrschaften zu veranschlagen sind. Noch unter Friedrich Wilhelm I. war es das Bestreben des Landesherrn, den Domänenbesitz so weit wie möglich auszudehnen und damit die Stellung der Krone gegenüber den landsässigen Partikulargewalten zu stärken. Nachdem aber der latente Machtkampf mit den Ständen zugunsten der Zentralgewalt entschieden war und immer deutlicher wurde, daß der König je länger je mehr auf die Mitwirkung adliger Funktionsträger angewiesen war, vollzog sich im Verhältnis von Landesherr und landsässigem Adel ein grundsätzlicher Wandel.

Friedrich der Große war – wie in zahlreichen programmatischen Äußerungen überliefert ist – der dezidierten Meinung, daß der Adel um seiner Aufgaben als Führungselite willen nicht nur geschützt, sondern auch in seinem Besitzstand konsolidiert und in seinen Standesrechten gefördert werden müsse.[13] So versuchte er, einer Überschuldung der Rittergüter und ihrer weiteren Aufteilung unter die gesamte erbberechtigte Nachkommenschaft dadurch entgegenzuwirken, daß er dem Adel empfahl, die Sukzessionsfrage im eigenen Haus durch die Errichtung von Majoraten rechtlich einwandfrei zu regeln. Eine Hypothek war im übrigen, daß zwischen der Zahl der im Lande verfügbaren Rittergüter und den etwa 20 000 Adelsfamilien, die es zu erhalten galt, eine erhebliche Diskrepanz bestand. Und da es überdies mit der Standesauffassung des Adels nicht vereinbar war, sich – von Ausnahmen abgesehen – in bürgerlichen Berufen, d. h. in Handel und Gewerbe, zu betätigen, kam es in Preußen zu einer allgemeinen Verarmung des Adels, der auch der König nicht Herr zu werden vermochte. Immerhin gelang es Friedrich durch obrigkeitliche Verordnungen, bürgerliche Interessenten vom Erwerb überschuldeter Rittergüter fernzuhalten und insofern zur Stabilisierung einer aristokratischen Standesidentität beizutragen.

Ganz in der Konsequenz dieser Einhegungsmaßnahmen lag es, daß sich der König auf Abweichungen und Dispense von den althergebrachten Ebenbürtigkeitskonventionen nur in Ausnahmefällen einzulassen bereit war. So versuchte er besonders im Offizierkorps, Eheschließungen zwischen Partnern ungleichen Standes, also Mesalliancen, zu verhindern, um auch auf diesem Weg den exklusiven Status des Adels zu sichern. Auch in Fragen der Nobilitierung der um die Monarchie verdienten Bürgerlichen hielt er sich – etwa im Gegensatz zum Wiener Kaiserhof, der mit dem Instrumentarium der Standeserhebungen eine außerordentlich wirksame Klientelpolitik betrieb – in bemerkenswerter Weise zurück. Insofern war der Kreis derer, die man in Frankreich als *plume* oder *noblesse de robe* bezeichnet hat, im friderizianischen Preußen sehr begrenzt. So wurde etwa der von Friedrich hochverehrte Staatsrechtslehrer und Philosoph Christian Wolff, ein Gerbersohn aus Breslau, 1745 in den Reichsfreiherrnstand erhoben. Erstaunlicherweise führte diese Abgrenzungspolitik des Königs jedoch nur in Ausnahmefällen zu Verweigerung und Resignation. Sie förderte vielmehr die Ausprägung eines eigenen Standesbewußtseins, das sich nicht zuletzt auch in der Bildung entsprechender Vereinigungen wie der Berliner Mittwochsgesellschaft manifestierte. Es war getragen von der Zuversicht, daß in Preußen auch ohne aristokratische Legitimation etwas in Staat und Gesellschaft bewirkt werden könne, eine soziale Umwälzung also, wie sie dann in Frankreich durch die Fundamentalkritik an den bestehenden Verhältnissen erzwungen wurde, nicht erforderlich sei.

Bemerkenswert ist allerdings an diesem sozialpolitisch hochsensiblen Komplex das Schwanken des Königs zwischen der Erkenntnis,
daß nur durch die Privilegierung des Adels die Führungsprobleme
in Staat und Gesellschaft gelöst werden konnten, und den Prinzipien aufgeklärter Rationalität, daß alles in einem Staate gefährdet
sei, wenn die Geburt über Leistung und Verdienst obsiege.[14] Hier
stießen wie in so vielen anderen Bereichen des absolutistischen
Fürstenregiments Handlungsmotive aufeinander, deren Unvereinbarkeit im *ancien régime* nicht überbrückt werden konnte.[15] So
stand dem kategorischen Imperativ einer aufgeklärten und humanitären Regierung das Eingeständnis gegenüber, daß eine Verwirklichung dieser Prinzipien den Zusammenbruch einer Staats- und
Wirtschaftsordnung bedeuten mußte, in der der Adel nun einmal
eine tragende Rolle spielte. Der Herrscher müsse ein Gleichgewicht zwischen den Interessen der Bauern und der Edelleute herstellen, hatte es im *Politischen Testament* von 1752 geheißen. «Aber
das kam», wie Theodor Schieder äußert, «der Quadratur des Zir-
kels gleich.»[16] So blieben die Reformbemühungen des Königs
weithin deklamatorischer Überbau und ohne Durchschlagskraft auf
die realen Verhältnisse. Auch ein anderer, zu grundlegenden Reformen entschlossener Zeitgenosse wie Kaiser Joseph II. stand vor
diesem Dilemma, ohne es lösen zu können. Ungeachtet der Omnipotenz ihres Herrschaftsanspruchs fanden weder Friedrich noch
Joseph einen Weg, um zu einem Ausgleich dieser widerstreitenden
Einsichten zu gelangen.

Ähnlich wie bei jenem Stand, der landläufig und unzureichend
differenzierend als *Adel* bezeichnet wird, verhielt es sich auch mit
den Bauern. Freie, d.h. keinem Grundherren in dinglicher oder
persönlicher Abhängigkeit verpflichtete Landwirte, gab es in nen-
nenswerter Zahl nur in den entlegenen Gebieten Ostpreußens und
Litauens. Der Grundtypus bäuerlicher Existenz war indes durch
Erbuntertänigkeit und Schollengebundenheit gekennzeichnet, und
zwar sowohl im Bereich adliger Grundherrschaft als auch auf den
Krondomänen.[17] Untertänigkeit auf dem Lande bedeutete, daß
dem Grundherrn die Gerichtsbarkeit über seine Hintersassen, die
Polizeigewalt und das Kirchenpatronat zustand. Im übrigen war
der Grundherrschaft die Heiratserlaubnis und die Zustimmung zu
einem (vermutlich nur theoretisch denkbaren) Dienst- und Orts-

wechsel vorbehalten. Hinzu kamen als obligatorische Dienstver-
pflichtung die das ganze feudale Wirtschaftssystem konstituierenden Abgaben und Fronen, die Hand- und Spanndienste und andere
Leistungen, die sich in bestimmten Jahreszeiten über mehrere Tage
in der Woche erstrecken konnten.

Der König erkannte das Inhumane dieser Zustände in voller
Klarheit. In seiner immer wieder als Vermächtnis verstandenen Abhandlung über *Regierungsformen und Herrscherpflichten* von 1777 hat
er sich über dieses Skandalon am deutlichsten geäußert. In den
meisten Staaten Europas, heißt es dort, finde der Herrscher Provinzen vor, «in denen die Bauern an die Scholle gebunden sind –
als Leibeigene ihrer Edelleute. Von allen Lebensumständen ist dieser der unglücklichste; er muß das menschliche Empfinden am tiefsten empören. Kein Mensch ist sicherlich dazu geboren, der Sklave
seinesgleichen zu sein». Aber – und nun folgt ein bemerkenswerter
Rechtfertigungsversuch – wer da meine, daß man diese «barbarische Unsitte» doch nur abzustellen brauche, irre sich. Denn «sie
stützt sich auf alte Verträge zwischen den Grundherren und den
Siedlern. Der Ackerbau ist auf die Frondienste der Bauern angewiesen. Wollte man diese widerwärtige Verfahrensweise (gestion)
auf ein Mal abschaffen, würde man die ganze Landwirtschaft um-
stürzen», zumal der Adel dann für seine Verluste entschädigt werden müßte.[18]

Dieses starre System sozialer Untertänigkeit, das besonders in
den östlich der Elbe gelegenen Territorien vorherrschend war,
wurde durch die Meliorations- und Kultivierungsmaßnahmen aufgebrochen, die Friedrich während seiner gesamten Regierungszeit
in großem Stile durchführen ließ; davon wird im einzelnen noch
die Rede sein. In diesen neu hinzugewonnenen Gebieten wurden
häufig von außerhalb des Landes angeworbene Kolonisten angesiedelt, deren Seßhaftmachung nur durch die Gewährung größerer
Spielräume und durch Privilegien und Eximierungen zum Erfolg
führen konnte. Diese Neusiedler wurden den Erbzinsbauern
gleichgestellt, die vor allem in der Altmark, im Magdeburgischen
und in Niederschlesien – also außerhalb des Bereichs der für die
östlichen Provinzen charakteristischen Gutsherrschaft – ansässig
waren.[19] Ihnen gehörte ihr Hof ungeachtet gewisser Dienstlei-
stungsverpflichtungen gegenüber dem Grundherrn «erb- und ei-

gentümlich». Ferner wurden sie nicht in das Kantonsystem einbezogen, blieben also vom Militärdienst verschont. In Bereichen neubesiedelter Gebiete gab es also auch in den brandenburgischen Kernlanden abgeschwächte Formen bäuerlicher Untertänigkeit.

Zwischen diesen beiden Polen des frühneuzeitlichen Feudalsystems stand das breite Spektrum derjenigen Landeseinwohner, die nach geburtsständischen Kriterien weder zum Adel noch zum Bauernstand gerechnet werden konnten: das Bürgertum. Dazu zählten in Handel und Gewerbe reich gewordene Unternehmer, Kaufleute und Bankiers ebenso wie Beamte, Geistliche und Gelehrte. Der überwiegende Teil des Bürgertums war jedoch in Handwerk und Kleinhandel tätig, blieb also von einer Entwicklung unberührt, die durch Manufakturunternehmen großen Stils in Gang gesetzt wurde. Sie waren in der Regel unter staatlicher Regie eingerichtet worden und beschäftigten eine immer schneller wachsende Zahl von Arbeitskräften. Das Handwerk dagegen war nach wie vor in Zünften und Innungen organisiert und unterlag strengen Standesordnungen, die trotz der Reglementierungsversuche Friedrich Wilhelms I. in Geltung geblieben waren und zu einer immer weiter fortschreitenden Verkrustung handwerklicher Tätigkeit geführt hatten.

Das Bürgertum lebte über das ganze Land verstreut vor allem in den Städten, die zwar ihren autonomen Status durch die konsequente Einbeziehung in die obrigkeitliche Steuerverwaltung eingebüßt hatten, ihre Bedeutung als Umschlagsplatz für Agrarprodukte und Kleingewerbeartikel aber behalten hatten. Das Zentrum bürgerlichen Lebenswandels bildete jedoch die beträchtlich expandierende Residenz mit ihren Behörden und ihrer auch ökonomisch wachsenden Bedeutung. Im Offizierkorps – davon wird noch die Rede sein – gab es für Bürgerliche während der gesamten Herrschaftszeit Friedrichs kaum Entfaltungsmöglichkeiten. Auch die höheren Ränge der Landesadministration waren dem Adel vorbehalten: Nur einer von 20 der unter Friedrich ernannten Kabinettsminister war bürgerlicher Herkunft. Erst auf der Stufe der Vortragenden Räte des Generaldirektoriums und in den Provinzialbehörden – Bereichen also, in denen Sachkompetenz in besonderer Weise gefragt war – wuchs der Anteil bürgerlicher Funktionsträger. Er erreichte gerade auch in der Epoche Friedrichs des Großen einen Stand, der das Kontingent adliger Ministerialbeamter um ein Vielfaches überstieg.

Alle diese Statusentscheidungen an der Schnittstelle zwischen Adel und Bürgertum waren im *ancien régime* in obrigkeitliches Ermessen gestellt und wurden in Preußen – wie erwähnt – äußerst restriktiv zugunsten des Adels gehandhabt. Nur in einem Sektor bürgerlicher Existenz fand aus einem autonomen Bildungsimpuls heraus ein Aufbruch statt, an dessen Ende – längst nach Friedrichs Tod – die Staatsbürgergesellschaft der Moderne stand.[20] Man muß diesen Impuls sicherlich der Aufklärung zuordnen und damit ungeachtet einer wohl unvermeidlichen Unschärfe des Begriffs andeuten, daß die Protagonisten dieses neuen Standesbewußtseins von der Gewißheit durchdrungen waren, die Menschheit zu einem von Erlassen und Vorschriften befreiten Gebrauch ihrer Vernunft bewegen zu können.[21]

Wichtig erscheint an diesem Prozeß vor allem – und hier war Preußen im Zeitalter Friedrichs des Großen ein markantes Beispiel –, daß diese neuen Eliten sich zusammenschlossen und in Lesegesellschaften, literarischen und politischen Zirkeln, in Vereinen und Freimaurerlogen eine neue Form von Geselligkeit pflegten. Zugleich waren aber diese Visionäre einer gesellschaftlichen Erneuerung auch entschlossen, sich in eigenen Publikationsorganen wie der *Berlinischen Monatsschrift* an einer öffentlichen Debatte zu beteiligen. Als glanzvolles Beispiel mag hier der Hinweis auf die Berliner Mittwochsgesellschaft genügen, einer – wie es im Gründungsstatut von 1783 heißt – «Gesellschaft von Freunden der Aufklärung», in der sich Theologen, Ärzte, Pädagogen, Verleger, Publizisten und vor allem auch eine Anzahl bedeutender Juristen zu einem vierzehntäglichen Diskurs über die notwendigen Reformen in Staat und Gesellschaft zusammenfanden.[22] Im Grunde waren alle wichtigen Repräsentanten der Berliner Aufklärung in dieser Vereinigung vertreten. Einer ihrer profiliertesten Wortführer war Moses Mendelssohn. Er plädierte wie die Mehrheit dieses bis zu 24 Mitglieder umfassenden Kreises dafür, der Aufklärung in einem allmählichen und durchaus vom Staate zu lenkenden Erziehungsprozeß zum Durchbruch zu verhelfen. Das Vertrauen in die Dynamik und Reformbereitschaft des absoluten Fürstenregiments war bei ihnen so ausgeprägt, daß man die Forderung nach Fortschritt im Sinne von Naturrecht, Weltbürgerlichkeit und Humanität bei einem König wie Friedrich dem Großen in guten Händen glaubte.[23]

Diese Zuversicht verstärkte sich in dem Maße, wie man mit wachsendem und durchaus elitärem Selbstwertgefühl zu der Überzeugung gelangte, auch im Rahmen der bestehenden Verhältnisse etwas verändern zu können.[24]

Einen beträchtlichen Zuwachs an personeller und geistiger Substanz hatte das Bürgertum durch die Zuwanderung der emigrierten Refugiés aus Frankreich nach der Aufhebung des Toleranzedikts von Nantes im Jahre 1685 zu verzeichnen.[25] Bis 1699 hatten etwa 14 000 Hugenotten den Weg nach Brandenburg-Preußen gefunden, davon allein 5682 nach Berlin. Die französische Kolonie machte 1724 fast 9% der Berliner Bevölkerung aus. In entsprechenden Edikten waren den Refugiés unter Friedrich Wilhelm I. die völlige rechtliche Gleichstellung mit den Landeseinwohnern und eine Fülle weitreichender Privilegien zugestanden worden. Daraus resultierte eine besonders in Berlin ins Auge fallende Sonderstellung, die in einer eigenen Kirchenverwaltung, in einem eigenen Unterrichts- und Bildungswesen und in eigener Gerichtsbarkeit ihren institutionellen Ausdruck fand. Auch bei Hofe und im Umkreis der Königlichen Akademie der Wissenschaften gelang es Mitgliedern der französischen Kolonie erstaunlich schnell, in wichtigen und einflußreichen Funktionen Fuß zu fassen. So bildeten die Refugiés besonders in Berlin nicht nur ein Element kultureller und ökonomischer Bereicherung, sondern auch einen Faktor, der durch ständeübergreifende Homogenität und Weltläufigkeit der Gesamtgesellschaft zahlreiche Impulse vermittelt hat.

Im Gegensatz zu den Hugenotten stand die jüdische Gemeinde in Preußen am Rande der Gesellschaft. In Berlin lebten im Jahre 1750 2188 Juden; das entsprach 1,93% der städtischen Gesamtbevölkerung. Die Obrigkeit war dieser Minderheit gegenüber zu keinen Zugeständnissen bereit. Vielmehr trat sie trotz des 1750 erlassenen «General-Privilegiums und Reglements vor die Judenschaft im Königreich Preußen» einer Gleichstellung der Juden, wie sie den Refugiés gewährt worden war, immer wieder entgegen. Die Zahl der «Schutzjuden» wurde auf 203 ordentliche, d. h. mit dem Erbrecht eines Kindes ausgestattete, und 63 außerordentliche, nur auf Lebenszeit geduldete, festgesetzt. Im übrigen war das Generaldirektorium, das die «Juden-Sachen» zentral verwaltete, darauf bedacht, die fiskalischen Belange des Staates zu wahren und die hohen und vielfach diskriminierenden Steuerabgaben, die den Juden auferlegt waren, unnachsichtig zu erheben.

Der berufliche Spielraum jüdischer Landeseinwohner war mit wenigen Ausnahmen auf den Bereich von Geldgeschäften beschränkt. Sie betätigten sich als Bankiers, Finanzmakler und als Geld- und Pfandverleiher – teilweise sogar in großem Stil – und gelangten trotz der hohen Brisanz ihrer Berufstätigkeit zu Wohlstand und Reputation. Immerhin gab es im Jahre 1749 in Berlin 119 jüdische Großunternehmer und mit Moses Mendelssohn einen Mann jüdischen Glaubens, der in Lessings Schauspiel *Nathan der Weise* zur Leitfigur einer von der Aufklärung inspirierten Humanitätsidee aufsteigen konnte. Der Status der Juden blieb im friderizianischen Preußen gleichwohl auf Randbereiche des öffentlichen Lebens verwiesen und von einem tiefverwurzelten Mißtrauen geprägt, das gerade auch den König immer wieder zu abfälligen Äußerungen veranlaßte.

Sicherlich kam auch im 18. Jahrhundert noch der Kirche eine wichtige Integrationsfunktion zu. Nach der offiziellen Option des Landesherrn zugunsten des lutherischen Bekenntnisses im Jahre 1540 regierte Kurfürst Joachim II. über ca. 330000 protestantische Untertanen. Der aus territorialen Aspirationen am Niederrhein vollzogene Übertritt Johann Sigismunds zum Calvinismus 1613 führte dann jedoch dazu, daß das Herrscherhaus zusammen mit seinem höfischen Umfeld und die lutherische Landeskirche in konfessioneller Hinsicht getrennte Wege gingen, obwohl die Kirchenadministration selbstverständlich eine Angelegenheit obrigkeitlicher Reglementierung blieb. Das führte im Dreißigjährigen Krieg und bei den Friedensverhandlungen in Münster und Osnabrück zu erheblichen Irritationen, galt doch im Reich sonst der Grundsatz des *cuius regio, eius religio.*[26]

Trotz der vom Herrscherhaus abweichenden Konfession der Landeskirche bildete sich im lutherischen Protestantismus eine ausgeprägte «Staatsfrömmigkeit» (Rudolf von Thadden) heraus, die auch einem jeder Form kirchlicher Orthodoxie skeptisch gegenüberstehenden Herrscher wie Friedrich zugute kam. Das erwies sich nicht nur während des Siebenjährigen Krieges, sondern auch bei den Gedächtnisgottesdiensten nach dem Ableben des Königs. Durch den Wegfall der geistlichen Bank auf den Ständeversammlungen der

Einzelterritorien büßte die Kirche einen erheblichen Teil ihrer politischen Einflußmöglichkeiten ein und wurde als Instrument landesherrlicher Patronage vereinnahmt. Sozialgeschichtlich bemerkenswert ist darüber hinaus, daß parallel zur Standesminderung der Kirche der Rückzug des Adels aus den Führungspositionen geistlicher Institutionen stattfand und der Beruf des Pfarrers zu einer Domäne des Bürgertums wurde. «Eine bürgerlich verengte Kirche in einer adlig geprägten Gesellschaft sollte den Strukturtypus bilden, in dem das Luthertum in den ostelbischen Gebieten bis weit in das 19. Jahrhundert hinein zu denken und zu wirken pflegte.»[27]

Einen starken Impuls erhielt das Luthertum in Preußen durch den Pietismus. Er stellte ursprünglich eine subjektivistische, kontemplative Frömmigkeits- und Reformbewegung dar, die sich aber schon im 17. Jahrhundert zunehmend einem sozialen und wirtschaftlichen Handlungsethos annäherte, das auf calvinistische Wurzeln verweist. Während jedoch der Calvinismus sein Fundament in der Prädestinationslehre sah und die Auserwähltheit der Menschen am Erfolg auf Erden abzulesen vermeinte, leitete der Pietismus sein Reformkonzept aus der im lutherischen Gnadenuniversalismus begründeten Überzeugung her, daß die Rechtfertigung vor Gott nur im Dienst an der Gemeinschaft, in der tatkräftigen Umgestaltung der Welt und in der Überwindung ihrer politischen und sozialen Gegensätze liegen könne. «Der Puritanismus», so hat es Carl Hinrichs auf den Begriff gebracht, «ist eine Unternehmerreligion, der Pietismus eine Beamtenreligion.»[28] Letztere hatte in Preußen mit der Begründung der Universität Halle im Jahre 1694 einen institutionellen Mittelpunkt gefunden und sich dann unter dem Einfluß von Theologen wie Philipp Jakob Spener und August Hermann Francke zu einer Institution, den *Franckeschen Stiftungen*, entwickelt, die im Sinne innerer Einkehr und tätiger Nächstenliebe in zahlreichen Bereichen von Bildung und Fürsorge tiefgreifende Reformen in Gang setzte und bei der Einrichtung von Schulen, Arbeitshäusern und Wohlfahrtseinrichtungen schließlich landesweit federführend war.[29]

Für den preußischen Obrigkeitsstaat besaßen diese «Collegia pietatis» – wie sie Spener genannt und gefordert hatte – in vielfacher Hinsicht eine außerordentliche Anziehungskraft. Als Gegner der lutherischen Orthodoxie und der mit der Kirche eng verbundenen Landstände trugen sie dazu bei, den Widerstand gegen den unumschränkten Machtanspruch der Krone endgültig zu brechen. Von Nutzen waren sie darüber hinaus auch, weil sie eine alle Schichten der Bevölkerung umfassende Reglementierung anzustreben und einen an philanthropischen Wohlfahrtsideen orientierten Staatszweck zur Geltung zu bringen ermöglichten. Alle diese mit organisatorischem Geschick, einem unerschöpflichen Erfindungsgeist und der umsichtigen Einflußnahme auf den Soldatenkönig und seine Berater gegründeten Anstalten erfüllten jede auf ihre Weise ein religiös fundiertes Erziehungskonzept und dienten einer auf das Gemeinwohl verpflichteten Sinnstiftung, die auch einem Herrscher zugute kam, der wie Friedrich auf die entschieden antiklerikale Position der *philosophes* fixiert war. Eine neue Generation von Pfarrern und Feldpredigern, von Ärzten und Apothekern und von Beamten und Offizieren ging aus ihnen hervor. Sie waren Vertreter einer Berufsauffassung, die für das friderizianische Preußen charakteristisch und über das Zeitalter des Absolutismus hinaus prägend geworden ist.

Mit den territorialen Neuerwerbungen vor allem unter Friedrich dem Großen (Schlesien und Westpreußen) erweiterte sich das konfessionelle Spektrum der Gesamtmonarchie erheblich. So wuchs schon mit der Annektierung des gegenreformatorisch geprägten Schlesien die Zahl katholischer Untertanen auf ein rundes Fünftel der Bevölkerung an; sie erhöhte sich noch einmal mit dem Erwerb der östlich angrenzenden Gebiete nach der ersten Teilung Polens, wobei neben Breslau auch das Bistum Ermland preußisch wurde.[30] Dieses Nebeneinander der Konfessionen und die grundlegende Verschiedenartigkeit der Kirchenverfassungen forderte schon aus Gründen staatlicher Effizienz und Homogenität eine religiöse Toleranz, die dann im 18. Jahrhundert ungeachtet fortbestehender Ressentiments gegen die römische Kirche zur Staatsmaxime erhoben wurde und ein wichtiges Element jenes Vorsprungs ausmachte, den das Preußen der Aufklärungszeit gegenüber Konkurrenten wie Frankreich oder dem Hause Österreich zu gewinnen vermochte.

Die Staatsfinanzen, um noch einmal zu den administrativen Aspekten dieses Überblicks zurückzukommen, hatten durch den unerbittlich sparsamen Friedrich Wilhelm I. konsolidiert werden können – eine Leistung, die auch der Kronprinz immer wieder gewürdigt und bewundert hat. Das Staatseinkommen wurde durch eine konsequente und im *ancien régime* einzigartige Thesaurierungspolitik von 3,4 Millionen im Jahre 1713 auf 6,9 Millionen Taler im Jahre 1740 gesteigert, so daß der Thronfolger bei seinem Herrschaftsantritt nicht nur über einen ansehnlichen Staatsschatz in Höhe von ca. 8,7 Millionen Talern, sondern auch über eine an Haushaltsdisziplin gewöhnte und vortrefflich eingewiesene Finanzverwaltung verfügte. Friedrich hatte bei seiner Thronbesteigung also Handlungsspielräume, die zu einer militärischen Erprobung geradezu einluden.

Eine leistungsfähige Volkswirtschaft erforderte nach der Wirtschaftsdoktrin des Merkantilismus eine wachsende und zugleich auch beruflich qualifizierte Bevölkerung. Schon der Große Kurfürst und verstärkt dann der Vater hatten bereits in einer planmäßigen Ansiedlungs- und Peuplierungspolitik den Schlüssel zu größerem Wohlstand und steigenden Steuereinnahmen gesehen und den inneren Staatsausbau durch die Zuwanderung homogener Personengruppen wie der Hugenotten oder der Salzburger Protestanten (1732) gefördert. Sie hatten zugleich auch durch Meliorationsmaßnahmen und die Kultivierung bisher brachliegenden Landes die Kolonisation weiter Landstriche vorangetrieben und durch die Anwerbung von Facharbeitern und Werkmeistern die Fabrikation von Gebrauchsgütern wie Messern und Scheren beschleunigt, die bisher aus fremden Ländern importiert werden mußten. Friedrich folgte ihnen in dieser Richtung; davon wird noch die Rede sein. Auch die Konkurrenten im Rahmen des europäischen Staatensystems wie Österreich und Rußland folgten diesem Konzept einer bewußten und gegen Ende des Jahrhunderts sogar forcierten Zuwanderungspolitik. Überall auf dem Kontinent, wo der innere Staatsausbau zu beschleunigen versucht wurde, bildete der Bevölkerungszuwachs ein Kernstück obrigkeitlichen Planens.

Eine alte Tradition hatte in Brandenburg-Preußen der Ausbau der das Land durchquerenden Wasserstraßen zwischen den großen Lebensadern der Oder und Elbe. Mit diesen verkehrstechnischen Erschließungsmaßnahmen sollte der Binnen- und Zwischenhandel mit Massengütern wie Getreide, Holz, Salz, Wachs und Pottasche ohne Einflußmöglichkeiten fremder Mächte erleichtert werden. Die Kernprovinzen verfügten bereits im 18. Jahrhundert über ein

binnenländisches, die Verbindungsstrecken erheblich verkürzendes
System von Schiffahrtswegen, das zur Vermeidung hoher Zollge-
bühren die Oder mit der Havel und diese wiederum mit der Elbe
verbunden hatte und Berlin zu dem in der ganzen Monarchie führenden Knotenpunkt von Handel, Gewerbe und industrieller Produktion machte.[31] Auch in dieser Hinsicht knüpfte Friedrich an
bewährte Modernisierungsmodelle an und stellte nach der Erwerbung Westpreußens diesem Konzept entsprechend eine handelspo-
litisch bedeutsame Kanalverbindung zwischen Weichsel und Oder
her. Schwer zu erklären ist, warum der König auf den Ausbau der
Straßen keinen mit dem Kanalbau vergleichbaren Wert legte, obwohl der miserable Zustand vieler Fernstraßen gerade während der
Truppenbewegungen des Siebenjährigen Krieges immer wieder be-
klagt worden ist. So bereitete es auch am Beginn des Bayerischen
Erbfolgekrieges (1778) außerordentliche Schwierigkeiten, den Ar-
tilleriepark rechtzeitig an den Kriegsschauplatz entlang der schle-
sisch-böhmischen Grenze zu schaffen.

Die preußischen Territorien am Niederrhein verfügten bereits
seit vielen Generationen über eine leistungsfähige und exportorien-
tierte Leinen- und Seidenfabrikation, der nach 1740 durchaus kon-
kurrenzfähige Textilprodukte aus Schlesien an die Seite traten. Als
Friedrich die in Krefeld ansässigen und auch im Außenhandel überaus erfolgreichen Textilunternehmer, die Gebrüder Friedrich und
Heinrich von der Leyen, vergeblich aufforderte, einige ihrer Werkstätten für hochwertige Seiden-, Spitzen- und Samtprodukte nach
Berlin zu verlegen, kam es unter Federführung des Kaufmanns
Johann Ernst Gotzkowsky zu dem ehrgeizigen Versuch, in den
Kernprovinzen durch die Anlage von Maulbeerbaumplantagen und
die Einrichtung entsprechender Manufakturen solche Luxustexti-
lien in eigener Regie herzustellen. Wenn der König auch bemüht
war, möglichst alle für Staat und Armee notwendigen Manufaktur-
zweige in Preußen anzusiedeln, um von kostspieligen Importen unabhängig zu sein, hatte doch die Textilfabrikation eindeutige Priorität. Eine Gewerbestatistik aus dem Jahre 1769 dokumentiert, daß
in allen Landesteilen (mit Ausnahme Schlesiens) 83% der Manufakturarbeiter in der Textilindustrie, d. h. vor allem in der den Mas-
senbedarf bedienenden Woll- und Leinenfabrikation, beschäftigt
waren.[32]

Im Bereich der Luxusartikel wurden die entsprechenden Manufakturgründungen großzügig subventioniert (insgesamt 1,8 Mill. Taler allein für die kurmärkischen Betriebe!) und durch Schutzzölle gegen ausländische Konkurrenz abgeschirmt. Sie produzierten dennoch Waren, die 40 bis 75% teurer waren als entsprechende Erzeugnisse aus dem Ausland. Durch die Anwerbung fremder Seidenfacharbeiter und die Bereitstellung der erforderlichen Maschinen kam schließlich trotz der ungünstigen klimatischen Voraussetzungen eine Seidenproduktion in Gang, die durch die Erschließung eines nach Osten ausgreifenden Marktes zu einem beachtlichen, wenngleich auch immer wieder gefährdeten Erfolg führte. Die Turbulenzen jedoch, die mit dem Siebenjährigen Krieg und der konsequenten Münzverschlechterungspolitik des Königs einhergingen, stürzten Gotzkowsky 1767 schließlich in den Bankrott. Dennoch blieb von den hohen Investitionen, mit denen diese ambitionierten Pläne durch den König gefördert worden waren, soviel Substanz übrig, daß es nach dem Tode Friedrichs und der Krise der französischen Textilindustrie infolge der Revolution zu einem erneuten Aufschwung der Berliner Seidenfabrikation kam.

Mit dem Namen Gotzkowsky ist auch die Gründung und der Aufstieg der Königlichen Porzellanmanufaktur in Berlin verbunden. Bereits im 17. Jahrhundert hatte es überall in Europa Versuche gegeben, weißes und undurchsichtiges Tafelgeschirr, wie es aus China-Importen bekannt war und als exklusiver Luxusartikel geschätzt wurde, in eigenen Werkstätten herzustellen. Sachsen war hier vorangeschritten und hatte in Meißen eine staatlich geförderte Porzellanmanufaktur eröffnet, die in Kunstfertigkeit, Geschmack und Dekor bald den europäischen Markt beherrschte. Friedrich, der während der Schlesischen Kriege mehrfach in Meißen Quartier nahm, wollte auch auf diesem Sektor einer hochentwickelten Luxusindustrie seinen Konkurrenten nicht nachstehen. Nach den glücklosen Versuchen eines Berliner Unternehmers namens Wilhelm Caspar Wegely in den fünfziger Jahren beauftragte der König 1760 während eines erneuten Aufenthaltes in Meißen den als Hoflieferanten und Finanzberater bewährten Gotzkowsky, sich in einem zweiten Anlauf um die Gründung einer Porzellanmanufaktur in Berlin zu kümmern.

Gotzkowsky, der auch bei seinen anderen Unternehmungen das absolute Vertrauen des Monarchen genoß, eröffnete 1761 in der

Leipziger Straße eine Fabrikationsstätte, die zwei Jahre später vom König in staatliche Regie übernommen wurde. 1784 beschäftigte sie 148 Manufakturisten für die Herstellung hochwertiger Porzellane und Fayencen und 49 durchaus auch künstlerisch ambitionierte Porzellanmaler. Bei dieser Neugründung spielte die Anwerbung entsprechend qualifizierter Facharbeiter aus konkurrierenden Unternehmen wie der Meißener Manufaktur eine entscheidende Rolle. Sie führte dazu, daß sich das Porzellan der Berliner Porzellanfabrik («KPM» mit dem Signum des blauen Zepters) in erstaunlich kurzer Zeit auch auf einem überregionalen Markt durchsetzen konnte. Auch für diesen Sektor des inneren Staatsausbaus ist demnach zu konstatieren, daß die enorme Steigerung des höfischen und militärischen Ausstattungsbedarfs einen Modernisierungsschub hervorbrachte, der die preußische Wirtschaft langfristig gefördert hat.

Ein Vermächtnis besonderer Art war die Armee, die Friedrich bei seinem Herrschaftsantritt übernahm. Ihr inneres Gefüge, ihre Organisationsstruktur und ihre Schlagkraft waren ihm durch seinen langjährigen, zunächst widerwillig geleisteten, am Ende aber akzeptierten Truppendienst in Neuruppin wohlvertraut. Die Mannschaftsstärke betrug 1740 80000 Mann und erreichte auf dem Höhepunkt des Siebenjährigen Krieges (1760) den Sollstand von ca. 160000. In den folgenden Friedensjahren wurden zusätzlich noch weitere Regimenter aufgestellt. Diese Armee war im Vergleich zu den europäischen Nachbarn bezogen auf die Einwohnerschaft des Landes die zahlenmäßig stärkste. Für den Unterhalt dieses riesigen Apparates mußten zwei Drittel der gesamten Staatseinnahmen aufgewendet werden. Damit stand die Armee mit allen ihren über- und nachgeordneten Einrichtungen von den Garnisonen bis zu den Kadettenanstalten und Invalidenhäusern im Mittelpunkt aller finanz- und wirtschaftspolitischen Maßnahmen des Staates. Zum Umfeld der Armee zählten neben den Soldaten selbst auch deren Familienangehörige, so daß jeder siebente Landeseinwohner mehr oder weniger unmittelbar mit dem Heerwesen in Verbindung stand. Da auch auf dem Lande die «mit Haus und Hof Angesessenen» und deren Anerben, also die «Bemittelten und dem Publico dienstbaren Leute», vom Wehrdienst ausgenommen waren, lastete das Kantonsystem auf den Schultern jener Bevölkerungsschichten, «deren Produktivkraft so gering eingeschätzt wurde, daß man sie im Frieden für jeweils zwei Monate im Jahr als im Wirtschaftsprozeß entbehrlich ansah». Als Beurlaubte gingen sie ansonsten ihrem Broterwerb nach.[33] Dennoch entfaltete die preußische Armee seit der Heeresreform Friedrich Wilhelms I. eine außerordentliche, die Provinzen übergreifende Integrationskraft, der im Streben nach der Schaffung einer Gesamtmonarchie und eines gesamtstaatlichen Patriotismus eine entscheidende Rolle zufiel. «In des Königs Rock», so Bernhard R. Kroener, «dienten katholische Untertanen aus dem Westen ebenso wie Lutheraner und Calvinisten aus den Kernprovinzen.»[34] Neben holländisch sprechenden Soldaten aus der Grafschaft Kleve fanden sich nach der Erwerbung Westpreußens im Jahre 1772 im selben Regiment auch polnische Rekruten. Und besonders in den über die gesamte Monarchie verstreuten Garnisonen symbolisierte die Armee wie keine andere Institution den gesamtstaatlichen Machtanspruch des Königs.

Auf das Problem der Kriegsfinanzierung wird an anderer Stelle noch gesondert einzugehen sein. Es besteht indes kein Zweifel, daß die enge Verzahnung von Heerwesen, industrieller Infrastruktur und expansiver Außenpolitik für den eigentümlichen Charakter der preußischen Monarchie schon unter dem Vater von elementarer Bedeutung war. Auch die Deckung des Heeresbedarfs war eine Angelegenheit obrigkeitlicher Reglementierung und bildete im übrigen das Rückgrat der einheimischen, durch Absatzgarantien und Schutzzölle privilegierten Manufakturunternehmen. Da Waffen und Ausrüstung an den bedeutenden Produktionsstätten in Suhl und Zella-Mehlis (Grafschaft Henneberg im Thüringer Wald) oder im französischen Charleville sonst nur gegen harte Währung beschafft werden konnten, war Preußen schon frühzeitig darauf verwiesen, den Heeresbedarf zusätzlich auch durch den Aufbau einer eigenen Rüstungsindustrie sicherzustellen.[35] Geschütze, Artilleriemunition und Mörsergranaten mußten über Heereslieferanten wie die Firma Splitgerber & Daun vor allem aus Schweden und Holland besorgt werden, wobei sich bei allem, was in den Quellen zu diesen hochsensiblen Komplexen festgehalten und überliefert worden ist, der Eindruck aufdrängt, daß strikte Geheimhaltung als oberste Maxime zu gelten hatte. Auch die Auskünfte des Königs in seinen *Politischen Testamenten* sind hier wenig ergiebig, obwohl er den Heeresbedarf bis in Einzelheiten der Kavallerieausrüstung hinein genau abzuschätzen wußte.

Eine eigene, staatlich subventionierte Waffenproduktion sollte die Beschaffungskosten senken und ein möglichst hohes Maß an Unabhängigkeit von ausländischen Heereslieferanten gewährleisten. Bereits unter Friedrich Wilhelm I. wurden mit der Einrichtung des als Tuchmanufaktur gegründeten Lagerhauses in Berlin (1716) und der Spandauer Gewehrfabrik (1722) erste Schritte auf diesem Weg unternommen. Betriebe dieser Art wurden unter Friedrich ausgebaut – das Lagerhaus beschäftigte z.b. im Jahre 1782 2719 Manufakturarbeiter – und durch neue, Textil und Metall verarbeitende Betriebe ergänzt. So entstanden Hochöfen, Eisenschmieden, Walzwerke und Pulvermühlen in Neustadt an der Dosse, Neustadt-Eberswalde, Zehdenick, Peitz und Hegermühle – an Standorten also, die sowohl für die Rohstoffbeschaffung wie den Absatz entsprechender Produkte geeignet erschienen. Alle diese Betriebe waren zunächst als königliche Unternehmen gegründet worden, wurden dann aber vielfach von privaten Fabrikanten weitergeführt, obwohl die Aufträge des Staates das Kernstück unternehmerischer Betätigung in Preußen blieben. So leiteten die Kaufleute David Splitgerber und Gottfried Adolph Daun, die zu den bedeutendsten Unternehmern der friderizianischen Epoche zählen, zeitweise acht solcher Staatsbetriebe. Zugleich waren sie als Heereslieferanten und Finanzmakler des Königs besonders im internationalen Geld- und Geschäftsverkehr tätig.

Um die Versorgung der Armee jederzeit sicherstellen zu können, wurden in allen Provinzen Magazine errichtet, die neben Rohstoffen zur Wollverarbeitung mit einheimischem Getreide, aber auch mit Getreidekäufen in Polen und Mecklenburg aufgefüllt wurden.[36] Diese von Staats wegen verfügte Vorratsbildung diente aber nicht nur militärischen Zwecken, sondern erwies sich im Laufe der Jahre auch als ein überaus wirksames Instrument zur Steuerung des einheimischen Getreidepreises. Drohte er unter den staatlich festgelegten und durch Ausfuhrverbote gestützten Grenzwert zu fallen, kauften die Generalproviantämter der Armee größere Mengen an Brotgetreide auf dem inländischen Markt auf und stellten damit eine Preisstabilität auf mittlerem Niveau sicher. Bei Mißernten, Überschwemmungen und anderen Versorgungsengpässen wie etwa in den Krisenjahren 1771 und 1772 wurden die Magazinverwalter angewiesen, Getreide so lange auf dem Markt anzubieten, bis die Preise wieder fielen. So garantierte dieses System eine ausreichende Versorgung der Bevölkerung mit Grundnahrungsmitteln und ein gewisses Maß an Preisstabilität, zugleich aber auch ein krisenfestes Auskommen für die hauptsächlich in der Agrarproduktion tätigen Gutsbesitzer. Es gewährte demnach zugleich auch einen Güterschutz, der den preußischen Adel veranlassen sollte, sich Jahrzehnte seines Lebens dem wenig lukrativen, allerdings durch Statusdistinktion, Ehrenkodex und geburtsständische Exklusivität aufgewerteten Beruf des Offiziers zu widmen.[37]

Die militärischen Führungsschichten waren in Preußen in besonderer Weise von adligem Standesbewußtsein gekennzeichnet. Dieses Elitedenken war nach alter Tradition in fast allen Armeen des *ancien régime* tief verwurzelt. Doch nirgends sonst mußte sie gegen einen sich zunächst verweigernden Adelsstand im eigenen Land durchgesetzt werden. Es führte erst unter Friedrich Wilhelm I. und dann in besonderem Maße unter Friedrich dem Großen zur Formierung einer Militäraristokratie, die in dem für Staat und Monarchie geleisteten Kriegsdienst eine Steigerung ihres Sozialprestiges zu sehen sich angewöhnte. Das Ergebnis dieser Indienstnahme war es schließlich, daß die Offizierslaufbahn immer bewußter als eine Standespflicht aufgefaßt wurde. Dabei wurden die überlieferten korporativen Strukturen des Adels auf das Offizierkorps übertragen und für den Verhaltenskodex militärischer Führungseliten verbindlich gemacht. So verschmolz der Offiziersberuf mit der ideologisch überhöhten Verpflichtung zur Landesverteidigung, die dann im *Allgemeinen Landrecht für die Preußischen Staaten* (ALR) von 1794 ihre rechtliche Verankerung fand. Auch an den außerordentlich hohen Verlusten, die das preußische Offizierkorps in den drei Schlesischen Kriegen hat hinnehmen müssen, ist ablesbar, wie weit die Identifikation des Adels mit den Zielen des Königs bereits vorangeschritten war: So fielen im Zeitraum von 1740 bis 1763 1550 Offiziere, darunter 60 Generäle. Im Vergleich zur außenpolitischen Friedfertigkeit des Vaters hat demnach die Kriegspolitik Friedrichs den Prozeß der Militarisierung von Staat und Gesellschaft außerordentlich beschleunigt. Durch zahlreiche programmatische Äußerungen ist belegt, daß Friedrich das Kriegshandwerk des Offiziers als ein *métier d'honneur* betrachtete und im übrigen der Überzeugung war, daß nur der Adel – geprägt durch seinen Korpsgeist, seine Ruhmbegierde und seine «agonalen Instinkte» (Joseph A. Schumpeter) – eine Armee zum Erfolg führen könne, die ja aus eigenen Impulsen nicht handlungsfähig war.

Das Ansehen und das schließlich kriegsentscheidende Feldherrncharisma erwarb sich der junge König noch mit der Armee, die ihm sein Vater hinterlassen hatte. Neben den nach einheitlichen Reglements geschulten Truppen galt das in besonderem Maße für das auf 3166 Mann angewachsene Offizierkorps. Im Jahre 1739 stammten alle 34 Generäle aus dem Adel; darüber hinaus waren von 211 Stabsoffizieren nur 11 nicht von aristokratischer Herkunft. 1786, im Todesjahr des Königs, verfügte die Armee über 5511 Offiziere, von denen neun Zehntel entweder von adliger Abstammung oder nobilitiert waren. Trotz der gemeinsam mit dem König erfochtenen Siege und trotz eines wachsenden Korpsgeistes gab es indes auch Spannungen in diesem nach außen hin so einheitlich erscheinenden Berufsstand. So zeigten die Abkömmlinge fürstlicher und gräflicher Familien und die Erben großen Landbesitzes nach wie vor nur geringe Neigung, in einer Armee zu dienen, deren oberster Dienstherr sie in erster Linie nach Verdienst und Leistung, nicht aber nach ihrem Adelsrang und den Prinzipien der Anciennität zu befördern pflegte. Das preußische Offizierkorps rekrutierte sich deshalb vor allem aus den nachgeborenen Söhnen des niederen Adels, der im Vergleich zu den wohlhabenden Häusern als arm eingeschätzt werden muß und zur Steigerung seiner Reputation auf königliche Förderung angewiesen war. Offiziere bürgerlicher Herkunft konnten nach der Beendigung des Siebenjährigen Krieges lediglich bei der Artillerie und den als nicht standesgemäß geltenden leichten Truppen Verwendung finden.

Es ist an dieser Stelle sicherlich verfrüht, schon eine Bilanz zu ziehen. Aber unverkennbar ist, daß in dem Staat, dessen Herrschaft Friedrich im Jahre 1740 antrat, Potentiale steckten, die zu nutzen für einen Prinzen, der sich frühzeitig schon zu Höherem berufen fühlte, eine außerordentliche Herausforderung darstellte. Friedrich hat sich nach einer Phase der heroischen Selbststilisierung schließlich ganz in den Dienst dieses Vermächtnisses gestellt und nicht geruht, um den so überaus gefährdeten Fortbestand des Hauses

Brandenburg zu sichern. Darin mag etwas von der Größe liegen, die ihm bereits von den Zeitgenossen zuerkannt wurde. Mit der alleinigen Verfügung über dieses Land, seine Verwaltung und die bestens gerüstete Armee fing also alles an, was nun die weitere Biographie des Königs prägen und bestimmen wird. Neben der vorwärtsdrängenden Unrast und der Dynamik, die den Lebensweg Friedrichs geprägt haben, gibt es jedoch auch Elemente, die eindeutig die Signatur des *ancien régime* tragen und durch Stillstand und Stagnation gekennzeichnet sind. Bei allem Durchsetzungsvermögen, bei aller geistigen Wendigkeit und einem hochentwickelten Wahrnehmungsvermögen blieb er doch zugleich auch Sachwalter eines Ordnungssystems, das spätestens seit der Revolte der englischen Kolonien in Nordamerika im Jahre 1775 nicht mehr unangefochten war.

II. Schlesien oder das Rendezvous des Ruhmes

Der Handstreich

Es besteht kein Zweifel, daß der Tod des Vaters eine tiefe Zäsur im Leben Friedrichs darstellte. Nicht nur, daß er nun selbst den Thron bestieg und daß sich gegenüber der Beschaulichkeit des Rheinsberger Musenhofes fast alle Lebensumstände änderten. Auch der Personenkreis, mit dem sich der neue König umgab und seine Regierungsgeschäfte zu erledigen gedachte, nahm beinahe von einem auf den anderen Tag ein völlig neues Gesicht an. Viele der Rheinsberger Vertrauten traten in den Hintergrund, während viele der unter dem Vater in Landesadministration und Armee Bewährten im Amte blieben. Und natürlich wurde nun auch das tägliche Arbeitspensum von neuen Prioritäten bestimmt. Vor allem die große Politik der Kabinette, von der er so lange ferngehalten worden war, zog ihn sofort in ihren Bann und ließ ihn von nun an nicht mehr los. «Der Wirbel der Ereignisse», gestand er Voltaire schon am 6. Juni, habe ihn fortgerissen: «Man mußte sich von ihm einfach fortreißen lassen.»[1]

Trotz des prinzipiellen Entschlusses zu einer völligen Neuorientierung der preußischen Politik hielt Friedrich zunächst noch an dem auch vom Vater verfolgten Plan fest, in der Frage der jülich-bergischen Erbfolge die preußischen Interessen nachdrücklich zur Geltung zu bringen. Er knüpfte dabei an Vertragsangebote an, die zu Beginn des Jahres 1740 hinsichtlich eines Bündnisses mit anderen Reichsfürsten zur Verhinderung der Kaiserwahl des Herzogs von Lothringen, des Gemahls der ältesten Kaisertochter Maria Theresia, von französischer Seite gemacht worden waren. Die am 11. Juni 1740 für eine Sondermission des Obersten von Camas nach Versailles aufgesetzte Instruktion dokumentiert, daß Friedrich die Bündnisabsicht Frankreichs immer noch unterstellte.[2] Dabei ließ er durchblicken, daß eine feste Komponente in seinem mächtepolitischen Kalkül der englisch-französische Gegensatz zu Wasser

und zu Lande war. Auf dieser Grundlage entwickelte er weitaus-
greifende Pläne und ließ dem Ministerium in Versailles vor Augen
führen, daß er der französischen Monarchie wichtigere Dienste zu
leisten imstande sei als selbst ein Gustav Adolf. Bereits hier zeichnete sich im übrigen auch ab, welche abschätzige Meinung er über
Kaiser und Reich vertrat und daß er die Staatlichkeit des Reiches
prinzipiell in Zweifel zog. Der Kaiser, äußerte er zur selben Zeit in
einer Randnotiz für das Departement der Auswärtigen Affären, ist
«das alte Spuk- und Götzenbild (le vieux fantôme d'un idole)!
Früher stellte er eine Macht dar, heute ist er ein nichts.»[3]

Die Instruktion des erst vor wenigen Tagen auf den Thron gelangten Königs wies Camas auch an, die «lebhafte und ungestüme
Denkungsart» Friedrichs mit einem drohenden Unterton zur
Sprache zu bringen. Camas könne dabei auch erwähnen, daß durch
die Vermehrung der preußischen Truppen am Niederrhein eine
Flamme entfacht werden könnte, die ganz Europa in Brand setze.
Das Wesen junger Leute, setzte er in einer beklemmend hellsichti-
gen, alle im *Antimachiavell* geäußerten Bedenken souverän beiseite
schiebenden Selbsteinschätzung hinzu, sei nun einmal unterneh-
mungslustig, und Träume von Heldenmut hätten immer wieder
den Ruhestand unzähliger Völker aufs Spiel gesetzt. Im übrigen sei
er der Meinung, daß alle Pläne des französischen Ministeriums darauf abzielten, aus dem abzusehenden Tod des Kaisers Nutzen zu
ziehen. Camas solle mit allen Mitteln herauszufinden versuchen,
ob die Erbfolgefrage im Hause Österreich für Frankreich einen
Kriegsgrund darstelle.[4] Kardinal Fleury, der trotz seines hohen Alters die französische Außenpolitik noch immer bestimmte, wies
dieses Ansinnen zurück und beharrte auf einer Respektierung österreichischer Interessen, auch wenn er sich in der Frage der Kaiserwahl nicht festlegen mochte. So blieb überaus fraglich, ob es gelingen werde, die preußischen Ansprüche auf das Herzogtum Berg,
mit denen schon der Vater gescheitert war, auf diplomatischem
Wege durchsetzen zu können.

Eine abrupte Wende in allen Überlegungen dieser Art brachte
der Tod Kaiser Karls VI. am 20. Oktober 1740. War nun der Augenblick für die «hommes hardis et entreprenants» gekommen, die
dem Verfasser des *Antimachiavell* dafür geboren schienen, zu handeln und die Welt zu verändern? Dieser Tod, bekannte er Voltaire,

«bringt alle meine friedlichen Gedanken in Verwirrung». Die augenblicklichen Angelegenheiten, prophezeite er, hätten überaus weitreichende Folgen für ganz Europa. Jetzt sei der Zeitpunkt eines vollständigen Wandels des alten politischen Systems. «Der Stein ist losgerissen, der auf Nebukadnezars Vision der vier Metalle stürzte und alle zermalmte.»[5] Algarotti gegenüber, einem seit 1739 zum Rheinsberger Hof zählenden venezianischen Gelehrten, Kunstkenner und Schöngeist, dessen Verschwiegenheit Friedrich von vornherein nicht traute, beteuerte er dagegen auftrumpfend und keck, daß der Tod des Kaisers eine Bagatelle sei, die keines Aufhebens bedürfe: «Alles war vorhergesehen, alles vorbereitet, also gilt es nur die Entwürfe auszuführen, die ich seit langem in meinem Kopfe bewegt habe.»[6] Davon konnte jedoch nach allem, was wir wissen, keine Rede sein. Vielmehr scheinen die Entschlüsse, die der König nun in rascher Aufeinanderfolge faßte, aus einem spontanen Impuls erwachsen zu sein. Den Anstoß mag freilich die wohlkalkulierte Überlegung gegeben haben, daß über die in der *Pragmatischen Sanktion* von 1713 geregelte Erbfolge im Hause Österreich in jedem Fall ein Konflikt von weitreichenden Dimensionen ausbrechen werde. Diese sich seit langem abzeichnende Destabilisierung des alten politischen Systems galt es in den Augen des Königs zu nutzen. Sein Blick fiel dabei auf Schlesien.[7]

Die Ursache für diese Krise lag – wie bei allen Erbfolgekonflikten der Frühen Neuzeit – in der Struktur der sich allein durch die Klammer einer Dynastie konstituierenden Staaten.[8] Es gab in dieser Spätphase des dynastischen Fürstenstaates kaum eines der großen Häuser, das nicht von einem Erbfolgekonflikt betroffen war, der wenn nicht mit militärischen, so doch juristischen Mitteln auszutragen versucht wurde. Auch unter diesem Aspekt erweist sich, daß das vorrevolutionäre 18. Jahrhundert wirklich ein *ancien régime* war. Denn es erscheint als die Epoche einer Fürstenherrschaft, die allmählich in die Jahre gekommen war und an einer vielfach bedrohlichen Auszehrung ihrer dynastischen Substanz litt.

Jede Erbfolgekrise beschwor im selben Maße, wie die ausschließlich dynastische Grundlage, auf der der Staat ruhte, zur Verfassungsnorm verabsolutiert wurde, zugleich auch eine Krise des Staatswesens in seiner Gesamtheit und damit beinahe unausweichlich auch eine Auseinandersetzung mit auswärtigen Mächten herauf.

Die absolute, auf das Prinzip dynastischer Legitimität gestützte Monarchie wies demnach ungeachtet der zusammenfassenden und staatsbildenden Kraft, die ihr im 17. Jahrhundert den Vorrang vor anderen Herrschaftsformen verschafft hatte, systembedingte Schwächen auf, die sie mit gewisser Zwangsläufigkeit immer wieder in außenpolitische Verwicklungen stürzen mußten. Es waren die inneren Krisen der Fürstenstaaten, welche Länder und Provinzen als «erledigt» zur Disposition stellten.

Wie oben schon darzulegen war, hatte sich unter diesen Voraussetzungen in der Praxis der Staatenpolitik der Grundsatz herausgebildet, daß Erbfolgestreitigkeiten eines Hauses zu territorialen Ansprüchen zu nutzen waren, sofern nur der Anschein eines Rechtstitels auf eines der zur Verteilung anstehenden Gebiete erweckt werden konnte. Und wo gab es bei den verwickelten staatsrechtlichen Verhältnissen des *ancien régime* und einer Fülle sich wechselseitig überschichtender Rechtskreise nicht Ansprüche, die den Zugriff auf ein Erbteil zu rechtfertigen vermochten? Schon die engen, bewußt und auf lange Sicht geplanten Verwandtschaftsverhältnisse der großen Dynastien waren so verworren und unüberschaubar geworden, daß Zwiespältigkeiten und Konfrontationen gar nicht ausbleiben konnten. Die mit den Österreichern konkurrierenden Heiraten französischer Kronprätendenten mit spanischen Prinzessinnen im 16. und 17. Jahrhundert sind dafür ein berühmtes und folgenreiches Beispiel. Aber auch die häufig sich überschneidenden Erbverbrüderungs-, Verpfändungs- und Übereignungsverträge unter den Herrscherhäusern konnten ins Feld geführt werden, um bei Erbteilungen Berücksichtigung zu finden. So gab es immer wieder Anlässe und Vorwände, um in einem Zustand permanenter Rivalität den eigenen Machtansprüchen Geltung zu verschaffen. Aber immerhin bedurfte es ihrer, um militärische Gewalt rechtfertigen zu können. Und insofern blieb auch die Machtpolitik des *ancien régime* eingebunden in einen durch Verfassungs- und Rechtsverhältnisse abgesteckten Rahmen.

Im Angesicht solcher Gefahren hatte sich die kaiserliche Diplomatie dazu entschlossen, dem in der *Pragmatischen Sanktion* verkündeten Erbfolgegesetz durch entsprechende Verträge auch die internationale Anerkennung zu verschaffen. Man war in Wien nach den bitteren Erfahrungen des Spanischen Erbfolgekrieges zu der Über-

zeugung gelangt, daß einer Infragestellung der zum Grundgesetz
erhobenen Sukzessionsordnung, die die Unteilbarkeit des Gesamtbesitzes und die Erbberechtigung auch weiblicher Deszendenten
verfügt hatte, von vornherin entgegengewirkt werden müsse, um
einer den Gesamtstaat gefährdenden Entwicklung, wie sie in Spanien nicht verhindert werden konnte, vorausplanend zu begegnen.
So hatte sich Karl VI. frühzeitig schon bemüht, die *Pragmatische
Sanktion* in Form einer Besitzstandsgarantie im *Ius publicum Europaeum* zu verankern und die Erbfolgeregelung des Hauses Österreich als ein auch international respektiertes Staatsgrundgesetz zu
sanktionieren.

Als Adressat eines solchen Bestätigungsbegehrens kam nur die
immer enger zusammenrückende Vertragsgemeinschaft der ge-
schäfts- und satisfaktionsfähigen Souveräne in Betracht. Auch Preußen gehörte bereits zu diesem Kreis. So war am 23. Dezember
1728 ein Geheimvertrag zwischen beiden Mächten abgeschlossen
worden, in dem sich der Kaiser verpflichtet hatte, als Gegenleistung für die Garantie der *Pragmatischen Sanktion* die Besitzansprüche Preußens in der jülich-bergischen Erbfolgefrage zu unterstützen. Vereinbart wurde darüber hinaus, daß wenn einer der
Vertragschließenden «wider verhoffen» gegen diese Vereinbarung
verstoße, auch «der andere Theil an nichts, was in den gegenwärtigen Tractaten enthalten ist, verbunden sein soll».[9] Und da neben
Frankreich und den Seemächten auch Österreich im Frühjahr 1738
in gleichlautenden Noten erklärt hatte, nicht die preußischen, sondern die wittelsbachischen Erbansprüche auf Jülich und Berg unterstützen zu wollen, war der Berliner Vertrag von 1728 praktisch
als aufgekündigt zu betrachten.

Es ist ungewiß, was der Kronprinz von diesen komplizierten, bis
in die zwanziger Jahre zurückreichenden Zusammenhängen gewußt
hat. Aber belegt werden kann, daß er sich hinsichtlich anderer
Akquisitionsmöglichkeiten schon sehr frühzeitig eigene Gedanken
machte. So hatte er sich 1731 noch im abgeschiedenen Küstrin
während der Arbeit an einem für den Vater bestimmten Memorandum *Plan wegen des Commercii nach Schlesien* sehr sachkundig gezeigt und zu bedenken gegeben, daß Schlesien ähnlich wie Pol-
nisch-Preußen den Handel der ganzen Monarchie unterbinde.[10] In
seinem Natzmer-Brief aus demselben Jahr, in dem er das Prinzip

des *agrandissement* als Lebensnotwendigkeit für die preußische Monarchie hingestellt hatte, war jedoch von Schlesien nicht die Rede.[11] Dennoch wird er sich bewußt gewesen sein, daß es eines der in Handel und Gewerbe am weitesten entwickelten Kronländer des Hauses Österreich war. Immerhin kannte er die 1731 plötzlich wiedergefundene Denkschrift des Großen Kurfürsten über einen vorrangig ins Auge zu fassenden Erwerb von Schlesien aus dem Jahre 1670, die mit außerordentlichem Scharfblick zu vielen erbrechtlichen, ökonomischen und mächtepolitischen Aspekten einer Annektion Argumente lieferte, deren sich dann auch Friedrich bediente.[12]

In den Beratungen Friedrichs mit Podewils und dem Feldmarschall Graf Schwerin am 29. Oktober 1740 auf Schloß Rheinsberg wurde als Ziel der preußischen Politik dann abgesteckt, daß der König die Akquisition von Schlesien anstreben müsse, um den größten Vorteil aus der so günstigen Lage seiner Angelegenheiten zu ziehen. Schlesien, heißt es in der Gesprächsnotiz weiter, sei das beträchtlichste Objekt, das sich seit langem als die dauerhafteste, seinem Ruhm und dem Ansehen seines Hauses angemessenste Vergrößerung darstelle, auch wenn man dafür den Erbfolgeanspruch auf Jülich und Berg aufgeben müsse. Denn Schlesien sei allemal bedeutender, weil es an die eigenen Staaten angrenze, die Einkünfte eines reichen, fruchtbaren und volkreichen Landes und den Vorteil eines blühenden Handels biete.[13]

Daß sich der Blick Friedrichs vor allem auf Schlesien richtete, mag auch darauf zurückzuführen sein, daß die preußische Diplomatie aus Anlaß der Thronvakanz in Polen im Jahre 1733 eine erneute Kandidatur des Hauses Wettin vergeblich zu verhindern versucht hatte. Mit dem Erwerb von Schlesien konnte der König den schon 1735 geäußerten Plan verwirklichen, «seinen Nachbarn, den frechen Sachsen, der den Sarmatenkönig spielt, etwas zu ducken».[14] Er konnte damit im übrigen erreichen, einen Handel und Wandel blockierenden Riegel zwischen die wettinischen Erblande und Polen zu schieben und Preußen zugleich aus der im System der Mächte begründeten Abhängigkeit von Rußland herauszulösen. Dabei berührte er russische Sicherheits- und Vorfeldinteressen nur mittelbar, so daß eine Intervention Rußlands nicht befürchtet werden mußte. Entscheidend aber dürfte für Friedrich wie schon für den Großen

Kurfürsten die Absicht gewesen sein, unter allen Umständen zu verhindern, daß Schlesien durch einen militärischen Handstreich oder als Erbteil des Kaiserhauses an Sachsen fiel. Das hätte den Rang, den er für Preußen zu reklamieren vorhatte, in einer Weise geschmälert, die ihm unakzeptabel erschien.[15]

Diese Tendenz, den ebenfalls auf Satisfaktion und Machtzuwachs drängenden Rivalen unter den Reichsfürsten zuvorzukommen, klingt unüberhörbar auch in jenem Patent an, das der König bei seinem Einmarsch in Schlesien veröffentlichen ließ. Dort ist von «vielen gefährlichen Weiterungen» die Rede, denen das Erzhaus durch das gänzliche Erlöschen seines Mannesstammes ausgesetzt sei und die leicht auch das Herzogtum Schlesien ergreifen könnten, das unseren Reichslanden «zur Sicherheit und Vormauer» diene. So stehe zu befürchten, daß einige, vor allem wohl Sachsen und Bayern, die an die Erblande des Hauses Österreich Prätentionen zu haben vermeinten, «zu unseren angrenzenden Landen äußerstem Präjudiz und Nachtheil eigenmächtige und gewaltsame Possession» nehmen. Deshalb habe sich der König von Preußen «zur Abwendung aller solcher besorglichen Suiten und zur nöthigen Defension der von Gott uns anvertrauten Lande und Leute [und] bei der bevorstehenden großen Gefahr eines allgemeinen Krieges» genötigt gesehen, «nach denen in aller Völker Rechten erlaubten Principiis einer nothwendigen Vertheidigung» und, um verschiedenen, im höchsten Maße präjudizierlichen Absichten zuvorzukommen, seine Truppen in Schlesien einrücken lassen, um «selbiges vor allem besorglichen anderweitigen An- und Einfall zu decken».[16]

Nach dem hier gelieferten Begründungszusammenhang trägt also auch der Zugriff auf Schlesien bereits den Charakter einer Schutzmaßnahme, eines Präventivkriegs. Er sollte Friedrich, noch bevor das Feilschen um das Erbe begann, eine Provinz sichern, deren Erwerb durch einen womöglich besser legitimierten Rivalen unter allen Umständen verhindert werden sollte. Ganz unabweisbar tritt diese Tendenz in einem Brief zutage, den Friedrich am 4. Dezember 1740 an seinen Onkel, den englischen König Georg II., richtete. «Das Haus Österreich», schrieb er, «das seit dem Tod seines Hauptes und völligem Verfall seiner Angelegenheiten (depuis la perte de son chef et le délabrement totale de ses affaires) allen seinen Feinden offensteht, ist im Begriff, unter den Zugriffen derer zusammenzubrechen, die öffentlich ihre Ansprüche auf die Nachfolge vorbringen und heimlich den Plan hegen, einen Teil des Erbes an sich zu reißen. Und da ich infolge der geographischen Lage meiner Gebiete das größte Interesse daran habe, die Folgen eines solchen Vorgehens abzuwenden und vor allen Dingen denen zuvorzukommen, die es auf Schlesien, das Bollwerk vor meinen Ländern, abgesehen haben, war ich gezwungen, meine Truppen in das Herzogtum zu entsenden. Ich will damit nur verhindern, daß andere sich seiner bemächtigen, was meinen Interessen Abbruch tun und höchst nachteilig für die gerechten Ansprüche sein könnte, die mein Haus schon immer auf den größten Teil des Landes gehabt hat. Mein einziger Zweck ist die Erhaltung und der wahre Nutzen des Hauses Österreich.»[17]

Die Prämisse dieser Deduktionen war unverkennbar die Gewißheit, daß über die Erbschaft Karls VI. ein Krieg ausbrechen werde. Dabei war Friedrich von Anfang an entschlossen, die Gunst der Stunde zu nutzen. Eine Politik des Status quo könne nur ein schlechter Staatsmann empfehlen, hatte er schon 1731 festgestellt und dann in den *Considérations sur l'état présent du corps politique de l'Europe* von 1738 im Hinblick auf das Ableben des Kaisers die Frage aufgeworfen: «Welcher Zustand eignet sich mehr dazu, Europa Gesetze zu geben? Welche Konjunktur könnte günstiger sein, um alles zu wagen?»[18] Insofern mochte er sich weniger aus erbrechtlichen Erwägungen, sondern aus Gründen der Staatsräson – des *droit de bienséance* – berechtigt fühlen, den ihm «konvenierenden» Teil der Erbschaft in einem Handstreich erst einmal in Besitz zu nehmen.[19] «Alles weitere», hatte er schon 1738 ausgesprochen, «entscheidet das Waffenglück und das Recht des Stärkeren.»[20]

Schlesien war im übrigen nicht irgendeine Provinz.[21] Es bildete die geopolitische und strategische Schlüsselstellung zwischen den österreichischen Erblanden und der nordöstlichen Reichshälfte einerseits, dem Reich und den osteuropäischen Nachbarstaaten andererseits und stellte zugleich ein Glacis vor den böhmisch-mährischen Gebirgen dar, das sich bis an die Lebensadern Brandenburgs und Sachsens erstreckte und Berlin wie Dresden in unmittelbare Reichweite der österreichischen Waffen brachte. Nach der Annektierung Schlesiens durch Preußen ergab sich eine völlig neue Konstellation. Denn trotz der Barrieren, die die Sudeten einem Angreifer aus Norden und Osten in den Weg legten, standen Böhmen, Mähren und die Erblande einschließlich der Hauptstädte nun unter der ständigen Bedrohung einer preußischen Intervention. Mit dem Zugriff auf Schlesien konnte demnach nicht nur das Verhältnis der beiden unmittelbar Betroffenen, sondern auch das Gesamtgefüge des ostmitteleuropäischen Mächtegleichgewichts zugunsten Preußens entscheidend verändert werden.

Aber mehr als diese objektiven Gründe dürfte für den König ins Gewicht gefallen sein, in welcher Rolle er sich bei einem solchen Unternehmen selbst zu sehen wünschte. So hat er sich in beispielloser Offenheit zu den gewissermaßen vorrationalen Motiven seines Handelns bekannt und besonders in der *Histoire de mon temps*, seinem großen, für die Öffentlichkeit bestimmten Geschichtswerk, ausgesprochen, daß er sich von dem Wunsch, «d'acquérir de la reputation» und «de se faire un nom», habe leiten lassen.[22] Das Rendezvous des Ruhmes war es, zu dem er in eiskalt kalkulierender Ungeduld aufzubrechen gedachte. «J'aime la guerre pour la gloire», schrieb er im Februar 1741 an seinen Jugendfreund Jordan.[23] Und wenige Tage später noch einmal an denselben: «Meiner Treu, wenn die Menschen vernünftig wären, würden sie sich weniger um das Phantom das Ruhmes kümmern, das ihnen das Leben so verdrießlich und so schwer macht [und] das der Himmel ihnen zum Genuß geschenkt hat [...]. Meine Jugend, die Glut der Leidenschaft, die Begierde nach Ruhm, ja selbst – um Dir nichts zu verschweigen – die Neugierde und ein geheimer Instinkt hat mich der sanften Ruhe entrissen, die ich genoß. Die Genugtuung, meinen Namen in den Zeitungen und künftig in der Historie zu sehen, haben mich verführt.»[24] Aber schon zuvor, noch während des Vormarsches in Schlesien, hatte er Voltaire anvertraut, daß er ein anderes Leben führen würde, «wenn mir das Phantom, das man Ruhm nennt, nicht allzu oft erschiene. Wahrhaftig, es ist ein großer Wahnsinn, aber einer, von dem man schwerlich loskommt, wenn man einmal davon ergriffen ist.»[25]

Wie bereits oben zu erörtern war, hatte er sich schon als Kronprinz zu Ruhm und Ruhmbegierde bekannt und unter dem Eindruck der triumphbekrönten Heldengestalt des Prinz Eugen die *Ode sur la gloire* gedichtet. Und selbst im Vorwort zu seiner

Histoire de mon temps, das im Jahre 1775 niedergeschrieben wurde, heißt es noch einmal programmatisch: «Das wahre Verdienst eines guten Fürsten ist seine treue Hingabe an das allgemeine Wohl, die Liebe zum Vaterland und zum Ruhme. Ja, zum Ruhme! Denn der glückliche Instinkt, der den Menschen drängt, sich einen Namen zu machen, treibt ihn in Wahrheit auch zu Heldentaten. Er ist die Kraft, welche die Seele aus ihrer Trägheit reißt und sie zu nützlichen, notwendigen und edlen Taten begeistert.»[26] Aber auch in Gesprächen hat er wissen lassen, wie tief er von der Idee unsterblichen Ruhms als Feldherr durchdrungen war. So äußerte der französische Geschäftsträger in Berlin die Erwartung, daß der Kronprinz nach seiner Thronbesteigung die Künste und Wissenschaften und Handel und Gewerbe fördern werde, aber dem Herrscher als Weisen des Vaterlandes den Helden hinzufügen werde: Der wahre Gegenstand seiner Wünsche sei der Ruhm, und zwar der Kriegsruhm; er brenne vor Begierde, in die Spuren seines Ahnherrn, des Kurfürsten Friedrich Wilhelm zu treten.[27] Unverkennbar ist demnach, daß in diesem von agonalen Wertmaßstäben geprägten Denken ein starker Impuls gelegen hat, alle noch im *Antimachiavell* beschworenen Prinzipien einer aufgeklärten, auf Mäßigung bedachten Herrschaftsauffassung beiseite zu schieben und bei erster sich bietender Gelegenheit einen Angriffskrieg zu führen.

Hinzu trat eine im Laufe der Jahre sich immer stärker ausprägende Antipathie gegen das Haus Österreich. So kommentierte Friedrich die Mißerfolge des Kaisers in den Auseinandersetzungen mit den Osmanen im Oktober 1737 mit mitleidloser Genugtuung. «Ich bin höchst gespannt darauf zu sehen», schrieb er an Grumbkow, «wie sich dieser herrisch auftretende Hof anstellen wird, wenn er unten zu liegen kommt, und ob er seine Überheblichkeit und seinen Hochmut angesichts des schlechten Fortgangs seiner Unternehmungen nicht erheblich zügeln wird.»[28] – «Blättern Sie in der Geschichte, wo Sie wollen», heißt es an anderer Stelle wiederum an Grumbkow gewandt, «stets werden Sie finden, daß ein ins Übermaß gesteigerter Hochmut für die Reiche der Vorläufer ihres Niedergangs oder ihres Sturzes gewesen ist.» Die Lage, in der sich das Haus Österreich befinde, sei kritisch genug. Wenn der Kaiser heute oder morgen stürbe, «welche Umwälzungen (révolutions) wird man dann nicht in der Welt erleben!» Jeder würde von seiner Hinterlassenschaft zu profitieren suchen, und es würden ebenso viele Parteien wie Souveräne auf den Plan treten.[29] Aber auch in ganz konkreten Fragen der bilateralen Beziehungen steigerte sich die Gereiztheit Friedrichs ins Grundsätzliche. Seit zehn Jahren waren zwei jährliche Rentenzahlungen in Höhe von 100 000 Gulden auf die Maaszölle, die Österreich und die Generalstaaten vertragsmäßig an Preußen zu entrichten hatten, ausgeblieben. «Man hat uns damit», schrieb der König an seinen Geschäftsträger in Wien, «auf eine unerhörte Art unter den frivolsten Vorwänden hingehalten [...]. Es wäre schreiend, wenn man jetzt mit mir dasselbe Spiel fortsetzen wollte. Man soll mich nicht», setzte er drohend hinzu, «für immer um einen solch beträchtlichen Anspruch bringen.»[30] Und dann schon nach dem Einmarsch in Schlesien: «Das einzige Mittel, von diesem Hof sein Recht zu bekommen ist, es sich selber zu verschaffen, und ich hoffe, daß die gegenwärtigen Konjunkturen mir Gelegenheit geben, diese Sache auf die eine oder andere Weise zu einem befriedigenden Abschluß zu bringen.»[31]

Erst am 25. Oktober war die Nachricht vom Tode des Kaisers in Berlin eingetroffen. Friedrich hielt sich zu dieser Zeit in Rheinsberg auf, wo er durchgehend bis Anfang Dezember blieb und am 19. November ein zweites Mal mit Voltaire zusammentraf, nachdem er ihm schon einmal im September auf Schloß Moyland unweit von Wesel begegnet war. Bereits am 29. Oktober fand aber jene entscheidende Besprechung mit Podewils und dem Feldmarschall Schwerin statt, bei der zum ersten Mal Schlesien als Ziel eines militärischen Handstreichs Erwähnung fand. Danach wurde planmäßig und auch vor einem Vertrauten wie Voltaire geheimgehalten ins Werk gesetzt, was für die Schaffung vollendeter Tatsachen erforderlich war. Dem preußischen Geschäftsträger in Wien, von Borcke, erläuterte der König am 5. November 1740 noch einmal seine Einschätzung der Lage: «Der Kaiser ist tot, das Reich wie das Haus Österreich ist ohne Oberhaupt, die Finanzen Österreichs sind zerrüttet, die Armeen heruntergekommen und seine Provinzen durch Krieg, Seuchen und Hungersnot wie durch die furchtbare Steuerlast ausgesogen, die sie bis zum heutigen Tage tragen mußten. Dazu treten die sattsam bekannten Prätentionen

Bayerns und Sachsens, die zwar zur Zeit noch unter der Asche glimmen, aber jeden Augenblick aufflammen können, und die geheimen Anschläge Frankreichs, Spaniens und Savoyens, die nur allzu schnell zutage treten werden.» Wie sei es nur möglich, fragte er sich, «daß man sich in Wien solcher Sorglosigkeit hingebe und gar nicht auf die Gefahren achte, die sich in so fürchterlicher Anzahl wider jenes unglückliche Haus auftürmen werden, und wie können so viele klar sehende Männer, die noch im Rat der Krone sitzen und keine Schuld an der Verantwortung des Staates aus früherer Zeit tragen, sich [...] der Täuschung hingeben und glauben, alles werde auf Befehl für die ungeschmälerte Aufrechterhaltung der Erbfolge mit ganzem Herzen in den Krieg ziehen?»[32]

Der König sah sich zu solch einer Frage um so mehr veranlaßt, als er den großen politischen Projekten, zu denen er auch das ganze System zwischenstaatlicher Anerkennungsverträge zugunsten der *Pragmatischen Sanktion* zählte, grundsätzlich mit größter Skepsis gegenüberstand. «Umsonst», erläuterte er seine Auffassung im *Politischen Testament* von 1752, «suchte Kaiser Karl VI. seine Erbfolge zu regeln.» Er habe zwar die Garantieerklärungen fast aller Mächte Europas zu erlangen vermocht. Doch als er starb, seien alle seine Pläne in sich zusammengesunken. «Les grands projets de politique», meinte er, würden immer scheitern, weil die Politik unter dem Einfluß von Zufällen dem menschlichen Geist keine Verfügungsgewalt über die kommenden Ereignisse gebe. «La politique», lautete deshalb seine Maxime, «consiste plutôt à profiter des conjonctures favorables qu'à les préparer d'avance.»[33]

Der Zugriff auf Schlesien hatte jedoch nur mittelbar etwas mit der Erbfolgeproblematik im Hause Österreich zu tun. Der König war vielmehr entschlossen, die allgemeine Konfusion, die nach dem Tode Karls VI. in der europäischen Mächtepolitik herrschte, zu seinen Gunsten zu nutzen. Während die Kurfürsten von Bayern und Sachsen, die beide mit Töchtern Kaiser Josephs I. verheiratet waren und auf Erbansprüche vertraglich hatten verzichten müssen, mit dem Wohlwollen der französischen Politik die *Pragmatische Sanktion* anfochten, um bei der Verteilung des Erbes nicht übergangen zu werden, legte es Friedrich von Anfang an auf einen Eklat an, der ihm zu einer Arrondierung seines Territorialbesitzes verhelfen sollte. Auch den Wettinern und Wittelsbachern ging es

mit französischer Unterstützung um Macht und Zugewinn, hier
auf Kosten eines Verwandten, der indessen zugleich auch ein Rivale
war. Der Preußenkönig jedoch handelte nicht aus Gründen erbrechtlichen Kalküls, sondern aus reinem Machtinstinkt. Er stellte
nicht die in der *Pragmatischen Sanktion* geregelte Erbfolge in Frage,
sondern beabsichtigte, sich jenen Anteil an der Dispositionsmasse
des Erzhauses zu sichern, der ihm aus einer Mischung aus sachlichen und persönlichen Gründen angemessen erschien. Daß jedoch
auch in den Staatenbeziehungen Verträge und rechtlich verbindliche
Absprachen unerläßlich waren, hat er erst zu erkennen gelernt, als
er den Weg gewaltsamer Usurpation bereits beschritten hatte und
eine Umkehr nicht mehr möglich war.

Zunächst also ging es ihm um den großen Auftritt. Schon im
Juni, also noch vor dem Tode Karls VI., hatte er Podewils, der ihn
mit einem offenbar als pedantisch empfundenen Hinweis auf die
rechtlichen Implikationen auswärtiger Affären hingewiesen hatte,
barsch beschieden, daß Minister, wenn sie von Politik reden, ja geschickte Leute sein mögen. Wenn sie jedoch vom Kriege reden, sei
es, als wenn ein Irokese von der Astronomie spreche.[34] Deutlicher
wurde der König, als er am 1. November, also zwei Tage nach der
Rheinsberger Unterredung, Podewils mit sarkastischem Übermut
eine Preisfrage stellte. Wenn man sich, schrieb er, im Vorteil befinde: Müsse man sich das zunutze machen oder nicht? «Ich habe
meine Truppen und alles übrige in Bereitschaft; bringe ich meinen
Vorteil nicht zur Geltung, so halte ich in meinen Händen ein Gut
(bien), dessen Nutzen ich verkenne; nehme ich ihn wahr, wird es
von mir heißen, daß ich mich mit Geschick der Überlegenheit über
meinen Nachbarn zu bedienen verstehe.»[35] Aber um was es hier
ging, war schon längst keine Preisfrage mehr. Denn als Podewils
dem König noch einmal die vertraglichen Verpflichtungen unter
den großen Mächten vor Augen zu führen versuchte, antwortete
Friedrich in einer Randnotiz kurz und bündig: «Rechtsfragen sind
Sache der Minister, also die Ihrigen; es ist Zeit, im Geheimen
daran zu arbeiten, denn die Befehle an die Truppen sind erteilt.»[36]

Schon am 15. November nahmen die Entwürfe des Königs dann
konkrete Gestalt an. In einem Brief – wiederum an Podewils – ließ
er wissen, daß er den Berliner Regimentern einen vorgetäuschten
Marschbefehl in Richtung auf Halberstadt gegeben habe. Man

müsse, schrieb er, die Politiker in all ihren Mutmaßungen («conjec-tures») irreführen. «Inzwischen arbeite ich hier ernsthaft, und wenn der Himmel uns nicht ganz zuwider ist, werden wir das schönste Spiel der Welt haben [...]. Ich gedenke, meinen Schlag (coup) am 8. Dezember auszuführen und damit das kühnste, schnellste und größte Vorhaben zu beginnen, das jemals ein Fürst aus meinem Hause unternommen hat. Leben Sie wohl, mein Herz verheißt mir gute Vorzeichen und meinen Truppen glückliche Er-folge.»[37] Die Vorbereitungen für «das schönste Spiel der Welt» waren also in vollem Gange. Dabei handelte Friedrich wie nach lange erprobten Mustern mit irreführender Hinterlist und einer Verschlagenheit, die auf eine bereits voll entwickelte Vertrautheit mit den Winkelzügen absolutistischer Kabinettspolitik hinweist. Unverkennbar sah er sich in der Tradition der eigenen Dynastie, und er war entschlossen, in der Aufeinanderfolge der Herrscher seines Hauses etwas zu tun, was alles bisher Gewohnte an Mut und Kühnheit übertraf. Friedrich war sich also über das Exzeptionelle dieser «Expedition» im klaren. Er wollte den Eklat und war im Be-griffe, ihn planmäßig herbeizuführen.

In einem im Ton konzilianten, in der Sache aber unmißverständ-lichen Schreiben an den Fürsten Leopold von Anhalt-Dessau, den alten und hochverdienten Vertrauten seines Vaters, zeigte sich Friedrich ganz den im *Antimachiavell* aufgestellten Prinzipien ent-sprechend entschlossen, den bevorstehenden Handstreich alleine auszuführen, damit die Welt nicht glaube, «der König von Preußen marschiere mit einem Hofmeister zu Felde». Das Unternehmen, das er jetzt vorhabe, sei «eine Bagatelle und eigentlich eine Prise de possession zu nennen». Wenn es im Frühjahr jedoch «zum Ernst kommen» sollte, könne er die Aufsicht über die Armee und die Durchführung der nachfolgenden «seriösen» Expedition kei-nem Besseren als dem Feldmarschall anvertrauen. Er werde gewiß niemals so unsinnig sein und «experimentirte Officiers in impor-tanten Gelegenheiten zu negligiren». Seine eigene Wohlfahrt sei daran gelegen.[38] Auch dem Ansinnen Leopolds, wenigstens die im Lande verbleibenden Regimenter zu befehligen, entgegnete der König wenige Tage später, «daß es sich nicht thun lasse, inmassen es die Natur und Art der Regierung zu erfordern scheint, daß alle Regimenter Mir allein angewiesen sind und bleiben».[39] In dem Be-

harren auf seinem uneingeschränkten Souveränitätsanspruch stand
Friedrich also dem Vater in keiner Weise nach.

Am 1. Dezember verließ der König Rheinsberg – es war ein Abschied für immer! – und reiste über Neuruppin nach Berlin, wo er
seine Amtsgeschäfte scheinbar ohne Hast und Unruhe weiterführte.
Er ließ es sich auch nicht nehmen, an abendlichen Divertissements
und einer Maskerade teilzunehmen, zu der die Königin auf das
Stadtschloß geladen hatte. Am 13. Dezember aber brach er nach
Frankfurt an der Oder auf und begab sich von dort oderaufwärts
nach Crossen; am 16. Dezember begann mit dem Einmarsch in
Schlesien an der Spitze eines Armeekorps von etwa 20 000 Mann
eine für die Epoche ganz ungewöhnliche Winterkampagne. «Ich
habe», schrieb er noch am selben Tag im Hochgefühl seiner nun
endlich gewonnenen Handlungsfreiheit an Podewils, «den Rubikon
überschritten mit fliegenden Fahnen und klingendem Spiel. Meine
Truppen sind besten Willens, die Offiziere voller Ehrgeiz und die
Generäle dürsten nach Ruhm; alles wird nach unseren Wünschen
verlaufen, und ich habe Anlaß, alles erdenklich Gute von diesem
Unternehmen zu erwarten.» Er wolle entweder untergehen, fuhr er
fort, oder aber mit Ehre bestehen. Sein Herz prophezeie ihm «tout
le bien du monde» und ein innerer Impuls – «un certain instinct» –,
dessen Ursprung unerklärlich bleibe, Glück und Fortüne. Er werde
in Berlin nicht wieder erscheinen, ohne sich des Blutes, dem er ent-
sprossen sei, würdig erwiesen zu haben, würdig auch der tüchtigen
Soldaten, die er zu führen die Ehre habe.[40]

Schon hier fällt auf, wie sehr Friedrich dazu neigte, in Extremen
zu denken, und daß er als Möglichkeiten seines Handelns nur die
Katastrophe oder den Triumph zu erkennen glaubte. Es ist jenes
Prinzip des alles oder nichts, das dann besonders in den Krisen
des Siebenjährigen Krieges seinen Selbstbehauptungswillen ins
Heroische zu steigern vermochte. Vielleicht handelte es sich hier
auch um eine rhetorische Figur, die ihm an Beispielen der Antike
so plastisch und zugleich so verführerisch vor Augen stand. Aber
Anzeichen für dieses aus einer traumatisch erfahrenen Bedrohung
erwachsene Lebensgefühl hatte es auch während der Kronprinzenzeit schon gegeben. Lieber wolle er sterben, hatte er damals in em-
phatischem Aufbegehren gegen die Heiratspläne des Vaters beteu-
ert, als sich auf die Ehe mit Elisabeth Christine einzulassen. Seit

dem Schlesienabenteuer jedoch gewann die innere Spannung zwischen einem elementaren Durchsetzungswillen auf der einen und einem bis in tiefe Depressionen reichenden Fatalismus auf der anderen Seite eine politische Dimension, die dann für die gesamte Regierungszeit des Königs prägend blieb.

Aus psychoanalytischer Sicht trägt die Selbstverwirklichungsbesessenheit des Königs indessen auch Züge zwanghafter Reflexe.[41] So identifizierte er sich in der Mächtekonstellation des Jahres 1740 vollständig mit dem durch habsburgische Mißgunst mehrfach gedemütigten Vater und trat selbstbewußt und herausfordernd wie sein Rächer in Erscheinung. Dadurch gelang es ihm zugleich, sich als Politiker und vor allem als Feldherr über den Vater zu erheben und Dinge ins Lot zu rücken, unter denen er erwiesenermaßen auch selbst gelitten hatte. Es hat den Anschein, als wenn er von seiner psychischen Konstitution her gar nicht anders konnte, als in der offensichtlich seit langem herbeigesehnten Krise des österreichischen Erbfalls zu den Waffen zu greifen und vor der Entfesselung eines allgemeinen Krieges vollendete Tatsachen zu schaffen. Er war sich des «Wahnsinns» seines Handelns durchaus bewußt, vor allem wenn er sich an jene wandte, denen er in seinen Überzeugungen verbunden war und deren Vertrauen er nicht verlieren wollte. Nicht zufällig sind es deshalb auch Voltaire und Jordan gewesen, denen er sich mit dem Eingeständnis seiner wahren Beweggründe anvertraute.

Aber darüber hinaus dürfte durchaus nicht abwegig sein, den Zugriff auf Schlesien und dann die jahrzehntelange, gerade im Siebenjährigen Krieg immer wieder existenzbedrohende Auseinandersetzung mit dem Hause Habsburg als grandiose «Externalisation eines ursprünglich verinnerlichten traumatischen Konflikts» zu betrachten. Es bestehe bei Persönlichkeiten wie Friedrich offensichtlich ein Zwang, schreibt der Psychoanalytiker Ernst Lürßen, die Bedrohungskonstellation «in der Inszenierung des eigenen Schicksals immer neu zu wiederholen», ja diese geradezu heraufzubeschwören, um den eigenen Überlebenswillen immer wieder von neuem unter Beweis zu stellen. Vor diesem Hintergrund könnte jenes «provokante Risikoverhalten» zu erklären sein, das von Friedrichs Fluchtversuch bis zu den Schlachten von Kolin und Hochkirch so handgreiflich in Erscheinung tritt.[42]

Auf eine diplomatische Vorbereitung seines Handstreichs, wie sie selbst Ludwig XIV. bei seinen Kriegsplanungen für unerläßlich hielt, hatte der König in der Entschlossenheit, den Gang der Dinge unumkehrbar zu machen, praktisch verzichtet. Die Größen, auf die er setzte, waren vielmehr eine zwar nicht kriegserprobte, aber doch vorbildlich ausgestattete und vor allem hervorragend geschulte Armee von knapp 80000 Mann, die er sofort nach seinem Herrschaftsantritt noch einmal um einige Regimenter vermehrt hatte, und ein Staatsschatz von etwa 8 Millionen Talern, der ihn unabhängig von Anleihen oder Subsidienzahlungen anderer Mächte zu einem Angriffskrieg aus dem Stand heraus befähigte. 72 % des Gesamtetats der Monarchie kamen im Todesjahr des Königs der Armee zugute (5039663 von 6901082 Talern), woran sich auch nach dem Herrschaftsantritt des Kronprinzen kaum etwas änderte. Preußen rangierte in bezug auf seine Einwohnerzahl im europäischen Vergleich an dreizehnter Stelle. Es verfügte jedoch beim Herrschaftsantritt Friedrichs nach Rußland, Frankreich und Österreich über die viertstärkste Armee, selbst wenn einzuräumen ist, daß der Abstand zu den Truppenkontingenten der wirklichen Großmächte erheblich war. Dennoch schufen die Armee und der in zwei Jahrzehnten angehäufte Staatsschatz die entscheidenden Voraussetzungen, um die Konjunkturen für einen großen Auftritt auf internationaler Bühne nutzen zu können.

Der Vormarsch der beiden preußischen Armeekorps stieß praktisch auf keinen Widerstand. Als die Truppen die Winterquartiere bezogen, waren nur das belagerte Glogau, Neiße und Brieg noch in österreichischer Hand. Aber allmählich formierte sich jenseits der Gebirge der Widerstand, so daß Anfang April 1741 eine österreichische Armee unter dem Oberkommando des Grafen Wilhelm Reinhard von Neipperg fast unbemerkt von den preußischen Explorationstruppen in Schlesien erschien.[43] Schon in den bisherigen Gefechten und Scharmützeln – also im «Kleinen Krieg» der sogenannten «leichten Truppen» – hatte sich erwiesen, daß die österreichische Armee keineswegs zu unterschätzen war und den siegesgewissen «regulären» Truppen des Königs ernsthaft entgegenzutreten vermochte.

Der König war am 19. Februar wieder nach Schlesien aufgebrochen und begab sich zur Rekognoszierung der gegnerischen Stel-

lungen über Liegnitz nach Frankenberg, wo er am 26. Februar eintraf. Dabei wurde er Augenzeuge von Vorpostengefechten, bei
denen er auch persönlich in Lebensgefahr geriet. Die Gebirgs-
region war mittlerweile so unsicher geworden, daß er sich genötigt
sah, sich zurückzuziehen, und das Hauptquartier seiner Armee erst
auf dem Umweg durch die Ebene erreichen konnte. Er war stolz
darauf, der Gefahr entronnen zu sein, aber von den Unwägbarkeiten des Kriegshandwerks doch so beeindruckt, daß er Podewils an-
wies, ihn bei einer Gefangennahme nicht unter unwürdigen Bedingungen auszulösen. Im Falle seines Todes sollte er aber nach
römischer Manier verbrannt und Knobelsdorff beauftragt werden,
über der Urne «ein Monument zu errichten, wie das des Horaz in
Tusculum».[44] Alles, was er jetzt hier auch im Felde unternahm, erscheint wie eine Spiegelung literarischer Denkfiguren. Sein Handeln hatte ungeachtet seines elementaren Machtstrebens noch immer den Charakter spielerischer Selbstdarstellung, selbst wenn es
bereits um letzte Dinge ging. Nur so erschien ihm einlösbar, was
er sich als Genius des Ruhmes in den Jahren seines Rheinsberger
Noviziats in den Kopf gesetzt hatte. Gerade in diese erwartungs-
frohen Wochen in Schlesien fallen jene Äußerungen, die als Schlüssel zu den innersten Impulsen seiner Kriegsentschlossenheit zu betrachten sind. So bekannte er unmittelbar vor seiner ersten
Konfrontation mit dem blutigen Ernst des Kriegsgeschehens in einem Brief an den skeptisch und bekümmert gestimmten Jordan:
«Ich liebe den Krieg um des Ruhmes willen, aber wenn ich nicht
Herrscher wäre, so wäre ich nur Philosoph.»[45] Und wenige Tage
später Podewils gegenüber: «Es gibt keine Lorbeeren für die Trägen, der Ruhm verleiht sie nur den Eifrigsten und den Unerschrok-
kensten.»[46] Doch mußte nun mit dem Beginn der wärmeren Jahreszeit die unmittelbare Auseinandersetzung mit den aus dem
Lande vertriebenen Österreichern darüber entscheiden, ob die Besitzergreifung Schlesiens auch auf Dauer behauptet werden konnte.

Die Kriegskunst der Zeit hatte in der Mitte des 18. Jahrhunderts
einen Grad höchster Stilisierung erreicht. Die stehenden Heere
stellten einen durch Disziplin und ständigen Drill zusammenge-
fügten Körper dar, der im geschlossenen Einsatz absolute Verfügbarkeit gewährleistete und so lange nichts von seiner Funktionsfähigkeit einbüßte, wie die zahlreichen ineinandergreifenden

Evolutionen sich in ihrem eingeübten Ablauf zur Entfaltung bringen ließen. Entglitt indessen ein Teil dieses Räderwerks der alles lenkenden Hand der Befehlsführung, stand in kürzester Zeit das Auseinanderbrechen des gesamten, kunstvoll zusammengehaltenen Gefüges zu befürchten.

Von entscheidender Bedeutung war dabei, daß die Waffengattungen erstmals zu einer genau aufeinander abgestimmten Kooperation gelangten und so die Feuerkraft der Infanterie und Artillerie ebenso wie die Angriffswucht der Kavallerie zur Geltung brachten. Um dieses im Getümmel der Schlacht schwer zu koordinierende Ineinandergreifen der Aktionen sicherzustellen, bedurfte es nicht nur geistesgegenwärtiger Kommandeure, sondern auch einer hierarchischen Befehlsstruktur und einer Disziplin, die die unverzügliche Ausführung der Kommandos gewährleistete. Das funktionierte in reibungsloser Form immer nur in wenigen Fällen. Aber es waren nun die Voraussetzungen dafür geschaffen, daß ein Heer nicht nur zu Schlachtbeginn, sondern auch während der Dauer des Gefechts einem einzigen lenkenden Willen gehorchte. Insofern ist es kein Zufall, daß mit zunehmender Funktionstüchtigkeit der Armeen deutlicher als zuvor die Persönlichkeiten hervortraten, die sich dieses Instruments zu bedienen wußten: Turenne, Condé, Montecuccoli, Karl XII. von Schweden, Prinz Eugen, John Churchill Herzog von Marlborough, der Marschall Moritz von Sachsen und Friedrich der Große.

Das taktische Ordnungsprinzip der stehenden Heere war die lineare Aufstellung in drei Treffen hintereinander. Alle Anstrengungen auf taktischem, waffentechnischem und organisatorischem Gebiet galten der Verbesserung und Fortentwicklung dieses Systems. Die Zusammensetzung des Offizierkorps, das Heeresergänzungswesen, die Ausbildung und Schulung der Truppen, die Gliederung und Führung der Armeen und schließlich die Grundsätze der Strategie waren so sehr zugeschnitten auf die Eigenheiten und Erfordernisse dieser als Lineartaktik bezeichneten Form der Kriegführung, daß sie als das eigentlich primäre Organisationsprinzip des absolutistischen Heerwesens zu betrachten ist. Der *ordre de bataille* war die Grundaufstellung der Armee nicht nur im Kampf, sondern auch im Lager und auf dem Marsch. Das starre Festhalten an dieser, nach einer ausgeklügelten Rangordnung ausgerichteten Formation bot die sicherste Gewähr für eine straffe und einheitliche Führung. Deshalb war es in der Regel geboten, jeweils im voraus Stellungen und Aufmarschgebiete zu erkunden, wo die Armeen sich ihrer Schlachtordnung entsprechend wie auf dem Exerzierplatz formieren konnten. Der Aufmarsch mußte mit großer Genauigkeit, hohem Zeitaufwand und außerordentlicher Umsicht durchgeführt werden. Er dauerte selbst bei überschaubaren Armeen von 20 000 bis 30 000 Mann, die in vorschriftsmäßigem *ordre de bataille* eine Länge von drei bis sechs Kilometern beanspruchten, ungefähr drei bis vier Stunden.

Der Form und Anlage des Gefechts nach unterschied man zwei Grundtypen. Die Parallelschlacht stellte ein frontales Aufeinanderprallen der beiden Armeen dar, das einen durchschlagenden Erfolg insofern zu gewährleisten schien, als der Sieg die Überwindung des ganzen feindlichen Heeres bedeuten mußte. In der Praxis freilich gingen derartige Konfrontationen trotz hoher, aber eben beiderseitiger Verluste oft unentschieden aus. Ein Sturmangriff blieb angesichts der geringen Tiefe der Angriffslinien und der Schwierigkeit, starke Kräfte zu einem durchschlagenden Angriffskeil zusammenzufassen, ein kaum zu rechtfertigendes Risiko, zumal der Angegriffene gewöhnlich eine gut gewählte und befestigte Stellung innehatte. Trat einer der beiden Gegner infolge drohender Überflügelung oder der Auflösung seiner Treffen den Rückzug an, so erlaubte ihm in der Regel die Distanz, die beide Parteien voneinander trennte, sich rasch und geordnet der Feuerwirkung des Gegners zu entziehen und auf eine vorbereitete Auffangstellung zurückzuweichen. Der Sieger – kaum weniger geschwächt und von Auflösung bedroht – konnte an nachdrückliche Verfolgung nur in Ausnahmefällen denken.

Die schiefe Schlachtordnung bezeichnete alle Formen der Umgehung oder Umfassung des Gegners. Schon bald hatte man erkannt, daß das frontale Aufeinanderprallen ganzer Schützenketten und die verheerende Wirkung der wesentlich verbesserten Artillerie zu so hohen Verlusten führten, daß es geboten erschien, trotz grundsätzlicher Beibehaltung der linearen Schlachtordnung taktische Varianten zu entwickeln, die es ermöglichten, einen Flügel der feindlichen Stellung mit Übermacht anzugreifen, während der andere Flügel mit der Maßgabe zurückgehalten wurde, ein hinhaltendes Gefecht zu führen. Durchschlagende Erfolge blieben jedoch auch dieser Schlachtordnung trotz einiger glänzender Siege Marlboroughs und des Marschalls von Sachsen versagt. Der Gegner konnte zwar häufig zum Rückzug gezwungen werden. Doch fand er angesichts der einseitigen Bedrohung seiner Gefechtsaufstellung in der Regel Gelegenheit, die nicht in den Kampf verwickelten Truppen in geordneter Formation zurückzuführen.

Mit ihrer scharfen Ausrichtung und dem völligen Gleichtakt ihrer Bewegungen büßten die Linien der stehenden Heere ihre freie Beweglichkeit ein, so daß es großer Anstrengungen bedurfte, um sie auf eine veränderte Gefechtssituation einzustellen. Ihre Schießfertigkeit geriet unter Verzicht auf jede Ausnutzung der Geländebeschaffenheit zu einem blinden Gefechtsschießen, das nur durch die Salven ganzer und möglichst langgestreckter Feuerlinien Wirkung hervorzubringen vermochte. So bedurfte es ebenen und übersichtlichen Geländes, um die Stärke dieser Armeen, ihre hohe und gleichmäßige Feuerkraft zur Geltung zu bringen. Alle Energien der Heeresreformer richteten sich deshalb neben der Fortentwicklung der Evolutionen und Manöver auf die Schulung der Truppen im Gebrauch der Waffen, um eine höhere Feuergeschwindigkeit zu erzielen. Doch war das Ergebnis bei allen organisatorischen Verbesserungen, die man in der Ausbildung der Pelotons zu erzielen wußte, eine starre und schwerfällige Mechanik, die angesichts der völligen Schematisierung aller Handgriffe und Bewegungen zu einer erheblichen Einbuße an Durchschlagskraft führte. Das Überraschungsmoment als schlachtentscheidender Faktor, der kühne und energische Zugriff, blieb demzufolge dem großen Wurf der überragenden Feldherren vorbehalten, die gerade durch das Exzeptionelle ihrer Erscheinung als Indikator dafür zu werten sind, wie maßgeblich sonst das den Regeln entsprechende Handeln war.

Die eigentlich gemäße Einstellung in der Kriegführung des Absolutismus war deshalb die Defensive. Sie setzte sich als vorwaltendes Prinzip taktischen Verhaltens auch deshalb durch, weil die Armeen aus den in Friedenszeiten angelegten Magazinen versorgt wurden. Dieses Verfahren stellte gegenüber den willkürlichen Requisitionen der Söldnerheere alter Prägung eine große organisatorische Leistung dar. Aber es erwies sich spätestens seit dem Spa-

nischen Erbfolgekrieg als eine erhebliche Behinderung für jede
ausgreifende strategische Planung, insofern es Eigengesetzlichkei-
ten erzeugte, die schließlich das Kalkül der Heerführer beinahe
völlig beherrschten. Es legte den Operationen in bezug auf Ausdehnung, Schnelligkeit und Nachdruck außerordentliche Beschrän-
kungen auf. Andererseits aber erweiterte es auch den taktischen
Spielraum für den «Kleinen Krieg». Denn das Nachschub- und
Versorgungswesen der Armeen wurde nun seinerseits das Ziel militärischer Operationen, denen auf lange Sicht strategische Bedeutung zukommen konnte, ohne daß das Risiko verlustreicher
Schlachten eingegangen werden mußte.[47]

Ein kaum zu lösendes Problem des absolutistischen Heerwesens
war die Frage der Heeresaufbringung. Die Werbung von Rekruten
– gewöhnlich unter Anwendung von List und Gewalt – bildete zunächst die ausschließliche, später die vorherrschende Form, sich
die Truppen für das stehende Heer zu verschaffen. Im Preußen
Friedrich Wilhelms I. wurde 1733 das Kantonreglement eingeführt,
das jedem Regiment ein Ergänzungsgebiet zuwies, in dem Rekruten zur späteren Aushebung zumeist auf Lebenszeit in Listen
eingetragen – «enrolliert» – wurden. Ausgenommen blieben von
dieser Maßnahme der Adel, das städtische Bürgertum, Inhaber und
Erben von Bauernhöfen, Beamte und Studierende. Die tatsächliche
Dienstzeit betrug jährlich drei Monate und sank im Laufe der Zeit
auf eineinhalb Monate. Die gewaltsame Aushebung wurde jedoch
beibehalten. So setzte sich die mittlerweile auf 150 000 Mann angewachsene preußische Armee im Februar 1763, also nach der Beendigung des Siebenjährigen Krieges, aus 103 021 Landeskindern
(68,4 %) und 47 659 Ausländern (31,6 %) zusammen. In Friedenszeiten schwankte der Anteil der Ausländer zwischen 40 und 50 %
der Ist-Stärke der Armee.[48]

Dieses Rekrutierungsverfahren, das in sich selbst schon den
Keim sozialer Desintegration trug, bewirkte, daß besonders die Infanterieregimenter von gescheiterten Existenzen, Fahnenflüchtigen
und einer großen Zahl zu den Waffen Gepreßter in so beherr-
schendem Maße geprägt wurden, daß das Heer des Absolutismus
insgesamt als ein soziales Gebilde von großer Labilität betrachtet
werden muß.[49] Nur ein mit eiserner Strenge und allgegenwärtiger
Überwachung aufrechterhaltener Zwang verlieh diesem Kriegs-

instrument jenes Maß an Kohärenz, dessen es zu seiner absoluten Verfügbarkeit bedurfte. Furcht vor Strafe und schließlich ein hoher Grad an Abgestumpftheit waren die Grundlage der Disziplin. Auch diese Eigentümlichkeit der stehenden Heere hatte Einfluß auf das taktische Verhalten der Befehlshaber. Denn je mehr es unausgesetzter Drill und eine jeden Handgriff vorschreibende Reglementierung vermocht hatten, aus diesen widerwillig dienenden und mehr an Desertion als an den militärischen Erfolg denkenden Soldaten einen funktionsgerechten Mechanismus zu schaffen, desto kostbarer wurde ein solches Gebilde, desto mehr waren Schonung und Bedachtsamkeit bei seiner Verwendung geboten. Denn der Kreis derer, die man bei Verlusten als Ersatz anwerben oder im eigenen Lande ausheben konnte, war außerordentlich begrenzt. Hinzu kam, daß es jahrelangen Exerzierens bedurfte, um bei neu aufgestellten Truppen den hohen Grad an exakter Manövrierfähigkeit wieder zu erreichen. So konnte der Entschluß, dem Gegner eine Schlacht zu liefern, nur nach Ausschöpfung aller sich zu ihrer Vermeidung bietenden Möglichkeiten gefaßt werden, zumal selbst bei einem Erfolg der strategische Gewinn durchaus gering sein konnte.

Aus all diesen spezifischen Kennzeichen der stehenden Heere ergab sich ein Prinzip der Kriegführung, das man im Unterschied zum «eigentlichen Wesen des Krieges» (Carl von Clausewitz) Manöverstrategie genannt hat. Das lauernd abwartende Kalkül, dem Gegner unter möglichster Schonung der eigenen Kräfte Abbruch zu tun, und die Notwendigkeit, durch Behutsamkeit und tastendes Auftreten zum Ziel zu kommen: alles wirkte zusammen, um der Strategie Verhaltensweisen aufzuzwingen, die das Abwarten dringlicher als den Angriff machten. Das Ergebnis dieser eingeschränkten Freisetzung kriegerischer Energien war, daß man sich im «Kleinen Krieg» einer Fülle von Aushilfsmaßnahmen mit begrenzter taktischer Zielsetzung bediente, die in ihrer Gesamtheit an die Stelle von Feldschlachten als kriegsentscheidender Faktor traten.

Der König war aufgrund der Erfahrungen während seiner Neuruppiner Lehrjahre in bezug auf die Leistungsfähigkeit und Handhabung dieses Kriegsinstruments mehr als viele seiner Gegner und mehr als alle anderen Regenten seiner Generation auf der Höhe der Zeit. Er war bei seinem Herrschaftsantritt sicherlich noch nicht vertraut mit der theoretischen Debatte über die Kriegskunst; die entsprechenden Studien, Kommentare und Lehrschriften folgten erst in späteren Jahren. Seit seiner Jugendzeit hatte er sich jedoch immer wieder mit Kriegsgeschichte beschäftigt und durch Voltaires Biographie des Schwedenkönigs Karl XII. auch einen der großen Feldherren des 18. Jahrhunderts mit allen grandiosen wie bedenklichen Facetten dieses Metiers kennengelernt. Unbestreitbar hohe Kompetenz hatte er sich jedoch in Neuruppin durch den täglichen Dienst bei seinem Regiment erworben. Nur fehlte ihm wie auch seinen so vortrefflich ausgebildeten Truppen jede Erfahrung mit der Orientierung im offenen Gelände und mit den Risiken eines unvorhergesehenen Gefechts.

Es ist in der Historiographie immer wieder und sicherlich mit gutem Grund der tiefgreifende Gegensatz zwischen dem königlichen Vater und dem durch diesen gedemütigten Thronfolger beschworen worden. Aber hier erwies sich nun, wie sehr es Friedrich in den letzten Jahren der Kronprinzenzeit gelungen war, die zunächst so heftig verweigerte und dann durch den Vater erzwungene Ausbildung als Regimentschef mit seinem ganz persönlich motivierten Streben nach Unsterblichkeit und Ruhm als *roi connétable* zu verbinden. Er profitierte nun mit erstaunlicher Selbstverständlichkeit davon, daß er in allen Fragen der Kompaniewirtschaft und des militärischen Alltags ein Fachmann war, der es nach kurzer Bewährungsprobe und dem Studium der folgenden Jahre mit unumstrittenen Autoritäten wie dem Alten Dessauer und dem Feldmarschall Schwerin aufzunehmen vermochte. Hier verschmolz also die hausväterliche Erziehungskonzeption des Soldatenkönigs mit einer Vision von Größe und Selbstverwirklichung, die sich aus ganz anderen Impulsen heraus gebildet hatte und schließlich zur Ausprägung eines absolutistischen Heerkönigtums führte, das als singulär bezeichnet werden muß.

Am Tage der Schlacht, die über den Fortgang des Schlesienabenteuers entscheiden mußte, konnte der König etwa 21 600 Mann aufbieten, während die österreichische Armee unter Neipperg – wie spätere Berechnungen vermuten lassen – ungefähr 19 000 zählte; sie verfügte allerdings über eine wesentlich stärkere Kavallerie.[50] Seinem Bruder August Wilhelm, den er als seinen Thronfolger betrachtete und mit entsprechenden Vorrechten auszustatten bestrebt war, hatte er zwei Tage vor der Schlacht anvertraut, daß er dem bevorstehenden, unausweichlich gewordenen Kampf zuversichtlich und gefaßt, aber auch mit Sorge und Beklommenheit entgegensehe. Der morgige Tag, schrieb er, «muß über unser Schicksal entscheiden [...]. Der Ruhm der preußischen Waffen und die Ehre meines Hauses bestimmen mein Handeln und werden mich bis in den Tod leiten (conduire). Du bist mein einziger Erbe.»[51]

Während sich die beiden Armeen in Parallelmärschen diesseits und jenseits der Neiße in Richtung auf die Oder bewegten, war so dichter Schnee gefallen, daß man kaum mehr als 20 Schritt sehen konnte. Am 10. April, dem Tag der Schlacht, ging die Sonne gleißend über einem frostklaren Himmel und einem hartgefrorenen, schneebedeckten Boden auf. Von den Österreichern war zunächst nur Schemenhaftes zu erkennen. Doch in den Mittagsstunden zeichnete sich schließlich ab, daß ein Angriff auf die nach Brieg entsandten Österreicher erfolgversprechend sein konnte. Die Formierung der preußischen Marschkolonnen in *ordre de bataille* führte indes wegen des keine Entfaltungsmöglichkeiten bietenden Geländes zu solcher Verwirrung, daß das Vorrücken auf die um die Ortschaft Mollwitz gruppierten Stellungen der Österreicher immer wieder ins Stocken geriet. Erst um halb zwei Uhr mittags konnte deshalb der Angriffsbefehl gegeben werden. Doch ungeachtet aller Kampfentschlossenheit kam es sogleich zu einer erneuten Krise. Denn durch die vehementen und danach mehrfach wiederholten Attacken des linken Flügels der österreichischen Kavallerie drohte die gesamte Gefechtsaufstellung der Preußen aus den Fugen zu geraten. In dieser völlig unübersichtlichen und außerordentlich bedrohlichen Situation wagte es Feldmarschall Schwerin, den König zu beschwören, sich aus dem Kampfgeschehen zurückzuziehen.

Kurt Christoph Karl von Schwerin war ein Offizier ganz nach dem Geschmack erst des Kronprinzen und dann des Königs. Er war als Sohn eines pommerschen Offiziers in schwedischen Diensten nach Verwendungen in der niederländischen und schwedischen Armee 1720 im Range eines Generalmajors in die Dienste des königlichen Vaters getreten und sogleich nach dem Herrschaftsantritt Friedrichs zum Feldmarschall befördert worden. Er war im Gegensatz zu vielen anderen Offizieren in der preußischen Armee weltläufig, umgänglich und kultiviert und wie der König ein Bewunderer französischer Lebensart, aber zugleich auch ein Soldat, der an Ausdauer, Mut und Kaltblütigkeit von niemandem übertroffen wurde. Zwischen dem König und seinem Oberkommandierenden herrschte also ein Vertrauensverhältnis von ungewöhnlicher Art.

Nur so ist wohl auch zu erklären, daß Friedrich bei dieser ersten Prüfung seines militärischen Durchsetzungsvermögens einem Untergebenen nachgab und dem Rat des Feldmarschalls zum Verlassen des Schlachtfeldes Folge leistete. Es ist wenig bekannt über die Gemütsverfassung des Königs nach diesem nur nach heftigem Widerstand zustande gekommenen Entschluß. Überliefert ist lediglich, daß er gegen vier Uhr nachmittags im Angesicht eines militärischen Desasters ein Pferd bestieg und in scharfem Galopp das oderaufwärts gelegene Oppeln zu erreichen versuchte. Dabei entkam er ein weiteres Mal nur knapp dem Zugriff eines Trupps österreichischer Husaren und flüchtete in der Nacht mit einigen Verwegenen aus seinem Gefolge nach Löwen. Dort erhielt er die Nachricht, daß Schwerin das Blatt zu wenden und die Österreicher zum Rückzug zu zwingen vermocht hatte. Ihm war es gelungen, die versprengte Kavallerie noch einmal zu ordnen und durch das geschlossene Vorrücken der Infanterie eine Entscheidung zugunsten der preußischen Waffen herbeizuführen. Der König kehrte sogleich zu seiner Armee zurück, erwähnte aber dem Alten Dessauer gegenüber, dem er am 11. April ausführlich über den Schlachtverlauf berichtete, mit keinem Wort, daß er dem Ende der insgesamt vierstündigen Gefechte nicht mehr beigewohnt hatte.[52] Von Interesse ist im übrigen, daß er in dieser Relation auch die Verdienste Schwerins mit Schweigen überging. So hat es den Anschein, als wenn Friedrich sich das Debakel seiner Flucht ebensowenig eingestehen wollte wie den durch Schwerin erfochtenen Sieg.[53] Aber kennzeichnend ist zugleich, daß er ungeachtet der vielen Stunden, die er bereits im Sattel gesessen hatte, unverzüglich wieder in das Feldlager der Armee zurückkehrte, so als ob er demonstrieren wollte, daß er einen Hofmeister für die Durchsetzung seiner Pläne nicht nötig hatte und selber Herr der Lage war.

War Mollwitz ein preußischer Sieg? Die Verluste an Toten und Verwundeten – 4 849 auf preußischer und 4 551 auf österreichischer Seite – mochten das Gegenteil belegen. Maßgeblich war nach den strategischen Vorstellungen des 18. Jahrhunderts jedoch, daß sich die preußische Armee auf dem Schlachtfeld und danach auch in der zuvor besetzten Provinz zu behaupten vermochte. Das Faustpfand, das sich Friedrich aus den Trümmern des Erzhauses – den «tristes débris», wie er an seinen Geschäftsträger in Wien schrieb[54] – zu verschaffen gesucht hatte, konnte einstweilen als gesichert gelten. Aber deutlich geworden war in diesem ersten blutigen und verlustreichen Waffengang zugleich, daß der Kampf um Schlesien erst begonnen hatte. Der Wiener Hofkriegsrat hatte in den wenigen Monaten seit dem preußischen Einmarsch mehr an Truppen aufzubieten vermocht, als der König für möglich gehalten hatte. Insofern blieb das gegenseitige Verhältnis auch nach dem durch Schwerin erfochtenen Sieg durchaus in der Schwebe, zumal es Neipperg nach einem geregelten Rückzug gelungen war, südlich der Neiße ein festes Lager zu beziehen, also in Schlesien Fuß zu fassen.

Das europäische Mächteszenarium und der Erste Schlesische Krieg

Schon vor der Konfrontation der beiden Armeen waren jedoch Verhandlungen in Gang gekommen. Der König hatte durch seinen Geschäftsträger von Borcke und den in besonderer Mission nach Wien entsandten Oberhofmarschall Graf Gotter dem österreichischen Hofkanzler Graf Sinzendorf erklären lassen, daß er eine Garantieerklärung für das Haus Österreich zu geben bereit sei, wenn im Gegenzug Schlesien an Preußen abgetreten werde. Ein solches Ansinnen lief auf den provozierenden Versuch hinaus, die außerordentlich bedrohliche Lage, in die sich Maria Theresia – die Thronfolgerin, die im selben Jahr wie Friedrich an die Herrschaft gelangte – versetzt sah, zu einer Sanktionierung des schlesischen Beutezuges zu nutzen. Man nahm diese Erklärung der beiden preußischen Diplomaten zu Protokoll und ließ sie kurze Zeit später zusammen mit dem abweisenden Bescheid des Kaiserhauses in den Zeitungen veröffentlichen.[55] Erst jetzt wurde offenbar auch dem König bewußt, daß es in der Affäre um Schlesien um mehr ging als eine bilaterale Auseinandersetzung zweier Höfe. Bereits im Dezember 1740 hatte er den Entwurf eines Memorandums zu Papier gebracht, in dem er die *Raisons qui ont déterminé le Roi à faire entrer ses troupes en Silésie* darzulegen versuchte.[56] Dabei wurden nun erstmals auch rechtliche Gründe für den Einmarsch und die geplante Annektierung Schlesiens vorgebracht. Denn immerhin konnten auch von preußischer Seite Erbansprüche geltend gemacht werden. So hatte etwa das Herzogtum Jägerndorf bis 1620 den Hohenzollern gehört. Doch auch auf die Herzogtümer Liegnitz, Brieg und Wohlau konnten aufgrund eines Erbverbrüderungsvertrages des Kurfürsten Joachim II. mit den Liegnitzer Piasten Sukzessionsforderungen erhoben werden. Zwar waren diese schon von Ferdinand I. zurückgewiesen worden. Der Große Kurfürst hatte jedoch beim Tod des letzten Herzogs im Jahre 1675 gegen diese Annullierung schärfsten Protest erhoben und dann als Äquivalent für zusätzlich geleistete Militärhilfe im Türkenkrieg den Kreis Schwiebus zugesprochen erhalten. Der kaiserlichen Diplomatie war es dann aber in einem beispiellosen Intrigenspiel gelungen, mit dem Kurprinzen Friedrich die Rückgabe dieses Kreises nach dem Tod des Großen Kurfürsten zu vereinbaren, die dann im Vorfeld der preußischen Königserhebung von 1701 auch vollzogen wurde. Dabei blieb es dann trotz des halbherzigen Versuchs Friedrichs I., die Angelegenheit am Kaiserhof noch einmal zur Sprache zu bringen.

Von Bedeutung sind weniger die Ansprüche Preußens als solche; sie zählen zu jenen Rechtstiteln, deren Durchsetzung oder Zurückweisung in der Epoche des frühneuzeitlichen Fürstenstaates zum Alltag des diplomatischen Geschäfts gehörte und nach Maßgabe einer nüchternen Gesamteinschätzung der Mächtebeziehungen entschieden wurde. Wichtiger ist in unserem Zusammenhang, daß den rechtlichen Normen und Konventionen, wie sie sich im Konzert der Mächte durchgesetzt hatten, offenbar doch eine höhere Bedeutung zugemessen wurde, als sich Friedrich das aus seiner Rheinsberger Perspektive vorgestellt hatte. So sah er sich genötigt, nun auch seinerseits Stellung zu nehmen und die Gründe für das allenthalben als unglaublich eingeschätzte Vorgehen gegen das Erzhaus darzulegen, so vorgeschoben und fadenscheinig diese auch gewesen sein mögen. Am 29. Dezember hat er nicht zuletzt auch wegen des allgemeinen Erstaunens, über das ihn sein Jugendfreund Jordan unterrichtet hatte, einen Rechtfertigungsversuch unternommen.

Dieses Memorandum wurde am 31. Dezember nach einer gründlichen Überarbeitung durch Podewils dann den preußischen Gesandtschaften bei den europäischen Mächten übermittelt und schließlich auch in Londoner Zeitungen der Öffentlichkeit bekannt gemacht.[57] Trotz aller Bedrängnisse, in die sich der König mit dem Einfall in Schlesien nicht zuletzt auch in militärischer Hinsicht gebracht hatte, ging seine Einschätzung der gesamteuropäischen Lage zunächst einmal auf. In der Frage der anstehenden Kaiserwahl und der Erbfolgeregelung im Hause Österreich hatte er sich völlig bedeckt gehalten. Da er in diesen Fragen eigene Interessen nicht zu verfolgen gedachte, hatte er abgewartet, aber in seinen Planspielen auch vorausgesehen, daß angesichts dieser unentwirrbar erscheinenden Probleme Auseinandersetzungen anstanden, die wie im Spanischen Erbfolgekrieg das gesamte Mächtesystem in Mitleidenschaft ziehen mußten.

Ein zu Rangstreitigkeiten und Fehldeutungen Anlaß gebendes Problem der Erbfolgeregelung Karls VI. war von Anfang an die Verfügung über die Aufeinanderfolge der beiden Linien. Denn es war festgelegt worden, daß unter den Erzherzoginnen die älteste Tochter des letzten männlichen Erben und dann deren Deszendenz den Thron besteigen sollte.[58] Das bedeutete konkret, daß der Erbtochter Karls VI., des jüngeren also der beiden Brüder, der Vorrang vor den weiblichen Nachkommen des älteren und allen Schwestern und Nichten des Kaisers gebührte. Gerade die Rivalitäten in dieser Frage waren es ja in erster Linie, die zur öffentlichen Bekanntmachung der *Pragmatischen Sanktion* am 19. April 1713 geführt hatten. Aber auch durch die nochmalige und nun für alle Betroffenen verbindlich gemachte Festlegung der 1703 erstmals fixierten Erbfolgeordnung schienen nicht alle Vorbehalte ausgeräumt worden zu sein.

Aus Anlaß der Vermählung der beiden Töchter Josephs I. wurden deshalb Verträge aufgesetzt, in denen die Nichten des Kaisers noch einmal ausdrücklich allen Erbansprüchen zu entsagen hatten. So leistete die ältere, Maria Josepha, mit ihrem Gemahl, dem sächsischen Kurprinzen Friedrich August, 1719, die jüngere, Maria Amalia, mit ihrem Bräutigam, Karl Albrecht von Bayern, 1722 feierlich und in aller Form Verzicht auf das kaiserliche Erbe – «pro

basi et lege pragmatica». Dennoch erwies sich zumindest die bayerische Renuntiationserklärung als keineswegs eindeutig. Denn Kurfürst Max Emanuel hatte in der Verzichtserklärung seines Sohnes
lediglich verlauten lassen, daß «man zur gegebenen Zeit nicht auf
Grund dieser *jüngsten österreichischen* Heirat Erbansprüche erheben
werde». Ältere Prätentionen sollten demnach von seiner Erklärung
unberührt bleiben. Und in der Tat konnte man darauf verweisen,
daß 1546 der damalige Erbprinz und spätere Herzog Albrecht V.
die Erzherzogin Anna, die zweitälteste Tochter Kaiser Ferdinands
I., geheiratet hatte. Der Ehevertrag Annas und das Testament ihres
Vaters wurden nun herangezogen, um die Erbfolgefrage noch einmal unter anderer Perspektive aufzurollen.

Die Absichten des Hauses Wittelsbach wurden jedoch erst deutlich, als der bayerische Gesandte am Wiener Hof unmittelbar nach
dem Ableben des Kaisers erklärte, daß der Kurfürst die Erzherzogin Maria Theresia als Thronerbin nicht anerkenne und bis zur
Klärung der bayerischen Erbansprüche alles zu sistieren wünsche.
Vor allem müsse er auf der Vorlage des Testaments Kaiser Ferdinands I. bestehen. Aber auch nachdem sich die Unhaltbarkeit der
wittelsbachischen Rechtsauffassung herausgestellt hatte, beharrte
Kurfürst Karl Albrecht auf seinen Erbansprüchen. Er protestierte
gegen den Herrschaftsantritt Maria Theresias und behielt sich weitere Schritte vor. Obwohl man in Wien ahnte, daß eine derart
schroffe Haltung nur mit Rückendeckung eines Verbündeten –
möglicherweise Frankreichs – durchzuhalten war, glaubte man
trotz wachsender Skepsis den Versicherungen des greisen Irenikers
Fleury trauen zu dürfen.

In Frankreich hatte aber unterdessen die Partei des Marschalls
Charles Louis Fouquet, des Grafen und späteren Herzogs Belle-
Isle, den entscheidenden Einfluß bei Hofe gewonnen. Er war im
Gegensatz zu der abwartenden Haltung des Kardinals Fleury schon
immer für ein Zusammengehen mit Bayern eingetreten, vor allem
mit dem Ziel, die Kaiserwahl Franz Stephans, des Gemahls der
Maria Theresia, zu verhindern. Das Haus Bourbon sollte seiner
Auffassung nach einmal mehr zum Schiedsrichter Europas werden
und die Teilung des habsburgischen Erbes in die Hand nehmen.
Auch in der Öffentlichkeit setzte sich die Überzeugung durch, daß
aus so «schönen Konjunkturen», wie sie sich im Gefolge des

Thronwechsels im Hause Österreich ergeben hatten, profitiert werden müsse. Es sei, heißt es in einem zeitgenössischen Memorandum, «die brillanteste Epoche für das Glück und den Vorteil Frankreichs: es kann nichts mehr wünschen, als die Aufteilung dieser rivalisierenden Macht, und nun ist der Tag dazu gekommen. Es gilt, der Erde ein neues Gesicht zu geben, wie es unseren Interessen entspricht. Man muß zu diesem Zweck die ungeheure Erbmasse des Hauses Österreich teilen und die verschiedenen Stücke so gut ausgeben, daß die neuen Besitzer eifersüchtig darüber wachen, daß sich die einen oder anderen auf Kosten eines Dritten vergrößern, und daß sie so das Wiedererstehen einer für Frankreich so gefährlichen Macht, wie es die des Kaisers war, verhindern und damit Frankreich die schiedsrichterliche Herrschaft über Europa sichern.»[59] So wurde unter Vorgriff auf ein militärisches Vorgehen gegen das Kaiserhaus ins Auge gefaßt, daß die österreichischen Niederlande und Luxemburg an Frankreich fallen sollten, Böhmen mit der Kaiserkrone an Bayern und Schlesien an Preußen, während die Toskana, die Lombardei und Parma Spanien und Savoyen-Piemont zugedacht waren. Maria Theresia selbst sollte Königin von Ungarn und Erzherzogin von Österreich bleiben.

Unverkennbar ist an dem hier geschilderten Szenarium, daß nicht nur in Preußen die Absicht bestand, in einem Konflikt um das Erbe Karls VI. die eigenen Interessen unter Mißachtung bestehender Vertragsverhältnisse und notfalls auch mit Waffengewalt durchzusetzen. An der angeführten Verlautbarung von französischer Seite etwa ist erkennbar, daß sich gegen die mäßigende Politik des Kardinals Fleury jenes Machtkalkül durchsetzte, das den Erbfall im Hause Österreich zur Schwächung eines alten Rivalen um den Vorrang in Europa zu nutzen entschlossen war. Man müsse die Staatenbeziehungen so verändern, wie es der eigenen Konvenienz entspreche. Aber man war bei aller Entschlossenheit, die alten Leitbilder französischer Hegemonialpolitik wieder aufzugreifen, doch klug genug, nicht das ganze Erbe für sich zu fordern. Vielmehr wurde gerade in der Aufteilung des Hauses Österreich die Möglichkeit gesehen, ein Gleichgewicht des Argwohns und der Eifersucht unter den Mächten herzustellen, das dem französischen König die Rolle des Schiedsrichters in Europa zuspielte. Frankreich jedenfalls, ohne dessen Hilfe weder Bayern noch Sachsen ihre vorgeblich legitimen Erbansprüche hätten durchsetzen können, war im Augenblick des Erbfalls entschlossen, um der eigenen Vorherrschaftspläne willen die gegebenen Zusagen zu brechen und den Rivalen, dessen territoriale Integrität man zu schützen sich verpflichtet hatte, zu Fall zu bringen.

Der Stein kam dann aber erst durch den Zugriff Preußens auf Schlesien ins Rollen. Er schien in der Anspannung der politischen Lage sogleich den Gesamtbestand des Hauses Habsburg in Frage zu stellen und veranlaßte eine Reihe noch zögernder Mächte, unter Zurückstellung aller völkerrechtlichen Bedenken zu den Waffen zu greifen, um sich im Getümmel der Interessenten den selbsterhofften Anteil an der *spolia Austriaca* zu sichern. So wurde ein *circulus vitiosus* gewalttätiger Rivalität in Gang gesetzt, dessen Unentrinnbarkeit man in Wien mit der teuer erkauften Anerkennung der *Pragmatischen Sanktion* gerade außer Kraft zu setzen versucht hatte.

Preußen spielte also unter den Mächten, die sich am Erbe Karls VI. schadlos zu halten beabsichtigten, eine besondere Rolle. Dem König gebührt der zweifelhafte Ruhm, mit seinem «Raubtiersprung» – wie Ludwig Dehio sich ausgedrückt hat[60] – als erster die Konventionen gesprengt zu haben, die in der Staatenpolitik des *ancien régime* aller fortbestehenden Gegensätze zum Trotz eine gewisse Verbindlichkeit erlangt hatten. Er ist es gewesen, der ohne Vorrede zu den Waffen griff und damit in einem Augenblick erhöhter Unsicherheit die Normen außer Kraft setzte, die dem allgemeinen Chaos hätten Einhalt gebieten können. So weckte er mit dem Zugriff auf Schlesien die im System der Mächte tief verwurzelte Furcht, dem Mitbewerber ein größeres Stück der Beute überlassen zu müssen oder überhaupt das Nachsehen zu haben. Max Weber hat den Satz aufgestellt, daß jedes Aufflackern der unter den Dynastien ständig latenten Prestigeprätentionen – normalerweise in Folge einer Krisensituation – «kraft einer unvermeidlichen ‹Machtdynamik› sofort die Konkurrenz aller anderen möglichen Prestigeträger» auf den Plan rufe.[61] Die Ereignisse von 1740/41 belegen die Stichhaltigkeit dieses Urteils auf eindrucksvolle Weise. Der König spekulierte – wie sich erweisen sollte: zu Recht – auf die Wahrscheinlichkeit, daß sich, wenn er erst Schlesien besetzt hätte, auch andere Staaten an der «allgemeinen Balgerei» (George P. Gooch) beteiligen würden. Er setzte auf das in den Staatenbezie-

hungen vielfach bewährte *droit de possession*, das auch andere Mächte
in Zugzwang bringen mußte.

Bemerkenswert ist jedoch, daß dem König im Gegensatz zu den
oben angeführten französischen Vorstellungen an der vollständigen
Dismembration des Hauses Österreich nicht gelegen war. Vielmehr
plante er, nach der Sicherstellung des eigenen Anteils auf die Seite
Maria Theresias zu treten, um die ebenfalls auf Expansion sinnenden Rivalen an territorialen Vergrößerungen zu hindern, die das
Gewicht seines Teils der Beute aufzuwiegen in der Lage gewesen
wären. Es offenbart sich hier also kein eigentliches Hegemonial-
streben, sondern die Absicht, aus dem Kreise der mittleren Mächte
herauszutreten und auf der Basis einer gleichberechtigten Stellung
mit dem Hause Österreich den Status quo zu sichern. Der Stoß
richtete sich gegen das alte System der Hegemonialmächte, wie es
sich seit dem Spanischen Erbfolgekrieg durch die Schaffung politischer Einflußsphären herausgebildet hatte.

Selbst wenn nun einzuräumen ist, daß ein prästabilierter Gleich-
gewichtszustand, wie er mit der Anerkennung der *Pragmatischen
Sanktion* angestrebt worden war, nicht in sich schon etwas Respekt-
erheischendes darstellen mußte, sondern mit gutem Grund auch als
das «chimärische» Herrschaftsinstrument saturierter, alternder
oder schwacher Staaten aufgefaßt werden konnte, so zeigt das Handeln des Königs doch ein solches Maß an gewalttätigem Durchsetzungswillen, der mit dem legitim erscheinenden Streben nach
agrandissement nur verschleiert, nicht aber begründet werden
konnte. Gewiß waren Konvenienz der Staaten und friedliche Dau-
erordnung eine *contradictio in adiecto*, die nur in einer «vernünftigen», rechtlich abgesicherten Form gelöst werden konnte. Aber der
Anspruch der Staaten auf Offenhaltung ihrer Entwicklungschancen
im Frieden wie im Krieg mußte seine Grenze in der Respektierung
eines auch für andere geltenden Konvenienzprinzips finden, wenn
anders sich Staatenpolitik nicht selbst *ad absurdum* führen sollte.

Es ist bekannt, daß der Einmarsch Friedrichs in Schlesien in der
zeitgenössischen Publizistik ebenso wie in der neueren Historiographie immer wieder äußerst scharf verurteilt worden ist. So zählte
ihn der englische Historiker George P. Gooch in seiner 1947 erstmals erschienenen Friedrich-Biographie zu den sensationellen Verbrechen der neueren Geschichte.[62] Aber bereits Thomas Babington

Macaulay, der große Schriftsteller des englischen Liberalismus, ein leidenschaftlicher Gegner Friedrichs des Großen,[63] hat sich mit diesem entscheidenden Kapitel in der Biographie des Königs auseinandergesetzt und vor allem die Wirkung dieses auch militärisch gewagten Schachzugs auf das europäische Mächtesystem scharfsinnig analysiert. «Wäre die schlesische Frage», schreibt Macaulay in seinem Friedrich-Essay, «lediglich eine Frage zwischen Friedrich und Maria Theresia gewesen, so würde es unmöglich sein, den preußischen König von großer Treulosigkeit freizusprechen. Wenn wir aber die Folgen bedenken, die seine Politik für die ganze Gemeinschaft der zivilisierten Nationen hervorrief und hervorzurufen nicht verfehlen konnte, so sind wir genötigt, eine noch strengere Verurteilung auszusprechen. Bis er den Krieg anfing, schien es möglich, selbst wahrscheinlich, daß der Friede der Welt erhalten werden könne. Zwar war die Plünderung der großen österreichischen Erbschaft eine starke Versuchung, und in mehr als einem Kabinett wurden ehrgeizige Pläne bereits erwogen. Die Verträge indes, durch welche die *Pragmatische Sanktion* verbürgt worden war, waren ausdrückliche und von neuem Datum. Für einen sichtbar ungerechten Zweck ganz Europa in Verwirrung zu stürzen, war etwas durchaus Schwerwiegendes [...].

Selbst der eitle und grundsatzlose Belle-Isle, dessen ganzes Leben ein wilder Tagtraum von Eroberung und Plünderung war, fühlte, daß Frankreich, gebunden wie es war durch feierliche Verpflichtungen, nicht ohne Schmach einen direkten Angriff auf die österreichischen Besitzungen machen könne. Karl, Kurfürst von Bayern, behauptete, daß er ein Recht auf einen großen Teil der Erbschaft habe, die die *Pragmatische Sanktion* der Königin von Ungarn zuteilte. Aber er war nicht mächtig genug, sich ohne Beistand zu regen. Man konnte deshalb nicht ohne Grund erwarten, daß nach einer kurzen Periode der Unruhe sämtliche Potentaten der Christenheit sich bei der von dem vorigen Kaiser getroffenen Anordnung beruhigen würden. Doch die selbstsüchtige Raubgier des Königs von Preußen gab für seine Nachbarn das Zeichen zum Angriff. Sein Beispiel beschwichtigte ihr Schamgefühl. Sein Erfolg verleitete sie, die Schwierigkeiten einer Aufteilung der österreichischen Monarchie zu unterschätzen. Die ganze Welt eilte zu den Waffen. Auf Friedrichs Haupt kommt alles Blut, das in einem langjährigen und auf dem ganzen Erdkreis wütenden Krieg vergossen wurde.«[64] Es spricht in der Tat manches dafür, daß mit dem Zugriff des Preußenkönigs auf Schlesien alle Möglichkeiten verstellt waren, zu einer friedlichen Lösung des Sukzessionsproblems im Hause Österreich zu gelangen. Für den hier zu erörternden biographischen Zusammenhang ist jedoch entscheidend, daß für Friedrich die Gegnerschaft zum Kaiserhaus nun unumkehrbar wurde. Was er in jenen Dezembertagen 1740 ins Werk setzte, hatte unabsehbare Folgen für sein ganzes Leben. Denn Maria Theresia gelang es im Aachener Frieden von 1748, den Gesamtbestand der Dynastie mit Ausnahme Schlesiens und der italienischen Besitzungen Parma, Piacenza und Guastalla als legitimes Erbe zu behaupten und nach dem wenig erfolgreichen Zwischenspiel Karls VII. schließlich auch die Kaiserwürde wieder an ihr Haus zu binden. Eine Teilung der Monarchie, wie sie in offensichtlicher Verkennung der tatsächlichen Machtverhältnisse erwogen worden war, konnte sie mit den schließlich doch zu ihrem Wort stehenden Verbündeten abwenden und damit dem Erbfolge- und Unteilbarkeitsgrundsatz ihres Hauses, dessen Anerkennung schon ihr Vater glaubte sichergestellt zu haben, Geltung verschaffen. Insofern war mit Österreich als Faktor der europäischen Mächtepolitik auch in Zukunft zu rechnen. Es würde, das erkannte auch der König, nichts unversucht lassen, um die Abtretung Schlesiens, in die das Erzhaus im Frieden von Aachen hatte einwilligen müssen, rückgängig zu machen.

Zunächst jedoch, 1741, war noch nicht entschieden, daß sich Friedrich im Besitz von Schlesien auch wirklich zu behaupten vermochte. Allerdings formierte sich nun unter französischer Protektion eine Allianz von Teilungsmächten, die ein Auseinanderbrechen des Erzhauses in kurzer Zeit erwarten ließ. Um Rußland von einem Eingreifen zugunsten Österreichs abzuhalten, wurde Schweden zu einem offensiven Vorgehen in den finnischen Grenzmarken veranlaßt. Auch die spanischen Bourbonen, die unter Berufung auf eine vorbehaltlich abgegebene Verzichtserklärung Karls V. Ansprüche auf die habsburgischen Sekundogenituren in Oberitalien erhoben, traten nun hervor und eröffneten den Krieg im Herbst 1741 mit eilig mobilisierten Truppen. Aber vor allem Bayern und Sachsen waren mit Unterstützung Frankreichs bestrebt, sich dem Beispiel

Friedrichs entsprechend Faustpfänder in Böhmen und den Erbländern zu verschaffen. Mit der Einnahme Passaus durch bayerische
Truppen am 31. Juli 1741 und dem Vormarsch eines französischen
Kontingents über den Rhein im August nahmen die Auseinandersetzungen um das habsburgische Erbe endgültig den Charakter eines
Flächenbrandes an, in den längst auch die österreichischen Niederlande und darüber hinaus die zwischen Frankreich und England
schwelenden Konflikte in Übersee einbezogen waren.

Am 4. Juni 1741 unterzeichnete Belle-Isle einen als Defensiv-
bündnis deklarierten Vertrag mit Preußen. Darin wurde dem König
gegen die Zusage seiner Stimme für die Wahl des Wittelsbachers
Karl Albrecht zum römisch-deutschen Kaiser und den Verzicht auf
die preußischen Ansprüche auf Jülich und Berg der Besitz von Niederschlesien mit Breslau garantiert. Die «Prise de possession», von
der der König gesprochen hatte, wurde damit Bestandteil großer
mächtepolitischer Geschäfte. Gleichwohl trat die Schlesienfrage
einstweilen in den Hintergrund der großen Politik. Denn die Initiative wurde nun von jenen Mächten ergriffen, die sich auch ihrerseits an der Hinterlassenschaft des Hauses Habsburg zu bereichern
gedachten. In den Nymphenburger Verträgen von Ende Mai 1741
verständigten sich zunächst Bayern, Frankreich und Spanien (mit
dem Blick auf die italienischen Besitzungen des Hauses Habsburg)
über einen offensiv zu führenden Krieg. Am 19. September schlossen dann Sachsen und Bayern den sogenannten «Partagetraktat»,
in dem die beiderseitigen Interessensphären abgesteckt und militärisch zu sichern verabredet wurden. Aber bereits zuvor hatten französische Truppen den Rhein überschritten und im Zusammenwirken mit zwei bayerischen Armeekorps von etwa 20 000 Mann den
Vormarsch in die Erblande angetreten. Nach der kampflosen Einnahme von Linz am 15. September wurde ins Auge gefaßt, donau-
abwärts vorzustoßen und die Hauptstadt Wien zu belagern.

Der sich hier abzeichnende Zusammenbruch des Kaiserhauses
konnte jedoch nun keineswegs im Interesse Preußens liegen. Das
Schlesienabenteuer erfüllte das Kalkül des Königs ja nur dann seinen Sinn, wenn es Preußen gelang, aus der Phalanx der Mittel-
mächte herauszutreten und eine Präeminenz des Hauses Brandenburg den Rivalen gegenüber zu begründen. Wenn gerade jene aber
nun im Begriffe waren, einen womöglich noch größeren Anteil an

Der Kriegsschauplatz in
hlesien, Böhmen und Mähren
1741/1742

0 ——————— 40 km

der habsburgischen Hinterlassenschaft an sich zu reißen, war alles verspielt, was Friedrich mit dem Zugriff auf Schlesien auf sich genommen hatte. Insofern handelte er mit einer gewiß ja nicht untypischen Konsequenz, wenn er über diplomatische Kanäle lancieren ließ, daß er auf der Grundlage des Status quo zu einem Arrangement mit der einstweilen als Königin von Ungarn regierenden Kaisertochter bereit sei. So wurde der Feldmarschall Graf Neipperg bevollmächtigt, in Verhandlungen mit dem Preußenkönig auszuloten, unter welchen Voraussetzungen eine Einstellung der Kampfhandlungen in Schlesien vereinbart werden könne. Offenkundig war dabei für beide Seiten, daß die Politik der Hofburg bestrebt war, die an der Neiße gebundenen Streitkräfte für die Verteidigung der Residenz und der Erbländer verfügbar zu machen. Am 9. Oktober kam es dann im Schloß von Kleinschnellendorf zu einem Treffen zwischen dem König, Neipperg, dem englischen Geschäftsträger am Berliner Hof Lord Hyndford und dem österreichischen General von Lentulus, bei dem in Form eines von Hyndford aufgesetzten, unter allen Umständen geheimzuhaltenden Protokolls vereinbart wurde, daß Niederschlesien im Besitz Preußens verbleibe und sich der König verpflichte, weder gegen Österreich noch Hannover Krieg zu führen.

Folgenreicher als das politische Ziel, das Friedrich mit diesem Arrangement zu erreichen versuchte, war freilich die Tatsache, daß einmal mehr offenkundig wurde, wie das preußische Verhalten im Rahmen der europäischen Staatengemeinschaft eingeschätzt werden mußte. Denn trotz aller Vorsichts- und Geheimhaltungsmaßregeln, die der König bei der Paraphierung der Konvention von Kleinschnellendorf durchzusetzen gewußt hatte, war sofort bekanntgeworden, daß er seine bisherigen Bündnispartner im Stich zu lassen entschlossen war. Seine Absicht, das wurde auch an der mit Neipperg verabredeten Übergabe der Festung Neiße, der Verlegung der preußischen Truppen in die Winterquartiere und der Rückkehr des Königs nach Berlin ablesbar, bestand jetzt darin, das Kaiserhaus zu schonen, damit es sich seiner anderen Gegner – Friedrichs eigener Bündnispartner – erwehren konnte. Es gehörte im Zeitalter der Kabinettskriege sicherlich zum legitimen Instrumentarium außenpolitischen Agierens, die Allianzen zu wechseln, wie es der eigenen Konvenienz entsprach. Die Mächtepolitik des

Großen Kurfürsten etwa bot dafür eine Fülle lehrreicher Beispiele.
Die Skrupellosigkeit jedoch, mit der Friedrich ein weiteres Mal zu
Werke ging, trug die Züge eines nackten Machtkalküls, das auch
für das *ancien régime* ungewöhnlich war. Offensichtlich sollte hier
eine Konstellation genutzt werden, die einen momentanen Vorteil,
aber keinen dauerhaften Ausgleich zustande zu bringen versprach.

Die Wirkung freilich, die sich Friedrich von diesem Waffenstillstand und dem daraufhin erfolgten Abzug des Armeekorps Neipperg versprochen haben mochte, blieb zunächst aus. Zwar konnte
er in Schlesien nun unbehelligt von einem militärischen Gegenspieler Fuß fassen und seine Besatzungstruppen neu formieren.
Die verbündeten Armeen Bayerns und Frankreichs jedoch setzten
ihren Vormarsch fort und gelangten ungehindert bis St. Pölten,
bevor sie nach Norden einschwenkten und statt auf die Hauptstadt
nach Prag vorrückten. Offenbar war für die Änderung des ursprünglichen Plans das Mißtrauen maßgeblich, das der Kurfürst
von Bayern nicht nur einem Rivalen wie dem Preußenkönig gegenüber hegte, sondern auch gegenüber einem Verbündeten wie
seinem sächsischen Schwager, der seinerseits in Böhmen eingefal-
len war, um sich im Ringen um das österreichische Erbe ein
Faustpfand zu verschaffen. In einem gemeinsam unternommenen
Handstreich gelang es den Verbündeten in der Nacht vom 25. auf
den 26. November 1741, das nur unzureichend verteidigte Prag
einzunehmen. Das Auseinanderbrechen des Erzhauses schien nun
unabwendbar zu sein. Am 7. Dezember ließ sich der bayerische
Kurfürst Karl Albrecht zum König von Böhmen ausrufen; zwölf
Tage später fand die Huldigung statt. Und auch das weiterge-
steckte Ziel der wittelsbachischen Politik, die Wahl Karl Albrechts
zum römisch-deutschen Kaiser, konnte am 24. Januar 1742 unter
französischer Protektion und der Zustimmung aller Kurfürsten erreicht werden.

Dann jedoch wendete sich das Blatt. Denn unmittelbar, nachdem
die verbündeten Bayern und Franzosen nach Böhmen gelangt waren, hatte der betagte Feldmarschall Khevenhüller die leichten
Truppen der ungarischen Komitate, die sog. «Insurrektionstrup-
pen», mobilisiert und in die bayerischen Erblande entsandt, wo sie
den ungezügelten Formen ihrer Kriegführung entsprechend plün-
dernd und brandschatzend vorgingen und allenthalben Angst und

Schrecken verbreiteten.[65] Und obwohl zwei preußische Armeekorps unter dem Prinzen Leopold Maximilian von Anhalt-Dessau
und Feldmarschall Schwerin in Mähren bereits wieder in die
Kämpfe eingriffen und eine Schlüsselposition wie Olmütz in ihre
Hand zu bringen wußten, setzte sich unter den Verbündeten doch
die Überzeugung durch, daß der Rettung der bereits umgangenen
französischen Besatzung von Linz und der von Verwüstung bedrohten bayerischen Kurlande Priorität eingeräumt werden müsse.

Angesichts dieser Lage scheint der König in seiner mächtepolitischen Orientierung erneut geschwankt zu haben. Jedenfalls ist bis
auf den entschiedenen Vorsatz, das eroberte Schlesien mit allen
Mitteln zu verteidigen, keine Konzeption erkennbar, welchem
Bündnis er sich nun tatsächlich verpflichtet fühlte. Ungeachtet des
Waffenstillstandes, den er im Oktober mit Neipperg vereinbart
hatte, brach er am 18. Januar 1742 nach Dresden auf, wo er König
August III. herrschsüchtig und aufbrausend zu überreden vermochte, die sächsische Armee seinem Oberbefehl zu unterstellen
und zusammen mit der preußischen in Mähren vorzugehen. Ohne
deklamatorisches Vorspiel war Friedrich also ins Feld zurückgekehrt und veranlaßte den Wiener Hof Ende März, den Eindring-
lingen ein Armeekorps unter dem Oberbefehl des Prinzen Karl von
Lothringen, des Schwagers der Maria Theresia, entgegenzustellen.
Der preußisch-sächsische Vormarsch kam jedoch an der Thaya,
einem Nebenfluß der March, ins Stocken. «Daß das verbündete
Heer», schreibt Koser resümierend, «an den Grenzen Niederöster-
reichs mitten im Anlauf haltmachte und ins Leere hineinstarrte,
statt den Feind zu suchen, wo er zu finden sein mochte, hat den
mährischen Feldzug von 1742 scheitern lassen.»[66] Auch hier erneut jene eigentümliche Unentschlossenheit des Königs, verbunden
mit maßlosen Kompensations- und Abtretungsforderungen an die
österreichische Seite, denen er allein durch die wochenlange, auf
das Land sich verheerend auswirkende Präsenz in Reichweite der
Hauptstadt Wien Nachdruck zu verleihen hoffte.[67] Und dann erneut auch selbstquälerische Überlegungen, ob nicht die Zeit für einen Friedensschluß mit der Hofburg gekommen sei. Schließlich
habe er sich nicht verpflichtet, den beiden Bündnispartnern Bayern
und Sachsen zu den von ihnen beanspruchten Ländern zu verhelfen.
Zugleich kamen ihm aber auch naheliegenderweise Befürchtungen

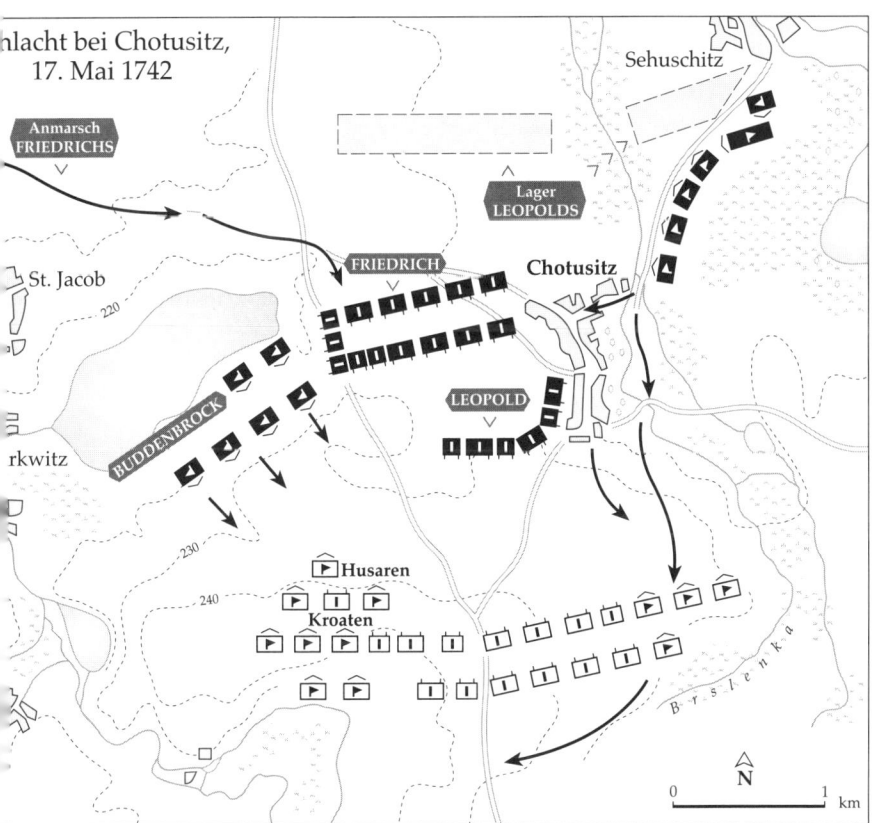

in den Sinn, daß er bei einem offen vollzogenen Bündniswechsel in den Ruf eines «unbeständigen und leichtfertigen Menschen» geraten könne.[68]

Anfang April entschloß er sich dann aber in außerordentlich gereizter Verfassung, Mähren zu verlassen und nach Böhmen weiterzumarschieren, ohne allerdings einmal mehr über die Absichten der Österreicher Erkenntnisse und Informationen zu besitzen. Diese hatten sich nämlich angeschickt, ihre Hauptarmee in Südböhmen zusammenzuziehen, um gegen den König vorzugehen. Als er am 15. Mai ganz unvermittelt eines österreichischen Heerlagers bei Czaslau ansichtig wurde, glaubte er zunächst, eines der kleineren Armeekorps des Gegners vor sich zu haben. Tatsächlich war es aber die Hauptmacht, die die Österreicher zur Befreiung Böhmens und

Mährens aufgeboten hatten. Sie standen bei Czaslau und rückten am frühen Morgen des 27. Mai auf die preußische Lagerstellung mit der Ortschaft Chotusitz in der Mitte vor. Es folgte erneut eine blutige, lange Zeit unentschiedene Schlacht, die bis in die frühen Mittagsstunden dauerte und trotz hoher Verluste besonders bei der Kavallerie mit einem Sieg der preußischen Seite endete. Es ist schwer zu beurteilen, welchen Anteil der König an diesem Schlachtereignis hatte. Aber neben Leopold Maximilian von Anhalt-Dessau, dem Erbprinzen, der das Treffen in Abwesenheit Friedrichs angenommen und eröffnet hatte und dann noch auf dem Schlachtfeld zum Feldmarschall befördert wurde, war es der König selbst, der in der Schlußphase des Gefechts durch einen Infanterieangriff seines noch völlig intakten rechten Flügels die Österreicher zu einem panikartigen Rückzug veranlaßte. Eine Verfolgung unterblieb mit der für die Zögerlichkeit des Königs bezeichnenden Auskunft, seinen Gegner nicht vollends herunterbringen zu wollen.[69]

In der Friedrich-Literatur wird im Zusammenhang mit der Schlacht von Chotusitz immer ein Brief des Königs an seinen Rheinsberger Jugendfreund Jordan zitiert; er muß in der Tat als besonders aufschlußreich bezeichnet werden. «Jetzt ist Dein Freund», schrieb er in womöglich nicht einmal aufgesetzter Verwunderung über sich selbst, «zum zweiten Mal binnen dreizehn Monaten Sieger geblieben. Wer hätte vor einigen Jahren vorausgesehen, daß Dein Schüler in der Philosophie, Ciceros Schüler in der Rhetorik und Bayles Schüler in der Vernunft eine militärische Rolle in der Welt spielen würde? Wer hätte gedacht, daß die Vorsehung einen Poeten ausersehen hätte, um das politische System Europas umzustürzen und die Berechnungen seiner Könige vollständig auf den Kopf zu stellen?» Es geschehe, fuhr er fort, so vieles, wofür eine Erklärung nur unzureichend gegeben werden könne; dieses Ereignis müsse dazu gerechnet werden. «Ein Komet durchquert das Weltall und folgt in seinem Lauf einer von allen anderen Planeten abweichenden Bahn.» Er erwarte von Jordan Nachrichten über schöne Dinge. «Das entspannt und verschafft mir Erholung von meinen Beschäftigungen [...]. Ich lese, was ich kann, und versichere Dir, daß ich in meinem Zelt Philosoph bin wie Seneca oder sogar noch mehr. Wann werden wir uns unter den schönen und friedlichen Buchen von Remusberg und unter den prächtigen Linden von Charlottenburg wiedersehen? Wann werden wir nach unserem Belieben wieder nachdenken können über die Lächerlichkeit der Menschen und über die Nichtigkeit unseres Daseins. Ich erwarte diese glücklichen Augenblicke voller Ungeduld.»[70]

Offensichtlich konnte der König sich selbst nicht erklären, wie er sich nach zwei siegreichen Schlachten von einem *homme de lettres* zu jenem Kometen wandeln konnte, der das politische System Europas umzustoßen vermocht hatte. War das nach den mächtepolitischen Tagträumen der Kronprinzenzeit nun eine Koketterie? Oder war er wirklich überrascht von dem, was er mit dem Zugriff auf Schlesien an mächtepolitischen Irritationen ausgelöst hatte? Alle Zeugnisse aus seiner engeren Umgebung sprechen dafür, daß er sich während des mährischen Feldzugs seiner Sache keineswegs sicher war und in ungewöhnlicher Weise angespannt und verstört auf seine Vertrauten wirkte. Der französische Gesandte Valory etwa notierte, daß sein Blick schreckenerregend war und seine Äußerungen als unfreundlich empfunden wurden. Sein Lächeln wirkte gekünstelt und höhnisch und seine Scherze waren voll von Bitterkeit.[71] Jene Jordan gegenüber geäußerte Sehnsucht, den als «schwierig und gefährlich (difficiles et sérieuses)» empfundenen «occupations» zu entkommen und in die empfindsam mit Bäumen assoziierten Arkadien in Rheinsberg und Charlottenburg zurückzukehren, dürften demzufolge durchaus ernst gemeint gewesen sein.[72] Denn er hoffte, im Kreise freundschaftlich Verbundener in launigen Gesprächen ausruhen und entspannen zu können. Was hier vor dem Hintergrund außerordentlicher Anstrengungen und höchster Erregung an Wünschen ausgesprochen wurde, ist eine Grundbefindlichkeit Friedrichs geblieben, die bis ins hohe Alter und besonders in den Krisen des Siebenjährigen Krieges immer wieder hervortrat. Sie gehörte zu seinem Wesen und hat in zahlreichen schönen und bewegenden Briefen an Jordan, Voltaire und den Marquis d'Argens ihren Ausdruck gefunden.

Die unmittelbare Folge der Schlacht war der dringende Wunsch des Königs, nun zu einem definitiven Friedensschluß mit dem Hause Habsburg zu gelangen. Es hatte sich erwiesen, daß auf die Verbündeten, sowohl Frankreich wie Bayern und Sachsen, vor allem in militärischer Hinsicht kein Verlaß war. So zog sich der

König aus Böhmen zurück. In harten Verhandlungen ging es jetzt darum, den für Preußen erreichten Besitzstand zu wahren. Unter Vermittlung Englands wurde am 11. Juni 1742 in Breslau zunächst ein Präliminarvertrag unterzeichnet, in dem Preußen neben Niederschlesien auch Oberschlesien mit der Grafschaft Glatz zugesprochen wurde. Beide Seiten verabredeten darüber hinaus, den Gegnern der jeweils anderen Macht keine Hilfe zu leisten. Der endgültige Frieden wurde dann am 28. Juli geschlossen. Er beendete den ersten Waffengang um Schlesien mit einer Bestätigung der Annexion, allerdings – wie der König von Anfang an argwöhnte – mit einem mentalen Revisionsvorbehalt des Erzhauses.

Die Entrüstung, die in Versailles und in der französischen Öffentlichkeit über den Abfall Preußens von der Allianz herrschte, äußerte sich in heftigen diplomatischen und publizistischen Attacken und entsprechender Gegenrede des Königs. Es erboste ihn ungemein, daß man ihm jetzt die Widersprüche vorhielt, die zwischen den Lektionen des *Antimachiavell* und seinem an nackter Machtpolitik orientierten Handeln auszumachen waren.[73] Schließlich sah er sich veranlaßt, dem mit aller Welt über den Wortbruch des Königs korrespondierenden Kardinal Fleury in einem Brief vom 12. September darzulegen, welche Gründe ihn zu einem Separatfrieden mit dem Hause Österreich veranlaßt hatten. Wie die Welt in ihrer Oberflächlichkeit und Ignoranz über ihn urteile, brauche ihn nicht zu kümmern; nur die Nachwelt richte die Könige. Doch, wandte er dann ein: «Kann man mich dafür verantwortlich machen, daß der Marschall Broglie [der das Kommando der französischen Armee in Böhmen geführt hatte] kein Turenne ist? Ich kann nicht aus einer Nachteule einen Adler machen. Darf man mich anklagen, daß ich mich nicht zwanzig Mal für die Franzosen schlage? Es wäre eine Aufgabe für Penelope gewesen, denn es war dem Herzog von Broglie vorbehalten, das zu zerstören, was andere aufgebaut hatten. Darf ich mich anklagen, zu meiner Sicherheit einen Frieden geschlossen zu haben, wenn hoch im Norden ein anderer Friede ausgehandelt wurde, bei dem es auf meinen Nachteil abgesehen war? Kurzum, darf man mich anklagen [...], daß ich mich aus einer Allianz zurückgezogen habe, von welcher derjenige, der Frankreich regiert [Fleury] eingesteht, sie mit Bedauern geschlossen zu haben?»[74]

Friedrich sah sich außenpolitisch also bereits in der Defensive. Er hatte einen erheblichen Teil des Vertrauenskapitals, das man ihm gerade in Frankreich zugute hielt, bereits verspielt. Nichts in der Staatenpolitik des 18. Jahrhunderts, das war ihm längst klar geworden, war kurzlebiger als die Bündnisse und Arrangements der Mächte. Aber irgendwie spürte er doch, daß der Bogen auch nicht überspannt werden dürfe. So äußerte er sich unmittelbar nach dem Abschluß des Separatfriedens: «Ich hoffe, daß wir uns mit Würde auf der Höhe des Machtzuwachses behaupten werden, in dem wir uns Europa vorgestellt haben.» Drei Tage später schrieb er noch einmal an Podewils, daß es jetzt darum gehe, «die Kabinette Europas daran zu gewöhnen, uns in der Stellung zu sehen, die uns dieser Krieg verschafft hat, und ich glaube, daß viel Mäßigung und viel Gleichmut gegenüber allen Nachbarn uns dahin führen wird.»[75]

Der zweite Waffengang um Schlesien

Für die weiteren Auseinandersetzungen um die Erbfolge im Hause Österreich war nun von entscheidender Bedeutung, daß die Entlastung, die man sich in Wien von dem Friedensschluß mit Preußen versprochen hatte, tatsächlich wirksam wurde. Sie führte nicht nur zur Besetzung Bayerns durch österreichische Truppen, so daß der wittelsbachische Kaiser in Frankfurt am Main zu residieren genötigt war, sondern auch zur Formierung einer Koalitionsarmee aus österreichischen, deutschen, britischen und holländischen Kontingenten, der es in den Feldzügen 1743 und 1744 gelang, die Franzosen bis über den Rhein hinaus zurückzudrängen. Der König gewann dadurch den Eindruck, daß mit den Erfolgen der sogenannten «Pragmatischen Armee» die preußische Position ins Hintertreffen geriet. Denn er rechnete fest damit, daß der Friedensschluß von Breslau nur als ein Interim betrachtet wurde und das Haus Österreich bei der ersten sich bietenden Gelegenheit eine Revision der Schlesienfrage herbeizuführen bestrebt war. Er setzte sich diese Idee so sehr in den Kopf, daß er alle Nachrichten – so vage sie auch sein mochten – in einen direkten Bezug zu dieser Bedrohung setzte. Gewiß waren diese Hinweise und Gerüchte nicht

aus der Luft gegriffen, sondern deuteten in der Tat auf eine Perspektive österreichischer Politik, die immer stärker in den Vordergrund trat. Aber das Mißtrauen und die Ungeduld, mit der er das
mächtepolitische Szenarium beobachtete und in einer Flut von
Kabinettsschreiben und flüchtig hingeworfenen Instruktionen an
den Etatminister Podewils kommentierte, verleiteten ihn hier wie
immer wieder auch später zu verhängnisvollen Fehleinschätzungen
der Lage und entsprechend überstürztem Handeln.

Seine Unruhe und das Gefühl, daß längeres Zuwarten und militärische Untätigkeit den eigenen Interessen abträglich sein könnten, wurden verstärkt durch eine Reihe neuer Faktoren im System
der Mächte. In England war mit dem Sturz Sir Robert Walpoles
im Februar 1742 eine Partei an die Regierung gelangt, die das
traditionelle Bündnis mit dem Hause Habsburg wiederzubeleben
wünschte – wegen Hannover auf der einen Seite, aber auch zur
Wahrung eines Gleichgewichts der Kräfte auf dem Kontinent. Im
Januar 1743 war Kardinal Fleury gestorben; er hinterließ die französische Mächtepolitik in völliger Orientierungslosigkeit. In St. Petersburg schließlich hatte die Zarin Elisabeth Petrowna den Thron
bestiegen; sie schuf die Voraussetzungen für ein außenpolitisches
Konzept, das sich Österreich annäherte und die Ausdehnung Preu
ßens im ostmitteleuropäischen Vorfeld Rußlands durch die Rückgabe Schlesiens rückgängig zu machen bestrebt war.

Angesichts dieser sich rasch verändernden Lage war der König
entschlossen, sich von der Neuordnung der Mächtebeziehungen,
wie sie durch die Erbfolgekrise im Hause Österreich unausweichlich geworden war, weder durch England noch durch das Erzhaus
ausschließen zu lassen. Sein konkretes und vorrangiges Ziel war
dabei die internationale Bestätigung der Besitzergreifung von
Schlesien. Aber seine Absicht war es zugleich, die Stabilisierung
des wittelsbachischen Kaisertums nach Kräften zu befördern, um
im Falle einer außenpolitischen Isolierung über Einfluß- und Au
ßensteuerungsmöglichkeiten im Reich zu verfügen. Er entwickelte
deshalb nach seinem Ausscheiden aus den militärischen Auseinandersetzungen eine Fülle von waghalsigen Plänen, wie das Reich
durch Säkularisierungen geistlicher Territorien oder die Assoziationen einiger Reichskreise zur Unterstützung Karls VII. gewonnen
werden könne. Er verfügte offenbar über Kenntnisse hinsichtlich

der Reichsverfassung und über das Funktionieren einiger der wichtigsten ihrer Organe. Aber die Vorstellung, sich an der Spitze eines bunt zusammengewürfelten Reichskontingents zum Schiedsrichter in gesamteuropäischen Angelegenheiten aufzuschwingen, verrät eine Ahnungslosigkeit, die nur aus Unerfahrenheit oder aber aus dem sich immer noch steigernden Argwohn erklärt werden kann, am Ende doch noch abseits zu stehen. Alle diese Projekte erwiesen sich sehr schnell als chimärisch. Statt dessen trat der König erneut in Kontakt zu Frankreich. Das Ergebnis entsprechender Sondierungen war ein Bündnis, das am 5. Juni 1744 unterzeichnet wurde. Es sah vor, Kaiser Karl VII. mit Böhmen zu dem von Anfang an ins Auge gefaßten Anteil des habsburgischen Erbes zu verhelfen, während Preußen sich lediglich bescheidene Zugewinne entlang der böhmisch-mährischen Grenze zu verschaffen hoffte. Nur mit Böhmen in bayerischem Besitz schien dem König auch die Annektierung Schlesiens erst vollständig gesichert. Und nachdem Ende Juni die österreichische Armee unter Prinz Karl von Lothringen nördlich von Speyer den Rhein überschritten hatte und ins Elsaß vorzudringen im Begriffe war, entschloß sich Friedrich, auch seinerseits wieder zu den Waffen zu greifen.

Das Ziel der Operationen dieses zweiten Waffengangs um den Besitz von Schlesien war auch dieses Mal wieder Böhmen. Er wurde erneut wie ein Präventivkrieg eröffnet. Denn weder preußisches noch schlesisches Territorium war in irgendeiner Weise bedroht. Aus der Sicht des Königs galt es vielmehr, den Wiederaufstieg Österreichs zu verhindern und sicherzustellen, daß Preußen bei einer europäischen Friedensregelung über das Erbe des Hauses Habsburg nicht ausgeschlossen wurde. Am 17. August 1744 begann der Vormarsch eines preußischen Armeekorps durch sächsisches Gebiet. Man rechtfertigte dieses Vorgehen mit der Behauptung, daß es sich hier um Reichstruppen handele, die zur Wiederherstellung der kaiserlichen Autorität und damit zur Sicherung des bayerischen Anspruchs auf Böhmen entsandt worden seien. Zwei weitere Kontingente überschritten aus anderen Richtungen die böhmische Grenze, und da das Land von Truppen fast vollständig entblößt war, gelang dem König mit seinem 62 000 Mann zählenden Heer die Einnahme der Hauptstadt Prag praktisch im Handstreich (16. September). Der ganze, in kaum noch gezügelter Kriegslüsternheit geplante Feldzug war auf rasche Erfolge angelegt. Aber nachdem die preußische Armee über Prag hinaus weiter nach Süden vorgestoßen war und auch die Festungen Tabor, Budweis und Frauenberg einzunehmen vermocht hatte, blieb der Feldzug ohne entscheidende Erfolge.

Die verbündeten Franzosen und Bayern ließen auf sich warten, während die sächsische Armee ihre Neutralität aufkündigte und sich anschickte, die Nachschubwege der preußischen Truppen ernsthaft zu bedrohen. Überdies verstärkte sich die Vermutung, daß die im Westen des Reiches operierende österreichische Hauptarmee unter dem Kommando des Prinzen Karl von Lothringen und des Feldmarschalls Otto Ferdinand Graf Traun zurückkehre und im Anmarsch auf Budweis sei. Genaueres aber konnte der König nicht in Erfahrung bringen. So ging wertvolle Zeit verloren, ohne daß Vorkehrungen für den Unterhalt einer so beträchtlichen Armee oder für die Winterquartiere in einem fremden Land getroffen worden wären. Am 25. Oktober begann der dann notgedrungenermaßen nicht eben glanzvolle Rückzug der preußischen Armee in Richtung auf Prag, ohne daß es gelungen wäre, die inzwischen um ein sächsisches Kontingent verstärkten Österreicher zu einer Schlacht zu zwingen, auf die der König so sehr gehofft hatte. Schon jetzt herrschte ausgesprochen winterliches Wetter. Und so geriet das, was nun bis in die erste Dezemberwoche noch folgen sollte, zu einem Alptraum für den König und seine in Auflösung begriffene Armee.

Einmal mehr erwies es sich, daß man gegen die höchst beweglichen leichten Truppen der Österreicher nichts Gleichwertiges aufzubieten hatte und den Rückmarsch nach Schlesien in der ständigen Gefahr durchführen mußte, in kleine, aber immer aufreibendere Vorposten- und Nachhutgefechte verwickelt zu werden. Bei diesen Scharmützeln wurden ganze Einheiten aufgerieben. Hinzu kam aber, daß die Armee angesichts der sich verschärfenden Versorgungsprobleme starke Ausfälle durch Fahnenflucht, Typhus und Ruhr zu beklagen hatte. Die Gesamtverluste der preußischen Armee in diesem ohne eine verlorene Schlacht beendeten Feldzug können nur geschätzt werden. Es gibt Angaben, die von 17 000 Überläufern allein zu den Österreichern sprechen. Andere Quellen äußern die Vermutung, daß sich etwa 36 000 Mann wieder in Schlesien einfanden, von denen jedoch etwa die Hälfte an der Ruhr starb.[76] Auch wenn diese Zahlen zu hoch gegriffen sein mögen: Unbestreitbar ist, daß der König in der verhängnisvollen Annahme, dem Erzhaus in einem am Ende kläglich gescheiterten Zusammenwirken mit Frankreich und Bayern einen Verzichtfrieden diktieren zu können, den Kernbestand seiner Armee aufs Spiel setzte und auch in politischer Hinsicht mit leeren Händen dastand. Wieder hatte er einen Präventivkrieg geführt, wieder war er wie schon in den Feldzügen 1740/41 und 1742 auf den ersten Blick kühn und beherzt, praktisch jedoch ungehindert weit, vielleicht viel zu weit in ein von Truppen entblößtes Land vorgedrungen. Aber immer, wenn eine österreichische Armee auf dem Kriegsschauplatz erschien, waren ihm die Vorteile, die er bereits errungen zu haben glaubte, wieder aus der Hand geglitten. Zwar hatte er den Besitz von Schlesien zu behaupten vermocht, aber nicht erreichen können, das Haus Habsburg so entscheidend zu schwächen, wie es ihm zur endgültigen Sicherung seines Beutezuges erforderlich schien. Vielmehr war es am Ende immer wieder dahin gekommen, daß er die strategische Initiative den Österreichern überlassen mußte und politisch der ihm seit dem Schlesienabenteur drohenden Isolierung nicht entgegenwirken konnte.

Der König scheint diesen Feldzug selbst als eine schwere und schockierende Niederlage empfunden zu haben. Wiederum ist eine Äußerung Valorys, des französischen Gesandten im Hauptquartier des Königs, aufschlußreich, weil sie überaus glaubwürdig belegt, daß Friedrich jetzt weniger überheblich und dünkelhaft («moins de présomption») war. «Er hörte zu; seine Antworten waren sanfter und weniger schneidend. Es gab niemanden, dem diese Veränderung nicht aufgefallen wäre. Er war zum ersten Mal auf große Schwierigkeiten gestoßen.»[77] Und diese waren zum ersten Mal auch finanzieller Natur. Denn der vom Vater hinterlassene Staatsschatz war aufgebraucht, so daß er sich bereits im fünften Feldzugsjahr nach neuen, außerordentlich umständlichen Finanzierungsmöglichkeiten umzusehen gezwungen war. Hinzu kam, daß nun erstmals auch ein gesteigerter Heeresergänzungsbedarf bestand, dem in der kurz bemessenen Frist der Wintermonate entsprochen werden mußte. Im übrigen galt es, einer geschwächten und demoralisierten Armee erneut den Geist ungebrochener Siegeszuversicht einzuflößen. Aber entscheidender war die grundsätzlich neue Erkenntnis, daß mit einem offensiv geführten Feldzug in einem ausgesprochen feindselig gesinnten Land den preußischen Interessen nicht gedient werden konnte. So faßte der König den Entschluß, Schlesien selbst zu verteidigen und sich den Österreichern erst entgegenzustellen, wenn sie das Gebirge überqueren sollten. Die verbündeten Franzosen ließ er wissen, daß er zur Durchsetzung der gemeinsamen Kriegsziele die Aufstellung von zwei schlagkräftigen Armeen erwarte, die in den Westen des Reiches und der Donau entlang bis nach Wien vorstoßen sollten. In Frankreich hatte sich jedoch in mehrfacher Hinsicht ein Wandel vollzogen. Im Dezember 1744 war der Marschall Belle-Isle, der unermüdliche Befürworter der französisch-preußischen Allianz mit dem Ziel der Aufteilung des habsburgischen Erbes, in Hannover in Gefangenschaft geraten. Als noch wichtiger erwies sich indessen, daß die Auseinandersetzung mit Großbritannien in Übersee, den südlichen Niederlanden und infolge der Landung des von Frankreich unterstützten Stuart-Prätendenten Charles Edward in Schottland immer unabweisbarer in den Vordergrund trat. So war es vor allem der westliche Kriegsschauplatz, dem das Augenmerk und das militärische Engagement der französischen Politik galten. Und hier, in Flandern, kommandierte überaus erfolgreich jener Feldherr, den der König schon sehr frühzeitig als sich selbst ebenbürtig betrachtete, der Marschall Moritz von Sachsen, ein legitimierter natürlicher Sohn Augusts des Starken, der mit seinen *Rêveries* von 1732/1756 sich auch als Militärtheoretiker verewigen sollte. So trat die Schlesienfrage aus der Perspektive der großen Politik allmählich immer weiter in den Hintergrund.

Die außenpolitische Lage begann sich unterdessen grundlegend zu verändern. Am 20. Januar 1745 war Karl VII. erst 48-jährig gestorben. Daraufhin schied Bayern aus dem Bündnis mit Frankreich und Preußen aus und arrangierte sich mit dem Erzhaus im Frieden von Füssen (22. April 1745) – unter anderem mit der Zusicherung, bei der anstehenden Kaiserwahl für den Großherzog Franz Stephan, den Gemahl der Maria Theresia, zu votieren. Sachsen war schon am 13. Mai 1744 auf die Seite Österreichs getreten, obwohl sich August III. selbst noch Hoffnungen auf die Kaiserwürde gemacht hatte. In den Vordergrund trat nun die schließlich auch vertraglich fixierte Absicht (18. Mai 1745), an der Seite Österreichs dem Preußenkönig Schlesien wieder zu entreißen. So fand die alte Rivalität zwischen den beiden Mächten neue Nahrung und vermehrte die Spannungen in der ganzen Region. Hinzu kam, daß auf Frankreich, den einzigen Verbündeten, der Preußen noch verblieben war, nicht gerechnet werden konnte. So geriet der König politisch wie militärisch in eine Isolierung, die nicht nur den Besitz von Schlesien, sondern überhaupt die Rolle Preußens im Konzert der Mächte in Frage stellte. Eine wahre Flut von Briefen und Denkschriften an seinen zur Vorsicht mahnenden Etatminister Podewils belegt überaus eindringlich, daß sich der König dieser Lage durchaus bewußt war und daß er bereits mit dem Schlimmsten rechnete. Alles hing seiner Auffassung nach von einer Entscheidungsschlacht ab, die er in wachsender Ungeduld so schnell wie möglich erzwingen wollte.

Und wiederum das Denken in Kategorien des alles oder nichts, des Sieges oder des Untergangs: Wenn alle seine Ressourcen versiegen, äußerte er Ende April nach seiner Rückkehr zur Armee, wenn alle seine Verhandlungen fehlschlagen sollten, «wenn – mit einem Wort – alle Konjunkturen sich gegen mich erklären, will ich lieber in Ehren untergehen als für mein ganzes Leben Ruhm und Reputation verlieren. Ich habe es mir zum point d'honneur gemacht, mehr als irgendein anderer zum Aufstieg meiner Dynastie beigetragen zu haben.» Er habe, fuhr er fort, eine hervorragende Rolle unter den gekrönten Häuptern Europas gespielt und sei persönliche Verpflichtungen eingegangen, die er auf Kosten seines Glücks und seines Lebens auch einzulösen entschlossen sei.[78] Er gestehe, daß er ein hohes Spiel spiele. «Und wenn alles Unglück der Welt sich bei dieser Gelegenheit gegen mich verschwört, bin ich verloren, aber ich kann keine andere Partei ergreifen. Von allem, was ich mir in meiner gegenwärtigen Lage vorstellen kann, ist eine Schlacht das einzige, was erfolgversprechend ist. Diese Arzenei wird über das Schicksal des Kranken in wenigen Stunden entscheiden.»[79] Es bleibe ihm, heißt es weiter, nichts anderes übrig als ein großer Schlag. «Die Entscheidung darüber steht nicht bei mir, so daß ich nichts daran ändern kann; doch werde ich mit aller erdenklichen Sorgfalt handeln [...]. Meine Person werde ich ebenso wenig schonen wie den geringsten Soldaten, um zu siegen oder zu sterben.»[80] Im übrigen aber redete er Podewils gegenüber einem stoischen Fatalismus das Wort: «Verliert nicht den Mut und tut Eure Pflicht, wie ich die meine tue, und im übrigen ergebt Euch in das, was die blinde Vorsehung entscheiden wird; was auch geschehen mag, wir werden ohne Vorwurf sein; nicht Klugheit oder Tapferkeit wird es sein, was uns fehlt, sondern das glückliche Zusammentreffen der Dinge.»[81] Er befinde sich, gestand er Podewils, gegenwärtig in einer Gemütsverfassung, die es ihm gestatte, «mit kaltem Blute an all den großen Vorkehrungen zu arbeiten, die ich zu treffen habe; ich habe innerlich darum nicht weniger gelitten».[82]

Unterdessen schien sich anzubahnen, was der König so sehr als seine große und entscheidende Chance herbeigesehnt hatte: die Formierung einer Armee aus österreichischen und sächsischen Truppen mit dem offensichtlichen Ziel, die Sudeten zu überschreiten und nach Schlesien vorzudringen. Friedrich hatte bewußt darauf verzichtet, die Pässe zu sichern, so als wenn er seine Widersacher einladen wollte, sich Schlesiens wieder zu bemächtigen. Im übrigen hatte er durch seine Allgegenwart in den Hauptquartieren von Kamenz und Frankenstein und eine unglaubliche Arbeitskraft sicherzustellen vermocht, daß die Armee nicht nur neu organisiert und zahlenmäßig ergänzt werden konnte, sondern auch ihr altes Selbstvertrauen wiederfand. «Ich habe den Geist aller meiner Offiziere», schrieb er am 8. Mai nicht ohne Genugtuung an Podewils, «auf den Ton in die Höhe gestimmt, den ich mir nur wünschen kann. Ich habe ihnen Fröhlichkeit und Zuversicht eingehaucht.»[83] Und da er überdies das Gerücht hatte ausstreuen lassen, die preußische Armee werde sich angesichts des Vorrückens der Verbündeten auf Breslau zurückziehen, traf am 26. Mai die Meldung ein, daß Prinz Karl von Lothringen sich anschickte, den Paß von Landeshut zu überqueren. Die Vorhut der Österreicher zeigte sich am 2. Juni. Da die Stellungen der Preußen jedoch aus wohlerwogenen Gründen nicht einsehbar waren, unterließ es Prinz Karl, Vorkehrungen gegen einen Überraschungsangriff zu treffen.

Friedrich beschloß daraufhin, sich in einem Nachtmarsch den Alliierten so weit zu nähern, daß er seine Gegner im Morgengrauen in formierter Schlachtordnung angreifen konnte. Aber noch ehe es zu dem sorgfältig vorbereiteten Aufmarsch gekommen war,

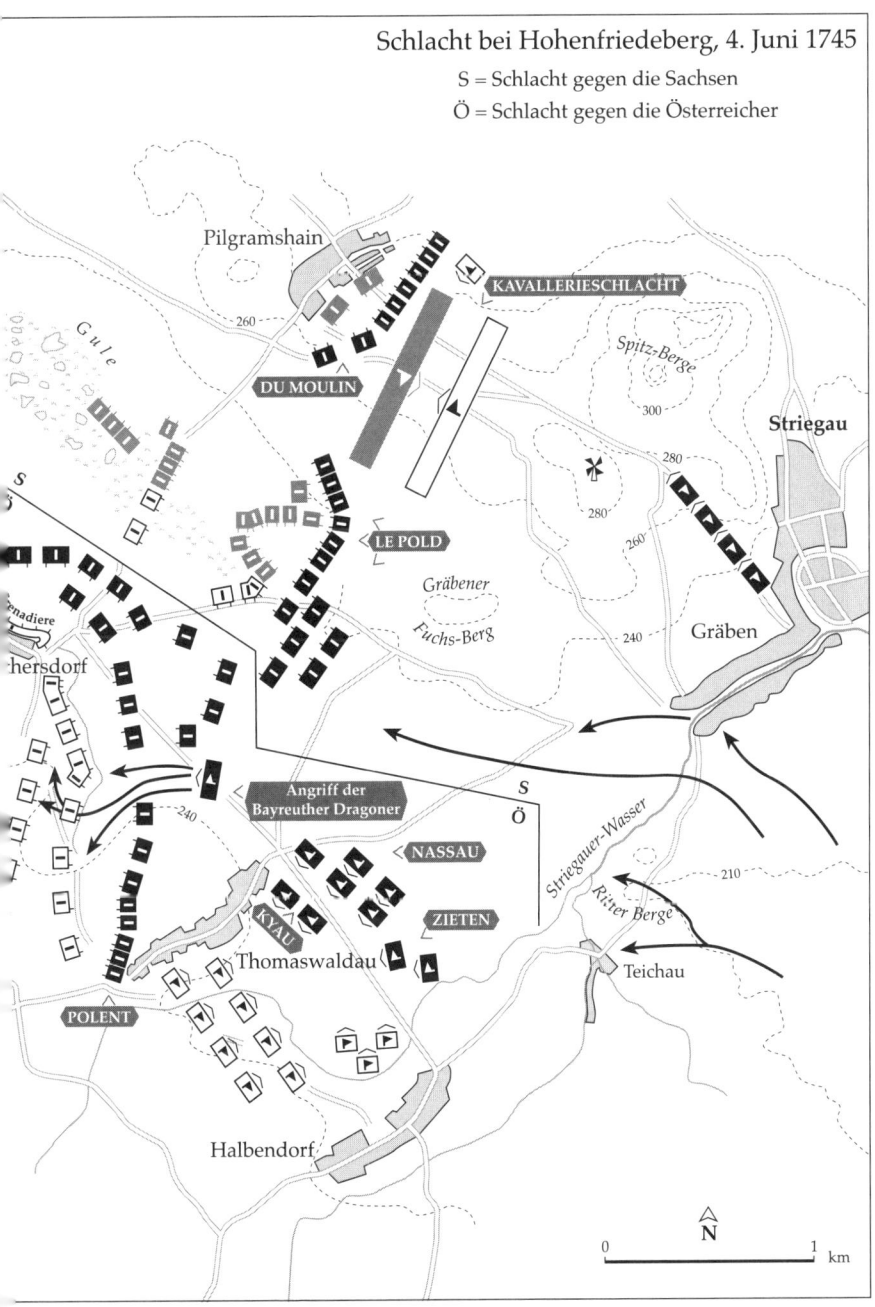

Schlacht bei Hohenfriedeberg, 4. Juni 1745

S = Schlacht gegen die Sachsen
Ö = Schlacht gegen die Österreicher

Pilgramshain

Gule

KAVALLERIESCHLACHT

DU MOULIN

Spitz-Berge

300

280

280

260

Striegau

LE POLD

Gräbener

Fuchs-Berg

240

Gräben

hersdorf

nadiere

Angriff der
Bayreuther Dragoner

240

S
Ö

NASSAU

Striegauer-Wasser

Ritter Berge

210

ZIETEN

KYAU

Thomaswaldau

Teichau

POLENT

Halbendorf

N

0   1 km

traf der rechte preußische Flügel im Dämmerlicht dieses klaren Junimorgens auf die sächsische Vorhut und eröffnete mit heftigen Kavallerieattacken das Treffen. Es folgte ein Gefecht, das nach hartnäckigem und verlustreichem Ringen mit dem Zurückweichen der Sachsen endete, ohne daß die im Zentrum und auf dem rechten Flügel der Alliierten stehenden Österreicher entlastend in die Kämpfe eingegriffen hätten. Dann aber trafen die Hauptkontrahenten bei Hohenfriedeberg aufeinander. Den mehrstündigen, blutigen Kampf entschied schließlich der in der vorrevolutionären Kriegsgeschichte beispiellose Reiterangriff des Dragonerregiments Bayreuth mitten durch die Schlachtordnungen hindurch. Er sprengte die österreichischen Linien vollständig auseinander und führte zu einer verheerenden Konfusion. Dennoch gelang es den österreichischen leichten Truppen, die Eingänge in das Gebirge offenzuhalten, so daß ein halbwegs geregelter Rückzug durchgeführt werden konnte. Die Verluste der Geschlagenen, vor allem an Gefangenen, Feldzeichen und schwerem Gerät, waren gleichwohl hoch und so gravierend, daß anderes als ein Zurückweichen vor dem sich in Schlesien behauptenden Gegner nicht in Betracht kam.

Der König hatte sich in dieser Schlacht zum ersten Mal als alleinverantwortlicher Feldherr bewährt und seine inzwischen beachtliche Kompetenz auf diesem Gebiet immer respekterheischender unter Beweis gestellt. Er hatte durch seine tägliche Präsenz der Armee wieder Siegeszuversicht vermittelt und dann im Angesicht des nahenden Gegners einen Angriffsplan entworfen, der in seiner listenreichen Unerschrockenheit auf Schlachten vorausweist, die ihm dann im Siebenjährigen Krieg zum Mirakel des Hauses Brandenburg verholfen haben. Überhaupt nimmt die Konstellation vor der Schlacht von Hohenfriedeberg vieles von dem vorweg, was er dann im letzten und schließlich entscheidenden Schlesischen Krieg an militärischem Talent bewiesen hat. Auch hier stand neben dem Besitz von Schlesien bereits der Gesamtbestand der Monarchie auf dem Spiel. Auch hier verknüpfte er seine persönliche Reputation mit dem Schicksal des von ihm regierten Staates; auch hier schon das Gegensatzpaar von Scheitern und Erfolg. Aber auch hier war bereits das kaum zu überschätzende Gewicht eines *roi connétable* erkennbar, der ganz den im *Antimachiavell* geäußerten Maximen entsprechend bei der Vorbereitung und der Durchführung der

Operationen im Feldlager anwesend und auch in krisenhaften Augenblicken zur Stelle war. Allem Anschein nach hat Friedrich den Befehl zum schließlich schlachtentscheidenden Vorstoß des Dragonerregiments Bayreuth nicht selbst gegeben; sein Rheinsberger Jugendfreund Chasôt scheint hier die maßgebliche Rolle gespielt zu haben. Aber in der Entschlossenheit, in der niederschlesischen Ebene eine Entscheidung herbeizuführen, trat er als Souverän in Erscheinung, der zugleich auch anordnete, wie eine solche, letztlich politische Absicht in einen militärischen Erfolg umgesetzt werden konnte. Im Gegensatz zu den Böhmenfeldzügen der vorangegangenen Jahre ging es dieses Mal um ein eindeutig umrissenes Ziel. Der König hatte, wiederholte er Podewils gegenüber noch einmal, den Rubikon überschritten – offenbar unwiderruflich! Jetzt galt es, im Kampf um Schlesien standzuhalten und das einmal Erreichte nicht mehr aus der Hand zu geben. «Ich will nun», schrieb er seinem für die Außenpolitik zuständigen Etatminister, «meine Machtstellung behaupten oder es mag alles zugrunde gehen und bis auf den preußischen Namen mit mir begraben werden [...]. Mein Entschluß steht fest. Tun Sie, was Sie wollen – jeder Versuch, mich davon abzubringen, ist aussichtslos.»[84]

Angesichts dieser Klarheit der Gedanken und Entschlüsse mutet es allerdings seltsam an, daß der König, nachdem er von einer Verfolgung seiner bei Hohenfriedeberg geschlagenen und dezimierten Gegner abgesehen hatte, dann doch nach Böhmen vorrückte, ohne daß strategische Ziele erkennbar wären, die er durchzusetzen für unerläßlich hielt. Immerhin äußerte er beiläufig die Absicht, seine Armee in Erwartung eines baldigen Friedensschlusses aus den Ressourcen seiner Kontrahenten zu ernähren, um zu Beginn des Winters dann auf die schlesische Grenze zurückzugehen.[85]

An der oberen Elbe in der Nähe von Königgrätz stieß er dann jedoch erneut auf die Armee des Prinzen Karl, der die seit Hohenfriedeberg verstrichene Zeit dazu genutzt hatte, seine Truppen in einen durchaus wieder schlagkräftigen Zustand zu versetzen. Beide Armeen beobachteten sich wochenlang aus nächster Nähe. Die Lage des Königs wurde jedoch wegen der ständig unterbrochenen Nachschubverbindungen nach Schlesien und wegen der unaufhörlichen Belästigungen durch die leichten Truppen der Österreicher ein weiteres Mal außerordentlich bedrohlich. Aber zugleich war er in seinem unablässig von Panduren umschwärmten Lager für Freund und Feind unverkennbar immer sorgloser geworden. Und so ergab es sich schließlich kurz vor dem bereits eingeleiteten Abmarsch in die Winterquartiere beinahe zwangsläufig, daß Prinz Karl den Entschluß faßte, den König in einer Schlacht zu stellen. Auch bei dieser Operation lief das taktische Konzept wie bei Hohenfriedeberg darauf hinaus, sich durch einen nächtlichen Umgehungsmarsch eine günstige Ausgangsposition für einen Überraschungsangriff in den Morgenstunden des nächsten Tages zu verschaffen. Es war der 30. September, als der König frühmorgens plötzlich mit der Nachricht konfrontiert wurde, von einer zahlenmäßig weit überlegenen Armee bedroht zu sein, die sich bereits in Schlachtordnung zu formieren begann.

Die Schlacht bei Soor, wie sie in der kriegsgeschichtlichen Überlieferung genannt worden ist, begann gegen acht Uhr morgens mit einer überaus wirksamen Kanonade der höher postierten österreichischen Artillerie auf die am rechten Flügel vorrückende Kavallerie des Königs. Dennoch gelang es den Preußen schließlich mit ihrer Infanterie, auf die Höhenstellung der sogenannten Graner-Koppe vorzudringen und die mit 16 schweren Geschützen bestückte Batterie zu erstürmen. Während der Kampf auf der strategisch wichtigen Höhe noch nicht entschieden war und immer wieder hin- und herwogte, entspann sich vor dem bisher als Reserve zurückgehaltenen Zentrum und auf dem linken Flügel der preußischen Stellungen ein weiteres Gefecht, das die Österreicher in den Mittagsstunden schließlich zwang, in den Schutz der bewaldeten Hänge zurückzuweichen, aus denen sie am Morgen ihren Überraschungsangriff vorgetragen hatten. Damit war es dem König mit Geistesgegenwart und Umsicht gelungen, den Versuch des Prinzen Karl abzuwehren, vor dem längst geplanten Abzug in die Winterquartiere doch noch eine Wende im Ringen um den Besitz von Schlesien herbeizuführen.

Hatte bereits der ganze Feldzug die Entschlußkraft unter Beweis gestellt, zu der der König in Augenblicken existentieller Bedrohung fähig war, so zeigte die Schnelligkeit seines Orientierungsvermögens in dieser von ihm selbst heraufbeschworenen Gefahr, daß er sich längst zu einem Feldherrn von hoher Kompetenz entwickelt hatte. Ja, es hat den Anschein, als wenn ihm bereits in diesem letz-

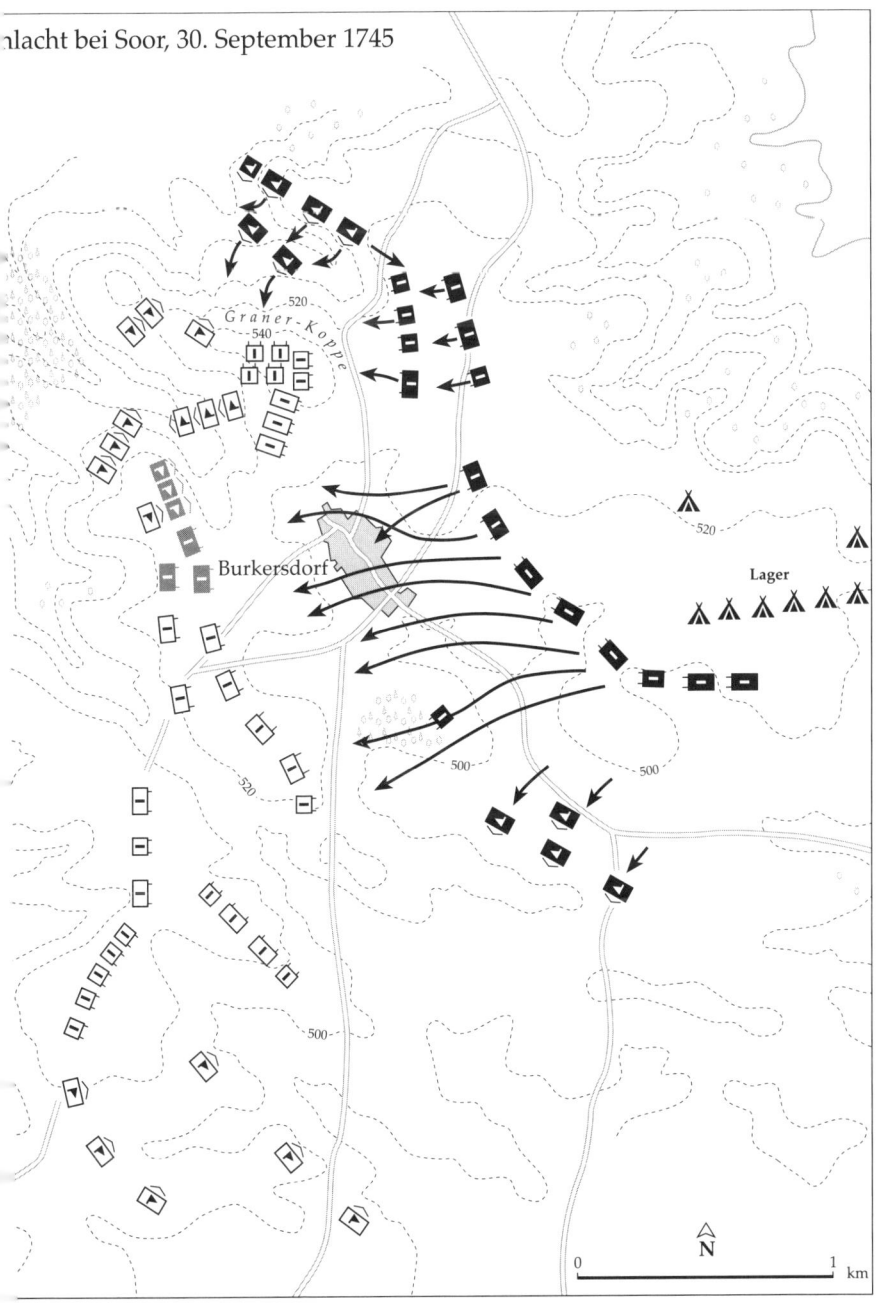

lacht bei Soor, 30. September 1745

Graner-Koppe
520
540

Burkersdorf

520

500

520

Lager

500

500

500

N

0 _____ 1 km

ten Feldzug der ersten beiden Schlesischen Kriege der Nimbus der
Unbesiegbarkeit zugewachsen war, der ihm zu jenem furchteinflö-
ßenden Respekt verhalf, den er im Siebenjährigen Krieg beinahe
kriegsentscheidend in die Waagschale werfen konnte. Vieles spricht
dafür, daß er Situationen wie die in der Anfangsphase der Schlacht
bei Soor wenn nicht provoziert so doch in Kauf genommen hat,
um sich in seiner Genialität, seiner Überlebenskunst und seinem
nun auch als Feldherr unangefochtenen Rang bestätigt zu sehen.
Ein strategisches oder gar politisches Ziel hat er bei diesem Vabanquespiel ja erwiesenermaßen nicht verfolgt. So bleibt nur die
Vermutung, daß die kühne und entschlossene Befreiung aus dieser
selbstverursachten Krise einmal mehr als eine Reinszenierung traumatischer Erfahrungen aufgefaßt werden muß.[86]

Soor war eine jener Schlachten, die dem König durch eigene Unachtsamkeit und offenkundigen Leichtsinn von seinen Gegnern aufgezwungen worden waren. Er selbst gestand sich in seinem Memoirenwerk ein, daß sich ein geschickter General nur dann schlagen
solle, wenn es ihm paßt. Jedenfalls hätte er wenigstens vom Anmarsch der Österreicher unterrichtet sein müssen.[87] Immerhin hatte
hier noch eine Katastrophe wie 1758 bei Hochkirch vermieden werden können. Aber Friedrich war sich im Rückblick auf die dramatischen Ereignisse dieses Waffengangs durchaus bewußt, daß ein wesentlicher Anteil an diesem Sieg der Standhaftigkeit und Disziplin
seiner hochmotivierten Armee zuzuschreiben war. Die Verluste, die
sie trotz des Triumphes über einen abermals geschlagenen Gegner
hatte hinnehmen müssen, waren freilich außerordentlich. Zu ihnen
zählte neben ganzen Bataillonen der junge Prinz Albrecht von
Braunschweig-Bevern, ein Bruder der Königin, der an der Spitze
seiner Grenadiere tödlich am Kopf getroffen worden war.

Was war durch diesen erneuten Waffengang gewonnen? Gewiß
hatte der König seine Gegner durch einen Monate sich hinziehenden Feldzug auf böhmischem Territorium wiederum zu schwächen
vermocht. Gewiß war er erneut als Sieger aus einem direkten Kräftemessen hervorgegangen. Aber selbst eine Niederlage wie die von
Soor hatte die Alliierten nicht dazu bringen können, ihre Absicht,
Schlesien zurückzuerobern, endgültig aufzugeben. Vielmehr plan-
ten sie, kaum hatte sich die preußische Armee aus Böhmen zurückgezogen, einen Vorstoß von der Oberlausitz aus mitten in die

Kernlande Brandenburgs hinein. So war der König gezwungen, aus
der Hauptstadt nach Schlesien zurückzukehren und mit seiner
durch einen verlust- und entbehrungsreichen Feldzug geschwächten Armee Vorkehrungen zu treffen, um der geplanten Offensive
der Österreicher und Sachsen entgegenzutreten. Am 16. November
traf er erneut bei seinen Truppen ein und überschritt am 23. November den Queisfluß, um in der Lausitz sowohl den sächsischen
wie den österreichischen Verbänden Einhalt zu gebieten. Und in
wenigen Tagen gelang es ihm in glänzender Manier, sowohl die
Truppen von Prinz Karl als auch die bei Katholisch-Hennersdorf
versammelten Sachsen so entscheidend zu dezimieren, daß die Entsendung eines Detachements von 8500 Mann unter dem General-
leutant von Lehwaldt zu der in Sachsen operierenden «Elbe-Ar-
mee» des Alten Dessauers möglich wurde. Dieses detachierte
Korps errang mit strategischer Rückendeckung durch den König
am 15. Dezember einen entscheidenden Sieg über die verbündeten
Sachsen und Österreicher bei Kesselsdorf. Und nun, nach einem
erneuten, unerbittlich und hart geführten Feldzug, war die Hofburg bereit, in einen Friedensschluß einzuwilligen, der die Besitzergreifung Schlesiens durch den Preußenkönig ein weiteres Mal bestätigte.[88] Er wurde am Weihnachtstag des Jahres 1745 in dem von
preußischen Truppen besetzten Dresden unterzeichnet und bildete
die Grundlage für den Aachener Frieden von 1748, der den Österreichischen Erbfolgekrieg insgesamt beendete. Der König willigte
dabei nachträglich in die bereits am 13. September 1745 vollzogene
Kaiserwahl des Großherzogs Franz Stephan von Lothringen, des
Gemahls der Maria Theresia, ein.

Der renommierte englische Militärhistoriker Christopher Duffy
hat angesichts der spektakulären Schlachtenerfolge des Königs im
Zweiten Schlesischen Krieg Zweifel geäußert, «ob all dies dereinst
in einer anderen Welt als Meriten verbucht wird».[89] In der Tat:
Wir wissen es nicht. Aber fraglich erscheint auch, ob sich der Historiker zum Anwalt absoluter Normen aufschwingen sollte. Denn
seine durchaus begrenzte Aufgabe kann nur darin bestehen, sich in
die Vorstellungswelt der Zeit zu versetzen, über die er zu berichten
sich vorgenommen hat. Und aus dieser Perspektive kann kein
Zweifel bestehen, daß eine gewonnene Schlacht wie die bei Hohenfriedeberg ebenso wie der vielgerühmte, ebenfalls 1745 errungene

Sieg des Marschalls Moritz von Sachsen bei Fontenoy als eine große Tat eingeschätzt wurde, als das eigentliche Fundament ewiger Unsterblichkeit und überragender Größe. In einer Welt, in der die «agonalen Instinkte» aristokratischer Führungseliten (Joseph A. Schumpeter) ungeachtet des immer radikaleren Einspruchs der Aufklärung die Maßstäbe setzten, war eine solche Waffentat ein Wert an sich; der Anlaß und die Folgen gehörten zu einer anderen Kategorie des Denkens. Gerade die militärische Form persönlicher Selbstbehauptung nahm im Bewußtsein der Zeit einen außerordentlich hohen Rang ein. Man mag das heute oder auch «in einer anderen Welt» aus guten Gründen anders sehen. Aber dem aristokratisch-höfischen Selbstgefühl des *ancien régime* entsprach es in genuiner Weise, sich gerade im militärischen Wettstreit darzustellen und zu beweisen.[90] Das muß besonders bei einem Monarchen unterstrichen werden, der sich wie Friedrich bewußt und programmatisch als *roi connétable* verstand.

Kaum waren die Kampfhandlungen beendet, widmete sich der König der Niederschrift eines Geschichtswerkes, in dem er sich über den Kriegsverlauf Rechenschaft abzulegen versuchte. Schon nach der Beendigung des Ersten Schlesischen Krieges hatte er damit begonnen, in zunächst *Denkwürdigkeiten (Mémoires)* genannten Studien festzuhalten, was er an der Spitze seiner Truppen erlebt hatte und welche Schlußfolgerungen aus dem Geschehenen zu ziehen waren. Sie scheinen, wie aus brieflichen Äußerungen vor allem an Voltaire hervorgeht, privaten Charakter gehabt zu haben und nicht für die Öffentlichkeit bestimmt gewesen zu sein. Friedrich begann mit der Darstellung des Zweiten Schlesischen Krieges, bevor er sich an die Überarbeitung seiner Notizen zum ersten Waffengang um Schlesien machte. Beide Kapitel waren 1746/47 vollendet. Später hat er diese *Mémoires* dann um eine Geschichte des Siebenjährigen Krieges und eine Darstellung der ersten Teilung Polens ergänzt und das immer wieder von neuem überarbeitete Manuskript 1775 mit dem neuen Titel *Geschichte meiner Zeit (Histoire de mon temps)* versehen. Die einzelnen Fassungen dieses Memoirenwerks wiesen sowohl in inhaltlicher wie stilistischer Hinsicht zum Teil beträchtliche Unterschiede auf. Erst nach der Endredaktion von 1775, deren Text dann posthum in die meisten Werkanthologien aufgenommen worden ist, hat es offenbar den

Vorstellungen von einem umfassenden, den Eindrücken des Augenblicks schon weitgehend entrückten Geschichtswerk entsprochen. Dabei muß immer wieder beachtet werden, daß es in erster Linie die Haupt- und Staatsaktionen und die von ihm geführten Kriege waren, die Friedrich in diesem Werk mit unverkennbar militärisch-didaktischem Impetus darzustellen sich vorgenommen hatte.[91]

Zur Bilanz des soeben beendeten Krieges äußerte sich Friedrich mit außerordentlicher Nüchternheit. Er führte, schreibt er, keine Veränderungen herbei, die das Antlitz Europas verändert hätten. Eines der großen politischen Ziele, dem Hause Österreich die Kaiserwürde für immer zu entreißen, hatte durch den unerwarteten Tod Karls VII. nicht erreicht werden können. «Schätzt man die Dinge nach ihrem wirklichen Wert ein, so ist zuzugeben, daß der Krieg ein in mancher Hinsicht sehr unnützes Blutvergießen war, und daß Preußen durch eine Kette von Siegen nichts weiter erreicht hatte als die Bestätigung des Besitzes von Schlesien.» Hier wird in der Analyse bereits vorweggenommen, was dann auch als Ergebnis des Siebenjährigen Krieges konstatiert werden muß: unerhörte Verluste auf allen Seiten und die schließlich endgültige Sicherung dessen, was der König mit seinem Handstreich von 1740 an sich gerissen hatte.

Aber auch der Blick auf das gesamte Mächteszenarium war überaus ernüchternd. «Seit die Kriegskunst in Europa», schrieb er, «sich vervollkommnet hat und die Politik ein gewisses Gleichgewicht unter den Mächten zu schaffen versteht, haben die größten Unternehmungen nur selten den erwarteten Erfolg. Bei gleichen Kräften auf beiden Seiten und bei wechselnden Verlusten und Erfolgen stehen sich die Gegner auch am Ende des erbittertsten Krieges fast in gleichem Machtverhältnis gegenüber wie vorher. Die Erschöpfung der Finanzen führt endlich den Frieden herbei, der das Werk der Menschenliebe und nicht der Notwendigkeit sein sollte. Kurzum: wenn Reputation und Ruhm der Armeen so große Anstrengungen und Opfer wert sind, hat Preußen das erreicht und ist für den zweiten Schlesischen Krieg belohnt worden. Aber das ist auch alles, und selbst dieser ideelle Gewinn erweckte noch Neider.»[92]

Woher plötzlich diese Skepsis? Hatte der König insgeheim mehr als diesen Friedensschluß zu erreichen gehofft? Oder gefiel er sich bei dergleichen Räsonnements einmal mehr in der Attitüde eines der Aufklärung und nüchternem Abwägen verpflichteten Zeitzeugen, eines Philosophen? Festgehalten werden muß ja trotz der bewußt distanzierenden Nüchternheit seiner Rhetorik, daß der König bei diesem Kriegsgeschehen kein Unbeteiligter war, sondern sich in emphatisch gefaßten Entschlüssen immer wieder über ihm längst vertraute Erfahrungsgrundsätze der Kriegskunst und die Empfehlungen seiner Ratgeber hinweggesetzt hat. Dabei ließ er sich gerade während seiner Feldzüge in Böhmen nach schnellen, aber trügerischen Erfolgen zu einer Ungeduld hinreißen, die Fehleinschätzungen geradezu unausweichlich machte. Sicherlich bewahrte ihn sein elementarer Durchsetzungs- und Selbstbehauptungswille hier wie dann auch im Siebenjährigen Krieg vor einem Scheitern. Aber offenkundig kam erst am Schreibtisch jene Rationalität zur Geltung, mit der er dann rückwärts blickend sein eigenes Tun beurteilte. Der Sieg von Soor, schrieb er freimütig und selbstkritisch, wurde «durch die Tapferkeit der preußischen Truppen errungen, die die Fehler ihres Führers wettmachten und den Feind für seine Fehler bestraften».[93] Besonders auch die Unachtsamkeit des Königs bei der Wahl seiner Lagerstellung am Tage vor der Schlacht wurde keineswegs beschönigt, sondern deutlich beim Namen genannt: «Die Stellung der Preußen», äußerte er, «war unbestreitbar fehlerhaft. Es war unentschuldbar, daß sie nur auf die Sicherung ihrer Front bedacht waren und ihren rechten Flügel unbekümmert an einem Talgrund stehenließen, den eine nur tausend Schritt entfernte Anhöhe beherrschte.»[94]

Fehlerhaft, unentschuldbar, unbekümmert also waren die Attribute, mit denen der König selbst die Situation vor der Schlacht beschrieb – man könnte fahrlässig hinzusetzen und damit auf jenes Szenarium verweisen, das 1730 zur Aufdeckung seines Fluchtvorhabens geführt hatte. Doch dann die andere Pointe: «Der König», schrieb er über sich selbst, «entschloß sich ohne Zaudern zum Angriff.» Und dann in höchstem Maße aufschlußreich für die Motive, von denen er sich leiten ließ: «Es war ruhmvoller, nach tapferer Gegenwehr vernichtet zu werden, als auf einem Rückzug umzukommen, der sicher in schmählicher Flucht geendet hätte.»[95]

Das Kalkül des Königs war demnach weniger in Prinzipien militärischer Opportunität begründet als vielmehr in den zutiefst höfisch-aristokratischen Vorstellungen von Ehre, Ruhm und Reputation und insofern ein weiterer Beleg für eine Auffassung von Krieg und Kriegshandwerk, die ganz vom sozialen Habitus des Adelsstandes geprägt war. Erst in den Krisen des Siebenjährigen Krieges hat er sich in den Dienst eines über seine Person hinaus auf den preußischen Staat verweisenden Auftrags gestellt und dann auch als Feldherr jenes Profil gewonnen, das ihn den Zeitgenossen als groß und unvergleichlich erscheinen ließ.

Das Nachdenken über die in diesen beiden ersten Kriegen gemachten Erfahrungen war indessen mit diesem unveröffentlicht gebliebenen Memoirenwerk noch keineswegs abgeschlossen. Es folgte eine Fülle von Instruktionen, Ordres und Reglements, die alle mehr oder weniger konkret auf das Kriegsgeschehen in Schlesien, Sachsen und Böhmen Bezug nahmen, in erster Linie aber für den militärischen Dienstgebrauch bestimmt waren. Darüber hinaus entstand unter dem Eindruck der auf dem Schlachtfeld und während der Märsche gewonnenen Kenntnisse jedoch eine der großen Lehrschriften des Königs: die *General-Principia vom Kriege, appliciret auf die Tactique und auf die Disciplin derer Preußischen Trouppen*, so der Titel der zur Unterrichtung seiner Generalität veranstalteten deutschen Übersetzung, die in limitierter Auflage 1753 im Druck erschien.[96] Ein erster Entwurf dieser die Kriegsereignisse in systematischer Weise erfassenden, also nach sachlichen Gesichtspunkten angeordneten Reflexionen ging jedoch bereits auf die Jahre unmittelbar nach der Beendigung des Zweiten Schlesischen Krieges zurück; er ist demnach als das analytische Seitenstück zu den *Mémoires* zu betrachten. Am 2. April 1748 wurde eine zweite, den ursprünglichen Text erheblich erweiternde Fassung fertiggestellt, die dann die Grundlage für die wiederum veränderte Übersetzung darstellte.

Wie es im Vorwort heißt, wurde jedem, dem diese *Principia* ausgehändigt wurden, auf Ehre, Reputation und Pflicht eingeschärft, sie geheim zu halten und Vorsorge dafür zu treffen, daß das Buch wohlversiegelt gleich nach dem Tode an den König persönlich zurückgegeben werde. Es trug also den Charakter eines ganz den Arkanprinzipien absolutistischer Fürstenherrschaft entsprechenden Staatsgeheimnisses, das nicht einmal durch einen Zufall in die Hände des Feindes fallen durfte. Bereits am 19. Juni 1748 hatte er

Prinz August Wilhelm, dem ältesten seiner Brüder und angehenden Korpskommandanten, die Vorstellungen erläutert, von denen er sich bei der Abfassung dieser Schrift hatte leiten lassen. Sie stelle, schrieb er, die Früchte unserer Feldzüge und meiner Betrachtungen dar. «Nicht ich komme darin zu Wort, sondern die Erfahrung fähiger Feldherren. Es sind die Grundsätze, die Turenne, Eugen und der Fürst von Anhalt schon immer angewendet haben und die auch ich einige Male befolgte, wenn ich überlegt gehandelt habe.» Er habe alle großen Aspekte des Krieges zur Sprache gebracht und keinen ausgelassen. Es gäbe vermutlich keine Kunst, über die so viel geschrieben worden sei wie über das Kriegshandwerk. Er habe fast alle diese Schriften gelesen, könne aber versichern, daß in keiner so viele konkreten, auf unser Heerwesen zugeschnittenen Ausführungen zu finden sind.[97]

Verfolgte der König schon mit seiner Geschichtsschreibung einen unverkennbar didaktischen Zweck, so wird in den Generalprinzipien evident, daß seine rückwärts gewandten Reflexionen der militärischen Praxis dienen sollten. «Indem Ich also», schrieb er in Artikel 23, «hier gewisse Regeln von Battaillen gegeben habe, kan Ich nicht in Abrede seyn, daß Ich solchen aus Unvorsichtigkeit öffters nicht nachgekommen bin; Meine Officiers aber, sollen von Meinen Fehlern profitiren und zugleich wissen, daß Ich bedacht bin, Mich davon zu korrigiren.»[98] Friedrich war in diesem Lehrbuch mit geradezu enzyklopädischem Eifer bestrebt, das verfügbare militärische Handlungswissen unter dem Leitgedanken der besonderen Erfordernisse Preußens zusammenzufassen und für einen erneuten Ernstfall verfügbar zu machen. Dabei gelangte er neben einer Fülle scharfsinniger Beobachtungen und genauer, gelegentlich bis ins Pedantische reichender Verhaltensvorschriften zu der Erkenntnis, daß Böhmen leicht zu erobern, aber schwer zu behaupten sei. Aber wichtig war vor allem die Einsicht, daß es gefährlich sei, Vorstöße nach Böhmen zu unternehmen, «ohne zuvor festgelegt zu haben, worauf es abgesehen ist».[99] Hier lag das Dilemma der zwar siegreichen, aber mit außerordentlich hohen Verlusten erkauften Böhmenfeldzüge in den beiden ersten Schlesischen Kriegen. Es bedurfte also einer ebenso politischen wie strategischen Konzeption, die dem König dann im Siebenjährigen Krieg von seinen Gegnern mit allen existenzbedrohenden Konsequenzen aufgezwungen wurde. Aber dann eine weitere Sentenz von prinzipieller Bedeutung – ebenfalls aus dem Kapitel über den Sinn und die Zweckmäßigkeit von Schlachten: «Allen diesen Maximen füge Ich noch hinzu, daß Unsere Kriege kurtz und vives seyn müssen, massen es uns nicht conveniret, die Sachen in die Länge zu ziehen, weil ein langwieriger Krieg ohnvermerckt Unsere admirable Disciplin fallen machen, und das Land depeupliren, Unsere Ressources aber erschöpfen würde. Diejenigen also, welche Preußische Armeen commandiren, müssen, obwohl klüglich und vorsichtig, die Sachen zu decidiren suchen.»[100] Es war das ungetrübt realistische Eingeständnis der inneren, vor allem ökonomisch bedingten Schwäche Preußens, das in diesem vielzitierten Satz zum Ausdruck kam. Friedrich war sich der Schwäche und Grenzen seiner Machtposition von Anfang an bewußt und verhehlte sich nicht, daß er angesichts der begrenzten Ressourcen, die ihm zur Verfügung standen, die Ermattung noch weniger als die Niederwerfung seiner Gegner erreichen konnte. Deshalb glaubte er, nach dem Grundsatz handeln zu müssen, alles auf eine Karte zu setzen und schnelle Entscheidungen herbeizuführen. Denn er hoffte, die Verbündeten in großen Schlachten dergestalt einschüchtern zu können, daß sie von ihren Kriegszielen abließen und schließlich in einen den Status quo ante bestätigenden Frieden einzuwilligen bereit waren. Und genau diese Einschätzung war es auch auf der Seite der großen Allianz der Gegner Preußens, die dann im Siebenjährigen Krieg zu Überlegungen führte, den König weniger militärisch als durch kluges und beharrliches Abwarten an den Rand des Abgrunds drängen zu können.

Jeder, der eine Biographie des Preußenkönigs zur Hand nimmt, stellt sich die Frage, ob Friedrich – sei es aus zeitgenössischer oder heutiger Sicht – wirklich als groß bezeichnet werden kann. Darüber ist in der Geschichtswissenschaft wie in der Publizistik viel nachgedacht und räsoniert worden. Unbestreitbar ist jedoch – und das sollte schon an dieser Stelle eingefügt werden –, daß es nur wenige Potentaten in der neueren Geschichte gibt, die sich wie Friedrich in grundsätzlichen und zugleich schonungslosen Reflexionen über ihr Tun Rechenschaft abgelegt haben. Auch an den während des Siebenjährigen Krieges entstandenen Schriften – etwa dem Essay über den Schwedenkönig Karl XII. von 1759 – ist abzulesen, wie der König bestrebt war, persönliche und sachliche Schlußfolgerungen aus dem zu ziehen, was ihn die Geschichte und die eigene Erfahrung gelehrt hatten. Gewiß spielten dabei auch autobiographische Aspekte und – wie in der Korrespondenz mit Voltaire immer wieder nachweisbar – literarische Ambitionen eine Rolle. Aber unverkennbar ist zugleich, daß er über das persönliche Schicksal hinaus Grundprinzipien seiner Zeit in Bereichen wie der Staatsauffassung, des philosophischen Diskurses oder des Heerwesens wie kein anderer zu erfassen und theoretisch zu begründen vermochte. Und darin manifestiert sich nicht nur etwas Neues, sondern wirkliche Größe und der unbestreitbare Rang dieses Königs.

Die Kriegserfahrungen des Königs
und das Problem der Thronfolge

Mit dem Beginn der Kampfhandlungen, in deren Mittelpunkt der König als Landesfürst und Feldherr – nicht zuletzt auch nach den Empfehlungen Machiavellis – zu stehen für unerläßlich hielt, stellte sich von Anfang an die Frage, wer im Falle eines Ablebens des Monarchen die Thronfolge übernehmen sollte: Es war bereits die Rede von diesen Überlegungen und Entscheidungen. Aber die Erbsukzession blieb ein Thema, das den König auch später, besonders nach dem frühen Tod des als Prinz von Preußen eingesetzten Bruders August Wilhelm im Jahre 1758, sorgenvoll beschäftigte. Es erscheint deshalb sinnvoll, bereits in diesem Zusammenhang eine Problematik zu erörtern, die sich von der Chronologie im strengen Sinne löst und einen Aspekt ins Auge faßt, der mit zunehmendem Alter des Königs naturgemäß immer mehr in den Vordergrund trat.

Wenn im folgenden von den Beziehungen König Friedrichs II. zu seinem Thronfolger die Rede ist, so könnte es den Anschein haben, als handle es sich um ein eher marginales Thema in einer an gewichtigen Aspekten ja beileibe nicht armen Biographie. Aber schon die Fülle der nicht einmal lückenlos überlieferten Quellen belegt auf eindrucksvolle Weise, daß es sich bei der Familien- und Thronfolgeproblematik des Hauses Hohenzollern im Zeitalter Friedrichs des Großen keineswegs um eine Angelegenheit handelt, die Staat und Staatsverfassung unberührt gelassen hätte. Bei einer die strukturgeschichtlichen Voraussetzungen einbeziehenden Analyse erweist sich vielmehr, daß hier die Fundamente des monarchischen Herrschaftssystems ebenso wie die Staatsmaximen des Preußenkönigs zur Debatte standen. So ist bei diesem Kapitel ein Aspekt ins Auge zu fassen, der über den engeren Bereich von Personenbeziehungen hinaus Einblicke in die grundsätzlichen Probleme der Epoche eröffnet.[101]

Der Prozeß frühmoderner Staatsbildung ist überall in Europa von Bestrebungen begleitet gewesen, die Kontinuität der Monarchie und die territoriale Integrität des Landes durch den Erlaß von Sukzessionsordnungen sicherzustellen. Denn spätestens seit dem 17. Jahrhundert hatte man erkannt, daß eine dynastische Union einzelner, überaus disparater und häufig verstreut liegender Territorien nur durch die Versachlichung und verfassungsrechtliche Fixierung der Erbfolgemodalitäten des regierenden Hauses erreicht werden konnte. Nur so schien jenes Maß an innerer Kohärenz und Geschlossenheit herbeigeführt werden zu können, wie es dem Anspruch eines souveränen und unumschränkt regierenden Herrschers entsprach. In vielen der auf dynastische Erbfolge gegründeten Monarchien war lange Zeit noch die patrimoniale Auffassung maßgeblich, der zufolge die Landesherrschaft allen erbfähigen Familienmitgliedern zufallen sollte. Je mehr indessen offenkundig wurde, daß das Verfahren der Erbteilungen zu einer erheblichen Schwächung der Dynastie führte, trat an die Stelle des Teilungsgedankens das Primogeniturprinzip. Es sah vor, daß von mehreren Söhnen nur der erstgeborene und dessen männliche Nachkommenschaft mit dem Vorrang der Erstgeburt, bei dessen Ableben ohne männliche Nachkommen der Nächstgeborene mit seiner männlichen Deszendenz nachfolgen sollte, während die von der Herrschaft ausgeschlossene Nachkommenschaft mit standesgemäßen Apanagen zu entschädigen war.

Der Durchbruch zu einer verfassungsrechtlich verbindlichen Festlegung der Thronfolge vollzog sich vor dem Hintergrund einer durch Rechtsunsicherheit, Willkür und Anarchie gekennzeichneten Krise – der Krise des Ständestaates im 16. und 17. Jahrhundert. Erst jetzt entstand das Bewußtsein für die Notwendigkeit, die Modalitäten der Erbfolge aus einer Sphäre hausinterner, häufig te-

stamentarischer Verfügungen in den Rang von öffentlich verkündeten Grundgesetzen zu erheben, denen nicht nur für Staat und
Dynastie, sondern auch für die auswärtigen Mächte verfassungsrechtliche Verbindlichkeit zuerkannt wurde. Es bedurfte allem Anschein nach erst eines geschärften Bewußtseins dafür, daß der Fortbestand der «dynastischen Union von Ständestaaten», als die sich
auch die Monarchien des 17. und 18. Jahrhunderts noch darstellten, nur durch eine dauerhafte Konsolidierung der einheitstiften-
den Klammer von Krone und Dynastie zu erreichen war.

Es mangelte den frühneuzeitlichen Fürstenstaaten an einem organisch gewachsenen Zusammenhalt. Sie hatten sich durch Heirats-
und Erbschaftsspekulationen und die Machtkämpfe der Dynastien
von Territorialstaaten zu zusammengesetzten Territorienstaaten entwickelt und waren ebenso leicht zu teilen, wie sie zusammengefügt
werden konnten. Eine fortschreitende Intensivierung staatlicher
Einflußnahme hatte sie zwar mit ihrer Population und wirtschaftlichen Leistungsfähigkeit allmählich zu festen, berechenbaren Größen gemacht, die ein in den Staat inkorporiertes Heerwesen, eine
an Effektivität und Unbestechlichkeit orientierte Beamtenschaft und
eine einheitliche Rechtsordnung besaßen. Doch blieben sie ungeachtet eines sich beschleunigenden Verstaatlichungsprozesses dynastische Gebilde und insofern bedroht von einem allgegenwärtigen
esprit de partage, der sich im Aufspüren von Besitzansprüchen und
Tauschobjekten von unerschöpflichem Erfindungsreichtum erwies.

Das Gebot der Stunde war also Zusammenfassung und Kontinuität. Um diesem Ziel näher zu kommen, bedurfte es in erster
Linie entschiedener Anstrengungen zur Verrechtlichung jener eigentümlichen Konfiguration des dynastischen Verbandes, als die
auch die Fürstenstaaten des Absolutismus unbeschadet aller Arron-
dierungsbestrebungen noch in Erscheinung traten. Die Gesetzgebung, die das Sukzessionsproblem der regierenden Häuser und
damit zugleich auch die Unteilbarkeit des gesamten territorialen
Besitzstandes zu regeln trachtete, berührte also ein vorrangiges
Problem frühmoderner Staatsbildung. Sie betraf die Existenz der
allmählich an innerer und äußerer Kontur gewinnenden Fürstenstaaten in zentraler Weise, weil die verfassungsrechtliche, nach innen wie außen verbindliche Grundlage für die unanfechtbare Fort-
dauer und territoriale Integrität der Staaten geschaffen werden

mußte. Es galt, in einem klar umgrenzten Gebiet eine zusammen-
fassende, unwidersprochen legitimierte, verwaltungsfähige öffentliche Gewalt zur Geltung zu bringen, die als Kontinuität stiftende
und Einheit verbürgende Ordnungsmacht den Konflikt der widerstreitenden Bürgerkriegsparteien zu überwinden und den inneren
wie äußeren Frieden sicherzustellen befähigt war.

So unterschiedlich die Machtfülle der einzelnen Fürsten und die
Formen ihrer politisch-sakralrechtlichen Stilisierung auch gewesen
sein mögen: Von entscheidendem Gewicht für die Vorstellungswelt
des 17. und 18. Jahrhunderts war die überall verbindliche Überzeugung, daß der Herrscher nur Herrscher sein konnte, sofern er als
solcher geboren war. In § 15 der dänischen *Lex regia* von 1665, der
einzigen umfassenden Gesetzeskodifikation des europäischen Absolutismus, wird unter dem Hinweis darauf, daß die Stände dem König und seinen herabsteigenden männlichen und weiblichen Linien
die «unumschränkte Alleinherrschafts-Königsmacht [...] erblich zu
besitzen einmal übertragen haben», proklamiert, daß «künftig sogleich wenn ein König mit dem Tode abgeht, dem Nächsten in der
Erblinie Krone, Zepter und Titel sowie Macht eines Alleinherr-
schafts-Erbkönigs im selben Augenblick gehört und zukommt».
Denn, so lautete die Begründung, die Könige zu Dänemark und
Norwegen seien «künftig zu ewigen Zeiten, solange irgendeiner
von unserem königlichen Erbstamm übrig ist, gezeugte und geborene, nicht aber gekorene und gewählte Könige».[102]

Die Monarchie des *ancien régime* steht am Ende einer langen
Entwicklung, in deren Verlauf das Gottesgnadentum immer mehr
von seinem lange Zeit noch wirksamen Einfluß verlor und schließlich die Erblegitimität zum entscheidenden Kriterium für die Begründung der Herrschaft geworden war. Auf dem Geburtsrecht der
Fürsten und nicht mehr auf Königsheil und Königsglaube des
Gottesgnadentums beruhte die fortwährende Kraft der Erbmonarchie und ihre besondere Funktionsfähigkeit im Vergleich zu jenen
Staats- und Regierungsformen, die den Zufälligkeiten von Wahlen
und Parteibildung und der Einflußnahme auswärtiger Mächte unterworfen waren.

Bemerkenswert ist jedoch, daß die Erblegitimität nicht nur den
stärksten Rechtsgrund der Monarchie bildete, sondern zugleich
auch ihre wirksamste Beschränkung. Denn es galt nach hergebrach-

ter Rechtsauffassung als unumstritten, daß dem Herrscher ein Verfügungsrecht in der Frage der Thronfolge nicht zustand. Lediglich Zar Peter der Große erhob in seinem *Statut über die Nachfolge auf dem Thron* vom 5. Februar 1722 den Anspruch, «zu seinem Nachfolger zu bestimmen, wen er will, und den Bestimmten, wenn seine Untauglichkeit offenkundig war, wieder abzulösen». Er glaubte, einen unaufschiebbar drängenden Anlaß zu haben, um auch in der Thronfolge auf seiner absoluten Entscheidungsfreiheit zu bestehen, «und hat mit Sicherheit niemals daran gezweifelt, daß ihm diese Entscheidungsfreiheit als Autokrator auch zustehe». Erzbischof Prokopovic, einer von Peters engsten Vertrauten, der diese Forderung staatstheoretisch zu untermauern versuchte, war der Auffassung, daß die Erbmonarchie als nahezu vollkommene Staatsform zu gelten habe. Nur besitze sie den Fehler, daß bei der Gültigkeit des Primogeniturprinzips auch ein Taugenichts den Thron besteigen könne. So gelangte er zu der Schlußfolgerung, daß der Monarch nicht nur das Recht, sondern um des «Volksnutzens» willen auch die Pflicht habe, nicht dem ältesten, sondern dem fähigsten unter seinen Söhnen das Zepter zu vererben.[103]

Im übrigen Europa indessen hatte die Sukzessionsordnung auch im Zeitalter des Absolutismus die Bedeutung eines geschriebenen oder ungeschriebenen Staatsgrundgesetzes, das über dem Fürsten stand. Er mochte tatsächlich oder dem Anspruch nach sich im Besitze aller *iura maiestatis* und unumschränkter Herrschaft befinden: in der Frage der Erbsukzession des eigenen Hauses stießen seine Machtprätentionen an eine Barriere, die er um der Legitimität des ungeschmälerten Fortbestandes der Dynastie willen zu respektieren gezwungen war. «Es soll», heißt es in den Paragraphen 2 und 3 der dänischen *Lex regia*, «der Alleinherrschafts-Erbkönig von Dänemark und Norwegen künftig sein und von allen seinen Untertanen gehalten und geachtet werden [als] das oberste und höchste Haupt hier auf Erden über allen menschlichen Gesetzen, das kein anderes Haupt und keinen Richter über sich anerkennt, weder in geistlichen noch in weltlichen Sachen, denn Gott allein. Es soll daher auch der König allein die höchste Macht und Gewalt haben, Gesetze und Verordnungen zu machen nach seinem guten Willen und Wohlgefallen, sie zu erklären, verändern, vermehren, vermindern, ja früher von ihm selbst oder von seinen Vorfahren gegebene Gesetze auch ganz aufzuheben – dieses Königsgesetz allein ausgenommen, welches als der rechte Grund und das Grundgesetz des Königreiches durchaus unveränderlich und unerschütterlich bleiben muß.»[104] Der König war also unbestritten der oberste Gesetzgeber in geistlichen wie weltlichen Angelegenheiten. Aber er blieb ebenso wie seine Nachfolger gebunden an das Grundgesetz der *Lex regia*, deren Kernstück die Einführung des Erbkönigtums und die Regelung der Thronfolge waren. Das dynastische Erbrecht auf den Staat wurde so zum höchsten Ausdruck einer durch Herkommen und Tradition legitimierten Ordnung, in der auch dem absoluten Fürsten eine rechtlich umgrenzte Stellung zugewiesen war. Er mußte sie akzeptieren, weil die Stabilisierung des dynastischen Verbandes zum eigentlichen Ziel seiner gesetzgeberischen Maßnahmen geworden war. Ohne die verfassungsrechtliche Bindung auch des unumschränkt konzipierten Fürstenregiments war eine auf Dauer gesicherte Herrschaft nicht zu begründen. Die Unterscheidung von König und Tyrann, die tief im Bewußtsein der Zeit verankert war, hat sich hauptsächlich an dieser Rechtsfigur ausgeprägt und zur scharfen Abgrenzung zwischen dem abendländischen Königtum und der Despotie des Orients geführt.

Vor diesem Hintergrund gewann die durch Geburt erworbene Legitimität des Herrschers eine über ihre staatsrechtliche Funktion hinausreichende Bedeutung. Sie blieb unabhängig vom Umfang der tatsächlich ausgeübten Macht, denn sie galt auch für Potentaten, die – wie der König von England – keine unumschränkte Herrschaftsbefugnis besaßen. Sie war zudem auch an keine Konfession gebunden. Vielmehr hat auch der Protestantismus an den Traditionen des *ius divinum* festgehalten und sich sakralrechtlich modifizierend an seiner Fortentwicklung beteiligt.

Dieser hier nur in wenigen Zügen skizzierte Prozeß verweist darauf, daß sich das Problem der grundgesetzlichen Regelung des Thronfolge- und Unteilbarkeitsprinzips mit unabweisbarer Dringlichkeit im 16. und 17. Jahrhundert stellte. Die Hausgesetzgebung der europäischen Dynastien war damit ein Reflex auf jene Epoche der Rebellion und Anarchie in Staat und Gesellschaft, die man als die Krise des 17. Jahrhunderts zu bezeichnen pflegt, und insofern ein wesentliches Element jener umfassenden Entwicklung, die zur

Ausprägung der absoluten Monarchie hinführte. Es hat den Anschein, als wenn erst in dieser Phase frühmoderner Staatsbildung
Staat und Dynastie zu einer Einheit verschmolzen seien. Das Erbrecht blieb zwar ein dominierender Faktor; es stand noch immer
selbstherrlich und gebieterisch über dem Staat und erzwang seine
Respektierung. Aber es wurde nun bewußter als zuvor mit den spe-
zifisch politischen Erfordernissen von Staat und Herrschaft verknüpft und durch den hohen Grad seiner rechtlichen Differenzie-
rung zu einem wesentlichen Element gesamtstaatlicher Stabilität.
So trat der Staat als Figuration aus eigenem Recht erstmals neben
die Dynastie und brachte eine Staatsräson zur Geltung, die sich an
den Prinzipien territorialer Integrität und rechtlich gesicherter
Kontinuität der Herrschaft orientierte. Als Grundlage aller Entscheidungen in der Erbfolge galt nun, was die Einheit und den
ungeschmälerten Fortbestand des durch die Dynastie zusammenge-
fügten Territorienstaates gewährleisten konnte. Mit der fortschreitenden Verrechtlichung ging die Verstaatlichung des dynastischen
Verbandes einher.

Im Heiligen Römischen Reich waren die Primogeniturerbfolge
und das Unteilbarkeitsprinzip für die weltlichen Kurlande schon in
der *Goldenen Bulle* von 1356 festgelegt worden. Sie regelte in einge-
henden Bestimmungen die Erbfolge jeweils des ältesten unter den
ehelich geborenen Söhnen der Kurfürsten, damit – wie es heißt –
die Gerechtigkeit sich kräftige, die Untertanen sich des Friedens
und der Ruhe erfreuten, am wenigsten aber die Säulen zu Schaden
kämen, auf denen das Reich beruhte. Im Verlauf der Frühen Neuzeit haben sich die in der *Goldenen Bulle* verankerten Grundsätze
der Primogeniturerbfolge und der Unteilbarkeit des Landes dann
auch in den meisten anderen Reichsterritorien durchgesetzt, obwohl es immer wieder noch zu Übertretungen dieser Prinzipien
gekommen ist. In Brandenburg-Preußen ist die unumstößliche Regelung der Erbfolge im *Geraischen Hausvertrag* von 1603 verfügt
worden, der die Bestimmungen der *Dispositio Achillea* von 1473 aufgriff und die endgültige Trennung von der fränkischen Linie des
Hauses Hohenzollern bestätigte.

Angesichts dieser die Handhabung der Thronfolge bindend vor-
schreibenden Verfassungssituation befand sich Friedrich der Große
in einem Dilemma, das ihn mit zunehmendem Alter außerordent-

lich belastete.[105] Denn es stand nicht nur sehr frühzeitig fest, daß er eigene Kinder nicht haben würde. Vielmehr war darüber hinaus auch unverkennbar, daß der Thronfolger, der erstgeborene Sohn des ältesten seiner Brüder, den Anforderungen, die er zur Bewahrung der Großmachtrolle Preußens für unerläßlich hielt, in keiner Weise gewachsen war. So konnte sich gerade bei einem machtbewußten Rationalisten wie Friedrich der Gedanke aufdrängen, das Prinzip dynastischer Kontinuität nach Maßgabe der geltenden Erbfolgeordnung preiszugeben und nach einer Thronfolgeregelung zu verfahren, die seiner Vorstellung von der Begabung und Arbeitskraft des Nachfolgers näher kam. Schließlich hatte sich auch Peter der Große dazu verstanden, die durch das Herkommen legitimierte Primogeniturerbfolge zugunsten eines sich an Verdienst und Leistung orientierenden Thronfolgeprinzips zu suspendieren.

Ein solcher Gedanke mußte um so näher liegen, als sich der König über die Prinzen von Geblüt generell sehr skeptisch und distanziert geäußert hat. Er betrachtete sie als eine Art von Zwitterwesen, «die weder Herrscher noch Privatleute sind und sich bisweilen schwer regieren lassen». Ihre hohe Abstammung flöße ihnen Hochmut ein und mache ihnen Gehorsam und Unterwerfung unerträglich. Das beste Verfahren, schrieb er in seinem *Politischen Testament* von 1752, bestehe darin, «daß man den ersten, der die Fahne der Unabhängigkeit erhebt, energisch in seine Schranken weist». Man müsse die Prinzen mit äußeren Ehren und ihrem Rang gebührenden Auszeichnungen überhäufen, aber von allen Staatsgeschäften fernhalten. Im Falle ausreichender Sicherheit könne man ihnen ein militärisches Kommando anvertrauen, aber nur, wenn sie Talent und Zuverlässigkeit besäßen.[106] August Wilhelm und Heinrich hat der König im Siebenjährigen Krieg dann tatsächlich hohe Kommandostellen übertragen, ohne ihnen jedoch Entscheidungsbefugnisse von politischer Tragweite einzuräumen.

Ungeachtet dieser Skepsis der eigenen Familie gegenüber hat der König aber offenbar in keinem Augenblick ernsthaft erwogen, die Prinzipien der überkommenen Sukzessionsordnung zur Disposition zu stellen und statt des rechtmäßigen Nachfolgers einen tatkräftigeren Thronprätendenten ins Auge zu fassen. Vielmehr ist – wie bereits erwähnt – durch eine Äußerung des Königs am Vorabend der Schlacht von Mollwitz überliefert, daß er seinen Bruder

August Wilhelm als legitimen Thronfolger betrachtete. «Du bist», schrieb er, «mein alleiniger Erbe.»[107] Der König war demnach schon 1741, also im Alter von 29 Jahren, der Überzeugung, keine eigene Nachkommenschaft mehr zu haben, und offenkundig entschlossen, den Dingen ihren durch das Erbrecht vorgezeichneten Lauf zu lassen. Über die Gründe, die ihn zu diesem Schritt bewogen haben, sind wir nicht unterrichtet. Auf jeden Fall hat er die Ehe mit Elisabeth Christine seit deren Übersiedlung nach Niederschönhausen nicht mehr vollzogen.

Es gibt nach allem, was die Geschichtswissenschaft an Quellen zutage zu fördern vermocht hat, kein Dokument, das den medizinischen Befund, der zu dieser frühen und dezidierten Erklärung in der Thronfolgefrage geführt hat, eindeutig zu erkennen gibt. Den Auskünften seines Leibarztes Zimmermann zufolge hatte sich Friedrich kurz vor seiner Hochzeit eine Geschlechtskrankheit zugezogen. Er mußte sich daraufhin einem Eingriff unterziehen, der es ihm ermöglichte, die Ehe zu vollziehen und etwa ein halbes Jahr lang Geschlechtsverkehr ohne Beeinträchtigungen zu haben. Allerdings lassen auch Zimmermanns Äußerungen eine eindeutige Diagnose nicht zu. So berichtet er von einem «äußerst heftigen venerischen Samenfluß» des Kronprinzen, der wohl als starke eitrige Absonderungen, also als Gonorrhoe gedeutet werden muß. Diese Beschwerden konnten offenbar ohne Eingriff gemildert werden, traten aber nach einem halben Jahr erneut und mit noch größerer Heftigkeit in Erscheinung und versetzten alle Eingeweihten in große Sorge. Dem argwöhnisch lauernden Vater gegenüber wurde lediglich von einer Unpäßlichkeit gesprochen. Zimmermann vermutet, daß akute Wundbrandgefahr bestanden habe und nur noch «der grausame Schnitt» mit dem Skalpell das Leben des Kronprinzen zu retten vermochte. Vorstellbar ist, daß die Beschwerden des Patienten «schankerartig» waren, wobei sich am Penis ein Geschwür oder ein Abszeß gebildet haben könnte. Das würde auch die Empfehlung eines chirurgischen Eingriffs plausibel machen.[108] Wie immer diese medizinischen Befunde auch einzuschätzen sind: Es muß vermutet werden, daß sich Friedrich von seiner Gemahlin auch wegen dieser genitalen Verstümmelung und einer vermeintlichen Zeugungsunfähigkeit zurückgezogen hat. Nach dem medizinischen Kenntnisstand des 18. Jahrhunderts wurde offenbar dia-

gnostiziert, daß der Eingriff, dem sich der Kronprinz hatte unterziehen müssen, mit einer Kastration gleichzusetzen sei, auch wenn
die Hoden nicht in Mitleidenschaft gezogen worden waren.

In der Frage der Thronfolge jedenfalls ist der König den Prinzipien, die seiner Entscheidung von 1741 zugrunde lagen, auch weiterhin gefolgt. Noch vor dem Ausbruch des Zweiten Schlesischen
Krieges erließ er eine Verfügung, derzufolge August Wilhelm der
Titel eines Prinzen von Preußen beigelegt wurde, «ohne weder
dero Tauff-Nahmen noch sonst dergleichen hinzuzufügen». Sie bedeutet, daß der ältere seiner Brüder nun auch offiziell als Thronfolger zu gelten hatte. Und in seinem Privattestament vom 11. Januar
1752 heißt es dann mit allem Nachdruck: «Mein lieber Bruder
August Wilhelm oder, im Falle seines Todes, der älteste seiner
dann lebenden Söhne ist der legitime und natürliche Erbe der
Krone. Ich hinterlasse ihm das Königreich, die Staaten, Domänen,
Festungen, Schlösser, Plätze, Munitionsvorräte, Arsenale und die
von mir eroberten oder ererbten Lande.» Er zählte dann alle weiteren Besitztümer, die Bibliotheken, Sammlungen usw., auf und
fuhr schließlich fort: «Im übrigen hinterlasse ich meinem Bruder
den Staatsschatz, so wie er ihn am Tage meines Todes vorfinden
wird, als Eigentum des Staates und dazu bestimmt, diesen zu verteidigen, ihm Erleichterung zu verschaffen, ihn zu erhalten und zu
vergrößern.»[109]

Im Testament vom 8. Januar 1769, das sich an den inzwischen
24-jährigen Neffen Friedrich Wilhelm richtete, finden sich diese
Bestimmungen wieder. Nur in einem bezeichnenden Punkt erscheinen sie zugespitzt gegenüber den Verfügungen von 1752. Darüber
hinaus, schrieb der König, «hinterlasse ich ihm den Staatsschatz,
wie er ihn am Tage meines Todes vorfinden wird, als Eigentum des
Staates, das n u r dazu bestimmt ist, die Völker zu verteidigen und
ihnen Erleichterung zu verschaffen».[110] Allein in Bezug auf den
Staatsschatz schien es also noch einen Spielraum zu geben, den der
Thronfolger für Absichten nutzen konnte, die der Verteidigung des
Landes und der Wohlfahrt seiner Einwohner abträglich waren. Alles übrige, der Staat mit seinen Provinzen und Behörden, hatte sich
dem Herrscher gegenüber so sehr verdinglicht und unverkennbar
bereits den Charakter einer aus dynastischen Rahmenbedingungen

sich lösenden Institution angenommen, daß es hier keiner Beschwörungen und Appelle mehr bedurfte.

Die Frage der Befähigung des Thronfolgers dürfte sich bei August Wilhelm zunächst nicht gestellt haben. Der König hat ihn als Briefpartner und gelegentlichen Ratgeber offenkundig geschätzt. Er war es ja im übrigen auch, den schon der Vater zum Kronprinzen zu machen beabsichtigte. Er hatte trotz musischer Neigungen Karriere als Stabsoffizier gemacht, war 1741, also im Alter von 19 Jahren, zum Generalmajor ernannt und nach der Niederlage von Kolin mit dem Kommando über ein Armeekorps von 34 000 Mann betraut worden. Die Kritik indessen, die er fortwährend und in Übereinstimmung mit seinen Brüdern an der Politik und den militärischen Entscheidungen des Königs übte, und das eigene Versagen beim Rückzug der preußischen Armee aus Böhmen im Juli 1757 führten dann freilich zu einem Zerwürfnis, das sicherlich auch die Thronfolgefrage berührt hätte, wenn August Wilhelm nicht im Sommer des folgenden Jahres schon gestorben wäre.

«Sie werden», hatte der König ihm am 19. Juli 1757 geschrieben, «immer ein kläglicher Heerführer bleiben. Kommandieren Sie einen Harem, wohlan; aber solange ich lebe, vertraue ich Ihnen keine zehn Mann mehr an. Wenn ich tot bin, können Sie so viele Dummheiten machen, wie Sie wollen; sie kommen dann auf Ihr Konto. Aber solange ich lebe, werden Sie keine mehr machen, die den Staat schädigen [...]. Mögen Ihre besten Offiziere jetzt die Schweinerei, die Sie angerichtet haben, wieder gut machen!»[111] Und wenige Tage später, nicht weniger aufgebracht und entrüstet: «Durch Ihr schlechtes Verhalten haben Sie meine Angelegenheiten in eine verzweifelte Lage gebracht. Nicht meine Feinde richten mich zugrunde, sondern Ihre Fehler. Meine Generäle sind nicht zu entschuldigen; sie haben Sie entweder schlecht beraten oder ihre fehlerhaften Entschlüsse nicht verhindert. Ihre Ohren sind nur die Sprache der Schmeichler gewöhnt: [Feldmarschall] Daun [der österreichische Oberbefehlshaber] hat Ihnen nicht geschmeichelt, die Folgen sehen Sie. Mir bleibt in dieser traurigen Lage nur übrig, ganz verzweifelte Entschlüsse zu fassen. Ich werde kämpfen, und wir werden uns alle umbringen lassen, wenn wir nicht siegen können. [...] Ich spreche offen mit Ihnen. Wer nur noch kurze Zeit zu leben hat, braucht nichts zu verbergen. Ich wünsche Ihnen mehr

Glück, als ich es gehabt habe, und daß Sie nach all den beschämenden Abenteuern, die Ihnen zugestoßen sind, in Zukunft lernen mögen, große Angelegenheiten mit mehr Gründlichkeit, Urteilsvermögen und Entschlußkraft zu behandeln. Das Unheil, das ich voraussehe, ist zum Teil durch Ihre Schuld verursacht. Sie und Ihre Kinder werden mehr darunter zu leiden haben als ich. Seien Sie trotzdem versichert, daß ich Sie immer geliebt habe und mit diesem Gefühl sterben werde.»[112]

Aber dann der Schlußakkord in einer Situation, als an «eine Reconciliation unter beiden Herren Brüdern» nach Einschätzung des wie immer gut unterrichteten Kabinettssekretärs Eichel nicht mehr zu denken und der Demissionsentschluß des Kronprinzen bereits gefaßt war:[113] «Was? Sie wollen fliehen, während wir kämpfen, um Ihnen und Ihrer Familie den Staat zu erhalten? Sie wollen Feiglingen im Heer ein Vorbild geben, so daß sie sagen können: ‹Wir verlangen nichts, als was dem Prinzen von Preußen gewährt wurde?› […] Sie reden von Ihrer Ehre. Sie lag darin, die Armee gut zu führen und nicht auf einen Hieb vier Bataillone, Ihr Magazin und Ihre Bagage zu verlieren […]. Gehen Sie nach Berlin, so setzen Sie sich der Gefahr aus, über kurz oder lang von einem Streifkorps aufgegriffen zu werden oder sich mit den Weibern in eine Festung zu retten. Eine schöne Rolle für einen präsumtiven Thronfolger! […] Tun Sie jetzt, was Sie wollen; aber seien Sie sich im klaren, daß ich Sie als meinen Bruder und Verwandten verleugne, wenn Sie nicht dem Gebot der Ehre folgen, dem einzigen, das sich für einen Thronfolger ziemt. Sie reden mir von Respekt; meine Auffassung kennen Sie: ich verlange ihn von niemandem, aber ich will, daß meine Verwandten anderen ein Vorbild an Standhaftigkeit und Ehre sind, nicht das der Feigheit.»[114]

Ein Brief von offensichtlich grundsätzlicher Bedeutung an den Kronprinzen vom 24. Februar 1744 gibt Aufschluß über die Erwartungen, die der König in seinen Nachfolger gesetzt hatte. «Ich bin sehr froh», schrieb er damals, «daß Sie meinem Rat folgen und etwas an die ernsten Dinge denken wollen, die früher oder später Ihren Beruf ausmachen werden. Ich bin kinderlos, kann sterben und betrachte Sie als meinen Erben. Es stände Ihnen schlecht an, sich in Ränke und Kabalen im Staate zu verwickeln. Wohl aber steht es Ihnen an, sich von allem zu unterrichten, damit Sie sich richtige

Vorstellungen von einer Regierung machen, zu der Sie das Schicksal mit der Zeit beruft. Ja, es wäre in Ihren Jahren sogar unwürdig, wenn Sie nicht einen Begriff davon hätten, was in Ihrem Vaterland geschieht. Ohne eine gute Finanzwirtschaft könnte das Heer weder bestehen noch sich auf der Höhe erhalten. Zwar glaube ich, daß Sie mich zu sehr lieben, um meinen Tod zu wünschen. Aber trotzdem haben Sie die Pflicht, sich die nötigen Kenntnisse zu erwerben, die Sie im Falle meines Todes zur Regierung und zur selbständigen Leitung aller Staatsgeschäfte befähigen. Unser Staat braucht einen Herrscher, der mit eigenen Augen sieht und selbst regiert. Wollte es das Unglück, daß es anders würde, so ginge alles zugrunde. Nur durch emsige Arbeit, ständige Aufmerksamkeit und viele kleine Einzelheiten wird bei uns Großes vollbracht. Deshalb muß man sich beizeiten damit beschäftigen, und wenn Sie nicht jetzt schon anfangen, sich daran zu gewöhnen, wird dieses Leben unerträglich sein, sobald Ihr Stand Sie zwingt, seine schweren Pflichten zu tragen. Aus diesen Gründen, lieber Bruder, wünsche ich, daß Sie sich über alles unterrichten. Wie Sie sehen, spreche ich nicht aus persönlichem Interesse, sondern ich meine es gut mit Ihnen und habe nichts anderes im Auge, als die künftige Wohlfahrt des Staates und den fortwährenden Ruhm des Hauses, der völlig davon abhängt, wer die Staatsmaschine in Gang hält. Ich bin davon überzeugt, daß Sie die Stärke dieser Argumente (la force des motivs) selbst spüren und mir nach meinem Tode vielleicht dankbar dafür sind.»[115]

Es wird im folgenden noch augenfällig werden, daß dieses Dokument lange vor den *Politischen Testamenten* und den anderen großen Staatsschriften bereits alle Herrschaftsmaximen zu erkennen gibt, auf die der König den Thronfolger festzulegen versuchte. Es stellt den Entwurf einer Selbstherrschaftskonzeption dar, die sich dem Ziel verpflichtet fühlte, Großes («les grandes affaires») zu vollbringen. Dieser Auftrag aber schien dem König nur dann erfüllt werden zu können, wenn sich der Regent umfassende Kenntnisse verschaffte und mit ständiger Wachsamkeit und äußerster Hingabe regierte. Alles hänge deshalb davon ab, unterstrich er unter Verwendung einer für den Absolutismus bezeichnenden Metaphorik, wer die Staatsmaschine in Gang halte.[116] Nicht das Streben nach persönlichem Glück habe ihn dabei zu leiten, sondern die Wohlfahrt des Staates und das Ansehen der Dynastie.

Es hat den Anschein, als wenn der König über den völlig unerwarteten Tod seines Bruders tief erschüttert gewesen sei. De Catt
zitiert ihn mit den Worten: «Der Himmel ist mein Zeuge, daß ich
meinen Bruder aufrichtig geliebt habe, und Sie dürfen mir glauben,
daß es wenige Männer gibt, die ihre Familie so lieben wie ich die
meine.»[117] Der Bruder wäre sicherlich zur Armee zurückgekehrt,
«wenn die Schurken, die ich nur zu gut kenne, das Feuer nicht ge-
schürt und ihm nicht täglich wiederholt hätten, daß es mit seiner
Ehre unvereinbar sei, im Heer zu bleiben».[118] Noch Wochen später kam der König in eigentümlichen Wahnvorstellungen auf dieses
Thema zurück und vertraute de Catt an, daß es sein geheimster
Plan gewesen sei, «dem Throne zu entsagen, meinem guten Bruder
die Zügel der Regierung zu überlassen und ein ruhiges Leben zu
führen». Er habe, äußerte der König nach dem Bericht de Catts,
noch zehn oder zwölf Jahre zu leben. Und dann klingt es wie eine
sehnsuchtsvolle Beschwörung der Rheinsberger Kronprinzenzeit,
wenn er fortfährt: «Warum sollte ich nicht die Ruhe auskosten, die
Ruhe im Schoß der Gemeinschaft einer kleinen Zahl aufgeklärter
Freunde, die ich mir auswählen würde? Das war mein Plan, den
dieser jammervolle Tod zerstört.»[119]

Es ist schwer zu entscheiden, welcher Realitätsgehalt solchen
Träumereien zuzumessen ist. Sie müssen sicherlich im Zusammenhang mit der höchst bedrohlichen und immer wieder ausweglos erscheinenden Kriegssituation gesehen werden. Sie enthüllen indes auf
indirekte Weise, daß der König seinen Bruder August Wilhelm für
befähigt hielt, die Regierungsgeschäfte zu übernehmen, und allem
Anschein nach in Erwägung zog, dem Thron zu entsagen. Sie stehen
jedenfalls in scharfem Kontrast zu dem Urteil, das er schon frühzeitig über den neuen Thronfolger, den ältesten Sohn des Bruders, gefällt hat. Dieser war, als der Vater starb, 14 Jahre alt, also noch un-
mündig. Alles spricht dafür, daß die Erbfolge ungeachtet des sich
zuspitzenden Kriegsszenariums entsprechend der Tutelardisposition
vom 15. August 1756 auf den neuen Kronprinzen übergegangen ist,
wobei Prinz Heinrich im Falle eines vorzeitigen Thronwechsels die
Vormundschaft und den Oberbefehl über die Armee übernehmen
sollte.[120] Stürbe auch Prinz Heinrich, hätte der jüngste Bruder,
Prinz Ferdinand, an seine Stelle zu treten. In einer Order für die
Generäle seiner Armee vom 22. August 1758 hatte der König für

den Fall seines Ablebens überdies festgelegt: «Es muß gleich nach meinem Tod die Armee in meines Neven [sic!] Eid genommen werden, und da mein Bruder Heinrich Vormund desselben mit einer unbeschränkten Autorität ist, so muß die ganze Armee seine Befehle so respektieren, als die von dem regierenden Herrn.»[121] Am 4. Dezember 1758 schließlich erneuerte er die Tutelardisposition von 1756 und legte dem Thronfolger Friedrich Wilhelm am 11. Dezember in aller Form den Titel eines Prinzen von Preußen bei.

Bemerkenswert an diesen Verfügungen ist, daß der König ohne Zögern alle Bedenken beiseite schob, die er erst 1752 gegen das Institut der Vormundschaftsregierung vorgebracht hatte. «Wenn die Gottheit», schrieb er damals, «sich um die menschlichen Erbärmlichkeiten kümmert, wenn die schwache Menschenstimme bis zu ihr vordringen kann, dann wage ich dieses unbekannte allmächtige Wesen anzuflehen, Preußen vor der Geißel einer Minorennitätsregierung gnädig zu bewahren. Es gibt kein Beispiel dafür, daß eine vormundschaftliche Regierung glücklich gewesen ist.»[122] Neben der Furcht vor Zwietracht und dem Verfall der inneren Ordnung waren es vor allem die außenpolitischen Gefahren, die ihn bei dem Gedanken an eine solche «Zeit der Schwäche» in Unruhe versetzten. «Das Haus Österreich würde sich beeilen, daraus Vorteil zu ziehen, und wenn sich je die Gelegenheit böte, wäre das der Augenblick, um die heranwachsende Macht unseres Staates niederzuwerfen.» Doch sah er sich außerstande, Ratschläge zu geben, wie solchen Krisen vorgebeugt werden könne. Nur glaubte er, daß es für den Staat vorteilhafter sei, statt der Königin-Witwe «den nächsten männlichen Anverwandten des jungen Königs zum Vormund zu wählen». Und auf den Einwand, daß der König in die Abhängigkeit eines ehrgeizigen Onkels oder Vetters geraten könne, entgegnete er: «Das Heer und das ganze Land haben dem jungen König den Treueschwur geleistet. Der Vormund muß sich innerhalb der ihm vorgeschriebenen Grenzen halten und ebenso, wie nur ein einzelner einen Staat mit sicherer Hand zu leiten vermag, bedarf es auch eines unumschränkten Vormundes, damit ein für den Thron bestimmter Fürst eine gute Erziehung erhält. Der Vormund kann ihn wie seinen Sohn erziehen [...], seinen Hochmut unterdrücken und ihn zwingen, sich die Fähigkeiten anzueignen, die zu einer guten Regierung notwendig sind.» Der Vormund müsse also während seiner Regentschaft eine unbeschränkte Herrschaft führen und dürfe nicht an die Zustimmung eines Ministerrates gebunden sein.[123] Diese ganz formalen, an Vorgaben der Sukzessionsordnung sich orientierenden Vorstellungen des Königs überraschen um so mehr, als sich der Widerstand der jüngeren Brüder gegen die Politik des Königs seit dem Ausbruch des Siebenjährigen Krieges immer mehr verschärft hatte. Sie waren gegen die Eröffnung der Kampfhandlungen durch Preußen und gegen die Prinzipien, mit denen der König Krieg führte. Und als schließlich einer der ihren öffentlich zur Rechenschaft gezogen wurde und nach einer niederschmetternden Zurechtweisung durch den König verbittert die Armee verließ, herrschte im Kreise der Brüder eine Atmosphäre lauernder Feindseligkeit, die sich gelegentlich zu offener Empörung steigerte. Besonders Prinz Heinrich war es, der an den militärischen Entscheidungen des Königs immer wieder heftige Kritik übte und schließlich die Kapitulation des Finckschen Korps bei Maxen im November 1759 zum Anlaß nahm, um dem König entgegenzutreten. Schon in einem Brief an seine Schwester Amalie findet sich die berühmte Äußerung vom Sturz des Phaeton.[124] Und de Catt berichtet, daß Heinrich mit äußerstem Nachdruck von der Entsendung des Finckschen Korps abgeraten und den König auf die Verantwortung hingewiesen habe, die dieser für das Unglück trage, das dem Staate zustoßen werde. Als die von vielen erwartete Katastrophe über das detachierte Armeekorps dann tatsächlich hereinbrach, machte er seiner Empörung in Äußerungen Luft, die er unter ein Schriftstück des Königs notierte: «Er hat uns in diesen grausamen Krieg gehetzt, und nur die Tapferkeit der Generäle und Soldaten kann uns herausziehen. Von dem Tage an, da er zu meinem Heer gestoßen ist, hat er nur Unordnung und Unglück verbreitet; all meine Mühen in diesem Feldzug und das Glück, das mich begünstigt hat, alles ist verloren durch Friedrich.»[125] Wurde hier mit Gedanken gespielt, in deren Konsequenz ein Staatsstreich liegen mußte? Es besteht kein Zweifel, daß Prinz Heinrich mit seiner Kritik an der Kriegführung des Königs in der Armee nicht allein stand und im Falle entschlossenen Handelns mit einer Gefolgschaft rechnen konnte, die weit über den Kreis der Geschwister hinausreichte. Aber unverkennbar ist zugleich,

daß seine Loyalität ungeachtet der Vehemenz, mit der er die rücksichtslose und überstürzte Kriegführung des Königs und seinen
Mangel an Vorsicht mißbilligte, in keinem Augenblick in Frage
stand. Das wurde besonders in jenen Tagen nach der Schlacht von
Kunersdorf im August 1759 deutlich, als der König einem seeli-
schen Zusammenbruch nahe war. Er hatte in einer Instruktion für
den General Finck Prinz Heinrich noch einmal als designierten
Oberkommandierenden der Armee bestätigt und darüber hinaus
verfügt, daß alles, was er befehlen werde, zu geschehen habe.
Auch in dieser Situation, als der Prinz dem Ziel selbständigen
Handelns so nahe war, hat er zu seinem Bruder und der durch
Erbfolge legitimierten Staatsordnung gestanden. Das Äußerste,
wozu er sich hinreißen ließ, war die ostentative Niederlegung seines Armeekommandos, obwohl er auch in diesem Punkt schließlich mit sich reden ließ.

Von ganz anderer Natur war das Verhältnis des Königs zu seinem Neffen. Seit der Mitte seines Lebens, seit den Entscheidungs-
jahren des Siebenjährigen Krieges, verfolgte ihn die Angst um den
Fortbestand und die Konsolidierung Preußens. Die innere Schwäche und äußere Exponiertheit seines Staates erschienen ihm so
bedrohlich, daß er alles daranzusetzen entschlossen war, was die
Bewahrung des einmal Erreichten sicherstellen konnte. Diese sich
von Jahr zu Jahr steigernden Befürchtungen wuchsen nicht zuletzt
durch das Erscheinungsbild, das ihm der Kronprinz bot. Der König hatte zunächst versucht, den Thronfolger mit den Geschäften
der verschiedenen Fachdepartements vertraut zu machen. Er veranlaßte ihn, den Sitzungen des Generaldirektoriums und des Militär-
departements beizuwohnen, von denen er Protokolle anzufertigen
hatte. Der Minister von der Horst sollte ihn darüber hinaus in die
Steuerverwaltung, der Großkanzler von Fürst in die Rechtsprechung und der Kabinettsminister von Hertzberg in die Arkana der
auswärtigen Politik einführen. Doch hatten diese Bemühungen wenig gefruchtet. Vielmehr zeigte sich sehr schnell, daß der Thronfolger weder die Energie noch das Format besaß, um den Staat
seinen Vorstellungen gemäß regieren zu können.

Auch im Schlußkapitel seiner *Geschichte des Hauses Brandenburg*,
das von den allgemeinen Sitten und Gebräuchen unter dem Hause
Hohenzollern handelt, hatte sich der König eingestanden, daß die

eigentliche Gefahr, die der Monarchie als Herrschaftssystem drohe, in einem strukturbedingten Mangel an Kontinuität liege. Die einzige Grundlage der Königreiche, schrieb er, «ist die souveräne Macht des Herrschers». Die Gesetze, das Heerwesen, Handel und Gewerbe und alle anderen Bereiche staatlicher Tätigkeit seien der Willkür eines einzelnen unterworfen. In der Aufeinanderfolge dieser einzelnen gleiche keiner dem anderen: Auf einen Ehrgeizigen folge ein Müßiggänger, auf diesen ein Frömmler, auf ihn ein Kriegsmann, dann ein Gelehrter und auf diesen ein Genußsüchtiger. Daraus folge, daß beim Regierungsantritt eines neuen Fürsten der Staat gewöhnlich nach neuen Grundsätzen regiert werde: «Und das ist es», faßte er zusammen, «was gegen diese Regierungsform spricht.»[126]

Das Gottesgnadentum als Quelle und Bestandteil monarchischer Legitimität hatte er als Relikt vergangener Zeiten längst schon hinter sich gelassen. «Die Könige», schrieb er in seinem *Examen de l'essai sur les préjugés* von 1770, «sind Menschen wie andere auch. In einer Welt, in der nichts vollkommen ist, genießen sie keineswegs das ausschließliche Vorrecht, vollkommen zu sein. Sie bringen ihre Verzagtheit oder Entschlossenheit, ihre Tatkraft oder Trägheit, ihre Laster oder Tugenden mit auf den Thron, wohin sie der Zufall der Geburt setzt.» So sei es, fuhr er fort, auch unausweichlich, daß in den Erbreichen Fürsten unterschiedlichsten Charakters aufeinanderfolgten.[127]

Um so unerbittlicher erhob er deshalb die Forderung, daß der Fürst sich um seines Amtes willen anzustrengen habe. So klingt es wie eine Beschwörung des Thronfolgers, wenn er in seinem *Essay über Regierungsformen und Herrscherpflichten* von 1777 äußert: «Die Fürsten, die Herrscher, die Könige sind nicht etwa deshalb mit der höchsten Macht bekleidet worden, damit sie ungestraft in Ausschweifungen und Luxus aufgehen können. Sie sind nicht zu dem Zweck über ihre Mitbürger erhoben worden, daß ihr Stolz sich in eitler Selbstdarstellung brüste und über die schlichten Sitten, die Armut und das Elend sich verächtlich mache. Sie stehen keineswegs an der Spitze des Staates, um in ihrer Umgebung einen Schwarm von Nichtstuern zu unterhalten, die durch ihren Müßiggang und ihr unnützes Wesen alle Laster fördern.»[128] So gehe, heißt es an anderer Stelle desselben Textes warnend, «der Mittel-

punkt, der Einheitspunkt» verloren. «Gleichwie alle Einzelteile
einer Uhr vereint auf denselben Zweck, die Zeitmessung, hinwirken, so sollte auch das Getriebe der Regierung derartig angeordnet
sein, daß all die einzelnen Teile der Verwaltung gleichmäßig zum
besten Gedeihen des Staatsganzen zusammenwirken; denn dieses
Hauptziel darf niemals aus dem Auge verloren werden.» «Der
Fürst ist für den Staat, den er regiert, dasselbe wie das Haupt für
den Körper: er muß für die Allgemeinheit sehen, denken und handeln, um ihr jeglichen wünschenswerten Vorteil zu verschaffen.
Soll die monarchische sich der republikanischen Regierung überlegen erweisen, so ist die Richtschnur für den Herrscher vorgegeben:
er muß tätig und rein von Charakter sein und all seine Kräfte zu-
sammennehmen.» «Die wahrhaft monarchische Regierung», heißt
die entscheidende Sentenz dieses Textes, «ist die schlimmste oder
aber die beste von allen, je nachdem sie gehandhabt wird.»[129]

Angesichts solcher Maximen und Erwartungen, die sich wie ein
roter Faden durch das gesamte Œuvre ziehen, hatte es jeder
Thronfolger schwer, vor den Augen des Königs zu bestehen. Aber
es gab im Verhältnis des Königs zu seinem Thronfolger überdies
auch Enttäuschungen, zu denen sich Friedrich in der Fortführung
seiner *Histoire de mon temps* ausführlich und mit erstaunlicher Offenheit geäußert hat. Die Ehe des Prinzen von Preußen mit Prinzessin Elisabeth von Braunschweig, schrieb er, habe den Wünschen
des königlichen Hauses in keiner Weise entsprochen. «Der junge,
sittenlose Gatte gab sich einem ausschweifenden Leben hin, von
dem ihn seine Verwandten nicht abzubringen vermochten, und
brach seiner Gemahlin täglich die Treue.» Die Prinzessin habe sich
durch diese Behandlung so sehr gekränkt gefühlt, daß sie sich ihrerseits Ausschweifungen hingab, die denen des Gemahls nicht im
mindesten nachstanden. «Die daraus entstehende Abneigung zwischen dem Prinzen und der Prinzessin von Preußen vernichtete
jede Hoffnung auf einen Thronerben. Prinz Heinrich, der Bruder
des Prinzen von Preußen, begabt mit allen Eigenschaften, die man
einem jungen Manne wünschen kann, war an den Blattern gestorben. Die Brüder des Königs, die Prinzen Heinrich und Ferdinand,
sagten unverhohlen, sie würden sich das Recht der Thronfolge
nicht durch irgendeinen Bastard nehmen lassen. Alle diese gleich
gewichtigen Gründe machten zuletzt die Scheidung der beiden

Gatten unumgänglich. Der Akt wurde nach reiflicher Überlegung vollzogen» (21. April 1769), um Friedrich Wilhelm den Weg zu einem Neuanfang zu ebnen.[130]

Dieser scheinbar unbeteiligte Bericht, den der König mit der erneuten Vermählung des Kronprinzen und der sehnlichst erwarteten Geburt eines Großneffen (3. August 1770) fortführte, macht auf eindringliche Weise deutlich, daß es ihm nicht um die Erzahlung einer Skandalgeschichte ging, sondern um eine Haupt- und Staatsaktion, von der auch das Schicksal der Dynastie abhing. Alle Beteiligten treten lediglich als Funktionsträger in Erscheinung und stehen auch in ihrem Versagen im Dienste einer Staatsräson, zu deren Bewertungsmaßstäben weniger moralische Entrüstung als «reifliche Überlegung» gehörte. Insofern stellen auch diese Passagen seines großen Geschichtswerks ein Lehrstück dar. Denn ihnen liegt eine Geschichtsauffassung zugrunde, die nicht die Motive für das Tun und Lassen von Einzelpersonen aufzuspüren sucht, sondern einem Staatsinteresse zu dienen beabsichtigt, das unverkennbar eigenen Gesetzen verpflichtet ist.

Spätestens seit 1770 dürfte ein Vertrauensverhältnis zwischen Friedrich und seinem Neffen nicht mehr bestanden haben. So ist ein Brief des Königs an seine Schwester Ulrike überliefert, in dem die Erbitterung über den Thronfolger mit kaum noch gezügelter Heftigkeit zum Ausdruck kommt: «Nichts hat er von der Erscheinung noch von dem Geiste seines Vaters; linkisch in allem, was er tut, plump, starrköpfig, launenhaft, liederlich und sittenlos, dumm und unerfreulich – das ist sein naturgetreues Porträt. Er verursacht mir hundertfältigen Kummer und verbittert meine alten Tage. – Er ist der Ausschuß der Familie.» Zwar spreche er, fuhr der König fort, gewöhnlich nicht über dieses Thema und suche nach Möglichkeit auch, die Fehler des Neffen zu bemänteln. Aber dieser sei, schloß er seinen Brief, «ein trauriges Geschöpf, und auch in der Öffentlichkeit weiß man nur allzu gut Bescheid».[131] Auch dem Thronfolger gegenüber äußerte er sich gelegentlich in Wendungen, die das Ausmaß seiner Skepsis und Sorge ahnen lassen. «Für Sie arbeite ich», ließ er ihn wissen, «aber Sie müssen darauf sehen, daß Sie bewahren, was ich schaffe. Wenn Sie träge und indolent sind, werden Sie unter Ihren Händen zerrinnen sehen, was ich mit soviel Mühe zusammengebracht habe.»[132]

Als Ausweg aus diesem Dilemma verfiel der König schließlich auf den Gedanken, seinem Nachfolger einen Berater an die Seite zu stellen, der in den Staatsgeschäften erfahren war und die Sicherheit bot, daß nach seinem Tode das Schlimmste verhindert werden konnte. So beschloß er während eines schweren, lange nachwirkenden Gichtanfalls im Winter 1775/76 und beunruhigt durch die sich zuspitzende außenpolitische Lage, Prinz Heinrich in sein engstes Vertrauen zu ziehen, ohne in das Verfahren der durch das Erbrecht vorgezeichneten Thronfolge unmittelbar einzugreifen. Der König traute Heinrich als einzigem zu, die Armee mit der gebotenen Kompetenz und Umsicht zu befehligen. Er betrachtete ihn zugleich als denjenigen unter seinen Weggefährten der letzten Jahrzehnte, der ungeachtet aller Meinungsverschiedenheiten Prinzipien verpflichtet war, die sich ebenso kompromißlos wie die seinen an der Erhaltung des preußischen Staates orientierten. So äußerte er sich erstmals am 3. Februar 1776 dem Prinzen gegenüber: Die Österreicher scheinen zu glauben, «daß ich mich meinem Ende nähere, und sie verstärken ihre Truppen in Böhmen, um sich Sachsens sofort bemächtigen und in unser Land einfallen zu können. Das wird mit Sicherheit geschehen, wenn ich sterben sollte, und meinem einfältigen Neffen wird es, falls er sich nicht augenblicklich zusammenreißt und einigen Nerv zeigt, schlecht ergehen. Doch nichts kann seine angeborene Faulheit überwinden, und so muß ich», wandte er sich an Heinrich, «die Sorge für die Zukunft dem überlassen, was Ihre Klugheit für das Wohl des Staates zu tun vermag, und den Rest den Unwägbarkeiten des Schicksals.»[133]

Schon drei Tage später schrieb er erneut an seinen Bruder: «Der Gichtanfall, unter dem ich gelitten habe, hat mich verlassen; aber ich muß mich vor einem Rückfall hüten. Allein Ihre Freundschaft würde mich geheilt haben, mein lieber Bruder, ohne jede Medizin [...]. Ich kann Sie über alle unsere Angelegenheiten und ihre Zusammenhänge unterrichten, von denen niemand, auch keiner der Minister, etwas weiß. Das wird Sie persönlich so unentbehrlich machen, daß jedermann zu Ihnen kommen und Sie um Rat und Hilfe bitten muß. Ich halte», fuhr er fort, «diese Methode für unfehlbar, und ich hoffe, daß Sie aus Liebe zu diesem Staate, dem alle unsere Vorfahren gedient haben, sich nicht weigern werden, alle Anstrengungen zu seiner Erhaltung zu machen – um so mehr, als Sie der einzige sind, von dem der Staat wirkliche Dienste erwarten kann.» «Können Sie das Vertrauen unseres Neffen gewinnen, werde ich es als meine Pflicht betrachten, dabei behilflich zu sein.»[134] Noch klarer umrissen erscheinen seine Ziele in einem Brief vom 10. Februar 1776. «Ich werde», schrieb er, «im Blick auf die Interessen des Staates nicht ruhig sterben, wenn ich Sie nicht irgendwie als Vormund eingesetzt sehe. Ich betrachte Sie als den einzigen Menschen, der den Ruhm des Hauses aufrechterhalten und in jeder Hinsicht der Halt und Stützpfeiler unseres gemeinsamen Vaterlandes werden kann. Wenn ich einmal das Vergnügen habe, mit Ihnen zu sprechen, kann ich Ihnen meine Ideen bezüglich der Mittel und Wege ausführlicher darlegen, um diesen Plan zum Erfolg zu führen.»[135] Prinz Heinrich begab sich sofort nach Sanssouci. Über den Inhalt der offenkundig einvernehmlichen Gespräche gibt ein Schreiben Auskunft, das der König am 18. Februar an den Bruder richtete. Man kenne, äußerte Friedrich, den Zeitpunkt seines Todes nicht; «aber man ist verpflichtet, allem Unglück, das sich in Zukunft ereignen kann, soweit als möglich vorzubeugen. Mein Leben habe ich dem Staate gewidmet.» Er würde deshalb, fuhr er fort, einen unverzeihlichen Fehler begehen, wenn er nicht alles in seinen Kräften Stehende versuchen würde, um «zwar nicht nach meinem Tode noch zu regieren, wohl aber dafür zu sorgen, daß eine Persönlichkeit Ihrer Einsicht an der Regierung teilhat, so daß Sie durch Ihren guten Rat und Sachverstand die Nachlässigkeit, Dummheit und Schwäche eines Geschöpfes wettmachen, das unfähig ist, sich selbst zu regieren, geschweige denn andere. Dabei habe ich allein den Staat im Auge; denn mir ist wohl bewußt, daß mir alles, sollte selbst der Himmel einstürzen, im Augenblick nach meinem Tode völlig gleichgültig sein könnte. Überzeugt von Ihrer Freundschaft zu mir habe ich Ihnen mein Herz über diese Angelegenheiten ausgeschüttet, über die ich schon lange nachgedacht habe. Ich danke Ihnen tausendmal, daß Sie mir die Freude machen, auf meine Wünsche einzugehen.»[136] Noch Monate später kam er auf diesen Plan zu sprechen. Noch immer quälte ihn die Angst vor einem österreichischen Angriff, den er im Falle seines Todes für unabwendbar hielt. Die Österreicher, schrieb er, «machen zweifellos den Versuch, uns mit den Russen in Streit zu verwickeln, damit sie, wenn sie durch meinen Tod freie Hand in dieser Richtung haben, sich mit um so größerem Gewicht auf unseren großen Narren stürzen können. Großer Gott, was soll nur daraus werden, wenn der gute Vater im Himmel Sie nicht bei Leben und Gesundheit erhält! Sie, mein lieber Bruder, werden wie der Schild der Minerva sein, der Räuber in Steine verwandelte, als sie Narren angreifen wollten.»[137]

Beinahe zur gleichen Zeit, als der König ein engeres Verhältnis zu Prinz Heinrich suchte, hatte er in seinem *Exposé du gouvernement prussien* noch einmal beschwörend gefordert, daß der Herrscher dieses Landes sparsam und darüber hinaus ein Mann sein müsse, «der die größte Ordnung in seinen Angelegenheiten hält». Die Politik müsse soweit als möglich vorausschauen und die Konjunkturen Europas berechnen, «sei es um Bündnisse zu schließen, sei es um die Projekte der Feinde zu durchkreuzen». Man dürfe nicht glauben, die Ereignisse herbeiführen zu können; aber wenn sie eintreten, müsse man zupacken und daraus Nutzen zu ziehen versuchen. Deshalb, unterstrich er, «müssen die Finanzen in Ordnung sein». Wenn der preußische Staat keinen festen Punkt besitze, in dem die verschiedenen Zweige der Politik miteinander verbunden werden, sei er verloren. Die großen Monarchien bestünden trotz aller Unordnung in der Staatsverwaltung fort und erhielten sich durch ihr Gewicht und ihre innere Kraft. Die kleinen Staaten dagegen würden schnell erdrückt, «wenn nicht alles in ihnen Kraft, Nervenanspannung und Lebensstärke ist». Preußen müsse demnach von Herrschern regiert werden, «die immer auf der Hut sind, die Ohren gespitzt, über ihre Nachbarn wachen und bereit sind, sich von einem Tag auf den anderen gegen die verderblichen Absichten ihrer Feinde zu wehren».[138]

Vor dem Hintergrund solcher Maßstäbe schätzte der König seinen Erben als einen Mann ein, der alles, was für den Rang des preußischen Staates im Rahmen des Mächtesystems hatte durchgesetzt werden können, sofort und restlos verspielen würde. Alle hochfliegenden Erziehungspläne, die er in seinen *Politischen Testamenten* für den präsumtiven Thronfolger entworfen hatte, schienen angesichts eines Charakters, der sich jeder Beeinflussung durch den königlichen Onkel zu entziehen wußte, längst hinfällig geworden

zu sein. Die Gefahren indes, die sich hier für Staat und Dynastie
abzuzeichnen begannen, waren allem Anschein nach so offenkundig, daß auch der in Familienangelegenheiten sonst so eigenwillige
Prinz Heinrich nicht zögerte, sich an Überlegungen zur Begrenzung des möglichen Schadens zu beteiligen. Dem König schwebte
vor, dem Chaos in Staat und Verwaltung dadurch vorzubeugen,
daß er den Thronfolger in allen Fragen von politischem und militärischem Gewicht an einen Ratgeber verwies, der nicht nur erfahren und kompetent, sondern auch mit den Staatsmaximen des
regierenden Königs vertraut war. Sollte einmal der Fall eintreten,
schrieb er an Prinz Heinrich, «daß jemand, dessen Namen ich hier
nicht nennen will, irgendeine Dummheit beginge, so werden Sie
stets in der Lage sein, die Dinge wieder einzurenken».[139]
  Der König plante also, durch eine gezielte Informationspolitik
eine Art inoffizieller Vormundschaftsregierung zu erzwingen. Der
Thronfolger war mündig, und es gab nach den Prinzipien der Sukzessionsordnung keine Handhabe, ihn von der Regierung auszuschließen oder für regierungsunfähig zu erklären. So blieb nur die
Möglichkeit einer verdeckten Regentschaft, die er nach seinen
staatstheoretischen Äußerungen und dem eigenen Selbstverständnis
freilich nur als Notlösung und allenfalls für begrenzte Zeit akzeptieren konnte. «Es gibt kein Beispiel dafür», hatte es im *Politischen
Testament* von 1752 geheißen, «daß eine Vormundschaftsregierung
glücklich gewesen ist.» Ein König, der unter einer Regentschaft
herrscht, war seiner Auffassung nach kein König, zumal er den
Vormund – wie oben schon anzuführen war – mit weitreichenden,
ja unumschränkten Herrschaftsbefugnissen ausgestattet wissen
wollte. Gleichwohl legte es der König darauf an, den Handlungsspielraum des Thronfolgers auf ein Mindestmaß zu beschränken –
wohlwissend, daß eine Vormundschaftsregierung ohne Rechts-
grundlage oder die Zustimmung des Betroffenen ein Notbehelf
bleiben mußte.
  Der König war sich über die Widersprüchlichkeit und Unzu-
länglichkeit dieses Verfahrens offenbar selbst im klaren. So kann es
nicht überraschen, daß er von seiner Vormundschaftskonzeption
abgewichen ist und schließlich weder den Thronfolger noch Prinz
Heinrich in seine Pläne und Absichten eingeweiht hat. Es war ja
unwahrscheinlich von Anfang an, daß sich der neue König tatenlos

und willfährig in die Rolle fügen würde, die ihm die beiden Onkel
zugedacht hatten. Wenn der Plan einer Regentschaft des Prinzen
Heinrich aber überhaupt eine Chance gehabt hätte, dann nur unter
der Voraussetzung, daß er konsequent und bis zuletzt über die Angelegenheiten von Staat und Heer informiert worden wäre. Hier
aber mangelte es nach erneuten Zerwürfnissen zwischen den Brüdern im Bayerischen Erbfolgekrieg erheblich. Ja, es hat den Anschein, als wenn der König im selben Maße, wie er sich von Prinz
Heinrich enttäuscht sah, den Thronfolger aufzuwerten versuchte.
Jedenfalls schrieb er gewiß nicht ohne Hintersinn an seinen Bruder: «Ich sollte Ihnen auch mitteilen, daß [...] ich sehr erfreut bin
über unseren Neffen. Er hat eine neue Seite aufgeschlagen und
sich erstaunlich zum Besseren gewandt. Ich werde langsam zuversichtlicher.»[140] So liegt die Vermutung nahe, daß der König von
seinem Plan einer Vormundschaftsregierung allmählich abrückte
und sich mit der Thronfolgeregelung abgefunden hat, wie sie nun
einmal unumstößlich war.

Selbst dieser letztlich dann aufgegebene Versuch, die reguläre
Thronfolgeregelung durch eine Art Regentschaft zu unterlaufen,
macht aber deutlich, daß der König an eine prinzipielle Infragestellung der geltenden Sukzessionsordnung nicht gedacht hat. Vielmehr hat er in seiner 1770 veröffentlichten Auseinandersetzung mit
Holbachs anonym erschiener Schrift über das *Système de la nature*
schon das historisch begründete Resümee gezogen, daß die Erbmonarchie «unter allen denkbaren Staatsformen die am wenigsten
nachteilige» sei. Denn in Staaten, wo die Untertanen das Recht
hätten, ihre Herrscher abzusetzen, «bliebe ein Nährboden für
Bürgerkriege, blieben Führer, die stets bereit wären, an die Spitze
gefährlicher Parteien zu treten, um den Staat in Aufruhr zu versetzen.» «Um eben diesen Mißständen vorzubeugen, wurde ja die
Erbfolge geschaffen und in zahlreichen europäischen Staaten eingeführt.» Man habe gesehen, welche Unruhen durch Thronstrei-
tigkeiten ausgelöst werden, und fürchte «mit Recht, eifersüchtige
Nachbarn könnten die günstige Gelegenheit wahrnehmen, um das
Land zu überwältigen und zu verwüsten».[141]

So dokumentiert gerade auch der Umweg, den der König in der
Angelegenheit der Thronfolge einzuschlagen versuchte, daß er von
der Notwendigkeit verfassungsgemäßen Handelns in dieser für

Staat und Dynastie entscheidenden Frage zutiefst durchdrungen war. Die Legitimität dynastischer Herrschaft war auch seiner Überzeugung nach mit der Unantastbarkeit der Erbfolgegesetze so unzertrennlich verbunden, daß hier ein Handlungsspielraum nicht gegeben war – auch nicht für einen Monarchen, der sich eine *potestas legibus soluta* so rigoros wie kaum ein anderer zugute hielt. Anders als der Große Kurfürst, der 1687 – ein Jahr vor seinem Tode – mit dem Kurprinzen ebenfalls in einem gespannten und von tiefem Mißtrauen gekennzeichneten Verhältnis stand, scheint er an eine Enterbung und die entsprechende Änderung der Thronfolgeregelung nicht gedacht zu haben. Er entsprach damit auch der von Montesquieu in seinem *Esprit des lois* vertretenen Auffassung, daß die Monarchie auf einer in Sitte und Herkommen gegründeten Legitimation beruhe und in ihrem Fortbestand gefährdet sei, wenn der Landesfürst eine Umgestaltung der bestehenden Sozial- und Verfassungsverhältnisse anstreben sollte. Deshalb richteten sich seine Pläne von Anfang an auch auf das Ziel, die Regierungsgeschäfte dadurch in geordnete Bahnen zu lenken, daß der Kronprinz zwar der Sukzessionsordnung gemäß den Thron bestieg, durch einen inoffiziell bestellten Regenten aber gehindert wurde, den Staat zugrunde zu richten.

Sind diese Auskünfte nun ein Ergebnis, das sich zu registrieren lohnt? Das Problem der Thronfolge im friderizianischen Preußen gewinnt jedoch eine tiefere Dimension, wenn zugleich auch der Gesamtzusammenhang der Epoche in Betracht gezogen wird. Die Forschung der letzten Jahrzehnte hat immer wieder die Frage aufgeworfen, welcher grundsätzlichen Perspektive denn jene spezifische Herrschaftsform gefolgt ist, die man mit dem Epochenbegriff des Aufgeklärten Absolutismus zu kennzeichnen versucht hat. Dabei ist die Auffassung vertreten worden, daß der Aufgeklärte Absolutismus seiner Intention nach als die «Rückbildung» eines Herrschaftssystems eingeschätzt werden müsse, das ursprünglich die absolute Omnipotenz des Staates durchzusetzen trachtete. Er sei angetreten unter der programmatischen Zielsetzung, die politische Philosophie der Aufklärung von Staats wegen zu verwirklichen und durch bewußte Mäßigung einer liberaleren Form von Herrschaft den Weg zu ebnen. In der Konsequenz einer solchen Staatsräson hätte es dann liegen müssen, daß die Monarchen ihre überlieferten

Machtpositionen freiwillig räumten und in eine konstitutionelle Begrenzung ihrer Herrschaftsbefugnisse einwilligten. Da jedoch eine Selbstbeschränkung der Fürsten aus wirklicher Einsicht und der Anerkennung individueller Freiheitsrechte am Beharrungsvermögen der bestehenden Verhältnisse gescheitert sei, biete der Aufgeklärte Absolutismus ein Bild der Inkonsequenz und Widersprüchlichkeit.

Gerade an der hier zu erörternden Problematik der Erbfolgefrage erweist sich indes, daß auch ein aufgeklärter Herrscher wie Friedrich das Verfassungssystem der Monarchie niemals in Frage gestellt oder abzuschwächen versucht hat. Nicht einmal der Gedanke höherer Qualifikation, der ihn in vielen Bereichen von Staat und Gesellschaft so sehr beschäftigt hat, konnte ihn wie Peter den Großen dazu bewegen, das Prinzip dynastischer Kontinuität zugunsten einer Thronfolgeregelung aufzugeben, die abweichend von den geltenden Normen einem Fähigeren den Vorzug gab. Vielmehr hat er gerade in den Anfangsjahren seiner Regentschaft, als er noch ganz im Banne der Aufklärungsphilosophie stand, keinen Zweifel daran gelassen, daß am Grundsatz der Primogeniturerbfolge unter allen Umständen festgehalten werden müsse. Das hohe Gut einer legitimen und über alle Anfechtungen erhabenen Sukzession hatte aus innen- wie außenpolitischen Erwägungen einen so absoluten Vorrang, daß er alle ihn schwer bedrückenden Bedenken hinsichtlich der Eignung des Thronfolgers zurückzustellen bereit war.

Wenn also aus der Handhabung der Thronfolge durch Friedrich ein generelles Fazit gezogen werden kann, so muß mit Nachdruck unterstrichen werden, daß an eine Abschwächung oder Modifizierung monarchischer Herrschaftsstrukturen auch in der schwierigen Phase des Übergangs der Herrschaft an Friedrich Wilhelm II. nicht gedacht war. Aber offenkundig ist zugleich, daß die Versachlichung des Herrscheramtes gerade im Zeitalter Friedrichs so weit fortgeschritten war, daß zur Wahrung der Erbfolgegesetze die immer unabweisbarer hervortretende Forderung nach Eignung des Thronfolgers allen persönlichen Einsichten und aufgeklärten Überzeugungen zum Trotz beiseite geschoben werden mußte. Hier tat sich tatsächlich ein Dilemma auf, das als Kennzeichen der ganzen Epoche gelten kann.

III. Die Jahre des Friedens

Die Bautätigkeit und die Förderung der Künste

Jede biographisch strukturierte Erzählform gewinnt erst durch das Kontinuum der Lebensabläufe ihre Schlüssigkeit. Das gilt gerade auch für Friedrich den Großen. Wie wäre das Schlesienabenteuer zu erklären, wenn nicht in enger Verknüpfung mit den Eindrücken und Prägungen der Kronprinzenzeit? Und wie wäre das schließlich Staat und Existenz bedrohende Szenarium des Siebenjährigen Krieges ohne den jugendlichen Überschwang nachvollziehbar, mit dem sich der soeben auf den Thron gelangte Monarch in den mächtepolitischen Irritationen des Jahres 1740 auf «das Recht des Stärkeren» berufen hat? Insofern wäre es eigentlich angezeigt, sich der Aufeinanderfolge der Ereignisse auch weiterhin anzuvertrauen und die in der Persönlichkeit des Königs und seinem Lebenskonzept so unverkennbar angelegten Zusammenhänge weiterzuverfolgen. Offenkundig ist die politische und militärische Seite seines Lebenswerkes der eigentliche Mittelpunkt seiner Biographie. Aber es gibt auch eine ganze Reihe weiterer Bereiche, in denen er nach seinem Herrschaftsantritt Außerordentliches und vielfach auch Programmatisches zustande gebracht hat. Und es sind vor allem die Jahre nach dem Abschluß des Friedens von Aachen (1748), die noch ganz im Zeichen «moderner», d. h. zeitgemäßer Impulse stehen und entsprechend zu wurdigen sind. Insofern muß bei diesem unverkennbar als Zäsur zu betrachtenden Lebensabschnitt zur Sprache kommen, was der König für die Förderung der Künste und Wissenschaften und die Erweiterung seiner Sammlungen geleistet hat. Dabei wird der biographische Aspekt zugunsten systematischer Gesichtspunkte in den Hintergrund treten und erst im vierten Kapitel wird zu den Haupt- und Staatsaktionen, der maßgeblichen Sphäre seiner Biographie, zurückzukehren sein.

Es ist unter den zahlreichen mäzenatischen Betätigungsfeldern des Königs schwer auszumachen, wo er unverkennbar Eigenständiges und Weiterwirkendes anzuregen vermocht hat. So gibt es wie schon in der Kronprinzenzeit vieles, was sein engagiertes Interesse fand, aber letztlich doch einem dem Zeitgeschmack entsprechenden Dilettantismus und persönlicher Liebhaberei verhaftet blieb. Viele seiner unendlich weit verzweigten, den Künsten und Wissenschaften zugewandten Betätigungen dienten darüber hinaus der Zerstreuung und der Ablenkung von seinen als entsagungsvolle Pflichterfüllung empfundenen Amtsgeschäften. Beim Ausbau seiner Residenzen jedoch hat er sich während seines ganzen Lebens mit bemerkenswerter Konsequenz Denkmäler zu setzen gewußt, die bis heute mit dem Glanz seines Namens verbunden geblieben sind und das Erscheinungsbild der Residenzstädte Potsdam und Berlin geprägt haben. Deshalb erscheint es gerechtfertigt, hier zunächst die Bautätigkeit des Königs in den Blick zu nehmen.

Wirft man einen Blick auf die Gesamtheit dessen, was in Preußen in den 46 Jahren der friderizianischen Epoche gebaut, erweitert und verändert worden ist, so gilt es ein Œuvre in Augenschein zu nehmen, das nicht nur die Bautätigkeit des so viel geschmähten, als verschwendungssüchtig eingeschätzten Großvaters, des ersten Preußenkönigs, bei weitem in den Schatten stellt, sondern in seiner Viefalt und Originalität auch einzigartig in der Residenzenlandschaft des *ancien régime* dastehen dürfte. Zwar sind viele dieser Bauten mit den Namen bedeutender Architekten wie Knobelsdorff, Gontard oder den beiden Boumanns verknüpft. Es kann jedoch kein Zweifel bestehen, daß es der König selbst war, der mit diesem gewaltigen Bauprogramm Vorstellungen zu verwirklichen trachtete, die bis in die Einzelheiten des Stils, der Formensprache und des Figurenprogramms auf eigene, ganz persönliche Visionen zurückzuführen sind. Er kümmerte sich ähnlich wie Ludwig XIV. nicht nur um die Konzeption im Großen, um die Lage, den Bauplatz und ein entsprechendes Raumprogramm, sondern auch um die konkreten Fragen der Bauausführung und der Ausstattung.[1]

Dabei ist festzuhalten, daß Friedrich zu Lebzeiten nicht in öffentlichen Denkmälern dargestellt zu werden wünschte. Formen unverschleierter Ostentation stand er mit Ausnahme der in Öl gemalten Porträts der Kronprinzenzeit mit äußerster Skepsis gegenüber. Aber er hat geduldet oder sogar befördert, daß seine Person ganz der barocken Herrscherapotheose entsprechend in allegorischem Gewande dargestellt wurde, in Statuen zumeist, die durch-

aus Aufschluß über seine Selbsteinschätzung zu geben vermögen.
So ist seine pointierte, keineswegs beiläufige Identifizierung mit
Apollo bereits in Pesnes Deckenfresko in Rheinsberg und dann
wiederum im Treppenhaus von Schloß Charlottenburg nachweis-
bar. Aber auch in der Ikonographie der häufig überlebensgroßen
Skulpturen, mit denen der König die Attiken der meisten seiner
Bauten bekrönen ließ, findet sich das Apollomotiv in offenkundiger
Anspielung auf den königlichen Bauherrn und strahlenden Kriegs-
helden.[2]
    Die eigenwilligste Schöpfung des Königs stellt zweifellos die
Sommerresidenz Sanssouci dar, die er unter persönlicher Anteilnahme in den Jahren 1745 bis 1748 auf einer Anhöhe vor den Toren
Potsdams von Knobelsdorff errichten ließ. Hier gewinnt ein Bau-
gedanke Gestalt, der jenseits offizieller Staatsrepräsentation und
höfischer Etikette ein Refugium von intimer Gefälligkeit und subtiler Eleganz zu schaffen beabsichtigte. Der allgemeine Stilwandel
vom Barock zum Rokoko kam ihm dabei entgegen. Alles war geprägt von persönlichen Bedürfnissen, der Bequemlichkeit und den
Neigungen des Bauherrn. Das Offizielle und Prunkhafte trat in den
Hintergrund; ein epikureisch-heiteres Lebensgefühl sollte dieses
zusammen mit dem Freund der Rheinsberger Kronprinzenzeit konzipierte Schloßareal prägen. Jedes Zimmer des eingeschossigen,
langgestreckten Baus öffnete sich auf die hochgelegene Terrasse mit
dem weiten Blick in das wie eine Seenplatte erscheinende Havel-
land. «In diesen Räumen ist ein Grad des Persönlichen und Privaten
erreicht, wie er nicht nur in der fürstlichen Lebenshaltung Frankreichs, sondern auch in Süddeutschland unbekannt war und erst in
der bürgerlichen Wohnkultur am Anfang des 19. Jahrhunderts wieder aufgenommen wurde.»[3]
    Mit dem Schloßbau von Sanssouci gelang dem König ein Neu-
ansatz höfischer Repräsentation, der einzigartig und in der Grund-
haltung fürstlichen Selbstverständnisses stilbildend gewesen ist. Er
entsprach einem Monarchen, der sich als Philosoph und als ein der
Aufklärung verpflichteter Herrscher verstand, als geistreicher Repräsentant eines geistreichen Jahrhunderts, als Schöngeist und
Kunstkenner, der nicht nur antike Skulpturen sammelte, sondern
auch als einer der ersten das Genie eines Antoine Watteau jenseits
höfischer Galanterie zu erfassen vermochte. Der Schloßbau von

Marmorsaal in Schloß Sanssouci

Links oben: Luftaufnahme von Schloß Sanssouci
Links unten: Ansicht von Sanssouci

Neues Palais von der Gartenseite

Sanssouci stellt etwas dar, was es in der höfischen Kultur Europas
bis dahin noch nicht gegeben hatte. Er markiert einen Entwick-
lungssprung in der Selbstdarstellung von Staat und Dynastie, deren
Faszination bis heute spürbar ist.

Bei diesem skizzenhaften Überblick müssen die Stadttore und Triumphbögen, die der König besonders zahlreich in Potsdam an zentralen, das Stadtbild beherrschenden Plätzen errichten ließ, beiseite
gelassen werden, ebenso die beiden monumentalen, kuppelbekrön-
ten Turmbauten, die er auf dem Berliner Gendarmenmarkt dem
Deutschen und Französischen Dom – zwei älteren Bauten von
schlichter Funktionalität und Bescheidenheit – zugesellte, ferner die
aufwendigen Fassaden, die er Potsdamer Bürgerhäusern zur Ver-
schönerung seiner Residenz vorzublenden anordnete.[4] Auch auf die
Erweiterungsbauten, die er an den Schlössern Monbijou und Charlottenburg und am Potsdamer Stadtschloß zum größten Teil schon
in den vierziger Jahren durchführen ließ, soll hier nicht näher eingegangen werden. Sie dienten sicherlich ebenfalls der Steigerung von
Glanz und Bequemlichkeit. Aber von maßgeblicher Bedeutung für
den Wandel in Friedrichs Selbsteinschätzung gerade auch als Bauherr ist das Neue Palais, das er nach der Beendigung des Siebenjährigen Krieges (1763–1768) als westliche Begrenzung des Schloß-
parks von Sanssouci in freiem Gelände errichtet hat.[5]

Neues Palais, Gesamtkomplex (Luftaufnahme)

Es handelte sich bei diesem gigantischen Plan um einen ganzen Gebäudekomplex, der nicht nur aus einem Schloßbau im engeren Sinne bestand, sondern um zwei Wirtschaftsgebäude, die sogenannten Communs, ergänzt wurde, die wiederum durch eine mächtige, das entsprechende Sanssouci-Motiv aufgreifende Kolonnade mit einem Triumphbogen in der Mitte verbunden waren. Der König kehrte mit dieser nahezu 240 Meter messenden Dreiflügelanlage, die zur Parkseite hin in 26 Achsen mit korinthischer Kolossalordnung gegliedert war, zu Ausdrucksformen höfischer Repräsentation zurück, die er mit der Leichtigkeit und Anmut von Sanssouci in souveräner Eigenständigkeit abgestreift zu haben schien. Er bediente sich dabei eines um holländische Einflüsse bereicherten Arsenals von Stilelementen, das für die gravitätische Herrschaftsarchitektur des Hochbarock charakteristisch war, auch wenn er die monumentale Urwüchsigkeit und unverwechselbare Ausdruckskraft nicht erreichte, von denen der erste König und sein genialer Architekt Andreas Schlüter durchdrungen waren. Bei diesem gewaltigen, prahlerisch auftrumpfenden Bauvorhaben war von dem Persönlichen, ja Privaten des Schloßbaus von Sanssouci keine Rede mehr. Eher hat es den Anschein, als wenn sich der König mit diesem Monument in etwas hineinsteigerte, das allein der Demonstration ungebrochener Macht und des Selbstbehauptungswillens des Hauses Brandenburg dienen sollte.[6]

So schließt sich hier auf seltsame Weise der Kreis zu den Intentionen, die Friedrich I. mit dem spektakulären Erweiterungsbau des Berliner Stadtschlosses verfolgt hatte. Denn auch Friedrich der Große war mit diesem letzten seiner Schloßbauten wie seinerzeit der erste König bestrebt, den Anspruch auf einen ebenbürtigen Fürstenrang ebenso selbstbewußt wie aufwendig zu demonstrieren. Er war in seinen *Denkwürdigkeiten des Hauses Brandenburg* mit dem Großvater wegen dessen Hang zu verschwenderischem Prunk und eitler Selbstbespiegelung hart ins Gericht gegangen. Und nun – nach der endgültigen, in drei blutigen Kriegen erfochtenen Bestätigung des ungeschmälerten Fortbestandes seines Königreiches – diese monumentale, sich über alle Nützlichkeitserwägungen hinwegsetzende Manifestation fürstlichen Machtanspruchs!

Folgt man der Chronologie der Bauaufträge Friedrichs, so steht an erster Stelle das Opernhaus Unter den Linden, das zugleich als einer der Ecksteine des Forum Fridericianum in der Stadtmitte Berlins konzipiert war. Es wurde in den Jahren 1740 bis 1743, also unmittelbar nach dem Herrschaftsantritt des Königs, nach eigenen Skizzen und den Entwürfen Knobelsdorffs errichtet und sollte offenbar einer weit über die Hauptstadt hinausreichenden Öffentlichkeit mit ostentativer Eindringlichkeit vor Augen führen, daß in Preußen in scharfem Kontrast zum Regiment des Vaters ein neues Zeitalter begonnen hatte. Erste Planungen für den gesamten Komplex des Forums gingen bereits auf die Kronprinzenzeit zurück. Fest stand aber wohl von Anfang an, daß der Ausbau der königlichen Residenz mit einem Opernhaus begonnen werden sollte, für das es an den meisten Höfen im Reich kein Vorbild gab. Der exzeptionelle Anspruch, den der König mit diesem Monument erhob, ist nicht nur an dem strengen Palladianismus seines architektonischen Erscheinungsbildes ablesbar, sondern auch an den Abmessungen des Baus, der als monolithischer, langgestreckter Musentempel mit schmalem Portikus zur Prachtstraße Unter den Linden ausgeführt wurde. Schauspielhäuser waren im Zeitalter absolutistischer Fürstenherrschaft im Gegensatz zu den repräsentativen Monumentalbauten des 19. Jahrhunderts vielfach noch einbezogen in eine allen Bedürfnissen höfischen Divertissements dienende

Schloßanlage[7] – so bemerkenswerterweise auch im Neuen Palais, das der König in den späten sechziger Jahren in Potsdam errichten ließ. Hier in Berlin und bewußt wohl auch zu Beginn seiner Herrschaft ist jedoch unverkennbar, daß er mit seinem das Stadtbild und das Forum beherrschenden Opernhaus einen Akzent zu setzen wünschte, der in den Augen der Zeitgenossen in seiner Funktion wie in seiner figürlichen Ausstattung als *éclat*, als ein wirklicher Auftritt, bewertet werden mußte.

Es ging dem König offensichtlich um die Manifestation eines programmatischen Neubeginns, um den spektakulär in Szene gesetzten Aufbruch in ein apollinisches Zeitalter. Deshalb sollte an den Aufführungen, die er nun regelmäßig und mit einem Ensemble ausgesuchter Sänger und Instrumentalisten zu geben plante, auch das hauptstädtische Publikum, also eine nichthöfische Öffentlichkeit, teilhaben können. Von großer Bedeutung für die Absichten, die der König mit diesem Monument verfolgte, war auch hier das ikonographische Programm, dem er nach intensiven Gesprächen mit dem aus Venedig stammenden Schöngeist Francesco Algarotti vor allem in Skulpturen und Fassadenreliefs Ausdruck zu verleihen wünschte. Auch hier das Apollomotiv, das als Widmungsinschrift zwischen Giebelfeld und Säulenportikus an der Schauseite des Opernhauses ausdrücklich beim Namen genannt wird.[8] Aber darüber hinaus ging es dem königlichen Bauherrn auch darum, mit einem fiktiven Parnaß aus monumentalen Statuen griechischer und römischer Dichter als mäzenatischer und kenntnisreicher Förderer der Musen in Erscheinung zu treten. Solche Formen fürstlicher Selbststilisierung waren sicherlich nicht einzigartig oder originell. Sie gehörten auch im *ancien régime* noch zum Kanon einer alteuropäischen Adelskultur, die sich immer wieder von neuem der Antike und ihrer Mythologie bemächtigte, um das eigene Selbstgefühl anschaulich zu machen. Allenthalben sind an den Schloßbauten und Gartenarealen der europäischen Residenzen ähnlich appellative und identifikatorische Anverwandlungen nachweisbar: überall Apollo, überall Herkules (selten allerdings im Umkreis Friedrichs), überall die Musen, denen sich Hof und höfische Gesellschaft durch Bildwerke oder szenische Manifestationen zu versichern suchten. Das Berliner Opernhaus wurde übrigens nach ungeheuer forciertem Baubeginn bereits am 7. Dezember 1742 noch vor der Fertigstellung mit Grauns *drama per musica* «Cleopatra e Cesare», natürlich in italienischer Sprache, eröffnet: auch hier also ein traditionelles, den Konventionen höfischen Divertissements entsprechendes Sujet. Festzuhalten ist gleichwohl, daß mit diesem Opernhaus und den Aufführungen, die hier geboten wurden, ein Akzent gesetzt wurde, der in Berlin als Residenzstadt und über Preußen hinausweisend auch im kulturellen Konkurrenzgefüge der europäischen Mächte Beachtung fand.[9] Gerade dieser Bau war im Kontrast zum militärischen Zugriff des Königs auf Schlesien eine bewußte und programmatische Aussage.

Eine stilistische Klammer um die zahlreichen Einzelobjekte bildete eine Reihe von Bauelementen, die an mehreren der von Friedrich errichteten Bauten wiederkehren. So schätzte er seit dem Ausbau des Schlosses Rheinsberg Kolonnaden mit Doppelsäulen; sie treten sowohl in Sanssouci wie am Potsdamer Stadtschloß und am Neuen Palais gliedernd und zusammenführend in Erscheinung. Auch übernahm er aus Rheinsberg das runde Turmkabinett für sein den Ausblick auf den «Betenden Knaben» gewährendes Bibliothekszimmer in Sanssouci. Ein durchgängiges Interesse des Königs galt darüber hinaus dem immer wieder variierten Motiv des antikisierenden Triumphbogens und den mit einer Kuppel überwölbten Zentralbaulösungen, die für alle Eingeweihten unverkennbar auf das römische Pantheon als Sitz der antiken Götterwelt verweisen sollten.[10] Schon an der Hedwigskirche am Forum Fridericianum, aber besonders beziehungsreich auch am Antikentempel im Schloßpark von Sanssouci, 1768 von Gontard erbaut, trat dieses Motiv eindrucksvoll in Erscheinung.

Schließlich scheinen doppelläufige, weit ausschwingende und im Bogen geführte Freitreppen ein Architekturmotiv gewesen zu sein, das ihn besonders inspirierte; sie wurden an den aufwendig gestalteten Schauseiten der beiden Communs und am Belvedere ausgeführt, einem der Zerstreuung dienenden Monopteros, den Friedrich auf den Hügeln des Klausbergs etwa in Höhe des Neuen Palais in den Jahren 1770 bis 1772 errichtet hat. Aber als das fast das gesamte Bauprogramm prägende Dekorationselement sind ohne Zweifel die Skulpturen zu betrachten, die er nicht nur in luftiger Höhe auf den Attiken, sondern – wie besonders einprägsam am Neuen Palais ablesbar ist – auch vor den Pilastern einer Kolossalordnung, also auf Sockeln zu ebener Erde, aufstellen ließ. Hier wird im Rahmen altvertrauter Themenkreise und durchaus konventioneller mythologischer Inszenierungen eine geradezu ans Obsessive grenzende Vorliebe erkennbar, die vom Ausbau der Rheinsberger Schloßanlage während der Kronprinzenzeit bis zu den späten Bauprojekten wie dem Belvedere oder der königlichen Bibliothek am Forum Fridericianum (1775–1780) in Berlin reicht.

Wie sind solche hinter dem Szenarium der antiken Götterwelt verschleierten, gleichwohl aber unmißverständlichen Selbstdarstellungsabsichten des Königs, die er übrigens immer wieder eigenwillig und zum Teil mit außerordentlicher Ungeduld und Selbstherrlichkeit gegen die Empfehlungen seiner Architekten durchgesetzt hat, zu bewerten? Wenn man das Urteil der neueren Forschung auf diesem, in den Biographien des Königs häufig ausgesparten Betätigungsfeld zusammenfaßt, zeigt sich, daß Friedrich auch als Bauherr bis auf das geniale Konzept des Schloßbaus von Sanssouci als Traditionalist eingeschätzt werden muß, der sich aus der Formensprache hergebrachter Gestaltungsmuster nicht zu lösen vermochte. Auch die Tatsache, daß nach seinem Tod vielfach abrupt Architekten wie Karl Gotthard Langhans, David Gilly, der im benachbarten Wörlitz bereits stilbildend tätige Friedrich Wilhelm von Erdmannsdorff und schließlich Schinkel in den Vordergrund traten und das Erscheinungsbild der königlichen Residenzen im Sinne eines ausgeprägt preußischen Frühklassizismus verändert haben, ist ein Hinweis darauf, daß das Zeitalter Friedrichs des Großen auch in der Baukunst beendet war.

Eine solche Feststellung sollte nicht als abwertend verstanden werden. Gewiß muß Friedrich auf diesem für die Wahrnehmung seiner Persönlichkeit und seines Lebenswerkes so wesentlichen Gebiet als ein typischer Vertreter des *ancien régime* gelten. Er war vor allem bei der Konzeption des Neuen Palais und anderer Bauten seiner letzten Lebensjahrzehnte – etwa dem Freundschafts- und dem Antikentempel im nach Westen erweiterten Schloßpark von Sanssouci – weder willens noch in der Lage, aus dem Bannkreis einer höfischen Vorstellungswelt herauszutreten und stilistische Perspektiven zu antizipieren, denen die Zukunft gehörte. Insofern blieb er ähnlich wie in seinem alle musikalischen und literarischen Neuerungen ablehnenden Wesen auch als Bauherr Eklektiker

Freundschaftstempel im Park von Sanssouci mit Blick auf das Neue Palais

und Repräsentant eines bei aller Fortschrittsgläubigkeit doch rückwärtsgewandten Zeitalters. Seine Vorbilder standen ihm durch die
in seinen Bibliotheken zahlreich vorhandenen Kupferstichwerke eines Vitruv, Palladio, Mansart, Inigo Jones oder Jan de Bodt anschaulich vor Augen. Die Energien jedoch, die er auf dem Gebiet
der Baukunst für die Nachwelt so einprägsam entfaltet hat, müssen
in ihrer Vielfalt und ihrem Sinn für spektakuläre *points de vue* als
herausragend und schöpferisch bezeichnet werden.

Das Bauen war die eine Seite fürstlicher Selbstdarstellung, das
Sammeln von Kunstschätzen die andere. Im Grunde haben Sammlungen von Pretiosen und Bildern am Berliner Hof keine Tradition
gehabt. Während die Residenzen der meisten konkurrierenden
Mächte bereits seit dem 16. und 17. Jahrhundert über umfangreiche und hochgepriesene Kunst- und Rüstkammern, über Natura-
lien-, Anatomie- und Münzkabinette und schließlich über Gemäl-
degalerien verfügten, deren Schätze nicht nur für die Ausstattung
der Wohn- und Repräsentationsräume der Schlösser genutzt, sondern auch in eigenen, der Öffentlichkeit zugänglichen Schausamm-
lungen präsentiert wurden, steckte man in Brandenburg erst in den
Anfängen dieser subtilsten Form fürstlicher Selbstdarstellung. Auch

auf diesem Gebiet war es der erste König, der die Sammlungsbestände seiner kurfürstlichen Vorgänger durch bedeutende Ankäufe ergänzte. So hatte er für seine hochbedeutende Porzellansammlung in Schloß Oranienburg verspiegelte Prunkräume einrichten lassen. Aber schon unter dem Soldatenkönig war es mit allen kunstsinnigen Ambitionen des Herrscherhauses wieder vorbei. Das von Friedrich I. durch den Erwerb einer umfangreichen römischen Sammlung (232 Einzelstücke) erweiterte Antikenkabinett und die königliche Kunstkammer hatten schwere Verluste hinnehmen müssen. Schon 1713, unmittelbar nach seinem Herrschaftsantritt, ließ Friedrich Wilhelm I. 319 kostbare Goldmedaillen einschmelzen. 1716 machte er das berühmte Bernsteinzimmer Zar Peter dem Großen zum Geschenk und tauschte großgewachsene sächsische Dragoner gegen Porzellanbestände aus Oranienburg. Zu weiteren, kaum weniger barbarischen Eingriffen in einen keineswegs reichbestückten Fundus kam es auch in den Jahrzehnten danach – zu einem Zeitpunkt also, als einer der großen Gegenspieler des Hauses Hohenzollern, König August der Starke von Sachsen-Polen, eine der letzten Kunstsammlungen von europäischem Format zusammentrug und in spektakulären Bauten einer staunenden Öffentlichkeit präsentierte.

Die ungeheure Diskrepanz zwischen dem in Königs Wusterhausen, dem bevorzugten Jagdschloß des Soldatenkönigs, herrschenden Grobianismus und der ästhetischen Kompetenz und unermeßlichen Großzügigkeit, wie sie in Dresden gepflegt wurden, dürfte dem Kronprinzen nicht verborgen geblieben sein, als er am 20. Januar 1728 in Begleitung des Vaters in der sächsischen Residenz eintraf. Überliefert ist, daß er einige der Dresdner Sammlungen gesehen hat. Aber zu vermuten ist darüber hinaus, daß er auch das damals gerade fertiggestellte Grüne Gewölbe mit all seinen Schätzen bewundern konnte. Auch den Winter des Feldzugsjahres 1756/57 verbrachte er in Dresden und besuchte immer wieder die königliche Gemäldegalerie.

Die Frage stellt sich nun, was er ungeachtet der Ressentiments, die er gegen die Prunksucht und die den sächsischen Ambitionen durchaus vergleichbare Sammelleidenschaft des Großvaters hegte, selber zustande brachte. Die Eindrücke in Dresden müssen für ihn eine später auch politisch spürbare Herausforderung und ein nach-

haltiger Impuls gewesen sein. Aber er hatte während der Kronprinzenzeit auch Salzdahlum, die Sommerresidenz der Schwiegereltern,
mit der von Herzog Anton Ulrich begründeten Gemäldegalerie
und im Jahre 1730 Pommersfelden kennengelernt, das neben dem
grandiosen, von Johann Dientzenhofer und Lucas von Hildebrandt
errichteten Schloß auch die bedeutende Bildersammlung der
Schönborns vorzuweisen hatte. Im Grunde blieb Friedrich jedoch
im Gegensatz zu der ausgeprägten Kennerschaft eines August des
Starken ein Dilettant und auf die Zufälle des Kunstmarktes und
den Rat einiger weniger Experten angewiesen. Im übrigen hat er
keine Versuche unternommen, auf den im Berliner Schloß verwahr-
ten Sammlungsbeständen seiner Vorfahren aufzubauen. Vielmehr
war er, wie vor allem aus Briefen an seine Schwester Wilhelmine
hervorgeht, stolz darauf, seine Kunstschätze selbst erworben zu haben. Anders als die Habsburger oder Wettiner, die ihre Sammlungen als Manifestationen dynastischer Identität betrachteten und
durch Generationen gepflegt und erweitert haben, verstand der
König seine Bilder als eine persönliche Narretei («folie»), die er in
kokettierender Selbstverleugnung aufzugeben gedachte, wenn das
Fassungsvermögen seiner Galerien erschöpft war.[11]

In Sanssouci hatte er einen schmalen, überaus hellen, aber doch
korridorähnlichen Verbindungsgang als Galerie vorgesehen und
dann mit der 1755 begonnenen, aber erst 1763 fertiggestellten
«Bildergalerie» ein eigenständiges, die Schloßanlage flankierendes
Schatzhaus errichtet, das ausschließlich für die Präsentation der inzwischen erheblich angewachsenen Gemäldesammlung bestimmt
war. Auch im Neuen Palais richtete er eine Galerie ein: Schau-
sammlungen dieser Art gehörten offenbar auch im Zeitalter aufgeklärter Rationalität zum unverzichtbaren Bestandteil standesgemäßer Selbstdarstellung. Die Gesamtzahl der vom König erworbenen
Gemälde läßt sich nur schätzen, da die Bilder auf verschiedene
Schlösser verteilt waren; die Sammlung insgesamt dürfte ca. 600
Einzelstücke umfaßt haben, die Porträts nicht eingerechnet.[12]

Schwer zu beurteilen ist, nach welchen Gesichtspunkten Friedrich sammelte und die neuerworbenen Bilder in den Kunstkam-
mern seiner Schlösser aufhängen ließ. Offenkundig und durch
eigene Auskünfte belegt ist auf jeden Fall, daß er sich nach einer
in den Jugendjahren ausgeprägten Vorliebe für die galante Genre-

malerei der französischen «Avantgarde» und besonders die Bilder
von Antoine Watteau, Nicolas Lancret und Jean-Baptiste Pater,
von denen er jeweils überragende Werke zu erwerben vermochte,
in den fünfziger Jahren lossagte und dann Gemälde sammelte, die
den Konventionen fürstlicher Selbstdarstellung entsprachen. Hatte
in der Kronprinzenzeit der Hofmaler Antoine Pesne, der mit
Lancret befreundet war, die entscheidenden Impulse gegeben, so
wandte sich der König unter dem Einfluß welterfahrener Ratgeber wie Algarotti und dem Marquis d'Argens einem klassischen
Repertoire zu und versuchte, die Hauptmeister der italienischen
Renaissance und des Barock und die wichtigsten Vertreter der flä-
mischen und holländischen Malerschulen wenn nicht in Originalen, dann in möglichst qualitätvollen Kopien in seinen Besitz zu
bringen. Dabei gelang es ihm, neben einer Reihe eklatanter
Fehlgriffe auch Meisterwerke wie die musizierenden Engel von
Rubens, Guido Renis «Tod der Kleopatra», Poussins hoch-
bedeutsames Gemälde «Jupiter als Kind», Rembrandts Minerva
oder dessen die Gesetzestafeln zerschmetternden Moses für seine
Sammlungen zu akquirieren (heute im wesentlichen in der Gemäldegalerie Preußischer Kulturbesitz am Kemperplatz).[13] Ein
weitgereister und kunstsinniger Mann wie der Marchese Lucchesini, der in den achtziger Jahren als Kammerherr zu den engsten
Vertrauten des Königs gehörte, vermerkte in seinen Tagebuchaufzeichnungen, daß er in Malerei und Bildhauerkunst keinen feinen
Geschmack besitze. «Die Schönheiten Raphaels versteht er nicht,
den Correggio aber liebt er unendlich, und unter den Neueren
gefällt ihm die Farbgebung Batonis besser als die vieler alter Meister. Auch für die Baukunst», fuhr Lucchesini vielleicht etwas vor-
eingenommen fort, «ist sein Schönheitssinn nicht sehr ausgeprägt.»[14]

In der kunsthistorischen Forschung ist die Auffassung vertreten
worden, daß sich Friedrich nach den Motiven, den Sujets, für den
Ankauf seiner Bilder entschieden habe.[15] So strahlen die höfisch-
galanten Genrebilder Watteaus und Lancrets in der Tat eine ana-
kreontische Anmut aus, die dem Kronprinzen, aber immer wieder
auch dem König, in eigenen Visionen vorgeschwebt hat. Er ermunterte Pesne und Knobelsdorff, ländliche Idyllen in watteauscher
Manier für seine Residenzen zu malen. Hier gab es ohne Zweifel

Schloß Sanssouci, Bildergalerie, Blick nach Osten

Antoine Watteau: Die Hirten (um 1720)

Nicolas Lancret: Der Tanz an der Pegasusfontäne (nach 1721)

Affinitäten und eine augenscheinliche Kongruenz zwischen der
Sphäre künstlerischer Imagination und der heiteren Lebenswirk-
lichkeit des Rheinsberger Musenhofes. Sie mag ihn in wehmütiger
Rückerinnerung 1763, also nach dem Ende des alle Illusionen zer-
störenden Siebenjährigen Krieges, bewogen haben, noch einmal
ein Hauptwerk Watteaus, die grandiose zweite Fassung des Bildes
«Embarquement pour Cythère», zu erwerben. Sie gehört heute zusammen mit dem bereits 1744 in seinen Besitz gelangten «Firmen-
schild des Kunsthändlers Gersaint» zu den Kronjuwelen der
Kunstsammlungen im Schloß Charlottenburg.

Was konnte Friedrich an diesen Bildern reizen? Watteau vollzog
als «sanfter, aber erfolgreicher Revolutionär» (Helmut Börsch-
Supan) in inhaltlicher wie stilistischer Hinsicht den Abschied vom
grand goût der Epoche Ludwigs XIV. und stieß wohl auch deshalb
auf das Interesse Friedrichs.[16] Er vermochte in den Szenen seiner
in der Regel kleinformatigen *Kabinettstücke* die Vollkommenheit des
Flüchtigen festzuhalten, die Vision eines verklärten, im Grunde
melancholischen Verweilens. Er suchte «den Ausgleich zwischen
mythologischer und alltäglicher Staffage, zwischen geordneter und

freier Natur, zwischen Augenblick und Zeitlosigkeit».[17] Es erstaunt noch heute, daß der König das Spiel mit der Illusion, wie es Watteau wie kein anderer Maler seiner Zeit beherrschte, aus seiner eigenen Lebenssituation heraus und in scharfem Kontrast zu den Geschäften, denen er sich aus politischem Kalkül verschrieben hatte, zu erfassen vermochte. Bühnenszenarien und ornamentale Arrangements verbinden sich auf diesen Bildern zu einer Idylle voll gleichgesinnter, sorgenfreier Harmonie in freier Natur, so daß sich selbst die Götterbildnisse aus ihrer figürlichen Erstarrung zu lösen scheinen. Epikureische Geselligkeit und die Illusion eines goldenen Zeitalters der Liebe und des Glücks: vielleicht war es die Sehnsucht nach Zaubergärten dieser Art, die Friedrich an diesen Gemälden angezogen und fasziniert hat.

In den Bilderkäufen der späteren Jahrzehnte ist allerdings weder in stilistischer noch inhaltlicher Hinsicht eine eigenständige Konzeption erkennbar. Was konnte ihn mit der emphatischen Rhetorik des Rembrandtschen Moses verbinden? Was inspirierte ihn, wenn er die heilige Cäcilie von Rubens betrachtete? Vielmehr hat es den Anschein, als wenn mit zunehmendem Alter die Kunst und das Leben immer weiter auseinandertraten. Jetzt verdrängte ein sich auch in seinen Bauten manifestierender Eklektizismus (Neues Palais und besonders die Königliche Bibliothek in Berlin) ein Lebensgefühl, das immer wieder auch in Gemälden eine wiederum das Leben inspirierende Gestalt gewinnen konnte. Es dürfte also manches für die Vermutung sprechen, daß sich Friedrich bei seinen Bilderkäufen in den späteren Jahren nicht von Motiven leiten ließ, sondern dem Namen und der Reputation der Künstler den Vorzug gab.[18] Nur so ist wohl auch zu erklären, daß er neben Gemälden mit Sujets der antiken Mythologie, die er sicherlich besonders zu schätzen wußte, auch Bilder religiösen Inhalts akzeptierte. Helmut Börsch-Supan hat allerdings darauf hingewiesen, daß Friedrich in einigen der von ihm selbst bewohnten Kabinette des Potsdamer Stadtschlosses auch auf den Inhalt der dort aufgehängten Bilder Bezug genommen hat. Die Ausstattung dieser Räume war nicht aufwendig; neben den arkadisch gestimmten Meisterwerken Watteaus und Lancrets hingen «um einer gedanklichen Botschaft willen» auch Gemälde geringer Qualität. «Die Absicht des Königs», schreibt Börsch-Supan, «war es, mit den Bildern auf seine Lebensphilosophie und den Zwiespalt von Lebensgenuß und staatsmännischen Pflichten aufmerksam zu machen.«[19] Im Gegensatz zur Sparte der Architektur, in der sich nach dem Tod des Königs ein tiefgreifender Wandel vollzog und vielfach auch ein Qualitätszuwachs erkennbar ist, blieben seine Sammlungsbemühungen und die Meisterschaft eines Hofmalers wie Pesne ohne nachhaltige Folgen, zumal er auch die durch den Großvater begründete Königliche Akademie der Künste nicht sonderlich gefördert hat. Die engstirnige Geringschätzung der deutschen Sprache und Kultur hat ihn daran gehindert, ein Vermächtnis zu hinterlassen, an das eine neue Generation hätte anknüpfen können.[20] In den letzten Lebensjahrzehnten wurden gerade auch im Hinblick auf die Erweiterung der Kunstsammlungen Tendenzen sichtbar, die keine persönliche Inspiration mehr erkennen lassen. Die entsprechenden Ankäufe dienten offenkundig nur noch dazu, dem eigenen Herrschaftsanspruch im Konkurrenzgefüge der Mächte Nachdruck zu verleihen.

Auch mit seinen Antikensammlungen hatte sich Friedrich offenkundig ein Denkmal zu setzen versucht.[21] Allerdings hat auch für diesen Bereich seines Mäzenatentums zu gelten, daß nur in den ersten Jahrzehnten bedeutende Ankäufe zu verzeichnen sind. Sie richteten sich vor allem auf den Erwerb von Skulpturen, vor allem Statuen und Büsten, die auch als Versatzstücke höfischer Repräsentation für die Ausstattung seiner Gemächer und Galerien in Betracht kamen. Offensichtlich war er darauf bedacht, möglichst schnell in den Besitz eines bedeutenden Sammlungsbestandes zu gelangen. So erwarb er bereits 1742, also noch während der kostspieligen und zunächst durchaus ungewissen Auseinandersetzungen um Schlesien, die umfangreiche Antikensammlung des Kardinals Melchior de Polignac, die dieser als französischer Botschafter am Heiligen Stuhl zusammengetragen hatte. Sie war der Grundstock eines Ensembles, das schließlich 300 Skulpturen, zum Teil unverkennbar ergänzt und zum Teil von geringer Qualität, umfaßte. Hinzu kamen eine Kollektion von Skulpturen aus dem Nachlaß seiner Schwester Wilhelmine von Bayreuth und eine Sammlung von 27 Plastiken, die der König 1766/67 durch einen sächsischen Mittelsmann in Rom ankaufen ließ.

Eine innere Affinität zu der Mehrzahl dieser von Friedrich erworbenen Kunstwerke kann ähnlich wie bei den Gemmen- und

Münzsammlungen nicht einmal vermutet werden. Es gibt nur wenige Stücke, denen er offenbar aus persönlicher Wertschätzung herausgehobene Standorte zuwies. So hatte er in seinem holzgetäfelten Bibliothekskabinett in Sanssouci eine Replik des sogenannten «Blinden Homer» und das Bildnis des Sokrates aufstellen lassen. Die Porträtbüste Caesars aus Grünschiefer, damals für ein Bildnis Ciceros gehalten – eine der bedeutendsten Erwerbungen des Königs –, stand sicherlich nicht ohne Hintersinn in der Bibliothek des Neuen Palais. Und in der Bibliothek von Schloß Charlottenburg schmückte das Kaminsims eine verkleinerte Replik der Reiterstatue des Marc Aurel, dem er sich in vielfach belegter Wahlverwandtschaft verbunden fühlte.

Besonders vielschichtige Assoziationen waren mit der Akquisition des 1747 als Einzelstück erworbenen «Betenden Knaben» verknüpft.[22] Friedrich ließ diese griechische, etwa 130 cm hohe Bronzestatue sogleich nach der Fertigstellung von Sanssouci am Ende eines Laubengangs in der östlichen Achse des Schlosses und in Sichtweite seiner Bibliothek auf einem Sockel aufstellen. Sie galt – wie oben schon ausgeführt – im 18. Jahrhundert als ein Bildnis des Antinous, des Lustknaben Kaiser Hadrians, und mußte bei allen, die wie der König mit der Geschichte des Altertums vertraut waren, Assoziationen hervorrufen, die – wenn nicht intendiert, so doch auch nicht unabsichtlich – in eine bestimmte Richtung wiesen. Hinzu kam, daß Friedrich sie durch die Vermittlung des Fürsten Wenzel Liechtenstein aus dem Besitz des Prinzen Eugen hatte erwerben können: auch das für Eingeweihte ein Fingerzeig, der nicht nur auf Militärisches gerichtet war.

Überhaupt hat es den Anschein, als wenn der König die antiken Skulpturen, die er häufig auch mit falschen Zuweisungen erworben hatte, in erster Linie als Vergegenwärtigungen jener Vorbilder betrachtete, die ihm aus Literatur und Geschichte so innig vertraut waren. Vieles spricht dafür, daß vor allem bei der Auswahl der Büsten, die er in seiner Nähe und bevorzugt in den Bibliotheken seiner Residenzen aufzustellen wünschte, persönliche Wertschätzung maßgeblich war. So bleibt in bezug auf das Erscheinungsbild des Königs als Sammler von Kunstwerken festzuhalten, daß er persönliche Vorlieben immer wieder mit dem zu verbinden suchte, was er sich als Monarch von europäischem Format glaubte schuldig zu sein. Inso-

fern ergibt die Bilanz dieses sicherlich nicht unwichtigen Kapitels
seiner Selbstdarstellung ein zwiespältiges Bild: Manches trägt
durchaus persönliche Züge und wirkt auch heute noch überzeugend; manches erscheint jedoch überaus konventionell und dem
Selbstdarstellungskomment der europäischen Dynastien angepaßt.
War der immerhin nicht unbeträchtliche Aufwand, den der König bei seinen Schloßbauten und der Ergänzung seiner Kunstsammlungen getrieben hat, nun Selbstzweck oder gar Verschwendung? Eine solche Frage könnte abwegig erscheinen; bei genauerer
Analyse erweist sich ein solches Nachfragen jedoch als aufschlußreich und weiterführend.[23] Denn Friedrich hat sich in seinen *Denkwürdigkeiten zur Geschichte des Hauses Brandenburg* über die exzessi-
ven Selbstdarstellungsbestrebungen seines Großvaters, des ersten
Königs, derart abfällig und empört geäußert, daß hier zur Sprache
kommen muß, wie dieser Widerspruch erklärt werden kann. Als
Friedrich sicherlich mit dem Vorsatz stolzer Selbstvergewisserung
den Entschluß faßte, eine Geschichte seines Hauses zu schreiben,
war es unerläßlich, auch Person und Lebenswerk des Großvaters
zu würdigen. Um so nachdrücklicher stellt sich jedoch die Frage,
aus welchen Gründen er zu dem Verdikt über die pompösen und
aufwendigen Ostentationsbedürfnisse eines Mannes gelangte, den
er persönlich nicht mehr erlebt hatte – eines Mannes im übrigen,
dem das Haus Brandenburg immerhin die Königswürde zu verdanken hatte.

«Eitle Nichtigkeiten hielt er für echte Größe», schrieb Friedrich
über seinen Großvater, «hing mehr an blendendem Glanz als nützlicher Gediegenheit; er opferte 30 000 Untertanen für verschiedene
Kriege des Kaisers, um sich die Königswürde zu verschaffen, und
strebte nach dieser nur so eifrig, um seinen Hang zu Zeremonien
zu befriedigen [und] Vorwände für seine Verschwendungssucht zu
finden. Die Vorurteile des Volkes schienen seine Prachtliebe zu be-
günstigen. Aber welch ein Unterschied herrscht doch zwischen der
Freigiebigkeit eines Privatmannes und der eines Herrschers! Ein
Fürst soll der erste Diener und der erste Sachwalter seines Staates
sein: diesem schuldet er Rechenschaft über die Verwendung der
Steuern; er treibt sie nur ein, um den Staat durch seine Truppen
verteidigen zu können [und] jene Würde zu wahren, Dienste und
Leistungen zu belohnen und ein gewisses Gleichgewicht zwischen

arm und reich herzustellen, allen Unglücklichen Erleichterung zu
verschaffen und seine Prachtliebe für Dinge zu verwenden, die den
Staat als Ganzes angehen. Besitzt der Herrscher einen aufgeklärten
Geist und ist großherzig, so wird er seine Aufgaben an den Be-
dürfnissen der Öffentlichkeit und am größtmöglichen Wohle des
Volkes ausrichten.»

«Dieses jedoch», fuhr Friedrich in seinen *Denkwürdigkeiten* fort,
«war nicht die Form der Freigebigkeit, wie Friedrich [I.] sie liebte.
Vielmehr trieb er die Verschwendung eines eitlen Fürsten. Sein Hof
war einer der prächtigsten in Europa, seine Gesandtschaften waren
so prunkvoll wie die der Portugiesen. Er bedrückte die Armen
[und] machte die Reichen reich. Während sein Volk im Elend zugrunde ging, verschlangen seine Günstlinge reiche Pensionen. Seine
Bauten [vor allem wohl das Berliner Stadtschloß] waren prächtig,
seine Feste glanzvoll, Marstall und Dienerschaft entsprachen mehr
asiatischem Prunk als europäischer Würde. Die Launenhaftigkeit,
mit der er sein Geld vergeudete, wirkt noch bizarrer, wenn seine
Ausgaben mit seinen Einnahmen verglichen werden. [...] Kurz, er
war in Kleinigkeiten groß, im Großen klein. Sein Unglück war, daß
er in der Geschichte seinen Platz zwischen einem Vater und einem
Sohn fand, deren weit überlegene Begabung ihn verdunkelte.»[24]

Die Historie des 19. und 20. Jahrhunderts und gerade auch die
bedeutenden Vertreter der borussischen Schule sind der Auffassung
Friedrichs weitgehend gefolgt und haben den ersten König ähnlich
kritisch beurteilt. Sie konnten sich dabei auch auf einen theologischen Diskurs des 17. und 18. Jahrhunderts berufen, demzufolge
es als unziemlich galt, sich der Hoffart und den Lustbarkeiten des
höfischen Lebens hinzugeben. Ehrgeiz und Geltungssucht zählten
in diesem Diskurs neben Wollust und Eigennutz zu den schlimmsten Verfehlungen eines Herrschers. Aber auch das Verschwendungsargument wurde in diesem Kontext ins Feld geführt und mit
der Infragestellung eines sich immer pompöser in Szene setzenden
Zeremoniells verknüpft: antihöfische Aversionen also, wie sie einer
zutiefst bürgerlich geprägten Historiographie bei aller quellenkritischen Distanz einleuchten mußten. Auch die zeitgenössischen, von
kameralistischer Zweckrationalität durchdrungenen Traktate zur
Hofökonomie und die Hausväterliteratur der Zeit wandten sich immer nachdrücklicher gegen den Aufwand und die hemmungslose

Prachtentfaltung der Fürsten und werteten sie als verabscheuungswürdige Verschwendung, die durch keinen moralischen Grundsatz zu rechtfertigen war.[25] Alles sprach demnach für das Verdikt Friedrichs und damit gegen das Auftreten und die Selbststilisierung des ersten Königs, der aus der Perspektive aufgeklärter Rationalität als eitel, rückständig und deshalb auch despektierlich erschien.

Doch bleibt die Frage, ob denn Friedrich den Maßstäben, an denen er den Großvater glaubte messen zu müssen, selbst gerecht geworden ist. Auffällig an den in diesem Kontext vorgebrachten Argumenten ist zunächst, daß sie mehr oder weniger alle durch die Postulate der inneren Prosperität des Staates und der Wohlfahrt der Untertanen definiert sind. Vor dem Hintergrund dieses in der bürgerlichen Hofkritik vielfach verwendeten Diskursschemas erhob auch der König den Vorwurf der Verschwendungssucht und des selbstgefälligen und törichten Strebens nach äußerlichem Glanz. Vor allem aus einer landesväterlich ökonomischen Perspektive schien ihm also die Herrschaft seines Großvaters bedenklich. Er mißbilligte seine Prunksucht, weil sie ihm eigensüchtig und dem Wohlergehen der Untertanen entgegengesetzt erschien. Vermutlich rechnete er den Großvater unter jene «Hermaphroditen von Herrschern», über deren «trunkenen Größenwahn» er sich schon im 10. Kapitel des *Antimachiavell* verächtlich geäußert hatte. Sie spielten seiner Auffassung nach die Rolle von großen Herren nur ihrer Dienerschaft gegenüber, und er riet ihnen, von ihren Stelzen hinabzusteigen, auf die sie ihr Dünkel emporgehoben habe. Die Mehrzahl dieser «kleinen Fürsten» ruinierten sich dadurch, «daß sie im Überschwang ihrer vermeintlichen Größe viel zu viel ausgeben im Verhältnis zu ihren Einkünften; sie stürzen sich in den Abgrund, um die Ehre ihres Hauses aufrechtzuerhalten, und sie gehen aus Eitelkeit den Weg ins Elend und ins Armenhaus; bis zum allerletzten Sproß einer Seitenlinie gibt es keinen, der sich nicht einbildet, so etwas wie Ludwig XIV. zu sein; jeder baut sein Versailles, unterhält Mätressen und verfügt über ganze Armeen».[26] So empfahl er dem Thronfolger in seinem *Politischen Testament* von 1768: «Halten wir uns an Sparsamkeit, erhalten wir uns unseren Adel und unsere guten Eigenschaften oder, wenn Ihr wollt, unsere deutschen Tugenden; ahmen wir das nach, was bei unseren Nachbarn gut ist und hüten wir uns davor, ihre Fehler zu imitieren.»[27]

Die Vorbehalte Friedrichs gegen die übersteigerten Selbstdarstellungsprätentionen des Großvaters wiesen jedoch noch eine andere Facette auf. So vermutete er in seinen *Denkwürdigkeiten*, daß sich Friedrich I. nur deshalb die Königswürde verschafft habe, um – wie oben bereits angeführt – «seinen Hang zu Zeremonien zu befriedigen [und] Vorwände für seine Verschwendungssucht zu finden». Auch in Briefen an Voltaire äußerte er mehrfach den elementaren Widerwillen gegen das Zeremoniell, wie es der Großvater für die Sanktionierung seiner Königswürde zu praktizieren für nötig hielt. Er breche nach seiner Thronbesteigung zu einer Reise ins Herzogtum Preußen auf, schrieb er am 27. Juni 1740 aus Charlottenburg, «um ohne heiliges Salbgefäß und ohne die unnützen, lachhaften Zeremonien, die durch Unwissenheit und Gewohnheit eingeführt worden sind, die Huldigung [der Landstände] entgegenzunehmen».[28] Und noch einmal mit dem Blick auf den Großvater: Damals – 1713 – starb Friedrich I. und «wurde mit seiner falschen Größe begraben, die nur in eitlem Prunk und pomphafter Zurschaustellung nichtiger Zeremonien bestand (dans l'étalage pompeux de cérémonies frivoles)».[29] Friedrich hat dem Zeremoniell und der höfischen Etikette auch in seinem *Politischen Testament* von 1752 ein kurzes Kapitel gewidmet und dabei mit Verächtlichkeit gegen «all die Scherereien königlicher Hoffart» polemisiert, die zwar an anderen Höfen genaueste Beachtung fänden, aber eine Zeit verschlängen, die nützlicher für das Allgemeinwohl verwendet werden sollte.[30]

Auch hier also eine enge, ganz nach innen gewandte, pointiert utilitaristische Perspektive, die in seltsamer Verkürzung nur eine im Grunde unwesentliche Seite dieses vielschichtigen Phänomens zu erfassen vermochte. Schon Heinrich Rüdiger von Ilgen, der damals für die Außenpolitik zuständige Staatsminister in Preußen, hatte in einem Memorandum für den «Dignitätsconseil», dem die Vorbereitung des Krönungsvorhabens oblag, die in ihrer Nüchternheit außerordentlich überzeugende Auffassung vertreten: «Es ist nicht genug jekrohnt zu werden, man mus auch versichert seyn pro Rege erkandt zu werden.»[31] Das mochte in der Mitte des 18. Jahrhunderts schon wieder anders erscheinen. Ilgen als maßgeblicher Ratgeber des ersten Königs hatte jedoch erfaßt, daß ohne das der Königswürde entsprechende Dekorum tatsächlich kein Staat zu machen war.

Gerade die jüngste Forschung hat in diesem Bereich Dimensionen historischer Wirklichkeit aufgedeckt, die der König wegen seiner affektgeladenen, ausschließlich an seiner Vorstellung vom Herrschaftsvertrag orientierten Betrachtungsweise offensichtlich verkannte.[32] Er konnte oder wollte nicht wahrhaben, daß neben materiellen Ressourcen und physischer Gewalt auch eine Sphäre von Staatlichkeit existierte, die mit dem Begriff des «symbolischen Kapitals» (Pierre Bourdieu), also der augenfällig in Szene gesetzten Reputation, bezeichnet worden ist. Dabei war der Bezugspunkt dieses Dignitätsanspruchs, der auf öffentliche Ostentation – auf *solemne actus*, wie es in der Diplomatensprache der Zeit hieß – in konstitutiver Weise angewiesen war, weniger die eigenen Untertanen, die Friedrich in seiner Kritik offensichtlich im Auge hatte, sondern die überterritoriale Adelsgesellschaft der europäischen Höfe und Potentaten. «Die Königswürde», führt Barbara Stollberg-Rilinger aus, «das entscheidende Kriterium der Zugehörigkeit [zum exklusiven Kreis der gekrönten Häupter], *bedurfte* nicht nur der zeremoniellen Sichtbarmachung, sondern sie *bestand* darin. In den ‹honores regii› [...] fielen Zeichen und Bezeichnetes ineins.»[33] Immerhin räumte der König in einem Nebensatz ein, daß die Prachtentfaltung eines Fürsten dann einen Sinn ergeben könnte, wenn sie sich Dingen zuwende, «die den Staat als Ganzes betreffen», also wohl auf Herrscherpflichten und nicht auf Eitelkeit und Selbstsucht zurückzuführen sind. Auch hier ohne Zweifel also eine Nützlichkeitserwägung als Argument, aber doch mit einer Tendenz, die dem in der Frühen Neuzeit so tief verwurzelten Selbstdarstellungsstreben der Herrscher und Dynastien einen gewissen Spielraum beließ.

Das Zeremoniell war nach Auffassung der entsprechenden Traktatliteratur das eigentliche Medium, in dem sich Rang und Rangprätentionen manifestierten.[34] Insofern war das, was Friedrich I. mit der Königswürde und ihrer aufwendigen Inszenierung anstrebte, keineswegs eitel, selbstbespiegelnd und irrational, sondern im Gegenteil wohlkalkuliert und durchaus angemessen.[35] Es ist zu vermuten, daß Friedrich der Große Johann Christian Lünig, neben Julius Bernhard von Rohr einer der maßgeblichen Zeremoniellgelehrten und Kompilatoren des frühen 18. Jahrhunderts, aus eigener Lektüre nicht kannte.[36] Aber die moralischen Kriterien, deren sich diese renommierten und vielfach rezipierten Autoren bedienten, waren

ihm gleichwohl so vertraut, daß er sie gegen den demonstrativen
Solennitätsanspruch des Großvaters polemisch ins Feld zu führen
vermochte. Alle diese letztlich sogar herrschaftsstabilisierend und
systemerhaltend gemeinten Argumente, die in den entsprechenden
Traktaten und Kompendien vorgetragen wurden, schob er beiseite
und verkannte dabei, daß die repräsentative Öffentlichkeit, wie sie
für den frühmodernen Fürstenstaat unerläßlich war, an die Attribute
einer Person, an Insignien und Habitus und an die bewußte Cho-
reographie spektakulärer Auftritte gebunden war.

«Der gemeine Mann», äußerte etwa der von Friedrich sonst so
sehr geschätzte Staatslehrer Christian Wolff, «welche bloß an den
Sinnen hanget und die Vernunft wenig gebrauchen kan, vermag
auch nicht zu begreifen, was die Majestät des Königs ist: aber
durch die Dinge, so in die Augen fallen und seine übrigen Sinne
rühren, bekommet er einen obzwar undeutlichen, doch klaren Begriff von seiner Majestät, oder Macht oder Gewalt. Und hieraus er-
hellet, daß eine [!] ansehnliche Hoff-Staat und die Hoff-Ceremo-
nien nichts überflüssiges, viel weniger etwas tadelhafftes sind.»[37]
Die Überzeugung, daß ein Monarch seine Exklusivität sichtbar und
spektakulär demonstrieren müsse, war demnach weitverbreitet. Allerdings hatten Äußerungen dieser Art in der Regel die Untertanen,
ja sogar den Pöbel im Auge, argumentierten also aus einer macht-
funktionalistischen Perspektive. Der außen- und mächtepolitische
Horizont, der für einen um seinen Status besorgten Herrscher wie
Kurfürst Friedrich III. ungleich wichtiger gewesen sein dürfte,
spielte im zeremonialwissenschaftlichen Diskurs der Zeit eine un-
tergeordnete Rolle. Er war jedoch der eigentlich maßgebliche.

Die brandenburgische Politik hatte während des ganzen 17. Jahrhunderts und in besonderem Maße seit dem Westfälischen Frieden
ihre Geltungsansprüche, etwa in der hochsensiblen Frage des
pommerschen Erbes, im Konkurrenzgefüge des europäischen
Mächtesystems nicht durchzusetzen vermocht. Sie war mit den entsprechenden Prätentionen noch im Jahre 1697 auf dem Friedenskongreß von Rijswijk gescheitert und hatte sich einmal mehr mit
einem nachgeordneten Rang begnügen müssen. Oberhalb der Souveräne Europas gab es eben keine Instanz, die über Präzedenz und
Rangordnung unter Rivalen im Rahmen des Mächtesystems hätte
entscheiden können. Zwar hatte spätestens seit dem Westfälischen

Friedenskongreß eine theoretische Debatte über die Fragen der Ranghierarchien unter den europäischen Potentaten eingesetzt, die ihren publizistischen Niederschlag im 18. Jahrhundert in den bereits erwähnten Kompendien und systematisch gegliederten Nachschlagewerken fand. Aber das Problem der Präzedenz blieb doch der Politik im eigentlichen Sinn vorbehalten. Jeder in der Gemengelage des europäischen Mächtesystems konnte versuchen, wie ein souvcräner und machtpolitisch ambitionierter Herrscher aufzutreten: «Doch stand und fiel dieser Anspruch stets mit der Reaktion der anderen Mächte.» Das Zeremoniell war der untrügliche, allen Beteiligten vertraute Indikator für den eigenen Status in einem System, das vollkommen an äußerer Ostentation orientiert war. «Nach Rang zu streben hieß, bei jeder Gelegenheit zu versuchen, sichtbar und im wahrsten Sinne des Wortes weiter nach vorn zu kommen.»[38] Das Vorrecht etwa, sich in einer achtspännigen Kutsche der Öffentlichkeit zu präsentieren, war ein eindeutiges Zeichen für den Anspruch auf einen souveränen Fürstenrang.

Das gesamte Szenarium frühmoderner, d. h. in der Regel monarchisch geprägter Staatlichkeit bestand in der Beachtung ritualisierter Umgangsformen und endete in manchmal auch handgreiflich ausgetragenen Streitigkeiten um Rang-, Sitz- und Vortrittsfragen. Das Zeremoniell gehorchte nicht den Gepflogenheiten der Courtoisie, sondern der im Auftreten sich manifestierenden Durchsetzungsfähigkeit der Potentaten und ihrer diplomatischen Vertreter. Es war von Friedrich I. und seinen überaus versierten Ratgebern eben keineswegs – wie Friedrich der Große unterstellte – intendiert, mit seiner pompösen Selbstdarstellung den eigenen Untertanen Ehrfurcht und Respekt einzuflößen. Vielmehr war es die Anerkennung durch die auswärtigen Mächte – in der Regel Rivalen im Ringen um einen angemessenen Rang auf dem *theatrum praecedentiae* –, auf die es ankam.[39] Es ging um Statusdemonstration im Rahmen einer gesamteuropäischen höfischen Öffentlichkeit.

In diesem Bereich hatte Brandenburg im 17. Jahrhundert noch einen erheblichen Nachholbedarf. Seit jeher wurde von den Kurfürsten der Anspruch erhoben, in einem konkreten oder imaginären Hofzeremoniell unmittelbar hinter den Königen, d. h. vor den übrigen Reichsfürsten und auch vor den Republiken Venedig, Holland und der Eidgenossenschaft, zu rangieren. Diese Präeminenz

war nach dem Westfälischen Frieden jedoch trotz der bewußt herbeigeführten Aufwertung, die gerade die größeren Reichsterritorien
erfahren hatten, ins Wanken geraten. Um in dieser Erosion der
Machthierarchien im Reich nicht weiter zurückzufallen, mußte die
brandenburgische Politik nach Auffassung schon des Großen Kurfürsten energische Versuche unternehmen, um in den Kreis der
eigentlich ernstzunehmenden Mächte vorzudringen.[40] Die Kur-
würde war ein altehrwürdiges und immer noch nicht ganz verblaß-
tes Dekorum und das verfassungsrechtlich verbriefte Unterpfand
reichspolitischer Geltung. Um jedoch im Gesamtrahmen europäischer Politik bestehen zu können, bedurfte es eines *éclats*, um
die auf Ranghierarchien und Präzedenzrecht fixierten Höfe aufhor-
chen zu lassen. Insofern war das Streben Friedrichs I. nach einer
spektakulär in Szene gesetzten Rangerhöhung ein überaus rationa-
les Ziel, dem eigentlich auch ein in besonderer Weise auf seine
Geltung bedachter Monarch wie Friedrich II. seinen Respekt nicht
hätte versagen dürfen. Aber hier treten Aporien zutage, die im Erscheinungsbild des Königs auch sonst so auffällig sind und letztlich
wohl kaum aufgelöst werden können.

Friedrich der Große ist auf die der Standeserhöhung als angemessen erachteten Bauvorhaben und die nicht weniger ehrgeizigen
Sammlungen des Großvaters in seinen *Denkwürdigkeiten* nicht im
einzelnen eingegangen, sondern hat sich auf die schon angeführte
Behauptung beschränkt, daß Friedrich I. sich nur durch den äußeren Glanz des Königtums habe blenden lassen. Allerdings würdigte
er am Ende doch auch die außenpolitische, jedenfalls überregionale
Dimension, die mit der Anerkennung der Königswürde verknüpft
war und von der er selbst so sehr profitieren sollte. Sie stellte sich
später, schrieb er seltsam widersprüchlich und lakonisch, «als ein
staatsmännisches Meisterstück heraus (un chef d'œuvre de politi
que)». Denn mit dem Königtum habe das Haus Brandenburg das
Joch abgeschüttelt, unter das Österreich alle Fürsten Deutschlands
zu zwingen gewohnt war. Friedrich I. habe seinen Nachkommen
einen verlockenden Bissen hingeworfen, der zu sagen schien: Hier
ist ein Titel; zeigt nun, daß ihr dieses Anspruchs würdig seid. «Ich
habe eure Größe begründet, vollendet nun dieses Werk!»[41] In der
Tat, darin lag Größe und Weitblick und eine über persönliche Eitelkeiten hinausweisende Perspektive. Nur war, und das verkannte

Friedrich der Große in der eigentümlich doktrinären Enge seines Denkens vollkommen, zur Etablierung und Festigung dieser neuen Würde jener äußere Glanz unerläßlich, ein Dekorum also, dem auch persönliche Motive zugrunde gelegen haben mögen, das zugleich aber einer Staatsräson verpflichtet war, wie sie sich im höfischen Ambiente des 17. und 18. Jahrhunderts rationaler nicht denken läßt. Seine Affekte gegen jede Form zeremonieller Reglementierung hat er sein ganzes Leben beibehalten. Er trug als König wie schon sein Vater Uniform und legte wenig Wert auf Sauberkeit und auf sein äußeres Erscheinungsbild. Zu den Eigenwilligkeiten dieses Lebensstils mag auch beigetragen haben, daß er seit der Thronbesteigung Damen aus seiner Umgebung fernzuhalten wußte, also ein Leben führte, das sich mit außerordentlicher Konsequenz allem verweigerte, was in der Sphäre höfischer Repräsentation auch im *ancien régime* noch üblich war. Nur wenige Zelebritäten wie die Tänzerin Barbarina, die auf seinen ausdrücklichen Wunsch von Antoine Pesne porträtiert wurde, oder die Gesangsvirtuosin Mara, Künstlerinnen von europäischem Rang, hat er geschätzt und in seiner Gesellschaft zu sehen gewünscht.

In dieses Bild gehört auch, daß Friedrich auf den Erlaß einer Rangordnung verzichtete und daß das durch den Vater bereits abgeschaffte Hofzeremoniell bewußt nicht wieder in Kraft gesetzt wurde.[42] In den jährlich erscheinenden Berliner Adreßkalendern, die den Hofstaat überhaupt erst wieder seit 1757 kenntlich machten, wurden die obersten Hofchargen nicht – wie sonst üblich – nach ihrer Ranghierarchie, sondern in alphabetischer Reihenfolge angeführt. Als die Prinzessin Corswaren-Looz, die Gemahlin des 1751 nach Berlin berufenen Oberstkämmerers des Königs, auf ihrem Vorrecht beharrte, den Vortritt vor den anderen Damen der Hofgesellschaft zu haben, gab es – wie der Zeitzeuge und Tagebuchschreiber Graf Lehndorff berichtet – einen «schrecklichen Lärm». Auf das Insistieren des Gatten entschied der König schließlich ebenso bissig wie mißmutig: «die Dümmste sollte vorangehen».[43] Bemerkenswert ist darüber hinaus, was in einer der vielen damals (1753) in Umlauf gebrachten Satiren, deren Verfasser vermutlich Voltaire war, lakonisch über die Hofchargen des Königs berichtet wird: «Er [Friedrich] hat einen Kanzler, der niemals [Recht] spricht, einen Oberjägermeister, der nicht wagen würde, eine Wachtel zu schießen, einen Oberhofmeister, der nichts anordnet, einen Schenk, der nicht weiß, ob Wein im Keller liegt, einen Oberstallmeister, der nicht die Befugnis hat, ein Pferd satteln zu lassen, einen Kammerherrn, der ihm niemals das Hemd gereicht hat, einen grand-maître de garderobe, der seinen Schneider nicht kennt.»[44] Alle diese Hofämter dürften demnach im wesentlichen Sinekuren gewesen sein, die in Erscheinung zu treten hatten, «pour faire figure»[45] und um das herkömmliche Erscheinungsbild eines Hofstaats aufrechtzuerhalten. Dabei spielte der Erwerb eines Stadtpalais in der Residenz gerade auch aus der Sicht des Königs eine wichtige Rolle.[46]

Sehr früh hat Friedrich im übrigen verfügt, daß sein Begräbnis allen Gepflogenheiten der Zeit entgegengesetzt in äußerster Zurückgezogenheit und unter Verzicht auf jedes Zeremoniell vonstatten gehen sollte. Nach entsprechenden Anweisungen vor der Schlacht von Leuthen hatte er auch am 22. August 1758, als ein Waffengang mit der russischen Armee unmittelbar bevorstand, ausgerechnet in Küstrin angeordnet, daß bei seinem in einer Schlacht niemals auszuschließenden Tod keine Umstände mit ihm gemacht werden sollten. «Man soll mir [!]», heißt es in einer königlichen Ordre wörtlich, «nicht öffnen, sondern still nach Sans-Souci bringen und in meinem Garten begraben lassen.»[47] Er wünschte, hatte er in seinem persönlichen Testament vom 8. Januar 1769 verfügt, wie ein Philosoph beigesetzt zu werden, ohne Blendwerk, ohne Prachtentfaltung und ohne Pomp. Er wolle weder seziert noch einbalsamiert werden. Man möge ihn auf der oberen Terrasse von Sanssouci begraben. Falls er im Krieg oder auf Reisen sterben sollte, möge sein Körper an Ort und Stelle beigesetzt und im Winter dann nach Sanssouci gebracht werden.[48] Angesichts der *pompes funèbres*, wie sie auch in Preußen bis zum Ende der Monarchie den gesamteuropäischen Konventionen gemäß üblich waren, zeugt auch diese Anweisung von ausgeprägter Eigenwilligkeit. Sie belegt noch einmal eindrucksvoll seine tiefe Aversion gegen das protokollarisch festverankerte und selbstverständlich liturgisch geprägte Dekorum eines fürstlichen Leichenbegängnisses und damit gegen jede Form höfischer Prachtentfaltung.[49]

Als Vorbild in dieser Haltung galt ihm der Vater, über den er in seinen *Denkwürdigkeiten* durchaus anerkennend äußerte, daß ihm jeder Prunk und alles königliche Gepränge verhaßt gewesen seien. Ob ihm dabei die dumpfe, von Derbheit und peinlichen Auftritten geprägte Atmosphäre von Königs Wusterhausen gar nicht in den Sinn kam, unter der er zusammen mit seiner Schwester Wilhelmine so sehr gelitten hatte? Aber es war offenbar allein der so seltsam hausväterlich und antiquiert wirkende, aber womöglich auch ganz modern einzuschätzende Sparsamkeitsgedanke, der ihn in seinem Urteil leitete.

Schwierig ist im übrigen auch zu bewerten, daß Friedrich die Förderung der Künste und Wissenschaften durch den ersten König in einem der systematischen Kapitel seiner *Denkwürdigkeiten* nachdrücklich hervorgehoben hat. Alle neuen Impulse des Großen Kurfürsten auf diesen Gebieten, schrieb er, hätten ihre eigentliche Blüte erst unter Friedrich I. entfaltet. So hätten unter dem ersten König die einheimische Gobelinweberei, die Bortenfabrikation, die Spiegelherstellung und die Tuchproduktion erstmals europäische Standards erreicht. Aber erstaunlich ist vor allem, daß Friedrich an dieser Stelle seiner *Denkwürdigkeiten* auch dem höfischen Szenarium anerkennende Seiten abzugewinnen vermochte. So führte er mit offensichtlich verhaltenem Stolz aus, daß die Hofhaltung unter dem ersten König groß und glanzvoll gewesen sei. Ausländische Subsidien, heißt es da ganz sachlich und unbefangen, hätten den Geldumlauf befördert. In Livreen, Kleidern, Tafelgerät, Pferden und Bauwerken sei großer Luxus getrieben worden. Auch hätte der König zwei der geschicktesten Architekten Europas (Jan de Bodt und Eosander Frhr. von Goethe) gewinnen können, um Berlin zu verschönern und die Lustschlösser in Oranienburg, Potsdam und Charlottenburg auszubauen. «Die schönen Künste», schrieb Friedrich II. wiederum ökonomisch argumentierend, «die Kinder des Reichtums, begannen zu blühen.» Auch eine Kunstakademie wurde ins Leben gerufen. Das bemerkenswerteste und für den Fortschritt des menschlichen Geistes bedeutsamste Ereignis sei freilich die Gründung der Königlichen Akademie der Wissenschaften gewesen, deren Leitung Gottfried Wilhelm Leibniz übertragen wurde. Hier gab es also auch nach Auffassung Friedrichs des Großen Anstöße, die in der zivilisatorischen Erfolgsgeschichte Brandenburg-Preußens, die er ja offensichtlich zu schreiben vorhatte, hochgeschätzt und gewürdigt zu werden verdienten.[50]

Nun hat Friedrich – wie bereits geschildert wurde – selber gebaut und geradezu exzessiv gesammelt, also seinerseits jenen Luxus
betrieben, den er dem Großvater so heftig zum Vorwurf gemacht
hat. Dabei kann der forcierte Bau der Sommerresidenz Sanssouci
im ersten Jahrzehnt seiner Herrschaft durchaus noch der programmatischen Absicht zugeordnet werden, sich von allen Formen offizieller Staatsrepräsentation und höfischer Etikette abzuwenden und
für sich und seine Tafelrunde ein Ambiente zu schaffen, das einem
heiter-epikureischen Lebensgefühl verpflichtet war. Auch die Bilderkäufe der frühen Jahre mit ihrer Vorliebe für die *fêtes galantes*
Watteaus und Lancrets entsprachen noch ganz der wehmütig-emp-
findsamen Vision von einem Dasein jenseits der gravitätischen
Zwänge einer dem neuerworbenen Fürstenrang entsprechenden
Selbstdarstellung.

In dieser Frühphase also gab es starke Affinitäten zwischen dem
Streben nach einem neuen, auch vom Vater sich abkehrenden Le-
bensstil und dem auftrumpfenden Gestus, mit dem er in den letzten
Lebensjahrzehnten als Bauherr und Sammler aufgetreten ist. Von
Prachtliebe und eitler Selbstbespiegelung, die er seinem Großvater
glaubte vorwerfen zu müssen, konnte dabei sicherlich nicht die Rede
sein. Vielmehr ging es ihm, wie auch beim Bau des Berliner Opernhauses Unter den Linden deutlich wird, um die Verwirklichung von
durchaus eigenständigen Konzeptionen, deren Anfänge auf die
Kronprinzenzeit und die ersten Bauvorhaben in Rheinsberg zurück-
gingen und die er der Reputation seines Staates als einer Metropole
der schönen Künste und des aufgeklärten Denkens schuldig zu sein
glaubte. Es waren Vorstellungen, die weniger an höfischen Konventionen als an Formen eines neuen Herrschaftsverständnisses orientiert waren. Auch das Verschwendungsargument, das er dem Großvater entgegengehalten hatte, konnte hier im eigentlichen Sinne
nicht vorgebracht werden. Denn die Kosten für seine Bauten und
sein mäzenatisches Engagement blieben eindeutig den militärischen
und administrativen Erfordernissen des Staates untergeordnet.

Bemerkenswert ist nun jedoch, daß er mit zunehmendem Alter
diese Einstellung aufgegeben und sich Projekten zugewandt hat,
die sich immer weiter von der Herrschaftsauffassung und den Stilprinzipien der frühen Jahre entfernten. An herausragender Stelle ist
hier das Neue Palais zu nennen, das in den Dimensionen und den

Formen einer spektakulären Herrschaftsinszenierung offenbar bewußt eine Rückkehr zu älteren Formen höfischer Repräsentation darstellte.

Gewiß hatte er bei diesen und zahlreichen anderen Bauvorhaben der letzten Lebensjahrzehnte immer wieder Sparsamkeit angemahnt und gelegentlich in kleinlicher Manier der billigeren Lösung den Vorzug gegeben. Unverkennbar ist aber gleichwohl, daß mit dem Bau des Neuen Palais eine gewaltige und selbstverständlich auch kostspielige, alle Raumerfordernisse ignorierende Manifestation eines elementaren Machtanspruchs ganz im Sinne des Großvaters intendiert war. Zwar behielt Friedrich der Große auch in diesen Jahren den hohen Finanzbedarf von Staat und Armee im Auge und stellte insofern immer wieder eine rational kontrollierte Relation zwischen dem Wohlfahrtsanspruch der Allgemeinheit und den Selbstdarstellungsgelüsten des Landesherrn her. Das monumentale Bauvorhaben des Neuen Palais rückt dennoch in die Nähe dessen, was Friedrich dem Großvater anzukreiden für nötig hielt, zumal die Landesfinanzen nach dem soeben erst beendeten Siebenjährigen Krieg außerordentlich angespannt waren. Es ist nicht überliefert, an wen sich diese prahlerisch auftrumpfende Geste eigentlich richtete. Den *philosophes*, den Aufklärern aus Prinzip wie Voltaire und den Bezugspersonen seiner frühen Jahre, konnte er mit solchen *éclats* gewiß nicht imponieren. Insofern spricht manches dafür, daß sich seine Absichten mittlerweile von einer engen ökonomischen, nach innen gewandten Einschätzung fürstlicher Selbstdarstellung zu einer Auffassung weiterentwickelt hatten, die auch die Höfe der konkurrierenden Mächte, also die außenpolitische Dimension höfischen Glanzes, wahrzunehmen vermochte.

Friedrich orientierte sich bei den Ankäufen der Gemälde – wie schon erwähnt – an der von den tonangebenden Kunstakademien propagierten Hierarchie der Bildgattungen und bevorzugte demnach Historiengemälde antiken und biblischen Inhalts. Er vernachlässigte nun das, was ihn in den Empfindungen und Visionen seiner Jugendzeit so sehr beflügelt hatte, und verfolgte offensichtlich das Ziel, im Kreise der europäischen Potentaten als ein Fürst zu erscheinen, der nach seinen militärischen Erfolgen auch den musischen, sich in den Künsten manifestierenden kulturellen Ansprüchen einer Monarchie von Rang gerecht wurde.

Friedrich hat sich zu seinen Ambitionen als Bauherr und Sammler auffälligerweise nur beiläufig geäußert. Insofern bleibt auch im dunkeln, was ihn zu dem Wandel seines Selbstdarstellungsstils bewogen hat. Programmatisches jedenfalls ist hier nicht zu erkennen. Dabei hat er das ökonomisch begründete Urteil über den Großvater auch in späteren Fassungen der *Denkwürdigkeiten des Hauses Brandenburg* nicht revidiert, sondern mit einem an Borniertheit grenzenden Hochmut an seinen Aufklärungsmaximen festgehalten. Was sind die Gründe für diese Diskrepanz? Möglicherweise war ihm zumindest die Welt der Gemälde, mit denen er seine Schlösser und seine eigens als Schausammlung errichtete Bildergalerie auszustatten wünschte, nicht wichtig genug, um die Rückwendung zum Geschmack höfisch geprägter Selbstdarstellung wahrnehmen zu können. Seiner Schwester Wilhelmine gegenüber hat er seine Bilderkäufe einmal lakonisch als eine «Torheit (folie)» bezeichnet. Das Neue Palais hatte als Ausdruck eines trotzigen Selbstbehauptungswillens gewiß einen anderen Stellenwert. Aber auch hier könnte zutreffen, daß ihm Parallelen zum Schloßbau des ersten Königs in Berlin und zu dem Aufwand, den dieser zu seiner Selbstinszenierung betrieben hat, nicht in den Sinn gekommen sind. Wahrscheinlich hielt er sich im Gegensatz zu den «*principini*», von denen Machiavelli schon so abfällig gesprochen hatte, für einen «großen Fürsten», dem vor dem Areopag europäischer Potentaten auch Schloßbauten, Sammlungen und Armeen zuzugestehen waren.

Entscheidend dürfte jedoch gewesen sein, daß er ungeachtet der zahlreichen Bauaufträge und dem seinem Fürstenrang gebührenden Mäzenatentum ein außerordentlich sparsamer Regent war, dem die mächtepolitische Gemengelage und die fortbestehende militärische Bedrohung, der sich Preußen auch nach dem Siebenjährigen Krieg noch ausgesetzt sah, immer gegenwärtig war. In Frankreich, England und Österreich, hatte er dem Thronfolger in seinem *Politischen Testament* von 1768 einzuschärfen versucht, mache man Schulden, man mißbrauche den Staatskredit und häufe Abgaben auf Abgaben, um die Zinsen bezahlen zu können. «Ist es», fragte er, demgegenüber «nicht vernünftiger, gerechter, menschlicher, seine Ausgaben in Friedenszeiten zu beschränken und jedes Jahr eine Summe beiseite zu legen [...], als in Kriegszeiten seine Zuflucht zu Anleihen, Gaunereien und üblen Praktiken zu nehmen, die einen Privatmann seine Reputation kosten würden, und die Steuern beim ersten Kanonenschuß zu verdoppeln und zu verdreifachen?«[51] Es muß als ein in der europäischen Staatenwelt einzigartiges Phänomen gelten, daß der preußische Staatshaushalt trotz der Kriege Friedrichs des Großen immer ausgeglichen war und keine langfristigen Verbindlichkeiten zu Buche standen. Großmachtpolitik zu betreiben, bedeutete im *ancien régime* Schulden zu machen und über seine Verhältnisse zu leben. Das war in Preußen anders, auch wenn einzuräumen ist, daß die Erfolge des friderizianischen Merkantilsystems mit einer überaus repressiven Staatsomnipotenz erkauft worden sind. Ungeachtet der enormen Ausweitung des Haushaltsvolumens und trotz der zunehmenden Verschachtelung der Finanzverwaltung läßt sich der Nachweis führen, daß Friedrich mit dem Instrumentarium eines rigorosen Fiskalismus Kassenüberschüsse zu erwirtschaften vermochte, die nach der Beendigung des Siebenjährigen Krieges noch einmal gesteigert werden konnten. Immer unverhüllter traten nun jene Prinzipien zutage, mit denen schon der Vater seine unerbittliche Staatsschatzpolitik durchgesetzt hatte.

Bereits in seinem *Politischen Testament* von 1752 bekannte sich Friedrich zu dem Plan, einen Kriegsschatz von 20 Mill. Talern anzusparen. Nach den offensichtlich traumatischen Erfahrungen des Siebenjährigen Krieges forcierte er dann seine Thesaurierungspolitik mit dem Ergebnis, daß er dem Thronfolger einen Staatsschatz in der kaum faßlichen Höhe von gut 51 Mill. Talern hinterlassen konnte – ein Kapital, das Friedrich Wilhelm II. (wie es Friedrich der Große befürchtet hatte) während seiner nur elf Jahre währenden Regentschaft aufgebraucht und vergeudet hat. Die Motive für diese mit allen Mitteln vorangetriebene Einnahmesteigerungspolitik Friedrichs beruhten im Grunde auf keinem theoretisch durchdachten wirtschafts- und finanzpolitischen Konzept, obwohl vor allem die beiden *Politischen Testamente* höchst eindrucksvoll belegen, wie detailliert und problembewußt der König über die Finanzlage und das Wirtschaftspotential seiner Territorien Bescheid wußte. Auch die fiskalischen Maßnahmen waren immer und in jedem Bereich seines politischen Handelns von der Sorge um die militärische Handlungs- und Expansionsfähigkeit seines Staates bestimmt. Insofern konnte er für sich legitimerweise eine völlig andersartige Herrschaftsauffassung als die des ersten Königs in Anspruch nehmen. Er war ein Fürst, der ohne Zweifel einer im Sinne der Aufklärung geläuterten Vision von Sinn und Zweck monarchischer Herrschaft verpflichtet war. Deshalb müssen auch seine Bautätigkeit und seine zahlreichen Sammlungen in einem anderen Kontext gesehen werden. Sie waren sicherlich schon seit der Kronprinzenzeit und dem Ausbau seines Rheinsberger Refugiums wichtige und eine Zeitlang auch überaus eigenständige Betätigungsfelder. Aber sie waren im Gegensatz zu seinem Großvater nicht der Mittelpunkt seines Selbstdarstellungsstrebens.

In diesen vielleicht nicht einmal in sein Bewußtsein vorgedrungenen Unterschieden und Differenzen mögen die Gründe für das vernichtende Urteil liegen, das er über den ersten König, sein Ostentationsbedürfnis und seine angebliche Verschwendungssucht gefällt hat. Es waren eben wirklich schon Welten, die zwischen den beiden Generationen lagen. Viele Ausdrucksformen fürstlicher Selbstdarstellung waren trotz eines offenkundigen Wandels in Geschmack und Habitus unverändert geblieben; Friedrich II. selber ist ein sinnfälliges Beispiel dafür. Aber die Prioritäten bei der Ausübung eines Herrscheramtes hatten sich – übrigens nicht nur in Preußen – deutlich verschoben. Die Unterordnung unter die Anforderungen des Gemeinwohls und der wie immer definierten Staatsnotwendigkeiten hatte ein solches Gewicht erlangt, daß ältere Formen der Herrschaftslegitimation obsolet geworden waren. Aus dieser Perspektive konnte das Königtum Friedrichs I. tatsächlich als eine Inszenierung erscheinen, die den Eindruck der Eitelkeit und des unangemessenen Aufwandes vermittelte. Im Umfeld solcher Gedankengänge müssen also die Gründe für das Verdikt vermutet werden, das der Enkel auch über die Königskrönung von 1701 für angebracht hielt.

Die Pflege der Wissenschaften und die Reform des Justizwesens

Es mag überraschen, daß in diesem Zusammenhang nun auch die Förderung der Wissenschaften durch den König zur Sprache kommt. Aber in der Frühen Neuzeit lag das sich den Künsten und Wissenschaften widmende Mäzenatentum fürstlicher Landesherren dicht beieinander. Es galt ebenso wie die Bauaufträge und Sammlungen der Reputation und dem Ruhm des Souveräns und seiner Dynastie. Alle diese Betätigungen entsprangen demselben Impuls, einer generösen, aber durchaus nicht uneigennützigen Selbstdarstellung. Unverkennbar ist freilich, daß die Förderung der Wissenschaften im 17. und 18. Jahrhundert immer eindeutiger praxisorientiert und experimentell fundiert war und damit auch staatlichen Nützlichkeitserwägungen dienstbar gemacht werden konnte. Im übrigen hatte die Wissenschaft, die bis dahin eine staatlich beförderte Statusangelegenheit von Gelehrten gewesen war, im Zeichen des pädagogisch-didaktischen Konzepts der Aufklärung eine Popularisierung erfahren, die sich in Journalen und Enzyklopädien, in Salons und neuartigen Formen wissenschaftlicher Sozietäten manifestierte und damit einem sozialen Wandel Vorschub leistete, der – wenn nicht in der Intention des Landesherren, so doch faktisch – zum Aufstieg einer bürgerlichen Elite führte.[52] Insofern war dieser Bereich fürstlicher Selbstdarstellung keine autonome Sphäre mehr, aber selbstverständlich noch fürstlicher Unterstützung bedürftig. Jedenfalls muß für das 18. Jahrhundert gelten, daß im Zeichen eines allgemeinen Utilitätsdenkens die Tendenz zur Verwissenschaftlichung aller Lebensbereiche unaufhaltsam war.

Friedrich hat sich um die Universitäten seines Landes außer einigen administrativen und reglementierenden Maßnahmen kaum gekümmert. Das ältere preußische Staatsgebiet verfügte über drei Hochschulen: die unter Kurfürst Friedrich III. im Vorfeld der Königserhebung neugegründete Universität Halle, die Viadrina in Frankfurt an der Oder und die Albertus-Universität in Königsberg. Nur Halle hatte eine Ausstrahlung, die weit über die preußischen Territorien hinausreichte und einen Bildungsimpuls vermittelte, der maßgeblichen Einfluß auf die Ausbildung einer dem Gemeinwohl verpflichteten Beamtengesinnung hatte.[53] Sie erreichte im Jahre 1742 mit ca. 1500 Studenten den bei weitem höchsten Zuspruch unter den deutschen Universitäten. Im Gegensatz zu seinem Vater, der immer wieder den Kontakt zu den großen Vertretern des Halleschen Pietismus, besonders August Hermann Francke, gesucht hatte, erschienen Friedrich die Universitäten als Relikte einer altertümlichen Bildungstradition, die ihm fremd und suspekt war. Für nutzbringend, entwicklungsfähig und deshalb förderungswürdig hielt er dagegen die bereits von seinem Großvater am 11. Juli 1700

eingerichtete Akademie der Wissenschaften. Wenn er auf dem Gebiet der Wissenschaftspflege etwas bewirkt hat, dann in diesem
Rahmen.[54] Wie schon der Großvater orientierte auch er sich am
Muster der «Académie Royale des Sciences» in Paris mit einem
eindeutigen Schwerpunkt auf den angewandten Wissenschaften, besonders den Naturwissenschaften. Sie war wie das Pariser Vorbild
ein «quasi Bestandteil des Hofes und unterstrich die Rolle des Fürsten als Wissenschaftsmäzen» und der Residenz als Zentrum des
neuen wissenschaftlichen Lebens.[55] Ihre gemeinsame Grundlage
bestand offensichtlich noch immer darin, daß die neue Wissenschaft bei aller Hinwendung zum Experiment und zur Empirie
einem Weltmodell verpflichtet war, das den mechanistischen Ord-
nungsvorstellungen und der Systemrationalität des absoluten Fürstenstaates durchaus verwandt war.

Es ist bekannt, daß der König sogleich nach seinem Herrschaftsantritt den als eine europäische Zelebrität geltenden Mathematiker
und Polyhistor Pierre-Louis Moreau de Maupertuis nach Berlin
berief und zum Präsidenten der Akademie machte.[56] Maupertuis
war bereits 1728 zum Mitglied der «Royal Society» in London,
1742 zum Direktor der «Académie des Sciences» in Paris ernannt
und im folgenden Jahr in die «Académie Française» gewählt worden, hatte also alles in der Wissenschaft erreicht, was damals an
Ehrungen denkbar war. 1746 bewog ihn dann der König, nach Berlin zu kommen. Erst der zermürbende und ehrenrührige Streit mit
seinem Landsmann Voltaire über das von Maupertuis verfochtene
«Prinzip der kleinsten Wirkung» in der Mechanik von Körperbe-
wegungen brachte ihn 1756 dazu, sein Amt als Präsident der Akademie aufzugeben. Maupertuis holte allerdings Gelehrte wie Jean
Bernard Merian, Julien Offray de Lamettrie und Johann Friedrich
Meckel nach Berlin und vermochte auf diesem Weg dem Ansehen
der Berliner Akademie zu neuem Glanz zu verhelfen. Aber zum
Wiederaufstieg der Akademie zu einer der zentralen Wissenschafts-
organisationen des *ancien régime* hat wesentlich auch beigetragen,
daß es dem König bereits 1741 gelungen war, den Mathematiker
und Philosophen Leonhard Euler für eine Reform der gelehrten
Studien zu gewinnen. Euler arbeitete und publizierte 25 Jahre in
Berlin und führte seit 1756 die Geschäfte der Akademie, bevor ihn
Zarin Katharina die Große nach St. Petersburg berief.

Nach dem Amtsantritt Maupertuis' erschienen regelmäßig die *Mémoires*, also Sitzungsberichte, die in ihrer Bedeutung und Verbreitung bald die Miscellaneen der alten Akademie übertrafen. Nicht zuletzt auch deshalb, weil sich der König selbst als Akademiemitglied betrachtete und regelmäßig zum Teil umfangreiche, immer wieder Prinzipielles seiner Herrschaftsauffassung berührende Abhandlungen zu den *Mémoires* beisteuerte, gewann die Akademie ein außerordentliches Ansehen. Friedrich erschien zu den Sitzungen nicht in Person, sondern ließ seine Reden, Nachrufe und Traktate im Plenum verlesen und danach publizieren. Während des Siebenjährigen Krieges traten die beiden Klassen der Akademie, die ältere, physikalisch-mathematische und die unter Friedrich neubegründete philosophische, nicht mehr regelmäßig zusammen. 1764 übernahm der König selbst die Leitung und berief die Mitglieder nach eigenem Gutdünken, allerdings nach Konsultationen mit dem berühmten Enzyklopädisten d'Alembert, den er vergeblich als Präsidenten der Akademie zu gewinnen versucht hatte. Vorausgegangen war diesem entschlossenen Zugriff des Königs die Kooptation Lessings, die auf sein entschiedenes Mißfallen stieß und ihn dazu veranlaßte, die Aufnahme deutscher Schriftsteller prinzipiell zu untersagen. Nach dem Tode d'Alemberts 1783 trat der König mit dem Mathematiker und Philosophen Marie Jean Antoine Nicolas Caritat, Marquis de Condorcet (1743–1794), in Verbindung, um seinen Rat bei allen Entscheidungen über die Zuwahl neuer Mitglieder einzuholen.[57] Aber unverkennbar war bereits zu diesem Zeitpunkt, daß der einmal so ambitioniert aufgegriffene Akademiegedanke mit seinem Vorhaben einer an die französische Geisteskultur angelehnten Wissenschaftskonzeption nicht mehr weiterzuführen und wiederzubeleben war. Das lag nicht nur an der sich in Preußen rasant entwickelnden Eigenständigkeit des geistigen Klimas, sondern auch an einer stärker nach innen gewandten Rationalität der französischen Vordenker, die bekanntlich zu einer revolutionären Veränderung der politischen Verhältnisse im eigenen Land geführt hat.

Die philosophische Klasse der Berliner Akademie hatte mittlerweile jegliche Bedeutung verloren; und selbst die praxisorientierten Naturwissenschaften sahen sich durch die Forschungsansätze herausgefordert, die sich weit entfernt von landesherrlicher Protektion und obrigkeitlichen Impulsen im Rahmen bürgerlicher Sozietäten zu entfalten begannen.[58] Allenthalben in den Städten und Territorien des Reiches regte sich nun ein Geist, der auch die Dinge des täglichen Lebens zu diskutieren und selbst in die Hand zu nehmen bestrebt war. Auch Preußen blieb davon nicht unberührt. Und so erweist sich auch im Bereich der Wissenschaftspflege, daß die Ära Friedrichs des Großen einem Spätzeitphänomen, einem wirklichen *ancien régime*, zuzuordnen ist. Verschärft wurde dieser Stillstand dadurch, daß der König sich beharrlich weigerte, die im eigenen Land sich regenden Impulse wahrzunehmen und zu fördern. Auch unter dieser Perspektive ist demnach bemerkenswert, daß eine so pointiert modernisierungsorientierte, im eigentlichen Sinne eben der Aufklärung verpflichtete Herrschaftsperiode in Stagnation und Ratlosigkeit endete.

Ein anderes Kapitel, das den König während seines ganzen Lebens begleitet hat, war die Pflege des Justizwesens.[59] Während es selbst noch bei der Förderung der Wissenschaften um eine Angelegenheit öffentlicher Reputation gerade auch im Konkurrenzgefüge mit den anderen Höfen ging, gehörte die Rechtspflege bereits zu einem zentralen Politikbereich, dem sich der König immer wieder präzisierend und mit großem Pflichtbewußtsein gewidmet hat. Schon unter seinen Vorgängern hatte die Gewähr einer durch den Landesherrn zu stiftenden Rechtssicherheit eine hohe Priorität gehabt. Sie gehörte nach Auffassung gerade auch jener Staatstheoretiker, die dem absoluten Fürstenregiment das Wort redeten, zu den vornehmsten aller Herrscherpflichten. Bei Friedrich dem Großen jedoch gewann gerade dieser Bereich eine Bedeutung, die zu seinem Profil eines als der Aufklärung und einer neuen Humanitätsidee verpflichteten Monarchen Entscheidendes beigetragen hat. So sind die jeweils ersten Kapitel der beiden *Politischen Testamente* von 1752 und 1768 dem Justizwesen gewidmet. Angesichts der Vielfalt und Widersprüchlichkeit dessen, schrieb er 1752, was er an Rechtsgewohnheiten in seinem Lande vorgefunden habe, sei er zu dem Entschluß gelangt, im Zusammenwirken mit dem für die Justiz zuständigen Großkanzler Cocceji «die Gesetze zu reformieren und ihnen nichts anderes zugrunde zu legen, als was sich in einer natürlichen Rechtlichkeit (l'équité) findet».[60] Keine religiöse, auf die

christliche Offenbarung gestützte Fundierung also mehr. An ihrer
Stelle wollte er den Prinzipien des Naturrechts Geltung verschaffen. Im übrigen war er entschlossen, niemals in den Ablauf von Ge-
richtsverfahren einzugreifen, also auf Machtsprüche zu verzichten.
«In den Gerichten», schrieb er, «sollen die Gesetze sprechen und
der Herrscher hat zu schweigen.» Doch behalte er sich vor, «die
Augen offen zu halten und über die Amtsausübung der Richter zu
wachen». Es sei Sache der Fürsten, «die Richter durch Exempel
der Strenge gegen die, welche Mißbrauch mit seiner [des Fürsten!]
Autorität getrieben und das öffentliche Vertrauen unter dem Anschein von Recht und Rechtsprechung untergraben haben, auf ihre
Pflichten zu verweisen».[61] Im *Testament* von 1768 setzte er den
Grundsatz hinzu, daß die Sicherheit für Vermögen und Besitz die
Grundlage jeder Gesellschaft und einer guten Regierung darstelle.
«Dieses Gesetz», heißt es dann wörtlich, «gilt für den Herrscher
wie für den letzten seiner Untertanen; er muß darüber wachen, daß
es befolgt wird, und mit der größten Strenge die Beamten (Maji-
strats) bestrafen, die dagegen verstoßen könnten.»[62]

Solche Überzeugungen und Absichtserklärungen mögen schon
im 18. Jahrhundert nicht mehr übermäßig originell gewesen sein.
Denn in vielen Territorien des Reiches waren es die Justizbehörden
selbst, die sich solchen Prinzipien verpflichtet fühlten; auch Preußen
ist ein Beispiel dafür. Dennoch ist zu unterstreichen, daß Friedrich
selbst eine Reihe konkreter Reformmaßnahmen sofort nach seinem
Herrschaftsantritt und hier federführend für viele andere Territorien
durch entsprechende Erlasse in Angriff genommen hat. So schaffte
er schon 1740 im Prinzip die Folter ab, verbot das barbarische Er-
tränken von Kindsmörderinnen, untersagte 1746 die öffentliche
Kirchenbuße und schränkte die Todesstrafe ein. Schwieriger als
diese ersten und ohne Zweifel spektakulären Schritte auf dem Weg
zu einer Humanisierung des Strafvollzugs ließen sich jedoch die
Versuche an, auch das so unendlich vielschichtigere Zivilrecht im
Sinne aufgeklärter Rationalität zu reformieren. Friedrich verfügte
dabei mit dem aus einer bremischen Juristenfamilie stammenden
Samuel von Cocceji über einen höchst umsichtigen und kompeten-
ten Ratgeber, den er als Justizminister seines Vaters übernommen
hatte und 1747 mit einer Reform des gesamten Justizwesens be-
traute.[63] Cocceji war als Lehrer des Naturrechts an der Universität

Viadrina in Frankfurt an der Oder hervorgetreten und besaß als Verfasser eines *Novum systema iurisprudentiae naturalis et romanae* in hohem Maße die theoretische Befähigung für seine Aufgabe. Im übrigen hatte er sich aber auch in der Praxis um die Verbesserung der Justiz und eine Personalreform der Richterberufe verdient gemacht.[64] Alles spricht dafür, daß der König in allen Grundsatz- und Verfahrensfragen mit seinem 1749 zum Großkanzler ernannten Minister in ganz ungewöhnlicher Weise übereinstimmte. Vor allem das Bestreben Coccejis, eine Angleichung der überaus verschiedenartigen Gerichtsverfassungen der einzelnen Territorien herbeizuführen, unterstützte der König rückhaltlos und förderte es nach Kräften.

Am Ende der Reformtätigkeit Coccejis (1755) standen Erfolge, die eine durchgehend römischrechtlich geprägte und in allen Regionen des Landes vereinheitlichte und in ihrer Übersichtlichkeit verbesserte Rechtsordnung gewährleisteten. Sie führten zu einer Straffung des Gerichtswesens auch insofern, als durch die Gewährung des *privilegium de non appellando illuminatum* für die nicht zu den Kurlanden zählenden Territorien Preußens dem Berliner Oberappellationsgericht letztinstanzliche Kompetenzen für die Gesamtmonarchie übertragen werden konnten. So gelang es seit 1750, eine Vielzahl von territorialen Einzelgliedern mit unterschiedlicher Rechtstradition und Gerichtsverfassung, deren Fortbestand immer wieder vehement zu verteidigen versucht worden war, in einem zumindest ansatzweise gleichförmigen Rechtsmittel- und Instanzenzug zusammenzuführen.[65]

Ein wichtiges Ziel dieser Reformbestrebungen bestand im übrigen darin, die anhängigen Prozesse innerhalb eines Jahres zur Entscheidung zu bringen, also Verschleppungen, wie sie vorher an der Tagesordnung waren und zu gravierenden Prozeßrückständen geführt hatten, in Zukunft zu verhindern. Eine der Anordnungen des Königs zur Beschleunigung der Verfahren bestand in dem Verbot einer Versendung von Gerichtsakten an auswärtige Fakultäten, Schöffenstühle und Spruchkollegien. Diese gutachterlichen Konsultationen waren für die Intensivierung des gelehrten juristischen Diskurses in der Frühen Neuzeit zwar von außerordentlicher Bedeutung.[66] Aber sie verzögerten die landesherrlich verordnete Rechtsfindung selbstverständlich erheblich. Insofern bedeutete auch dieser Schritt eine Steigerung der Rechtsprechungseffizienz.

Ein weiteres Ergebnis der Coccejischen Reformen bestand in der entschieden obrigkeitlichen Indienstnahme des Juristenstandes für die Rechtspflege. So wurde für die Berufung in eines der preußischen Justizkollegien eine Prüfung in Form eines Staatsexamens vorgeschrieben. Auch der Advokatenstand, dem vielfach die Verzögerung der Verfahren anzulasten war, wurde nun in die Pflicht genommen und vor allem bei der Erhebung der Prozeßgebühren unter scharfe Aufsicht gestellt. All diese Reglementierungsmaßnahmen des Königs resultierten aus einem tiefen Mißtrauen gegenüber dem Justizpersonal, das bereits in den *Politischen Testamenten* offenkundig geworden war, dann aber in der Affäre um den Müller Arnold zu heftigen Überreaktionen führte. «Ihr könnet», hatte er am Schluß dieses Verfahrens an den Minister von Zedlitz geschrieben, «nur gewiß sein, daß ich einem ehrlichen Officier, der Ehre im Leib hat, mehr glaube, als alle Advocaten und Rechte.»[67] Möglicherweise fühlte sich Friedrich in Fragen der Rechtsprechung und des Justizwesens nicht kompetent genug, um sich auf sein eigenes Urteil verlassen zu können. Jedenfalls hatte er sich 1768 mit dem Hinweis darauf zu beruhigen versucht, daß in Europa kein Herrscher mehr persönlich Recht spreche. «Die unendlichen Einzelheiten eines Prozesses», hatte er hinzugefügt, «die geprüft, untersucht und aufgeklärt sein wollen, das Labyrinth der Ränke, das tiefe Nachdenken, das jeder Rechtsstreit erfordert, würden die Zeit eines Herrschers völlig in Anspruch nehmen, und er würde darüber die anderen Regierungsgeschäfte vernachlässigen, die ebenso wichtig sind wie die Rechtspflege.» Um so mehr fürchtete er die Hydra der Rechtsverdrehung, die Habgier der Richter und Advokaten und die willkürliche Auslegung der Gesetze.[68]

Bemerkenswert an diesem Kapitel der Biographie des Königs ist jedoch, daß er in der Rechtspolitik – dieses Mal noch im vorgerückten Alter – einen in die Zukunft weisenden Akzent zu setzen vermochte. Der Auslöser war die schon unter den Zeitgenossen auf breite Resonanz gestoßene Müller-Arnold-Affäre. Denn sie schien dem König offenkundig zu machen, daß die in der Kabinettsordre vom 30. Dezember 1746 ausgegebene Devise einer Rechtsprechung nach Vernunft, Recht, Billigkeit und dem Besten des Landes und der Untertanen nicht in ausreichendem Maße umgesetzt und verwirklicht worden war.[69] Sie führte zunächst 1779 zur Entlassung

des amtierenden Großkanzlers Freiherrn von Fürst und zur Berufung Johann Heinrich Casimir von Carmers zum «Chef de ju-
stice».[70] Von Carmer wurde überdies mit der Vorbereitung und
Durchführung einer Justizreform betraut, die zu Lebzeiten des Königs noch zu einer revidierten Prozeßordnung, dem *Corpus iuris
Fridericianum* (Berlin 1781) führte, die wiederum die Grundlage für
die preußische *Allgemeine Gerichtsordnung* von 1793 bildete.

Noch im *Politischen Testament* von 1768 hatte der König die
Reformen Coccejis als optimale Lösung der Justizadministration
gepriesen und dem Thronfolger den Eindruck vermittelt, daß auf
diesem Gebiet ein Veränderungsbedarf nicht bestehe. Aber aus der
Sicht der heutigen Forschung ist unverkennbar, daß durch den
Siebenjährigen Krieg und seine vielfach lähmenden Folgen eine
Stagnation eingetreten war, zumal Coccejis Konzept von Anfang an
vor allem römischrechtlich orientiert war und weniger jenen modernen, naturrechtlich geprägten Prinzipien entsprach, die damals
gerade auch unter den deutschen Staatsrechtslehrern diskutiert
wurden. So blieb das von Coccejis geschaffene System bei allen
außerordentlichen Fortschritten, die er inner- und außerhalb des
Gerichtswesens durchzusetzen vermochte, doch eine obrigkeitlich-
administrative Jurisdiktion, der es – wie Otto Hintze scharfsinnig
bemerkt hat – mehr darauf ankam, «den Anordnungen der staatlichen Autoritäten den gehörigen gerichtlichen Nachdruck zu verleihen, als die Verwaltung unter Rechtsnormen und Rechtskontrol-
len zu stellen, die der individuellen Freiheit zugute kommen».[71]
Auch Franz Wieacker spricht in seiner Privatrechtsgeschichte im
Hinblick auf die friderizianischen Gesetzgebungsbestrebungen von
einer – so ist hinzuzufügen, für den Spätabsolutismus generell charakteristischen – «Grundstimmung wohlmeinender Gängelung und
Beglückung des Untertanen». Schon bei dem von Friedrich hochgeschätzten Christian Wolff, führt Wieacker aus, schien es möglich
und erforderlich, bevormundend und bis ins kleinste Detail reglementierend Recht zu schaffen. «Die Kehrseite dieser Überzeugung
war eine Unterdrückung der schöpferischen Rechtsprechung und
Rechtswissenschaft», die sich später ihrerseits durch die Mißachtung dieser Vernunftrechtsbemühungen rächte.[72]

An einer Einschätzung wie dieser wird das Grundproblem des
Aufgeklärten Absolutismus noch einmal deutlich. Er näherte sich

ohne Frage den Grundsätzen einer neuen, vermeintlich vorurteilsfreien Rationalität und einer Humanitätsidee, die sich aus den dogmatischen Fesseln des konfessionellen Zeitalters zu lösen bestrebt
war. Aber er folgte diesen Prinzipien nur so weit, wie sie seinem
Ziel einer Steigerung staatlicher Effizienz dienstbar gemacht werden konnten. Eine individuelle Freiheit, wie sie im publizistischen
Diskurs der Aufklärung längst schon eingefordert wurde, gehörte
nicht zu den Intentionen dieses Herrschaftssystems. Insofern war
der Aufgeklärte Absolutismus sicherlich eine entscheidende Zwi-
schenstufe auf dem Weg in den modernen Rechtsstaat, aber zugleich auch Bestandteil eines *ancien régime*, das sich den Prinzipien
monarchischer Omnipotenz durchaus noch verpflichtet fühlte.

Einen späten Impuls erhielt die Justizpolitik des Königs – wie bereits erwähnt – durch den Müller-Arnold-Prozeß im Sommer und
Herbst des Jahres 1779.[73] Es ging dabei um rückständige Pachtzin-
sen des Wassermüllers Christian Arnold. Dieser hatte die entsprechenden Zahlungen an den Grafen Schmettau verweigert, weil ihm
durch die Anlage von Karpfenteichen durch den Landrat Freiherrn
von Gersdorff das Wasser für das Betreiben seiner Mühle entzogen
worden war. Arnold war daraufhin verurteilt und seine Schadens-
ersatzforderungen an den Grafen Schmettau abgewiesen worden.
Verfügt wurde des weiteren, daß die Mühle zwangsgeräumt und ver-
steigert werden müsse. Das Ehepaar Arnold wandte sich nach diesem Stand der Dinge nun unmittelbar an den König, der die
Beschwerde an die für die Neumark zuständige Küstriner Justiz-
behörde weiterleitete. Diese wies die Klage wiederum zurück, was
nach erneuten Eingaben des Müllers schließlich dazu führte, daß
sich Arnold unter der für den König einsehbaren Bittschriftenlinde
vor dem Potsdamer Stadtschloß einfand, um seinen Einspruch persönlich vorzubringen. Mit Kabinettsordre vom 22. August 1779
setzte der König daraufhin eine Untersuchungskommission ein, die
allerdings zu keinem einhelligen Ergebnis gelangte. Denn während
die Küstriner Regierung das ergangene Urteil noch einmal bestätigte, war ein offenbar als Assistenzrat und Beisitzer zugezogener
Oberst von Heucking der Auffassung, daß dem Müller Unrecht geschehen sei.[74] Letzterem folgte der König und befahl dem Küstriner
Justizdepartement am 29. September, «die Sache mit dem Arnold
sogleich in Ordnung zu bringen, ihn sofort gäntzlich klaglos zu stel-

len und allen seinen Beschwerden, ohne den mindesten Anstand, ab-
zuhelfen». Sonst werde Seine Königliche Majestät alle zum Teufel
jagen.[75] Damit wurde dem Gericht also aufgetragen, die Versteigerung
der Mühle, die aufgrund eines rechtskräftigen Urteils angeordnet
worden war, rückgängig zu machen und die Frage einer Entschädigung des Müllers zu klären. So kam es erneut zu einem Prozeß, in
dem wiederum gegen Arnold plädiert wurde. Daraufhin wandte
sich der Beklagte ein weiteres Mal mit einer Bittschrift an den
König, der nun das Berliner Kammergericht mit einem Votum be-
traute. Das Urteil wurde am 11. Dezember in Küstrin verkündet.
Dieser wiederum gegen den Beklagten gerichtete Spruch veranlaßte den König noch am selben Tag, den Großkanzler von Fürst
und die drei Richter, die das Urteil gefällt hatten, auf das Schloß
nach Potsdam zu zitieren. Dieser für die Beteiligten sicherlich
hochnotpeinliche Auftritt endete mit der Entlassung des Großkanzlers und des Landrats von Gersdorff sowie der Verhaftung der
Richter. Der König selbst verfaßte ein Protokoll über dieses
Machtwort, das die ganze Tragweite seines Unmuts und seiner
Entrüstung erkennen läßt. Auffallend ist, daß in der rechtswissen-
schaftlichen Literatur, die sich selbstverständlich ausführlich mit
dem Prozeß gegen den Müller Arnold beschäftigt hat, nicht erörtert wird, warum alle Justizkollegien, die mit dieser Angelegenheit
befaßt waren, einhellig zu der Auffassung gelangten, daß der Müller schuldig war. Dem Historiker jedenfalls bleibt unklar, wie die
Rechtslage tatsächlich eingeschätzt werden muß.

Dieser Spruch, heißt es in der königlichen Kabinettsordre vom
11. Dezember programmatisch, «ist S.K.M. Landesväterlichen Intention ganz und gar entgegen. Höchstdieselbe wollen vielmehr,
daß jedermann, er sei vornehm oder gering, reich oder arm, eine
prompte Justiz administriret [werde] und einem jeglichen Dero
Unterthanen, ohne Ansehen der Person und des Standes, durchgehends ein unparteiisches Recht widerfahren soll.

S.K.M. werden dahero in Ansehung der wider den Müller Arnold aus der Pommerziger Krebsmühle in der Neumark abgespro-
chenen und hier approbirten höchst ungerechten Sentenz ein nach-
drückliches Exempel statuiren, damit sämmtliche Justiz-Collegia in
allen dero Provinzen sich darin spiegeln und keine dergleichen

grobe Ungerechtigkeiten begehen mögen.» Denn diese Behörden müßten wissen, daß der geringste Bauer und mehr noch der Bettler «ebenso wohl ein Mensch ist, wie Seine Majestät sind, und dem alle Justiz muß wiederfahren werden, indem vor der Justiz alle Leute gleich sind». Bei solchen Gelegenheiten müsse streng nach der Gerechtigkeit verfahren werden – ohne Ansehen der Person. «Danach mögen sich die Justiz-Collegia in allen Provinzen nur zu richten haben.» Wenn diese aber nicht ohne Ansehen der Person und des Standes verfahren und die «natürliche Billigkeit» außer Acht lassen sollten, werden «sie es mit S.K.M. zu thun kriegen. Denn ein Justiz-Collegium, das Ungerechtigkeiten ausübt, ist gefährlicher und schlimmer wie eine Diebesbande, vor die kann man sich schützen, aber vor Schelme, die den Mantel der Justiz gebrauchen, um ihre üble Passiones auszuführen, vor die kann sich kein Mensch hüten. Die sind ärger als die größten Spitzbuben, die in der Welt sind, und meritiren eine doppelte Bestrafung.»[76]

Hier ging es ganz offensichtlich nicht um eine augenblickliche und spontane Verärgerung, sondern um eine Strafaktion, die aus wirklicher Überzeugung erfolgte. Denn der König ordnete an, daß seine Entscheidung in den Zeitungen und in sämtlichen Gerichtsbehörden bekanntgemacht werde. Im übrigen wies er den für das Kriminaldepartement zuständigen Minister Freiherr Karl Abraham von Zedlitz an, gegen die verhafteten Richter mit aller Schärfe des Gesetzes vorzugehen und auf Kassation, auf Festungshaft von mindestens einem Jahr und auf Erstattung des dem Müller Arnold entstandenen Schadens zu erkennen. Dem Landrat von Gersdorff schließlich wurde auferlegt, entweder die Teiche zu beseitigen oder eine Windmühle für den Müller zu errichten. Das Kriminaldepartement kam zwar erneut zu dem Ergebnis, daß den an dem Verfahren beteiligten Richtern eine Schuld nicht nachgewiesen werden könne. Der König insistierte jedoch auf seinem Urteil und wies von Zedlitz noch einmal zurecht: «Meint Ihr denn, daß ich Eure Advokaten-Streiche nicht kenne und daß ich nicht weiß, wie man eine üble Sache verbessern und durch Hyperbolen vergrößern und verkleinern kann, wie man es à propos findet? Das Federzeug [plume] verstehet nichts.»[77] Nachdem sich auch von Zedlitz den Anweisungen des Königs zu entziehen versuchte, entschied Friedrich am 1. Januar 1780 selbst und verurteilte die beteiligten Richter zu einjährigem Festungsarrest und zur Entschädigung des vermeintlich zu Unrecht verurteilten Müllers. Von Zedlitz und die Mitglieder des Kriminalsenats, die sich dem Votum des Königs widersetzt hatten, blieben allerdings unbehelligt. Friedrich glaubte in dieser Affäre im Sinne eines allgemeinen, aufgeklärten und reformorientierten Rechtsempfindens zu handeln. Er hatte über längere Zeit mit erstaunlicher Geduld und Beharrlichkeit versucht, den Urteilsspruch den Justizkollegien zu überlassen. Nach der mehrfachen Weigerung aber, seinem Einspruch Folge zu leisten, entschied er selbst in dem Bewußtsein, daß hier eine Rechtsbeugung vorlag. Dabei befahl er ungeachtet seiner auch öffentlich bekundeten Überzeugung, daß in Justizangelegenheiten die Gesetze zu sprechen und die Herrscher zu schweigen hätten, dem Kriminalsenat des Kammergerichts, ein in der Sache Arnold ergangenes Urteil aufzuheben. Von Zedlitz glaubte seiner Rechtsauffassung entsprechend, sich über den königlichen Machtspruch hinwegsetzen zu können. Daraufhin sah sich der König veranlaßt, in seiner Eigenschaft als höchstrichterliche Instanz das Urteil selbst zu sprechen.[78] Friedrich hat später eingelenkt und die Richter begnadigt, ohne sich allerdings von seiner Entscheidung grundsätzlich zu distanzieren. In den Justizkollegien – und nicht nur den unmittelbar betroffenen – wurde der königliche Machtspruch als unrechtmäßig und unangemessen empfunden, besonders auch deshalb, weil das über die Richter verhängte Strafmaß doppelt so hoch war wie das im Regelfall angedrohte. Die Wahrnehmung in der Öffentlichkeit, die durch die Veröffentlichung des königlichen Reskripts in den Zeitungen als beträchtlich eingeschätzt werden muß, war selbstverständlich eine völlig andere. Denn hier gab sich der König deutlicher als für die meisten sonst nachvollziehbar als ein Herrscher zu erkennen, dem es mit der Gerechtigkeit in Staat und Gesellschaft und mit der Verhinderung von Willkür und Amtsmißbrauch tatsächlich ernst war. Insofern ist es nicht verwunderlich, daß das Bild des greisen Königs immer wieder mit seiner Unerbittlichkeit und Strenge in der Müller-Arnold-Affäre verknüpft erscheint.

Wichtig an dieser Affäre um den Müller Arnold ist letztlich aber, daß nach der Entlassung des Großkanzlers von Fürst und der Berufung von Carmers als sein Nachfolger in den Angelegenheiten des

Justizwesens ein Neuanfang gemacht wurde, an dessen Ende die
Gesetzeskodifikation des *Allgemeinen Landrechts für die Preußischen
Staaten* stand.[79] Die ersten Entwürfe wurden in den Jahren zwischen 1784 und 1788 vorgelegt und in der Öffentlichkeit zur Dis-
kussion gestellt. Der Tod Friedrichs des Großen unterbrach die Arbeiten nicht. Friedrich Wilhelm II. unterschrieb schließlich am 20.
März 1791 das fertiggestellte *Allgemeine Gesetzbuch für die Preußischen Staaten*. Unter dem Eindruck der Französischen Revolution
wurde das Inkrafttreten des als die gesellschaftlichen Verhältnisse
gefährdender «Gleichheitskodex» empfundenen Gesetzbuches jedoch hintertrieben. Erst nach einer als «Schlußrevision» bezeichneten Neufassung, die indes die Reformperspektiven der friderizianischen Rechtsauffassung durchaus noch erkennen ließ, trat das
Gesetzgebungswerk unter der dem Herkommen entsprechenden
Bezeichnung *Landrecht* 1794 in Kraft.

Ausgangspunkt dieses folgenreichen und auch für die Formierung
einer neuen Beamtenelite bahnbrechenden Vorhabens war die Kabinettsordre des Königs vom 14. April 1780, in der er noch einmal
die Rolle der Justiz in einem auf allgemeine Wohlfahrt, Gerechtigkeit und Effizienz eingeschworenen Staatswesen proklamierte.
Das nun in Angriff genommene Gesetzbuch sollte «neben der Verbesserung der Rechtspflege, der Reform der Prozeßordnung und
der Sammlung der Provinzialgesetze» zugleich auch «eine Synthese
bilden zwischen dem bislang geltenden, von Anachronismen und
Widersprüchen zu befreienden römischen Recht, dem Naturrecht
und der bestehenden preußischen Verfassungs- und Rechtsordnung».[80] Aber noch wichtiger als diese auf Rechtssicherheit und
Vereinheitlichung gerichtete Rationalität war die Langzeitwirkung,
die von diesen Reformansätzen ausging. Die mit der Ausarbeitung
des neuen Gesetzbuches betrauten Juristen, an ihrer Spitze neben
von Carmer Carl Gottlieb Svarez und Ernst Ferdinand Klein,[81] haben zwar die Prinzipien absolutistischer Fürstenherrschaft als loyale,
auch dem König verpflichtete Staatsdiener nicht angetastet. Sie waren der Überzeugung, daß – so Svarez – «der uneingeschränkten
Monarchie [...] von allen übrigen Regierungsformen die sichtbar-
sten Vorzüge» zugebilligt werden müßten. Sie gewähre nicht nur
den zuverlässigsten Schutz vor äußeren Feinden und inneren Unruhen, sondern sichere auch die Rechte des Privateigentums und die

«bürgerliche Freiheit» der Untertanen.[82] Aber sie habe die bestehenden Verhältnisse mit der naturrechtlich inspirierten Vertrags-
und Pflichtenlehre so eng verknüpft, daß dadurch eine Selbstbin-
dung der monarchischen Staatsgewalt unausweichlich werde. Die
Zweckbestimmung des Staates war aus der Perspektive der Geset-
zesautoren eine «bürgerliche Vereinigung», in der ganz im Sinne
Humboldtscher Postulate die natürlichen Freiheiten und Rechte
des einzelnen nicht weiter eingeschränkt werden dürften, «als es der
gemeinschaftliche Endzweck erfordert».[83]

Der König eröffnete seinen Mitarbeitern und Beratern in diesem
Bereich also einen Gestaltungsspielraum, der neue, bereits in die Zukunft weisende Perspektiven ins Auge zu fassen ermöglichte. Von
Carmer, Svarez und Klein waren Juristen einer jüngeren Generation,
die in vielen Grundsatzfragen übereinstimmten und sich in Sozietäten wie der Berliner Mittwochsgesellschaft mit hohem Ernst und
Verantwortungsbewußtsein über die zukünftige Verfassung von Staat
und Gesellschaft klarzuwerden versuchten.[84] Sie waren Staatsbe-
amte, die in der für die preußische Entwicklung typischen Zuversicht
an die innere Erneuerungsfähigkeit der Monarchie glaubten und in
diesem Sinne ihr Reformwerk auffaßten. Der König hatte aus innerer Überzeugung und der Einsicht in die Dialektik von Herrschaftsanspruch und Pflichterfüllung in seiner nochmaligen Kabinettsordre
den Justizbeamten den Weg gewiesen. Aber nun waren es eben jene,
die die Grenzen der Staatsgewalt neu definierten. Nicht alles, was sie
für reform- und regelungsbedürftig hielten, ließ sich durchsetzen,
zumal der ursprüngliche Entwurf für das neue Gesetzbuch nach dem
Tod Friedrichs des Großen und unter dem Eindruck der Französischen Revolution im Sinne einer Abschwächung liberaler Tendenzen
überarbeitet werden mußte. Aber es waren dennoch große Entwürfe
und Visionen, die sich hier Bahn zu brechen begannen.

Die Vertrauten, Gesprächspartner und Vorleser
und der illustre Kreis der Tafelrunde

Eine Institution von bemerkenswerter Kontinuität waren neben
den Tafelrunden und Soireen die Vorleser des Königs.[85] Sie nahmen vielfach jene Funktionen ein, die an anderen Höfen von

Beichtvätern, Mätressen und Favoriten ausgeübt wurden. Seit seiner Thronbesteigung wünschte der König bis ins hohe Alter hinein einen solchen gut französisch sprechenden Gesellschafter und Sekretär in seiner Umgebung zu haben. Diese Vertrauten spielten im Tagesablauf des in der Regel ruhelos beschäftigten Staatsmanns und Feldherrn eine überaus wichtige Rolle. Sie sind in den Biographien des Königs bisher als mehr oder weniger marginale Existenzen beiseite geschoben worden. Bei genauerem Hinsehen erweist sich jedoch, daß sie besonders unter dem Aspekt, in welchem Maße auch das Umfeld des Königs der Aufklärung verpflichtet war, besondere Aufmerksamkeit verdienen. Denn an der Auswahl dieser Vorleser werden Vorlieben und Bildungsvorstellungen sichtbar, die für das Erscheinungsbild des Preußenkönigs von erheblichem Gewicht sind.

In der neueren Geschichtswissenschaft ist immer wieder der Versuch unternommen worden, die Erforschung von Einzelschicksalen in den Zusammenhang struktureller Perspektiven zu stellen und Konfigurationen herauszuarbeiten, die aufgrund übereinstimmender oder vergleichbarer Merkmale als Typen bezeichnet werden können.[86] So hat man für das 18. Jahrhundert «den politischen Schriftsteller» oder den «Gebildeten» als neue Formen existentieller Verwirklichung und als klassische Exponenten bürgerlichen Selbstbewußtseins charakterisiert. Darüber hinaus hat man den Prinzenerzieher oder den Hofmeister als typische Erscheinungsformen einer neuen politisch-moralischen Elite und eines tiefgreifenden gesellschaftlichen Wandels darzustellen versucht. Aber auch im Umkreis des höfischen Szenariums trat das Typische gesellschaftlicher Konfigurationen in Gestalt der Hofnarren und Abenteurer mit mehr oder weniger deutlich umrissener Kontur in Erscheinung. Wie steht es unter solcher Perspektive mit den Vorlesern oder Gesellschaftern im Umkreis Friedrichs des Großen? Ist es möglich und sinnvoll, auch hier von einem Typus zu sprechen?

Es gibt – wenn man besonders die Hofhaltung des Kronprinzen in Rheinsberg oder die Tafelrunde von Sanssouci vor Augen hat – natürlich eine Fülle von Persönlichkeiten, die als Gäste und Gesprächspartner und womöglich auch als Vorleser Friedrichs in Betracht zu ziehen sind. Dazu zählte an erster Stelle Voltaire, aber auch der Schriftsteller François Thomas Marie Baculard

Adolph Menzel: Flötenkonzert (1852)

d'Arnaud oder der Marchese Girolamo Lucchesini, der 1780 als Kammerherr in die Dienste des Königs trat. Ein deutlicheres Profil als eine tatsächliche Hofcharge besaßen darüber hinaus der Lordmarschall George Keith, dem der König in der Achse seiner Sommerresidenz Sanssouci ein kleines Palais errichten ließ, um ihn ständig zu sich rufen zu können, und vor allem der Marquis d'Argens, dem sich der König wie keinem anderen seiner Freunde in Gesprächen und Briefen anzuvertrauen pflegte. Letzterer war als Kammerherr der Herzogin von Württemberg im Winter 1741/42 erstmals nach Berlin gekommen. Der König machte ihm dann am 19. März 1742 das Angebot, ausgestattet mit einer königlichen Pension in Preußen zu bleiben, wenn er nach dem Friedensschluß aus seiner jetzigen Stellung ausgeschieden sei. Aber bereits im Juli fand sich d'Argens wieder am Berliner Hof ein, und der König wünschte ihn fortan trotz seiner ungepflegten Tischmanieren und seiner sprichwörtlichen Faulheit in seiner Nähe zu haben.

Ein weiterer Vertrauter des Königs war der Schriftsteller und Schöngeist Francesco Algarotti, der aus einem wohlhabenden venezianischen Kaufmannsgeschlecht stammte und sich während eines sechsjährigen Studiums der Mathematik und Philosophie in Bologna und auf seinen Reisen nach Rom, Paris, London und St. Petersburg eine umfassende Bildung erworben hatte, die sich neben den Naturwissenschaften und der Poesie vor allem auf die Oper und die Malerei erstreckte. Er hielt sich auf Vermittlung Voltaires von 1739 bis 1742 und von 1747 bis 1754 als Kammerherr in der Nähe des Königs auf und leistete ihm auch als Vorleser Gesellschaft. Friedrich schätzte besonders seine Kompetenz in Fragen der Kunst und des Geschmacks. Er erhob ihn 1740 in den Grafenstand und ließ ihm nach seinem Tod im Jahre 1764 in Pisa ein aufwendiges, beziehungsreich ausgestattetes Grabmal errichten.[87]

Einem anderen Typus ist der königliche Kammerherr Karl Ludwig von Poellnitz zuzurechnen. Er stammte aus thüringischem Adel, war mit den ersten Familien der preußischen Aristokratie versippt und wurde schon unter dem Großvater des Königs zum Kammerjunker ernannt. Nach fortwährenden Affären und Liebschaften vor allem am Hof von Versailles, aber auch in Wien, Madrid und London, kehrte er 1735 nach Berlin zurück. Seinen Lebensunterhalt hatte er sich in diesen Jahren auch als zeitweise durchaus erfolgreicher Skandalschriftsteller zu sichern gewußt. Obwohl ihm längst der Ruf eines gefährlichen Zwischenträgers und intriganten Gauners vorausging, fand er schließlich für das spärliche Gehalt von 250 Talern eine Anstellung bei Friedrich Wilhelm I. und wurde wegen der Geschichten, die er amüsant und geschwätzig über andere Höfe zu erzählen wußte, in das ganz ungalant sich gebende Tabakskollegium aufgenommen. Die Rolle eines Spaßmachers und Leichtgewichts, das trotz gelegentlicher Auftritte als königlicher Oberzeremonienmeister zu derben Belustigungen und fortwährendem Spott herhalten mußte, spielte Poellnitz auch unter Friedrich dem Großen. Er blieb bei alldem eine Randfigur, auch wenn er bei Hofe präsenter war als viele der anderen Vertrauten des Königs.

Eine Sonderrolle in der Umgebung des Königs spielte ohne Zweifel Michael Gabriel Fredersdorf, den Friedrich bei seiner Thronbesteigung zum Geheimen Kämmerer und Obertresorier beförderte und in den Adelsstand erhob. Voltaire pflegte ihn als Friedrichs «grand factotum» zu bezeichnen. Er war noch zu Zeiten des Vaters vor allem wegen seiner Körpergröße in die Hand preußischer Soldatenwerber gefallen und war dem Kronprinzen bereits

in Küstrin begegnet. Die Hofcharge, die er dann bekleidete, stellte
lediglich das äußere Dekorum für eine sehr persönliche Beziehung
dar, deren Bedeutung und Tragweite schwer abzuschätzen ist.[88]

Ein Mann ganz anderer Art war Karl Theophilus Guichard, den
der König wegen seiner exzellenten Kenntnisse der antiken Kriegskunst seit dem Mai 1759 (zugleich das Datum seiner Nobilitierung)
Quintus Icilius nannte. Er stammte aus einer savoyischen Huge-
nottenfamilie und war der Sohn eines preußischen Hofrats und
Syndikus in Magdeburg. Er hatte an den Universitäten Halle, Mar-
burg, Herborn und Leiden neben evangelischer Theologie und den
klassischen Sprachen des Altertums auch Syrisch, Chaldäisch und
Arabisch studiert, bevor er als Prinzenerzieher an den Hof des Erb-
statthalters der Niederlande berufen wurde. Dort widmete er sich
mit außerordentlicher Intensität dem Studium der in entsprechenden Traktaten überlieferten Kriegskunst der Antike. Mit dem Ausbruch des Siebenjährigen Krieges trat er in preußische Kriegs-
dienste, wurde 1758 als Flügeladjutant in die engste Umgebung
des Königs berufen und kommandierte schließlich ein Freibatail-
lon, das seinen Namen trug und an der Plünderung des Schlosses
Hubertusburg im Jahre 1761 in unrühmlicher Weise beteiligt war.
Friedrich schätzte ihn als Gesprächspartner außerordentlich, obwohl er gelegentlich – wie besonders de Catt und Friedrich Nicolai
überliefert haben – auch seinen Spott mit ihm trieb. Guichard
hatte ausgesprochene philologische Interessen und konnte sich gut
ausdrücken. Er war dem König als Vorleser und Gesprächspartner
auch deshalb willkommen, weil er sich als überaus kompetenter
Militärschriftsteller einen Namen gemacht hatte. Nach der Beendigung des Krieges blieb Guichard «Officier von der Armee» und
stieg bis zum Range eines Obersten auf. Er war häufig Gast an der
königlichen Mittagstafel und ständiger Teilnehmer an den abendlichen Gesprächen in Sanssouci, obwohl er nach dem sicherlich
zutreffenden Urteil Nicolais oft vorschnell, unbeherrscht und vor
allem rechthaberisch in seinen Äußerungen war.

Alle diese Freunde und Vertrauten waren nach Status und Format autonome Geister. Sie gehörten nicht zu einem Berufsstand im
engeren Sinne. Insofern unterschieden sie sich von jenen «Vorlesern», die ausdrücklich gegen Bezahlung in die Dienste des Königs traten und neben der Erledigung der Privatkorrespondenz zu

geistreichen und unterhaltsamen Gesprächen und zur Rezitation von Texten zur Verfügung stehen sollten, die Friedrich kennenzulernen oder wiederzuhören wünschte. Es scheint, daß erst auf dieser Stufe einer ständigen Aufwartung von einem Typus gesprochen werden kann. Denn bemerkenswert ist, daß mindestens zwei dieser Vorleser von Persönlichkeiten der ersten Kategorie empfohlen worden sind. Friedrich hatte mehrfach entsprechende Wünsche geäußert und bei den Vertrauten seiner Umgebung nachgefragt, wer für solche Funktionen in Betracht käme. So ist zu vermuten, daß es auf der einen Seite Gesprächspartner gab, deren Freundschaft und Nähe er aus eigenem Entschluß und ganz nach persönlicher Wertschätzung suchte, auf der anderen Seite aber solche, die er für seine Mußestunden in seiner Umgebung wissen wollte und eher als dem Hofstaat zugehörig betrachtete.

In der Aufeinanderfolge der insgesamt sieben Vorleser Friedrichs des Großen stand an erster Stelle der in Berlin geborene Hugenotte Charles Etienne Jordan.[89] Er stammte aus einer Kaufmannsfamilie, die zur Berliner französischen Kolonie gehörte. Da der ältere Bruder das väterliche Geschäft weiterführen sollte, wurde Charles Etienne für den geistlichen Stand bestimmt. Nach seiner Ordination erhielt er 1725 eine Pfarrstelle in der Uckermark. 1727 wählte ihn die französische Gemeinde in Prenzlau zum Pastor. Aber bereits nach fünf Jahren bat er um seine Entlassung aus dem Amt. Maßgeblich war dabei sein Wunsch, sich seinen literarischen und bibliographischen Neigungen entsprechend zu betätigen und durch den persönlichen Umgang und die Korrespondenz mit Philosophen und Literaten Zugang zur europäischen Gelehrtenrepublik zu finden.

Von entscheidender Bedeutung für Jordan wurde das Jahr 1736. Denn damals bot sich ihm die Möglichkeit, als Gesellschafter, Bibliothekar und Sekretär in die Dienste des Kronprinzen Friedrich zu treten, der im selben Jahre nach Rheinsberg übergesiedelt war. Dieser suchte, um schnellere Fortschritte in seinen der Literatur und Philosophie gewidmeten Studien machen zu können, «la compagnie d'un homme d'esprit, qui lui formerait le goût et le préservait de l'erreur». Er hatte sich mit diesem Wunsch zunächst an den französischen Gesandten La Chétardie gewandt und ihn gebeten, den Schriftsteller Jean-Baptiste-Louis Gresset für diese

Stelle zu interessieren. Offenbar waren die Verhandlungen bereits weit gediehen, als der nach wie vor argwöhnische Vater von diesem Plan erfuhr und die entsprechenden Vereinbarungen rückgängig machte.

Friedrich versuchte danach, einen «homme de lettres tant pour la conversation et pour les commissions littéraires» in Berlin zu finden. Nach erneuten Erkundigungen fiel die Wahl auf Jordan, der im August 1736 in die Dienste des Kronprinzen trat. Von besonderem Gewicht scheint dabei gewesen zu sein, daß Jordan über enge Beziehungen zu den wichtigsten französischen Literaten und Philosophen, besonders zu Voltaire, verfügte. Denn Friedrich trug sich damals mit dem Gedanken, selbst in einen Briefwechsel mit jenem Schriftsteller zu treten, dessen Werke er schon seit langem kannte und mit wachsender Bewunderung gelesen hatte. So konnte Jordan literarische Verbindungen vorweisen, die über die *colonie de réfugiés* in Berlin hinaus nach Frankreich, England, Holland und in die Schweiz reichten.

Die Aufgaben, die Jordan in Rheinsberg wahrzunehmen hatte, waren vielfältig. Zum einen umfaßten sie die stilistische Korrektur aller Papiere, die ihm der Kronprinz zur Durchsicht vorlegte, vor allem die Briefe an Voltaire. Während der Rheinsberger Jahre ging fast die gesamte Korrespondenz Friedrichs durch Jordans Hände. Weiterhin hatte er zu den poetischen Arbeiten und Entwürfen des Kronprinzen Verbesserungsvorschläge zu machen. Eine weitere Aufgabe bestand darin, sich über Neuerscheinungen auf dem Gebiet der Philosophie und Literatur zu informieren, die Anschaffung entsprechender Werke zu veranlassen und die Bibliothek zu betreuen. Gelegentlich hatte er darüber hinaus aber auch Übersetzungen anzufertigen und dem Kronprinzen das Studium der antiken Autoren durch Hinweise und Kommentare zu erleichtern.

Aber wie immer das Arbeitspensum, das Jordan für den Kronprinzen und später für den König zu erfüllen hatte, auch beschaffen war: Festzuhalten ist vor allem, daß aus dem beinahe täglichen Umgang und den intensiven Gesprächen nicht nur eine große Vertrautheit, sondern eine enge Freundschaft erwachsen ist, die nicht zuletzt auch durch eine umfangreiche, vielfach überaus persönlich gehaltene Korrespondenz dokumentiert ist. Überliefert sind für die Zeit nach 1740 bis zu Jordans frühem Tod am 24. Mai 1745 101

Briefe des Königs und 91 Antwortschreiben Jordans, wobei zu berücksichtigen ist, daß der Briefwechsel wesentlich umfangreicher gewesen sein dürfte. Nach der Thronbesteigung Friedrichs wurde Jordan eine Reihe von offiziellen Funktionen übertragen. Der König verlieh ihm den Titel eines Geheimen Rates. Darüber hinaus aber wurde er zum Kurator der preußischen Universitäten, Akademien und Gymnasien und zum Oberinspekteur der Hospitäler und der Waisen- und Arbeitshäuser der Hauptstadt berufen. Eine wichtige Rolle spielte Jordan ferner bei der Reorganisation der «Académie Royale des Sciences et Belles Lettres», zu deren Vizepräsident er berufen wurde.

Zum Nachfolger Jordans wurde Claude Etienne Darget bestellt, der am 18. Januar 1746 in die Dienste des Königs trat. Er war 1744 als Privatsekretär des Marquis de Valory, des französischen Geschäftsträgers am preußischen Hof, nach Berlin gelangt und wurde wie Jordan damit beauftragt, die Privatkorrespondenz zu erledigen und die *Mémoires* des Königs vor der Akademie der Wissenschaften zu verlesen. Darget erwarb sich in dieser Funktion die Wertschätzung Friedrichs in solchem Maße, daß auch hier von einem Verhältnis gesprochen werden kann, das – wie es die *Épîtres* und zahlreiche Briefe des Königs belegen – durch absolute Vertraulichkeit und herzliches Einvernehmen gekennzeichnet war. Friedrich nannte ihn ein «bon enfant» und charakterisierte sein Wesen als «wenig unterrichtet, aber rechtschaffen». Erst als im Juli 1750 Voltaire in Sanssouci eintraf und sich sein «conseiller intime» – wie der König ihn titulierte – zurückgesetzt fühlte, bat Darget unter dem Vorwand, einen Arzt in Paris aufsuchen zu müssen, um seinen Abschied. Am 10. August 1753 kehrte er endgültig nach Frankreich zurück, blieb dem König aber bis in die siebziger Jahre hinein brieflich und – wie es den Anschein hat – auch freundschaftlich verbunden.

Der Marquis d'Argens hatte bereits 1747 anläßlich eines Aufenthalts in Paris von Friedrich den Auftrag erhalten, nach einem Gesellschafter, einem «homme de lettres» – wie d'Argens sich ausdrückt –, Ausschau zu halten, der bei persönlicher Liebenswürdigkeit, Zuverlässigkeit des Charakters und Vertrautheit mit Fragen der Literatur kein Pedant sein sollte. D'Argens hatte damals niemanden gefunden, der solchen Vorstellungen entsprach, und in seinem Antwortschreiben an den König hinzugesetzt, daß den jungen Leuten mit Kenntnissen und literarischem Geschmack allzu oft der Umgangston der guten Gesellschaft fehle.

Aber dann wurde dem König ein Mann empfohlen, der ähnlich wie nach ihm auch der Abbé de Prades vor Nachstellungen der Kirche sein Land verlassen mußte: der Arzt und Philosoph Julien Offray de Lamettrie. Er trat auf Empfehlungen seines bedeutenden Landsmanns Maupertuis als Sekretär und Vorleser in die Dienste Friedrichs und verstand es, sich in der Gesellschaft des Königs als geistreicher Plauderer und eigenwilliger Kopf wirkungsvoll in Szene zu setzen. Er war gebildet und gewandt, aber zugleich auch eitel, leichtfertig und skrupellos, jedenfalls eine ebenso schillernde wie anziehende Figur, die auch Züge jenes Abenteurertums trug, wie es für ein Jahrhundert aufgeklärter Rationalität paradoxerweise charakteristisch war. In dieser Rolle eines durch Späße und Verunglimpfungen unterhaltenden Hofnarren konnte er während seines Aufenthaltes in Berlin und Potsdam seine provozierenden Traktate schreiben und eine Philosophie des Genusses, der Wollust und des materialistischen Hedonismus propagieren, die besonders auch Wortführer des aufgeklärten Diskurses wie Voltaire, Diderot und d'Alembert wegen der Radikalität und Geschmacklosigkeit seiner Auffassungen zu heftigem Widerspruch veranlaßte. Lamettrie starb kaum 42-jährig am 11. November 1751 an den Folgen eines Festmahls im Hause des «mylord Turconnel, ministre plénipotentaire de France» in Berlin. Seine Feinde verbreiteten das Gerücht, daß er an der Tafel damit geprahlt habe, eine ganze Pastete allein verspeisen zu können. Er habe sich, hieß es, einfach überfressen. Doch hatte das ominöse Trüffelgericht, das ausgerechnet vom Koch des königlichen Hauses zubereitet worden war, wohl verdorbenes Fasanenfleisch enthalten, so daß Lamettrie vermutlich an einer Fleischvergiftung gestorben ist.

Auf Lamettrie folgte als Vorleser und Sekretär wiederum ein Franzose, der Abbé Jean Martin de Prades. Er stammte im Gegensatz zu allen anderen Vorlesern des Königs aus einer Adelsfamilie, die im Languedoc ansässig war. Da de Prades für den geistlichen Stand bestimmt worden war, studierte er Theologie und Philosophie in Paris. Nach Streitigkeiten mit Professoren der Sorbonne hatte er jedoch aus Frankreich emigrieren müssen. Hintergrund dieser Auseinandersetzung war, daß sich de Prades im November 1751 während des Disputationsverfahrens zur Erlangung des Lizenziats vor der Theologischen Fakultät als Häretiker verdächtig gemacht hatte. Daraufhin wurden seine Thesen mit großer, weit über den eigentlichen Anlaß hinausreichender Publizität verworfen und ihm überdies auch das Bakkalaureat aberkannt. Er versuchte zwar, sich in mehreren, in den Niederlanden veröffentlichten Streitschriften zu rechtfertigen, verstrickte sich indessen immer stärker in Auffassungen, die als deistisch eingeschätzt wurden. Er floh schließlich vor dem vom Heiligen Stuhl verhängten Kirchenbann nach Holland und gelangte 1752 nach Berlin, wo ihm offenbar auf Empfehlung d'Alemberts, in dessen *Großer Enzyklopädie* er den Artikel «Certitude» verfaßt hatte, und mit nachdrücklicher Unterstützung des Marquis d'Argens und Voltaires die Stelle des königlichen Vorlesers angeboten wurde.

Bemerkenswert ist nun, daß sich de Prades seit seinem Eintreffen in Berlin mit der Kurie und der Sorbonne auszusöhnen bemüht war. Und tatsächlich gelang es ihm im Herbst des Jahres 1756, mit Zustimmung und tatkräftiger Unterstützung des Königs und des zuständigen Fürstbischofs von Breslau, Graf Schaffgotsch, ein Archidiakonat in Oppeln und eine Domherrenstelle am Hochstift zu Breslau zu erlangen. Aber bereits im November 1757 war der Abbé beim König in Ungnade gefallen. Er hatte sich während des Kriegsgeschehens in Sachsen in eine Spionageaffäre mit französischen Landsleuten verwickeln lassen und war daraufhin bis zum Ende des Siebenjährigen Krieges auf der Festung Magdeburg gefangengesetzt worden. Nach seiner Freilassung zog er sich auf seine durchaus einträglichen Pfründen nach Schlesien zurück und starb 1782 in Glogau, wo er auf königlichen Befehl unter Arrest gestellt worden war.

Der König äußerte sich über diese Vorfälle dem wißbegierigen Voltaire gegenüber in einem Brief vom 18. Mai 1759 sehr zurückhaltend: «Sie möchten wissen», schrieb der König, «was der Abbé de Prades getan hat; hierzu wäre ein Foliant erforderlich. Ihre Neugier wird sich jedoch in kurzen Worten damit befriedigen lassen, wenn ich Ihnen mitteile, daß der Abbé die Torheit begangen hat, sich während meines Aufenthaltes in Dresden durch einen Sekretär verführen zu lassen, den Broglie dort zurückgelassen hatte.

Er hat sich zum Sammler von Neuigkeiten hergegeben, und weil diese Beschäftigung mitten im Krieg nicht eben wünschenswert ist, so hat man ihm bis zum künftigen Friedensschluß ein Plätzchen anweisen müssen, von wo es gewiß keine Neuigkeiten zu berichten gibt. Auf seiner Rechnung steht jedoch noch mehr; dies mitzuteilen, wäre allerdings zu langweilig. Genug, er hat mir diesen Streich gespielt – gerade zu der Zeit, als ich ihm ein ansehnliches Benefizium an der Kathedrale von Breslau zugute kommen ließ.»[90]

Der Abbé galt im Kreise der Vertrauten des Königs als ein munterer und offenherziger, aber in seinen Überzeugungen offenbar nicht ganz ernstzunehmender Gesprächspartner. Seinem unbekümmerten Frohsinn war es zuzuschreiben, daß er in der Tafelrunde des Königs den Spitznamen «Bruder Lustig (frère gaillard)» erhielt. Auch seine Konfrontation mit den Theologieprofessoren der Sorbonne scheint weniger eigenständigem und kritischem Denken als einer kaum zu überbietenden Naivität zuzuschreiben zu sein.

«Das ist, schwöre ich dir», schrieb der damals in Potsdam weilende Voltaire an seine Nichte, «der drolligste Ketzer, der jemals gebannt worden ist. Er ist lustig und liebenswürdig und trägt sein Mißgeschick mit einem Lächeln. Wenn Arius, Johann Huss, Luther und Calvin diese Laune gehabt hätten, wären die Konzilsväter niemals in Versuchung geraten, sie zu verbrennen; sie hätten sich vielmehr bei der Hand genommen und Ringelreihen mit ihnen getanzt.» Der König scheint sich um all diese Streitigkeiten nicht gekümmert zu haben. Jedenfalls schrieb er im April 1753 an Darget: «Ich bin mit meinem kleinen Ketzer sehr wohl zufrieden, er ist trotz aller gegenteiligen Versicherungen der Sorbonne ein guter Kerl (un bon garçon).»[91]

De Catt beschrieb seinen Vorgänger in der Rolle des Gesellschafters in seinen Memoiren als einen Mann von Mutterwitz und erstaunlicher Unbesonnenheit. Er habe, läßt er den König berichten, einen Vorrat an Boshaftigkeit besessen, «wie man ihn nur bei Priestern findet». Und da er sich nur in der Kirchengeschichte auskannte, hätten ihm der Marquis d'Argens und Voltaire den dringenden Rat gegeben, sich auch in literarischen und die Antike betreffenden Fragen Kenntnisse zu verschaffen, um sich in den Gesprächen mit dem König nicht zu blamieren.

Henri de Catt, der als Vorleser und Sekretär auf den Abbé folgte, wurde am 14. Juni 1725 in Morges am Genfer See als Sohn eines Zuckerwarenhändlers geboren, war also dreizehn Jahre jünger als der König. Er hatte als ein Mann reformierten Bekenntnisses an der niederländischen Universität Utrecht Staatsrecht und Geschichte studiert. Im Juni 1755 traf er durch Zufall mit einem Mann zusammen, der sich in schwarzer Perücke und zimtfarbenem Gewand als Kapellmeister des Königs von Polen ausgab und von Wesel auf dem Rückweg von Amsterdam nach Utrecht war. Es handelte sich – wie sich bald nach ihrer Begegnung herausstellen sollte – um den König von Preußen, der im Herzogtum Kleve Truppen inspiziert hatte und bei dieser Gelegenheit nach Holland gereist war. Während der Fahrt auf einem Hausboot kamen beide ins Gespräch, und Friedrich war von der umfassenden Bildung, der Freimütigkeit und dem natürlichen Wesen des Reisebegleiters so sehr eingenommen, daß er ihn nach seiner Rückkehr bat, nach Potsdam zu kommen und in seine Dienste zu treten. De Catt willigte schließlich ein und traf am 13. März 1758, also zu Beginn des dritten Feldzugsjahres des Siebenjährigen Krieges, im Hauptquartier des Königs in Breslau ein.

Henri de Catt befand sich offenkundig wegen des Geschicks und der taktvollen Diskretion, mit der er sich im Umkreis des fortwährend in höchster Anspannung lebenden Königs bewegte, über zwanzig Jahre in seiner Nähe – so lange wie kein anderer in dieser Funktion. Er erhielt den Titel eines Vorlesers und ein festes Gehalt. Aber de Catt las dem König nicht nur vor. Vielmehr leistete er ihm Tag für Tag und besonders während der Feldzüge des Siebenjährigen Krieges Gesellschaft, häufig bis in die Nacht hinein, und nahm in der Rolle eines Privatsekretärs auch Anteil an den Amtsgeschäften. So übertrug ihm der König vor allem die Erledigung der Privatkorrespondenz und bat ihn, seine Dichtungen und die selbst konzipierten Briefe, vor allem die Briefe an Voltaire, mit stilistischen Korrekturen zu versehen und dann in Reinschrift ausfertigen zu lassen. De Catt erlebte in dieser Vertrauensstellung gerade die letzten, von Schicksalsschlägen und Mißerfolgen überschatteten Feldzüge des Siebenjährigen Krieges in der unmittelbaren Nähe des Königs. Das glückliche Temperament de Catts und die Offenheit der in die *belles lettres* und Grundfragen der Philoso-

phie abschweifenden Gespräche scheinen dem König jenen unverzichtbaren Ausgleich verschafft zu haben, um den unsäglichen Herausforderungen seiner Tagesgeschäfte standhalten zu können.
Nach allem, was überliefert ist, vertraute er sich dem Gefährten seiner
kurzbemessenen Mußestunde mit allen Empfindungen, Sorgen und
Visionen freimütig und offenherzig an; er hat das Unprätentiöse
dieses Umgangs immer wieder gerühmt. Dennoch fiel auch de
Catt 1780 wegen des Vorwurfs, für Gefälligkeiten Geldgeschenke
angenommen zu haben, in Ungnade. Er blieb jedoch in Preußen
und kam in den Genuß einer Stiftsherrnpfründe in Magdeburg, die
ihm bis zu seinem Tod am 23. November 1795 ein offenbar kom-
fortables Auskommen sicherte.

Das eigentlich Bemerkenswerte an der Rolle, die de Catt unter
den Vorlesern des Königs gespielt hat, ist jedoch, daß durch sein
Tagebuch eine Fülle biographischer Details aus dem Leben des
Königs festgehalten worden ist. Mit Wissen Friedrichs und dessen
gelegentlicher Unterstützung war er bemüht, den Gedankenaus-
tausch möglichst wortgetreu und von Tag zu Tag zu notieren. So
entstand ein umfangreiches Manuskript, das Reinhold Koser, der
große Biograph des Königs, 1884 zum ersten Mal im französischen
Originalwortlaut veröffentlicht hat. Es setzte sich aus unmittelbar
nach dem Geschehen niedergeschriebenen Tagebuchnotizen und
später verfaßten Memoiren zusammen, die den Zeitraum vom
13. März 1758 bis zum Juli 1762 umfassen. Und obwohl diese in
der deutschen Version dann «Unterhaltungen» oder «Gespräche»
genannten Erinnerungen eine Fülle von quellenkritischen Problemen aufwerfen, denen Koser mit hoher Gelehrsamkeit und bewun-
dernswertem Scharfsinn nachgegangen ist, stellen diese Aufzeichnungen eine Quelle von unschätzbarem Wert dar. Sie heben de
Catt eindeutig aus der Reihe der übrigen Vorleser heraus.

Über die beiden letzten Vorleser des Königs ist wenig bekannt.
Der Abbé Henri-François Duval du Peyrau (auch Duval-Pyrau
oder Pyrard) stammte aus der Gegend von Lüttich. Er hatte an der
Sorbonne Theologie studiert und war in den Karmeliterorden eingetreten. Nach allem, was über ihn in Erfahrung zu bringen ist,
scheint er sowohl in Oliva als auch an deutschen Fürstenhöfen
(Hessen-Homburg) tätig und Mitglied mehrerer Akademien gewesen zu sein. Hervorgetreten ist er aber vor allem als Autor morali-

scher, philosophischer und historischer Traktate, die nach Auskunft von Nicolai als mittelmäßig galten. Er weilte von 1779 bis 1785 am preußischen Hof und kehrte 1787 nach Frankreich zurück. Offenbar hat er den König mit seinen theologischen Belehrungen gelangweilt und zunehmend verdrießlich gestimmt.

Der letzte Vorleser (seit 1784) war Karl (auch Charles) Dantal, der dem König nach eigenen Auskünften abwechselnd Tacitus und Sueton, Alexanders Leben von Curtius Rufus, Diderots Weltchronik, die vielbändige Geschichte des römischen Altertums von Charles Rollin und immer wieder die historischen Werke Voltaires zu Gehör brachte – vielfach in ganzer Länge. Dantal war Mitglied der französischen Kolonie in Berlin, Lehrer am Potsdamer Militärwaisenhaus und später Professor für französische Sprache an der Ingenieur-Akademie in Potsdam.

Christian Wilhelm von Dohm hat vermutlich durchaus zutreffend angemerkt, daß er der einzige Vorleser des Königs gewesen ist, «den derselbe je zu diesem Amte wirklich gebraucht hat. Denn in frühern Jahren ließ sich der König nicht vorlesen, sondern benutzte diejenigen, welche den Titel seiner Vorleser hatten, zu litterarischen Unterhaltungen, und ließ sich von ihnen Bericht über neue Schriften erstatten, die er ihnen zur Prüfung anvertraut hatte. Deshalb wurden zu diesem Amte gewöhnlich Männer von Kenntnissen gewählt. Aber in den letzten Jahren, als Friedrichs Augen schwächer wurden, und er wirklich eines Vorlesers bedurfte, wollte er zu diesem Geschäft einen jungen Menschen von guten Schulkenntnissen, der eine richtige und angenehme Aussprache hätte.» So las Dantal dem König «meistens alle Tage, bis kurz vor seinem Tode, täglich einige Stunden» vor.[92]

Offensichtlich gab es mehrere Ebenen, auf denen der König mit den Vertrauten seiner Umgebung verkehrte. Auf der einen Seite standen die Zelebritäten des philosophischen und literarischen Diskurses der Zeit, um deren Freundschaft und geselligen Umgang er sich bemühte. Daneben gab es gebildete und welterfahrene Edelleute wie Poellnitz, den Marchese Lucchesini oder den in den Grafenstand erhobenen Algarotti, die der König als Kammerherren in seiner Nähe wissen wollte – unter ihnen auch Gestalten, die im eigentümlichen Zwielicht höfischer Geselligkeit als Abenteurer oder Glücksritter eingeschätzt werden müssen. Hinzu traten in der

Abhängigkeit eines besoldeten Gesellschafters die Vorleser im engeren Sinne. Sie waren nicht aus einem höfisch oder aristokratisch geprägten Umfeld in die Umgebung des Königs gelangt, sondern hatten – häufig auch an ausländischen Universitäten – studiert und jeder auf seine Weise eine ganz andere Lebensperspektive als den Fürstendienst im Auge. Sie wurden von ihrem königlichen Gesprächspartner und den Gönnern, die sie Friedrich dem Großen empfohlen hatten, nicht an Kriterien höfischer Contenance und Etikette gemessen, sondern an persönlichem Esprit, absoluter Integrität und an einem Bildungskanon, der die Antike ebenso umfaßte wie die französische Klassik und vielfach auch die Künste und Wissenschaften in erstaunlicher Breite einbezog.

Bemerkenswert erscheint, daß mehrere dieser Vorleser einen religiösen Hintergrund hatten und offenbar völlig unabhängig von ihrer Konfession als Vertraute des Königs akzeptiert wurden. Offensichtlich vermochten demnach viele der damals Gebildeten noch immer über ein Studium der Theologie in eine Sphäre vorzudringen, wo sie in die Anziehungskraft der Fürstenhöfe gerieten. Zweien von ihnen hatte der König Zuflucht gewährt, nachdem sie im eigenen Land wegen nichtkonformer Überzeugungen geächtet und verfolgt worden waren. Von entscheidender Bedeutung war offenbar aber die vollkommene Beherrschung der französischen Sprache. Dohm berichtet unter Bezugnahme auf die Memoiren Dantals, daß der König bei seinen Vorlesern größten Wert auf eine einwandfreie Aussprache legte. So sprach er Dantal in Fällen, wo ihm seine Akzentuierungen mißfielen, die entsprechenden Worte langsam vor und ließ sie ihn dann mehrmals wiederholen. Das Französische stellte jenes Kriterium dar, das sowohl für die Konversation, die der König mit den Vertrauten seiner Umgebung zu führen wünschte, als auch für die konkret zu übernehmenden Aufgaben eines Privatsekretärs und Korrektors maßgeblich war. Diese absolute, sich im Alter eher noch verstärkende Präferenz mag die Verbitterung der deutschen Aufklärung über die Gallomanie des Königs erklärlich machen.

Bis auf die bereits in Berlin ansässigen Hugenotten Jordan und Dantal und den Schweizer Henri de Catt, der nach seinem langjährigen Aufenthalt in Preußen als eingebürgert gelten konnte, hatte keiner dieser Vorleser eine wirkliche Beziehung zur geistigen

Kultur der preußischen Residenz. Die meisten versuchten sich darüber hinaus auch als Schriftsteller, wobei sie sich selbstverständlich an ein französisch sprechendes Publikum wandten. Nur Lamettrie erlangte indes durch das herausfordernd Anstößige seiner Moralphilosophie und die Radikalität seiner Ansichten eine über den Augenblick hinausreichende Wirkung, wenn man von de Catt und der Wertschätzung seiner zunächst nur handschriftlich überlieferten Aufzeichnungen einmal absieht. Mehrere von ihnen scheiterten in der exponierten und zu Konspirationen verleitenden Stellung, die ihnen die Nähe zum Thron und zu den Privatgemächern des Königs verschaffte, ohne allerdings in drakonischer Weise bestraft zu werden. Andere quittierten den Dienst, ohne nach dem Intermezzo am preußischen Hof noch in Erscheinung zu treten. Sie profitierten von der Aura, die den König längst schon und gerade auch in Frankreich umgab, blieben im übrigen aber ohne eigenständiges Profil.

Es war sicherlich der Wunsch nach Unterhaltung und Zerstreuung, der den König veranlaßte, Leute mit Weltläufigkeit und Bildungshintergrund in seiner Nähe zu haben. Aber darüber hinaus trat auch auf dieser Ebene einmal mehr das Bestreben zutage, an jenem umfassenden Diskurs, der landläufig als Aufklärung bezeichnet wird, nicht nur durch eine prinzipielle Option, sondern durch tägliche Gespräche und gemeinsame Lektüre zu partizipieren. Jeder, der sich mit der Geschichte des *ancien régime* beschäftigt, hat die Erfahrung gemacht, wie schwer es ist, das Aufgeklärte am sogenannten Aufgeklärten Absolutismus überzeugend und mit wirklicher Evidenz nachzuweisen. So hat man auf die Naturrechtsrezeption und die Justizreform aufgeklärter Monarchen hingewiesen und den Versuch unternommen, ihre gewandelte, theoretisch fundierte Herrschaftsauffassung herauszuarbeiten. Das sind wichtige und sicherlich auch in Zukunft zu diskutierende Argumente. Aber zu beachten ist darüber hinaus, daß ein Herrscher wie Friedrich der Große mit der Auswahl seiner Vorleser und Gesprächspartner Akzente gesetzt hat, die in ihrer an aufgeklärten Bildungsvorstellungen orientierten Tendenz gar nicht mißdeutet werden können. Jedenfalls konstituiert sich in der Aufeinanderfolge dieser Sekretäre ein Kreis von Vertrauten, der im Vergleich zu seinem Vorgänger und Nachfolger und auch im Vergleich zu vielen seiner fürstlichen

Zeitgenossen das intensive, bis ins hohe Alter nicht nachlassende Bemühen erkennen läßt, in der Richtung seiner jugendlichen Bildungseindrücke der Philosophie, Literatur und Gelehrsamkeit seiner Zeit verpflichtet zu bleiben. Insofern führt die Reihe dieser scheinbaren Randfiguren auf die Fährte grundsätzlicher Überlegungen über den geistigen Horizont des Königs.

In der neueren Forschung ist überzeugend herausgearbeitet worden, daß sich die Staatsadministration seit einem «autokratischen Kabinettsdynasten» wie Friedrich Wilhelm I. immer weiter von den üblichen Formen höfischer Kommunikation entfernte und zu einer bewußt herbeigeführten «Entpolitisierung des preußischen Hofes» beigetragen hat.[93] Diese Entwicklung, die sich unter Friedrich dem Großen noch beschleunigte, hatte eine wachsende Distanz zwischen der Berliner Amtsträgerschaft und dem immediaten Arbeitsstab des Königs vor allem in Gestalt der Kabinettssekretäre zur Folge. Friedrich hatte auf die Übernahme einer selbst noch unter dem Vater beibehaltenen Rangordnung unter den Hofchargen und damit auf ein am König orientiertes Hofzeremoniell verzichtet. So bildeten sich in Preußen allmählich verschiedene Sphären höfischen Lebens heraus, wobei der Hof im eigentlichen Sinne in Berlin angesiedelt war und sich um Stadtschloß und Oper und in besonderer Weise auch um die Residenzen der königlichen Damen und der Prinzen von Geblüt gruppierte. Er stand jedoch in wachsender Distanz zu den Zentren des politischen und militärischen Geschehens, das sich vor allem auf Potsdam konzentrierte. Diesem im engeren Sinne königlichen Hofstaat gehörten höhere Beamte und Mitglieder der ortsansässigen Aristokratie nur in Ausnahmefällen an. Auch Minister und Kabinettssekretäre, also die höchsten Vertreter der Staatsadministration, fehlten an den Tafelrunden des Königs, während die Hofgesellschaft sich ihrerseits von allem fernhielt, was mit Politik und Militär zu tun hatte. Auch ein Mann von Stand und Bildung wie der Kabinettsminister Karl Wilhelm Graf Finck von Finckenstein wurde in den Kreis der engeren Vertrauten das Königs nicht einbezogen.[94] So blieb im Umkreis des Königs jener exklusive Zirkel von Gleichgesinnten, mit dem er auf seine Art hofzuhalten wünschte.

Den Höhepunkt dieser spezifischen Form höfischer Geselligkeit stellte ohne Zweifel der Aufenthalt Voltaires in Potsdam zu Anfang der fünfziger Jahre dar; auch das berühmte, im Krieg verschollene Historiengemälde Menzels hat die Tafelrunde von Sanssouci mit Voltaire als einem der Hauptdarsteller festgehalten. Wie im ersten Kapitel bereits erwähnt, hatte der Kronprinz im August 1736 die briefliche Verbindung zu dem damals schon hochberühmten Schriftsteller und Philosophen hergestellt.[95] Der zwischen beiden geführte Briefwechsel war danach immer intensiver geworden und hatte sich bei allen Schmeicheleien und zugleich auch ironischen Untertönen zu Formen emphatischen Überschwangs gesteigert. Den mehrfach wiederholten Einladungen Friedrichs, ihn in Rheinsberg und Potsdam zu besuchen, hatte sich Voltaire jedoch immer wieder entzogen. Beide waren sich das erste Mal 1740 im clevischen Moyland begegnet. Noch im November desselben Jahres reiste Voltaire dann mit offensichtlich auch politischen Erkundungsabsichten für eine Woche nach Rheinsberg. Die gegenseitige Wertschätzung blieb ungetrübt, obwohl die hohen Geldforderungen des Gastes und seine Enttäuschung darüber, daß ihn die Marquise du Châtelet, die Gönnerin und Muse des Philosophen, nicht hatte begleiten können, eine gewisse Ernüchterung hinterließen. Im September 1742 – also schon nach dem von Voltaire so unverhohlen kritisierten Waffengang um Schlesien – trafen beide noch einmal in einer Atmosphäre beglückenden Einvernehmens in Aachen zusammen, bevor der Freund von Ende August bis Mitte Oktober des folgenden Jahres noch einmal nach Berlin kam.

Nach dem Tod der Marquise Gabriele Émilie du Châtelet entschloß sich Voltaire dann aber, dem Werben des Königs nachzugeben und an den Hof des – wie er ihn in panegyrischer Überhöhung zu nennen pflegte – «Salomon des Nordens» überzusiedeln.[96] Noch während des letzten Zusammentreffens in Berlin hatte Friedrich ihm geschrieben, wie sehr er sich wünsche, «daß meine Hauptstadt der Tempel großer Männer wird. Kommen Sie hierher, mein lieber Voltaire, und äußern Sie, was Ihnen ein Leben hier angenehm machen kann. Ich will Ihnen Freude machen.»[97] Der König, der sich nach dem Abschluß des Aachener Friedens (1748) selbst auf einen neuen Lebensabschnitt einzustellen begann, ernannte Voltaire zu seinem Kammerherrn mit einer jährlichen Pension von 20 000 Livres bei Zusicherung völliger Freizügigkeit. Es scheint, daß beide von dieser längst in ganz Europa bekannt gewordenen, nun aber auch durch die räumliche Nähe manifestierten Beziehung zu profitieren hofften. Es lag durchaus im Interesse des Königs, einen so illustren und überall umworbenen Gast an seinem Hof zu haben. Denn die Übersiedlung Voltaires nach Potsdam war mit einem Prestigegewinn verbunden, der neben seiner Wirkung in der Welt der *philosophes* und der *belles lettres* zugleich auch der Reputation Preußens im Konzert der Mächte zugute kam. Er ließ Berlin und Potsdam nach den Kriegsabenteuern in Schlesien wieder in einer Aura von Humanität, Toleranz und aufgeklärter Rationalität erscheinen – in einem Lichte also, das dem König als *roi philosophe* immer vor Augen gestanden hatte. Alle diese großen und programmatisch verkündeten Ziele waren durch die Entfesselung zweier ungerechter Kriege desavouiert worden. Mit Voltaire an seiner Seite erstrahlte jedoch neuer Glanz über einer Residenz, die in der Wahrnehmung der zivilisierten Welt weit entrückt an der Peripherie des Kontinents zu liegen schien. Die Anwesenheit Voltaires in Potsdam mußte wie die Krönung des langjährigen Werbens Friedrichs um einen Mann erscheinen, der nicht nur wegen seiner Werke Ruhm und Wertschätzung genoß, sondern zugleich auch als *der* Repräsentant einer ganzen Epoche gefeiert wurde.

Aber auch für Voltaire war der Schritt, an den Hof des Preußenkönigs überzusiedeln, mit hohen, ebenso wohlkalkulierten wie eigensüchtigen Erwartungen verknüpft. Denn er brachte ihm in Frankreich Bewunderung und Respekt ein und eröffnete ihm, so hoffte er, auch die Möglichkeit, auf der politischen Bühne die Rolle zu spielen, die ihm am Hofe Ludwigs XV. aus persönlicher Abneigung, aber auch wegen der Gegnerschaft der Kirche, der Justiz und des höfischen Umfeldes verwehrt wurde. Sein Blick blieb dennoch rückwärtsgewandt auf sein Heimatland und das geistige Szenarium der Hauptstadt gerichtet. Denn in Preußen – einem Land, das ihn in seiner bodenständigen Tradition und seiner Geschichte nicht im geringsten interessierte – konnte er in der Tat nichts bewirken, was über das vom König und seinem Vater bereits Geleistete hinausging.

Sehr schnell aber erwies sich, wie schwierig ein Zusammenleben mit täglichen Begegnungen und ständiger Präsenz war. «Mein Onkel», hatte die Nichte Voltaires, Denis, bereits in einem Brief an den Marquis d'Argenson, den offenbar nicht unabsichtlich auch

der König zu Gesicht bekam, schon kurz nach der Übersiedlung
des Onkels nach Berlin prophezeit, «ist nicht danach gemacht, bei
Königen zu leben, sein Charakter ist zu lebhaft, zu inkonsequent
und zu ungebärdig; schon vor drei Jahren habe ich vorausgesagt,
was sich jetzt zuträgt.» Aber Friedrich hatte Voltaire unter direkter
Bezugnahme auf diesen Brief in einem schönen, überaus warmherzigen Schreiben vom 23. August 1750 versichert, daß er verzweifelt
wäre, wenn er die Ursache für das Unglück seines Freundes sei.
«Wie könnte ich das Ungemach eines Mannes wünschen, den ich
schätze, den ich liebe und der mir sein Vaterland und alles, was die
Menschheit Kostbares hat, opfert? Nein, mein lieber Voltaire, hätte
ich geahnt, daß sich Ihre Übersiedlung auch nur im mindesten zu
Ihrem Nachteil auswirken könnte, wäre ich der erste gewesen, Sie
davon abzuhalten. Ja, ich zöge Ihr Glück dem außerordentlichen
Vergnügen vor, Sie hierzuhaben. Doch Sie sind Philosoph», fuhr er
beschwörend fort, «ich auch. Was gibt es Natürlicheres, Einfache-
res und Richtigeres, als daß Philosophen, die dafür geschaffen sind
zusammenzuleben, vereint durch das gleiche Interesse, den gleichen Geschmack und eine ähnliche Art des Denkens, sich diese
Befriedigung gönnen. Ich achte Sie als meinen Meister in der
Redekunst und im Wissen; ich liebe Sie als einen tugendhaften
Freund. [...] Ich lebe nicht in dem törichten Wahn zu glauben,
daß Berlin Paris gleichkommt. Wenn Reichtum, Größe und Pracht
eine Stadt liebenswert machen, lassen wir Paris den Vortritt. Wenn
guter Geschmack sich an einem Ort zusammenfindet, so weiß ich
[...], daß dies Paris ist. Doch Sie, tragen Sie diesen Geschmack
nicht überall hin, wo Sie sich aufhalten? [...] Ich bin fest davon
überzeugt, daß Sie hier sehr glücklich sein werden, solange ich am
Leben bin [...] und solange Sie in mir allen Trost finden werden,
den sich ein Mann Ihres Verdienstes von jemandem erwarten kann,
der ihn überaus schätzt.»[98]

Gewiß gab es bei allen Schwierigkeiten des persönlichen Umgangs miteinander keinen Mangel an Themen für launige und
ernsthafte Gespräche und eine Fülle von Anlässen zu geselligen
und amüsanten Plaisancen. Alles dies mögen beide vor dem Hintergrund einer unersättlichen Wißbegierde, einer Freude an geistvollen Pointen und geschliffener Konversation und im Bewußtsein
eines identischen Bildungsinteresses eine Zeitlang überaus genos-

sen haben. Aber beiden wird im Verlaufe einer solchen, höchste
Sensibilität und Behutsamkeit erfordernden Symbiose zugleich
auch bewußt geworden sein, wie heikel und diffizil diese Konstellation war. Ihre eigenwilligen und autonomen Charaktere und ihre
Verwurzelung in letztlich doch überaus verschiedenen Lebenswel-
ten konnten auf die Dauer die gegenseitigen Erwartungen nicht
erfüllen. Voltaire war sicherlich weit davon entfernt, in die Rolle
eines Poellnitz oder Lamettrie zu schlüpfen und als ein Spaß-
macher oder gar als ein Faktotum betrachtet zu werden. Aber
etwas schwer zu Ergründendes in dieser Richtung klingt doch in
einem Brief der Schwester Wilhelmine von Bayreuth an, als sie ihrem Bruder versicherte, daß sie es bedauern würde, wenn er durch
das schlechte Betragen Voltaires «eines nützlichen Werkzeugs» be-
raubt würde, «das so vortrefflich dazu taugt, Sie zu entspannen
und zu amüsieren».[99]
So war es nur eine Frage der Zeit, bis sich ihre Wege wieder
trennten. Mit der Rolle eines Höflings, so privilegiert er auch sein
mochte, konnte sich Voltaire nicht zufriedengeben, zumal er vielen
in der Umgebung des Königs ohnehin ein Dorn im Auge war. In
der Sphäre geistiger Hierarchien beanspruchte er, selber zu herrschen und nicht nur als ein Tischgenosse in Erscheinung zu treten,
den man nach Gutdünken bitten oder entlassen konnte. Jeder, auch
der zum Kammerherrn beförderte Gast aus Frankreich, hatte sich
diesem obrigkeitlichen Komment zu unterwerfen. Häufig war der
König in Amtsgeschäften oder auf Inspektionsreisen unterwegs.
Schon im zweiten Jahr seines Aufenthaltes in Potsdam beklagte
sich Voltaire darüber, daß er von morgens bis abends allein sei.
«Mein einziger Trost besteht in dem unvermeidlichen Vergnügen,
Luft zu schnappen. Ich will in Ihrem Potsdamer Garten prome-
nieren und dort arbeiten.» Er stelle sich aber im Traum vor, «daß
ich auf höllisch riesige Grenadiere stoße, die mir das Bajonett auf
die Brust setzen und mich mit *furt* und *sacrament* und *der König!*
anbrüllen [...]. Haben Sie jemals irgendwo gelesen, daß man aus
den Gärten des Titus oder des Marc Aurel einen armen Teufel von
Poeten mit Bajonettstößen verjagt hätte, der von den huldvollen
Majestäten herbeigerufen worden war?»[100]
Enttäuschungen über die unablässigen Versuche Voltaires, durch
Intrigen und Verleumdungen Einfluß auch in Fragen der hohen

Politik zu gewinnen und daraus in einer für Friedrich unakzeptablen Weise persönliches Kapital zu schlagen, kamen hinzu. Er gedenke nicht, hatte der König Voltaire schon im September 1743 wissen lassen, «mit Ihnen über Politik zu parlieren; das hieße, seiner Geliebten eine Tasse Kräutertee zu reichen. Ich meine, es wäre schicklicher, mit Ihnen über Poesie zu plaudern.»[101] So blieb der Radius der Betätigungsmöglichkeiten Voltaires auf Literarisches,[102] auf den Kreis der Vertrauten und Gleichgesinnten des Königs und auf einige öffentliche Auftritte – etwa bei der Königinmutter – beschränkt.

Ein weiterer Grund für die fortschreitende Entfremdung war offenbar auch die Habsucht Voltaires. So hatte er Abraham Hirschel, einen jüdischen Finanzmakler, damit beauftragt, Zinsverschreibungen der Sächsischen Staatsbank aufzukaufen, um sie danach in Berlin offenbar überaus gewinnbringend wieder zu veräußern. Friedrich war über diese Angelegenheit, die ruchbar geworden war und schließlich zum Gespött der Öffentlichkeit vor Gericht ausgetragen wurde, aufs äußerste empört. «Ihre Affäre mit dem Juden», schrieb er Voltaire voller Entrüstung, «ist die übelste Geschichte der Welt. In der ganzen Stadt haben Sie schrecklichen Lärm geschlagen [...]. Was mich angeht, so herrschte bis zu Ihrem Eintreffen in meinem Hause Frieden; und ich lasse Sie wissen, daß Sie bei mir an die falsche Adresse geraten sind, wenn Sie eine Leidenschaft zum Intrigieren und zum Ränkeschmieden haben. [...] Falls Sie sich entschließen könnten, als Philosoph zu leben, wird es mir sehr angenehm sein, Sie zu sehen; aber falls Sie sich allen Stürmen Ihrer Leidenschaft hingeben [und] aller Welt am Zeuge flicken, so werden Sie mir keine Freude bereiten, wenn Sie hierher [nach Potsdam] kommen.»[103] Er schreibe dies, setzte er wenige Tage später in der gleichen Angelegenheit hinzu, «mit dem plumpen gesunden Menschenverstand eines Deutschen, der sagt, was er denkt, ohne sich auf Doppeldeutigkeiten und Zuckerworte einzulassen, die die Wahrheit entstellen; es ist an Ihnen das zu nutzen».[104]

Das Faß kam dann allem Anschein nach zum Überlaufen, als Voltaire den Versuch unternahm, den Mathematiker und Philosophen Pierre-Louis Maupertuis, einen Universalgelehrten von hohem Rang, mit gehässigen Sticheleien herabzuwürdigen und zu verletzen. Der König hatte ihn wie Voltaire umworben und im Jahre 1746 auf Empfehlung des letzteren als Präsidenten der Königlichen Akademie der Wissenschaften nach Berlin berufen. Das Intrigenspiel Voltaires erreichte seinen Höhepunkt schließlich mit der Veröffentlichung einer Schmähschrift, die nicht nur den Denunzierten selbst, sondern auch die Institution der Königlichen Akademie und damit auch den König bloßstellte. Was Friedrich zunächst noch als ein amüsantes Gelehrtengezänk empfunden hatte, war nun aus den Streitgesprächen an seiner Tafelrunde an die Öffentlichkeit gedrungen. Dabei ging es in der Sache um eine kontroverse Einschätzung der Newtonschen Gravitationstheorie, im konkreten aber wohl um die Statur und das Ansehen in der Umgebung des Königs.

Zunächst war es Voltaire, der in gehässiger und beleidigender Absicht das Gerücht vom Größenwahn seines Landsmanns in Umlauf setzte. Maupertuis kolportierte daraufhin, daß sich Voltaire, als ihm der König wieder einmal einige wie gewöhnlich auf französisch abgefaßte Gedichte zur Korrektur vorlegte, entrüstet habe: «Wird er denn nie müde, mir seine schmutzige Wäsche zum Waschen zu schicken!» Friedrich überging diesen durchaus nicht unwahrscheinlichen Seufzer mit vernehmlichem Schweigen. Aber empört zeigte er sich, als Voltaire sein gegen Maupertuis gerichtetes Pamphlet entgegen einer mündlichen Zusicherung doch veröffentlichte. Das war eine «Unverfrorenheit», die der König nicht mehr hinzunehmen bereit war. Wenn er, drohte er Voltaire, «diese Affäre auf die Spitze treiben wollen, werde ich alles drucken lassen, und dann wird man sehen, daß es Ihre Werke zwar verdienen, um ihretwillen Denkmäler zu errichten; Ihr Verhalten verdient jedoch, daß man Sie in Ketten legt».[105]

Im März 1754, als Voltaire sich vorübergehend in Colmar aufzuhalten genötigt war, kam der König noch einmal auf die Einzelheiten des Zerwürfnisses zu sprechen. «Sie sollten sich», schrieb er, «daran erinnern, daß ich, als Sie nach Potsdam kamen, um Ihren Abschied zu erbitten, Ihnen versicherte, ich wolle alles Vorgefallene gern vergessen, sofern Sie mir Ihr Wort gäben, nichts mehr gegen Maupertuis zu unternehmen. Hätten Sie damals Ihr Wort gehalten, so hätte ich Sie mit Freuden zurückkehren sehen. [...] Ich fand es übel gehandelt, wie Sie, trotz des mir gegebenen Versprechens, nicht aufhörten, gegen Maupertuis zu schreiben, und daß Sie, damit noch nicht zufrieden, trotz des Schutzes, den ich meiner Aka-

demie angedeihen lasse und angedeihen lassen muß, diese ebenso
der Lächerlichkeit preisgeben wollten, wie Sie es seit langem bei
deren Präsident sich zu tun bemühten. Das sind die Klagen, die ich
gegen Sie vorbringe [...]. Ich wünschte, Sie machten Ihren Geist
von diesen Querelen, die ihn nie hätten beschäftigen dürfen, frei,
und Sie wären, sich selbst wieder zurückgegeben, wie ehedem das
Entzücken jeder Gesellschaft, in der Sie sich befinden.»[106]
Am Ende war das Verhältnis der beiden Freunde so zerrüttet,
daß Friedrich am 26. März 1753 in den von Voltaire erbetenen Abschied einwilligte. Letzterer hatte erklärt, daß er auf Anraten der
Ärzte die Bäder von Plompières in Lothringen aufsuchen müsse.
Der König kommentierte diese Ausflüchte mit schonungslosem
und herablassendem Sarkasmus. Da er, schrieb Friedrich an Voltaire schon nach dessen Abreise, ein großer Bewunderer des Philosophen sei, des Ciceros unseres Jahrhunderts, habe er sich das
Schauspiel seiner Ränke nicht entgehen lassen wollen. Es amüsiere
ihn, »Sie voller Gravität die Notwendigkeit ihrer fabulösen Reise
zu den Brunnen von Plompières vortragen zu sehen. [...] Ich weiß
nicht, ob Sie Potsdam vermissen oder nicht; wenn ich Schlüsse aus
der Ungeduld ziehen soll, mit der Sie Ihre Abreise betrieben, so
müßte ich annehmen, daß Sie gute Gründe hatten, sich von hier zu
entfernen. Die aber will ich nicht untersuchen [...]. – Ich meinerseits bin nur ein braver Deutscher, und der schämt sich nicht, jenen
Freimut zu haben, der dieser Nation eigentümlich ist; ich schreibe
Ihnen deswegen auch nicht handschriftlich, weil ich nämlich nicht
genügend Finesse besitze, um einen Brief zu komponieren, der sich
nicht mißbrauchen ließe. [...] Sie beherrschen die Kunst, Daten zu
ändern und Ereignisse nach Gutdünken zu verpflanzen; mehr
noch, Sie besitzen die Wendigkeit, einen Satz von hier und einen
Satz von da aufzugreifen und beides so zusammenzufügen, wie es
Ihren Absichten am besten entspricht. All diese bedeutenden
Gaben, die mir an Ihnen vertraut sind, erfordern von mir ein gewisses Maß an Vorsicht.» Voltaire dürfe sich deshalb auch nicht
wundern, wenn er sich vorsichtshalber der Feder eines Sekretärs
anvertraue.[107]
Der einst so heiß Umworbene – «eines der bedeutendsten Genies
Europas», wie es in Friedrichs *Histoire de mon temps* heißt – war
augenblicklich abgereist, hatte aber in seiner Equipage auch Gedichte

und andere Manuskripte des Königs mitgenommen, die dieser auf keinen Fall in den Händen jenes Mannes wissen wollte, der ihn schon einmal durch die eigenmächtige Veröffentlichung des *Antimachiavell* hintergangen und brüskiert hatte. So ließ er Voltaire und seine Nichte Marie-Louise Denis, die ihm entgegengereist war, in einem allenthalben als Akt unglaublicher Willkür empfundenen Handstreich in Frankfurt am Main festnehmen und erst dann wieder auf freien Fuß setzen, als dieser die Schriften des Königs herausgegeben hatte.

Es kann im Grunde nicht überraschen, daß die Schwierigkeiten des Umgangs miteinander in den Briefkontakten, die nach einer kurzen Unterbrechung in der zweiten Hälfte der fünfziger Jahre wieder aufgenommen wurden, viel weniger kraß hervortraten.[108] Beide verfügten über eine Eloquenz, die gerade in schriftlichen Äußerungen viele Peinlichkeiten zu umgehen und Komplimente in rhetorischem Höhenflug auszudrücken vermochte. In diesen brieflichen Dialogen ließ sich allem Anschein nach leichter eine gemeinsamen Sprache finden und ein Rest des alten Vertrauens bewahren, obwohl sich der König in Fragen der Mächtepolitik gerade in Zeiten höchster Bedrängnis jede Belehrung und Einflußnahme verbat. «Lernen Sie», herrschte er Voltaire in einem Brief aus dem Sommer des sich verhängnisvoll zuspitzenden Feldzugsjahres 1759 an, noch «in Ihrem Alter, welcher Stil Ihnen zukommt, wenn Sie mir schreiben. Begreifen Sie, daß es für Literaten und Schöngeister erlaubte Freiheiten und unerlaubte Unverschämtheiten gibt. Werden Sie endlich Philosoph, das heißt: vernünftig. Möge der Himmel, der Ihnen soviel Esprit verliehen hat, Ihnen ebenso viel Urteilsvermögen zuteil werden lassen! Falls dies geschähe, wären Sie der erste Mann des Jahrhunderts und vielleicht der erste dieser Art, den die Welt jemals gesehen hat.»[109] Trotz solcher Zurechtweisungen ermöglichte es die schriftliche Kommunikation offenkundig eher, nicht nur die äußere Rangordnung, sondern auch die kritische Distanz zu wahren, mit der sich beide seit den Potsdamer Erfahrungen betrachteten.

So setzten beide den Dialog fort – auch während des Siebenjährigen Krieges. Der König hoffte mit zunehmender Dauer der Kämpfe, Voltaire über die Briefkontakte seiner Schwester Wilhelmine für seine Pläne zu gewinnen, eine Annäherung zwischen Frankreich und Preußen mit dem Ziel eines Separatfriedens herbeizuführen. Voltaire ließ sich auf solche Sondierungen ein, weil er neben seinem literarischen und publizistischen Gewicht durchaus auch eine Rolle in der großen Politik zu spielen wünschte. Er verfügte in der französischen Hauptstadt über ein enges Netz an Informanten, so daß er inoffizielle Kontakte zu einem maßgeblichen Mann wie dem Außenminister Choiseul tatsächlich herstellen konnte. Aber neben seiner Verbundenheit mit dem Preußenkönig, die ihm trotz aller Trübungen immer noch schmeichelte, war er auch französischer Patriot, der spätestens seit dem Desaster der französischen Armee bei Roßbach am 5. November 1757 auch Partei ergriff für die Reputation des eigenen Landes. Insofern sind die Äußerungen Voltaires in den bewegten Jahren des Krieges überaus widersprüchlich und in bezug auf den König bis zu haßerfüllten Verwünschungen gesteigert. So vertraute er seinem Jugendfreund, dem Grafen d'Argental, in einem Brief vom 17. August 1760 an, daß er sich die «tiefe Demütigung» des Königs («sa profonde humilation»), die «Züchtigung des Sünders (le châtiment du pécheur)» wünsche. Er wisse nicht, setzte er hinzu, ob er nicht sogar «seine ewige Verdammnis (sa damnation éternelle)» wünschen solle.[110]

Aber zugleich gilt sicherlich auch die Feststellung Theodor Schieders: «Im Untergrund wirkte eine fast rätselhafte gegenseitige Anziehungskraft, mit der die beiden Männer, Friedrich und Voltaire, trotz aller Zerwürfnisse aneinander gekettet blieben.» Sie standen miteinander in einer Beziehung, die jenseits aller rationalen Deutungsbemühungen «am ehesten als eine Form nicht mehr personal gebundener Gemeinsamkeit im Geiste» verstanden werden kann.[111] So entfaltete sich ein über vierzig Jahre währender Dialog, unverkennbar getragen von gegenseitiger Faszination und Ergebenheit. Er war imstande, auch die Irritationen ihres Zusammentreffens in Berlin und Potsdam zu zerstreuen, das «von der verworrenen Geschäftigkeit des Schriftstellers und der despotischen Macht des Königs» überschattet war, und «sicherte die Dauerhaftigkeit einer anderen Art ihres Seins». Es erscheine paradox, resümiert die Voltaire-Expertin Christiane Mervaud, daß erst die Trennung der beiden Freunde es ermöglichte, in ihrer Korrespondenz zu einem Ton «höchster Ungezwungenheit» und gelassener Liebenswürdigkeit zurückzufinden.[112]

Ihre eigentümliche, beide Seiten offenbar immer wieder bezaubernde Liaison fand noch einmal bewegenden Ausdruck in einer Eloge des Königs auf seinen Mentor und Freund, einem «panégyrique abrégé», der in einem Brief vom 21. Juni 1760 aus dem Feldlager im sächsischen Radeburg überliefert ist. «Ich schätze das wunderschönste Genie, das dieses Jahrhundert hervorgebracht hat. Ich bewundere Ihre Verse, ich liebe Ihre Prosa, besonders die kleinen Stücke in Ihren *Mélanges de littérature*. Noch nie besaß ein Autor vor Ihnen den Takt und die Feinsinnigkeit, den Geschmack, die Sicherheit und Sensibilität (délicat), über die Sie verfügen. Sie sind charmant in der Konversation; Sie wissen zu unterrichten und zu amüsieren zur gleichen Zeit. Sie sind», fuhr er fort, «das verführerischste Wesen (la créature la plus séduisante), das ich kenne, fähig dazu, daß jedermann Sie liebt, wenn Sie es nur wollen. Sie verfügen über eine solche Grazie des Geistes, daß Sie im gleichen Atemzug beleidigen und die Verzeihung aller erlangen, die Sie kennen. Sie wären vollkommen, wenn Sie nicht ein Mensch wären.»[113]

Aber im Anschluß an diese emphatische Lobrede, die in der Friedrich-Literatur immer wieder unkritisch für die grenzenlose Bewunderung Voltaires durch den königlichen Freund angeführt worden ist, folgt ein Satz, der manches an dieser Eloge zurechtrückt und in einem weniger euphorischen Licht erscheinen läßt. Bis hierhin, unterstrich Friedrich am Ende seines Briefes, «toutes les louanges (Lobpreisungen) für heute. Ich habe Befehle zu geben, Stellungen zu inspizieren, Pläne zu entwerfen und Depeschen zu diktieren». Damit waren noch einmal mit aller Deutlichkeit die Lebenssphären abgesteckt und dem hochverehrten Schriftsteller und Poeten die Grenzen aufgezeigt, die der König respektiert zu sehen wünschte.

Voltaire – der «Patriarch von Ferney», wie ihn auch Friedrich nannte – starb am 30. Mai 1778 im Alter von 84 Jahren kurz nach seiner Rückkehr nach Paris und triumphalen Auftritten in der Stadt und der *Comédie Française* – immer noch gemieden von der Kirche und dem Hof. Der letzte Brief Voltaires an den König stammte vom 1. April 1778 und schloß mit dem Wunsch: «Möge Friedrich der Große der unsterbliche sein!»[114] Die Nachricht vom Tod des Philosophen erreichte den König am 13. Juni im Feldlager in Schlesien. Er faßte sofort den Entschluß, den verstorbenen Freund in einer Gedenkrede, einer *éloge*, vor der Königlichen Akademie der Wissenschaften und der Literatur in Berlin zu würdigen. Während des Feldzugs in Böhmen, von dem noch die Rede sein wird, konzipierte er den Text eines Nekrologs. Offensichtlich hatte er die Werke des seit der Kronprinzenzeit Hochverehrten so sehr im Kopf, daß er auf eine erneute Lektüre verzichten konnte. Am 26. November 1778 wurde dieser Nachruf auf einer Sondersitzung der Akademie verlesen. Und noch im selben Jahr erschien er in einer durch den König autorisierten Version in einer 52 Oktavseiten umfassenden Broschüre im Druck und wurde sogleich auch ins Deutsche, Englische, Schwedische und Russische übersetzt.[115] Die Gattung der *éloge* war dem König wohlvertraut. Er hatte sie immer wieder gewählt, um Verstorbene, die ihm besonders nahe gestanden hatten, mit einem Festakt vor dem Plenum der Akademie zu ehren. So hatte er vor allem die Vertrauten der frühen Jahre: Jordan, Duhan de Jandun und Knobelsdorff, aber auch Lamettrie als Freunde gewürdigt und durch die Veröffentlichung der von ihm selbst verfaßten Elogen in den Akademieabhandlungen ein literarisches Denkmal gesetzt. Er kannte sich deshalb mit der Stillage und dem Duktus solcher Würdigungen vor einem akademischen Publikum sehr gut aus. So bediente er sich ganz dem hohen Ton einer Lobrede entsprechend einer Fülle, zum Teil weit ausholender Vergleiche, um den Rang des Verstorbenen ins rechte Licht zu rücken. Auch hier also wie in vielen seiner Briefe ein immenser Aufwand an rhetorisch überhöhtem Bildungswissen, das natürlich dem Werk des Verstorbenen durchaus angemessen war, aber allem Anschein nach auch zum Kanon des schöngeistigen Diskurses der *belles lettres* gehörte.

In einem Nachruf wie diesem galt es selbstverständlich in erster Linie, den ganzen Kosmos dieses gigantischen Lebenswerkes in großen Zügen vorzustellen und zu würdigen. Schon dieses Unterfangen erforderte eine intime Vertrautheit mit den Schriften und ihrer Entstehungsgeschichte, aber zugleich auch die Kenntnis der behandelten Personen und Epochen, über die nur ein kongenial Gebildeter verfügen konnte. Dabei wurden noch einmal die Fundamente sichtbar, auf denen diese einzigartige Freundschaft geruht hatte. Aber neben diese Apotheosen des Tragödiendichters, des Geschichtsschreibers und des unerbittlich der Aufklärung verpflichteten Publizisten traten auch Passagen, die der Person, ihrer Ausstrahlung, Beredsamkeit und Liebenswürdigkeit gewidmet waren. So erwähnte der König auch das Kapitel des Berlin-Aufenthaltes Voltaires und gestand dabei, daß er «dieses ebenso einzigartige wie herausragende Genie zu besitzen» gewünscht habe. «Nichts», fuhr er fort, «lag außerhalb seiner Kenntnisse; seine Konversation war ebenso lehrreich wie unterhaltend, seine Einbildungskraft so funkelnd wie reich, sein Geist so schnell wie präsent: durch anmutige Phantasie überspielte er die Trockenheit bestimmter Themen; mit einem Wort, er war die Wonnen jeder Gesellschaft.»[116] Das ist es, heißt es am Ende der Eloge, «was das Andenken Monsieur de Voltaires denjenigen immer teuer machen wird, die mit empfindendem Herzen und einem Inneren geboren wurden, das zu Gefühlen fähig ist! Wie kostbar auch die Gaben des Geistes, der Einbildungskraft, das Emporstreben des Genies und umfassende Kenntnisse sein mögen, diese von der Natur nur selten verschwendeten Gaben sind dennoch menschlichem Handeln und menschlicher Güte niemals überlegen; man bewundert erstere, letztere [aber] segnet und verehrt man.»[117] Neben einem vielfach phrasenhaft erscheinenden Bildungsgetöse und einer emphatisch gesteigerten Rhetorik klingen hier – ganz ähnlich wie auch in der Poesie des Königs – persönliche, überaus warmherzige Töne an. So muß die Wahlverwandtschaft zweier so unterschiedlicher Charaktere in einer Sphäre höchster intellektueller Affinität angesiedelt, zugleich aber auch als ein Jahrhundertereignis gesehen werden, das der literarisch immer wieder beschworenen Vision unverbrüchlicher Freundschaft sehr nahe kam.

IV. Der große Krieg

Die mächtepolitische Ausgangssituation

Wie sich sehr schnell herausstellen sollte, war der Aachener Friede von 1748, der neben der Anerkennung der österreichischen Erbfolge auch die Annektierung Schlesiens durch Preußen bestätigt hatte, in den Mächtebeziehungen nur als Interim, als ein quasi Waffenstillstand betrachtet worden. Es erwies sich, daß die Irritationen, die der usurpatorische Zugriff des Preußenkönigs ausgelöst hatten, auch durch eine internationale Garantieerklärung nicht aus der Welt zu schaffen waren. Die Initiative zu einer Neuformierung der Bündnisse ging naturgemäß von Österreich aus. Preußen stand dabei in einer Atmosphäre hektischer Betriebsamkeit abseits und sah sich mit einer das gesamten Mächtesystem erfassenden Geheimdiplomatie konfrontiert, die die wahren Ziele der Arrangements allenfalls erahnen ließ.

Für einen Mann wie den österreichischen Staatskanzler Kaunitz, der mit unbeirrbarer Konsequenz auf die nur militärisch durchsetzbare Revision der Schlesienfrage hingearbeitet hat, gab es nicht den geringsten Zweifel, daß der Krieg als Mittel der Politik zu betrachten sei und sein Endzweck aus einem politischen System und den Prinzipien einer wohlabgewogenen Staatsräson hergeleitet werden müsse.[1] In einer unter dem Eindruck des Aachener Friedensschlusses verfaßten Denkschrift über die augenblickliche Konstellation des europäischen Staatensystems äußerte er über die französische Haltung im Österreichischen Erbfolgekrieg mit unüberhörbarer Kritik, daß das Militär Mittel und Wege gefunden habe, sich beim König beliebt zu machen und dem «Ministerio» in den Staatsgeschäften vorzugreifen. Erst die Eigensucht der Generalität, vor allem des Marschalls von Sachsen und Loventhals, habe den Marquis von Puyzieux schließlich davon überzeugt, daß eine Fortsetzung des Krieges allein den Privatinteressen und dem Ansehen der Militärs diene. «Die Französische erste *Noblesse*», heißt es an anderer Stelle, «suchet im Krieg ihr *avancement* zu erhalten [...]. Und damit dieser *privat*-Endzweck um so ehender seine Voll-

kommenheit erreiche», sei zu vermuten, daß die Generalität jederzeit auf einen Krieg hinwirken werde.[2]

An Äußerungen wie diesen wird deutlich, daß Kaunitz den
kriegerischen Dispositionen und «überkommenen Kampfgewohn-
heiten» des Adels, von denen Schumpeter in seiner Studie *Zur
Soziologie der Imperialismen* gesprochen hat, keine Entfaltungsmöglichkeiten einzuräumen bereit war, sondern von einem Primat der
«Staatsmaximen» ausging, der einer «Scheelsucht» zwischen Kabinett und Militär, wie sie ihm in Frankreich vorzuherrschen schien,
den Boden entzog. Schumpeter war der Auffassung, es hieße das
Wesen der Sache zu verkennen, wenn man in der Kriegspolitik des
Absolutismus «nach tiefen Plänen, weiten Horizonten und konsequenten Richtlinien sucht». Kriegführen gehörte seiner Meinung
nach zu einer «geordneten Lebensführung» und sei «ein Element
des Herrscherglanzes, beinahe eine Mode» gewesen.[3] Das mag für
eine Reihe von Monarchen und Feldherren wie Belle-Isle oder
Moritz von Sachsen durchaus zutreffen, nicht jedoch für einen Politiker wie Kaunitz, der über ein analytisches Instrumentarium verfügte, mit dessen Hilfe er die maßgeblichen Faktoren und leitenden
Motive der Staatenpolitik in kühler Berechnung zu erfassen vermochte. So handelte er nach einem Konzept, das keineswegs aus
den Launen des Augenblicks oder kurzatmigen Interessen ent-
sprungen, sondern langfristig und konsequent am hegemonialen
Selbstverständnis des Hauses Österreich orientiert war.

In der schon erwähnten Denkschrift vom 24. März 1749 hat
Kaunitz auf die Frage: «Was dann nach denen jetzigen Umständen,
für ein *Systema* dem allerhöchsten Dienst am gemäßesten seye?» als
Hauptstaatsmaxime der kaiserlichen Politik formuliert: «Daß, wei-
len der Verlust von Schlesien nicht zu verschmertzen, und der König in Preußen, als der größte, gefährlichste, und unversöhnlichste
Feind des Durchläuchtigsten Ertzhauses anzusehen; Als [...] die
erste, gröste, und beständige Sorgfalt dahin zu richten [sei], wie
sich nur gegen des ernannten Königs feindliche Unternehmungen
zu verwahren, und sicher zu stellen, sondern wie Er geschwächet,
seine Übermacht beschräncket, und das Verlohrne wieder herbey
gebracht werden könne.»[4]

Das alte System, also das Bündnis mit den Seemächten in Gegnerschaft zum Hause Bourbon, habe sich dadurch grundlegend ge-

wandelt. Und da von der Krone Englands «keine *dirècte*, und ernst-
liche Mitwürckung» zu erwarten sei, «um dem besagten König
Schlesien wieder zu entreißen»,[5] so bestehe nach seinem Ermessen
unter den jetzigen Umständen keine Möglichkeit, die Revisionsabsichten des Hauses Österreich hinsichtlich der schlesischen Frage
durchzusetzen, «es seye dann, daß die Cron Franckreich auf ein-
oder die andere Art vermöget werden könnte, nicht nur denen
dießseitigen Unternehmungen sich nicht zu wiedersetzen, sondern
zu solchen *dirècte*, oder wenigsten *indirecte* die Hände zu biethen,
und andurch den Ausschlag zu geben».[6] Denn selbst im Falle, daß
die Seemächte «die Nutzbar- und Gerechtigkeit der dießseitigen
Absichten» anerkennen würden, wären sie doch «von Werckthäti-
ger Teilnehmung an dergleichen *Impegno* weit entfernet».[7] Hinzu
komme, daß man sich «nach Anleitung der nöthigen *Prudenz*» auf
keine Offensivmaßnahmen einlassen dürfe, «wann nicht die Hoffnung die Gefahr sehr überwieget, und so weit menschliche Be-
urtheilung zureichet, an einem glücklichen Ausschlag nicht zu
zweifflen stehet». So könne ein neuer Waffengang mit Preußen
nicht einmal unter der Voraussetzung ratsam erscheinen, daß alle
übrigen Mächte stillhalten und sich nicht einmischen.[8]

Der Plan des Staatskanzlers war also von Anfang an auf die Formierung einer großen Allianz gerichtet, deren Kriegsziel nicht nur
auf die Wiedereroberung von Schlesien und Glatz gerichtet war,
sondern darüber hinaus auf die «réduction de la Maison de Bran-
debourg à son état primitif de petite puissance très secondaire».[9]
Schon 1749, zu einem Zeitpunkt also, als sich die meisten seiner
Mitgutachter noch für die Beibehaltung des alten Systems ausspra-
chen, ging Kaunitz daran, die militärischen Konsequenzen ins
Auge zu fassen, die mit der Durchsetzung seines Planes verbunden
waren. Obwohl er, schrieb er in einer Denkschrift für die Kaiserin,
weit davon entfernt sei, «gefährliche *Offensiv*-Unternehmungen» in
Vorschlag zu bringen, «von welchen sich nicht zum Voraus, und so
weit die Menschliche Überlegung in künfftigen Diengen reichet,
ein glücklicher Ausschlag versprochen werden könnte; Also gehet
auch meine Meinung keines weges dahin, den offt erwehnten *Plan*
alsdann für thunlich, und rathsam auszugeben, wann nur eines der
essential-Requisiten ermanglete, und fehlschlüge». Diese Voraussetzungen aber bestünden darin: «Daß Rußland den König von Preu-

ßen in seinen eigenen Landen mit einer *Armée* von wenigstens 60m
[= 60 000] bis 70m [= 70 000] Mann zu bekriegen den Anfang mache: Daß Franckreich und Spanien nicht nur hierzu still zu sitzen,
sondern auch allthunlichen Vorschub zu geben» und «vor allen
Diengen außer Zweiffel gestellet werde: Daß zugleich die gemes-
sene Abrede, und Gemeinsame Einverständnüß dahin erfolge, dem
König in Preußen theils durch *Subsidien*-Versprech- theils durch
Länder[-]Zutheilungen, so viel Feinde als möglich, auf den Halß
zu ziehen, ihn auf einmahl, und auf allen Seiten, mit einer solchen
Macht, die der Seinigen weit überlegen, zu überfallen, mithin die-
jenige Mittel, so zu geschwinder, und gesicherter Ausführung des
Vorhabens, immer dienlich seyn könnten, gegen ihn zu gebrauchen, und anzuwenden».[10]
    So klar und wohlbegründet dieses Konzept auch war, seine
Durchsetzung mußte auf Schwierigkeiten stoßen, und zwar politische wie militärische. Politische vor allem deshalb, weil sich ungeachtet des «Endzwecks», auf den Kaunitz die Alliierten schließlich
festzulegen vermocht hatte, sehr frühzeitig schon Risse in dem so
festgefügt erscheinenden Bündis zeigten.[11] So erwies sich nach wenigen Feldzügen, daß die Gemeinsamkeiten hinsichtlich des von
Kaunitz propagierten Kriegsziels nicht eben tief gegründet waren
und in Versailles wie in St. Petersburg jeweils nur von wenigen der
bei Hofe einflußreichen Entscheidungsträger verfochten wurden.
Gerade das französische Kabinett, das im Kaunitzschen System einen Eckpfeiler der neuen Bündniskonstellation darstellte, konnte
nur mühsam und im Grunde wider besseres Wissen zur Erfüllung
der eingegangenen Bündnisverpflichtungen bewegt werden.
    Von größerem Gewicht für die Durchsetzung des gemeinsam ins
Auge gefaßten Kriegsziels war freilich Rußland. Es sah sich durch
die Machtverschiebung infolge des preußischen Zugriffs auf Schlesien in seinen hegemonialen Machtprätentionen ebenso wie der
Kaiserhof irritiert und beeinträchtigt. Schon 1746 kam deshalb zwischen den beiden osteuropäischen Flügelmächten eine bis in die
Schlußphase des Siebenjährigen Krieges fortbestehende Allianz mit
antipreußischer Orientierung zustande. Graf Alexei Petrowitsch
Bestužev, russischer Großkanzler und bis zum Ausbruch des Siebenjährigen Krieges maßgeblicher Minister im Kabinett der Zarin, hatte
den Aufstieg Preußens so lange nicht als Gefahr für die russische

Einflußsphäre in Ostmitteleuropa betrachtet, wie er glauben konnte, den König im Interesse des Petersburger Machtanspruchs lenken zu können. Im Verlaufe des Zweiten Schlesischen Krieges stellte sich jedoch heraus, daß Preußen endgültig den Status mächtepolitischer Abhängigkeit verlassen hatte. Seitdem empfand Bestužev die Existenz dieses «mächtigen, leichtsinnigen und unbeständigen Nachbarn» als eine lästige und so schnell wie möglich aus der Welt zu schaffende Beeinträchtigung der russischen Hegemonialpolitik in Ostmitteleuropa. Aus diesem durch persönliche Affekte noch gesteigerten Konkurrenzdenken gelangte er zu dem Entschluß, «das alte und wahre System Europas» wiederherzustellen und den Interessenkonflikt mit dem König nicht nur einzugrenzen, sondern im Handstreich zu seinen Gunsten zu entscheiden. Es bedurfte am Ende sogar des mäßigenden Einflusses der Hofburg, um Rußland an Schritten zu hindern, die dem von Kaunitz mit größter Behutsamkeit eingefädelten *renversement des alliances* nur schädlich sein konnten.

Über der nahezu vollständigen Interessengleichheit zwischen den Höfen in Wien und St. Petersburg darf freilich nicht übersehen werden, daß die enge Allianz mit dem erst kürzlich in den Kreis der Hegemonialmächte aufgestiegenen Zarenreich bei anderen Bündnispartnern keineswegs unproblematisch war. So hatte Kaunitz schon in einer Denkschrift von 1751 der Kaiserin gegenüber zu bedenken gegeben, daß Rußland noch vor kurzer Zeit «wenigen oder gar keinen Einfluß in die Staatsvorfallenheiten der europäischen Höfe» gehabt habe und seine Macht erst neuerdings – «sozusagen wie ein Erdschwamm» – angewachsen sei. Deshalb werde die französische Diplomatie «auf das sorgfältigste» darauf bedacht sein, «Rußland als eine erst seit kurzen Jahren emporgekommene Macht sozusagen aus dem *senato gentium* annoch auszuschließen und von deren Angelegenheiten der übrigen europäischen Höfe so viel immer tunlich entfernt zu halten». Auch werde Versailles bestrebt sein, ihm durch den Zusammenschluß entsprechender Mächte «eine hinlängliche Barriere entgegenzusetzen» und «den russischen Einfluß und Zusammenhang mit dem Durchlauchtigsten Erzhaus und denen Seemächten auf *alle* Art und Weise zu unterbrechen».[12]

Aus Befürchtungen dieser Art war die kaiserliche Diplomatie darum bemüht, das Einvernehmen mit Frankreich zunächst ganz getrennt von den Bindungen an Rußland herbeizuführen. Die Verhandlungen mit dem Zarenhof über die Einzelheiten des militärischen Vorgehens sollten erst dann beginnen, wenn das generelle Einverständnis zu einem Bündnis zwischen Wien und Versailles vorlag. Erst der Abschluß der Westminsterkonvention zwischen Großbritannien und Preußen am 16. Januar 1756 hat auch die österreichisch-französischen Verhandlungen zum Erfolg geführt, obwohl lange Zeit noch unverkennbar blieb, daß in der Frage der Kriegsziele erhebliche Differenzen fortbestanden. «Il [Ludwig XV.] s'opposera toujours fortement à la destruction totale du roi de Prusse», berichtete der kaiserliche Unterhändler Starhemberg noch am 11. März 1756 nach Wien.[13] Die Folge war, daß zunächst auch nur ein Defensivabkommen (1. Mai 1756) zustande kam, das erst im zweiten Versailler Vertrag vom 1. Mai 1757 in ein Offensivbündnis umgewandelt wurde.

Festzuhalten ist demnach, daß der König den Plänen der Hofburg mit dem Ziel einer Neuformierung der Bündnisse durch seinen Vertragsabschluß mit England selbst in die Hände spielte. Vereinbart wurde zwischen den beiden Mächten in der Westminsterkonvention und dann noch einmal in einer Subsidienkonvention vom 11. April 1758 eine vor allem Schlesien und Hannover betreffende Besitzstandsgarantie und die Verpflichtung zu gegenseitigem Beistand im Falle einer Intervention im Reich. Damit fühlte sich aber Frankreich als der Jahre hindurch natürliche Bündnispartner Preußens herausgefordert und brüskiert, zumal ein neuer Waffengang mit dem englischen Rivalen in Übersee unmittelbar bevorzustehen schien. Aber auch das Kalkül des Preußenkönigs, mit der Annäherung an England zugleich auch Russland zu neutralisieren, schlug fehl. Und so waren für Kaunitz alle Voraussetzungen erfüllt, um das seit 1748 verfolgte Konzept einer großen Allianz der Gegner Preußens in die Tat umsetzen zu können.

Um Rußland auf den Plan einer völligen Niederwerfung Preußens festzulegen, hielt es die Hofburg nun für angeraten, die Zarin über die geheimen Verhandlungen mit Versailles zu unterrichten und den gemeinsamen Angriff auf Preußen im einzelnen zu vereinbaren. Die Einverständniserklärung des Petersburger Kabinetts erfolgte umgehend. Doch im Unterschied zu den Vertragsbestimmungen von 1746 wurde als Zweck des Bündnisses nun nicht mehr

nur die Rückeroberung Schlesiens ins Auge gefaßt, sondern auch
die Annektierung des Herzogtums Preußen, das im Tausch gegen
Kurland und Semgallen Polen zugesprochen werden sollte. Kaunitz
antwortete auf diese Ausweitung des ursprünglich verabredeten
Kriegsziels zwar, «daß alles, was zu des Königs in Preußen mehrerer Schwächung gereichen kann, vollkommen mit unserem Plan
übereinstimme, [so] daß wir hierzu mit Freude die Hände bieten
werden».[14] Doch sah man sich mit dem Blick auf das gesamte
mächtepolitische Szenarium schließlich gezwungen, auch das Miß-
behagen über den russischen Wunsch nach eigenen Länderakquisi-
tionen beim Namen zu nennen. Sicherlich, hieß es, gönne man
Rußland dergleichen Erwerbungen; nur müsse gewährleistet sein,
daß sie den eigenen Interessen nicht schadeten. Denn eine solche
Forderung werde an den meisten Höfen, besonders aber in Frankreich, das größte Aufsehen erregen und schwieriger durchzusetzen
sein als die Wiedereroberung von Schlesien und Glatz, ja möglicherweise «die große Absicht» des Bündnisses überhaupt in Frage
stellen. Die Kaiserin riet deshalb dem Verbündeten ganz im Vertrauen, «seine Absichten auf Curland etc. annoch auf das sorgfältigste [zu] verbergen, dem König in Preußen mit aller Macht auf
den Leib [zu] fallen und die Zeit ab[zu]warten, bis Frankreich und
mehrere Höfe gegen Preußen recht impegniret seind, dieser König
in die Enge getrieben ist und Unsere wie auch die russische Armeen eine decidirte Superiorität erhalten haben. Alsdann», schrieb
sie an den österreichischen Geschäftsträger in St. Petersburg, «ist
es erst Zeit, daß Rußland seinen eigentlichen Endzweck bloßgebe,
und wann Frankreich gleich nicht einstimmen wollte, so könnte
doch das Werk auch ohne dieser Krone Mitwirkung durchgesetzt
werden.»[15]

An Winkelzügen wie diesen und einer Reihe weiterer Projekte,
die man im Kreise der Verbündeten voreinander geheimzuhalten
versuchte, wird deutlich, daß es Kaunitz nicht gelungen war, eine
völlige Übereinstimmung hinsichtlich der Kriegsziele herbeizuführen. So bleiben erhebliche Zweifel, ob auf seiten der antipreußischen Allianz im Siebenjährigen Krieg ein «in die Augen fallender
und wichtiger gemeinschaftlicher Endzwek», gemeinsame Bedürf-
nisse oder ein allgemeiner Notstand maßgeblich waren, Triebkräfte
also, die etwa ein kriegserfahrener Mann wie Scharnhorst als Vor-

aussetzung für den Erfolg eines Koalitionskriegs betrachtete.[16] Freilich hatte es Kaunitz auch keineswegs darauf abgesehen, einen Dreibund unter gleichberechtigten Mächten zustande zu bringen. Vielmehr war er eifersüchtig darauf bedacht, als unangefochten maßgeblicher Mittelsmann im Zentrum der sich anbahnenden Allianz zu stehen und mit jedem der Bündnispartner gesonderte Verträge abzuschließen. Denn nur auf diesem Wege ließ sich verdeckt halten, welche Ziele jede der in den Krieg hineingezogenen Mächte tatsächlich verfolgte und wie tiefgreifend im Grunde das Mißtrauen war, das vor allem Frankreich und Rußland gegeneinander hegten. Selbst Kaunitz konnte sich am Ende des Feldzugsjahres 1760 nicht verhehlen, daß die Unberechenbarkeit Rußlands und sein politisches wie militärisches Gewicht furchterregend angewachsen waren. Es sei keineswegs dem Staatsinteresse des Erzhauses gemäß, schrieb er an die Kaiserin, «daß die große Macht des Russischen Reichs sich weiter ausbreite, und denen Teutschen Grenzen näher». Schließlich dürfte «bey Rußland mehr als bey dem König von Preußen zu besorgen seyn».[17]

Was nun die militärische Seite der von Kaunitz verfolgten Revisionspolitik betraf, so fiel dem französischen Bündnispartner die Rolle zu, der Durchsetzung des eigentlichen Kriegsziels, also der Wiedereroberung von Schlesien und der Schwächung Preußens, zu sekundieren. Entscheidender war jedoch, jede der um die preußischen Kernlande gruppierten Mächte (Schweden, Rußland, Sachsen-Polen und das Reich) zu veranlassen, vom eigenen Territorium aus ins Feld zu treten.[18] Dadurch sollte gewährleistet werden, daß die für die stehenden Heere des Absolutismus unerläßlichen Versorgungsbasen und Nachschubverbindungen ungehindert ausgebaut und gesichert werden konnten, und allen taktischen Erfordernissen Rechnung getragen wurde. Es schien also weder großen Aufwandes noch außerordentlichen Erfindungsreichtums zu bedürfen, um sich auf seiten der verbündeten Mächte selbst nach dem preußischen Präventivfeldzug gegen Sachsen noch in eine günstige Ausgangsposition zu bringen. Hinzu kam, daß die Alliierten angesichts eines nahezu das gesamte preußische Staatsgebiet umfassenden Bündnissystems nicht auf sich selbst gestellt waren, sondern in der Gewißheit operieren konnten, nicht mit der ganzen Macht des Königs konfrontiert zu werden. Die Allianz hatte ihren Zweck im

Grunde schon dann erfüllt, wenn nur alle Bündnispartner zugleich ihren jeweiligen Grenzkrieg eröffneten. Nicht einmal äußerster Nachdruck schien vonnöten, um nach der zwangsläufig zu erwartenden Einkreisung des Gegners der erhofften Beute sicher zu sein. Im übrigen war man in Wien der Überzeugung, daß die «Kleinigkeit und wirtschaftliche Schwäche Preußens», «die innere Landes-Armuth», und die trotz der Anspannung aller Kräfte begrenzten Hilfsmittel des Königs den Sieg der Alliierten schließlich herbeiführen mußten. Den Friedensfühlern, die angesichts des Ausbleibens entscheidender Erfolge seit dem ergebnislosen Verlauf des Feldzugs 1760 ausgestreckt wurden, versuchte man deshalb mit dem Hinweis darauf entgegenzuwirken, daß die Fortführung des Krieges die Entkräftung des Gegners und damit die Niederlage Preußens mit Sicherheit zur Folge haben werde. Wenn der politische Satz wahr ist, heißt es in den *Staats-Betrachtungen*, einer offiziösen Verlautbarung des Wiener Kabinetts von 1761, «daß ein armer Staat nicht fürchterlich seyn könne, woferne nur gegen denselben der Krieg lange dauert: so kann man auch von dem Preußischen an innerlichen Landes-Reichtümern Mangel leidenden Staat urtheilen», daß er – so stark auch seine Macht durch lange Sparsamkeit und die Verwendung aller Ressourcen auf das Soldatenwesen angewachsen und durch die Eroberung von Schlesien noch vermehrt worden ist – überwältigt werden könne, «woferne nur die mit Oesterreich verbundene große Mächte, und das Reich mit vereinigten Kräften standhaft den Krieg länger fortführen, und nicht eher die Waffen niederlegen, bis der Haupt-Endzweck der Vereinigung [...] erhalten» ist. Ein guter Teil der preußischen Länder, heißt es weiter, befinde sich mittlerweile schon in der Hand der Alliierten. Die übrigen brandenburgischen Länder mit Ausnahme Schlesiens aber seien von Natur aus arm und zudem durch den Krieg sehr mitgenommen, und weil überdies «die Preußische Größe nicht auf einen festen und dauerhaften Grund gebauet», sei die Macht des Königs im Vergleich zu den Kräften, welche die gegenseitig verbundenen hohen Mächte aus ihren ausgedehnten Reichen zu ziehen vermöchten, nicht zu fürchten.[19]

Das Ziel der Alliierten erschien demnach nicht unerreichbar. Die strategische Gesamtlage nicht weniger als die ökonomischen Voraussetzungen waren vielmehr so beschaffen, daß man auf seiten der

Allianz dem Ausgang des Krieges mit großer Zuversicht glaubte entgegensehen zu können. Die Ursache des «außerordentlichen Ausschlags» dieses Krieges, urteilte Kaunitz in einem Vortrag vom 24. Januar 1767, «war nicht ein Abgang an Truppen; denn unsere und unserer alliierten Kriegsheere überstiegen die preußischen sehr weit». Auch nicht ein Mangel an Finanzen: «Denn obzwar selbige sich nicht in der besten Ordnung befanden, so wurde doch gewiß das äußerste gethan, das Militare mit allen Erfordernissen auf das Beste zu versehen». Es sei also eher durch ein Übermaß und allzu großen Eifer als an Nachlässigkeit gefehlt worden. Auch ein Mangel an politischer Planung komme nicht in Betracht: Denn die kaiserliche Diplomatie habe die vor dem Kriege herrschenden höchst mißlichen Umstände in eine so günstige Perspektive verwandelt, «daß der ohnehin in die Länge unvermeidliche Krieg zu keiner gelegeneren Zeit, als es wirklich geschehen, hätte ausbrechen können».[20]

Wenn also von einer Überforderung des Militärs durch die Zielsetzung der Politik nach den bei Ausbruch des Krieges herrschenden Maßstäben nicht die Rede sein kann, so erhebt sich die Frage, ob und in welchem Ausmaß die Heeresleitungen angesichts ihrer so weit als möglich erleichterten Aufgabe versagt haben, ob also – um es anders auszudrücken – das Scheitern der großen Allianz im Siebenjährigen Krieg durch das Unvermögen der Militärs erklärt werden kann.

Es ist nicht zu leugnen: Das persönliche Versagen hat in entscheidendem Maße dazu beigetragen, daß weder die territorialen noch die politischen Absichten der Allianz haben verwirklicht werden können. Es besteht – wie immer wieder hervorgehoben worden ist – kein Zweifel, daß eine schwer ergründbare Zaghaftigkeit, ein fortgesetztes Verzögern der notwendigen Entscheidungen und ein nicht unbeträchtliches Maß an schulmäßiger Enge und Einfallslosigkeit der Sache der Verbündeten schweren Schaden zugefügt hat. Und kaum widerlegbar ist die durch den Kriegsverlauf nur allzu nachdrücklich bestätigte Feststellung des Königs aus dem Jahre 1758: «Welch ungeheuren Fehlern verdanken wir unsre Rettung!»[21] Doch bleibt zu fragen, von welcher Beschaffenheit denn diese Fehler gewesen sind und welche Ursachen ihnen zugrunde liegen. Denn es scheint unbefriedigend, ein Ereignis von solcher

Vielschichtigkeit und Tragweite allein mit den Versäumnissen und Fehlentscheidungen der handelnden Personen erklären zu wollen. So gilt es, über die gängigen Verdikte hinaus zu den strukturellen Bedingungen vorzudringen, die das Handeln der Militärs bestimmt haben und es historischer Kritik erst zugänglich machen. Es geht um die Rekonstruktion des Bezugsrahmens, in dem das anscheinend so hilflose Agieren der verbündeten Armeen gesehen werden muß.

Der König selbst hatte erkannt, daß es die – zweifellos naheliegende – Absicht der alliierten Heeresleitungen gewesen ist, die preußischen Kräfte durch Diversionen auf eine Seite zu ziehen, um auf der anderen, wo kein ernsthafter Widerstand zu befürchten war, einen großen Schlag zu führen, sich aber einem stärkeren Korps gegenüber in der Defensive zu halten und sich mit Nachdruck nur gegen Truppen zu wenden, die zahlenmäßig unterlegen waren.[22] Diesem Grundmuster folgend waren alle Feldzugspläne der Alliierten entworfen und zunächst über diplomatische Kanäle aufeinander abgestimmt worden. Konnte man sich auf der Ebene der Kabinette in der Regel über die zu ergreifenden Maßnahmen weitgehend und rechtzeitig einigen, so traten Schwierigkeiten auf, wenn es auf der Ebene der Heeresleitungen an die planmäßige und zeitgerechte Ausführung der getroffenen Vereinbarungen ging. Hier lag zweifellos ein entscheidender Grund für das Unvermögen, mit der gestellten Aufgabe fertigzuwerden. Nicht nur, daß die außerordentlichen Möglichkeiten, die das Zusammenwirken der verbündeten Armeen hätten bieten können, aufs Ganze gesehen ungenutzt blieben; schwerer wog, daß das tastende und zögernde Vorgehen des einen jeweils dem anderen zum Vorwand diente, sich unter Hinweis auf das verabredete *Konzert* auf argwöhnisches Abwarten zu verlegen und erst die Bündnispartner zu weiteren Schritten zu veranlassen, bevor man selbst zum Handeln sich entschließen wollte. Die Folge war in der Regel der völlige Stillstand nicht nur der unter den Alliierten verabredeten und aufeinander abgestimmten Operationen, sondern jeglicher Bewegungen der verbündeten Armeen. «Von schmeichelnden Hoffnungen und vom festen Vertrauen auf ihre künftigen Erfolge eingelullt», urteilte der König über seine Gegner, «haben sie sich für Herren der Zeit gehalten. Wie viele günstige Augenblicke haben sie vorbeigehen lassen, wie

viel gute Gelegenheiten verpaßt!» «Ihre große Zahl ist ihnen zum
Verhängnis geworden. Sie haben sich einer auf den andern verlassen, der Führer der Reichstruppen auf den österreichischen General, der auf den russischen, der Russe auf den Schweden und dieser
endlich auf den Franzosen. Daher die Lässigkeit in ihren Bewegungen und die Langsamkeit bei der Ausführung ihrer Pläne.»[23]
Die ängstliche Vorstellung, aufeinander angewiesen zu sein, und
der Wunsch nach vollständiger Gleichzeitigkeit aller zu ergreifenden Maßnahmen beherrschte die Feldzugsplanungen der Alliierten
so stark, daß besonders Österreicher und Russen zu anderen als
Zug um Zug vorzunehmenden Bewegungen nicht in der Lage
waren.[24] So ist überaus bemerkenswert, daß sich diese unter der
Prämisse einer offensiven Kriegführung eingegangene Bindung nur
in einer gegenseitigen Verzögerung aller militärischen Schritte aus-
wirkte.

Hier spielte ein niemals gänzlich geschwundenes Mißtrauen der
beiden Heeresleitungen eine Rolle, das in der Befürchtung seinen
Ausdruck fand, der eine müsse mehr als der andere die Lasten des
Krieges tragen. Zar Peter III. gab diesem gerade am Petersburger
Hof immer wieder hervorbrechenden Argwohn in kaum gezügelter
Heftigkeit Ausdruck, als er sich anläßlich eines Abendessens am
5. Februar 1762 über den Wiener Hof, die österreichische Generalität und die Leistungen der ehemals verbündeten Armee in der an-
züglichsten und alle Schranken des Anstandes so weit überschrei-
tenden Weise äußerte, daß es dem österreichischen Geschäftsträger
unmöglich schien, die Ausfälligkeiten im einzelnen mitzuteilen.
«Wir, die Österreicher», führte Mercy d'Argenteau in seiner Relation an Kaunitz aus, «hätten nach Meinung des Zaren bei allen
Gelegenheiten die russischen Truppen – mit sorgfältiger Verscho-
nung unserer eigenen – ausgesetzt und aufgeopfert; er der [russi-
sche] Kayser, würde zwanzig Jahre vonnöthen haben, um seine Armee wiederum in den vorigen Stand herzustellen und die bey
derselben von uns verursachten Einbußen zu ersetzen, sich aber
auch in Hinkunft zu Darbiethung derley Opfers nicht mehr so
blödsinnig finden lassen.»[25]
Gerade die Russen waren es aber immer wieder, die angesichts
ihres langwierigen Anmarsches die vereinbarten Operationen derartig verzögerten, daß – ehe man zu wirklich kriegsentscheidenden

Maßnahmen greifen konnte – die Kampagne ihrem Ende entge-
genging und Vorkehrungen für den rechtzeitigen Rückzug hinter
die Weichsel getroffen werden mußten. Mit ganzer Schärfe hat
Mercy d'Argenteau diese außerordentliche Belastung der militärischen Zusammenarbeit erfaßt. In seiner Denkschrift an die Kaiserin vom 25. April 1762 aus St. Petersburg unterstrich er, daß die
«Entlegenheit der Russischen Landen, der weite Hinmarsch deren
Truppen, die Notwendigkeit, im Voraus in fremden Landen mit
mühsam- und kostbaren Anstalten den erforderlichen Subsistenz-
vorrath anzuschaffen, und der hiesige Mangel an zureichenden
Geld-Mitteln allemal unersetzlichen Zeit-Verlust euer Kaysl.-
Königl. Mayt. unsäglichen Aufwand verursacht haben, bis man die
Russische Armee in Bewegung bringen könne. Wann nun auch
diese endlich an Ort und Stelle gelanget war, so ergab sich noch
anderweite Schwierigkeiten, wodurch die verabredeten Operationen gemeiniglich gehemmt, öfters gar verhindert, allzeit aber sehr
verspätet und fruchtlos gemacht worden.»[26]

Alle diese, den Radius militärischer Planungen einschränkenden
Gegebenheiten galten für die Russen ebenso wie für die Österreicher. Letztere hatten zwar nicht die weiten Entfernungen eines
städtearmen und verkehrsmäßig wenig erschlossenen Landes zu
überwinden, bevor sie den über den Kriegsausgang entscheidenden
Schauplatz erreicht hatten, waren aber dadurch in einer vergleichbaren Lage wie die Russen, weil sie im Falle offensiver Kriegführung – und diese erforderte sowohl das eigentliche Kriegsziel als
auch die mit den Verbündeten getroffenen Übereinkünfte – aus
den böhmisch-mährischen Gebirgen in eine Ebene hinabsteigen
mußten, in der der Gegner schon deshalb schwer anzugreifen und
auszumanövrieren war, weil er durch die befestigten schlesischen
Städte Stützpunkte und Nachschubquellen besaß, deren strategische Bedeutung kaum zu überschätzen war.

Diese Ausgangsposition der Österreicher, die sich trotz einiger
Vorposten jenseits der Gebirge während des ganzen Krieges nicht
hatte vorschieben lassen, war vorgezeichnet durch die Höhenzüge
der Sudeten mit ihren teilweise steil abfallenden Bruchrändern.
Ließ das der Oberlausitz vorgelagerte Hochland des Lausitzer Ge-
birges noch Spielraum für eine bewegliche Form der Kriegführung,
so stellte das vom Isergebirge bis zum Altvater reichende Hoch-

gebirge einen kaum zu durchbrechenden Riegel dar, der zwar vielfältigen Rückhalt zu bieten vermochte, aber doch im selben Maße,
wie er einen Verteidiger begünstigte, auf denjenigen lähmend
wirkte, der einen der Zeit ja ohnehin wenig opportun erscheinenden Angriffskrieg zu führen beabsichtigte. Den Anmarsch von
Königgrätz in das Gebirge erleichterten zwar die Täler der Iser,
Elbe, Aupa und Adler; aber die Zugänge in die schlesische Ebene
führten über enge, steile und während des Winters unwegsame
Bergpässe, denen überdies auf schlesischem Gebiet die Festungen
Schweidnitz und Glatz vorgelagert waren. Nicht anders verhielt es
sich mit den wichtigsten Paßstraßen des Altvatergebirges, denen
sich die Festung Neiße in den Weg legte. Zwar hatte man die
Manövrierfähigkeit durch Querverbindungen zu erhöhen vermocht. Doch blieben die Pässe Barrieren, deren Schutz sich Daun
und eine Reihe weiterer Kommandeure um so lieber anvertrauten,
als die Waffengattungen, in denen die Österreicher den Preußen
überlegen waren, größere Wirkung in den Bergen als in der Ebene
zu erzielen vermochten.[27]

Die Zuversicht des Königs über den Ausgang des Krieges grün-
dete sich nicht zuletzt auf die geographische Beschaffenheit des
böhmisch-schlesischen Kriegsschauplatzes. Er war sich darüber im
klaren, daß eine Entscheidung erst fallen würde, wenn es gelungen
war, die Österreicher zu einem Vorstoß in die niederschlesische
Ebene zu verleiten. Es habe der Natur nun einmal nicht beliebt,
schrieb er in den Weihnachtstagen des Jahres 1758 noch in großer
Gelassenheit, in Böhmen und Mähren Ebenen zu schaffen. So
bleibe nichts anderes übrig, als das vorteilhafte Gelände dort aufzusuchen, wo es sei, und sich nicht um den Nachteil zu kümmern,
den Gegner ins eigene Land zu ziehen. Denn würde es gelingen,
fuhr er fort, den Feind «aus seinen Bergen, Wäldern und durch
schnittenen Geländen herauszubekommen, von denen er so großen
Nutzen hat, so können seine Truppen den unsern nicht mehr widerstehen». Er glaubte sicher zu sein, daß der Wiener Hof bei der
unersättlichen Begierde, Schlesien zurückzuerobern, früher oder
später gezwungen sei, seine Truppen dorthin zu schicken. Dann
aber «müssen sie ihre festen Stellungen verlassen, und die Stärke
ihrer Positionen, ihr gewaltiges Aufgebot an Artillerie wird ihnen
nicht mehr viel nutzen. Rückt ihre Armee bei Beginn eines Feld-

zuges in die Ebene, so kann diese Verwegenheit ihre völlige Vernichtung herbeiführen, und dann werden alle Operationen der preußischen Armeen in Böhmen wie in Mähren mühelos gelingen».[28] Der König selbst wertete also den Vormarsch in die schlesische Ebene als eine Verwegenheit, der nicht nur eine Niederlage, sondern die völlige Vernichtung des Gegners auf dem Fuße folgen konnte. Ohne Zweifel wird auch Feldmarschall Leopold Joseph Graf Daun nach den bitteren Erfahrungen der Österreicher bei Hohenfriedeberg und Leuthen die Lage nicht anders eingeschätzt haben. Und er konnte sich darüber hinaus nicht verhehlen, daß mit einer Niederlage weder der Wiedergewinnung Schlesiens noch dem Schutz der Erblande gedient war. Und so war es unter den Prämissen seiner Vorstellung vom Kriegführen nicht einmal ohne Folgerichtigkeit, wenn er sich weder durch Zureden noch durch Drohungen des Wiener Kabinetts dazu bewegen ließ, in die schlesische Ebene hinabzusteigen. Aus diesen Gründen mußte die Preisgabe der an das Gebirge angelehnten Stellungen als ein Sicherheitsrisiko erscheinen, dem man sich wegen der Gefahr, von allen rückwärtigen Verbindungen abgeschnitten zu werden, nur mit der größten Vorsicht glaubte aussetzen zu dürfen. Daß unter diesen Voraussetzungen das zur Niederwerfung des Königs immer wieder geplante Zusammenwirken der Hauptarmeen beider Bündnispartner nicht zustande kam, hat seine Gründe also nicht allein in der Ungeschicklichkeit und Intransigenz der beiderseitigen Heeresleitungen, sondern gerade darin, daß sich beide – vielleicht in ängstlicher Befangenheit und allzu mechanisch, aber zugleich auch mit guten Gründen – an Maßregeln hielten, die in der Kriegskunst des *ancien régime* als vorrangig und unantastbar galten. So unterstrich etwa der Marquis de Sylva in seinen *Gedanken über Taktik und Strategik*, daß «öfters eben so viel Kunst und Geschicklichkeit» dazu gehören, «Schlachten zu vermeiden, als zu liefern». Doch müsse er hinzusetzen, «daß nur wirklich geschickte Generale die Ausflüchte in Bereitschaft und Fähigkeit genug haben, alle Absichten des Feindes einzusehen, sie durch kleine Gefechte anzuzapfen, im kleinen aufzureiben und es dahin zu bringen, daß er sich auf immer verstecken muß». Diese Art des Krieges, faßte er zusammen, ist «ohne Widerrede die nützlichste, feinste und klügste».[29] Die Verwegenheit, als die der König einen Vorstoß in die schlesische Ebene darstellte, traute er deshalb auch bezeichnenderweise nicht seinen militärischen Gegenspielern zu, sondern allenfalls dem Wiener Hof, dessen Glaubwürdigkeit ja nicht nur in militärischer, sondern vor allem in politischer Hinsicht auf dem Spiele stand.

Im übrigen folgte man auch in Wien dem gleichen berechnend-abwartenden Kalkül, wenn man sich von der Zuversicht leiten ließ, daß unter den Belastungen eines langen Krieges eine Strukturkrise in Preußen ebenso zwangsläufig wie absehbar war und der König demzufolge weniger durch rasche und kühne Erfolge als durch allmähliche Entkräftung gezwungen werde, die Waffen zu strecken. Die Langwierigkeit des Krieges, heißt es in den *Staats-Betrachtungen* von 1761, «welche an sich [schon] die Kosten häuffet, und die gute Mannschaft verzehret», lasse erwarten, daß das Kriegführen «in Kurzem nicht anders, als die Brandenburgischen Kräfte übersteigen und erschöpfen kan, wird aufhören müssen».[30] So galt es als «politischer Satz», den Krieg so lange fortzuführen, bis eben der «Mangel an innerlichen Landes-Reichthümern» auf seiten des Gegners so stark ins Gewicht fiel, daß er auf den Ausgang des Krieges entscheidenden Einfluß gewann. Es war die feste Überzeugung des Wiener Kabinetts, daß «ohne äußersten Preußischen Noth-Stand [...] kein erwünschter Ruhe-Stand und langer Frieden zu gewarten» sei.[31] Der keineswegs nur einer deklamatorischen Pointe wegen berühmte Appell der Kaiserin an den Sieger von Kolin: «perge cunctando vincere» brachte einen strategischen Grundsatz des vorrevolutionären 18. Jahrhunderts zum Ausdruck, dem sich nicht nur jene Militärs verpflichtet fühlten, die aus dem Schematismus einer übermächtig herrschenden Doktrin nicht auszubrechen vermochten, sondern auch die Regenten und Kabinette. «Da anjetzo», stellte auch Kaunitz in einem Vortrag vom 24. Januar 1767 fest, «nicht mehr wie ehemals auf eine Schlacht ganze Länder fallen und durch ein oder anderen Sieg noch kein vorteilhafter Frieden erzwungen wird, so kommt es, eine Gleichheit in der Kriegskunst beiderseits vorausgesetzt, vorzüglich auf das längere Ausdauern an.»[32] Insofern wußte sich Daun durchaus in Übereinstimmung mit den Prinzipien des Hofes, wenn er nach Maßgabe des sich im Sommer 1758 selbstgesteckten Zieles, entscheidende Affären zu vermeiden, immer wieder einer Schlacht mit dem König aus dem Wege ging und sich in unangreifbarer Position auf die Defensive verlegte.

Um aber trotz der methodischen Verweigerung entscheidender Waffengänge dem Kriegsziel schließlich näher zu kommen, ergriff man besonders auf seiten der Österreicher vorläufige, taktisch begrenzte Maßnahmen, mit deren Hilfe man den Gegner allmählich so sehr zu schwächen hoffte, daß er auch ohne vernichtende Niederlagen zur Herausgabe seiner Randprovinzen gezwungen wurde. Die Heeresleitungen der Verbündeten suchten sich der ihnen gestellten Aufgabe also dadurch zu entledigen, daß die Manöver und kleinen Gefechte, von denen man sich auf lange Sicht die Entscheidung des Krieges erhoffte, den mit ungleich begrenzterem Risiko operierenden Detachements oder aber überhaupt den leichten Truppen übertragen wurden.[33] Diese waren im Laufe der Schlesischen Kriege – veranlaßt durch ihre weit in das Feld strategischer Entscheidungen hineinreichenden Erfolge – in dem Maße vermehrt worden, wie die starre Reglementierung der Linienregimenter fortschritt und zu dem Ergebnis geführt hatte, daß die *regulären* Truppen zu anderen als den unablässig eingeübten und schließlich mechanisch ausgeführten Handgriffen und Bewegungen nicht mehr fähig waren. So gewann das taktische Kalkül, mit begrenzten Operationen langfristige Ziele zu verfolgen, während des Siebenjährigen Krieges in solchem Maße Einfluß auf die strategischen Planungen der Heeresleitungen, daß sich selbst der König zu der lakonischen Bemerkung veranlaßt sah: «Ich habe den Feldzug als General begonnen, beenden werde ich ihn als Parteigänger».[34]

Ohne Zweifel handelt es sich hier um Entwicklungstendenzen, die zunächst einmal für alle Armeen des *ancien régime* Gültigkeit besaßen, also auch Preußen unbeschadet des Umstandes betroffen haben, daß der König im Gegensatz zu seinen Gegnern regierender Fürst und kommandierender General in einer Person war, als souveräner Monarch also selbst im Felde stand. Doch ist es von entscheidender Bedeutung für den Kriegsausgang, daß die spezifischen Einschränkungen, denen das Heerwesen des Absolutismus unterworfen war, für denjenigen, der ein offensives Kriegsziel verfolgte, stärker ins Gewicht fielen, und das um so mehr, wenn er sich mit einem Gegner konfrontiert sah, der – wie der König von Preußen – auf der inneren Linie operieren konnte und darüber hin-

aus den Vorteil eines Aufmarschfeldes besaß, das dem Angreifer
Blößen gab, dem Verteidiger jedoch in vielfältiger Hinsicht Rückhalt bot. Die strukturellen Grenzen also, wie sie kennzeichnend für
das Heerwesen des Absolutismus sind, erlangten um so stärkeres
Gewicht, je ausgreifender das Ziel war, dessen Durchsetzung ins
Auge gefaßt wurde. Hier lagen die Probleme, denen die Heeresleitungen der Alliierten am Ende nicht gewachsen waren.

Darüber hinaus herrschte im Gegensatz zu den Möglichkeiten,
die sich dem König durch die Vereinigung aller militärischen und
politischen Entscheidungsbefugnisse in seiner Person eröffneten, in
Österreich und Rußland ein System von verwickelten Befehlskom-
petenzen und sich häufig überschneidenden organisatorischen Zuständigkeiten. Zwar bekleidete Feldmarschall Daun neben dem
Oberkommando seit der Begründung des Staatsrats im Jahre 1760
zugleich auch das Amt eines Staatsministers, bevor er am 31. Januar 1762 zum Präsidenten des Hofkriegsrates berufen wurde. Er
hatte damit Ämter inne, die ihm neben der militärischen Komman-
dobefugnis unmittelbaren Einfluß auf die politischen und administrativen Entscheidungen am Hofe verschafften. Doch trifft aufs
Ganze gesehen auch für die Amtszeit Dauns die Feststellung Gordon A. Craigs zu, daß in Österreich der Konflikt zwischen dem
Oberbefehlshaber auf der einen, den Kabinetten und Behörden auf
der anderen Seite so beharrlich gewesen sei, daß er sich zu einem
Gesetz der österreichischen Politik ausgewachsen habe.[35] Dabei ist
bemerkenswert, daß es hier nicht, wie später so häufig, die gespannten Beziehungen des Monarchen zu seinem Oberbefehlshaber
gewesen sind, die sich zum Nachteil einer zielstrebigen Kriegführung ausgewirkt haben. Denn zwischen Maria Theresia und Daun
herrschte ein zwar gelegentlich nicht ungetrübtes, im übrigen aber
vertrauensvolles Verhältnis. Schwerer fiel im Siebenjährigen Krieg
ins Gewicht, daß die mit dem Heerwesen befaßten Zentralbehörden in ihren Zuständigkeiten und Kompetenzen nicht so organisiert waren, daß eine rasche Umsetzung von politischen Zielsetzungen in militärische Aktionen gewährleistet war.

Neben der Kaiserin selbst, die sich ein unmittelbares Weisungs-
recht vorbehalten hatte, waren an der Beschlußfassung und Durchführung der zu ergreifenden Maßnahmen die Konferenz – seit 1760
der Staatsrat –, das *Directorium in publicis et cameralibus* und die Hof-

kammer beteiligt, denen der Hofkriegsrat als die für die eigentliche Heeresverwaltung zuständige Zentralbehörde unterstellt war.[36] Angesichts des langwierigen und schwerfälligen Zusammenwirkens dieser Organe kam es bei der Vorbereitung und Durchführung der Feldzüge immer wieder zu organisatorischen Schwierigkeiten, die sich auf Aktionsradius und Beweglichkeit der im Felde stehenden Armeen deshalb so nachteilig auswirkten, weil die Kriegführung des ausgehenden 18. Jahrhunderts durch die spezifische Zusammensetzung der Truppen und die völlige Abhängigkeit von den Magazinen in höchstem Maße auf planende Voraussicht angewiesen war. Mitten im Kriege entschloß man sich deshalb, eine Reform der gesamten Verwaltungsorganisation durchzuführen, ohne allerdings über provisorische Maßnahmen hinauszugelangen.[37]

Ungleich schwieriger noch war die Situation in Rußland. Hatte Daun nicht zuletzt auch dadurch, daß er seit dem Feldzug 1758 beinahe ununterbrochen den Oberbefehl führte, in den Beziehungen von Kabinett, Hofkriegsrat und Armee doch ein gewisses Maß an Beständigkeit und Zusammenarbeit herzustellen vermocht, so bewirkte allein schon der Umstand, daß der russische Oberkommandierende unter dem Einfluß rivalisierender Hofparteien im Verlaufe von fünf Feldzügen nicht weniger als fünfmal wechselte, eine außerordentliche Unsicherheit und Diskontinuität in der Befehlsführung. Immerhin hatte Bestužev in seinem schließlich kaum noch zu zügelnden Kriegseifer im Frühjahr 1756 die Einrichtung einer geheimen Kriegskonferenz durchgesetzt, die die gesamten Kriegsanstrengungen Rußlands auf militärischem, diplomatischem und administrativem Gebiet koordinieren sollte. Sie hatte sowohl die Feldzugspläne auszuarbeiten als auch die Leitung der Operationen bis in alle Einzelheiten hinein in der Hand zu behalten, so daß dem Feldherrn eigentlich nur die Ausführung der ihm aus St. Petersburg übermittelten Befehle übrigblieb. Bestužev hatte damit eine höchste Zentralbehörde geschaffen, die mit außerordentlich weitreichenden Kompetenzen ausgestattet war und im Namen der Zarin alle Fragen der Politik und Kriegführung zu entscheiden hatte. Doch ist für die Funktionsfähigkeit dieser Institution von größter Bedeutung geworden, daß es ihrem Schöpfer nach dem Sieg der Voroncov-Partei am Petersburger Hof nicht mehr gelang, sich dieses ganz auf die eigene Tatkraft zugeschnittenen Instruments zu bemächtigen.

Unter den veränderten Umständen erwies sich schon in Kürze, daß dieses Gremium von Würdenträgern, die in ihrer Mehrzahl in Fragen der Strategie und Heeresorganisation weder Kenntnisse noch Erfahrungen besaßen, ohne die Zielstrebigkeit und das Durchsetzungsvermögen Bestuževs den Aufgaben nicht gewachsen war, die ihm nach den Vorstellungen des Großkanzlers übertragen werden sollten. Gerade die Machtfülle dieser Zentralbehörde stellte sich nun als Hemmschuh heraus. Denn ohne die Führung durch einen von klaren Entschlüssen geleiteten Kopf war die Konferenz nicht in der Lage, die Operationen so zu leiten, wie es die besonderen Schwierigkeiten eines Koalitionskrieges erfordert hätten. Die dem Oberbefehlshaber erteilten Instruktionen waren widersprüchlich und vage und boten im übrigen ein Spiegelbild der nicht selten gegensätzlichen Bestrebungen am Hofe. So herrschte in den Beziehungen der Heeresleitung zur Konferenz ein hohes Maß an Unsicherheit.

Dieser Umstand hatte wiederum zur Folge, daß der Befehlshaber – wenn er im Felde stand – dem als ständige Institution eingerichteten Kriegsrat und damit der vorherrschenden Meinung seiner Generäle ausgeliefert war. Darüber hinaus sah er sich genötigt, auf Sonderstellungen und Parteibildungen Rücksicht zu nehmen, die den rivalisierenden Gruppen am Petersburger Hofe entsprachen. Auch die schwache Stellung des Oberkommandierenden innerhalb der Generalität, sein Angewiesensein auf die Herstellung eines möglichst viele umschließenden Konsenses, trug dazu bei, daß eine straffe und von den militärischen Erfordernissen bestimmte Befehlsführung kaum möglich war. Hinzu kamen schwerwiegende Mängel in der Militärorganisation selbst, die jetzt, als das Heer erstmals seit längerer Zeit wieder auf eine ernsthafte Probe gestellt wurde, erschreckend zutage traten und durch verhängnisvolle Mißgriffe bei der Vorbereitung des Krieges noch verschlimmert wurden. Zwar konnte man schon in Kürze eine gut exerzierte und – wie sich bald erweisen sollte – äußerst widerstandsfähige Infanterie und eine vorzüglich bestückte Artillerie ins Feld führen; das Transport-, Nachschub- und Versorgungswesen jedoch bereitete während des ganzen Krieges derartige Schwierigkeiten, daß die Manövrierfähigkeit der gesamten Armee darunter litt und eine Schwerfälligkeit zur Folge hatte, die für den Ausgang des Krieges entscheidende Bedeutung gewann.[38]

Beiden Armeeführungen war schließlich ein Letztes gemeinsam. Gewiß ist unverkennbar, daß die Unbeholfenheit und die sich vielfach überschneidenden Kompetenzen der mit dem Heerwesen befaßten Behörden sowohl in Österreich wie in Rußland erheblich dazu beitrugen, daß die Alliierten es nicht vermocht haben, den König entscheidend zu schlagen. Aber ebenso offenkundig waren die strukturellen Mängel der österreichischen und russischen Heeresorganisation den Oberkommandierenden durchaus nicht ungelegen, wenn es galt, sich unter dem Vorwand logistischer Schwierigkeiten nur um so hartnäckiger auf Prinzipien zu versteifen, denen man ohnehin zu folgen entschlossen war. Das Bewußtsein von den Grenzen militärischer Gewaltanwendung war so stark ausgeprägt, daß die ganze Reihe der schulmäßig ausgebildeten Feldherren des Siebenjährigen Krieges die sich ihnen in den Weg stellenden Schwierigkeiten nur als Bestätigung einer gültigen und unabänderlichen Lehrmeinung auffaßte: Theorie und Praxis waren vollständig miteinander verschmolzen. Mitten in dieser Kriegskunst selbst, sagt Clausewitz, fanden «besorgliche Klugheit, Furcht vor allzu großer Gefahr bequeme Standpunkte, um sich geltend zu machen und das elementarische Ungestüm des Krieges zu bändigen».[39]

So ist am Ende offenkundig, daß der Plan einer Reduzierung Preußens auf den Rang einer mittleren Macht in erster Linie an Faktoren gescheitert ist, die auf ursächliche Weise mit den Schwierigkeiten einer Koalitionskriegführung im *ancien régime* verknüpft sind. Dabei traten personelle, mehr aber noch strukturelle Probleme zutage. Nicht zu verkennen ist freilich, daß auch das mächtepolitische System, auf das Kaunitz das Konzept eines erneuten Waffengangs mit Preußen aufgebaut hatte, bei weitem nicht so konsistent war, wie es seinem Schöpfer bis weit über das Ende des Krieges hinaus erscheinen mochte. So liegt der Fehlschlag der Allianz in militärischen wie politischen Ursachen begründet.

Hat die große Allianz des Siebenjährigen Krieges aber nun auf der ganzen Linie versagt? Muß nicht in Rechnung gestellt werden, was Scharnhorst prinzipiell über die Erfolgsaussichten von Kriegskoalitionen gesagt hat? Ihr Wesen «ist nun einmal Verletzung des gemeinschaftlichen und Beabsichtigung des einseitigen Interesses. Wer eine aufrichtige Vereinigung bei dem sich durchkreuzenden In-

teresse der verschiedenen Theile [für] möglich hält, kennt nicht die
Menschen, kennt nicht – es ist hart zu sagen – die unabänderlichen
Naturgesetze.»[40] Gewiß, das von Kaunitz ins Auge gefaßte Kriegsziel hat nicht durchgesetzt werden können. Als der «Hauptgrund
der preußischen Aufrechterhaltung» erschien ihm rückblickend
«eine auf die wahre Theorie gebaute und durch die Erfahrung unterstützte Kriegskunst des Königs und mehrerer seiner Generalen,
seine besondere Einsicht in Anordnung und Fortführung des
Kriegsplans [... und] unsre allen diesen Vorzügen entweder gerade
entgegengesetzte oder doch bei weitem nicht gleichkommenden
Umstände».[41] Aber erfaßt diese sicherlich wohlbegründete Auffassung wirklich die ganze Erfolgsbilanz der antipreußischen Kriegskoalition? Clausewitz kommt jedenfalls unter der überraschenden
Perspektive eines später Geborenen zu einem anderen Resultat.
Nur Ignoranten, schrieb er, könnten die völlige Nichtigkeit dieser
Koalition behaupten. Denn sie habe bewirkt, daß Friedrich der
Große, «kraftlos auf seinem Siegeslager hingestreckt, die Lust für
sein ganzes übriges Leben verlor, eigenmächtige Eroberungen zu
machen oder sie mit Gewalt der Waffen durchzusetzen. Es ist
schwer zu glauben, daß Friedrich II. *ohne den Siebenjährigen Krieg*
seine siegreichen Waffen in dreißigjähriger Untätigkeit hätte ruhen
lassen. Schlesien blieb sein, aber nicht der kühne Mut sich auf
Österreichs Unkosten zu vergrößern; der wurde ihm glücklich ab-
gerungen».[42]

Der Einfall in Sachsen und die Logik des Präventivkriegs

Es ist – wie gesagt – heftig darüber gestritten worden, ob die Entfesselung eines Präventivkriegs aus der für Preußen auswoglos or
scheinenden außenpolitischen Konstellation oder dem elementaren
Machtinstinkt des Königs erklärt werden kann. Bekannt ist, daß
sich Friedrich mit Expansionsplänen seit der Kronprinzenzeit beschäftigt hat und daß Sachsen, dem ehrgeizigen und lange Zeit
ebenbürtigen Rivalen, in diesen *Rêveries politiques* eine zentrale Bedeutung zugemessen wurde. Aber vermutlich war es ein ganzes
Bündel von Faktoren, das bei diesem Entschluß eine Rolle spielte.
Wichtig dürfte neben rationalen Faktoren und eindeutig beleg-

baren Veränderungen im Mächtesystem einmal mehr die Ungeduld des Königs gewesen sein, sein Unvermögen, abzuwarten und den Dingen eine Zeitlang ihren Lauf zu lassen. Denn erst sein Zugriff auf Sachsen bewirkte schließlich, was er zu verhindern versuchen mußte: die endgültige Formierung der großen Allianz der Gegner Preußens. Auch die mehrfach überlieferte Leutseligkeit und Ausgeglichenheit seiner Gemütsverfassung deuten darauf hin, daß er offensichtlich froh war, endlich wieder im Mittelpunkt des Geschehens zu stehen.

Die preußische Armee überschritt die sächsische Grenze am 29. August 1756 auf breiter Front und bewegte sich in Richtung auf Dresden, ohne auf nennenswerten Widerstand zu stoßen. Die sächsische Armee unter dem Kommando des Grafen Rutowski hatte sich unterdessen auf die praktisch uneinnehmbare Lagerstellung um die oberhalb des Elbetales gelegene Festung Königstein zurückgezogen und zusätzlich verschanzt. Einen erheblichen Teil der Armee, mit der er in Sachsen einmarschiert war, beließ der König zur Observierung der Eingeschlossenen einstweilen vor Pirna. Sein eigentliches Augenmerk galt dagegen einem österreichischen Armeekorps, das sich jenseits der böhmischen Mittelgebirge schon frühzeitig zu formieren begonnen hatte und offenbar entschlossen war, einem preußischen Einmarsch aus Sachsen entgegenzutreten. Beide Seiten waren demnach darauf eingestellt, nicht zu manövrieren, sondern sich sogleich zu einer Schlacht zu stellen. So kam es am 1. Oktober 1756 bei Lobositz zu einem ersten Waffengang zwischen den Hauptkontrahenten auch dieses dritten Schlesischen Krieges, wiederum in Böhmen. Verlustreich waren vor allem die Artillerieduelle, mit denen die Kampfhandlungen eröffnet und bis in die späten Morgenstunden fortgesetzt wurden. Als sich gegen Mittag der über dem Elbetal liegende Nebel zu lichten begann, wurde für den König offenkundig, daß die hinter der Barriere eines Sumpfgeländes aufgestellte Hauptmacht der österreichischen Armee noch gar nicht in die Kämpfe eingegriffen hatte. Angesichts der hohen Verluste vor allem der preußischen Kavallerie und der allgemeinen Erschöpfung der ganzen Armee stand nun das Schlimmste zu befürchten. Der König verließ daraufhin das Schlachtfeld. Die Entscheidung fiel dann jedoch zwischen drei und vier Uhr nachmittags durch einen am Ende erfolgreichen Infante-

rieangriff auf den Ort Lobositz, der den Oberkommandierenden
der österreichischen Armee, Maximilian Ulysses Graf Browne, den
Sohn eines irischen Exulanten, der es am Kaiserhof zu hohem Ansehen gebracht hatte, dazu bewog, die Schlacht für verloren zu geben und den Ort des blutigen Geschehens zu räumen. Die Verluste
beliefen sich auf beiden Seiten auf etwa 3000 Mann – eine für einen Herrscher, der sich der Aufklärung und Humanität verpflichtet
fühlte, gewiß erschreckende Bilanz.

Aber wie stand es um den politischen Ertrag dieses in dreister
Zuversicht und dann wieder nur halbherzig unternommenen Vorstoßes? Es ist schwer, zu einer gerade auch dem König gerecht
werdenden Würdigung zu gelangen. Deutlich wurde an dieser
Schlacht auf jeden Fall, daß die Österreicher als militärischer Gegner seit dem Zweiten Schlesischen Krieg an Schlagkraft und
Durchsetzungsvermögen entscheidende Fortschritte gemacht hatten. Besonders die Artillerie, aber nach wie vor auch die leichten
Truppen, erwiesen sich der preußischen Armee als ebenbürtig oder
gar überlegen. Und auch ihre Truppenführer, Browne und Lacy,
hatten organisatorische und taktische Fähigkeiten unter Beweis gestellt, die eigentlich zu Vorsicht und Respekt hätten Anlaß geben
müssen. Aber überdies hat in dieser Affäre der König jene Über-
sicht und Tatkraft vermissen lassen, die ihn in mehreren Schlachten
bereits ausgezeichnet hatten.

Was war das strategische Konzept, das Friedrich zu diesem Vorstoß veranlaßt hatte? Nach Böhmen oder gar in die Erblande vorzudringen, konnte er aus mehreren Gründen nicht ernsthaft in
Erwägung gezogen haben. Denn einerseits stand die sächsische Armee unbesiegt und wohlgerüstet in seinem Rücken. Und zum
anderen hatte er in mehreren Feldzügen bereits die leidvolle Erfahrung gemacht, daß in Böhmen eine Niederwerfung der österreichischen Armee beinahe unmöglich war; er selbst hatte sich ja
entsprechend geäußert. So bleibt auch bei diesem Unternehmen
ein Defizit an vorausplanender Rationalität zu konstatieren, das immer wieder vielen todesmutigen Offizieren und Soldaten das Leben
kostete, aber immer wieder auch seinen Gegnern den Eindruck
schonungsloser und schließlich furchteinflößender Risikobereitschaft vermittelte. Irgendwo im Bereich dieser Widersprüchlichkei-
ten muß die Antwort auf die Frage gesucht werden, wie das «Mira-

kel des Hauses Brandenburg» erklärt werden kann. Viel klarer und überzeugender war jedenfalls das operative Konzept, nach dem sich Feldmarschall Browne aus der Schlacht zurückgezogen hatte. Denn sein Plan war es, mit einem Detachement seiner im Kern unbeschädigt gebliebenen Truppen den in Pirna eingeschlossenen Sachsen zu Hilfe zu kommen. Die österreichische Armee war also keineswegs geschlagen, sondern ging nun mit einem klar umrissenen Ziel ihrerseits zur Offensive über.

Der König hatte bereits die Rückreise nach Sachsen angetreten, als er von dem Vorstoß des österreichischen Armeekorps erfuhr. Aber noch am selben Tag, als er vor der Festung Königstein wieder eintraf (14. Oktober), kapitulierte die an Hunger und Auszehrung leidende sächsische Armee unter entwürdigenden Bedingungen. Denn der König verabschiedete zwar die Offiziere, war im übrigen aber entschlossen, die gesamte sächsische Armee in insgesamt zehn Regimentern seinen eigenen Truppen einzugliedern. Und obwohl das «Unterstecken» landfremder, vielfach zu den Waffen gepreßter Soldaten zu den allgemeinen Gepflogenheiten aller Armeen der damaligen Zeit gehörte, erwies sich die durch den König angeordnete Inkorporierung geschlossener Verbände einer feindlichen und überdies noch gedemütigten Armee schon im nächsten Feldzug als eine Katastrophe. Denn mit der Eröffnung der Kampfhandlungen im Frühjahr 1757 desertierten zahlreiche dieser durchaus patriotisch gesinnten Soldaten und gingen zum Teil zu den Österreichern über.

Der König bezog mit seiner Armee die Winterquartiere in Sachsen und residierte selbst im Dresdner Palais des nach Polen geflüchteten Grafen Brühl, des sächsischen Premierministers und eines überaus kunstsinnigen Repräsentanten einer glanzvollen Ära höfischer Kultur in Sachsen. Aber vor allem traf er sogleich alle Vorkehrungen, um die gesamten Finanzen des besetzten Landes unter seine Kontrolle zu bringen. Er hat mit diesem Zugriff einen erheblichen Teil der Kriegskosten der kommenden Jahre bestritten. Im *Politischen Testament* von 1752, also nach den Erfahrungen der ersten beiden Schlesischen Kriege, hatte er empfohlen, 20 Millionen Taler für vier Feldzüge anzusparen, einen Betrag also von 5 Millionen pro Jahr über den laufenden Etat hinaus.[43] Der Verlauf des Siebenjährigen Krieges hatte dann jedoch erwiesen, daß eine solche Kalkulation in Zukunft nicht mehr haltbar war. Im *Politischen Testament* von 1768 riet er deshalb, den Finanzbedarf für einen Feldzug auf 12 Millionen zu veranschlagen, wobei er hinsichtlich der Dauer eines neuen Waffengangs keine Prognosen mehr zu stellen wagte.[44] Ein unverrückbares Ziel seiner Politik der letzten Lebensjahrzehnte war demzufolge die Anhäufung eines neuen, noch einmal aufgestockten Kriegsschatzes, dem er in rastloser Ungeduld alle Bereiche der Wirtschafts- und Finanzpolitik unterzuordnen bestrebt war.

«Die europäischen Fürsten», schrieb er in seinem *Politischen Testament* von 1768 im Kapitel über den «Grand Tressor», «haben geglaubt, daß es ihnen anstünde, ihre Einkünfte in Friedenszeiten zu vergeuden und die Völker in Kriegszeiten niederzudrücken.» Sei es indessen nicht vernünftiger, gerechter und menschlicher, wandte er sich fragend an den Thronfolger, «seine Ausgaben in Friedenszeiten zu beschränken und jedes Jahr eine Summe beiseite zu legen [...], als in Kriegszeiten seine Zuflucht zu Anleihen, Gaunereien und üblen Praktiken zu nehmen, die einen Privatmann seine Reputation kosten würden, und die Steuern beim ersten Kanonenschuß zu verdoppeln und zu verdreifachen?»[45] Das lief auf einen rigorosen, neue Entwicklungsmöglichkeiten hemmenden Fiskalismus hinaus – auf eine Politik der Einnahmesteigerung um jeden Preis, für die er offenkundig fast alle Prinzipien seiner der allgemeinen Wohlfahrt verpflichteten Herrschaftsauffassung zu opfern bereit war. Auch in diesem für den inneren Landesausbau so wichtigen Bereich holte den König also ein, was er mit der Annektierung Schlesiens an schließlich traumatisch empfundenen Bedrohungspotentialen heraufbeschworen hatte.

Drei der insgesamt vier Kriege, die der König in permanenter Rivalität zum Hause Habsburg geführt hat, konnte er aus den Aufwendungen der eigenen Territorien finanzieren.[46] Die Kosten für die beiden Schlesischen Kriege der vierziger Jahre hatte er mit den Ersparnissen, die ihm von seinem Vater hinterlassen worden waren (8,7 Millionen Taler), und durch zwei Anleihen bei der kurmärkischen Landschaft (1,36 Millionen Taler) und den märkischen Stiftern und Magistraten (etwa 300 000 Taler) – Korporationen also des eigenen Landes – aufbringen können. Wesentlich kostspieliger – möglicherweise wegen des Ausbleibens spektakulärer Erfolge –

war der Bayerische Erbfolgekrieg der ausgehenden siebziger Jahre, der 20 Millionen Taler verschlungen haben dürfte – ein Betrag, den der preußische Fiskus angesichts hoher Rücklagen ohne Schwierigkeiten bereitstellen konnte. Den Siebenjährigen Krieg jedoch hat der König weitgehend auf Kosten anderer finanziert. Sein seit dem Ende des Zweiten Schlesischen Krieges angesparter Staatsschatz in Höhe von 13,2 Millionen Talern, der in seiner beträchtlichen Höhe ein bezeichnendes Licht auf die Skepsis wirft, mit der Friedrich die Selbstbehauptungschancen Preußens einschätzte, war bereits im April 1758, also zu Beginn des dritten Feldzugsjahres aufgebraucht. Da sich der Krieg jedoch entgegen der dezidierten Absicht des Königs, eine militärische Entscheidung rasch, gewissermaßen im Handstreich herbeizuführen, in die Länge zog und ganz nach den Vorstellungen seiner Gegner die Preußen zur Verfügung stehenden Ressourcen aufzuzehren begann, griff er zu fiskalischen Maßnahmen, die für einen Monarchen, der sich in Grundsatzäußerungen zu den humanitären Wohlfahrtsideen der Aufklärung bekannte, gnadenlos und zynisch waren. Schon Koser hat errechnet, daß von den 125 Millionen Talern außerordentlicher Kriegseinnahmen des Königs 48,1 Millionen oder 38,5 % aus Kontributionen stammten, die er dem machtpolitischen Rivalen Sachsen auferlegt hat.[47] Weitere 27,6 Millionen oder 22,1 % flossen aus den von 1758 bis 1761 gezahlten britischen Subsidien in die Kassen des Königs. Ein Rest von 10,5 Millionen Talern (8,4 %) wurde durch Anleihen und Kontributionen in Nachbarstaaten und besetzten Territorien aufgebracht.

Von entscheidender Bedeutung für die Kriegsfinanzierung Preußens wurde während des Siebenjährigen Krieges aber auch eine konsequent betriebene Münzverschlechterungspolitik. Im 18. Jahrhundert war jeder Landesherr im Besitz des Münzregals. Da aber keine feste Relation zwischen den Gold- und Silberwährungen bestand, gab es ständige, durch die unterschiedliche Qualität der Ausmünzung hervorgerufene Schwankungen zwischen dem Nenn- und Verkehrswert. Sie führten dazu, daß geringhaltige Scheidemünzen in Massen geprägt und vom Münzherrn mit teilweise beträchtlichem Gewinn in angrenzende Länder und Territorien abgeschoben wurden, wo sie häufig erneut eingeschmolzen und unter nochmaliger Valutaverschlechterung ausgemünzt wurden. Eine Folge war, daß der Silberpreis ständig stieg. Diese inflationäre Entwicklung führte wiederum dazu, daß allenthalben ein striktes Ausfuhrverbot für Edelmetalle erlassen wurde, das in Preußen etwa 1756, aber auch später immer wieder in Krisenzeiten erneuert wurde. Das Ziel war dabei ganz im Sinne einer unverändert gültigen merkantilistischen Wirtschaftsdoktrin, sich aus der monetären Abhängigkeit von den Leitwährungen zu lösen und zugleich mit einer anerkanntermaßen harten Währung selbst eine marktbeherrschende Stellung zu erlangen. Preußen war in den fünfziger Jahren auf diesem Weg ein gutes Stück vorangekommen. Die Kriegsereignisse zwangen dann jedoch bereits im November 1756, eine Münzverschlechterung ins Auge zu fassen. Alle diese Abwertungsschritte sind mit Ausnahme der Jahre 1756 und 1759 auf Veranlassung des Königs – zumindest jedoch mit seiner Zustimmung – durch ein 1758 erstmals installiertes Konsortium von finanzerfahrenen Münzjuden durchgeführt worden, so daß der Staat bei diesen Manipulationen nicht mehr unmittelbar in Erscheinung trat. Neben den Münzpächtern Moses Isaac und Daniel Itzig war es vor allem Veitel Ephraim, der in dieser Kriegsfinanzierungsagentur die maßgebliche Rolle spielte.[48] Auch die Einbeziehung sächsischer und polnischer Münzen in einen bewußt und planmäßig herbeigeführten Inflationsprozeß hat Friedrich geduldet, nachdem ihm im Verlaufe der Kriegsereignisse die Stempel und Prägestöcke der Leipziger und Dresdner Münze in die Hände gefallen waren.[49] Dabei hat er in Kauf genommen, daß der kurz vor dem Siebenjährigen Krieg erst durch den bedeutenden Geldtheoretiker Johann Philipp Graumann konsolidierte preußische Taler selbst in die Inflation hineingerissen wurde.

Koser hat die zusätzlichen Einnahmen, die Friedrich mit diesen Münzmanipulationen zu erzielen vermochte, mit 20,5 % der gesamten Kriegskosten beziffert – ein Betrag, der nach den jüngsten Berechnungen von Hoensch und Blastenbrei wohl noch höher angesetzt werden muß.[50] Seit der Erschöpfung des Staatsschatzes im April 1758 wurde der sog. Dispositionsfonds zur zentralen Sammelstelle aller für die Kriegführung aufgebrachten Gelder. Er übertraf die ältere königliche Dispositionskasse bei weitem an Bedeutung und machte sie im Verlaufe des Krieges auch überflüssig. Hier flossen die Kontributionszahlungen, vor allem aber der weit-

aus größte Anteil des aus den Münzmanipulationen und der Um-
münzung der englischen Subsidien gewonnenen Schlagschatzes zusammen, und zwar unter Umgehung der Landesbehörden, so daß
der König den Überblick und vor allem den unmittelbaren Zugriff
behielt. Insofern wurde die Registrierung und Anweisung der verfügbaren Finanzen erheblich vereinfacht. Andererseits führte dieses
autokratische, auf höchste Geheimhaltung sich stützende Verfahren
aber zu beträchtlichen Irritationen mit dem herkömmlichen Kas-
senwesen. Dabei konnte aber dank gleichbleibend positiver Bilan-
zen der Grundsatz durchgehalten werden, daß im laufenden Feldzugsjahr bereits die Finanzierung des nächsten sichergestellt war –
ein in der Kriegsgeschichte des *ancien régime* beispielloses Phänomen, das als eine der Voraussetzungen für das Mirakel des Hauses
Brandenburg gewertet werden muß.

Der König setzte bei seiner Kriegsfinanzierung demnach eindeutig politische Prioritäten und versuchte, im Überlebenskampf
seines Landes auch auf diesem Gebiet mit allen, auch waghalsigen
und eindeutig unrechtmäßigen Mitteln zu bestehen. Vieles erinnert
an dem Kapitel seiner Geldbeschaffungsmaßnahmen an das Vabanquespiel seiner Kriegführung. Auch hier schnelle, unbeirrbare Entschlüsse, die er mit rücksichtsloser Konsequenz durchsetzte, wobei
er immer wieder ein Scheitern in Kauf nahm. Unverkennbar überstürzte Maßnahmen im Sinne eines rigorosen Fiskalismus sind jedoch auch nach dem Friedensschluß nachweisbar.[51] So verfügte er
im Mai 1763 die sofortige Rückführung der teilweise um ein Drittel
abgewerteten Landeswährung auf den ursprünglichen Friedensfuß.
Das ermöglichte ihm zwar, die Anleiheschulden im eigenen Land in
Höhe von 5,5 Millionen Talern kurzfristig zu tilgen und Steuerzah-
lungen in vollwertiger Münze wieder einzuführen. Diese obrigkeitliche und ohne ökonomische Fundierung vollzogene Aufwertung
führte jedoch in eine der größten Deflationskrisen der neueren
Wirtschaftsgeschichte und zog selbst die etablierten europäischen
Finanzmärkte in Amsterdam und Hamburg, über die zahlreiche
Transaktionen im Verlauf des Siebenjährigen Krieges abgewickelt
worden waren, in Mitleidenschaft. Sie bewirkte eine dramatische
Kreditverknappung und damit Banken- und Firmenzusammenbrü-
che, die dem König völlig rätselhaft blieben und eine starke, natürlich keineswegs intendierte Arbeitslosigkeit verursachten.

Diese Krise konnte bis in die frühen 1770er Jahre nicht überwunden werden und steigerte das Mißtrauen des Königs gegenüber seiner Finanzbürokratie so sehr, daß es mit Hilfe einer neuen, ausschließlich mit Franzosen besetzten Behörde, der sogenannten «Regie», zu neuen Fehlgriffen und scharfen Repressalien kam («Administration générale des Accises et Péages»).[52] Sie stellte in ihrer finanz- und steuerpolitischen Programmierung wie in ihrem administrativen Rigorismus den absoluten Höhepunkt eines obrigkeitlichen Fiskalismus dar. Aus der Perspektive ihres Schöpfers, also des Königs, hat es diese Behörde zu erstaunlicher Effizienz gebracht und nicht zuletzt auch sichergestellt, daß der Thronfolger trotz eines weiteren Waffengangs mit dem Hause Habsburg über einen beträchtlichen Staatsschatz verfügen konnte. Allerdings wurde die im Juni 1766 eingerichtete «Regie» wohl zu Recht als Aufsichts- und Kontrollorgan empfunden, das die Funktionsfähigkeit der preußischen Bürokratie in Frage stellte und entscheidend dazu beitrug, daß sich ein freies Unternehmertum nicht zu entfalten vermochte. Es wurde nach dem Tod des Königs im Jahre 1786 sofort wieder abgeschafft. Auch hier also *ancien régime!* Angesichts der außenpolitischen und militärischen Bedrohung, die der König im Siebenjährigen Krieg so existentiell erfahren hatte, mochte eine solche unerbittliche Fiskalpolitik verständlich erscheinen. Aber zugleich war sie auch ein Zeichen zunehmender Erstarrung. Denn sie stand wirtschaftspolitischen Entwicklungen im Wege, die in der zweiten Hälfte des 18. Jahrhunderts bereits überall in Europa diskutiert wurden.[53]

Der König hatte den Kampf eröffnet; jetzt war er erneut gezwungen, ihn fortzusetzen, und zwar auch dieses Mal wieder unter dem Diktat bedingungsloser Offensive. Denn er mußte Entscheidungen herbeizuführen versuchen, ehe seine sich zu einer erdrückenden Allianz formierenden Gegner die Initiative an sich zu reißen vermochten. Friedrich blieb im Grunde gar keine Wahl, als sich auch in diesem Feldzug wieder auf das Wagnis eines Vorstoßes nach Böhmen einzulassen. Es ist bemerkenswert, daß ihm überaus erfahrene Ratgeber wie Winterfeldt und Schwerin eine Operation gegen die vorgeschobenen Magazine in Königgrätz und Pardubitz empfahlen, Ziele also von begrenzter Reichweite, die unverkennbar auf ein taktisches Kalkül zurückzuführen waren. Der König plante und

handelte dagegen strategisch, d. h. konsequenterweise von der Vorstellung beherrscht, daß mit Nadelstichen wie der Wegnahme von
Magazinen das Ziel einer entscheidenden Schwächung des Hauptkontrahenten nicht erreicht werden konnte. Es waren letztlich also
politische Erwägungen, die Friedrich dazu bewogen – wie der Zeitzeuge und Chronist Tempelhoff sich später ausdrückte –, «ins
Große zu gehen"[54] und wiederum den Versuch zu unternehmen,
Österreich, das eigentliche Bindeglied der nun an Gestalt gewinnenden Kriegskoalition, an den Rand zu drängen. So entstand im
Hauptquartier von Lockwitz südöstlich von Dresden, also im Zentrum der gegen das Haus Habsburg gerichteten Angriffsformation,
in höchster Verschwiegenheit der Plan, mit vier Heeresabteilungen
in Böhmen und Mähren einzumarschieren, um die Truppen jenseits
der Grenze zu zwei Armeen zusammenzufügen. Am 18. April, also
ungewöhnlich frühzeitig im Jahr, überschritten die ersten Einheiten
der preußischen Armee die Grenzen und überquerten die Gebirge,
ohne wiederum auf nennenswerten Widerstand zu stoßen.

Das Ziel der genau aufeinander abgestimmten Operationen war
zunächst Prag. Der König traf an der Spitze des von ihm selbst be-
fehligten Korps am 2. Mai vor der durch eine starke Garnison gesicherten Festung ein. Das Gros der österreichischen Armee hatte
sich jedoch auf einem östlich an die Stadt angelehnten Plateau
oberhalb der Moldau und jenseits des Roketnitzer Baches in
Schlachtordnung aufgestellt, war demnach vorbereitet, sich einem
vom König so schnell wie möglich zu erzwingenden Waffengang
zu stellen. Im Morgengrauen des 6. Mai rekognoszierte Friedrich
selbst die Lage von einer gegenübergelegenen Hochebene aus in
heiter-gelassener Siegeszuversicht und kam mit Winterfeldt und
Schwerin zu dem Entschluß, daß ein Angriff nur unter Umgehung
der österreichischen Lagerstellung, also von der östlichen Flanke
her erfolgversprechend war. Gegen sieben Uhr morgens waren die
preußischen Angriffslinien zum Sturm auf die Osthänge des Hö-
henzugs angetreten, auf dem die österreichische Armee mit Blick-
richtung nach Norden Stellung bezogen hatte und sich angesichts
des unvermuteten Angriffs aus östlicher Richtung nun neu zu formieren gezwungen war.

Die ersten, äußerst verlustreichen Kämpfe brachten für keine der
beiden Seiten einen entscheidenden Vorteil. Sie kosteten den hoch-

verdienten und auch in dieser Schlacht selbstlos und unverdrossen kämpfenden Schwerin zum Entsetzen des Königs das Leben, Winterfeldt wurde schwer verwundet. Das Blatt wendete sich, als zwischen den nach Norden orientierten Treffen der österreichischen Armee und den eilig den angreifenden Preußen entgegengeworfenen Truppen plötzlich eine Lücke klaffte, die einigen Regimentern der preußischen Armee offenbar ohne ausdrücklichen Befehl des Königs die Möglichkeit eröffnete, die an den eigentlichen Kriegsschauplatz entsandten Truppen der Österreicher von der Hauptarmee abzudrängen. Zugleich griff Ziethen in einer südlichen Umfassungsbewegung die Kavallerieverbände des österreichischen rechten Flügels an und zwang sie unter hohen Verlusten zum Rückzug. Die Folge war, daß die gesamte Gefechtsaufstellung der Kaiserlichen ins Wanken geriet. Aber es kam nach einer Umgruppierung der österreichischen Rückzugslinien noch zu einem weiteren heftigen Aufeinanderprall der Kontrahenten, der vor allem auch den schließlich siegreichen Preußen hohe Verluste abverlangte. Sie lagen am Ende der Schlacht in den Nachmittagsstunden auf beiden Seiten bei etwa 14 000 Mann, wobei die preußische Seite sehr viel mehr an Toten und Verwundeten zu beklagen hatte als die unterlegenen Österreicher, deren dezimierte Verbände sich nach dem mörderischen Szenarium in die belagerte, aber ausreichend mit Proviant versorgte Stadt in Sicherheit zu bringen vermochten.

Es scheint müßig, hier über den persönlichen Anteil des Königs an dem am Ende doch noch glücklichen Ausgang dieses wie immer waghalsigen Unternehmens zu streiten. Feststehen dürfte, daß er zwar die Schlacht erzwang, während der Kampfhandlungen aber kaum in Erscheinung getreten ist. Später hat er seinem Vorleser und Vertrauten de Catt gegenüber bekannt, daß er sich den ganzen Tag über wegen einer schweren Magenverstimmung krank gefühlt habe. Aber wichtiger ist die Frage, ob er mit diesem Sieg dem strategischen Ziel, Österreich als den eigentlichen Gegner im Ringen um den ungeschmälerten Fortbestand der preußischen Monarchie im Vorfeld der noch zu erwartenden Auseinandersetzungen abzudrängen, näher gekommen war. Österreich war nach diesem blutigen, aber besonders für die preußische Armee verlustreichen Geschehen keineswegs geschlagen. Insofern mußte auch nach diesem

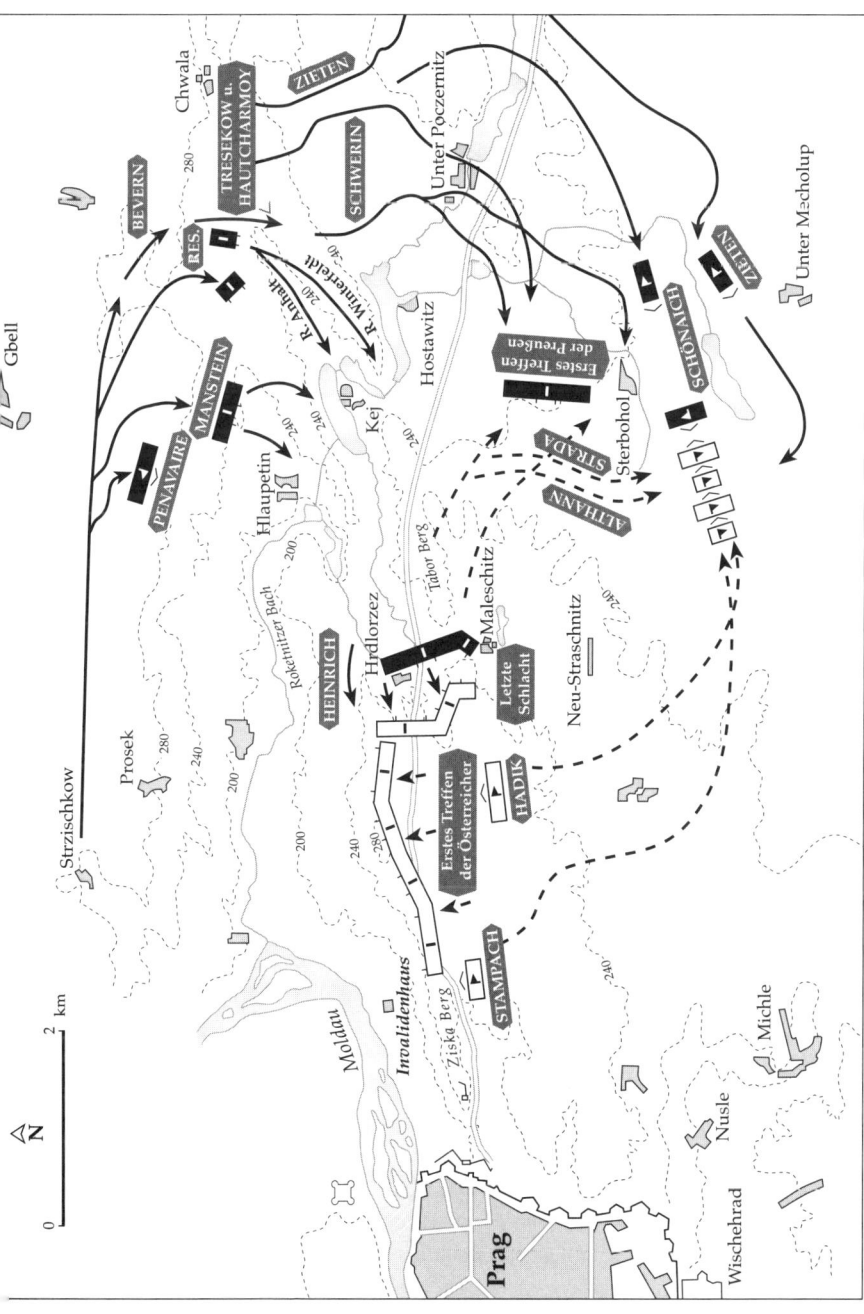

Waffengang eine ambivalente Bilanz gezogen werden. Der König hatte sich an der Spitze seiner Armee wiederum als ein vehement entschlossener und zu jedem Risiko bereiter Feldherr erwiesen. Aber seine dieses Mal auch zahlenmäßig überlegenen Kräfte hatten bei aller Opferbereitschaft großartiger Heerführer wie Schwerin, Winterfeldt und Prinz Heinrich, dem jüngeren Bruder des Königs, nicht ausgereicht, um einen Gegner wie das Kaiserhaus niederzuwerfen und im Spiel der Kräfte zu neutralisieren. Sir Andrew Mitchell, der den König als englischer Sondergesandter auf seinen Feldzügen begleitete und ständig in seiner Nähe war, erfaßte in einem Bericht vom 17. Mai nach London die strategische Gesamtlage, in der sich der König auch nach der Schlacht von Prag befand, sehr genau. «Seine [des Königs] Angelegenheiten», heißt es da, «lassen keine langen Kriege zu, und es liegt in seinem Interesse, mitten in der Siegesfreude an einen Friedensschluß zu denken. Seine Feinde sind zahlreich und mächtig und haben große Reserven, während die Überlegenheit des Königs von Preußen sich ganz und gar auf ihn allein stützt.» Und dann folgt die überaus düstere Prognose: «Da er eine sehr rasche Auffassungsgabe besitzt, sieht er zweifellos voraus, daß er am Ende den verbündeten Mächten Österreich, Frankreich und Rußland unterliegen muß.»[55] So bedurfte es wohl, das zeichnete sich bereits im Feldzug von 1757 ab, eines «Mirakels», um das Schicksal einer *destruction totale* des Hauses Brandenburg noch abwenden zu können.

Alles kam jetzt aus der Sicht des Königs darauf an, den blutig erkauften Sieg im Sinne einer entscheidenden Schwächung des Gegners zu nutzen. So lag es nahe, mit allen verfügbaren Kräften die in Prag eingeschlossene österreichische Armee zur Übergabe der Stadt zu zwingen. Eine förmliche, die gesamte Festung umschließende Belagerung kam dabei nicht in Betracht; dazu waren das Stadtareal zu ausgedehnt und die eigenen Kräfte nicht ausreichend genug. Doch versuchte der König in aller Eile, das erforderliche Belagerungsgerät, vor allem Mörser und weitreichende Kanonen, über die Elbe bis nach Leitmeritz zu schaffen und es dann auf den Hügeln im Umkreis der Stadt in Stellung zu bringen. Am 29. Mai begann die Beschießung – wie sich zeigen sollte – ohne nennenswerten Erfolg. Unterdessen mehrten sich aber die Nachrichten, daß die Österreicher im Begriff waren, in Ostböhmen eine Entsatzarmee für das belagerte Prag zusammenzuziehen. Der König entsandte daraufhin ein Observationskorps unter dem Kommando des Herzogs von Braunschweig-Bevern, eines Bruders der Königin, der berühmten Kaiserstraße nach Osten folgend. Am 13. Juni brach jedoch der König selbst nach Osten auf, um sich mit dem Korps des Herzogs von Bevern zu einer Armee von etwa 35 000 Mann zu vereinigen. Er wollte allerdings trotz einer Fülle alarmierender Meldungen und mehrfachen persönlichen Augenscheins die Gefahr, in der sich die preußische Armee bereits befand, nicht wahrhaben, erteilte jedoch den Befehl, alle vor Prag entbehrlichen Truppen nach Osten in Marsch zu setzen. Unterdessen war die österreichische Armee unter dem Kommando des Feldmarschalls Graf Leopold Daun – eines bedächtigen, aber überaus versierten Feldherrn, mit dem es der König auch in den bevorstehenden Auseinandersetzungen zu tun haben sollte – mehrfach so umgruppiert worden, daß an einer Angriffsabsicht kein Zweifel mehr bestehen konnte. Sie war im übrigen der preußischen zahlenmäßig bei weitem überlegen.

Der König war mit seiner Armee am 18. Juni auf der Kaiserstraße über die Ortschaft Planian hinaus in einem kräftezehrenden Gewaltmarsch noch einmal nach Osten vorgestoßen. Er hatte immer wieder von Kirchtürmen und aus Dachluken heraus die österreichischen Stellungen zu erkunden versucht. Aber eine wirkliche Klarheit über die Beschaffenheit des Geländes vermochte er nicht zu gewinnen. Vielmehr bot sich ihm das ebenso eindrucksvolle wie bedrohliche Panorama eines zylindrisch ansteigenden Bergrückens, der von langgestreckten, in vorschriftsmäßiger Schlachtordnung aufgestellten Linien behauptet wurde und erfahrenen Feldherrn wie Bevern und Ziethen den Eindruck vermittelte, daß unter so ungleichen Kräfteverhältnissen ein Angriff verheerende Folgen haben mußte. Der König entschloß sich dennoch, die Schlacht anzunehmen, und erteilte den Truppenführern persönlich die entsprechenden Angriffsbefehle. Um zwei Uhr nachmittags eröffnete der preußische linke Flügel unterstützt von der Kavallerie Ziethens das Treffen. Dann folgte auf ausdrücklichen Befehl des Königs und entgegen seinen ursprünglichen Dispositionen gegen drei Uhr ein Frontalangriff des gesamten Zentrums der preußischen Armee. Zwar gelang die vorübergehende Eroberung des strategisch wich-

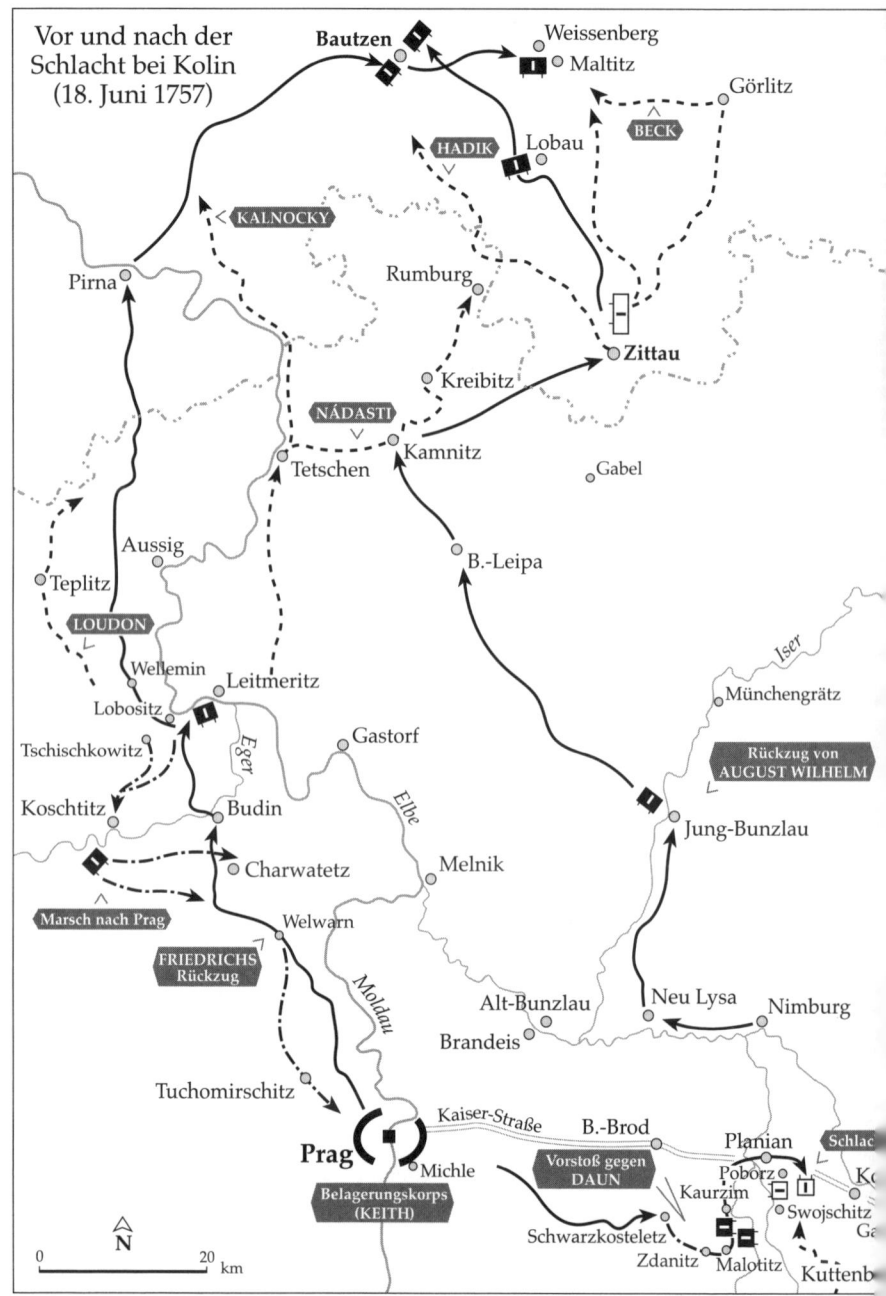

Vor und nach der
Schlacht bei Kolin
(18. Juni 1757)

Weissenberg
Bautzen
Maltitz
Görlitz
BECK
HADIK   Lobau
KALNOCKY
Pirna   Rumburg
Zittau
NÁDASTI   Kreibitz
Kamnitz
Tetschen   Gabel
B.-Leipa
Aussig
Teplitz
LOUDON
Wellemin   Leitmeritz
Lobositz   Münchengrätz
Tschischkowitz   Gastorf   Rückzug von
                                      AUGUST WILHELM
Koschtitz   Budin
                     Jung-Bunzlau
             Charwatetz   Melnik
Marsch nach Prag
             Welwarn
FRIEDRICHS   Neu Lysa
Rückzug   Alt-Bunzlau   Nimburg
             Brandeis
Tuchomirschitz
             Kaiser-Straße   B.-Brod   Planian   Schlac
Prag   Poborz
      Michle   Vorstoß gegen   Kaurzim   Swojschitz
Belagerungskorps DAUN   Ga
(KEITH)
                  Schwarzkosteletz
N   Zdanitz   Malotitz   Kuttenb
0   20 km

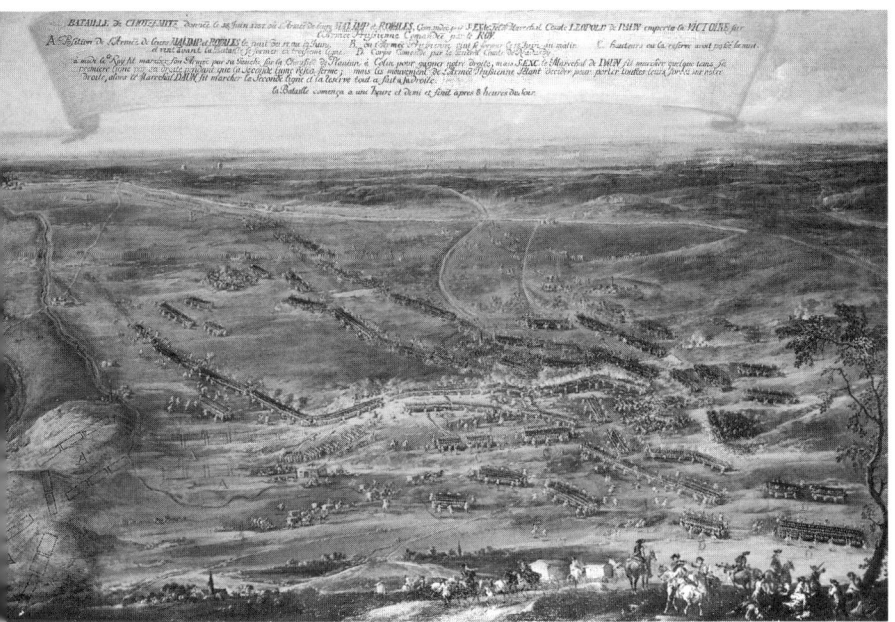

August Querfurt: Die Schlacht bei Kolin am 18. Juni 1757

tigen Eichwaldes in der Flanke der österreichischen Stellungen. Ein Durchbruch konnte jedoch nicht erzwungen werden. Nur die energische Attacke einer preußischen Kavalleriebrigade wiederum vom Ostrand des Schlachtfeldes her brachte die österreichischen Abwehrstellungen noch einmal in Bedrängnis. Der König vermochte immer wieder auch persönlich, seine Truppen zu neuen Anstrengungen anzufeuern. Noch einmal gelang es gegen sieben Uhr am Abend eines hochsommerlichen, heißen Tages durch einen mit den letzten verfügbaren Verbänden unternommenen Vorstoß, eine Bresche in die Linien der Österreicher zu schlagen. Aber es fehlte auch in dieser Situation an Reserven, um noch einmal eine Entscheidung zugunsten der preußischen Seite herbeiführen zu können. So mußte nach außerordentlich verlustreichen Gefechten der Kampf verlorengegeben werden. Auch die letzten Regimenter wichen daraufhin auf die Kaiserstraße zurück und traten den Rückmarsch in Richtung Prag an. Der König war bereits zuvor aufgebrochen. Er bezog zunächst jenseits der Elbe in Nimburg Quartier,

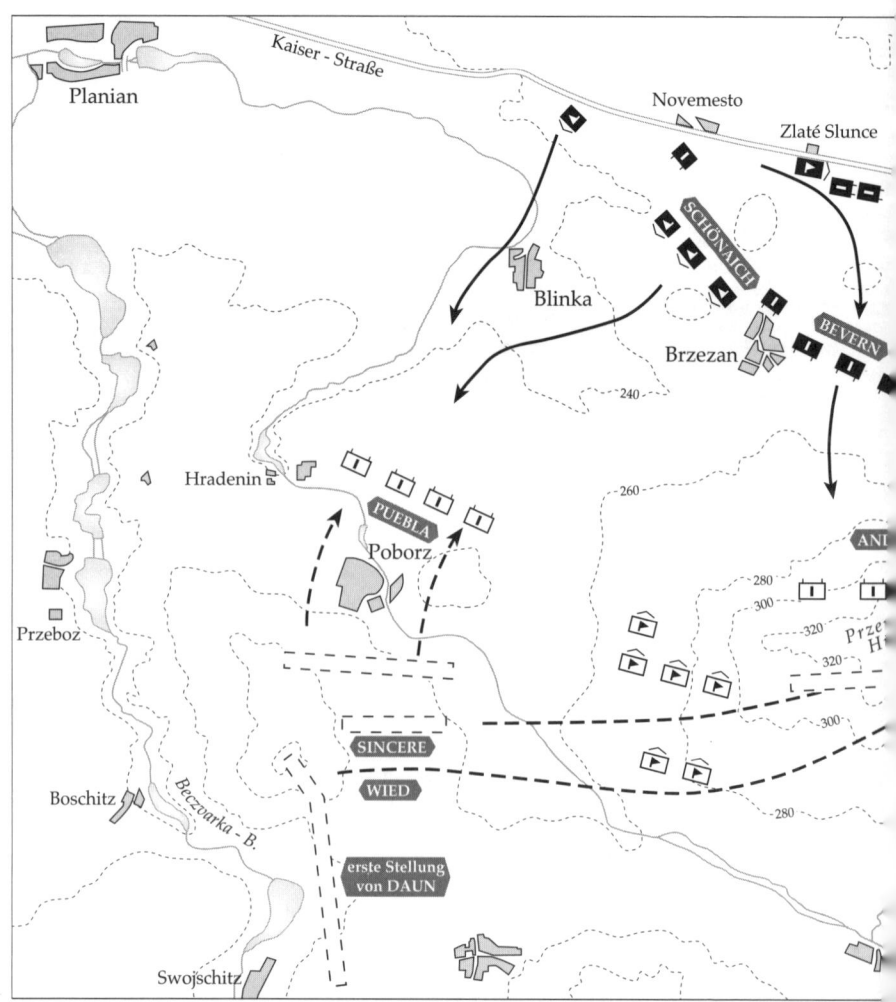

kehrte aber bereits am folgenden Tag in sein Hauptquartier vor
den Toren Prags zurück, um Prinz Heinrich im Zustand völliger
Erschöpfung die Dispositionen für den Rückzug der Armee aus
Böhmen zu übertragen.

Das Unternehmen eines offensiven Vorgehens gegen das Haus
Habsburg, das über den ganzen Kriegsverlauf mitentscheidend
hätte sein sollen, war damit zunächst einmal gescheitert. Es endete

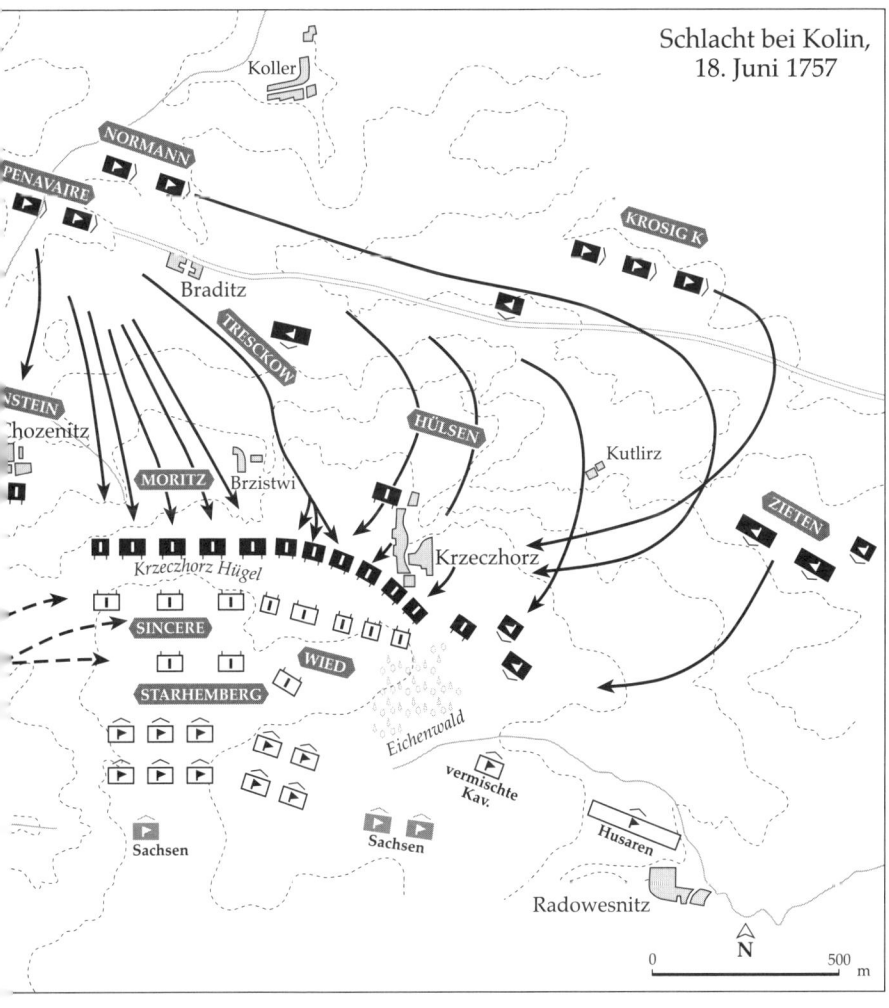

Schlacht bei Kolin,
18. Juni 1757

mit Verlusten in personeller und materieller Hinsicht, die – noch
bevor Franzosen, Russen und Schweden in das Kriegsgeschehen
eingegriffen hatten – im Grunde einer Katastrophe gleichkamen.
Allein die Schlacht von Kolin hatte noch einmal etwa 13 000 Mann
hinweggerafft und überdies einer beträchtlichen Zahl von erfahrenen Offizieren und Truppenführern das Leben gekostet. Vor allem
hatte sich aber erwiesen, daß die österreichischen Kommandeure

ihre Stellungen mit außerordentlicher Umsicht und souveränem taktischen Geschick auszuwählen wußten und insofern einem Gegner, der sich selbst und seine Armee auf schnelle und möglichst vernichtende Schlachten eingeschworen hatte, zu einem ebenbürtigen, vielfach auch überlegenen Widerpart geworden waren. Es zeigte sich jetzt zum ersten Mal mit allen Konsequenzen, daß Friedrich zwar ein aufs höchste gefährlicher, aber wegen seiner Ungeduld und Kampfentschlossenheit auch verletzlicher Gegner war. Besonders in den kommenden Feldzügen sollte sich erweisen, daß in dieser für die Zeit ganz ungewöhnlichen Kriegsauffassung seine Erfolge und Mißerfolge begründet lagen. Aber das Faszinosum seiner Persönlichkeit muß eben gerade darin gesehen werden, daß das unerbittliche Hasardspiel, mit dem er seine Ziele durchzusetzen versuchte, letztlich zum Erfolg geführt hat.

Die Lage des Königs in Böhmen war nach der Niederlage von Kolin und den hohen Verlusten, die seine Armee erlitten hatte, nicht mehr haltbar. So sah er sich schon am 20. Juni gezwungen, die Belagerung von Prag aufzuheben und einen nur unzureichend koordinierten Rückzug mit zwei Armeekorps dies- und jenseits der Elbe nach Sachsen anzutreten. Während er einen der beiden neuformierten Verbände selber befehligte, übertrug er das Kommando über den anderen seinem jüngeren Bruder August Wilhelm, der während des gefährlichen Rückzugs durch gebirgiges Gelände seiner Aufgabe nicht gewachsen war. So konnte er nicht verhindern, daß seine Armee durch die leichten Truppen der Österreicher immer wieder in kleine, aber verlustreiche Gefechte verwickelt wurde und durch die Wegnahme von Magazinen am Ende aufgerieben zu werden drohte.

Die Gereiztheit des Königs steigerte sich noch durch die Nachricht über den Tod der Mutter, der Königin Sophie Charlotte, die am 28. Juni siebzigjährig gestorben war. Dieser erneute und nun ganz persönliche Verlust erschütterte ihn – wie aus einem Brief an seine Schwester Wilhelmine überliefert ist – zutiefst.[56] Sein Zorn jedoch entlud sich in heftigen, beinahe hemmungslosen Vorwürfen an den Bruder, über deren Wortlaut schon im Kapitel über die Regelung der Thronfolgefrage zu berichten war. Nach den ersten Anzeichen einer dramatischen Zuspitzung der Lage war Friedrich am 21. Juli im böhmischen Leitmeritz seinem Armeekorps vor-

auseilend nach Sachsen aufgebrochen und stellte den Bruder am
30. Juli in Bautzen persönlich zur Rede. August Wilhelm, immerhin der Prinz von Preußen, verließ daraufhin tränenüberströmt und
tief gekränkt die Armee, obwohl er im Offizierkorps keineswegs
unpopulär war und vor allem auch in der Familie engagierte Für-
sprecher hatte. Seine Auffassung, daß «unser großer Mann» so
überaus eingenommen von sich selbst sei, in seiner Unbesonnenheit alles überstürze und dann, wenn das Glück einmal umschlage,
mit dem Finger auf Unschuldige zeige, fand weiterverbreitete Resonanz, als dem König vermutlich bewußt war.[57]
    Die Gesamtlage hatte sich jedenfalls durch schwere Fehler und
Versäumnisse grundlegend geändert. Eine österreichische Armee
von furchterregender Gesamtstärke stand jetzt im August bei Zittau in der Oberlausitz und bedrohte wiederum aus einer gut gewählten Stellung die von ihren Niederlagen und Gewaltmärschen
nach wie vor schwergezeichneten Preußen. Aber der König hegte
zum Entsetzen von Ratgebern wie Prinz Heinrich schon wieder
Angriffspläne. Dennoch hielt er zunächst einmal inne, denn es gab
eindeutige, nicht länger mehr zu ignorierende Anzeichen, daß die
große Allianz der Gegner Preußens nun auch militärisch in Erscheinung trat. Im Westen war zunächst ein französisches Armeekorps gegen eine aus hannoverschen und anderen protestantischen
Reichsterritorien stammende Armee unter dem Oberbefehl des aus
England entsandten Herzog von Cumberland vorgestoßen und
hatte diese am 26. Juli bei Hastenbeck im Weserbergland geschlagen. Die französische Hauptarmee unter dem Kommando des Marschalls Soubise trat zugleich in Straßburg an, um sich bei ihrem
Vormarsch nach Osten mit der aus zahlreichen Einzelkontingenten
zusammengesetzten Reichsarmee zu vereinigen.[58]
    Der König teilte nun ein weiteres Mal seine Armee. Während er
den Herzog von Bevern mit dem Gros der Truppen zur Deckung
Sachsens und Schlesiens in der Lausitz beließ, machte er sich selbst
am 30. August an der Spitze eines wesentlich schwächeren Korps
nach Nordwesten auf den Weg, um den Franzosen und der Reichs-
exekutionsarmee entgegenzutreten. Der Vormarsch nach Thüringen verlief reibungslos. Aber die schlechten Nachrichten häuften
sich nun in bestürzender Weise. Zunächst erfuhr der König, daß
Feldmarschall Lehwaldt, der als tüchtiger und erfahrener, aber mit

den verfügbaren Truppen überforderter Korpskommandant mit der Sicherung Ostpreußens betraut war, am 30. August bei Groß-Jägersdorf eine einstweilen immerhin nicht entscheidende Niederlage gegen die vorrückenden Russen erlitten hatte.[59] Nach einigen zunächst noch vagen Gerüchten erreichte ihn dann die schließlich definitive Nachricht, daß Winterfeldt zusammen mit einer ganzen Reihe weiterer Offiziere in Gefechten mit einem österreichischen Detachement bei Moys gefallen war. Offensichtlich wog dieser Verlust für den König besonders schwer. Hans Karl von Winterfeldt war trotz vieler unterschiedlicher Auffassungen und einem völlig andersartigen Bildungshintergrund ein absolut loyaler Weggefährte, ein Mann der ersten Stunde und darüber hinaus ein Mann, der in seiner unbedingten Vertrauenswürdigkeit durch niemanden ersetzt werden konnte.[60] Sein Tod war für Friedrich ein weiterer schwerer Schlag in diesem unseligen Krieg, der neben dem Schmerz über die Einbuße an militärischer Kompetenz offensichtlich auch ganz elementare Empfindungen berührte. Wie anders wäre die Größe dieses Monarchen zu beschreiben, wenn es nicht neben seiner offenkundigen Machtbesessenheit diese anrührenden Beziehungen gegeben hätte – zu Ästheten wie Keyserling ebenso wie zu Männern des Kriegshandwerks wie Winterfeldt? Friedrich war in Augenblicken wie diesen zu außerordentlicher Spontaneität und Warmherzigkeit fähig und auch in der Lage, seinen Gefühlen mit Würde und Anteilnahme Ausdruck zu verleihen. Das hat er in Briefen, Gedichten und selbstverfaßten Nachrufen, die er vielfach in der Berliner Akademie verlesen ließ, und dann in privaten Äußerungen seinen Vorlesern gegenüber immer wieder bekundet. Er war bei aller Unerbittlichkeit seines Herrschaftsanspruchs eben zugleich auch ein Mitleidender. Das ist bei allem, was über ihn als Herrscher, Feldherr und Schriftsteller überliefert ist, immer wieder höchst bemerkenswert.

Eine weitere Hiobsbotschaft kam hinzu. Am 17. September kapitulierte auf dem westlichen Kriegsschauplatz die Observationsarmee unter dem Herzog von Cumberland, die gegen das nach Hannover entsandte Korps der Franzosen aufgestellt worden war. Cumberland hatte sich in der Konvention von Kloster Zeven dazu verstehen müßen, die gesamte Koalitionsarmee, bestehend aus hannoverschen, braunschweigischen und hessischen Kontingenten, aufzulösen. Für den König bestand nun die Gefahr, daß das französische Korps unter dem Herzog von Richelieu weiter vordringen und sich mit den bereits in Thüringen stehenden Verbänden des Marschalls Soubise und des Prinzen von Sachsen-Hildburghausen vereinigen konnte. Erstmals sah sich der König also der Bedrohung durch den konzentrischen Angriff mehrerer Armeen ausgesetzt – eine Konstellation, die auch in den kommenden Feldzügen höchst risikoreiches Handeln erforderte. Allerdings konnte er auf der inneren Linie operieren und besaß insofern seinen Kontrahenten gegenüber einen entscheidenden Vorteil.

Gerade in diesen Wochen äußerster Anspannung hat sich Friedrich in seinen persönlichsten Empfindungen und den Prinzipien, die ihn ungeachtet aller Rückschläge und Verluste an der unbeirrbaren Verteidigung des einmal Erreichten festhalten ließen, immer wieder seiner Schwester Wilhelmine anvertraut. Reinhold Koser hat in seiner Friedrich-Biographie der Markgräfin von Bayreuth gerade in dem hier zu erörternden Zusammenhang eine Porträtskizze von besonderer Eindringlichkeit gewidmet. Kränkelnd, aufgeregt, empfindlich und zu Übertreibungen in der Liebe wie im Haß neigend, schreibt Koser, war Wilhelmine für alle anrührenden wie erhebenden Eindrücke ebenso empfänglich wie für Regungen unerbittlicher Feindseligkeit. In den Krisen und Nöten des Herbstes 1757 war sie jedoch von den leidenschaftlichen Schwingungen, von denen Friedrichs innerstes Wesen umgetrieben wurde, «wie in Verzückung» hingerissen. Wilhelmine, äußert Koser, schien dem Bruder in einer der schwersten Prüfungen seines Lebens wieder das geworden zu sein, «was sie einst dem erbitterten und verstockten und doch so liebebedürftigen, halb leichtsinnigen und halb schwermütigen Knaben gewesen war». – «Sie, die auf ihr ganzes Leben als auf ein ununterbrochenes Martyrium zurückschaute, wußte, was Leiden war, und litt alle Qualen des Bruders seelisch und beinahe körperlich mit. Wenn sie für die einst im Elternhause erlittenen Unbilden in den fratzenhaft verzerrten Schilderungen ihrer Memoiren mit krankhaftem Nachzittern sich schadlos gehalten, wenn sie jahrelang in dem bitteren Gefühl unverdienter Kränkung und verschmähter Hingebung auch diesem Bruder schmollend sich entfremdet hatte, so lebte und webte sie jetzt nur in einem Gefühle: Sie schwelgte in dem Stolz auf den Bruder» und versuchte

Antoine Pesne:
Bildnis der Mark-
gräfin Wilhelmine
von Bayreuth

im übrigen, auch August Wilhelm, den Bruder und heftig Geschol-
tenen, wieder mit dem König zu versöhnen.[61]
Vor dem Hintergrund der Krisensituation des Septembers 1757
klingt es wie eine Selbstbeschwörung, wenn der König Wilhelmine,
die «unvergleichliche», die «verehrungswürdige», die «göttliche»
Schwester, von der Maxime zu überzeugen versuchte, daß Standhaftigkeit («fermeté») im Widerstand gegen das Unglück bestehe.
Nur Feiglinge, führte er in dieser offensichtlich in höchster Erregung niedergeschriebenen «confession générale» aus, würden
sich unter das Joch beugen und geduldig ihre Ketten tragen. «Niemals, meine teure Schwester, werde ich mich zu einer solchen
Schmach entschließen können. Die Ehre, die mich vorangetrieben
hat, mein Leben hundertmal zu riskieren, hat mich gelehrt, dem
Tod für geringere Anlässe als diesen zu trotzen.» Wäre er nur seinen Neigungen gefolgt, hätte er sich sogleich nach der verlorenen
Schlacht davongemacht; aber er habe gefühlt, daß so etwas Schwäche bedeuten würde und daß es seine Pflicht sei, den entstandenen

Schaden wiedergutzumachen. Seine Hingabe an den Staat sei wiedererwacht; «ich habe mir gesagt: nicht im Glück ist es schwer, Verteidiger zu finden, sondern im Unglück». Er habe einen *point d'honneur* darin gesehen, alles wieder in Ordnung zu bringen, wie es ihm noch kürzlich in der Lausitz gelungen sei. «Aber kaum», fuhr er fort, «bin ich hier hergeeilt, um mich neuer Feinde zu erwehren, wird Winterfeldt bei Görlitz geschlagen und getötet, dringen die Franzosen in das Herz meiner Staaten vor und belagern die Schweden Stettin. Für mich gibt es nichts Gutes mehr zu tun; es sind der Feinde zu viele. Selbst wenn ich zwei Heere schlagen würde, das dritte wird mich vernichten [...]. Ich bin fest entschlossen, noch gegen das Mißgeschick zu kämpfen; aber zur gleichen Zeit bin ich ebenso entschlossen, meine Schande und die Schmach meines Hauses nicht zu unterzeichnen. Das, meine liebe Schwester, geht im Innersten meiner Seele vor.»[62]

Es folgt dann in dieser von Bitterkeit und düsteren Vorahnungen durchdrungenen Bekenntnisschrift eine längere Passage über die beiden Geschwistern gemeinsame Todessehnsucht, die ungeachtet des trotzig beschworenen Durchhaltewillens nur als Selbstmordabsicht gedeutet werden kann.[63] Dabei entwarf Friedrich erneut ein Szenarium, das nur Chaos, Untergang und Tyrannei auf der einen, Ehre und Größe, Glanz und Unsterblichkeit auf der anderen Seite gelten ließ. Das gesamte Wertespektrum dieses Briefs ist in einer für das Denken des Königs überaus typischen Weise von extremen Gegensatzpaaren geprägt. Daß ihm Voltaire einen solchen Rigorismus des alles oder nichts auszureden versuchte, liegt auf der Hand. Wenn er einige seiner Eroberungen herausgäbe, beschwor er den König, werde er deswegen nicht weniger geachtet sein. Aber auch Prinz Heinrich, der ungleich weniger emotional urteilende Bruder, fand offenbar den richtigen Ton, um dem zutiefst erschütterten König vor Augen zu führen, daß kein Grund bestehe, die Sache auf die Spitze zu treiben. Der König würde keineswegs der erste Fürst sein, der zur Abtretung einer Provinz gezwungen werde. Seine Lage sei ohne Zweifel mißlich. Aber er müsse nur ein kleines Opfer bringen, um sich daraus zu befreien. Standhaftigkeit im Unglück bestehe seiner Auffassung nach nicht darin, eine bereits verlorene Partie weiterzuführen, sondern in der Anwendung der am besten geeigneten Mittel, um dem völligen Ruin vorzubeugen.[64]

Es gab also nicht nur unter den *philosophes*, mit denen der König befreundet war, ernstzunehmende Stimmen, die zu einem Nachgeben in diesem schon im zweiten Feldzugsjahr aussichtslos erscheinenden Kampf rieten. Noch im Juli hatte er dem Marquis d'Argens versichert, daß er an ein Zurückweichen nicht denke. «Und wenn Himmel und Erde zusammenstürzen, ich lasse mich unter ihren Trümmern mit derselben Kaltblütigkeit begraben, mit der ich Ihnen diese Zeilen schreibe. In diesen fatalen Zeiten muß man sich mit eisernem Sinn und ehernem Herz wappnen, um jedes Gefühl zu unterdrücken. Jetzt hat der Stoizismus seine Stunde.»[65] Seine martialisch auftrumpfende Zuversicht war unterdessen aber einer tiefen Beklommenheit gewichen. So schrieb er am 12. Oktober an Wilhelmine – sicherlich offenherziger als an den Marquis –, daß das Schicksal oder ein Dämon den Sturz Preußens beschlossen habe. «Ich gestehe, daß ich kaum noch zu schreiben vermag; mein Gemüt ist so niedergedrückt, die Dinge stehen mir so unmittelbar vor Augen, daß meine Kraft nicht länger mehr ausreicht, um so starke und grausame Empfindungen abzuschwächen».[66]

Ungeachtet aller trüben Gedanken drängte der König aber auch jetzt wieder ungeduldig auf eine Schlachtentscheidung. Die bis nach Gotha vorgestoßenen Alliierten vermochten es jedoch immer wieder, einer direkten Konfrontation aus dem Wege zu gehen. Unterdessen hatten die Österreicher einen Stoßtrupp leichter Kavallerie nach Norden entsandt, um die rückwärtigen Verbindungen der preußischen Armee zu unterbrechen und sie zu einer nochmaligen Teilung ihrer Hauptkontingente zu zwingen. Obwohl der König unverzüglich Gegenmaßnahmen ergriff und sich Mitte Oktober selbst auf den Weg machte, um seine Kernlande vor dem Zugriff seiner Gegner zu schützen, gelang es dem österreichischen Streifkorps am 16. Oktober, bis nach Berlin vorzustoßen und fast ungehindert in die Randbezirke der Hauptstadt einzudringen. Doch ehe die preußischen Entsatztruppen eingreifen konnten, waren die leichtberittenen Eindringlinge schon wieder verschwunden und an ihrer Flucht nicht mehr zu hindern. Gleichwohl wurde Freund und Feind eindrucksvoll vor Augen geführt, wie gefährdet die Kurmark und das Regierungszentrum des ganzen Landes bei Operationen des Königs in Sachsen und Thüringen waren.

Erstaunlich an den Manövern der folgenden Wochen war jedoch, mit welcher Schnelligkeit und Präzision große Verbände der preußischen Armee auch unter schwierigen Wetterbedingungen umgruppiert und neuformiert werden konnten, ohne daß die Kampfbereitschaft zu leiden schien. So gelang es dem König Ende Oktober, wiederum eine Armee zusammenzuziehen, mit der er die immer noch zögerlich und unentschlossen an der Saale operierenden Alliierten zu der so sehnlich herbeigewünschten Schlacht zu stellen hoffte. Doch wichen die Franzosen ein weiteres Mal zurück und versuchten, ein Nachsetzen des Königs durch die Zerstörung der Weißenfelser Saalebrücke zu verhindern. Dennoch gelang es der preußischen Armee am 3. November, den Fluß zu überqueren. Die Verbündeten, verstärkt durch ein Kontingent österreichischer Kavallerie, befanden sich am 5. November in langen Kolonnen auf dem Marsch – offenbar in der Absicht, den linken Flügel der preußischen Lagerstellung bei Roßbach in Richtung auf die Saale zu umgehen. Es war schon am frühen Nachmittag, als der König plötzlich die Möglichkeit erkannte, nach einer blitzschnell vollzogenen, fast unbemerkt gebliebenen Kehrtwendung seinen zahlenmäßig weit überlegenen Widersachern entgegenzutreten.

Gegen halb vier am Nachmittag stieß die Avantgarde der Verbündeten auf die in verdeckter Position bereits in Schlachtordnung entfaltete preußische Kavallerie unter dem mittlerweile zum Generalmajor beförderten Seydlitz. Die Preußen eröffneten das Gefecht mit einer beherzten Attacke und vollendeten ihren Anfangserfolg durch vehemente Flankenangriffe des zweiten Treffens, die zum panikartigen Zurückweichen der Vorausabteilungen der Alliierten in einen tief eingeschnittenen Hohlweg und damit in ein Desaster führten. Aber statt sich mit diesem Triumph zufriedenzugeben, sammelte Seydlitz mit souveränem Überblick seine Schwadronen, um sie in einer Umfassungsbewegung von Südosten her gegen die Infanteriekolonnen der Verbündeten zu führen. Auch dieser erneute Flankenangriff hatte verheerende Folgen. Denn die Marschformation der Koalitionsarmee geriet nun völlig aus den Fugen. Unterdessen hatten im Zentrum des Schlachtgeschehens auch die Infanterieregimenter des Königs und immer wieder auch die überaus wirkungsvoll postierte Artillerie in die Kämpfe eingegriffen. Allgemeine Auflösung griff nun um sich. Wo überhaupt noch Wi-

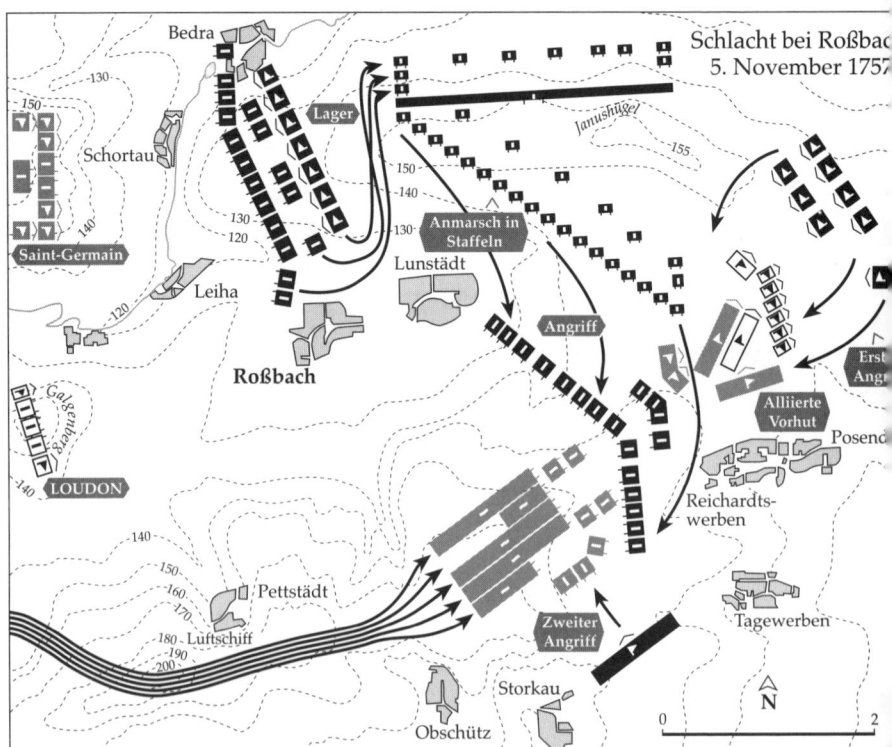

derstand geleistet wurde, waren es versprengte Trupps, die sich in völliger Orientierungslosigkeit zu retten versuchten. Schließlich war es die an einem Novembertag früh hereinbrechende Dunkelheit, die dem ungleich gewordenen Kräftemessen ein Ende setzte und den preußischen Truppen ein Nachsetzen verwehrte.

Noch am Abend dieses eine unverhoffte Wende herbeiführenden Tages schrieb der König in verhaltener Genugtuung an seine Schwester: «Endlich kann ich Ihnen eine gute Nachricht melden. Sie wußten zweifellos, daß die französischen und die Reichstruppen Leipzig nehmen wollten. Ich bin herbeigeeilt und habe sie über die Saale zurückgeworfen. Der Herzog von Richelieu hatte ihnen 20 Bataillone und 14 Escadrons zur Verstärkung geschickt; sie selbst haben ihre Stärke mit 63 000 Mann angegeben. Gestern zog ich ihnen entgegen, konnte sie in ihrer Stellung aber nicht angreifen. Das machte sie verwegen. Heute setzten sie sich in Marsch, um mich anzugreifen; aber ich kam ihnen zuvor. [...] Wir haben die gesamte Artillerie des Feindes erbeutet, ihre Verwirrung ist vollständig [...]. Nach soviel Unruhe, dem Himmel sei Dank, ein günstiges Ereignis. Es wird heißen, daß 20 000 Preußen 50 000 Franzosen und Deutsche geschlagen haben. Jetzt würde ich in Frieden ins Grab steigen, nachdem Ruhm und Ehre meiner Nation gerettet sind. Wir können unglücklich sein, aber nicht mehr entehrt. Sie, meine teure Schwester, meine gute, göttliche und zärtliche Schwester, nehmen Anteil am Schicksal Ihres Bruders, der sie anbetet. Teilen Sie jetzt auch seine Freude [...]. Ich umarme Sie von ganzem Herzen.»[67]

Waren das Briefe, die für die Nachwelt oder vielleicht für ein öffentliches Forum bestimmt waren? Alles erweckt den Anschein, als wenn es sich bei diesen heute längst auch in einer Druckfassung zugänglichen Dokumenten um etwas Authentisches, um die Äußerungen eines in seinem Lebenskonzept Bedrohten handelte. Friedrich war gewiß eine vielschichtige Persönlichkeit. Aber hier ging es offensichtlich um die Grundsatzfragen seiner Existenz. Und es war außer Wilhelmine niemand mehr da, dem er sich in den Erschütterungen seiner Seele anvertrauen konnte. Es war einsam um ihn geworden, und es sollte über diesen Krieg noch einsamer um ihn werden.

Dieser Brief an Wilhelmine dokumentierte aber nicht nur die Genugtuung über die Ehrenrettung, die ihm durch seinen Sieg bei Roßbach zuteil geworden war. Vielmehr hatte er nun wenigstens einen weiteren Widersacher abzuweisen vermocht. Acht französische Generäle, 260 Offiziere und über 6000 Mann, schrieb er in verhaltenem Stolz an den Marquis d'Argens, seien gefangengenommen, während die preußische Armee nur einen Obersten, zwei andere Offiziere, 67 Soldaten und 223 Verwundete an Verlusten zu beklagen habe.[68] An einen weiteren konzentrischen, mit den österreichischen Verbündeten abgestimmten Angriff war jedenfalls für absehbare Zeit nicht zu denken. Der König hatte demnach nicht nur eine Schlacht in einer für die Zeit ganz ungewöhnlich «sanften» Manier gewonnen, sondern den Erfolgsaussichten der großen Allianz der Gegner Preußens einen überall in Europa mit Erstaunen wahrgenommenen Stoß versetzt. Er war im Begriff, aus dem Schatten seiner usurpatorischen und letztlich als temporär eingeschätzten Anfangserfolge in Schlesien und Sachsen herauszutreten und eine Statur zu gewinnen, die durch den Selbstbehauptungswillen in einem aussichtslos erscheinenden Kampf schließlich ein eigenes moralisches Gewicht erlangte. Er hatte es nach den Waffengängen mit dem Hause Österreich nun erstmals mit einer Hegemonialmacht zu tun gehabt, die immer noch von ihrem Nimbus globaler Reputation und militärischer Unanfechtbarkeit zehrte. Und obwohl es ursprünglich gewiß nicht die Absicht des Königs war, diesem Land inniger Wahlverwandtschaft und grenzenloser Bewunderung mit dem Degen in der Hand entgegenzutreten, rückten ihn seine persönliche Bravour und das spektakuläre Ausmaß seines Triumphes endgültig in das Rampenlicht des Kriegsszenariums. Er war jetzt über das in erster Linie mit Österreich zu verhandelnde Schlesienproblem hinaus zu einer militärischen und politischen Schlüsselfigur avanciert, mit der man auf dem gesamten Kontinent haßerfüllt oder fritzisch gesinnt rechnen mußte. Vielleicht hatte er recht, als er der Schwester anvertraute, daß er zwar auch in Zukunft unglücklich, aber nicht mehr ehrlos sein könne. Alles hatte mit der Annektierung Schlesiens begonnen; und nun stand zur Entscheidung, ob es ihm gelingen würde, diese Usurpation zu verteidigen.

Die publizistische Resonanz auf den Sieg von Roßbach war außerordentlich. Sie erreichte über das Reich und seine in Katholiken und Protestanten gespaltene Öffentlichkeit hinausgreifend auch die Sphäre der großen Politik der Kabinette und führte zu ersten Überlegungen, wie man sich mit diesem neuen und unverkennbar ernstzunehmenden Faktor im Mächtesystem arrangieren konnte. England jedenfalls handelte umgehend und kündigte einseitig die Konvention von Kloster Zeven auf. Und bereits am 16. November wurde Herzog Ferdinand von Braunschweig als neuer Oberbefehlshaber einer zum Schutz Hannovers aufzustellenden Armee berufen, zu der neben den Truppen der verbündeten Reichsterritorien auch britische Kontingente und preußische Kavallerie entsandt werden sollten. Schon im Februar des folgenden Jahres begann er mit einer Offensive gegen die im Reich verbliebenen Verbände der französischen Armee und zwang sie zum Rückzug über die Weser. Er deckte von nun an die westliche Flanke des Königs mit äußerstem Geschick und spektakulären Schlachterfolgen während des gesamten Krieges.[69]

Eine Observationsarmee war an der Saale nach dem Rückzug der Verbündeten einstweilen nicht mehr erforderlich. So wandte sich der König am 12. November von Leipzig aus den schlesischen Problemen zu, die während seiner Abwesenheit einen katastrophalen Verlauf zu nehmen drohten. So hatte der Herzog von Bevern die wichtige Festung Schweidnitz aufgegeben und am 22. November auch eine Feldschlacht gegen die Hauptarmee der Österreicher in der Nähe von Breslau verloren. Die Folge war, daß zwei Tage später auch die Stadt selbst im Zustand allgemeiner Konfusion und Mutlosigkeit aufgegeben wurde und nun nicht mehr den für die Rückeroberung des Landes unerläßlichen Rückhalt zu bieten vermochte. Nach 13 nur durch drei Ruhetage unterbrochenen Märschen hatte der König an der Spitze seiner Armee 40 Meilen zurückgelegt und erschien nun selbst auf dem letztlich entscheidenden Kriegsschauplatz in Schlesien. Am 28. November traf er in Parchwitz nordöstlich von Liegnitz ein und war in den folgenden Tagen immer wieder auch in persönlichem Gespräch bemüht, die auf verschiedene Korps verteilten, zum Teil auch dezimierten Verbände wieder zu einer Armee zusammenzufügen, die einem erneuten, aller Voraussicht nach entscheidenden Waffengang mit dem in der Nähe postierten Hauptkontrahenten gewachsen war. Er lagerte wie der gemeine Soldat bei klirrender Kälte unter freiem Himmel. Nie war er seinen Truppen näher als in diesen Tagen gefaßter und schicksalsergebener Entschlossenheit. Auch die berühmte, durch den Prinzen Ferdinand von Preußen, den jüngsten Bruder Friedrichs, überlieferte Rede, mit der sich der König am Morgen des 4. Dezember an die Generäle und Regimentskommandeure seiner Armee wandte, dokumentierte in bewußt unspektakulärer, aber offenbar überaus eindringlicher Weise den existentiellen Ernst der Lage. Adolph Menzel hat sich in diese ebenso beklemmende wie erhabene Szene in einem grandiosen, unvollendet gebliebenen Historiengemälde hineinzuversetzen versucht, wobei der geschwächte und in schäbiger Uniform auftretende, aber offensichtlich um so charismatischer wirkende König im Mittelpunkt des Bildes nur in skizzenhaften Umrissen erkennbar ist.[70] Der König sprach auf deutsch und nach allen Überlieferungen mit stoischem Gleichmut. Er kenne, äußerte er, die Schwierigkeiten, die mit einem Angriff auf das befestigte Lager bei Breslau verbunden seien, sehr wohl. «Aber in der Situation,

in der ich mich befinde, geht es um Sieg oder Tod! Alles ist verloren, wenn wir unterliegen! Denken Sie daran, meine Herren, daß
wir bei diesem Anlaß für unseren Ruhm, für den Fortbestand unseres Heimatlandes, für unsere Frauen und Kinder kämpfen werden.
Diejenigen unter Ihnen, die wie ich denke, können versichert sein,
daß ich im Falle Ihres Todes für Ihre Frauen und Kinder sorgen
werde; diejenigen jedoch, die es vorziehen, ihren Abschied zu nehmen, werden ihn auf der Stelle erhalten» – Wohltaten allerdings
dürften sie nicht erwarten.[71]

Aber der Worte waren nun genug gewechselt. Am 4. Dezember
in der Frühe brach die Armee aus dem Lager von Parchwitz auf;
der König ritt an der Spitze. Während des Vormarsches in Richtung auf Breslau stieß die Avantgarde in der hinter den Stadttoren
verrammelten Ortschaft Neumarkt auf die Feldbäckerei der österreichischen Hauptarmee und nahm einige hundert der zu ihrer
Deckung stationierten Kroaten gefangen. Unterdessen wurde die
Nachricht bestätigt, daß auch die Österreicher unter dem Kommando des Prinzen Karl von Lothringen, des Bruders des Kaisers,
ihre Lagerstellung verlassen hatten und sich mit einer den Preußen
weit überlegenen Armee von 65 000 Mann auf dem Marsch befanden. Ein Zusammenprall der Kontrahenten war also unausweichlich und von beiden Seiten durchaus gewollt. Doch erwies sich der
König gerade auch in dieser Schlacht als der konzeptionell Überlegene. Von entscheidender Bedeutung war dabei, daß dem König
und vielen seiner Kampfgefährten das Gelände in der Umgebung
von Breslau durch die alljährlich hier abgehaltenen Herbstmanöver
genauestens bekannt war.

Nach dem Aufbruch seiner Armee in den frühen Morgenstunden
des 5. Dezember und der Formierung zweier großer Kolonnen Infanterie, jeweils flankiert von Kavalleriebrigaden, gelang es zunächst,
ein Vorauskommando österreichischer und sächsischer Husaren zu-
rückzuwerfen und wiederum zahlreiche Gefangene zu machen.
Nach einer genauen Rekognoszierung der Gefechtsaufstellung des
Prinzen Karl im gleißenden Gegenlicht einer gerade aufgehenden
Wintersonne entschloß sich der König, an den in nordsüdlicher
Richtung in langgezogenen Linien aufgestellten Treffen der Österreicher, gedeckt durch zwei die Sicht verstellende Hügel, vorbeizu-
defilieren, um dann den Prinzipien der schiefen Schlachtordnung

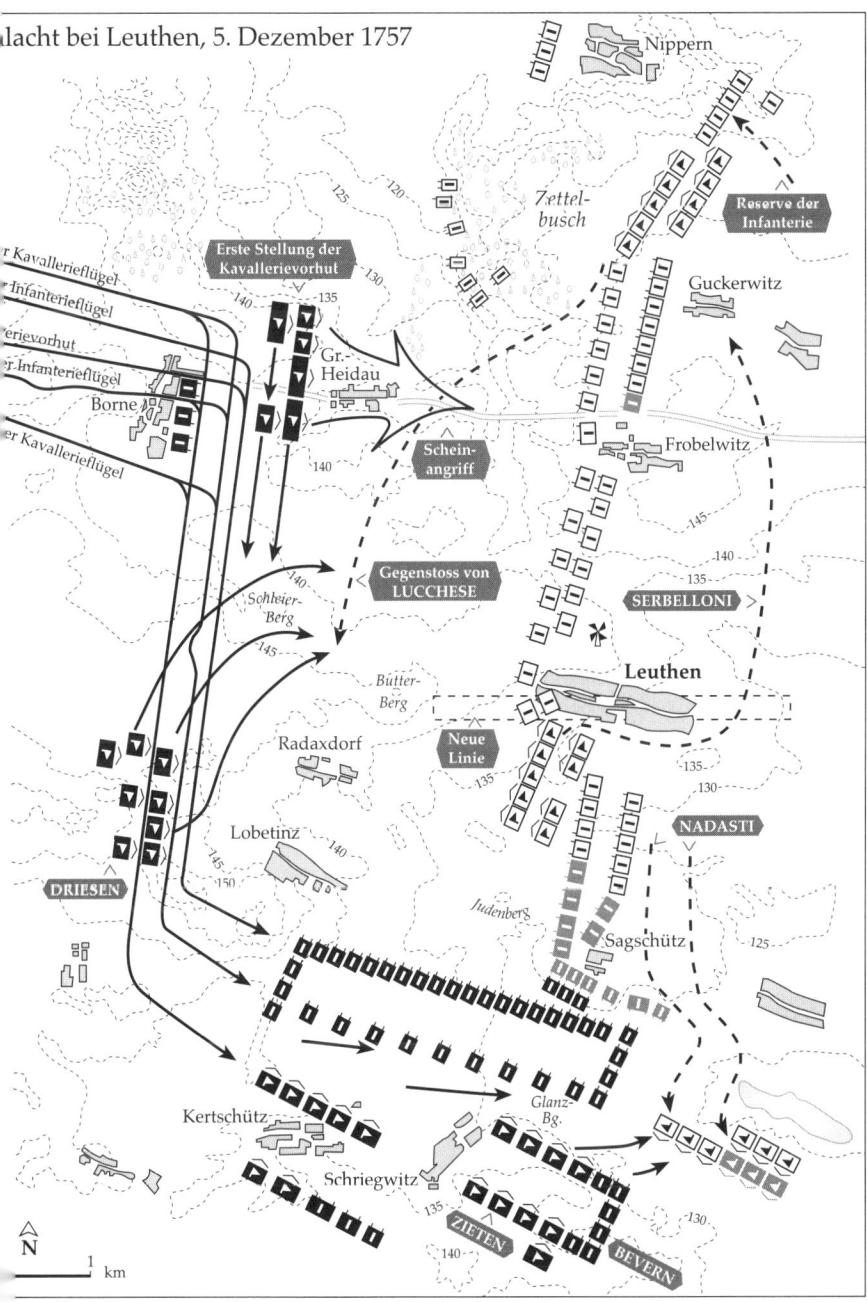

lacht bei Leuthen, 5. Dezember 1757

Nippern

Reserve der
Infanterie

Zettel-
busch

Guckerwitz

Erste Stellung der
Kavallerievorhut

r Kavallerieflügel

Infanterieflügel

erievorhut

r Infanterieflügel

Gr.-
Heidau

Borne

Frobelwitz

Schein-
angriff

Gegenstoss von
LUCCHESE

SERBELLONI

er Kavallerieflügel

Schleier-
Berg

Leuthen

Bütter-
Berg

Radaxdorf

Neue
Linie

NADASTI

Lobetinz

DRIESEN

Judenberg

Sagschütz

Kertschütz

Glanz-
Bg.

Schriegwitz

ZIETEN

BEVERN

N

1 km

folgend von der Ortschaft Sagschütz aus in einem überraschenden Seitenschwenk auf Leuthen, also die südliche Flanke des Gegners, vorzudringen. Um seine Absichten zusätzlich zu verschleiern, ließ er einige Abteilungen kurze Zeit in der ursprünglichen Richtung weitermarschieren, um den Anschein eines Frontalangriffs auf die österreichischen Linien zu erwecken. Gegen ein Uhr mittags begannen die eigentlichen Gefechte gegen die noch immer nach Westen ausgerichteten Linien der Österreicher, außerordentlich wirkungsvoll unterstützt durch die sogleich nachrückende Feldartillerie. Die entscheidenden Kämpfe tobten dann um das Dorf Leuthen, um das sich die österreichischen Verbände neu formiert hatten. Besonders um den von einer hohen und äußerst massiven Umfriedungsmauer eingefaßten Kirchhof gab es erbitterte Kämpfe. Aber dann wurden die noch im Feld verbliebenen Verbände durch das Nachsetzen vor allem der preußischen Kavallerie so sehr ineinandergeschoben, daß die gesamte Gefechtsaufstellung der Österreicher im Sog der Flüchtenden zum Einsturz kam. Der König versuchte, in der hereinbrechenden Dunkelheit ein Entkommen der Geschlagenen am Striegauer Wasser an der Brücke von Lissa zu verhindern. Aber es blieb bei unbedeutenden Scharmützeln, die an der Gesamtbilanz dieses entscheidenden Tages nichts mehr zu verändern vermochten.

Die Verluste waren dem Schlachtverlauf entsprechend außerordentlich unterschiedlich. Sie betrugen auf preußischer Seite etwa 6400 Mann, von denen die Mehrzahl vermutlich nur leicht verwundet war, auf österreichischer aber ca. 22000, darunter 12000 Mann, die in preußische Gefangenschaft gerieten: ein Debakel also für die in den Gefechten der letzten Wochen immer wieder erfolgreichen Österreicher. Nun war es jedoch wieder der König selbst, der ihnen entgegengetreten war.

Wichtiger als der Schlachtverlauf und sein blutiges Ergebnis waren freilich die strategischen Folgen – womöglich für den ganzen Krieg und darüber hinaus für das Schicksal der preußischen Monarchie überhaupt. Denn die Österreicher vermochten das im Herbst 1757 weitgehend zurückeroberte Schlesien nicht mehr zu halten und mußten nach der Wegnahme eines aus 400 Brot- und Bagagewagen bestehenden Konvois hinnehmen, daß erst Breslau mit einer Besatzung von 17000 Mann und dann auch Liegnitz in die Hand preußischer Belagerungstruppen fiel. Nur Schweidnitz blieb als letzter Brückenkopf bis zum Frühjahr 1758 in österreichischem Besitz. Der Husarengeneral Hans Joachim von Ziethen und danach de la Motte Fouqué, ein anderer Vertrauter des Königs, verfolgten die Geschlagenen und zwangen am 23. Dezember auch die Nachhut, die Grenze nach Böhmen wieder zu überschreiten. Dramatisches hatte sich ereignet. Aber am Ende war Schlesien wieder in der Hand des Königs.

Jede Biographie, die der Person und dem Lebenswerk Friedrichs II. gerecht zu werden versucht, muß erörtern, wie die Bilanz dieses denkwürdigen Feldzugs nach den Kriterien heutigen Einschätzungsvermögens ausfällt. Was zunächst die Schlacht von Leuthen selbst betrifft, so ist in Übereinstimmung mit Christopher Duffy und anderen Experten zu konstatieren, daß die Kampfmoral der preußischen Truppen für eine Armee des vorrevolutionären 18. Jahrhunderts als außerordentlich hoch eingeschätzt werden muß.[72] Auch die offenbar authentische Überlieferung, daß die Truppen am späten Abend trotz Kälte und Erschöpfung den Choral «Nun danket alle Gott ...» angestimmt und gemeinsam gesungen haben, dürfte ein Beleg dafür sein, daß hier eine für Söldnertruppen des *ancien régime* ausgeprägte Verbundenheit zu unterstellen ist.[73] Es waren offenbar vorwiegend Landeskinder: Brandenburger, Pommern und Magdeburger, die diesen für den einzelnen in Planung und Durchführung kaum nachvollziehbaren Schlachtensieg erfochten hatten. Im übrigen war der König als oberster und keineswegs entrückter Kriegsherr während vieler Tage und besonders im Lager von Parchwitz mitten unter ihnen. Auch das dürfte einen entscheidenden Anteil am Erfolg der preußischen Waffen gehabt haben. Hinzu kam, daß die zum Teil sehr unübersichtlichen Manöver, die vor allem beim Einschwenken der Marschkolonnen in die Gefechtsaufstellung ausgeführt werden mußten, in größter Disziplin vonstatten gingen. Bemerkenswert an dieser Schlacht war aber auch das ungewöhnlich reibungslose und überaus effiziente Zusammenwirken der Waffengattungen und darüber hinaus die Umsicht und Eigeninitiative einiger Kommandeure, die in Gegenwart des Königs Entscheidendes zum Gelingen des Operationsplans beizutragen vermochten.

Aber maßgeblich dürfte der Schlachtplan des Königs selbst gewesen sein. Erst der geniale, in den Entscheidungen weniger Augenblicke konzipierte Umgehungsmarsch ermöglichte es, eine beinahe doppelt so starke Armee in den kurz bemessenen Stunden eines Winternachmittags zu überwinden und unter schweren Verlusten zum Rückzug zu zwingen. Sicherlich kam dem König zugute, daß er mit der gesamten Region und allen Besonderheiten des Terrains auf das genaueste vertraut war. Dennoch besteht kein Zweifel, daß sich Friedrich am Ende dieses dramatischen, von schweren Rückschlägen und unsäglichen Strapazen gekennzeichneten Feldzugsjahres auf dem Höhepunkt seiner Feldherrnkunst befand. Niemals später hat er mit einer solchen konzeptionellen Klarheit und rationalen Kontrolle seine militärischen Ziele verfolgt. Niemals war er in der Wahl der taktischen Auskünfte, die er auf die militärischen Herausforderungen durch seine Gegner zu geben wußte, listen- und erfindungsreicher als in diesem Feldzug. Alles, was er tat, war originell und kaum berechenbar. Er war in Augenblicken wie denen von Parchwitz und Leuthen ohne Zweifel ein Feldherr von genialer Statur. Und manches spricht auch dafür, daß er später nie mehr über eine Armee verfügte, die ihm so hochmotiviert und bedingungslos ergeben war. Schon in den Winterquartieren in Schlesien und Sachsen wurden seine Truppen von einer Epidemie heimgesucht, die hohe Verluste verursachte.

Aber vor allem: Die Probleme, die er sich mit der Annektierung Schlesiens im Überschwang des Jahres 1740 geschaffen hatte, waren auch nach diesem Sieg keineswegs gelöst, sosehr er – wie es in zahlreichen seiner Briefe anklingt – auch gehofft haben mochte, daß sich das Kaiserhaus nach diesem Feldzug und der erneuten Einbuße von Schlesien zu einem Friedensschluß bereit erklären würde. Vielmehr zwangen ihn die politischen und militärischen Prämissen, unter denen er auch diesen schließlich Siebenjährigen Krieg begonnen hatte, die Entscheidung in einem weiteren, nun unmittelbar bevorstehenden Feldzug in der Offensive zu suchen. Auch wenn an neue Eroberungen kaum mehr zu denken war, mußte er erneut die Initiative ergreifen und wenigstens einen seiner Gegner abzuschütteln versuchen. Immerhin konnte er sich nach der Neuformierung einer von England unterstützten Koalitionsarmee unter Herzog Ferdinand von Braunschweig – einem Feldherrn, der sich in kürzester Zeit auch als glänzender Heeresorganisator erweisen sollte – sicher sein, daß den Franzosen ein Vorstoß nach Sachsen oder Thüringen so schnell nicht wieder gelingen würde. Der Plan für den Feldzug 1758 sah vor, dieses Mal nach Mähren vorzudringen, um nach der Wegnahme der strategisch wichtigen Festung Olmütz die Hauptkräfte der Österreicher zu binden und in Schach zu halten. Es war zu vermuten, daß in diesem Feldzug erstmals auch eine russische Armee auf dem mitteleuropäischen Kriegsschauplatz erscheinen und die brandenburgischen Kurlande unmittelbar bedrohen würde. Prinz Heinrich sollte unterdessen mit einem Armeekorps in Sachsen verbleiben, während Ziethen Niederschlesien und die rückwärtigen Verbindungen zu sichern hatte. Bereits am 17. März begab sich Friedrich nach Kloster Grüssau, um unmittelbar am Fuße des Hauptkamms der Sudeten die Vorbereitungen für den logistisch außerordentlich schwierigen Einmarsch in Mähren zu treffen. Am 29. April überschritten die preußischen Truppen die Grenze nach Mähren und erreichten nach mühseligem, durch einen späten Wintereinbruch noch zusätzlich erschwerten Vormarsch am 4. Mai die Gegend um Olmütz.

Die Stadt war nach den preußischen Einfällen in den ersten beiden Schlesischen Kriegen stark befestigt worden und verfügte über eine Garnison, die mit allen Kriegserfordernissen ausgestattet war. Und obwohl am 31. Mai mit der Beschießung der belagerten Stadt begonnen werden konnte, erwies sich sehr schnell, daß mit einer zahlenmäßig nicht ausreichend starken Armee an eine völlige Einschließung der Stadt nicht zu denken war. Im übrigen war auch eine österreichische Entsatzarmee unter dem Kommando des Feldmarschalls Daun – Prinz Karl von Lothringen war nach der Katastrophe von Leuthen als Oberbefehlshaber abgelöst worden – zur Stelle, die zwar einer Schlachtentscheidung auswich, aber den weitverstreut lagernden Truppen des Königs in unaufhörlichen Überfällen und Vorpostengefechten erhebliche Verluste beibringen konnte.

Alles hing jetzt vom Eintreffen eines Nachschubkonvois ab, der aus mehr als 3000 Wagen mit erheblichem Geleitschutz bestand und Munition, Proviant und eine Million Taler Bargeld zur Fortsetzung der Belagerung von Olmütz bereitstellen sollte. Nach Vorpostengefechten am 28. erfolgte am Morgen des 30. Juni dann bei Domstadtl der von den beiden österreichischen Kommandeuren

Siskowics und dem später zu hoher Reputation gelangten Ernst Gideon Freiherr von Loudon glänzend vorbereitete Generalangriff auf die südliche und nordwestliche Flanke der Kolonne, kurz nachdem sich der kilometerlange Konvoi auf der Landstraße nach Olmütz soeben wieder in Bewegung gesetzt hatte. Die nicht in formierter Schlachtordnung, sondern nach den Prinzipien des kleinen Krieges aus dem Hinterhalt heraus vorgetragenen Attacken versetzten die eskortierenden Truppen in solche Verwirrung, daß der Konvoi in zwei Hälften auseinanderbrach. Ziethen trat daraufhin mit einigen tausend Mann den Rückzug nach Troppau an, während sich etwa hundert Wagen mit dem entsprechend dezimierten Geleitschutz nach Olmütz durchschlagen konnten. Das Hauptkontingent des Nachschubtransports mit etwa 3000 Wagen ging jedoch verloren, ebenso wie etwa 2500 Mann an Toten und Gefangenen und überdies auch 12 Kanonen.

Der König zögerte nach dieser schweren, auch durch seine eigene Sorglosigkeit mitverursachten Einbuße keinen Augenblick, die entsprechenden Konsequenzen zu ziehen. So hob er am 1. Juli die Belagerung von Olmütz auf und beschloß, schon am folgenden Tag den Rückmarsch anzutreten, und zwar nicht in Richtung auf Troppau, wo der preußische Wagenkonvoi in den Hinterhalt der österreichischen Parteigänger geraten war, sondern nach Böhmen, wo er sich taktische Vorteile versprach. Schon am 13. Juli traf er unbehelligt von österreichischen Detachements in Königgrätz ein, so daß er von den gefährlichen Gebirgspässen nach Schlesien nicht mehr abgeschnitten werden konnte. Daun folgte ihm zwar, gab sich aber in bewährter Manier keine Blöße, so daß dem König eine erneute Schlachtentscheidung nicht ratsam erschien.

Dieser in der ersten Augustwoche abgeschlossene, durch schwieriges Gelände und ohne Verluste an Mannschaft und schwerem Gerät durchgeführte Rückzug war eine taktische Meisterleistung – nicht zuletzt auch deshalb, weil der König angesichts der Nachrichten über das unerwartet schnelle Vordringen der Russen an die Oder auf jedes Hazardspiel verzichtete und sich nun seinerseits keine Blöße mehr gab. Er beherrschte demnach auch diese konventionelle, gewissermaßen schulmäßige Seite des Kriegshandwerks mit hoher Virtuosität. Aber es waren ohne Zweifel auch die Zwänge der militärischen Gesamtlage, die ihn in diesen Wochen davon abhielten, eine Entscheidung um jeden Preis herbeizuführen. Er war über den Triumph von Leuthen nicht zuletzt auch wegen der erstaunlichen Ressourcen, über die das Kaiserhaus in kurzer Zeit wieder verfügte, keineswegs euphorisch geworden, sondern sah mit ungetrübtem Realitätssinn, daß jetzt eine Auseinandersetzung mit der seine Erblande unmittelbar bedrohenden russischen Armee unausweichlich wurde.

Der König ließ den überwiegenden Teil seiner Armee zum Schutz von Schlesien in einer bewußt defensiv gewählten Lagerstellung zurück und übertrug das Oberkommando dem Markgrafen Karl von Brandenburg-Schwedt. Er selbst brach am 11. August mit einem Korps von 11 000 Mann nach Nordwesten auf, um nach der Vereinigung mit den gegen die Schweden und Russen operierenden Truppen des Generalleutnants von Dohna dem Vormarsch der russischen Hauptarmee an die Oder entgegenzutreten. Das Ziel der russischen Offensive war zunächst die Belagerung der Festung Küstrin, mit der die Lebensgeschichte des Kronprinzen so eng verwoben war. Als jedoch bekannt wurde, daß der König selbst im Anmarsch war, wurde der Beschuß der Festung sofort eingestellt und die Belagerung aufgehoben. Nach der Vereinigung mit dem Dohnaschen Korps überschritt die Armee des Königs in einer Gesamtstärke von etwa 37 000 Mann stromabwärts bei Alt-Güstebiese die Oder, um dann auf dem rechten Ufer wiederum nach Süden vorstoßend den Gegner zu stellen.

Die Hitze in diesen Augusttagen war – wie alle Quellenbelege dokumentieren – unerträglich, und entsprechend erschöpft waren vor allem jene Truppen, die mit dem König aus Schlesien aufgebrochen waren. Am späten Nachmittag des 24. August stieß die Vorhut dann auf die russische Armee, die gesichert durch einen Flußlauf und ein ausgedehntes Sumpfgebiet lagerte. Das Gelände war für den König nicht überschaubar; er war deshalb auf die Auskünfte einiger Ortskundiger angewiesen. Im übrigen wußte er wenig über den Gegner, seine Truppenstärke und seine Kampfkraft, er war auch über den Oberkommandierenden der russischen Armee, Graf Fermor, nur unzureichend unterrichtet. Dennoch stand für ihn von Anfang an fest, den Russen bei der ersten sich bietenden Gelegenheit eine Schlacht zu liefern. Daß er sich von diesem Vorhaben auch durch unverhoffte Blößen, die sich der Gegner gab,

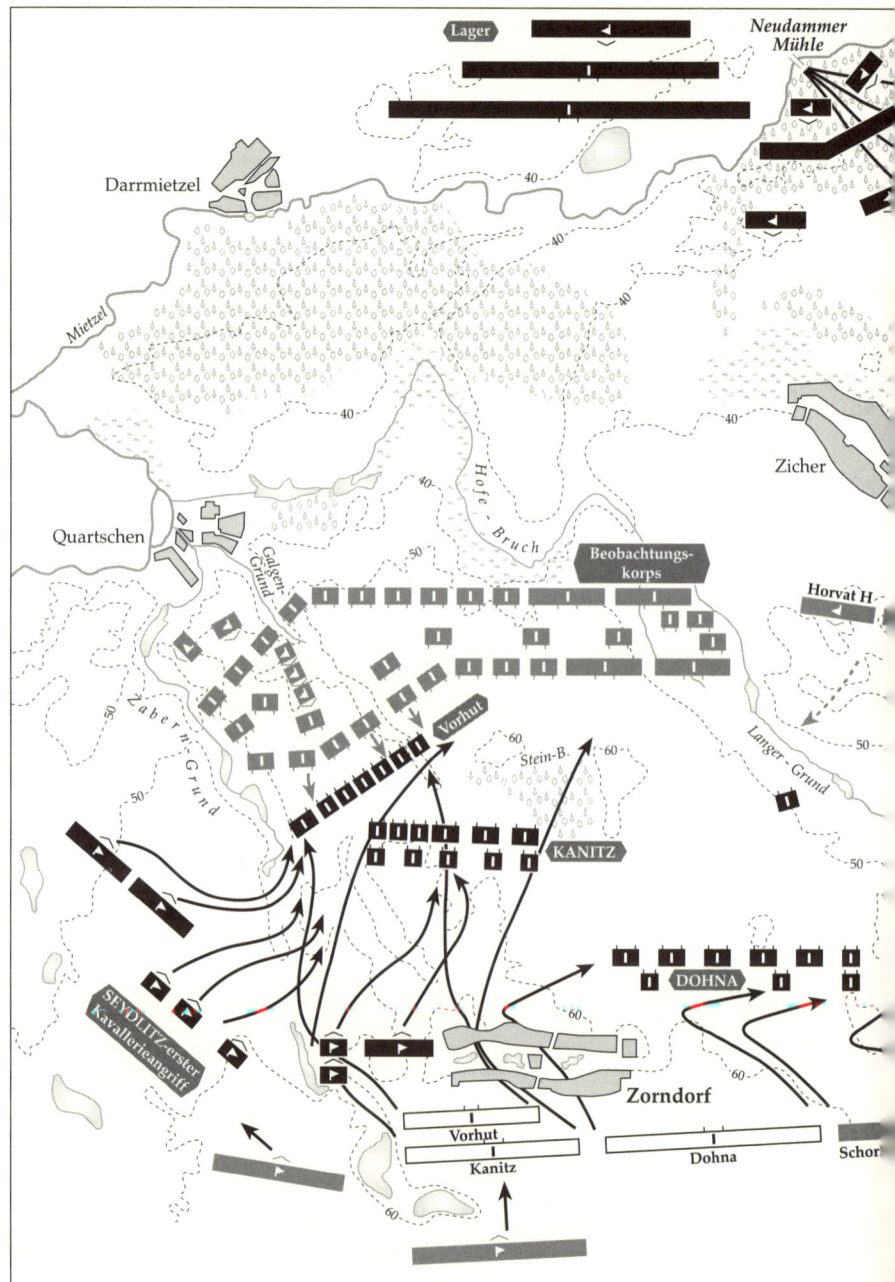

Lager

Neudammer Mühle

Darrmietzel

Mietzel

Zicher

Quartschen

Hofe - Bruch

Galgen-Grund

Beobachtungs-korps

Horvat H.

Zabern Grund

Langer - Grund

Vorhut

Stein-B.

KANITZ

DOHNA

SEYDLITZ-erster Kavallerieangriff

Zorndorf

Vorhut

Kanitz

Dohna

Schor

Vorhut

Kanitz

Dohna

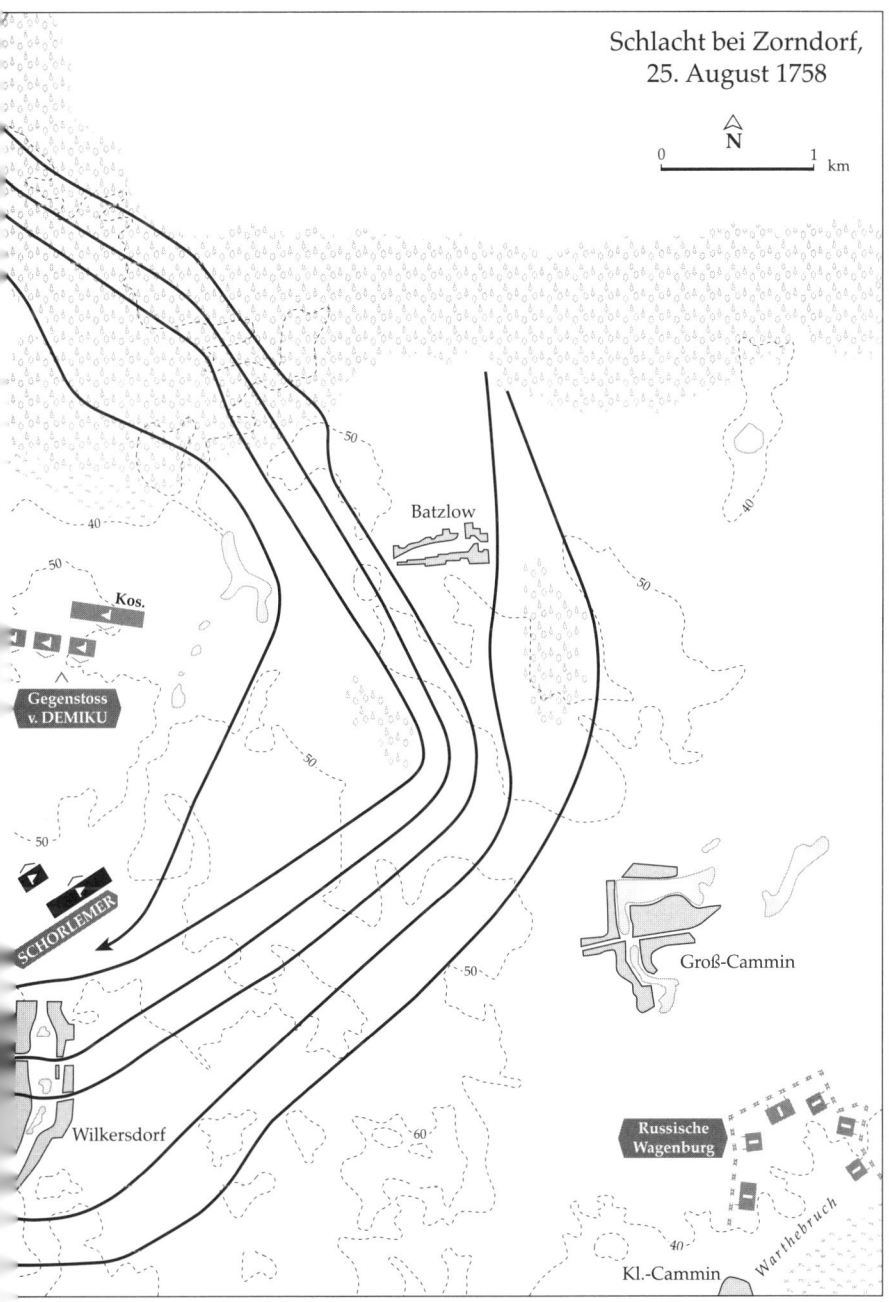

Schlacht bei Zorndorf,
25. August 1758

nicht abbringen ließ, belegt eine Episode am frühen Morgen des 25. August, als sich die Armee bereits auf einem Umgehungsmarsch um die östliche Flanke der russischen Lagerstellung befand. Dort nahm Friedrich plötzlich linker Hand, also erheblich entfernt von der Lagerstellung der russischen Armee, eine ausgedehnte, schwach gesicherte Wagenburg wahr, die offensichtlich den Versorgungstrain des weit über die Landesgrenzen hinaus vorgedrungenen Heeres darstellte. Schon Zeitgenossen waren der Auffassung, daß ein Angriff auf diesen Troß ohne Risiko hätte durchgeführt werden können und die russische Armee auch ohne eine Schlacht gezwungen hätte, den Rückzug nach Polen anzutreten. Der König jedoch hielt in der Eigenwilligkeit seiner Entschlüsse an seinem Plan fest, Fermor mit seiner Hauptmacht zur Schlacht zu zwingen und von der Oder abzudrängen.

Er hatte die Marschkolonnen seiner Armee, nachdem sie die rechte Flanke der russischen Gefechtsaufstellung überflügelt hatten, einschwenken lassen, während Fermor nach dem plötzlichen Auftauchen der Preußen hastig bemüht war, seine Truppen umzugruppieren und auf die neue Gefechtssituation einzustellen. Der Angriff des Königs erfolgte mit starker, überaus wirkungsvoller Artillerieunterstützung auf dem linken Flügel, während der rechte, den Prinzipien der schiefen Schlachtordnung entsprechend, zurückgehalten werden sollte. Es gelang der Vorhut und dem linken Flügel wegen der Geländebeschaffenheit jedoch nicht, entlang des Zaberngrundes vorzustoßen und die rechte Flanke der Russen zu umfassen. Vielmehr wurde die preußische Infanterie unter hohen Verlusten zurückgeworfen, obwohl der König persönlich eingriff und das Zurückweichen seiner Truppen zu verhindern suchte. Das ursprüngliche Konzept eines entschlossenen und konsequent durchgeführten Flügelangriffs scheiterte also ähnlich wie in der Schlacht von Kolin und führte schließlich zu einem frontalen Zusammenprall der beiden Armeen, der – wie alle Beispiele solcher Schlachten lehren – außerordentlich blutig enden mußte. Auch der rechte preußische Flügel griff nun auf Geheiß des Königs in das Schlachtgeschehen ein und konnte nach einem noch einmal mehrstündigen, äußerst verbissen geführten Kampf die Oberhand gewinnen. Aber schon zuvor hatte am späten Vormittag die preußische Kavallerie, wiederum souverän geführt von Seydlitz, den rechten, zunächst siegreichen Flügel der Russen so vehement attackiert, daß er nicht mehr standzuhalten vermochte und in Panik die Flucht ergriff. Erst in der Abenddämmerung wurde beiderseits das Feuer eingestellt, wobei sich die Russen in Richtung auf Zorndorf zurückzogen, während die preußischen Truppen an der westlichen Peripherie des Schlachtfeldes ihr Biwak bezogen, der König in ihrer Mitte.

Es gehört zu den Chronistenpflichten, auch in diesem Fall zu berichten, welche Opfer diese grausamste aller Schlachten des Siebenjährigen Krieges gefordert hat. Sie sind entsetzlich und unvorstellbar. Denn Friedrich büßte 12 800 Mann an Toten, Verwundeten und in Gefangenschaft Geratenen, also beinahe ein Drittel der an der Oder zusammengezogenen Armee ein, während die Russen nach zähem Widerstand 18 000 Mann an Verlusten zu beklagen hatten. Aber vor allem: Das strategische Ziel dieses immer wieder als einen Sieg der preußischen Waffen hingestellten Ereignisses hatte zunächst einmal nicht erreicht werden können. Denn Fermor blieb hinter Zorndorf stehen und bedrohte die preußische Lagerstellung mit Artilleriesalven und den Attacken der leichtberittenen Kosaken und Kalmücken. Der König verließ unterdessen die von Leichen und Pferdekadavern übersäte Walstatt und nahm Quartier im benachbarten Schloß Tamsel, jenem arkadischen Refugium, mit dem er seit den Tagen seiner Küstriner Festungshaft in warmherzigen Erinnerungen verbunden war. Fermor wich – immer noch in bedrohlicher Nähe und mit einer in erstaunlich kurzer Zeit neuformierten Armee – nur ganz allmählich zurück und bezog erst im November ein Feldlager bei Landsberg an der Warthe. Der König ließ den Grafen Dohna mit einem Korps von 17 000 Mann zu seiner Observierung zurück, während er sich selbst am 2. September mit dem Rest seiner Truppen nach Süden auf den Weg machte, um den beiden in der Lausitz und in Sachsen verbliebenen, von der österreichischen Hauptarmee immer offensichtlicher bedrohten Armeekorps zu Hilfe zu kommen.

Friedrich scheint von dem unsäglichen Grauen, das durch diese Schlacht angerichtet worden war, nur Schemenhaftes wahrgenommen zu haben, obwohl er erzürnt und ermunternd den ganzen Tag über allgegenwärtig war. Vielleicht war der unerhört forcierte und in großer Hitze absolvierte Anmarsch und dann das von Mitter-

nacht bis in die Abendstunden sich endlos hinziehende Schlachtgeschehen derart kräftezehrend gewesen, daß das so unbegreiflich
Menschenverachtende dieses Gemetzels nicht mehr in sein Bewußtsein drang. Nur der Schlachtentod seines Flügeladjutanten
von Oppen und die offensichtlich ernsthafte Erkrankung seiner
Schwester Wilhelmine erschütterten ihn. Durch auffallend viele
Augenzeugenberichte wird belegt, daß sich diese Schlacht und das
unbeschreibliche Elend ihrer Folgen zahlreichen Betroffenen als
ein traumatisches Erlebnis, als ein tief bedrückender Alptraum eingeprägt haben. Schon der Anmarsch war eine Überforderung. Aber
noch verhängnisvoller war, daß sich der König im Gegensatz zur
Vorbereitung der Schlacht von Leuthen keine Zeit ließ, um sich
und seine Truppen taktisch und mental auf diesen Waffengang einzustellen. Er hatte die Kampfkraft und Standfestigkeit der russischen Armee völlig unterschätzt und überdies auch die Beschwer-
nisse eines langen und heißen Sommertages verkannt. Insofern war
es nicht verwunderlich, daß ihm die Lenkung seiner Truppen nach
dem Scheitern des ursprünglichen Überflügelungskonzepts entglitt
und schließlich zu dem Szenarium eines mörderischen, nicht enden
wollenden Gemetzels führte.

Kaum war Fermor aus dem engeren Gesichtskreis der preußischen Armee verschwunden, brach der König wie erwähnt nach
Sachsen auf und erreichte nach ununterbrochenen Gewaltmärschen
am 11. September Dresden, wo er sich sogleich mit dem Armeekorps seines Bruders Heinrich vereinigte. An einen direkten Angriff
auf das österreichische, an die Berge angelehnte Feldlager war
nicht zu denken. In dieser Pattsituation versuchte man auf beiden
Seiten nach klassischer Manier, den Gegner durch Finten, Schein-
manöver und Operationen gegen die rückwärtigen Verbindungen
aus der Reserve zu locken. Aber Ende September ergriff der König
dann doch die Initiative und setzte sich in der Ebene in Richtung
auf Bautzen in Marsch. Eine Vorhut unter dem Generalleutnant
Wolf Friedrich von Retzow erhielt den Befehl, den das flache Land
überragenden Strohmberg in Besitz zu nehmen. Retzow wurde jedoch von einem österreichischen Vorauskommando abgewiesen,
das sich auf dem Hochplateau bereits festgesetzt hatte. Überhaupt
war unverkennbar, daß der Oberkommandierende Daun ebenso
wie der Chef des Stabes, Lacy, und andere Truppenführer wie Lou-

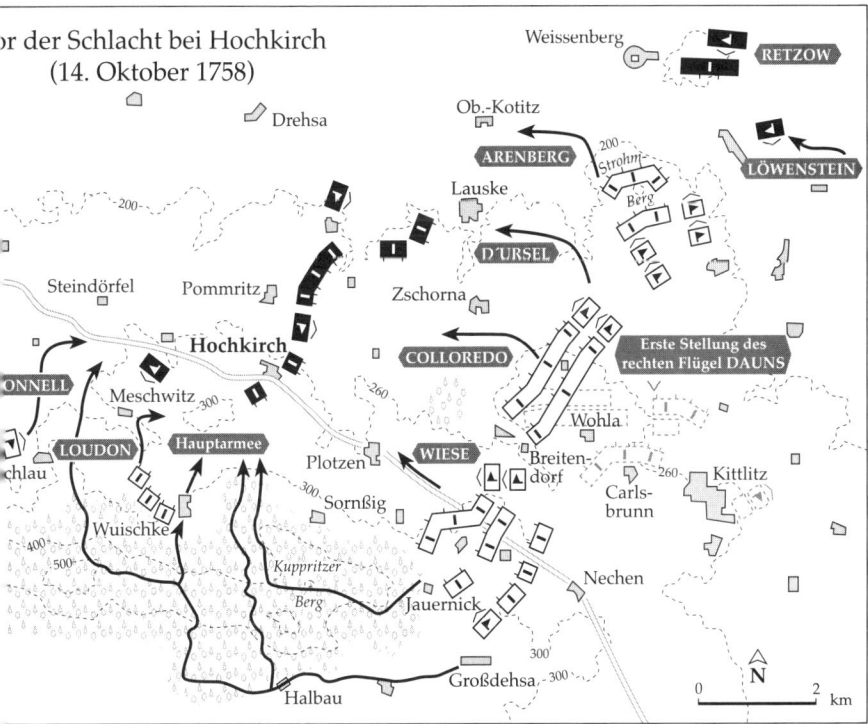

or der Schlacht bei Hochkirch
(14. Oktober 1758)

don ausgeruht und mit Umsicht und Geschicklichkeit die preußischen Truppen auf ihrem Marsch nach Schlesien beobachteten und in die Enge zu treiben versuchten. Der König enthob Retzow daraufhin seines Kommandos und ließ ihn unter Arrest stellen. Auf einer Zwischenetappe bezog die etwa 30000 Mann starke Armee des Königs dann am 13. Oktober eine Lagerstellung bei Hochkirch, auf der rechten Flanke angelehnt an ein ausgedehntes und unübersichtliches Waldgebiet.

In dieser Situation und auch angesichts des Umstandes, daß die österreichische Seite über eine mehr als doppelt so hohe Truppenstärke verfügte, entschloß sich Daun zu einem Überfall auf das preußische Feldlager. Dabei sollte der Angriff von mehreren Seiten zugleich erfolgen und durch kleinere Attacken leichter Truppen und lautstarke Ablenkungsmanöver während der Nacht verschleiert werden. Noch vor Tagesanbruch formierten sich die Zugkolonnen

der Österreicher zu ihrem Vorstoß auf das Heerlager des Königs,
der zu diesem Zeitpunkt noch in tiefer Erschöpfung schlief und
sich trotz des zunehmenden Getöses in der unmittelbaren Umgebung seines Quartiers nicht zum Aufstehen bewegen lassen wollte.
Doch das übrige verlief dann in wenigen Stunden. Die Kämpfe
konzentrierten sich ohne erkennbare Struktur auf den Ort Hochkirch, wobei sich die preußischen Infanterieregimenter kaum entfalten konnten und im allgemeinen Durcheinander hohe Verluste,
nicht zuletzt durch die österreichische Artillerie, hinnehmen mußten. So wurden schon gegen acht Uhr morgens nicht zuletzt auch
wegen des Nebels und undurchdringlicher Pulverschwaden Vorkehrungen zur Eingrenzung der nicht mehr abzuwendenden Niederlage getroffen.

Der König selbst steckte hier erstmals zurück und gab sich als
jemand geschlagen, dessen Unvorsichtigkeit den Zugriff Dauns geradezu herausgefordert hatte und nun eine Katastrophe heraufzubeschwören drohte. Nur mit den ständigen, zermürbenden Beläsi-
gungen durch leichte Truppen wie die Kosaken und Kroaten kann
erklärt werden, daß er offenkundige, bedrohlich sich zuspitzende
Gefahren nicht mehr wahrzunehmen vermochte. Seine unwirsche
Reaktion auf die ersten Meldungen über einen bevorstehenden Angriff belegen, daß er ebenso eigensinnig wie benommen an eine der
üblichen Pandurenattacken glaubte. Aber im Gegensatz zu der verzweifelten Lage, die auch am Morgen der Schlacht von Soor
herrschte, hatte er sich bei Hochkirch längst vor dem Beginn des
Kampfes in eine Lage manövriert, die ein Standhalten unmöglich
machte. Auch hatte er es in diesem Feldzug mit einem Gegner zu
tun, der das Ziel eines Überraschungsangriffs mit äußerster Konzentration und größter Disziplin verfolgte. So war die Niederlage
nicht nur die Folge einer lebensbedrohlichen Überheblichkeit, sondern auch der Entschlossenheit seiner Gegner, sich nach dem Debakel von Leuthen vor der ungeduldig mahnenden Kaiserin und
der europäischen Öffentlichkeit zu rehabilitieren.

Dennoch gelang es dem König relativ unbehelligt, eine Auffangstellung für seine geschlagene, in ihrer Mannschaftsstärke um etwa
ein Drittel geschwächte Armee zu errichten und damit den geregelten Rückzug in eine Lagerstellung bei Doberschütz zu ermöglichen. Er hatte fünf Generäle verloren, darunter den ihm beson-

ders nahestehenden Feldmarschall Keith und den jüngeren Bruder der Königin, den Prinzen Franz von Braunschweig-Bevern. Er selbst war bei einem Treffer auf sein altgedientes Roß rauchgeschwärzt und vollkommen erschöpft dem Tode entronnen. Aber noch tiefer traf ihn die Nachricht vom Tode seiner Schwester Wilhelmine, die ihm am 18. Oktober überbracht wurde. Er wandte sich schluchzend ab und zog sich zurück. Schon Tage zuvor hatte er de Catt weinend anvertraut, wie teuer ihm seine Schwester sei. Er habe ihr so unendlich viel zu verdanken. «Sie war es», äußerte er, «die mich zur Selbstbesinnung brachte, um mein oft allzu lebhaftes Temperament zu zügeln. Sie hat mich zur Arbeitsamkeit angehalten; sie hat mich gelehrt, daß jeder Mensch [...] und besonders ein zum Regieren berufener Prinz sich frühzeitig an Arbeit gewöhnen muß, daß er alle seine Talente und Kräfte gebrauchen muß, um gründliche Kenntnisse zu erwerben und sich mit ihrer Hilfe instandzusetzen, gut zu regieren.» Sie habe ihm jene trägen, wollüstigen und unaufgeklärten Fürsten vor Augen gestellt, die nichts aus sich selbst heraus zustande bringen und durch die Schuld ihrer Ratgeber unermeßlichen Schaden anrichten. Sie habe ihn gefragt, ob er denn erfolgreich für das Glück und die Ruhe seiner Untertanen wirken könne, wenn er seine Talente nicht pflege und Dinge erledige, ohne sich der Führung anderer anvertrauen zu müssen. Wenn er so seinen Pflichten nachkomme, habe ihm Wilhelmine erklärt, werde er sich den Musen und den Künsten mit um so größerem Vergnügen widmen können.[74]

Hinzu kam schließlich, daß sich gerade der zum Feldmarschall beförderte Prinz Moritz von Anhalt-Dessau, ein Sohn des «Alten Dessauers», der sich in den Schlachten von Leuthen und Zorndorf als einer der zuverlässigsten Truppenführer erwiesen hatte, von seinen schweren Verwundungen zwar erholte, im April 1760 aber einem offenen Krebsgeschwür erlag, ohne noch einmal zur Armee zurückgekehrt zu sein. Die einzigartigen Auskünfte, die durch die Tagebücher de Catts überliefert sind, dokumentieren, daß sich Friedrich auch nach dieser Krise wieder mit Selbstmordabsichten trug. Er verabscheue dieses Handwerk, äußerte er in einer seltsamen Form der Selbstverleugnung, «zu dem der blinde Zufall mich von Geburt an verdammt hat». Aber er habe etwas bei sich, um

dem Trauerspiel ein Ende zu setzen. Er zeigte de Catt eine kleine,
ovale Dose, die er um den Hals trug. Darin befanden sich 18 Opi-
umpillen, die – wie er freimütig erläuterte – ausreichen würden,
um jemanden an die düsteren Gestade zu befördern, von denen
keiner mehr zurückkehrt. Und dann folgt der bemerkenswerte, einen tiefgreifenden Wandel seiner Herrschaftsauffassung dokumen-
tierende Satz: «Der Staat, nicht der Ruhm, wird meinen Entschluß
veranlassen.» Ob er sich, fragte er de Catt, vorstellen könne, daß er
die abscheuliche Demütigung einer Gefangennahme überlebe?
«Nein, nein, mein Freund; ich werde dann die Bürde eines lästigen
Lebens von mir werfen. Und Sie, mein Lieber, so strenggläubig Sie
sind, werden mir (in Anlehnung an ein Voltaire-Zitat) zugestehen:

«Hat man alles verloren, ohne Hoffnung und Licht
wird das Leben zur Schande, der Tod zur Pflicht.
Das macht mir meine Dose so wertvoll.»[75]

Der König hat die Atempause der Winterquartiere nach diesem
so unendlich verlustreichen und kräftezehrenden Feldzug dazu genutzt, sich über seine Erfolgsaussichten in diesem nun bereits drei
Feldzugsjahre dauernden Krieg Rechenschaft abzulegen. Diese *Betrachtungen über die Taktik und einige Aspekte des Krieges* sind ohne
Zweifel den militärischen Lehrschriften des Königs zuzurechnen
und in allen systematisch gegliederten Werkausgaben auch seinem
militärtheoretischen Œuvre zugeordnet worden.[76] Doch verdeckt
eine solche Kategorisierung, daß die *Betrachtungen* im Unterschied
zu den großen Unterweisungsschriften wie den *General-Principia
vom Kriege* oder auch zu anderen seiner zahlreichen Instruktionen
und Reglements einen eher privaten, der Selbstvergewisserung dienenden Charakter tragen und zugleich eine ausgesprochen literarische Qualität besitzen. Besonders die Einleitung mit ihrer prinzipiellen Aufforderung, aus der Erfahrung zu lernen, verweist auf
eine Art des Räsonierens, die in anderen Instruktionsschriften militärischen Inhalts nicht anzutreffen ist. Auch die Fülle geistreicher
Anspielungen und historischer Querverweise deutet darauf hin, daß
diese Schrift auch literarischen Ansprüchen genügen sollte. Und
schließlich ist bemerkenswert, daß am Schluß der Abhandlung
nicht, wie bei Dienstvorschriften und Grundprinzipien üblich, Ver-
haltensmaßregeln gegeben werden, sondern die Rede davon ist,

daß die Dinge noch im Flusse seien und erneuten Nachdenkens und eingehender Prüfung bedürften. Er wolle, schrieb der König, mit diesem Traktat das Gespräch eröffnen, und erwarte von seinen Lesern, daß sie – angeregt durch seine leicht und in Eile hingeworfenen Ideen – zu einer eigenen Beurteilung gelangten.

Aber neben dem Dialog, in den der König mit dem engsten Kreis seiner Freunde und Vertrauten über die Erfahrungen der letzten Feldzüge zu treten wünschte, sind die *Betrachtungen* noch aus einem anderen Grund von Interesse. Denn sie vermitteln eine Reihe von Einsichten, die für die Erklärung dessen, was schon die Zeitgenossen nur als «Mirakel des Hauses Brandenburg» zu deuten vermochten, von außerordentlicher Bedeutung sind. So stellte er gegen Schluß seines Traktats sich und seinen immer wieder direkt angesprochenen Lesern die für den gesamten Kriegsverlauf entscheidende Frage: «Diese weit überlegenen Kräfte, diese Völker, die von allen vier Enden der Welt auf uns einstürmten, was haben sie erreicht? Ist es bei so vielen Hilfsmitteln, Kräften und Armeen wohl erlaubt, so wenig auszurichten? Ist es nicht klar, daß alle diese Heere bei richtigem Zusammenwirken und gleichzeitigem Handeln unsere Korps eins nach dem anderen zermalmt hätten, und daß sie, stets nach dem Zentrum vordringend, unsere Truppen schließlich auf die Verteidigung der Hauptstadt hätten beschränken können?»[77]

Und dann zog der König bereits am Ende des Jahres 1758 eine für die große Allianz der Gegner Preußens ebenso scharfsinnige wie niederschmetternde Bilanz: «Aber just ihre große Zahl ist ihnen zum Verhängnis geworden. Sie haben sich einer auf den anderen verlassen, der Führer der Reichstruppen auf den österreichischen General, dieser auf den russischen, der Russe auf den Schweden und dieser endlich auf den Franzosen. Daher die Lässigkeit in ihren Bewegungen und die Langsamkeit bei der Ausführung ihrer Pläne. Von schmeichelnden Hoffnungen und vom festen Vertrauen auf ihre künftigen Erfolge eingelullt, haben sie sich für Herren über die Zeit gehalten. Wie viele günstige Augenblicke haben sie verstreichen lassen, wie viele gute Gelegenheiten verpaßt! Kurz, welch ungeheuren Fehlern verdanken wir unsere Rettung!» In solchen Äußerungen, die in ihrer analytischen Kraft und nüchternen Unbestechlichkeit als einzigartig gelten müssen, ist das Ergebnis dieses dritten Krieges um den Besitz von Schlesien bereits in wesentlichen Aspekten erfaßt.

Es war eine Phase ruhiger Rück- und Selbstbesinnung, die der Beendigung des Feldzugs 1758 mit dem erfolglosen Vorstoß nach Mähren und den blutigen Schlachten von Zorndorf und Hochkirch gefolgt war und dem König Gelegenheit verschaffte, sich in einem mit «*réflexions*» wohl am präzisesten charakterisierten Traktat über den Verlauf und das Ergebnis der vergangenen Monate Rechenschaft abzulegen. Der konkrete Anlaß zur Abfassung dieses Textes und die Umstände seiner Niederschrift sind nicht bekannt. Auch ist lediglich überliefert, daß zu den Empfängern der Schwager des Königs und Oberkommandierende der auf dem westlichen Kriegsschauplatz operierenden Armee, Herzog Ferdinand von Braunschweig, und Generalleutnant Heinrich August de la Motte Fouqué, der altbewährte Freund des Königs aus der Kronprinzenzeit, gehörten. Friedrich übersandte Fouqué die Schrift bereits am 23. Dezember, obwohl die überlieferte Fassung des Textes mit dem Datum des 27. Dezember versehen ist. Ferdinand von Braunschweig dagegen erhielt eine Abschrift der *Réflextions* erst am 25. Januar 1759 mit dem ausdrücklichen Vermerk des Königs, daß er eine Weitergabe des Textes über seinen Neffen, den Erbprinzen von Braunschweig, hinaus nicht wünsche. Eine Drucklegung dieser *Betrachtungen* stand wohl aus Gründen der Geheimhaltung von Anfang an nicht zur Debatte; vielmehr sollte der Kreis derer, die Kenntnis von dieser in den Bereich der Staatsarkana fallenden Ausarbeitung erhalten sollten, möglichst klein gehalten werden. Jedenfalls waren es hochrangige und dem König besonders verbundene Militärs, denen sich Friedrich der Große mitzuteilen wünschte.

Es unterliegt demzufolge keinem Zweifel, daß die *Betrachtungen* ungeachtet ihres durchaus literarischen Anspruchs als ein Rechenschaftsbericht einzuschätzen sind, der aus den Erfahrungen der ersten Feldzugsjahre des Siebenjährigen Krieges zu einer Klärung des militärischen Handlungsspielraums und zukünftig zu ergreifender Maßnahmen beitragen sollte. Die eigentliche Bedeutung dieser nach schweren Niederlagen gewonnenen Erkenntnisse dürfte demnach in der Sphäre strategischer Prinzipien liegen. So führte der König über das Konzept, nach dem die Österreicher und ihre Verbündeten ihre Feldzüge zu planen pflegten, etwa aus, daß der

Gegner unsere Kräfte durch Diversionen auf eine Seite zu ziehen versuche, um auf der anderen, wo sie vor jedem ernstlichen Widerstand sicher seien, einen großen Schlag zu führen. Einem Korps gegenüber aber, das ihnen die Spitze zu bieten vermag, halten sie sich in der Defensive und wenden sich mit Nachdruck nur gegen Truppen, die ihnen aus Schwäche weichen müssen.[78] Die hier skizzierte Grundkonstellation blieb für die Einstellung der Alliierten auch dann noch maßgeblich, als in den letzten Feldzügen des Krieges besonders die Hofburg auf Entscheidungsschlachten drängte, die das Kriegsziel, die Rückgewinnung Schlesiens, in den Friedensverhandlungen durchzusetzen ermöglichten. Doch blieben – wie der Kriegsverlauf lehrt – entsprechende Erfolge aus. Was tat aber der König, um mit dieser offenkundig auf die Zermürbung des Gegners angelegten Strategie fertigzuwerden? Die *Betrachtungen* geben auch hier eine ebenso klare wie differenzierte Auskunft.

«Das Gewicht von ganz Europa», schrieb er, «lastet auf uns. Wir müssen mit unseren Armeen stets unterwegs sein, um bald eine Grenze zu verteidigen, bald einer anderen Provinz zu Hilfe zu eilen. Wir sind gezwungen, die Gesetze unserer Feinde anzunehmen, statt sie ihnen vorzuschreiben, und müssen unsere Operationen nach den ihren richten.» Da jedoch, fuhr er fort, solche Krisen nicht ewig dauern und ein einziges Ereignis bedeutende Veränderungen nach sich ziehen kann, müsse man alles daransetzen, den Feind auf ebenes Terrain, das heißt nach Niederschlesien, zu locken. Denn wenn es gelänge, «ihn aus seinen Bergen, Wäldern und durchschnittenen Geländen herauszubekommen, aus denen er so großen Nutzen zieht, so können seine Truppen den unseren nicht mehr widerstehen».[79] – «Ihr werdet sagen», wandte er sich an seine Vertrauten, «es sei ein schlimmer Ausweg, einen Feind ins eigene Land zu locken. Zugegeben! Trotzdem ist es das einzige Mittel.» Es habe der Natur nun einmal nicht beliebt, in Böhmen und Mähren Ebenen zu schaffen. So bleibe nichts anderes übrig, als jenes Gelände aufzusuchen, das die meisten Vorteile bietet.[80] Der König war dem Konzept einer offensiven Selbstbehauptung also auch nach den schweren Einbußen treu geblieben, die er in den beiden vorangegangenen Feldzügen erlitten hatte. Ein weiteres verlustreiches Jahr stand ihm bevor. Aber am Ende des Krieges konnte er eine Bilanz ziehen, die in zahlreichen Einzelaspekten den

Einschätzungen entsprach, zu denen er bereits in den *Betrachtungen* des Dezembers 1758 gelangt war. Insofern handelt es sich bei diesen Reflexionen um einen Text, der das gesamte Kriegsgeschehen ebenso authentisch wie rückhaltlos analysiert.

Angesichts des Umstandes jedoch, daß Daun nichts unternahm, um aus seinem Schlachtenerfolg strategischen Gewinn zu ziehen, faßte Friedrich neuen Mut. Prinz Heinrich blieb in Sachsen zurück. Der König aber brach am Abend des 23. Oktober in aller Verschwiegenheit nach Schlesien auf und konnte mit diesem Schachzug erreichen, daß die Einschließung von Neiße aufgehoben wurde und sich das entsprechende Belagerungskorps nach Mähren zurückziehen mußte. Da Daun nach dieser Diversion nur noch übrigblieb, sein Glück noch einmal in Sachsen zu versuchen, brach auch der König nach Westen auf. Die Folge war, daß Daun die geplante Belagerung von Dresden abbrechen und den Rückmarsch nach Böhmen antreten mußte.

Der Abwehrkampf auf der inneren Linie

Ein fundamentaler Wandel in der taktischen Grundeinstellung des Königs war im Winter 1758/59 insofern eingetreten, als nach den bisherigen, nur mit Mühe wettzumachenden Verlusten an eine erneute Offensive, wie sie nach dem Präventivkriegskonzept der ersten Feldzüge unumgänglich schien, nicht mehr zu denken war. Friedrich sah sich also erstmals genötigt, seinerseits abzuwarten und die Zeit der Winterquartiere ausschließlich auf die Ergänzung und Neuformierung seiner in drei verlustreichen Feldzügen geschwächten Armee zu verwenden. Er blieb während der Wintermonate in Breslau und versuchte nach dem Verlust so vieler innig-geliebter Freunde und Verwandter durch Poesie, Musik und Gespräche wieder zu Kräften zu kommen: Gegenwelten, Kompensationen, Widersprüche? Es dürfte müßig sein, auf solche Fragen eine schlüssige Antwort zu geben. Es waren die arkadischen, schon dem Kronprinzen vor Augen stehenden Visionen, um dem Grauen des wiederum traumatisch Erlittenen zu entkommen.

Der König beließ seine Hauptarmee in Niederschlesien, in der Ebene also, wo er seinen *Réflexions* zufolge dem Gegner den entscheidenden Schlag zu versetzen hoffte. Drei Observationskorps unter dem Kommando des Prinzen Heinrich, de la Motte Fouqués und Dohnas wurden in Sachsen, Oberschlesien und Pommern stationiert. Kleinere, mit eng begrenztem Auftrag äußerst wirkungsvoll durchgeführte Operationen richteten sich im April und Mai gegen die österreichischen Magazine und Nachschubdepots in Mähren und Nordböhmen und gegen die südöstlichen Territorien des Reiches. Friedrich hatte sich demnach darauf verlegt, dem Gegner die Initiative zu überlassen und – wie bisher die Österreicher – darauf zu warten, bis sich die Gelegenheit zu einem aussichtsreichen Gegenschlag bot. Allmählich zeichnete sich jedoch ab, daß ein konzentrischer Angriff der russischen Hauptarmee im Zusammenwirken mit einer österreichischen Heeresgruppe geplant war. Um die Entsendung eines solchen Kommandos verhindern zu können, verlegte der König seine Armee von Schlesien in das feste Lager von Schmottseifen (10. Juli). Unterdessen war Dohna vor den herannahenden Russen – dieses Mal unter dem Feldmarschall Saltykow – zurückgewichen. Friedrich entsandte daraufhin Generalleutnant Karl Heinrich von Wedell, einen jungen und hochgeschätzten Offizier, mit dem dezidierten Befehl, den Vormarsch der russischen Armee östlich der Oder unter allen Umständen aufzuhalten. Dabei kam es am 23. Juli bei Paltzig/Kay zu einer Schlacht, die angesichts überhasteter Dispositionen und der ungleichen Kräfteverhältnisse mit einer schweren Niederlage des preußischen Observationskorps endete. Aber vor allem konnte von Wedell dem Vordringen der russischen Armee keinen Einhalt gebieten. Vielmehr wandte sich diese von Crossen auf kürzestem Wege nach Frankfurt an der Oder und bedrohte die Kurmark nun ganz unmittelbar.

Der König eiferte sich über diesen Fehlschlag außerordentlich, obwohl er von Wedell gar keine Wahl gelassen hatte, als sich blindlings auf einen weit überlegenen und auch taktisch versierten Gegner zu stürzen und zur Rettung seiner persönlichen Reputation hohe Verluste in Kauf zu nehmen. Eine weiträumige Umgruppierung der verfügbaren Streitkräfte war jetzt unumgänglich. Prinz Heinrich setzte sich aus Sachsen ab und wurde mit dem Oberbefehl über die preußische Hauptarmee im Lager von Schmottseifen betraut. Der König selbst übernahm das Kommando über die aus

Sachsen herangeführten Verbände Heinrichs und brach sogleich
nach Nordwesten auf, um die geschlagene Armee von Wedells auf-
zufangen und zu verstärken und den Vorstoß zweier von Daun zu
den Russen entsandten Detachements zu verhindern. Doch gelang
es ihm lediglich, das Hadiksche Korps bei Markersdorf abzudrängen und dessen Troß in Besitz zu nehmen. Feldmarschalleutnant
Loudon schaffte mit seinem Kontingent von 24 000 Mann jedoch
weiter östlich den Durchbruch zur russischen Armee, so daß sich
Anfang August erstmals eine russisch-österreichische Koalitionsarmee von insgesamt fast 79 000 Mann mit 423 Geschützen zusam-
menfand, die nur durch eine erneute Feldschlacht von der Hauptstadt ferngehalten werden konnte.

Der König entschloß sich deshalb, auf dem linken Ufer oder-
abwärts vorzustoßen und den Fluß bei Reitwein/Göritz zu überqueren. Er wandte sich dann nach Süden, um die unweit von Frankfurt
an der Oder stehenden Verbündeten unverzüglich anzugreifen.[81]
Den 11. August, einen glühend heißen Sommertag, nutzte er dazu,
von einem flachen Hügel aus das Lager des Gegners zu erkunden.
Es war verschanzt und erstreckte sich halbkreisförmig über eine
Kette dünenartiger Bodenwellen, die von Bächen, Sümpfen und
Teichen umsäumt waren und zur Oder hin steil abfielen. Aber
viele, am Ende schlachtentscheidende Besonderheiten des äußerst
geschickt gewählten Geländes blieben ihm verborgen, wobei er bis
zum Schluß bei der irrigen Überzeugung blieb, daß die Front des
Gegners ihm abgewandt, also nach Nordwesten in Richtung auf
Frankfurt an der Oder ausgerichtet war. An mehreren Abschnitten
dieser Lagerstellung erschien selbst dem König ein Angriff aussichtslos. Er entschloß sich deshalb, nicht mit der Hauptmacht das
Treffen zu eröffnen, sondern hinter der bereits niedergebrannt vor-
gefundenen Ortschaft Kunersdorf auf engstem Raum Stellung zu
beziehen und dann nach dem Schema der schiefen Schlachtordnung gegen den linken, auf dem Mühlberg postierten Flügel der
russischen Armee vorzugehen.

Schon vor Tagesanbruch waren die Kolonnen der preußischen
Armee aus dem Lager aufgebrochen. Aber erst um halb zwölf
konnte nach mehrfachen Umgruppierungen das Geschützfeuer auf
die vorgeschobenen Linien der Russen eröffnet werden. Dieses
höchst wirkungsvolle Bombardement hatte zur Folge, daß der

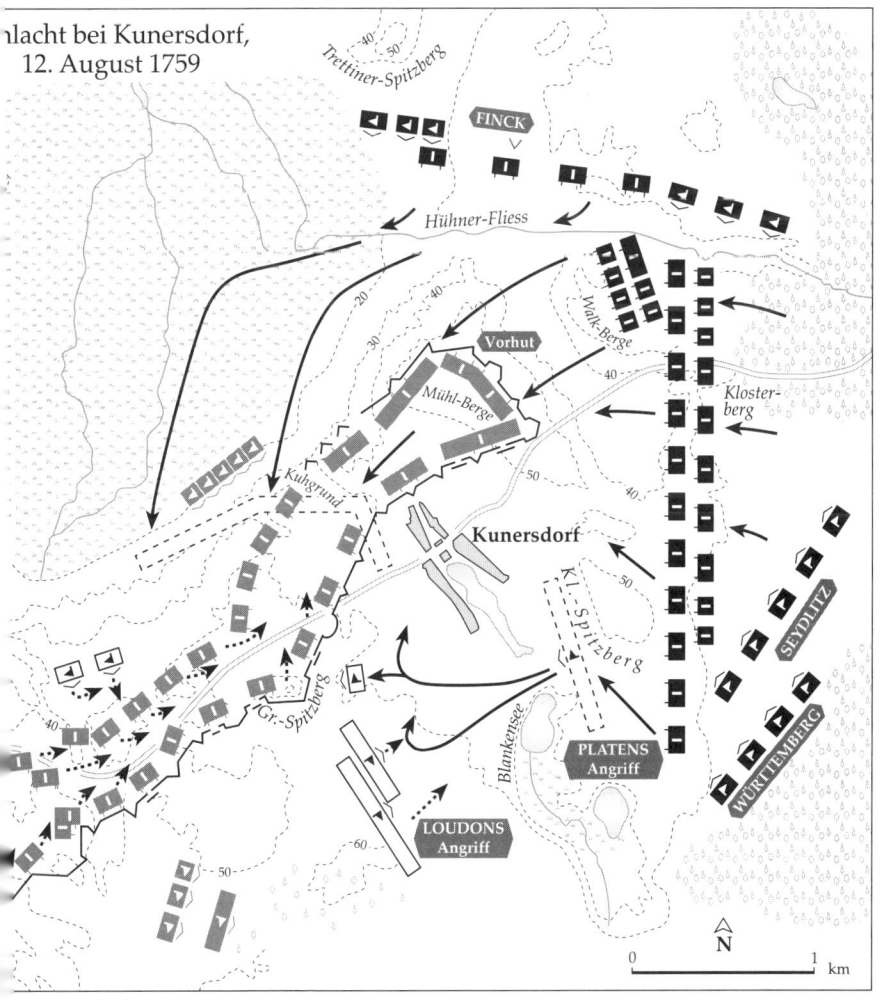

Schlacht bei Kunersdorf, 12. August 1759

Mühlberg, also die nordöstliche Flanke der russischen Gefechtsaufstellung, den Attacken der preußischen Infanterie nicht standhalten konnte und aufgegeben werden mußte. Einige der maßgeblichen Truppenführer in der Umgebung des Königs scheinen zu diesem Zeitpunkt die Überzeugung geäußert zu haben, daß angesichts dieses beträchtlichen Anfangserfolgs die Verbündeten geschlagen und zurückzuweichen gezwungen seien. Der König beharrte aber trotz der Mittagshitze und der Erschöpfung seiner Truppen auf einer Fortsetzung der Kämpfe. Der Versuch jedoch, nun auch die gesamte Gefechtsaufstellung der Alliierten von der Flanke her aufzurollen, scheiterte in mehrfachen, immer von neuem vorgetragenen Angriffswellen an einem tief eingeschnittenen Hohlweg, dem Kuhgrund, der – für Friedrich zunächst nicht einsehbar – die Linien des linken Flügels der Alliierten von denen des Zentrums trennte. Hier wurde unter entsetzlichen Verlusten auf beiden Seiten die Schlacht entschieden. Als schließlich am späten Nachmittag der auf dem rechten Flügel postierte Loudon südlich von Kunersdorf in das Kampfgeschehen eingriff, brachen die preußischen Linien auseinander und ergriffen ohne Halt und Ordnung die Flucht, wobei praktisch die gesamte Feldartillerie – 178 schwere Kanonen – auf dem Schlachtfeld zurückgelassen werden mußte. Alle Versuche auch des Königs, noch einmal eine Wende herbeizuführen, mißlangen unter neuerlich hohen Verlusten.

Der Abend und die Nacht waren nicht nur für die Geschlagenen gespenstisch. Über Kunersdorf und der von Toten und Verwundeten übersäten Walstatt tobte ein Gewitter, obwohl der Regen, der die unbeschreibliche Hitze, den Staub und den Pulverdampf hätte vertreiben können, ausblieb. Das Wetterleuchten tauchte das unsägliche Szenarium in grelles Licht und versetzte die Überlebenden immer wieder in Angst und Schrecken. Aber diejenigen, die sich hatten retten können, waren durch die Sümpfe und Auwälder längst nach Norden in Richtung auf Küstrin entwichen. Der König konnte einer nachsetzenden Kosakenpatrouille nur mit Mühe entkommen und verbrachte die Nacht in Reitwein jenseits der Oder. Am nächsten Tag, dem 13. August, kehrte er aber zur Armee auf das rechte Oderufer zurück und nahm in Ötscher in einem von Kosaken verwüsteten Gehöft Quartier, bevor er am 14. August mit den Resten seiner geschlagenen und mittlerweile neu formierten Armee die Oder überquerte, um die Hauptstadt vor den näherrückenden Verbündeten schützen zu können.

In einem Zustand völliger Erschöpfung und angesichts der Katastrophe, die nun in so unmittelbarer Nähe der Lebenszentren der Monarchie über ihn hereingebrochen war, hegte er erneut Selbstmordpläne. So schrieb er noch am Abend der Schlacht in einem in die Akten gelangten und immer wieder zitierten Brief an den Etat-

minister Finck von Finckenstein, daß seine Truppen nach ungeheuren Verlusten in Verwirrung geraten seien und er selbst damit
habe rechnen müssen, gefangengenommen zu werden. «Mein Rock
ist von Schüssen durchlöchert, zwei meiner Pferde sind getötet;
mein Unglück ist, daß ich noch lebe.» Alles fliehe, schrieb er, und
er sei nicht mehr Herr seiner Armee. Man werde in Berlin gut
daran tun, sich in Sicherheit zu bringen. «Dies ist ein grausames
Mißgeschick, ich werde es nicht überleben; die Folgen werden
noch schlimmer sein als die Sache selbst. Ich habe keine Hilfsmittel
mehr, und um nicht zu lügen, ich glaube alles ist verloren; ich
werde den Untergang meines Vaterlandes nicht überleben. Leben
Sie wohl für immer.»[82]

«Wir sind alle zerfetzt», schrieb er am 16. August – vier Tage
nach der Schlacht – an seinen Bruder, den Prinzen Heinrich, «niemand, der nicht zwei oder drei Schüsse in den Kleidern oder im
Hut hat. Wir würden gerne unsere Garderobe opfern, wenn das
nur alles wäre. [...] Glücklich die Toten! Sie sind über den Gram
und alle Unruhe hinweg.» Doch heißt es in demselben Brief auch
schon wieder: «Aber rechnen Sie darauf, daß ich, solange ich lebe,
für den Staat einstehe, wie es meine Pflicht ist.»[83]

Wichtiger indessen als die psychische Krise, in die den König
die vernichtende Niederlage von Kunersdorf stürzte, sind die objektiven Gründe, die wenn nicht für das Scheitern selbst, so doch
für das Ausmaß der Katastrophe angeführt werden können. Immerhin hatte die preußische Armee Verluste von mehr als 20 000 Mann
hinnehmen müssen. Es ist überliefert, daß sich die Umgebung des
Königs in dem Augenblick, als der Mühlberg bravourös genommen
werden konnte und dann kurze Zeit danach die Unüberwindlich-
keit des die Gefechtsaufstellung der Russen durchtrennenden Kuh-
grundes offenkundig wurde, für den Abbruch der Kämpfe und
einen geordneten Rückzug ausgesprochen hat. Aber nicht nur hier,
sondern auch schon bei der Eröffnung des Gefechts hatte sich der
König über alles hinweggesetzt, was nach den Prinzipien einer Gewinn und Verlust abwägenden Kriegslehre angeraten schien. Das
Überraschungsmoment war bei einem derart langwierigen und unzureichend erkundeten Anmarsch am Morgen der Schlacht sowieso
hinfällig geworden. Gleich in der Anfangsphase des Angriffs stellte
sich überdies heraus, daß Friedrichs übereilte Dispositionen die

Infanterie nötigten, auf einem viel zu schmalen Frontabschnitt vor-zugehen. Auch war es in der durch das Gelände bedingten Konstel-lation der Kavallerie verwehrt, den Aufmarsch der Treffen durch flankierende Attacken wirkungsvoll zu unterstützen. Die Kampf-kraft der Armee war im übrigen nach Auskunft zahlreicher Augen-zeugen durch die Gewaltmärsche und durch eine wie schon in der Schlacht von Zorndorf unerträgliche Hitze außerordentlich ge-mindert. Und schließlich war es zumindest fahrlässig, daß keine Vorkehrungen getroffen worden waren, um einen Rückzug ohne den Verlust des Kernbestandes der Armee und der Unterstützung der so häufig schlachtentscheidenden Artillerie durchführen zu können.

Friedrich war jedoch ein Feldherr, der anders als seine Gegner, seine eigenen Kommandeure und selbst seine Brüder, nicht damit rechnen mußte, für sein Tun und Lassen zur Verantwortung ge-zogen zu werden. «Ich schwöre Ihnen», schrieb er an Finckenstein wenige Tage nach der Schlacht, «daß man nicht mehr aufs Spiel

setzen kann, als ich es tue.» Gelegentlich scheinen ihn freilich auch
Zweifel über das Vabanquespiel beschlichen zu haben, das er mit
der außerordentlichen Risikobereitschaft seiner Kriegführung trieb.
Ausgerechnet dem Marquis d'Argens gegenüber, einem in der
Kriegskunst Unerfahrenen, aber als *homme de lettres* umso höher
Geschätzten, glaubte er offenbar das Vorgefallene und seine gegenwärtige Lage erläutern zu müssen. Am 17. September schrieb er
ihm aus Cottbus erleichtert, daß für Berlin nun tatsächlich keine
Gefahr mehr bestehe. Aber er sei nach wie vor umringt von
schrecklichen Schwierigkeiten, Fallstricken und Abgründen. Es sei
wohlfeil zu behaupten, daß man den Krieg defensiv führen müsse.
«Aber ich habe eine so große Zahl von Feinden, daß ich notgedrungen die Offensive ergreifen muß. Ich stehe hier in einem Drei-
eck, wobei ich die Russen zur Linken, Daun zur Rechten und die
Schweden im Rücken habe. Führen Sie dann einmal einen Defen-
sivkrieg – ich beschwöre Sie! Im Gegenteil: Ich behaupte mich bisher nur dadurch, daß ich alles angreife, was ich kann, und kleine
Vorteile erringe, die ich – so gut es geht – zu vermehren suche.»
Und dann gestand er, daß er seit Beginn des Krieges noch gleich-
gültiger und unempfindlicher geworden sei als selbst Empedokles
und Zenon (offenbar war der Jüngere gemeint).[84] War das ein Bekenntnis zu stoischer Gelassenheit oder bereits jener mit Bildungswissen verbrämte Zynismus, der für den «Alten Fritz» so charakteristisch werden sollte? Soll man, kann man auf eine solche Frage
eine Antwort geben? Jedenfalls wird an einer Bemerkung wie dieser
wohl nachvollziehbar, daß es Friedrich aufgegeben hatte, das unbeschreibliche Grauen des letzten Feldzugs noch mit seinen Humani-
tätsidealen in Einklang zu bringen. Es war längst der unerbittliche
Überlebenskampf, der ihn losgelöst von persönlichen Eindrücken
und philosophischen Erkenntnissen beherrschte. Aus vielen anderen Äußerungen des Königs geht hervor, daß er die Ursache aller
Bedrängnisse, mit denen er sich jetzt konfrontiert sah, längst beiseite geschoben hatte. Es waren nur noch die konkreten Gegner,
die er wahrzunehmen vermochte. Das Schlesienabenteuer von
1740, der Fluch der bösen Tat und der Einmarsch in Sachsen waren aus seinem Bewußtsein getilgt.
Auch Voltaire gegenüber hat er sich wenige Tage später «nicht
honigsüß gestimmt» geäußert und das Unbegreifliche dieses Krie-

ges trotzig gerechtfertigt. Er gleiche einem vom Pech verfolgten Spieler, der sich gegen das Schicksal stemmt. Aber: «Ich habe derart dumme Menschen (si sottes gens) als Gegner, daß ich am Ende notwendigerweise die Oberhand behalten werde.» Und dann folgt der wiederholte, gereizt und brüsk klingende Versuch einer Standortbestimmung, der ahnen läßt, daß der König ein Gespür für die Diskrepanz zwischen seinen philosophischen Überzeugungen und den grausamen Formen seiner Kriegführung einem Unbestechlichen wie Voltaire gegenüber nicht ganz verloren hatte. «Wäre ich als Privatmann geboren, stünde alles andere hinter meiner Friedensliebe zurück; doch man muß sich seines Standes bewußt sein.»[85]

Daß die einzigartige Stellung des *roi connétable* unter den Befehlshabern des Siebenjährigen Krieges Friedrich nicht immer zu spektakulären Siegen verhalf, belegt die Schlacht von Kunersdorf mit aller Eindringlichkeit. «Ungeduld», notierte der scharfsinnig beobachtende Sir Andrew Mitchell schon nach der Schlacht von Hochkirch, «ist in einer Lage, in der sich der König von Preußen befindet, sicher entschuldbar.» Doch scheine ihm sein Scheitern hauptsächlich auf zwei Ursachen zurückzuführen zu sein: «die große Verachtung, die er für den Feind hat, und sein schon lange von mir empfundener Mangel an Bereitschaft, Nachrichten irgendwelchen Glauben zu schenken, die nicht mit seinen Einbildungen übereinstimmen».[86] Es gehöre zu seinem Charakter, die Wirklichkeit stets seinem Willen zu unterwerfen.[87] Aber es war nun bereits das zweite Mal, daß er die russische Armee und ihre Oberkommandierenden mit so verhängnisvollen Folgen für sich und seine Armee unterschätzt hatte. Vor der Schlacht von Leuthen war es ihm gelungen, alle moralischen Energien seines Heeres für den bevorstehenden Waffengang zu mobilisieren. In den Schlachten von Zorndorf und Kunersdorf scheint er jedoch überhastet und blindlings alles geopfert zu haben, was eine den Fortbestand der Monarchie sichernde Staatsräson geboten hätte. Die Verluste jedenfalls, die er in beiden Fällen hatte hinnehmen müssen, sind unbegreiflich. Und so dürfte seine Auffassung durchaus zutreffend sein, daß er mit den Regimentern von 1757 weniger zu befürchten gehabt hätte als mit den Truppen, die ihm jetzt noch zur Verfügung standen.[88]

Aber Friedrich faßte nach wenigen Tagen kaum zu ermessender Niedergeschlagenheit neuen Mut. Er übernahm wieder den Oberbefehl, ließ Geschütze beschaffen und versuchte, die ihm noch verbliebenen Truppen in neue Formation zu bringen. Am 16. August und den folgenden Tagen stieß er nach Südwesten auf Fürstenberg vor, um den mittlerweile über die Oder gesetzten Alliierten den Weg nach Berlin verlegen zu können. Hadik näherte sich erneut mit 19 000 Österreichern und bezog ein Feldlager bei Müllrose. Aber auch Daun stieß mit einem Kontingent der österreichischen Hauptarmee nach Norden vor, um die Operationen der Verbündeten zu unterstützen. Doch am 28. August, gut vierzehn Tage nach dem blutigen Treffen von Kunersdorf, wandten sich die Russen mit dem Argument, sich genügend für das gemeinsame Kriegsziel aufgeopfert zu haben, nach Süden in Richtung auf Lieberose und zogen auch die österreichischen Heeresgruppen unter Loudon und Hadik mit sich, die aus logistischen Gründen auf die russische Armee angewiesen waren. Dieser Abmarsch schien Friedrich wie das «Mirakel des Hauses Brandenburg». Hier fällt in einem Brief an den Bruder Prinz Heinrich wie ein tiefer Seufzer das Stichwort, das dann für den gesamten Krieg kennzeichnend werden sollte. Und tatsächlich war dieses Ereignis eine entscheidende Wende. Denn nur im Zusammenwirken dieser beiden für die ostmitteleuropäischen Kräfteverhältnisse maßgeblichen Hegemonialmächte war die Schlesienfrage im Sinne der österreichischen Besitzansprüche zu revidieren. Niemals zuvor waren die Verbündeten diesem gemeinsamen Kriegsziel so nahe. Niemals zuvor war der König in einer so aussichtslosen Lage wie in diesen Wochen eines sich zu seinem Glück bereits dem Ende zuneigenden Feldzugs. Und nun diese Wende!

Sie hatte mehrere Gründe. Ein wesentlicher bestand darin, daß Prinz Heinrich den Vorstoß Dauns nach Norden dazu genutzt hatte, um in dessen Rücken die Nachschublinien der österreichischen Armee nach Böhmen zu unterbrechen. Dieses zuerst gegen Sagan, dann gegen das Hauptmagazin in Görlitz gerichtete Manöver veranlaßte Daun zu sofortiger Umkehr und Saltykow zu dem endgültigen Entschluß, sich über die Oder zurückzuziehen und alle Kooperationspläne während dieses Feldzugs aufzugeben. Der König selbst folgte der russischen Armee und konnte in Gewaltmär-

schen die Einnahme der Festung Glogau verhindern. Er überschritt
danach mit seiner dezimierten Armee die Oder und bezog ein Lager
bei Sophienthal, in dem er wegen eines heftigen Gichtanfalls mehrere Wochen das Bett zu hüten genötigt war. Er nutzte diese Zeit
erneut zu schriftstellerischer Arbeit. Es mag seltsam erscheinen, daß
er sich in diesen Augenblicken höchster Bedrängnis und starker
Schmerzen mit einem Thema beschäftigte, das mit dem Grauen
und den Nöten der vergangenen Wochen nichts zu tun zu haben
schien. Gewiß hat er sich immer wieder literarisch auch zu seiner
Zerstreuung betätigt. Doch schon der erste Satz dieses Essays über
die Größe und das Scheitern Karls XII. gibt zu erkennen, daß es in
diesen Reflexionen sicherlich um den Schwedenkönig, aber vorrangig wohl um den erneuten Versuch einer Selbsteinschätzung ging.
Den Anlaß, sich über den schwedischen «roi connétable zur eigenen
Belehrung» Rechenschaft abzulegen, bot eine Konstellation, die auf
den ersten Blick als zufällig erscheinen mag. Bei näherer Betrachtung erweist sich jedoch, daß die vernichtende Niederlage, die er
am 12. August bei Kunersdorf hatte hinnehmen müssen, den Anstoß gab, sich noch einmal und ganz aus der Perspektive der eigenen Person mit dem Schicksal Karls XII. auseinanderzusetzen.

Friedrich hatte schon – wie oben erwähnt – von seiner Jugendzeit an eine starke Affinität zu diesem einzigartigen unter den
königlichen Feldherrn seines Jahrhunderts gehabt. Karls unver-
gleichlicher Aufstieg, die ganze Reihe seiner unglaublichen Waffen-
taten, sein Ausgreifen bis nach Sachsen und tief nach Rußland hinein, das Ausharren des schließlich Besiegten im türkischen Exil und
dann der rätselhafte Tod während der Belagerung der Festung Fre-
deriksten: all das bot der Phantasie einer auf den Ruhm fixierten
Nachwelt genügend Stoff, um sich mit dem Faszinosum dieser
Heldengestalt zu beschäftigen. Vor allem Voltaire ist es gewesen,
der mit seiner *Geschichte Karls XII.* einer ganzen Generation das
Bild dieses Feldherrnkönigs vor Augen führte. Es ist überliefert,
daß Friedrich diese Biographie mit Begeisterung und kaum zu
stillender Wißbegierde gelesen hat. Seit jener Zeit hat ihn die Gestalt dieses Königs ebenso inspiriert wie abschreckend begleitet.
Grumbkow hatte ihn 1738 warnend auf das Schicksal Karls XII.
hingewiesen; und die kurze Anspielung im achten Kapitel des *Antimachiavell* scheint zu belegen, daß der Kronprinz einer skeptischen

Einschätzung «jenes außerordentlichen Menschen, jenes Abenteu-
rerkönigs, der den alten Recken so ähnlich war, jenes irrenden Helden, dessen zu weit getriebene Tugenden sich alle in Fehler ver-
wandelten», zuneigte. Auch während der Friedensverhandlungen in
Dresden im Jahre 1745 erinnerte Friedrich sich und seine Kontrahenten an Karl XII. und versuchte, sich durch die Mäßigung seiner
Ansprüche bewußt von dessen Handlungsweise abzuheben. Aber zu
Beginn des dritten Waffengangs um den Besitz von Schlesien, im
Winter 1756/57, sah er sich wie Karl XII. am Beginn seiner Herrschaft umringt von einer erdrückenden Allianz zum Äußersten entschlossener Gegner. Und mit Sicherheit hat er sich damals und immer wieder im weiteren Verlauf des Krieges geschworen, sich
ebenso entschlossen zur Wehr zu setzen wie der Schwedenkönig.

Friedrich war nach der Schlacht von Kunersdorf den zu seiner
Überraschung abziehenden Russen und Österreichern die Oder
aufwärts gefolgt, um zu verhindern, daß sie sich in Schlesien fest-
zusetzen oder eine Verbindung zu der in Sachsen operierenden
Hauptarmee der Österreicher herzustellen vermochten. «Ich verkünde Ihnen», hatte er am 1. September – wie bereits erwähnt – an
seinen Bruder Heinrich geschrieben, «das Mirakel des Hauses
Brandenburg. In der Zeit, als der Feind die Oder überschritten
hatte und eine zweite Schlacht hätte wagen und den Krieg beendi-
gen können, ist er [...] nach Lieberose abmarschiert.» Er sei ihm
unverzüglich bis nach Waldow gefolgt, «wo ich ihn durch meine
Stellung von Lübben [und damit von der fruchtbaren Niederlau-
sitz] abschneide [...]. Der Hunger wird ihn nun zwingen, einen
Entschluß zu fassen.»[89]

Auf diesem in höchster Anspannung durchgeführten Parallel-
marsch die Oder entlang – immer noch bedroht von einem zahlenmäßig weit überlegenen Gegner – erlitt der König am 14. Oktober
in Sophienthal einen heftigen Gicht- und Fieberanfall, der ihm in
den folgenden Wochen mit Lähmungserscheinungen am linken
Arm, an den beiden Füßen und am rechten Knie schwer zu schaffen machte. Er führte zunächst den Oberbefehl weiter und blieb in
Sophienthal, bevor er sich nach dem endgültigen Abzug der russischen Armee nach Köben zurückbringen ließ, einem kleinen, unmittelbar an der Oder gelegenen Ort, der in der Kriegsgeschichte
des 18. Jahrhunderts durch die mustergültigen Rückzugsgefechte

des sächsischen Generals Matthias Johann Graf von der Schulenburg vor dem über die Oder drängenden Karl XII. im November
1706 Berühmtheit erlangt hatte. Diesen durch das «Fegefeuer»
eines Gichtanfalls erzwungenen Aufenthalt in Sophienthal, Köben
und Glogau nutzte er zur Niederschrift seiner Gedanken, die ihn
seit der Schlacht von Kunersdorf beschäftigt haben dürften. Der
Augenschein dieser denkwürdigen Örtlichkeit und seine ihm plötzlich auferlegte Tatenlosigkeit – nur die rechte Hand konnte er
noch ohne Schmerzen gebrauchen – veranlaßten ihn, seine Reflexionen zu Papier zu bringen.

Die Arbeit an diesem Traktat[90] hat sicherlich die Mußestunden
dieser Oktober- und Novembertage ganz ausgefüllt, zumal sich
Friedrich außerordentlich schwach fühlte und sich nur für Stunden dem Schreiben widmen konnte. Hinzu kam, daß er – wie er
dem Marquis d'Argens, seinem Briefpartner während vieler Jahre,
anvertraute – «viel Sorgfalt und ruhige Überlegung» darauf verwandte, um seine Betrachtungen in die richtige Reihenfolge zu
bringen. «Da ich», schrieb er, «den Kopf immer voll militärischer
Ideen habe, beschäftigt sich mein Geist, wenn ich mich zerstreuen
möchte, erst recht mit diesen Dingen, und ich kann ihn gegenwärtig auf keine anderen Gedanken bringen.»[91] Er habe,
schrieb er nach der Fertigstellung des Manuskripts, das Ganze
stark zusammengerafft und das, was den Stoff für ein Buch ab-
gegeben haben könnte, auf jenen Kern der Sache zurückgeführt,
der für die Fachleute ausreicht und die Uninformierten nicht
langweilt.

Es war angesichts seines Gesundheitszustandes zweifellos eine
erstaunliche Leistung, die der König mit dieser ungemein eindringlichen, auf das Wesentliche konzentrierten Schrift vollbrachte. Sie
läßt keine Anzeichen seiner Erschöpfung und der tiefen Erschütterung erkennen, in die ihn die Niederlage von Kunersdorf versetzt
hatte. Vielmehr faßte er während der Arbeiten an seiner Auseinandersetzung mit Karl XII. neuen Mut. Ja, es hat den Anschein, als
wenn ihm die klare Grenzziehung zwischen sich und jenem «irrenden Helden», dessen Tugenden ins Scheitern führten, Erleichterung und Zuversicht verschafft habe. Sie verhalf ihm offensichtlich
zu jener Selbstvergewisserung, die er sich von diesen weit über das
Historiographische hinausführenden Betrachtungen erhofft hatte.

Denn er gelangte am Ende seiner Reflexionen zu der Einsicht, daß sein Lebensweg bei allen Unwägbarkeiten des Schicksals doch unter anderen Vorzeichen verlief als derjenige des Schwedenkönigs. So fand er Trost und Hoffnung in dem Nachweis, daß er trotz einer womöglich unentrinnbaren Blindheit eigenen Fehlern gegenüber Maximen verpflichtet war, die einen Untergang abzuwenden ermöglichten.

Die Gemütsverfassung des Königs blieb gleichwohl von tiefer Skepsis und dem geheimen Wunsch geprägt, sich einmal in die Beschaulichkeit seiner Lieblingsresidenz Sanssouci zurückziehen zu können. So schrieb er am 17. November in einer das Scheitern durchaus ins Auge fassenden Ode an Voltaire:

Ich bin einem schäumenden Eber gleich,
Der sich wütend wehrt in dem wilden Bereich
Der stürmenden, fletschenden, tollkühnen Meute.
Schon stürzt sie sich gierig auf ihre Beute;
Da greift er an, verwundet, schneidet
Mit seinen Hauern, Streich um Streich,
Den Feind, der ihn betroffen meidet.
Doch ob der Schwarm auch niederbricht,
Wächst kleffend seine Zahl aufs neu
Und naht und mehrt sich ohne Scheu
Er aber wankt und zittert nicht.
Ja, toll und blind, von wildem Zorn durchloht,
Nicht ahnend, daß sein Ende droht,
Stürzt er dem Mordspeer ohne Beben
Entgegen und haucht sein Leben [...].

Das flatterhafte, freche Glück
Betrachtet seiner Diener Schar
Nicht stets mit gleich gewogenem Blick.
Auch uns ward nicht in jedem Jahr
Die Gunst, daß wir den wüsten Haufen,
Der zur Zerstörung unserer Saat,
Halb Held halb Räuber sich genaht,
Geschlagen sahn von dannen laufen.
Oft kann ein Zufall eine Schlacht entscheiden;
Und dank ich ihm manchen Ehrentag,
So mußte doch auch manchen Schlag
Ich meinerseits vom Feind erleiden,
Wo ich urplötzlich unterlag. [...]

Und unter Anspielung auf Gerüchte, daß Frankreich Friedensfüh-
ler ausgestreckt habe, fuhr er fort:

> Nimmt diese unverhoffte Kunde
> Aus dem geheimen Hintergrunde
> Der Kabinette ihren Lauf,
> Dann häng ich Helm und Degen auf
> Und meide diese Stätte schnell,
> Um künftig in des Alters Tagen,
> Mich labend an der Weisheit Quell,
> In Sanssouci mich zu vergraben.[92]

Das Nachdenken Friedrichs über den Schwedenkönig endete in einem mit Todesgedanken verwobenen Schlußwort, mit dem er sich
noch einmal brieflich an den Marquis d'Argens wandte. Er habe
zwar, schrieb er, Betrachtungen über Karl XII. angestellt, nicht jedoch untersucht, «ob er den Tod hätte suchen sollen oder nicht».
Karl hätte seiner Auffassung nach klug daran getan, nach der Einnahme von Stralsund durch Preußen und Dänen (1715) «sich aus
der Welt zu schaffen; aber was er auch getan oder unterlassen hat,
sein Beispiel ist für mich nicht maßgebend. Es gibt Menschen, die
sich in ihr Schicksal fügen. Ich gehöre nicht zu ihnen, und wenn
ich für andere gelebt habe, will ich wenigstens für mich sterben».[93]
Auch in dieser letzten aller Entscheidungen trennte sich Friedrich
also vom Schicksal des Schwedenkönigs; es war eine Trennung für
immer. Denn die Zwiesprache mit dieser lange Zeit so gegenwärtigen Gestalt war nun zu Ende.

Für die Einschätzung Friedrichs als Historiker ist nun aufschlußreich, was der Marquis d'Argens dem König auf die Zusendung der
Betrachtungen über Karl XII. antwortete. «Mit unendlichem Vergnügen», schrieb er am 17. November 1759 aus Berlin an den wiederum in seine Feldherrnrolle schlüpfenden König, habe er die
Réflexions gelesen. Was die Gedanken angehe, so wolle er sich auf
die Feststellung beschränken, daß sie durch ihre Richtigkeit überzeugen. «Nur große Feldherren», fuhr er fort, «können über andere große Feldherren schreiben, und was bloße Schriftsteller, so
gut sie sonst auch sein mögen, über solche Ausnahmemenschen
schreiben, ist nur pures Gefasel. Mein Gott, wie kommt mir die
‹Geschichte Karls XII.› [von Voltaire] nach der Lektüre Ihrer ‹Betrachtungen› miserabel vor! Schuster, bleib bei deinen Leisten! Ich

finde nichts lächerlicher für einen Pfaffen, der in seiner Klausur die
Feldzüge des Herrn von Luxemburg und des Herrn von Turenne
beschreibt. Wie viele Bücher der Militärgeschichte haben wir, die
von Jesuiten, Benediktinern oder Oratorianern geschrieben worden
sind.»[94]
Es ist unverkennbar, daß d'Argens mit seiner Stellungnahme vor
allem auf jene Sentenz gegen Ende der *Réflexions* anspielte, in der
sich der König mit den – wie er meinte – irrigen Auffassungen eines an sich «höchst geistreichen Schriftstellers» auseinandersetzte,
der aber seine militärischen Kenntnisse lediglich aus Homer und
Vergil geschöpft habe. Gemeint war natürlich – für jeden Eingeweihten offenkundig – Voltaire, der über diesen Seitenhieb so
wenig erbaut war, daß er auf eine Danksagung für die Zusendung
der *Réflexions* verzichtet zu haben scheint. Aber es ist zu vermuten,
daß der König mit dieser Schrift den Beifall seines einstmaligen
Mentors auch gar nicht mehr zu erlangen versuchte. Denn hinter
dieser Polemik dürfte sich ein prinzipielles Element der Selbsteinschätzung des Königs als Geschichtsschreiber verbergen. Er war
der Überzeugung, daß er als wirklicher Akteur – als ein Mann, der
mit den Staatsgeschäften und dem Kriegshandwerk in Theorie und
Praxis vertraut war – die eigentliche Kompetenz für den Beruf des
Geschichtsschreibers beanspruchen könne. Der König beharrte
demnach, das unterstreicht sein Einwurf an die Adresse Voltaires
mit aller Deutlichkeit, auf der Vorstellung, daß in allen Fragen der
Haupt- und Staatsaktionen nur ein Geschäftskundiger Urteile zu
fällen berechtigt sei. Er schrieb Geschichte in der Absicht, sich
selbst, seinen Deszendenten und seinen zivilen wie militärischen
Helfern Klarheit über die Grundlagen und Ziele seiner Politik und
die Existenzberechtigung des Hauses Brandenburg zu vermitteln.
Es war eine Geschichtsschreibung aus dem Geiste preußischer
Staatsräson. Die Beispiele, denen er sich im Kontext dieser didak-
tisch-pragmatischen Geschichtsauffassung zuwandte, sind als mah-
nende Hinweise zu verstehen, was seiner Auffassung nach in einem
Staate wie Preußen getan und unterlassen werden sollte. Aus der
Geschichte lernen! Diesem Grundsatz folgend, widmete er sich mit
besonderer Intensität auch der Darstellung seiner eigenen Zeit und
erkannte darin überhaupt den Sinn einer Beschäftigung mit der
Historie. Seine Geschichtswerke und seine historischen Traktate

sollten demnach ein Handlungswissen übermitteln, das seine Maßstäbe und Leitmotive aus dem Streben nach der Machterhaltung
des preußischen Staates herleitete.

Ganz in diesem Sinne ist auch der Traktat über das Schicksal
und die Einschätzung Karls XII. zu verstehen. Er stellt in seiner
Kürze und Prägnanz und der souveränen Beherrschung des durch
eine Lebensspanne begrenzten Stoffs ein überragendes Beispiel für
eine Geschichtsschreibung dar, die aus der Darstellung und abwägenden Bewertung einer historischen Persönlichkeit Hinweise auf
den eigenen Standort und die Handlungsmaximen für die Staats-
und Kriegführung eines Königs von Preußen zu gewinnen hoffte.

Noch während der König seinen Selbstreflexionen nachhing,
zeichneten sich bereits neue Schicksalsschläge ab. Mehrere Städte
in Sachsen waren an Kontingente der Reichstruppen verloren-
gegangen; einige hatten mittlerweile zurückerobert werden können.
Nach dem Abzug der Russen brach der König selbst nach Sachsen
auf und stieß am 13. November bei Meißen zur Armee des Prinzen
Heinrich. Um Daun zu veranlassen, sich aus Sachsen zurückzuziehen, entsandte er den vielfach bewährten Generalleutnant Friedrich August von Finck mit dezidierten Durchhaltebefehlen in den
Rücken der österreichischen Hauptarmee in ein äußerst exponiertes
Terrain bei der Ortschaft Maxen. Am 19. November mußte sich
das gesamte, von allen Seiten umstellte Korps, 15 000 Mann mit
acht Generälen und allen Stabsoffizieren, den überaus geschickt
operierenden Österreichern ergeben – eine weitere Katastrophe,
die die preußischen Ressourcen noch einmal erheblich verminderte.
Aber offenkundig nahm der König in völliger Verkennung der eigenen Fehleinschätzung weniger die Einbuße an verfügbaren Truppen als den ungeheuren Verlust an Ehre und Reputation wahr.

Der Winter verging mit Vorbereitungen für einen neuen Feldzug, der die ungleichen Kräfteverhältnisse noch krasser hervortreten lassen mußte, obwohl auch die Armeen der Verbündeten
schwere Verluste hatten hinnehmen müssen. An offensive Operationen war auf preußischer Seite nicht mehr zu denken. So beließ
der König den Großteil seiner Armee in einem Feldlager bei Meißen, während Prinz Heinrich als der längst zum maßgeblichen
Korpskommandanten aufgestiegene Truppenführer in Sagan bleiben sollte, um Schlesien vor Übergriffen österreichischer Detache-

ments zu schützen. Allerdings fiel am 23. Juni 1760 bei Landeshut in Schlesien ein weiteres Armeekorps unter dem Kommando des Jugendfreundes de la Motte Fouqué mit etwa 10 000 Mann dem Zugriff des inzwischen zum Feldzeugmeister beförderten Loudon zum Opfer. Die österreichischen Truppen waren auch bei diesem Treffen weit überlegen. Aber entscheidend war aus preußischer Sicht natürlich, daß erneut eine ganze Heeresgruppe samt den Truppenführern und der gesamten Bagage in Gefangenschaft geraten war.

Es begann nun ein Stellungskrieg, der ganz den Prinzipien der Manöverstrategie entsprechend jeder Entscheidungsschlacht zunächst einmal aus dem Wege zu gehen trachtete. Und gerade in diesem Metier erwiesen sich die österreichischen Heerführer, Daun, Loudon und Lacy an ihrer Spitze, als äußerst geschickt. Friedrich entschloß sich deshalb Anfang Juli, mit seiner Hauptarmee in strapaziösen Gewaltmärschen nach Schlesien vorzustoßen. Daun war ihm indessen in entsprechenden Parallelbewegungen zuvorgekommen. Und so wandte sich der König erneut zurück nach Sachsen und begann am 19. Juli mit der Belagerung von Dresden, die in ganz Europa mit Empörung aufgenommen wurde und zu schweren, in den berühmten Veduten Canalettos festgehaltenen Zerstörungen des Stadtkerns führte. Auch Daun kehrte nun nach Sachsen zurück und konnte durch die Präsenz seiner furchterregenden Hauptarmee die Aufgabe der preußischen Eroberungspläne erzwingen.

Da sich mittlerweile eine russische Armee von etwa 60 000 Mann im Anmarsch auf die Oder befand, entschloß sich der König unverzüglich, nach Schlesien aufzubrechen, auch um zu verhindern, daß es wie im letzten Feldzug noch einmal zu gemeinschaftlichen Operationen der Verbündeten kam. Daun folgte ihm mit der österreichischen Hauptarmee wie schon wenige Wochen zuvor auf dem Fuße, und es gelang ihm, den König auf einer südlicher gelegenen Route zu überflügeln und die Verbindung zu dem in Schlesien überaus erfolgreich operierenden Loudon herzustellen. An der Katzbach schließlich stießen unweit von Liegnitz die gegnerischen Armeen aufeinander, wobei die Lage des Königs angesichts der erdrückenden Übermacht der Österreicher aussichtslos zu werden drohte. Er sah sich von allen Seiten umstellt und unternahm in der

Nacht zum 11. August den verzweifelten Versuch, entlang der Katzbach südlich vorstoßend seine Handlungsfähigkeit zurückzugewinnen. Bei Goldberg stieß er zu seiner völligen Überraschung auf das Lacysche Korps. Er konnte es zurückwerfen, wurde dann aber von der österreichischen Hauptarmee unter Daun in Schach gehalten. Dem König blieb jetzt nur noch übrig, in schwierigstem Gelände zurückzukehren und der Katzbach entlang nach Nordosten in Richtung auf Liegnitz zu entkommen. Er bezog dann in der Nacht vom 14. auf den 15. August eine Lagerstellung jenseits des Ortes, immer noch bedroht von der weit überlegenen Hauptarmee und einer Reihe weiterer österreichischer Korps, die den König in konzentrischem Zugriff wie seinerzeit das Fincksche Korps anzugreifen und auszumanövrieren verabredet hatten.

Loudon fiel dabei die Aufgabe zu, die Katzbach weiter flußabwärts zu überqueren und dem König von Osten her in den Rükken zu fallen. Sein Korps war beinahe ebenso stark wie die gesamte preußische Armee, der nun in höchster Bedrängnis und in einer ausweglos erscheinenden Lage der Todesstoß versetzt werden sollte. Gegen drei Uhr in der Frühe stießen die österreichischen Vorauskommandos auf die in aller Eile nach Osten umgruppierte preußische Armee. Es kam zu einem kurzen, aber erbittert geführten Gefecht, das Loudon zum Rückzug über die Katzbach nötigte, ohne daß die Hauptarmee und das Korps Lacy in die Kämpfe hätten eingreifen können. Durch diesen Schlachterfolg und das Zurückweichen Loudons war nun eine Bresche in die mit großem taktischen Geschick herbeigeführte Umzingelung der preußischen Armee geschlagen. Und der König zögerte in schneller Ausnutzung der Lage keinen Augenblick, um sich der noch immer fortbestehenden Bedrohung durch einen weit überlegenen Gegner zu entziehen. Um neun Uhr, also wenige Stunden nach Eröffnung der Kämpfe, setzte sich die im wesentlichen unbeschädigt gebliebene preußische Armee in Richtung auf die Oder in Bewegung. Und tatsächlich gelang es dem König, nicht nur dem Angriff der gesamten österreichischen Armee zu entkommen, sondern auch das drohende Zusammenwirken österreichischer und russischer Detachements zu verhindern.

Der König verstärkte nun seine Truppen aus Abteilungen des Armeekorps seines Bruders Heinrich und nahm die Verfolgung Dauns

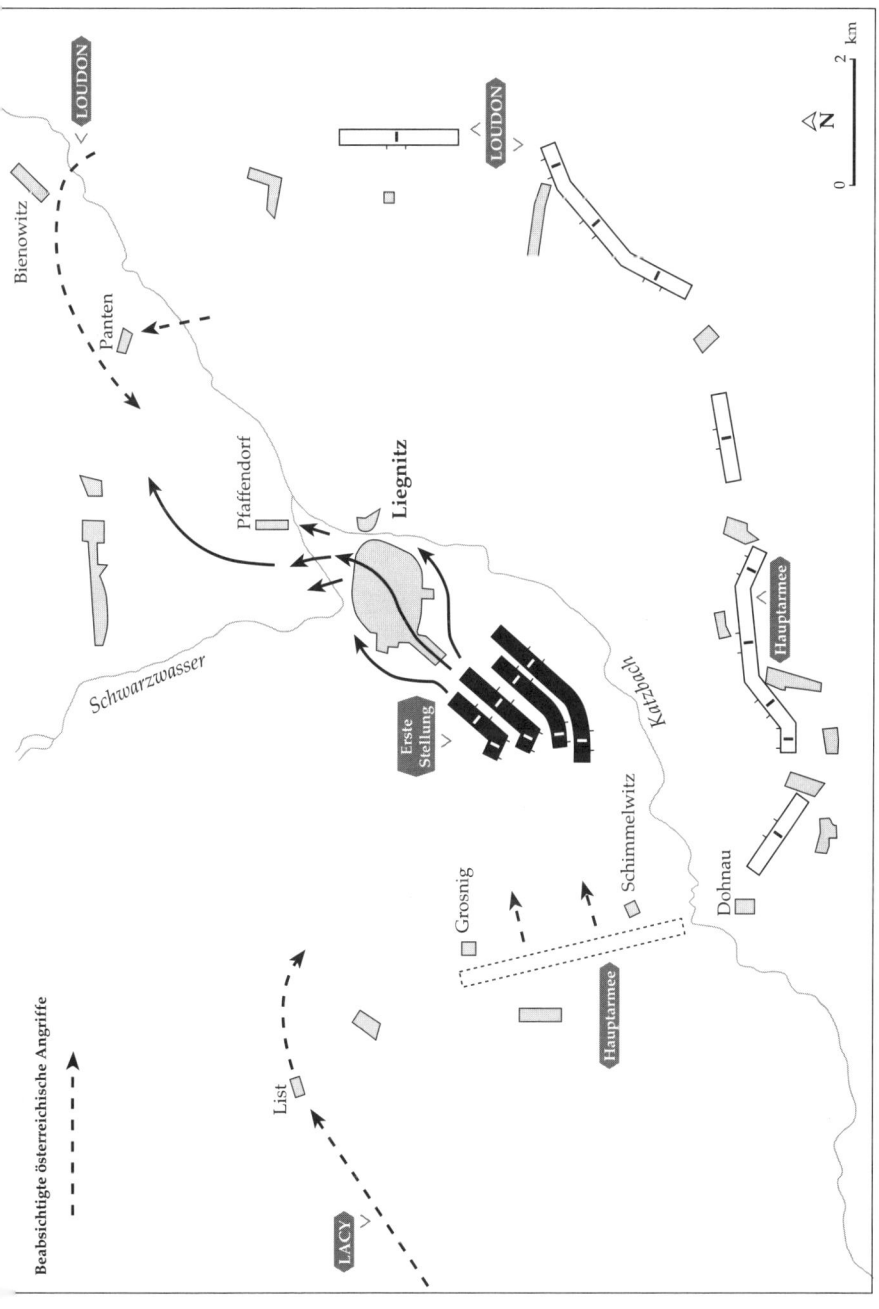

auf, der sich in das südliche Schlesien zurückgezogen hatte und die
Festung Schweidnitz belagerte. Daun zog sich daraufhin in Stellungen zurück, die an das Gebirge angelehnt und nach bewährtem
Muster unangreifbar waren. Inzwischen aber bedrohten russische
und österreichische Abteilungen die Mark Brandenburg und besetzten schließlich Berlin, so daß der König sich genötigt sah, nach
Norden abzumarschieren, um der Zerstörung seiner Residenz Einhalt zu gebieten. Die Verbündeten verließen daraufhin Berlin am
11. Oktober fluchtartig und hinterließen in Schloß Charlottenburg,
in den Spandauer Gewehrfabriken und in den Pulvermühlen im
Umfeld der Stadt ein Bild der Verwüstung. Friedrich wandte sich
nach der Meldung vom Zurückweichen der nach Berlin Vorgedrungenen nach Sachsen an die mittlere Elbe, wohin sogleich auch
Daun und Lacy folgten. Auch jetzt war Friedrich in unverkenn-
barem Gegensatz zu Experten wie dem Prinzen Heinrich entschlossen, den Gegner bei erster Gelegenheit zu einer Schlacht zu
zwingen. Die Gelegenheit zu einem erneuten Waffengang schien
sich Anfang November 1760 zu eröffnen, als Daun auf entschiedenes Drängen der Hofburg nach Torgau vorgerückt war und ein Lager auf einem dünenartigen Höhenzug nordwestlich der Stadt bezogen hatte.[95]

Der König teilte seine Armee und überließ Ziethen den südlichen Abschnitt bei Süptitz, während er selbst die Stellung der
Österreicher von Nordwesten her in mehrstündigem Marsch zu
umgehen versuchte, um Daun von Norden her angreifen zu können. Vieles erwies sich an diesem Umgehungskonzept als nicht
durchführbar, so daß der König bei der Anordnung seiner Angriffsformation zu ständigem Improvisieren gezwungen war. Die vorder-
sten, noch lange nicht vollzähligen Linien konnten sich erst gegen
zwei Uhr nachmittags in Schlachtordnung entfalten und zum Angriff übergehen. Sie wurden sogleich mit Artilleriesalven empfangen, die den überwiegenden Teil dieser Elitetruppen in wenigen
Minuten dahinrafften. Ein zweiter Angriff wurde vorgetragen, der
ebenfalls unter schweren Verlusten abgewiesen wurde. Auch die
Kavallerie konnte sich nicht behaupten und wurde in die Flucht
geschlagen. So schien es gegen halb fünf dieses düsteren Novem-
bernachmittags, als wenn die Schlacht verloren sei. Auch der König
selbst wurde von einer Kugel getroffen und sank bewußtlos vom

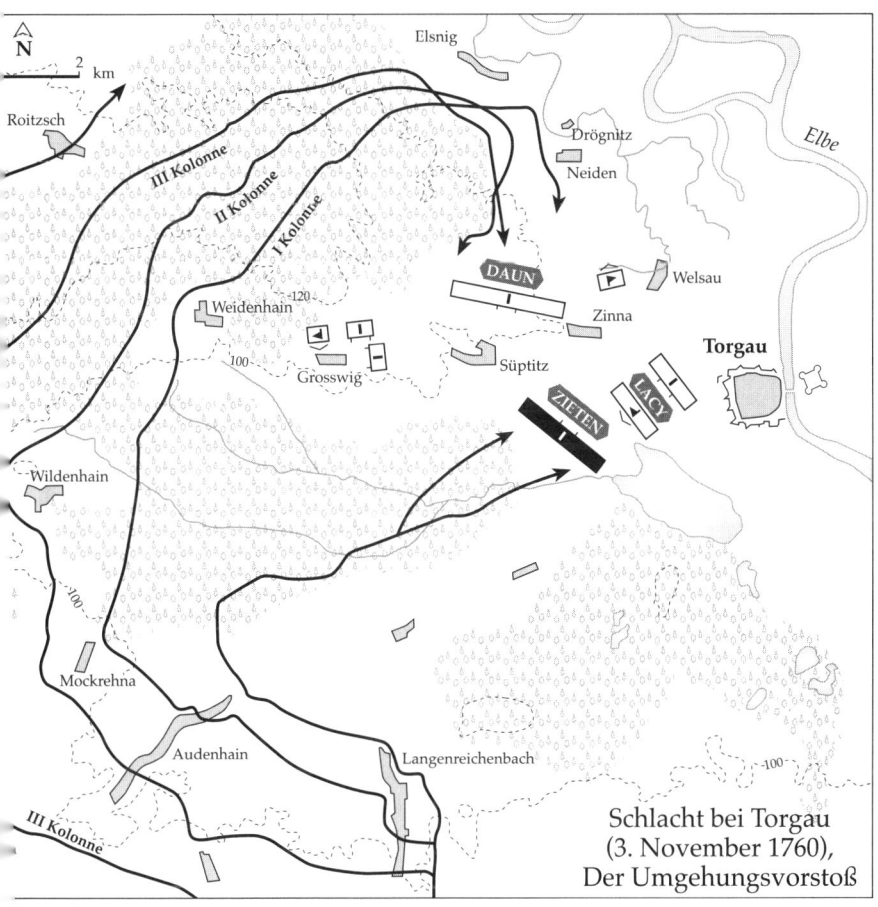

Schlacht bei Torgau
(3. November 1760),
Der Umgehungsvorstoß

Pferd. Aber er erholte sich und breitete den Mantel des Schweigens über ein Ereignis, das seinem Selbstverständnis als unanfechtbarer und allgegenwärtiger *roi connétable* offensichtlich nicht zu entsprechen schien.

Die Schlacht wurde indessen durch den energischen Angriff des südlich verbliebenen Armeekorps unter Ziethen entschieden. Ihm war es vor Einbruch der Dunkelheit doch noch gelungen, auf das Plateau vorzudringen, das der österreichischen Lagerstellung und besonders ihrer Artillerie so außerordentlichen Rückhalt geboten hatte. Die preußische Armee behauptete sich also am Ende auf dem Schlachtfeld, während die Österreicher auf das Ostufer der Elbe zurückzuweichen gezwungen waren. Die Verluste jedoch waren gerade auf preußischer Seite so niederschmetternd – sie dürften einmal mehr die Zahl von 20 000 Mann bei weitem überschritten haben –, daß von einem Sieg wohl kaum die Rede sein kann. Vieles an den Vorgängen von Torgau ist im einzelnen nicht überliefert und insofern auch kaum noch zu rekonstruieren; entsprechend kontrovers ist auch die Beurteilung dieses Schlachtgeschehens in der Forschung. Aber festgehalten werden kann, daß der König mit diesem Waffengang sein Ziel, die österreichische Hauptarmee zu einem Rückzug aus Sachsen zu zwingen, verfehlte. Vielmehr zog sich Daun ungehindert auf Dresden zurück und behauptete die sächsische Residenz als Faustpfand auch in den folgenden Feldzügen.

Schon 1760 war unverkennbar, daß dem König trotz der zunehmenden Kriegsmüdigkeit auch auf seiten der Alliierten das Gesetz des Handelns entglitt und im Grunde nur noch Abwehr- und Rückzugsgefechte vor einem zahlenmäßig weit überlegenen Gegner in Betracht kamen. Friedrich verbrachte die Wintermonate in Leipzig. Das Kriegsgeschehen des kommenden Feldzugs, das zeigte die Truppenstärke der auf Schlesien und Sachsen verteilten Heeresgruppen der allein noch mit einer ernstzunehmenden Konzeption operierenden österreichischen Armee mit aller Deutlichkeit, konzentrierte sich unverkennbar auf Schlesien. Dort wurde unter dem Oberkommando Loudons eine Armee von 72 000 Mann zusammengezogen, die den Versuch unternehmen sollte, erneut mit der russischen Armee in Verbindung zu treten. Der vor allem von Staatskanzler Kaunitz unablässig befürwortete Plan sah vor, den König so früh wie möglich in Schlesien zu stellen und gemeinsam zu einer Entscheidungsschlacht zu zwingen. Beide Parteien verharrten jedoch über viele Wochen in abwartenden Positionen. Aus der Korrespondenz Friedrichs mit seinem Bruder Heinrich geht hervor, wie sehr er unter der Ohnmacht litt, in die er durch die Übermacht seiner Gegner und die Bedrohlichkeit der allgemeinen Lage geraten war. Aller Elan und alle Zuversicht, mit der er vor Jahren das Präventivunternehmen gegen Sachsen begonnen hatte, waren dahin, obwohl er immer wieder auch unterstrich, nicht nur abzuwarten, sondern sich in schneller Zusammenfassung seiner Kräfte auch wehren zu wollen.[96]

Erst am 19. Juli 1761 kam durch einen Vorstoß Loudons über die Pässe des Eulengebirges Bewegung in ein durch taktische Manöver gekennzeichnetes Szenarium. Das Bestreben des Königs richtete sich darauf, eine nun drohende Vereinigung der österreichischen mit der russischen Armee zu verhindern. Auf beiden Seiten wurde tastend und lauernd manövriert, um jede Blöße, die sich der Gegner hätte zunutze machen können, zu vermeiden. Mitte August gelang es den Verbündeten jedoch, ihre Operationen zu koordinieren und erstmals in Schlesien eine gigantische Armee von etwa 130000 Mann dem König gegenüberzustellen. Friedrich blieb zunächst gelassen. Am 18. August berichtete er dem Marquis d'Argens, daß er mitten zwischen der russischen und österreichischen Armee stehe. «Trotzdem», schrieb er, «ist bis jetzt nichts zu befürchten. Aber ich glaube, daß es in den nächsten Tagen zu einer Entscheidung kommt.»[97] Schon wenige Wochen zuvor hatte er dem Marquis über seine Befindlichkeit anvertraut: «Ohne Schrecken sehe ich alles, wozu man Anstalten trifft, fest entschlossen, zu sterben oder das Vaterland zu retten. Können wir [schon] nicht über die Ereignisse gebieten, so müssen wir wenigstens Herr unserer Seele sein und die Würde unseres Geschlechtes nicht durch feige Anhänglichkeit an die Welt entehren, die man [ja] ohnehin eines Tages verlassen muß. Sie finden mich ein wenig stoisch. Marquis, man muß jedoch über ein Arsenal von Waffen verfügen, um sich ihrer bei der entsprechenden Gelegenheit zu bedienen. Wäre ich mit Ihnen in Sanssouci, so überließe ich mich den Annehmlichkeiten der Unterhaltung mit Ihnen; meine Philosophie wäre dann sanftmütiger und meine Gedanken weniger düster. Im Sturm aber müssen der Steuermann und die Matrosen arbeiten; wenn sie dann den Hafen erreichen, dürfen sie froh sein und sich ausruhen.»[98] Wiederum also der Hinweis auf äußerste Konsequenzen, auf Untergang und ein selbst herbeigeführtes Ende, Gegenwelten und Fiktionen? – Fragen, auf die eine Antwort zu geben auch für Freunde und Zeitgenossen unmöglich war. Sie müssen im Kontext eines solchen biographischen Versuchs dennoch immer wieder gestellt werden.

Angesichts der Überlegenheit seiner Gegner verzichtete der König auf jeden Angriffsversuch und damit auf das so häufig verfolgte

Prinzip, alles dem Zufall einer Schlacht zu überlassen. Vielmehr zog er sich bei Bunzelwitz auf eine etwas höher gelegene Lagerstellung zurück, die er ungeachtet der ihn umgebenden Wasserläufe und sumpfigen Wiesen durch Gräben und Baumverhaue zusätzlich befestigen ließ.[99] Dieses Szenarium eröffnete ihm eine Reihe taktischer Optionen. Vieles erinnerte an die Stellung der Verbündeten, die ihm in der Schlacht von Kunersdorf zum Verhängnis geworden war. Und tatsächlich konnte er sich im Lager von Bunzelwitz in einer für die militärischen Möglichkeiten des *ancien régime* typischen Weise behaupten. Der Unterschied zu dem Desaster von Kunersdorf bestand nur darin, daß die Verbündeten ihren von Loudon sorgfältig und überaus umsichtig entworfenen Angriffsplan erst gar nicht auszuführen versuchten.

Der König war während der sich abzeichnenden Umschließung dieses eigentümlich improvisierten Lagers ständig unter seinen Truppen. Er ließ sich am Rodelandholz hinter der eigentlichen Front ein Zelt aufschlagen und begnügte sich mit den kärglichen Mahlzeiten, die unter den gegebenen Umständen für die gesamte Armee geboten werden konnten. Die Nacht verbrachte er auf einem Strohballen auf der Pfaffenbergschanze unter freiem Himmel. Dabei war er leutselig wie vor der Schlacht von Leuthen. So bildete er den für alle wahrnehmbaren Mittelpunkt seiner Truppen, seiner Batteriestellungen und seiner Offiziere. Und hier erwies sich einmal mehr, daß die Allgegenwart eines *roi connétable* ein Faktor war, der nicht nur für die Moral der eigenen Truppen, sondern auch für das Verhalten des Gegners in entscheidender Weise ins Gewicht fiel.

«Der Soldat», äußerte der scharfsinnige Chronist und Analytiker des Siebenjährigen Krieges, Georg Friedrich von Tempelhoff, im übrigen ein Augenzeuge und Mitstreiter im Lager von Bunzelwitz, «hat beständig die Augen auf seinen Anführer gerichtet, er sei General oder ein anderer Offizier; und dessen Benehmen, besonders in kritischen Fällen, ist die Boussole, nach der er seinen Lauf richtet. Findet er darin beständig Festigkeit, Entschlossenheit, Standhaftigkeit, Gleichförmigkeit, Gelassenheit und Ruhe, so ist er selbst ruhig, fürchtet nichts und geht den größten Gefahren entgegen. Nichts schmeichelt ihm aber mehr, als wenn der General ihm auf eine oder andere Art zu verstehen giebt, daß er sich ganz allein auf seine Tapferkeit verläßt. Alsdann macht er dessen Sache zu seiner eigenen Angelegenheit; nimmt alle seine Kräfte zusammen, und macht oft das unmöglich Scheinende möglich. Kein General verstand dies besser als der König. Der Soldat sah ihn alle Tage sich selbst gleich, und machte daraus den Schluß, daß die Gefahr eben noch nicht so groß seyn müsse. Wurde er durch starke Märsche hart angegriffen, und darüber etwas mißvergnügt, so durfte sich der König nur bei ihm ans Feuer hinsetzen oder ein paar Worte mit ihnen sprechen, wie die Nacht vor der Schlacht bei Liegnitz, so vergaß er gleich alles und geriet in Begeisterung. [...] Das weitläufige östreichische und russische Lager, welches das preußische wie der Mond mit seinen Hörnern umschloß und dem Soldaten die große Überlegenheit des Feindes täglich vor Augen legte, machte nicht den geringsten Eindruck auf ihn. Sein Muth wurde vielmehr gehoben, als er sah, daß er alle Nächte und einige Stunden nach Sonnenaufgang vergebens auf einen Angriff wartete. [...] Willig nahm er alsdann die Schippe und Hacke in die Hand und arbeitete an der Vervollkommnung der Verschanzungen, mit der täglich unablässig fortgefahren wurde.»[100]

Am 31. August waren der Aufmarsch der Alliierten und ihre weitgefächerte, für den König natürlich einsehbare Gefechtsaufstellung abgeschlossen. Doch zog der seit Beginn des Feldzugs ausgewechselte Oberbefehlshaber der russischen Armee, Feldmarschall Alexander Borissowitsch Buturlin, seine Zustimmung zu dem von Loudon entworfenen Schlachtplan plötzlich zurück und ließ einstweilen alles in der Schwebe. So standen sich die feindlichen Armeen tagelang gegenüber, bis am 9. September der Belagerungsring ohne für Friedrich erkennbare Gründe aufgehoben wurde und die russische Armee ihren Rückzug antrat. Sogleich ergriff nun der König die Initiative und entsandte ein Armeekorps von 10 000 Mann in den Rücken Buturlins. Diesem Detachement gelang es, durch schnelles Vorrücken den Nachschublinien der russischen Armee in Westpreußen so erheblichen Schaden zuzufügen, daß Buturlin sein Zurückweichen beschleunigen mußte. Ohne daß ernsthafte Verluste zu beklagen waren, hatte der König also ein weiteres Feldzugsjahr überstanden. Am 30. September jedoch, zu einem Zeitpunkt, als Friedrich bereits mit dem Abflauen der Kampfhandlungen rechnete, gelang es Loudon mit seinen am Nordrand der

Sudeten verbliebenen Truppen, die Festung Schweidnitz, eine der wichtigsten Bastionen in Schlesien, im Handstreich, also überraschend und ohne Belagerung, zu nehmen. Die Folge war, daß erstmals seit der Annektierung Schlesiens durch Friedrich wieder österreichische Truppen diesseits der Gebirge ihre Winterquartiere beziehen konnten. Trotz des insgesamt glimpflichen Ausgangs der Manöver im Angesicht eines weit überlegenen Gegners war dieser Verlust ein schwerer Rückschlag. Er fiel um so mehr ins Gewicht, als am 16. Dezember auch Kolberg vor einem russischen Belagerungskorps kapitulierte und damit ein für den Nachschub wichtiger Hafen in die Hände des Gegners fiel.

Hinzu kam, daß nach der Demission des britischen Staatssekretärs des Auswärtigen William Pitt d. Ä. am 5. Oktober 1761 das preußisch-britische Bündnis und damit der «German war» in der englischen Öffentlichkeit immer mehr an Zustimmung verloren und unter dem Außenminister Lord Bute, dem Nachfolger des um die Beziehungen zu Preußen hochverdienten Pitt, schließlich aufgekündigt wurde. Pitt war der unverdrossen werbende Vertreter einer Politik, durch die das Inselreich auf den Weltmeeren und in den Kolonien eine unumstritten hegemoniale Stellung einzunehmen suchte, ohne gleichzeitig die Kontinentalpolitik zu vernachlässigen. Das militärische Engagement Englands galt naturgemäß dem Schutz des Kurfürstentums Hannover, das durch das Königshaus in Personalunion mit der Insel verbunden war, zugleich aber auch dem Ziel, Frankreich, den Hauptrivalen in Übersee, in einen kostspieligen und zermürbenden Kontinentalkrieg zu verwickeln und so daran zu hindern, mit ganzer Kraft seine kolonialen Interessen wahrzunehmen. Nachdem dieses Ziel durch eigene Erfolge in Übersee und eine Reihe glänzender Siege des Herzogs Ferdinand von Braunschweig auf dem westdeutschen Kriegsschauplatz weitgehend erreicht war, schwand in den Parlamentsgremien immer mehr die Bereitschaft, sich mit den beträchtlichen Subsidienzahlungen in Höhe von 4 Millionen Reichstalern jährlich an Preußen zu binden. Ein Friedensschluß mit Frankreich auch ohne den preußischen Bündnispartner war längst das erklärte Ziel der Londoner Politik. Und da überdies die jeweils nur für ein Jahr gültigen Zahlungsvereinbarungen im Winter 1761/62 ausliefen, war für die britische Diplomatie nicht einmal ein Vertragsbruch erforderlich, um sich Schritt für Schritt aus der Allianz mit Preußen zu lösen.[101] Alle diese Hiobsbotschaften führten zu hektischen diplomatischen Überlegungen, zu phantastischen Projekten wie einem Bündnisangebot an die Pforte und zu illusorischen Hoffnungen auf einen baldigen Frieden. Es war unabänderlich: Ein neuer Feldzug stand bevor. Und dennoch trat in diesen Wochen peinigender Ungewißheit eine Wende ein, die das gesamte Kriegsszenarium grundlegend verändern sollte. Am 5. Januar 1762 war in St. Petersburg die russische Zarin Elisabeth Petrowna gestorben. Sie hatte 1741 den Thron bestiegen und gehörte seitdem zu den engagierten Verfechtern einer russisch-österreichischen Allianz mit dem Ziel der Niederwerfung Preußens. Als entscheidend erwies sich jedoch, daß der Thronfolger, Peter III. aus dem Hause Holstein-Gottorf, ein glühender Verehrer Friedrichs war. Schon während der letzten Feldzüge hatten die Spannungen und Gegensätze am Zarenhof immer wieder zu erheblichen Differenzen über die Kriegsziele und zur ständigen Ablösung der Oberbefehlshaber geführt. Aber jetzt erteilte Peter den Kommandeuren seiner Truppen den Befehl, die Kampfhandlungen gegen die preußische Armee unverzüglich einzustellen. Die Kriegsallianz war also an einer Stelle zerbrochen, die sich für die Selbstbehauptung Preußens und die endgültige Annektierung Schlesiens als entscheidend erweisen sollte. Denn nach einem Friedens- und Freundschaftsvertrag mit Rußland, der am 5. Mai 1762 in St. Petersburg unterzeichnet wurde, willigte auch Schweden am 22. Mai in einen Waffenstillstand ein, der für den König eine weitere Entlastung bedeutete.[102] Die Folge war, daß sich die russischen Truppen nicht nur aus den besetzten preußischen Gebieten zurückzogen, sondern auch zu einem Vorgehen gegen den ehemaligen Verbündeten Österreich aufgeboten werden konnten: ein Wandel also von letztlich kriegsentscheidendem Ausmaß.

Dennoch gingen die Kämpfe um Schlesien weiter. Dreh- und Angelpunkt des sich über Wochen hinziehenden Stellungskrieges war die Festung Schweidnitz, die die österreichische Hauptarmee zu sichern versuchte, während Friedrich auf eine Gelegenheit wartete, durch Finten und Ablenkungsmanöver Bewegung in die erstarrten Fronten zu bringen. Zwar wich Daun einige Schritte in

Richtung auf die Gebirge zurück, konnte aber die Verbindung zu
Schweidnitz trotz der Unterstützung, die dem König durch ein rus-
sisches Armeekorps von etwa 20000 Mann geleistet wurde, unangefochten aufrechterhalten. Aber dann ein erneuter, unglaublicher
Paukenschlag: Am 18. Juli erbat Tschernitschev, der Oberkommandierende des russischen, nach Schlesien entsandten Detachements,
eine Audienz, um dem König die Mitteilung zu machen, daß Zar
Peter III. gestürzt und ermordet worden sei und das russische Armeekorps den Befehl erhalten habe, unverzüglich den Rückzug anzutreten. Der König handelte augenblicklich und mit außerordentlicher Umsicht. Er bat Tschernitschev, mit seinen Truppen noch
drei Tage auszuharren, um die Österreicher im Angesicht der russischen Militärpräsenz doch noch anzugreifen. Friedrich kannte das
Gelände durch zahlreiche Rekognoszierungen und Stellungskämpfe
der letzten Jahre sehr genau. Und so wurde am 21. Juli unter beinahe aussichtslosen Voraussetzungen ein Angriff auf die hochgelegene, mit Schanzen und Verhauen umgebene Lagerstellung der
Österreicher bei Burkersdorf unternommen, den der König selbst
mit der Entschlossenheit eines auch taktisch erfahrenen Feldherrn
befehligte. Er führte unter vergleichsweise geringen Verlusten zu
dem erstaunlichen Ergebnis, daß Feldmarschall Daun seine Stellung und damit auch seine Anlehnung an die Festung Schweidnitz
aufgeben und sich auf die böhmische Grenze zurückziehen mußte.
Am 9. Oktober konnte die Stadt endlich zurückerobert und ein
weiterer Entsatzversuch Dauns abgewiesen werden. In der Erfolgsbilanz dieses letzten Feldzugs stand schließlich noch ein Schlachterfolg zu Buche, den Prinz Heinrich am 29. Oktober 1762 gegen
ein um Reichstruppen verstärktes Armeekorps der Österreicher bei
Freiberg in Sachsen errungen hatte. Insgesamt also hatten sich die
Dinge für den König noch einmal zum Besseren gewendet.

Schon zu Beginn des Jahres 1761 hatten allenthalben offene, vor
allem aber verdeckt geführte Sondierungsgespräche begonnen, wie
unter Wahrung des Status quo ein Friedensschluß zustande gebracht
werden könne. Sie zielten auf die Einberufung eines allgemeinen
Friedenskongresses in der Freien Reichsstadt Augsburg.[103] Aber es
gab im Konzert der Mächte auch Widerspruch gegen solche Absichten, so vor allem von Rußland, das ja mit Ostpreußen bereits im
Besitz der verabredeten Kriegsbeute war. Auch die mehrfach zitier-

ten *Staats-Betrachtungen über den gegenwärtigen Preußischen Krieg in Teutschland*, die offiziöse Flugschrift eines Wiener Reichshofrates, versuchten publizistisch, einem Nachlassen der alliierten Kriegsanstrengungen unter Aufbietung hochgelehrten Sachverstandes entgegenzuwirken.[104] Die Kampfhandlungen gingen indessen weiter, obwohl vieles darauf hindeutet, daß man auch in Österreich am Erfolg der großen Allianz der Gegner Preußens zu zweifeln begann.[105] Der erste Schritt zu einem Friedensschluß ging in der Schlußphase des Krieges von Sachsen aus. So ersuchte der Geheime Rat Thomas Freiherr von Fritsch, der später auf sächsischer Seite auch am Abschluß des Friedensvertrages maßgeblich beteiligt war, den König bereits am 29. November 1762 um einen Gesprächstermin. Fritsch wurde jedoch abgewiesen. Erst auf Vermittlung der soeben auf den Thron gelangten Zarin Katharina II., auf die im nächsten Kapitel noch zurückzukommen ist, konnten dann am 30. Dezember in Hubertusburg, einem durch preußische Vergeltungsmaßnahmen schwer beschädigten Jagdschloß der sächsischen Kurfürsten in der Nähe von Leipzig, förmliche Friedensverhandlungen aufgenommen werden. Sie führten am 15. Februar 1763 zu einer Regelung über den Status quo ante zwischen Preußen, Österreich und Sachsen.[106] Schlesien einschließlich der Grafschaft Glatz blieb also endgültig in preußischem Besitz, während Sachsen als eines der Kurfürstentümer des Heiligen Römischen Reiches ohne territoriale Einbußen restituiert wurde. Es war dabei in einvernehmlichen Absprachen gelungen, die ehemals alliierten Großmächte Großbritannien, Frankreich und Rußland von dem die Reichsbelange betreffenden Abkommen fernzuhalten. «Somit hat», notierte Graf Lehndorff erleichtert, aber zugleich auch von tiefer Resignation erschüttert in sein Tagebuch, «alle unsere Not ein Ende. Wenn man nun einmal bedenkt, welche unzähligen Opfer dieser Krieg gefordert hat, wie viele Provinzen verwüstet, wie viele Familien ruiniert worden sind, und das alles, um die Herrscher in dem *status quo ante* zu sehen, so möchte man über den Wahnwitz der Menschheit laut aufschreien.»[107] Das waren privat geäußerte Gedanken, die dem König mit Sicherheit nicht zu Ohren kommen durften. Aber sie dokumentieren, wie kritisch selbst im engsten Umkreis des Hofes über den Preis, der für dieses am Ende ergebnislose Kräftemessen entrichtet werden mußte, gedacht wurde.

Ungeachtet aller weitreichenden, das gesamte Mächtesystem berührenden Fragen kam mit dem Friedensschluß von Hubertusburg
zum Ausdruck, daß in diesem Konflikt zunächst einmal innerdeutsche Rivalitäten und Machtansprüche zur Entscheidung gestanden
hatten. Es war seit der vor allem von Kaunitz vorangetriebenen
Formierung der großen Allianz unverkennbar geblieben, daß nicht
die überseeischen Perspektiven des englisch-französischen Gegensatzes oder die Außensteuerungspläne des Zarenreiches in Ostmitteleuropa als Kriegsziel maßgeblich waren, sondern die Revisionsabsichten des Kaiserhauses in der Schlesienfrage. Als schließlich die
außerordentlichen politischen und militärischen Anstrengungen,
die zur Durchsetzung dieses Zieles unternommen worden waren,
in einer Konstellation völligen Stillstandes endeten und gerade
auch auf österreichischer Seite die für eine Weiterführung des
Krieges nötigen Ressourcen versiegten, erschien ein Friedensschluß
als einziger Ausweg. Bereits am 10. Februar 1763 hatten sich
Großbritannien und Portugal auf der einen, Frankreich und Spanien auf der anderen Seite im Frieden von Paris über die tiefgreifende Neuregelung der kolonialen Besitzverhältnisse geeinigt.[108]

Der Feldherr

Das bereits 1759 beschworene «Mirakel des Hauses Brandenburg»
war also tatsächlich eingetreten. Es gab sicherlich eine Reihe von
strukturellen Faktoren, die als Gründe für das Scheitern der großen
Allianz der Gegner Preußens angeführt werden können. Der König
selbst hatte ja bereits in seinem Essay über die Taktik und einige
Aspekte des Krieges von 1758 auf die Fehler hingewiesen, denen
Preußen seine Rettung verdankte. Aber wie ist der persönliche Anteil des Königs am Ausgang dieses Krieges und an der Sicherung
des Status quo einzuschätzen? Friedrich hat im Siebenjährigen
Krieg gerade auch als Feldherr ein eigenes und sich immer schärfer
ausprägendes Profil gewonnen.[109] Die außerordentliche Angespanntheit der politischen Lage, in die er Preußen sogleich nach
seinem Herrschaftsantritt hineinmanövriert hatte, zog eine Entschlossenheit der Kriegführung nach sich, die im *ancien régime* eher
ungewöhnlich war. Das unbeirrbare Streben des Königs, Preußen

in den Kreis der großen Mächte hineinzuführen, mußte zwangsläufig ein strategisches Konzept zur Folge haben, das sich von dem der anderen Mächte des europäischen Staatensystems in wesentlichen Punkten unterschied. Aber hinzu kam, daß der König zugleich auch von einer Reihe von Vorteilen profitierte, die mit seinem Status als kriegführender Souverän verknüpft waren. So stellte der zeitweise als Prinzenerzieher am preußischen Hof tätige Jakob Friedrich von Bielfeld fest, daß ein Monarch in seinen Unternehmungen sowohl in Kriegs- wie in Friedenszeiten im Unterschied zu einem republikanisch verfaßten Staatswesen generell befähigt sei, «ins Große zu gehen». Ein kriegerisch gesinnter König könne darüber hinaus bewirken, daß die Truppen «mit mehr Ehrliebe und Tapferkeit» fechten als unter einem Feldherrn, «der ein Unterthan ist wie der geringste Soldat».[110]

Friedrich der Große hat diesen Vorteil ebenso eingeschätzt. In seinem *Antimachiavell* stellte er den Satz auf, daß das Kriegführen zu den Pflichten und Rechten eines großen Fürsten gehöre. So forderte er von einem wirklichen Souverän nicht nur persönliche Anwesenheit beim Heere, sondern auch den Oberbefehl in der Schlacht; es sei seine Sache, ihren Gang zu bestimmen und durch seine Gegenwart seinen Truppen den Geist zuversichtlicher Kampfesfreude einzuflößen. Er müsse ihnen ein leuchtendes Beispiel für die Mißachtung von Gefahr und Tod geben. Das erfordere «le devoir, l'honneur et une réputation immortelle». «Welch ein Ruhm für einen Fürsten», schrieb er damals voll Emphase, «der mit Gewandtheit, Klugheit und Tapferkeit seine Staaten vor Invasionen schützt, der durch Kühnheit und Gewandtheit über alle Gewalttaten seiner Feinde triumphiert und durch seine Standhaftigkeit, Besonnenheit und seine Tugenden als Soldat sein gutes Recht behauptet.»[111]

Das sind Äußerungen, die den König in völliger Übereinstimmung mit dem Fürstenideal des Machiavelli erscheinen lassen. Sie verweisen zugleich auf jenen Weg, den der Kronprinz dann nach seiner Thronbesteigung tatsächlich auch eingeschlagen hat, und machen deutlich, daß er in die Rolle des *roi connétable* nicht nur der Not gehorchend hineingewachsen ist. Vielmehr war er schon in der Kronprinzenzeit von einem Herrscherbild geprägt, das dem Feldherrnruhm einen zentralen Platz zuwies. Diese literarischen

Antizipationen späteren Handelns waren verknüpft mit Reflexionen über den Einfluß des Zufalls in der Geschichte. Um das Glück an die eigenen Unternehmungen zu fesseln, schrieb er, müßten die widerstreitenden Temperamente, die kühne Lebhaftigkeit auf der einen und die umsichtige Gelassenheit auf der anderen Seite, mit dem Wandel der Verhältnisse, den «Konjunkturen», in Einklang gebracht werden. So gäbe es Augenblicke, die der Ruhmbegierde der Eroberernaturen – der «hommes hardis et entreprenants» – zustatten kämen, jenen Männern, die geboren scheinen, um zu handeln und die außerordentlichen Veränderungen in der Welt zu bewirken. Der Geist des Mißtrauens, der die Fürsten entzweie, verschaffe ihnen die Gelegenheit, um ihre gefährlichen Talente zu entfalten.[112] Sind das Sentenzen, die losgelöst betrachtet werden können von der Selbsteinschätzung und den Visionen eines Kronprinzen, der seinen Herrschaftsantritt mit kaum gezügelter Ungeduld erwartete? Gewiß tragen sie den Charakter einer scheinbar unbeteiligten Analyse der Staatenpolitik seiner Zeit. Aber offenkundig ist zugleich, daß sie auch die Rolle beschreiben, die er als König und Feldherr selbst zu spielen wünschte.

Auch in den *Staats-Betrachtungen über den gegenwärtigen Preußischen Krieg in Teutschland*, einer offiziösen Flugschrift des Wiener Kabinetts aus dem Jahre 1761, wird auf den gravierenden Unterschied der Kriegsgegner hingewiesen. Das Gleichgewicht unter den europäischen Staaten, heißt es dort, hänge nicht allein von der äußeren Stärke der Mächte ab, «sondern zugleich von dem inneren Geist eines regierenden mächtigen Fürsten», seinen «Leidenschaften und Talenten». Denn «ein zum Krieg gleichsam geborenes und durch viele Erfahrungen ausgearbeitetes Talent weiß im Kriegführen mehr auszurichten und mehr Vorteile aus einem jeden ihm günstigen Vorfall zu ziehen, als ein Ruhe und Friede liebender Fürst, der nicht mit gleichen Talenten zum Kriegführen begabt, wenn er auch von gleicher Macht wäre. Neben den Leidenschaften und Talenten zum Kriegführen ist auch ein großer Vorteil [...], wenn ein kriegender Fürst, der Eyfer und Talent zum Kriegführen besitzet, selbst zu Felde lieget und obrister Befehlshaber ist. Der König von Preußen nun besitzet außer der Herrsch- und Ländersucht auch eine große Passion und vieles Talent zum Kriegführen.» Und er «führet nun nicht allein seinen eigenen Krieg gegen Österreich, Rußland und das Reich par lui même, sondern er dirigieret auch den Hannöverschen Krieg auf Engeländische Kosten gegen Frankreich und Teutschland mit Genehmhaltung des Königs von Engeland ganz alleine». Und weil er selbst kommandiere, heißt es weiter, und niemandem für seine Maßnahmen Rechenschaft schuldig sei, könne er «kühnere, verwegenere und gefährlichere Unternehmungen, so aufs Glück ankommen, wagen, die ein commandicrender General, der mit von Cabinets-Befehlen abhanget, ohne Verantwortung, wenn der Ausschlag unglücklich und zu viel gewagt hieße, sich nicht trauen darf». In dem Umstand also, daß die beiden miteinander verbündeten Kaiserinnen, Maria Theresia und Elisabeth von Russland, nicht anders als aus dem Kabinett Krieg führen könnten, bestehe der außerordentliche Vorteil der preußischen Waffen.[113]

Auch die Zeitgenossen erfaßten demzufolge sehr genau die unterschiedlichen Bedingungen, unter denen man auf beiden Seiten Krieg führte. So wurde immer wieder unterstrichen, daß die Oberbefehlshaber der verbündeten Armeen im Vergleich zu den Aktionen des Königs nur Maßnahmen ergreifen durften, deren Risiko absolut berechenbar erschien. Sie waren Feldherren, urteilte Clausewitz rückblickend in seinem großen Werk *Vom Kriege*, «die im Auftrag handelten, und deswegen Männer, in welchen die Behutsamkeit ein vorherrschender Charakterzug war».[114] «Sie waren», schreibt Tempelhoff im Jahre 1789, «was die mehresten in Gegenwart eines großen Mannes sind, furchtsam, mißtrauisch gegen ihre eigenen Kräfte und unentschlossen.» So liebten sie den Verteidigungskrieg mehr als den Angriff.[115] Und es besteht kein Zweifel, daß gerade auch jene Gefechte, in denen der König Niederlagen hatte hinnehmen müssen, diese Wirkung hervorgerufen haben. Durch die unaufhörliche Anspannung aller verfügbaren Kräfte und die Unerbittlichkeit seines Überlebenswillens hatte er sich einen Nimbus erworben, von dessen einschüchternder Bedrohlichkeit er auch dann zehren konnte, wenn er wie in Kunersdorf entscheidend geschlagen wurde. Nur so kann letztlich das immer wieder rätselhafte Zögern der meisten seiner unmittelbaren Gegenspieler erklärt werden. Neben persönliche Unzulänglichkeiten und die sicherlich beträchtlichen Schwierigkeiten einer Koalitionskriegführung trat als entscheidender Faktor der Respekt, ja die Furcht vor der Person

des Königs. Er hatte so oft das Unerwartete und das aller Schul-
meinung Zuwiderlaufende getan, daß er seine Gegner schließlich
auch dann in lähmende Ratlosigkeit versetzte, wenn der Erfolg
zum Greifen nahe war.

Neben der abweichend bemessenen Befehlskompetenz fiel noch
ein weiterer Unterschied zwischen den Oberkommandierenden der
Alliierten und ihrem preußischen Kontrahenten ins Gewicht. Denn
der König war nicht nur Souverän und Feldherr in einer Person,
sondern zugleich auch derjenige, dem die politische Tragweite seiner Entscheidungen immer vor Augen stand. Auch der Kardinal
Bernis, als französischer Außenminister einer der diplomatischen
Gegenspieler des Königs in der Anfangsphase des Siebenjährigen
Krieges, äußerte sich nach der Schlacht von Roßbach mit Respekt
und Beklommenheit über die Sonderstellung des Königs unter den
Feldherren dieses Krieges. «Wir dürfen nicht vergessen», schrieb
er an den französischen Geschäftsträger in Wien, den Grafen
Étienne François Choiseul-Stainville, «daß wir es mit einem Für-
sten zu tun haben, der sein eigener Feldherr, sein Staatslenker,
Armeeintendant und nötigenfalls auch sein Generalprofoß ist.
Diese drei Vorteile wiegen mehr als alle unsere schlecht angewandten und schlecht koordinierten Hilfsmittel.»[116]

Friedrich war sich überdies der Schwäche und Grenzen seiner
Machtposition von Anfang an bewußt und verhehlte sich nicht, daß
er angesichts der begrenzten Ressourcen, die ihm zur Verfügung
standen, die Ermattung noch weniger als die Niederwerfung seiner
Gegner erreichen konnte. Deshalb glaubte er, nach dem Grundsatz
handeln zu müssen, alles auf eine Karte zu setzen und schnelle Entscheidungen herbeizuführen. Denn er hoffte, die Verbündeten in
großen Schlachten dergestalt einzuschüchtern, daß sie von ihren
Kriegszielen abließen und schließlich in einen den Status quo ante
bestätigenden Frieden einzuwilligen bereit waren.[117]

In der Tat ist es ihm gelungen, «eine gewisse moralische Herrschaft über seine Gegner» (Georg Friedrich von Tempelhoff) zu er-
ringen und sie durch die zupackende Entschlossenheit seiner ersten
Feldzüge dahin zu bringen, daß sie nach den entmutigenden Erfahrungen «einen politischen Offensivkrieg – widersinnig genug –
andauernd in der taktischen Defensive führten».[118] Insofern gelangte er gewissermaßen notgedrungen zu einer Bevorzugung des

Schlachtprinzips und setzte sich damit in Widerspruch zu den strategischen Anschauungen seiner Zeit, die das Mittel der Schlacht lediglich als Verlegenheitsauskunft gelten ließ. Er befolgte, heißt es in Tempelhoffs *Geschichte des siebenjährigen Krieges*, «zuweilen Grundsätze, die neu, kühn oder über den Gesichtskreis seiner Vorgänger in der Kriegskunst waren. Wenige Menschen haben das Herz, eine neue Bahn zu betreten, weil dies eigenes Denken, mannigfaltige Verbindungen und eine große Entschlossenheit erfordert, geheiligten Vorurtheilen Trotz zu bieten. Der König hingegen wählte nicht selten ungebahnte Wege und schuf sich neue Systeme, weil sein philosophischer und im Denken geübter Geist dabei öfter Gelegenheit fand, seine Geisteskräfte in ihrer völligen Stärke wirken zu lassen. Verirrte er sich auch zuweilen und kam nicht zu dem Ziel, das er sich vorgesetzt hatte: so hielt doch die Art, wie er sich aus den Irrwegen herauswickelte, seine Gegner ab, aus seinen Fehlern alle die Vorteile zu ziehen, die sie daraus ziehen konnten und daraus gezogen haben würden, wenn er nicht das gewesen wäre, was er war.»[119]

Trotz des exzeptionellen Ranges, der dem König als Feldherr zuzuerkennen ist, wäre es jedoch unzutreffend, ihn als einen Vertreter jener Kriegskunst zu bezeichnen, «die in der Folge von der Kriegswissenschaft als die dem eigentlichen Wesen des Krieges entsprechende nachgewiesen worden ist: die Strategie, welche die schnellen, großen Entscheidungen sucht».[120] Vielmehr ist unbeschadet der außerordentlichen Dynamik, die der König dem Heerwesen seiner Zeit abzugewinnen vermochte, unbestreitbar, daß er keinem neuen, das Erscheinungsbild bewaffneter Konflikte grundlegend verändernden Prinzip gefolgt ist. «Die schnellen und plötzlichen Schläge, die der König führte, die Einheit seiner Märsche und Manöver, die Tatsache, daß er auch in extremen Situationen neue überraschende Lösungen und Auswege zu finden wußte, lassen sich durchaus mit der herrschenden Ansicht über die Kriegführung vereinbaren, wenn darin auch eine geniale Steigerung der überkommenen Regeln ihren Ausdruck findet.»[121] Er hat das gewaltige Risiko der Schlacht ganz nach den Maßstäben seiner Zeit beurteilt, wobei es für den realen Charakter seiner Kriegführung unerheblich ist, ob er dies unter dem Einfluß der zeitgenössischen Theoretiker oder nach Maßgabe der herrschenden Verhältnisse getan hat.[122] In der

Theorie war ein Abweichen von den Auffassungen seiner Zeit schon deshalb kaum denkbar, weil die militärischen Grundüberzeugungen des *ancien régime* gerade im preußischen Offizierkorps tief verwurzelt waren und in Prinz Heinrich und seinem selbstbewußten Umkreis eine Reihe von klassischen Vertretern gefunden haben. Friedrich selbst hat unter dem Gewicht dieser Anschauungen in seinen Geschichtswerken versucht, einzelne seiner militärischen Maßnahmen im Sinne dieser herrschenden Kriegslehre zu korrigieren.[123]

Er war im übrigen aber auch, wie er seinem Vorleser de Catt anvertraute, der Überzeugung, daß er getadelt werde, wenn er den mit brennendem Verlangen angestrebten Erfolg nicht erreichte, obwohl er alles Menschenmögliche getan habe. «Ich weiß nicht, mein Freund», äußerte er, «ob Sie sich eine ganz richtige Vorstellung machen von meiner Lage und von der Notwendigkeit, unter diesen unglücklichen Umständen oft gegen die Regeln zu handeln, die ich für gut befinde, sei es, um mich aus einer gefährlichen Lage zu befreien, sei es, um mich gegen einen Feind zu wehren, den ich vor mir habe, damit ich einem andern entgegenzueilen vermag, der mich bedroht. Ich muß fast stets mit einer Schnelligkeit und Kühnheit handeln, wie sie die Vorsicht und die Klugheit nicht zulassen würden. Aber, mein Lieber, wie sollte ich mit dieser klugen Vorsicht, die so nötig ist in allen weniger dringenden Fällen als in denen, in welchen ich mich ununterbrochen befinde, so viele gefährliche und verzweifelte Lagen überwinden [...]? So bin ich gezwungen, mein Lieber, in meinen Plänen dem Zufall mehr zu überlassen, als ich es in einer weniger heiklen Lage tun würde. [...] Aber wenn ich dem Zufall einen solchen Spielraum lassen muß, wenn ich so überstürzte Märsche zu machen und so schnelle und folgenschwere Entscheidungen zu treffen gezwungen bin, wie sollte ich da keine Fehler begehen, wie sollte ich da jeden Vorwurf vermeiden und der Kritik keine Angriffspunkte bieten? Ich hoffe, daß die Leute meines Handwerks, die sich von meiner Lage eine richtige Vorstellung machen und sehen werden, daß ich in diesem Kriege [...] von den gegen mich vereinten Kräften zu Boden gedrückt werden muß, daß diese Leute Nachsicht üben werden bezüglich der Fehler, die ich begangen habe und vielleicht auch noch begehen werde [...]. Sie wissen jetzt, mein Lieber, das Geheimnis meiner Lage, der überstürzten Art und Weise, mit der ich Entscheidungen treffen und handeln

muß; sie kennen meinen brennenden Wunsch, aus dieser verfluch-
ten Zwangslage herauszukommen und das Vaterland zu retten.»[124]
In der Praxis also sah sich der König angesichts der begrenzten
Möglichkeiten seines Staates und der Bedrohlichkeit der Lage vor
die Notwendigkeit gestellt, die Kriege schnell zu beenden. Da aber
derartige Entscheidungen nur durch Schlachten herbeigeführt werden konnten, deren Intention die Vernichtung des Gegners war,
hat er sich dieses Instruments im Vergleich zu den vorwaltenden
Prinzipien der Zeit häufiger, drängender und unter Aufbietung
aller dem Heerwesen nur immer verfügbaren Energien bedient.
Doch ist unbeschadet dieses gewiß nicht geringen Unterschiedes
nachdrücklich zu unterstreichen, daß sich auch der König im vorgezeichneten Rahmen der Kriegskunst des *ancien régime* bewegte.

Außer Frage steht, daß Friedrich als eine Ausnahmeerscheinung
unter den Heerführern des 18. Jahrhunderts betrachtet werden
muß. Aber zugleich ist er auch ein durchaus typischer Repräsentant
für eine Kriegskunst, die gegenüber dem Militärpotential, wie es
durch die *levée en masse* der Französischen Revolution verfügbar
wurde, als eingeschränkt und begrenzt erscheint. Doch stellt sich
noch einmal die Frage, ob durch die überragende Erscheinung des
Königs als Feldherr der Fortbestand des Hauses Brandenburg auf
der Grundlage des Status quo ante erklärt werden kann. Wir sind
in der glücklichen Lage, uns bei der Lösung dieses entscheidenden
Problems einem Zeitzeugen anvertrauen zu können – einem Mann,
der wie kein zweiter das Rätsel der preußischen Selbstbehauptung
im Siebenjährigen Krieg zu ergründen versucht hat: Staatskanzler
Kaunitz. Man müsse, schrieb er am 24. Januar 1767 an die Kaiserin, bei der Beurteilung des Kriegsausgangs den schlechten Ver-
teidigungszustand Sachsens berücksichtigen. Man müsse darüber
hinaus bedenken, in welch vortrefflicher Ausgangssituation sich der
König durch die Eroberung dieses Landes gebracht habe. Aber als
der «Hauptgrund der preußischen Aufrechterhaltung» müsse seiner
Ansicht nach «eine auf die wahre Theorie gebaute und durch die
Erfahrung unterstützte Kriegskunst des Königs und mehrerer seiner Generalen» betrachtet werden, «seine besondere Einsicht in
Anordnung und Fortführung des Kriegsplans [... und] unsere allen
diesen Vorzügen entweder gerade entgegengesetzte oder doch bei
weitem nicht gleichkommende Umstände».[125]

Der König ist deshalb auch als Feldherr eine Schlüsselfigur in einer durch Jahrzehnte währenden Konfliktsituation gewesen. Obwohl die Stilisierung des gesamten Heerwesens und die reglementierte, starre Mechanik der Kriegführung vernichtende Schlachterfolge kaum mehr zuließen, hat er Siege über seine Gegner errungen, die schließlich die Sicherung des Status quo ermöglicht haben. Zwar spielten zum Zeitpunkt der Eroberung Schlesiens neben den kühl berechneten Expansionsplänen auch ganz persönliche Motive eine Rolle; davon war die Rede. Aber entscheidend für seine Einschätzung auch als Feldherr ist letztlich doch, daß er die kriegerische Seite seiner Persönlichkeit am Ende ganz in den Dienst eines politischen Zieles gestellt und sich keine Abweichung mehr von dieser Richtschnur zugestanden hat. Auch die kühn und verwegen erscheinenden Handstreiche des Siebenjährigen Krieges und die Unerbittlichkeit seines Durchhaltewillens sind nicht mehr aus Leichtsinn, Willkür und Leidenschaft heraus zu erklären, sondern erhalten auch ihre militärische Bedeutung aus einem politischen Konzept, das sich mit allen personellen und ökonomischen Möglichkeiten, die ihm zur Verfügung standen, der Großmachtrolle Preußens verschrieben hatte.

Der Siebenjährige Krieg war – wie bereits deutlich geworden ist – kein beliebiger Krieg. Er war ein klassischer «Staatsbildungskrieg» (Johannes Burkhardt), insofern er Preußen den lange verwehrten Rang im Konzert der Mächte sichern sollte. Es ging bei dieser außerordentlichen Kraftanstrengung um die Selbstbehauptung eines noch unfertigen Staates. Daß dieses Standhalten am Ende zum Erfolg führte, bedeutete konkret und längerfristig, daß die Absicht gescheitert war, den bereits fest etablierten *numerus clausus* der großen Mächte aufrechtzuerhalten und nachdrängende, um ihren Aufstieg kämpfende Mächte aus dem «europäischen Machtverteilungssyndikat» (Friedrich Meinecke) fernzuhalten. Preußen gehörte nach dem «Mirakel des Hauses Brandenburg» endgültig zum Areopag der großen Mächte und wirkte im Rahmen der Pentarchie nun seinerseits daran mit, daß mächtepolitische Spielregeln eingehalten wurden und das Gleichgewicht der Bündnissysteme und Interessensphären unangetastet blieb.

Offenkundig ist im übrigen aber, daß der Siebenjährige Krieg eine jener Haupt- und Staatsaktionen darstellte, wie sie sich in der permanenten Konkurrenz souveräner Staaten gerade im *ancien ré-gime* mit kurzen Unterbrechungen immer wieder ereignet haben. Es handelte sich nach dem Selbstverständnis aller Beteiligten um einen Staatenkrieg, in dem ausschließlich die Regenten und ihre politischen und militärischen Funktionsträger als maßgeblich Handelnde in Erscheinung traten. Auch dieser Waffengang war wie die meisten Kabinettskriege des 17. und 18. Jahrhunderts ein Hegemonialkrieg, und zwar zwischen Österreich und Preußen auf dem kontinentalen und England und Frankreich auf dem kolonialen-überseeischen Kriegsschauplatz. Was den europäischen Krieg im engeren Sinne betraf, so war der Wiener Hof die treibende Kraft. Er hatte sich sogleich nach dem Abschluß des Aachener Friedens im Jahre 1748, als die Annektierung Schlesiens durch den Preußenkönig in einem internationalen Friedensvertrag garantiert worden war, das Ziel gesetzt, dem durch Rechtsbruch und Usurpation erreichten Aufstieg des preußischen Rivalen entgegenzutreten und eine Revision der Schlesienfrage herbeizuführen. Insofern ist der Siebenjährige Krieg mit gutem Grund als der dritte «Schlesische Krieg» bezeichnet worden. Er war ein exklusiver Staatenkonflikt – ein Ehrenhandel unter souveränen, satisfaktionsfähigen Potentaten, durch den die verletzte Reputation eines der beteiligten Dynasten und das prästabilierte Ordnungsgefüge der großen Mächte mit allen martialischen Konsequenzen, zu denen das *ancien régime* fähig war, wiederhergestellt werden sollte.

Von Interesse ist darüber hinaus, daß der Siebenjährige Krieg eine Dimension aufweist, die sich erst dem rückwärtsgewandten Blick in ihrer ganzen Tragweite erschließt. Denn er führte nicht nur zur Beilegung des Schlesienkonflikts und zum Aufstieg Großbritanniens zur unbestritten führenden See- und Kolonialmacht, sondern brachte in den protestantischen Territorien des Reiches auch ein patriotisches Bewußtsein und das Heranwachsen eines Identitätsgefühls hervor, das die für das Zeitalter des Absolutismus charakteristische Distanz zwischen Obrigkeit und Untertanen zu überbrücken begann. Die Kirche stand während des ganzen Krieges unverbrüchlich an der Seite des Vaterlandes und erwies dem König bis zu dessen Tod ihre uneingeschränkte Reverenz. Einflußreich war auch ein Kreis von Schriftstellern und Poeten, zu denen neben Thomas Abbt vor allem Karl Wilhelm Ramler, Johann Wilhelm Ludwig Gleim und der bei Kunersdorf gefallene Johann Ewald von Kleist gehörten. Sie priesen den König in grenzenloser Bewunderung und verklärten das Soldatendasein in einer heroischen Weise, die für das vorrevolutionäre 18. Jahrhundert eigentlich ungewöhnlich war.

Das Kriegsgeschehen eröffnete demnach Perspektiven, die über den Rahmen der klassischen Kabinettskriege des *ancien régime* hinausweisen und die ideologischen Fundamente einer neuen, der nachrevolutionären Zeit zu erkennen geben. Freilich ist zu unterstreichen, daß die hier aufkeimende und sich in zahlreichen Literaturgattungen äußernde Vaterlandsliebe auf dieser frühen Stufe ihrer Entfaltung noch nicht jene aggressiv abgrenzende Tendenz aufwies, wie sie dann seit den Befreiungskriegen immer vehementer hervortreten sollte, sondern in eigentümlicher Weise verknüpft war mit einem philanthropischen Kosmopolitismus, der für die Aufklärung insgesamt charakteristisch war. Nationalgefühl und Weltbürgertum gehörten auch in den großen Geschichtswerken, die sich wie die Darstellungen von Johann Wilhelm von Archenholz oder Georg Friedrich von Tempelhoff mit dem Siebenjährigen Krieg beschäftigt haben, also zusammen und bedingten sich gegenseitig.

Allerdings ist nicht zu verkennen, daß dieser aus Stolz und der Erfahrung gemeinsam erlittener Not erwachsene Patriotismus auf Preußen und das protestantische Deutschland beschränkt blieb.[126] Die heroische Selbstbehauptung des Königs gegenüber einer Kriegsallianz, in deren Mittelpunkt das katholische Kaiserhaus stand, hat offenkundig zu einer Vertiefung unterschiedlicher Selbsterfahrung in Deutschland beigetragen. Insofern bedeuten die dramatischen Ereignisse dieses Krieges und ihre unterschiedliche Wahrnehmung im Norden und Süden des Reiches die Beschleunigung eines Differenzierungsprozesses, an dessen Ende die kleindeutsche Lösung der nationalstaatlichen Probleme im 19. Jahrhundert stand. Unter dem Aspekt also, daß der Siebenjährige Krieg den nachfolgenden Generationen als ein Ereignis von nationaler Dignität erschien, muß dem Kriegsgeschehen ohne Zweifel eine epochale Bedeutung zuerkannt werden.

Die starken Impulse, die gerade auch in geistesgeschichtlicher Hinsicht von diesem Krieg ausgegangen sind, hat kein geringerer als Johann Wolfgang von Goethe im siebten Buch von *Dichtung und Wahrheit* in tiefgründigen Reflexionen zur Sprache gebracht. «Der erste wahre und höhere eigentliche Lebensgehalt», notierte er im Jahre 1811 rückblickend, «kam durch Friedrich den Großen und die Taten des Siebenjährigen Kriegs in die deutsche Poesie. Jede Nationaldichtung muß schal sein oder schal werden, die nicht auf dem Menschlich-Ersten beruht, auf den Ereignissen der Völker und ihrer Hirten, wenn beide für e i n e n Mann stehn. Könige sind darzustellen in Krieg und Gefahr, wo sie eben dadurch als die Ersten erscheinen, weil sie das Schicksal der Allerletzten bestimmen und teilen, und dadurch viel interessanter werden als die Götter selbst, die, wenn sie Schicksale bestimmt haben, sich der Teilnahme derselben entziehen. In diesem Sinne muß jede Nation, wenn sie für irgend etwas gelten will, eine Epopöe [Epos] besitzen, wozu nicht gerade die Form des epischen Gedichts nötig ist. [...] Die Preußen und mit ihnen das protestantische Deutschland gewannen also für ihre Literatur einen Schatz, welcher der Gegenpartei fehlte und dessen Mangel sie durch keine nachherige Bemühung hat ersetzen können. An dem großen Begriff, den die preußischen Schriftsteller von ihrem König hegen durften, bauten sie sich erst heran, und um desto eifriger, als derjenige, in dessen Namen sie alles taten, ein für allemal nichts von ihnen wissen wollte.»[127]

V. Stillstand, Retablissement
und große Politik der Kabinette

Der Alte Fritz

Nichts war nach diesem Krieg mehr so wie vorher. Der König kehrte nach Jahren fortwährender Abwesenheit in eine Residenz zurück, die ihm unheimlich und fremd geworden war. Zwei Tage nach Unterzeichnung des Friedensvertrages brach er von Hubertusburg nach Schlesien auf, machte zur Erledigung anstehender Amtsgeschäfte Station in Breslau und wandte sich dann der Oder entlang nach Norden, um noch einmal das Schlachtfeld von Kunersdorf zu besichtigen. Es muß an diesem regnerischen Märznachmittag, als in Berlin alles für den triumphalen Empfang des siegreichen Königs vorbereitet war, bereits gedämmert haben, als Friedrich an der Walstatt des grausamen Gemetzels vom 12. August 1759 eintraf. Welch ein gespenstischer und erschütternder Augenblick! Das «Mirakel des Hauses Brandenburg» war keine Wunschvorstellung und kein Truggebilde mehr, sondern zum Greifen nahe und in einem Friedensvertrag verbrieft. Der ungeschmälerte Fortbestand des Landes schien gesichert und zu Genugtuung und Dankbarkeit Anlaß zu geben. Und dann eine solch beklemmende «Reinszenierung» einer traumatischen Katastrophe. Sicherlich wird Friedrich ein Auftritt, wie er ihm in der Residenz von seiten des Hofes, des Magistrats und der Bevölkerung bevorstand, peinlich und im Innersten zuwider gewesen sein. Insofern mag er es darauf angelegt haben, seine Ankunft zu verzögern, bis es dunkel geworden war.

Aber welche Gründe können ihn bewogen haben, diesen Ort unbeschreiblichen Grauens und persönlichen Scheiterns noch einmal aufzusuchen? Vielleicht handelte er aus einem zwanghaften Reflex. Vielleicht trieb ihn aber auch die späte Einsicht in das unendliche Ausmaß der Leiden, in die er seine Armee und das ganze Land gestürzt hatte. Gerade einem sicherlich loyalen, aber zugleich auch überaus widerwillig seinen Befehlen gehorchenden Mitstreiter wie Prinz Heinrich vertraute er sein Entsetzen über das Geschehene an, über einen grausamen Krieg, «der so viel Blut, Sorgen und Verluste verursacht hat».[1] Und spätestens seit dem Kunersdorfer Desaster hatte er auch Abschied genommen von dem ihn so ungemein inspirierenden und zugleich verführerischen Leitmotiv, das ihn in der Kronprinzenzeit beflügelt und dann in die Abenteuer der ersten beiden Schlesischen Kriege geführt hatte: dem Phantom ewiger Unsterblichkeit als Feldherr. «Unser Kriegsruhm», schrieb er in tiefer Resignation, «ist aus der Ferne sehr schön zu betrachten; aber wer Zeuge ist, mit welchem Jammer und Elend dieser Ruhm erkauft wird, unter welchen körperlichen Entbehrungen und Strapazen, in Hitze und Kälte, in Hunger, Schmutz und Blöße, der lernt über den ‹Ruhm› ganz anders zu urteilen.»[2]

Dem Marquis d'Argens hatte er im Januar 1762 anvertraut, daß er in seiner Jugend unbesonnen war «wie ein Fohlen, das zügellos über eine Wiese galoppiert; aber nun bin ich behutsam geworden wie der alte Nestor. Aber ich bin auch grau, von Kummer zerfressen, von Krankheit heimgesucht, mit einem Wort, reif für den Schindanger.»[3] Das Bild des strahlenden Helden, das er in den Geschichtsbüchern wiederzufinden hoffte, hatte jedenfalls allen Glanz verloren. Vielleicht war die Rückkehr auf den trostlosesten aller Kriegsschauplätze aber auch der instinktive Versuch, aus dem Schatten der Vergangenheit herauszutreten und sich von den Fesseln der Erinnerung zu befreien. Im Mai desselben Jahres kehrte er auf einer Inspektionsreise durch die vom Krieg am schwersten heimgesuchten Provinzen noch einmal auf die Schauplätze seiner Auseinandersetzungen mit den Russen zurück und erlitt danach einen Zusammenbruch mit schweren Lähmungserscheinungen, von denen er sich nur langsam zu erholen vermochte.

Die Hauptstadt war zum Empfang des Königs wie am 28. Dezember 1745 nach der Rückkehr aus Schlesien mit Triumphbögen, Ehrenpforten und Transparenten geschmückt und illuminiert worden. Tausende waren zusammengeströmt, um den siegreichen Feldherrn ungeachtet des Regens gebührend zu empfangen. D'Argens hatte dem König bereits im März 1762, also nach dem erneuten *renversement des alliances*, das sich nach dem Tode der Zarin Elisabeth abzeichnete, aus Berlin geschrieben, daß sich die Hauptstadt in einem Freudentaumel befinde und allenthalben Feste gefeiert würden.[4] Friedrich hatte geantwortet, daß ihn die Nachricht über den

Enthusiasmus der Berliner sehr berühre.[5] Aber am Tag seiner Rückkehr erschien der König nicht und nahm in seiner alten, unansehnlichen Kalesche einen Umweg, um in der Dunkelheit das Stadtschloß zu erreichen, wo sich die Königin und der Hofstaat zu seinem Empfang versammelt hatten. Wiederum ein gespenstisches Szenarium, das für die Zeitgenossen rätselhaft blieb und auch die Nachwelt irritiert hat. Der Marquis d'Argens hatte mehrfach berichtet, wie sehr der König von seinem Volk geliebt werde. Er verweigerte sich indessen und verharrte in düsterer Unnahbarkeit.

Ernst Ahasverus Heinrich Graf Lehndorff, seit 1747 Kammerherr der Königin, notierte über diesen «Tag der Täuschungen» in seinem posthum veröffentlichten Tagebuch, daß sich der König seiner Gemahlin nach siebenjähriger Trennung mit der Bemerkung zugewandt habe: «Madame sind korpulenter geworden.» Aber er speiste dann im Kreise der Familie und verweilte an der festlichen Tafel bis kurz vor Mitternacht.[6] Lehndorff bedauerte in seinen Tagebuchaufzeichnungen im übrigen sehr, daß sich der König so augenfällig zurückzog, daß er sich unsichtbar machte und die Einsamkeit suchte. Lehndorff war der Überzeugung, daß ein König auf die Annehmlichkeit, ein ruhiges Leben in Zurückgezogenheit zu führen, verzichten müsse. «Er gehört seinen Untertanen an, er muß sie hören und mit ihnen leben. Dieser Fürst, glaube ich, langweilt sich sehr, trotz seines umfassenden Geistes, indem er so selten jemanden findet, der ihm genügen könnte.»[7]

Waren das Anzeichen jener zunehmenden und bewußt auch kränkenden Verächtlichkeit, die das Bild des Königs in den letzten Jahrzehnten seines Lebens so stark geprägt hat? Oder entsprach diese Form der Zurückweisung fürstlicher Selbstdarstellung seiner nüchternen und aufgeklärten Herrschaftsauffassung? Beides dürfte eine wichtige Rolle gespielt und zur eigentümlichen Aura dieses Herrschers beigetragen haben. Er verbarg sich vor den Augen des Publikums auch als einer, der sich in einem unerbittlichen Ringen um die Autonomie und das Lebensrecht seines Staates am Ende zu behaupten vermocht hatte. Er gebe sich Mühe, äußerte er nach Abschluß des Friedens in einem seiner zahlreichen, überaus vertrauten und warmherzigen Briefe an «seinen lieben Marquis», «mich zu beruhigen [...] und im Schweigen der Leidenschaften über mich selbst nachzudenken, mich im Innersten meiner Seele zu sammeln und mich von jeder Repräsentationspflicht fernzuhalten, die mir – offen gesagt – von Tag zu Tag unerträglicher wird».[8] Friedrich begann in seiner Entrücktheit schon mit 51 Jahren der Große und populärer auch der Alte Fritz zu werden. Es wurde in den folgenden Jahren nun immer einsamer um den König. Viele seiner Vertrauten und Weggefährten waren während des Krieges gestorben oder an seiner Seite gefallen. Andere zogen sich ostentativ zurück. Dazu zählte in besonderer Weise Prinz Heinrich, aber auch der hochgeschätzte Seydlitz und der so überaus erfolgreiche Schwager Ferdinand von Braunschweig, alle drei glänzende Feldherren und alle auch in maßgeblicher Weise beteiligt am Mirakel des Hauses Brandenburg. «Ach», hatte er schon im April 1762 vorausahnend und beklommen an d'Argens geschrieben, «so werde ich in Berlin nichts weiter finden, als Mauern und Sie, mein lieber Marquis, keine Bekannten, niemanden mehr, ich werde diese ganze unglückliche Generation überleben.»[9] Waren das Reminiszenzen an seine Festungshaft in Küstrin? Die lange Zeit so tröstliche Vision eines neuen, sorgenfreien Lebens ist jedenfalls in den Briefen dieser Monate nicht mehr wiederzufinden. Er sei, schrieb er an d'Argens, mittlerweile an Unglück und Widerwärtigkeiten so sehr gewöhnt und gegenüber allen Ereignissen auf dieser Welt so gleichgültig geworden, daß er jetzt fast gar nichts mehr dabei empfinde, was ihn früher einmal so tief beeindruckt habe. Er werde alt und nähere sich dem Ziel seiner Tage. Seine Seele löse sich unmerklich von der Vergänglichkeit dieser Welt. Er habe während des Krieges so viel erlitten, «daß meine seelische Kraft völlig erschöpft ist und daß sich eine Hülle von Gleichgültigkeit und Unempfindlichkeit (un calus d'indifférence et d'insensibilité) gebildet hat, die mich zu nichts mehr tauglich macht».[10]

Erstaunlich mutet in diesem Zusammenhang die Hellsichtigkeit an, mit der sich gerade Maria Theresia, die große, unerbittliche und zu Recht gekränkte Gegenspielerin des Königs, die ihm persönlich nie begegnet ist, in seine Verfassung nach dem Ende des Krieges hineinzuversetzen vermochte. «Hat dieser Heros», schrieb sie im September 1766 in einem ernsten und sorgenvollen Brief an ihren selbst zu Hochmut und Eigensinn neigenden Sohn Joseph, «der soviel von sich reden gemacht hat, hat dieser Eroberer einen einzigen Freund? Muß er nicht aller Welt mißtrauen? Welch ein

Andy Warhol:
Friedrich der Große
(1986)

Leben ist das noch, wenn die Menschlichkeit daraus verbannt ist!»[11] In der Tat: der König schien nun jedermann zu mißtrauen, und das galt für die Rivalen im Mächtesystem wie für die Vertrauten in seiner Umgebung. Selbst in bezug auf die Leistungsfähigkeit seiner Armee hatte er jede Zuversicht verloren. Vielmehr machte er hektische Versuche, durch neue, verschärfte, in ihrer Strenge «an Haß und Verachtung grenzende» Instruktionen und Reglements (Christopher Duffy) die Disziplin seiner Armee wiederherzustellen.[12] Zugleich ließ er aus dem traumatischen Gefühl fortbestehender Bedrohung die Magazine mit Waffen, Feldausrüstungen und Proviant wieder auffüllen und erhöhte die Friedensstärke der Armee auf 161 000 Mann. Aber die ganze Atmosphäre im Umkreis der königlichen Residenzen verdüsterte sich in den letzten Lebensjahrzehnten in einem Maße, daß nur noch vom Nimbus einer Legende, aber nicht einmal vom Schatten jenes intellektuellen Glanzes die Rede sein konnte, der einmal den Musenhof des Kronprinzen und des jungen Königs umgeben hatte. Auch der trotzig anmutende Bau des gewaltigen, völlig unproportioniert in Erscheinung tretenden Neuen Palais am westlichen Ende des Schloßareals von Sanssouci konnte am Eindruck dieses Wandels kaum etwas ändern; im Gegenteil, er dokumentierte einen Verlust an höfischem Stil- und Lebensgefühl, der durch keinen noch so hohen Aufwand überdeckt werden konnte.

Die eigentümliche Leere, die sich in der Umgebung des Königs auszubreiten begann, scheint auch von Fernerstehenden wahrgenommen worden zu sein. So konnte Friedrich den damals auf dem Höhepunkt seines Ruhmes stehenden Jean-Baptiste d'Alembert, den maßgeblichen Kopf der französischen *Enzyklopädie*, nicht überreden, die ihm angetragene Präsidentschaft der Berliner Akademie zu übernehmen.[13] Der König hatte in einem Brief vom 14. April 1763 ein persönliches Kennenlernen angeregt und dazu eine Örtlichkeit vorgeschlagen, die ein Zusammentreffen wie seinerzeit mit Voltaire auf halbem Weg ermöglichte.[14] Anläßlich einer Inspektionsreise des Königs in die westlichen Provinzen kam es dann am 11. Juni 1763 in Geldern zu einer ersten Begegnung mit d'Alembert, und Friedrich bot alle Überredungskünste auf, um den Umworbenen zu bewegen, mit ihm nach Potsdam zu kommen. Und tatsächlich brach man gemeinsam auf und führte wie damals an der Tafelrunde von Sanssouci geistreiche, unterhaltsame und überaus freundschaftliche Gespräche über Philosophie, die schönen Künste und die französische Literatur. Aber trotz aller Liebenswürdigkeiten, die während dieses beinahe zwei Monate dauernden Aufenthalts d'Alemberts in Berlin und Potsdam ausgetauscht wurden, gelang es dem König nicht, seinen Gast von einer sinnvollen und zugleich auch behaglichen Tätigkeit an seinem Hof zu überzeugen. So kam es zu einem Abschied in gedrückter Stimmung, der dem König einmal mehr vor Augen führte, wie die Vision eines immer wieder beschworenen Lebens in heiterer Beschaulichkeit und Muße endgültig zu entschwinden drohte.

Gewiß besuchten den König auch in den letzten Lebensjahrzehnten immer wieder illustre Erscheinungen der großen und gelehrten Welt wie etwa Charles Joseph Prinz de Ligne, kaiserlicher General und viel gepriesener *homme de lettres*, ein Schriftsteller im übrigen, der dem König dann auch ein literarisches Denkmal gesetzt hat.[15] Friedrich habe ihn während seines Aufenthaltes in Potsdam in fünfstündigen Unterhaltungen vollends verzaubert. «Kunst, Krieg, Medizin, Literatur, Religion, Philosophie, Moral, Geschichte und Gesetzgebung kamen abwechselnd zur Sprache [...]. Anekdoten über geistreiche Leute früherer Zeiten, ihre Fehler, Voltaires Verirrungen, Maupertuis' Herrschsucht, die eingebildeten Krankheiten von d'Argens, der bisweilen vierundzwanzig Stunden im Bett blieb, wenn der König ihm aus Scherz gesagt hatte, er sähe schlecht aus [...]. Unerschöpflich mannigfaltig und anziehend floß die Rede von seinen Lippen [...], auf denen eine unaussprechliche Anmut lag. Und wenn ich nicht irre, merkte man gerade deswegen nicht, daß er – wie die homerischen Helden – etwas geschwätzig, wenn auch erhaben war.»[16] Aber alle auch weiterhin gepflegten Formen amüsanten und geistreichen Divertissements konnten nicht darüber hinwegtäuschen, daß es um den König einsam geworden war. Er werde nie das Vergnügen vergessen, schrieb er an d'Alembert noch während dessen Aufenthalt in Sanssouci, «einen wahren Philosophen gesehen zu haben. Ich bin glücklicher gewesen als Diogenes, denn ich habe den Menschen, den jener so lange gesucht hat, gefunden. Aber er bricht auf, er geht.»[17]

Noch bitterer dürfte indessen für Friedrich gewesen sein, daß er auch den Marquis d'Argens, der an den Gesprächen mit d'Alembert noch teilgenommen hatte, nicht in seiner Nähe zu halten vermochte. So herzlich und vertrauensvoll diese Freundschaft vor allem auch während des Siebenjährigen Krieges geworden war – sie zerbrach an den Kränkungen und der ins Hemmungslose sich steigernden Spottlust des Königs und endete 1768 mit der schließlich unwiderruflichen Abreise dieses langjährigen und in seiner Zuneigung unerschütterlichen Weggefährten.[18]

Einen späten Höhepunkt der Begegnungen Friedrichs mit den großen Geistern seiner Zeit stellten am Ende seines Lebens zwei Gespräche mit dem Grafen Gabriel Honoré de Mirabeau dar. Sie waren deshalb folgenreich und das Bild des Königs nachhaltig prägend, weil sie den Anstoß zu einer ersten großen Bilanz der 46-jährigen Herrschaft des Preußenkönigs gaben. Mirabeau verfaßte sie zusammen mit dem Kameralisten und Offizier Jakob Mauvillon, dem Sohn eines hugenottischen Refugiés, und veröffentlichte sie nach dem Todes des Königs unter dem Titel *De la monarchie prussienne sous Frédéric le Grand* (7 Bde., London 1788); auf Äußerungen

in diesem Kompendium wird noch zurückzukommen sein. Mirabeau hatte Frankreich nach zahlreichen Skandalen und unablässigem Streit fluchtartig verlassen, war allerdings auch mit geheimen
Aufträgen der französischen Regierung versehen, die ihn zu Berichten über die inneren Verhältnisse in Preußen nach dem in Kürze
zu erwartenden Ableben des Königs anhielten. Nach seinem Eintreffen in Berlin im Januar 1786 bat Mirabeau sogleich um eine
Audienz, die ihm auch umgehend gewährt wurde. Ein zweites Mal
trafen sich beide am 16. April, zu einem Zeitpunkt also, als der
König bereits von schwerer Krankheit gezeichnet war und unter
quälender Atemnot litt. Es ist nicht überliefert, was der König über
die in die Französische Revolution einmündende Agitation seines
Gastes wußte. Aber beide begegneten sich offensichtlich mit großer
Sympathie und sprachen miteinander in völliger Offenherzigkeit.

Nur wenige waren ihm in seiner Umgebung geblieben; unter
ihnen an erster Stelle George Keith, Lordmarschall von Schottland, der Bruder des hochgeehrten, bereits 1758 gefallenen Feldmarschalls James Keith. Er hatte für ihn in der Achse seiner Sommerresidenz Sanssouci ein kleines Palais errichten lassen, um ihn
ständig zu sich rufen zu können. Friedrich schätzte ihn wegen seiner umfassenden Bildung und seiner Weltläufigkeit als Gesprächspartner und Tischgenossen bis zu dessen Tod im Jahre 1778. Ähnlich verhielt es sich mit seinem Jugendfreund und Kampfgefährten,
Heinrich August de la Motte Fouqué († 1774), der nach seiner
Kriegsgefangenschaft in Österreich nicht mehr auf seinen militärischen Posten zurückgekehrt war, sondern sich als Domherr in
Brandenburg, also in erreichbarer Entfernung, niederließ und gelegentlich zu Gast in Sanssouci war.

Friedrich hatte sich seine Schlagfertigkeit und seine blendende
Auffassungsgabe durchaus zu erhalten gewußt. Seine persönliche
Überzeugungskraft, sein eigenständiges Urteilsvermögen und seine
Liebenswürdigkeit beeindruckten alle, die ihm in entspannter Atmosphäre begegneten. Der Marchese Luccesini etwa äußerte sich
immer wieder fasziniert über die Ausstrahlung des Königs. «Unbeschreiblich ist die Leutseligkeit und Liebenswürdigkeit, mit der
die Tischgenossen des Königs behandelt werden. Jeder Zwang ist
verbannt, und es herrscht kein anderer Unterschied als der des
Geistes und des Wissens.»[19] – «Dieser große Mann», heißt es in

einem anderen Brief an seine Mutter, «steht so hoch über dem Durchschnitt der Könige, daß es etwas Außerordentliches bedeutet, ihn zu sehen, etwas Wunderbares, ihn sprechen zu hören.»[20] Auch andere Augenzeugenberichte aus den letzten Lebensjahrzehnten dokumentieren, daß er die Begabung nicht verloren hatte, Menschen durch seinen Charme und seine eindringliche Beredsamkeit für sich einzunehmen, wenn er ihnen zuzuhören gewillt war. Er konnte freilich auch boshaft und unerträglich sein, und das sicherlich in zunehmendem Maße. Selbst einem ihm absolut ergebenen Gefährten wie dem Leibarzt seines letzten Lebensjahres Johann Georg Zimmermann, mit dem er sich ausführlich zu unterhalten pflegte, entglitt am Ende der Seufzer: «Dieser schreckliche König!» Friedrich verfügte schon seit seiner Jugend und besonders auch im Umgang mit dem Vater über einen erbarmungslosen Sarkasmus und über den Hang zu einem die Gefühle anderer bewußt verletzenden Spott. Und obwohl er auch in schriftlichen Äußerungen über Freund und Feind die Erfahrung gemacht hatte, wie verheerend sich seine Sticheleien und Gehässigkeiten auswirkten, konnte er davon nicht ablassen. Das Widerspenstige und Mißgünstige war ihm zur zweiten Natur geworden.

Bemerkenswert ist allerdings, daß sich Friedrich von der Sorge und Zuneigung gegenüber seinen Verwandten trotz gelegentlicher Verstimmungen und Irritationen während seines ganzen Lebens nicht abbringen ließ. Der Tod seiner Schwester Wilhelmine und seiner Mutter Sophie Dorothea waren mit tiefen Erschütterungen verbunden. Auch dem Vater gegenüber wichen die feindseligen und haßerfüllten Empfindungen der Kronprinzenzeit allmählich einer Einschätzung, die nicht nur die gewaltige Arbeitsleistung und den außerordentlichen Weitblick des Königs zu würdigen vermochte, sondern auch imstande war, sich des Vaters mit Dankbarkeit und Rührung zu erinnern. Das Verhältnis zu seinen übrigen Geschwistern war schwieriger, aber doch immer von dem Bemühen gekennzeichnet, der Rolle des Familienoberhauptes mit Respekt, Nachsicht und ausgleichender Beharrlichkeit gerecht zu werden. Selbst die zeitweise sehr angespannten Beziehungen zu seinem Neffen und Thronfolger nahmen letztlich keinen Schaden.[21]

Der eigentliche Hof, von dem sich der König weitgehend zurückgezogen hatte, führte unterdessen ein Eigenleben, das nicht

nur durch häufige Geselligkeiten der in der Residenz und den um-
liegenden Regionen ansässigen Adelsfamilien und des diplomati-
schen Korps, sondern maßgeblich auch durch die Königin geprägt
wurde.[22] Elisabeth Christine wuchs im Laufe der Jahre und immer
stärker nach dem Siebenjährigen Krieg trotz ihres bescheidenen
Budgets in die Rolle einer eigenen Repräsentantin des königlichen
Hauses hinein, ohne dabei – wie auch die Prinzen von Geblüt[23] –
Einfluß auf die politischen oder personellen Entscheidungen im
Lande zu erlangen. In den wärmeren Monaten residierte sie in
Schloß Schönhausen an der nordöstlichen Peripherie der Hauptstadt, wo sie wöchentlich «Cour» hielt und den «vornehmen Adel»
und die «Fremden von Bedeutung» empfing. Das intellektuelle
Niveau ihres Hofes war keineswegs unbedeutend, obwohl Elisabeth
Christine der Anziehungskraft, die nach wie vor von dem in Sanssouci und Potsdam residierenden König ausging, wenig entgegenzusetzen hatte.[24] Sie ertrug diese Nebenrolle sicherlich mit ge-
kränktem Stolz, aber in loyaler Ergebenheit.

Vieles im Leben des Königs war trotz seines Widerwillens gegen
Zeremonien und Etikette streng geregelt. So verbrachte er den
Neujahrstag und die ersten Wochen des neuen Jahres bis zu seinem
Geburtstag am 24. Januar im Berliner Stadtschloß, wo er zu seinem
Leidwesen auch Maskenbälle und Kostümfeste der Familie und des
Hofes über sich ergehen lassen mußte.[25] Während dieser Zeit er-
starrte die sonst durchaus großzügige, festliche und offenkundig
unbeschwerte Geselligkeit in Berlin und an den Residenzen der
Prinzen und der königlichen Damen in Monbijou, Schönhausen,
Oranienburg, Rheinsberg, Friedrichsfelde und Bellevue. Denn die
Anwesenheit des kränkelnden und gereizten Königs verbreitete in
seiner Umgebung «Scheu und Kälte» und gelegentlich auch
«Furcht» vor der grimmigen Unnahbarkeit seiner Erscheinung.[26]
In diese Zeit des Feierns und der Feste fiel auch der 18. Januar, der
Jahrestag der Königskrönung in Königsberg, der jedoch nicht als
solcher festlich begangen wurde, sondern weil er mit dem Geburtstag des Prinzen Heinrich zusammenfiel. Dieses Fest bot den Anlaß
zu einer Prachtentfaltung, wie sie in der Umgebung des Königs
sonst verpönt war, obwohl er den Tafelfreuden durchaus zugewandt
war und ausgesprochene Vorlieben für kräftige und ausgedehnte
Mahlzeiten hatte. Da Prinz Heinrich jedoch als großer Fein-

schmecker und hervorragender Weinkenner gepriesen wurde,
speiste man bei diesen Festbanketten von dem kostbaren goldenen
Tafelservice, das im Schlosse aufbewahrt wurde. Der gesamte Hofstaat mit der Königin, der königlichen Familie, dem Gouverneur
von Berlin und anderen Illustren aus dem Umkreis der Residenz
war geladen. An der Galatafel des Königs wurden 28 Gedecke auf-
gelegt. Die Pagen und Lakaien wurden angewiesen, in festlichen
Livreen zu erscheinen, und die Damen – hier waren sie geduldet –
präsentierten sich in großer Toilette mit Courschleppen, die ihnen
der König gelegentlich zu Weihnachten schenkte.[27] Während seines Aufenthaltes in Berlin pflegte er wenigstens einmal auch bei
der Königin, die im Stadtschloß über eine eigene Suite und entsprechendes Personal verfügte, zu dinieren. Aber er wünschte
nicht, sich mit ihr unterhalten zu müssen. So fiel die Konversation
den Tischgenossen zu, denen die Ehre zuteil wurde, zu diesen eher
wohl beklemmenden Auftritten gebeten zu werden.

Auch während dieser Geselligkeiten also Rückzug, Verweigerung
und die programmatische Absage an die gängigen Formen höfischen Divertissements: «Ich verbringe hier», schrieb er am Jahresende 1775 an seinen Bruder Heinrich aus Berlin, «den Karneval
bei meinen Büchern. Gestern war ich mit Woolston auf der Re-
doute, heute gehe ich mit den *Akademischen Fragen* [Voltaire] in die
Oper und morgen in die Komödie mit Voltaires *Briefen über die
Wunder*. Darauf gehe ich mit Machiavelli zur Tafel bei Hofe und in
eine Damengesellschaft mit Gressets *Vert-Vert*. Eine solche Feier
des Karnevals paßt mehr zu meinen Jahren und meiner Denkungsart.»[28] Die Vorstellungswelt festlicher Tafelfreuden und höfischen
Vergnügens waren ihm also durchaus vertraut, aber er zog es vor,
sich in einem Ambiente privaten Wohlbefindens ohne glanzvolle
Auftritte und steife Etikette zu bewegen.

Nach diesen Gesten seiner Zugehörigkeit zu einem auch im friderizianischen Preußen fortbestehenden Hofszenarium begab sich
der König nach Potsdam und verbrachte die Wintermonate im
dortigen Stadtschloß. Feststehende Termine waren ferner die Trup-
penparaden und Generalrevuen der Regimenter aus den Garnisonen in Berlin, Potsdam und der Umgebung im Mai. Sie dauerten
jeweils mehrere Tage und wurden im Tiergarten und auf den Exer-
zierplätzen in der Nähe von Schloß Charlottenburg abgehalten. Im

Anschluß daran fanden entsprechende Manöver auch in Pommern und in Magdeburg statt. Mitte Juni begab sich Friedrich wieder nach Potsdam, um die Sommermonate in Sanssouci zu verbringen. Mitte August wurden Manöver in Schlesien abgehalten, bevor am 20. September und an den folgenden Tagen die großen Revuen in Potsdam stattfanden, wobei der König im Neuen Palais auch ein Festbankett für seine Generalität gab. Besonders diese Herbstmanöver fanden unter Ausschluß der Öffentlichkeit statt. Denn hier sollten neue taktische Formationen erprobt werden, die ganz den Prinzipien autoritärer Fürstenherrschaft entsprechend absoluter Geheimhaltung unterlagen.

Offenkundig ist, daß es in diesem Kalendarium Bezugspunkte zu einem wie auch immer geregelten Kirchenjahr nicht gab. Kirchliche Feiertage oder gar Heiligenfeste und entsprechende Gottesdienstbesuche, zu denen der Kronprinz noch angehalten worden war, spielten im Leben des Königs keine Rolle mehr. Nicht einmal der heilige Hubertus, der Schutzpatron der Jäger und des Weidwerks, kam hier wie noch zu Zeiten des Vaters zu seinem Recht. Alle festen Termine im königlichen Jahreszyklus waren an den tatsächlichen oder vermeintlichen Notwendigkeiten militärischer Kontrolle orientiert und nahmen beim alternden König unverkennbar obsessive Züge an. Nur die Karnevalssaison war – ausgerechnet im protestantischen Berlin – ein Relikt aus einer Sphäre höfischen Glanzes, das der König, obwohl ihm alle Verpflichtungen dieser Art fremd und lästig geworden waren, mit stoischem Gleichmut über sich ergehen ließ.

Auch der Tagesablauf des Königs verlief nach strengem Reglement. Im Sommer ließ er sich gegen vier Uhr in der Frühe wecken, im Winter gegen fünf Uhr. Das an anderen Höfen vielfach immer noch öffentlich zelebrierte *lever* des Herrschers vollzog sich in Berlin und Potsdam in Formen, die in ihrer skurrilen, ungepflegten, aber zugleich auch höchst genierlichen Eigenwilligkeit wohl kaum zu überbieten waren. Nach dem Rapport eines Offiziers seines Garderegiments über die Lage in der Stadt sah Friedrich während des Frühstücks die seit dem Abend eingetroffenen Briefe und Depeschen durch und trennte sogleich das Wichtige vom Belanglosen. Einige Schriftstücke versah er mit knappen, häufig sarkastischen Randnotizen und übergab sie zur Erledigung an einen seiner Kabi-

nettssekretäre.[29] Andere Briefe beantwortete er selbst, sei es diktie-
rend, sei es eigenhändig. Nach diesen Präliminarien empfing er
Minister und Beamte zum Vortrag über die anstehenden Probleme
und erteilte ihnen in Form von unprotokollarisch-kurz abgefaßten
Kabinettsordres oder Kabinettsdekreten die entsprechenden Befehle und Instruktionen.[30] Danach ließ er die im Vorzimmer war-
tenden Offiziere und andere Bittsteller vor, die ihm ein Anliegen
vorzutragen oder eine Petition zu überbringen wünschten. Vor der
Mittagsmahlzeit ritt er in Begleitung eines kleinen Gefolges aus,
um danach in einer Runde ausgewählter Gäste lange und ausgiebig
zu tafeln. Gefürchtet waren bei diesen Mahlzeiten die endlosen
Monologe, die der König auch dann nicht zu unterbrechen pflegte,
wenn die Tafelrunde befangen und eingeschüchtert in völliges
Schweigen verfiel oder gar – wie etwa beim Fürstentreffen mit Joseph II. in Neiße – vom Schlaf übermannt wurde.[31] Nur die außerordentlich eigenwilligen und abstoßenden Tischmanieren des Königs verliehen der Monotonie dieser Gastmähler eine gewisse
Farbigkeit.

Am späteren Nachmittag zog sich Friedrich noch einmal an den
Schreibtisch zurück. In diesen Stunden erledigte er nicht nur Regierungsgeschäfte, sondern er scheint auch die Muße gefunden zu
haben, seine historischen Studien und staatstheoretischen Reflexionen weiterzuführen. Denn auch die späten Lebensjahre sind eine
Zeit intensiven Nachdenkens und äußerst produktiver Schriftstellerei. Sie reichte vom zweiten, noch einmal weit ausgreifenden *Politischen Testament* von 1768 über die Fortführung der *Histoire de mon
temps* bis zu militärischen Unterweisungsschriften. So hat er gerade
in den letzten Lebensjahrzehnten immer wieder Instruktionen für
die einzelnen Waffengattungen und die Generalinspekteure der Armee verfaßt.[32] Sie alle zusammengenommen müssen als das den
Thronfolger beschwörende militärische Vermächtnis des Königs
betrachtet werden – als ein Appell, der im Gegensatz zu seinem
eigenen Führungsstil nichts mehr der Intuition des Augenblicks
oder dem Charisma des Feldherrn überlassen wollte, sondern jeden
Handgriff und jedes Manöver in feste, immer starrer werdende Regeln zu fassen bestrebt war. Er hatte offenbar jegliches Vertrauen
in das spontane Selbstbehauptungsvermögen und den Ehrgeiz seiner Offiziere verloren und glaubte deshalb, für jede taktische Va-

riante die allein gültige Lösung vorschreiben zu müssen. Gerade auch diese Instruktionen dokumentieren jene unerbittliche Strenge, die auch bei den Truppenvisiten, Standortinspektionen und Paraden üblich war und von den Betroffenen entsprechend gefürchtet wurde.

All das muß als Regression, als Verminderung eines ehemals so stolzen Selbstbewußtseins gewertet werden. Vielleicht war es die Befürchtung, daß die Stellung Preußens im System der Mächte immer noch nicht sicher genug verankert war, vielleicht aber auch die Sorge um die militärische Inkompetenz des Thronfolgers, die den König zu dieser Reglementierungswut veranlaßten. Sie führte jedenfalls zu einer Lähmung der am Beginn seiner Regentschaft so lebendigen und auch durch den König selbst inspirierten Weiterentwicklung der militärischen Potentiale – zu einer Stagnation, die dann zur Katastrophe der preußischen Armee bei Jena und Auerstedt zwei Jahrzehnte später nicht unerheblich beigetragen haben dürfte. Unverkennbar ist, daß es sich bei dieser Schreibtischarbeit der letzten Lebensjahrzehnte, die der König dann bei den Truppenmanövern mit grausamer Härte in die Praxis umzusetzen versuchte, um eine Alterserscheinung handelt. Er war von der Überzeugung durchdrungen, daß nur er den Fortbestand der Monarchie zu sichern befähigt war. Und da er als ein alles vorausplanender Autokrat auf den Thron gelangt war, glaubte er auch Vorsorge dafür treffen zu müssen, daß Preußen bei seinem Tode so gerüstet war, wie er es von seinem Vater übernommen hatte.

Bemerkenswert an den schriftstellerischen Bemühungen des Königs ist aber im besonderen, daß er auch im fortgeschrittenen Alter von einer Auseinandersetzung mit den staats- und gesellschaftspolitischen Diskursen seiner Zeit nicht abließ. So verfaßte er etwa im Jahre 1770 einen scharfsinnigen und engagierten Essay zu Holbachs im selben Jahr anonym erschienenem *Système de la nature*, einem Werk radikaler Herrschaftskritik, in dem er noch einmal das ganze argumentative Arsenal seiner staatstheoretischen Überzeugungen aufbot, um die ihm leichtfertig und unhistorisch erscheinende Ablehnung der Monarchie als einer durch Jahrhunderte bewährten Staatsform zurückzuweisen.[33] Auch sein *Examen de l'Essai sur les préjugés* aus dem Juli 1770[34] und der immer wieder zu Recht als visionär gewürdigte *Essai sur les formes de gouvernement et sur les devoirs des souverains*[35] von 1777 gehören zu den grundsätzlichen, philosophisch überhöhten Äußerungen des Königs aus den letzten Lebensjahren.

Große Aufmerksamkeit erregte darüber hinaus sein Essay *De la littérature allemande* von 1780.[36] Die Anregung zur Abfassung dieses Traktats gaben Gespräche mit seinen Schwestern, der Herzogin Charlotte von Braunschweig und Prinzessin Amalie, die den Bruder im Herbst 1780 besuchten. Wie Lucchesini, der Gesellschafter und Kammerherr des Königs, in seinen Tagebuchaufzeichnungen berichtet, fand am 2. Oktober an der Mittagstafel ein Streitgespräch über die Einschätzung der deutschen Literatur statt, das den König veranlaßte, seine Gedanken zu einem Thema, das ihn in vielen Briefen und Gesprächen seit der Kronprinzenzeit immer wieder beschäftigt hatte, in einer eher beiläufig wirkenden Brieform zusammenzufassen. Schon am 10. November war der Text – offenbar auf der Grundlage älterer Vorstudien – fertiggestellt und wurde auf Veranlassung des Königs sogleich in Druck gegeben. Er erschien noch im selben Jahr als Broschüre, und zwar auf französisch und zugleich in einer deutschen Übersetzung, die der damalige Kriegsrat und später als bedeutender Publizist hervorgetretene Christian Wilhelm Dohm angefertigt hatte.[37] Es handelte sich hier um eine der wenigen Schriften des Königs, die ausdrücklich für den öffentlichen Diskurs bestimmt waren und auch entsprechende Beachtung fanden. Denn die Veröffentlichung löste in kurzer Zeit eine Flut von Annotationen, Kritiken und Gegenschriften aus.[38]

Schon die Lebendigkeit, mit der über diese Herausforderung nachgedacht und diskutiert wurde, kann als Beleg dafür gewertet werden, daß sich seit der frühen und letztlich doch sehr eingeschränkten Lektüre Friedrichs Grundlegendes in der deutschen Literatur verändert hatte. Die Ausführungen des Königs dokumentierten jedenfalls, daß er die neueren, weit über den französischen Geschmack und seine Stilprinzipien hinausreichenden Entwicklungen nicht wahrgenommen hat. Alle literarischen Strömungen, die mit einem Epochenbegriff wie «Sturm und Drang» nur angedeutet werden können und entsprechender Erläuterungen bedürften, hat er nicht gekannt. So erwähnte er weder Ramler oder Gleim, zwei seiner hymnischen Bewunderer, noch Ewald von Kleist, der als preußischer Patriot und Offizier in der Schlacht von Kunersdorf gefallen war. Aber auch gewichtigere Autoren wie Klopstock, Wieland, Herder und in besonderer Weise Lessing, dessen Weg sich mit dem des Königs mehrfach gekreuzt hatte, wurden in dieser Bilanz nicht gewürdigt, von Schiller und Goethe (mit Ausnahme des *Götz von Berlichingen*) ganz zu schweigen. Alles deutet darauf hin, daß er von dieser Morgenröte der deutsche Poesie keine Notiz nahm und damit auch den Wandel nicht erfaßte, der sich im Bereich des literarischen Geschmacks, vor allem aber auch in der Sphäre gesellschaftlicher Diskurse (*Die Leiden des jungen Werther, Kabale und Liebe* oder *Die Räuber*) vollzog. Sicher fand er Molières *Bourgeois gentilhomme* amüsant; ob es ihm auch mit *Minna von Barnhelm* so gegangen wäre, ist nicht bekannt und eher wohl unwahrscheinlich. Unverkennbar ist demnach, daß Friedrich in bezug auf die deutsche Literatur an seiner schon frühzeitig ausgeprägten Aversion festhielt und immer wieder auf Vorurteilen, die er schon in den Briefen der Kronprinzenzeit gepflegt hatte, in eigentümlicher Erstarrung beharrte.

Wichtiger als dieser an Borniertheit grenzende Eigensinn ist indessen die Frage, was der König mit dieser Schrift und ihrer überstürzten Veröffentlichung eigentlich bezweckte. Bereits in den Briefen – besonders an Voltaire und d'Alembert – wird immer wieder vom Rückstand der deutschen Literatur gegenüber der französischen gesprochen, zugleich aber auch die Gewißheit geäußert, daß eines Tages auch in Deutschland Sprache, Stil und Beredsamkeit wie in Frankreich aufblühen werden.[39] Die schönen Tage unserer Literatur, äußerte er, seien noch nicht gekommen, aber sie stünden dicht bevor. Es ging dem König also um die Kritik an dem unterentwickelten Geschmack, der seiner Auffassung nach noch in Deutschland herrsche. Aber er bekannte sich auch dazu, das Seine zu einer Verbesserung des augenblicklichen Zustandes beizutragen. Bereits im vollständigen Titel seines Traktats hatte er neben den Mängeln, die man der deutschen Literatur vorwerfen könne, auch Verfahren angedeutet, die zu ihrer Abstellung angewandt werden könnten. Er höre, schrieb er, in Deutschland «einen Jargon reden, dem jede Anmut fehlt und den jeder nach seiner Laune handhabt; die Ausdrücke werden wahllos angewendet, die passenden und bezeichnendsten Wörter vernachlässigt, und der eigentliche Sinn ertrinkt in einem Meer von Nebensächlichkeiten. [...] Seien wir auf-

richtig und gestehen wir ehrlich ein, daß die schönen Künste auf
unserem Boden bisher nicht gediehen sind. Deutschland hat Philosophen hervorgebracht, die den Vergleich mit den Alten aushalten,
die sie sogar in mehr als einer Hinsicht übertroffen haben [...].»[40]
Aber was die schöne Literatur betreffe, sollten wir uns unsere
Dürftigkeit eingestehen. «Ich klage die Nation deswegen nicht
an», heißt es an anderer Stelle, «es fehlt ihr weder an Geist noch
an Talent, aber sie ist aus mancherlei Gründen daran gehindert
worden, sich zugleich mit ihren Nachbarn emporzuschwingen.»[41]
Der König empfahl, den von allen erwünschten Fortschritt vor
allem durch die Vervollkommnung der Sprache zu erzielen. «Sie
muß gefeilt und gehobelt werden, sie muß von geschickten Händen
gehandhabt werden. Klarheit ist die erste Regel für alle, die reden
und schreiben, weil es darum geht, seine Gedanken zu veranschau-
lichen, seine Ideen in Worte zu fassen.»[42] Denn er war der Überzeugung, «daß ein Schriftsteller nicht gut zu schreiben vermag,
wenn die Sprache, die er spricht, nicht ausgebildet und geschliffen
(polie) ist». Er habe in der Geschichte immer wieder wahrgenommen, daß man in jedem Land zunächst mit dem Notwendigen beginne, um erst danach hinzuzufügen, was Vergnügen bereite.[43] Und
für diese Verfeinerung schien ihm besonders die Übersetzung der
klassischen Schriftsteller der alten und neuen Sprachen geeignet, an
denen sich auch die Italiener, Franzosen und Engländer in ihrem
Ausdrucksvermögen geschult hätten. «Wenn wir alle guten Autoren
bei uns einbürgerten, so brächten sie uns neue Ideen und bereicherten uns mit ihrer Schreibweise, ihrer Anmut und ihren Vorzügen.»[44]
Es werde zwar schwer sein, «die harten Laute zu mildern, an denen
die meisten Wörter unserer Sprache so reich sind». Aber er wisse
auch, daß selbst der Kaiser und die acht Kurfürsten nicht ver-
mögend seien, so etwas zu verändern.[45]
Der König wollte also Anmut und Wohlklang in der deutschen
Sprache befördern, mit der er sich identifizierte und auseinandersetzte, ohne an ihrer Weiterentwicklung wirklich teilzuhaben. Aber
sein Konzept, mit dem er die Mängel dieses ihm fremd gebliebenen Mediums zu überwinden empfahl, war mit der mehrfach wiederholten Aufforderung, die klassischen Autoren zu übersetzen und
zu studieren, rückwärtsgewandt und einem zutiefst kanonischen
Denken verhaftet. Es ist der Sturzbach eines geradezu erdrücken-

den Bildungswissens, der sich in diesem Essay über den Leser er-
gießt; von Spontaneität, Empfindsamkeit und Sturm und Drang als
Impulsen für eine literarische Erneuerung kein Wort! Er vertraute
ganz allein auf die Aneignung der seit Jahrhunderten bewährten
Autoren und der von ihnen vorgegebenen Muster. Aber hinzu trat
– wiederum ganz nach französischem Vorbild – die Forderung
nach obrigkeitlicher Reglementierung. Er finde hier, schrieb er,
eine halbbarbarische Sprache vor, die in ebenso viele Mundarten
zerfalle, wie es Provinzen in Deutschland gibt. Jeder Landkreis
glaube, seine Redeweise sei die beste. Deshalb beklagte er: «Es
gibt noch keine von der Nation als allgemein gültig anerkannte
Sammlung, in der man eine Auswahl von Wörtern und Wendungen fände, die die Regeln für eine reine Sprache vorschreibt.»[46]
Regulierung also als Ausweg? Mit dieser Schrift jedenfalls gab sich
der König als ein Herrscher zu erkennen, der zwar in außerordentlicher Weise belesen und wißbegierig war, aber auch einer Sphäre
des literarischen Geschmacks verhaftet blieb, die ganz dem *ancien
régime* zugehörte.

Noch einmal ein Wort zu den Lebensgewohnheiten des Königs:
Ein offizielles Souper gab es im Tagesablauf nach Auskunft seines
Kammerhusaren Schöning, der Friedrich bis in die letzten Lebens-
tage begleitete, nach dem Siebenjährigen Krieg nur noch ausnahmsweise. Vielmehr widmete er sich abends der Musik und ließ
sich, nachdem er seit dem Verlust seiner oberen Schneidezähne –
vermutlich am Ende der siebziger Jahre – selbst nicht mehr Flöte
spielen konnte und zudem auf Opernbesuche verzichten mußte,
von einem kleinen Instrumentalensemble und ausgesuchten Ge-
sangssolisten unterhalten, wobei er Gästen nur mit seiner ausdrücklichen Zustimmung den Zutritt gewährte.[47] Die vorzutragenden
Arien und Kantaten pflegte er selbst auszuwählen.

Zu den Virtuosen, die er bei diesen Soireen zu hören wünschte,
gehörte für einige Jahre auch die Sängerin Gertrud Elisabeth
Mara, geb. Schmeling, die als erste nichtitalienische Primadonna in
den Rang einer europäischen Zelebrität aufzusteigen vermochte.[48]
Der König hatte sich zwar geschworen, lieber einem wiehernden
Pferd als einer Deutschen als Sängerin zuhören zu müssen. Doch
war er, als ihm die bereits in Leipzig und Dresden und später in
ganz Europa Umschwärmte 1771 vorgestellt wurde, so hinge-

Johann Christoph Frisch: Porträt der Elisabeth Mara (um 1780)

rissen von ihrer Stimme und ihrer Ausstrahlung, daß er die damals 22-jährige für sein Opernhaus und die abendlichen Konzerte in seinen Privatgemächern engagierte. Die Mara blieb bis 1780 in Berlin. Zuvor aber versuchte der König die sehr schnell heiß umworbene Diva dadurch in Preußen zu halten, daß er immer, wenn sie zu Gastspielen in andere Residenzen reiste, ihren Ehemann, einen Cellisten am Hofe des Prinzen Heinrich, in Gewahrsam nehmen ließ. Gleich nach ihrem Engagement veranlaßte er, daß sie während vieler Wochen jeden Abend bei Hofe erschien. Auch in den folgenden Jahren hatte sie neben ihren Opernverpflichtungen regelmäßig auch für die musikalischen Divertissements des Königs zur Verfügung zu stehen. Dann jedoch weigerte sie sich, den ihr möglicherweise zu antiquiert erscheinenden Wünschen des Königs hinsichtlich des Repertoires zu entsprechen. Und so erfolgte die Trennung, die eher wohl einer Flucht gleichgekommen sein dürfte. Ihren

Hausstand samt eines kostbaren Tafelklaviers war sie jedenfalls in Berlin zurückzulassen genötigt.

Waren das die Allüren eines alternden Königs? Überliefert ist, daß Friedrich schon sehr frühzeitig das letzte Wort in allen finanziellen, personellen und künstlerischen Belangen der Hofmusik zu sprechen gewohnt war.[49] Auch Benda, Quantz, die Brüder Graun und Carl Philipp Emanuel Bach wurden – vor allem wenn sie mit dem König zu musizieren hatten – nicht eben mit einer Ehrerbietung behandelt, die ihrem Range als Komponisten und Instrumentalvirtuosen eigentlich entsprach. Sie mußten sich wohl oder übel dem königlichen Willen fügen. Die Willkür jedoch, mit der sich Friedrich der Dienste der Mara zu versichern suchte, trägt Züge, die in ihrer grotesken und despotischen Übersteigerung auf eine zunehmende Vereinsamung und eine gestiegene Reizbarkeit hindeuten.

Der König ließ sich in den Abendstunden – häufig in Gegenwart von Vertrauten wie dem Kammerherrn Lucchesini – aber auch vorlesen; davon war an anderer Stelle bereits die Rede. Dabei kamen je nach Belieben die großen Autoren, die er schon seit seiner Jugendzeit geschätzt hatte und immer wieder zu hören wünschte, und eigene Werke zur Sprache. Lucchesini notierte in seinen Tagebuchaufzeichnungen zum Jahre 1780 etwa, daß der König in abendlicher Runde Passagen aus seinem Essay über *Regierungsformen und Herrscherpflichten*, an denen er 1777 gerade arbeitete, zu Gehör bringen ließ. Zugleich wurden auch ältere Texte wie die *Betrachtungen über die militärischen Talente und den Charakter Karls XII.*, von deren Rang und Entstehungsgeschichte bereits die Rede war, oder einige Gesänge aus der Ode *Paladion* rezitiert. Es muß nicht immer nur unterhaltsam zugegangen sein, zumal der König die Themen der Konversation seinen Angewohnheiten entsprechend fortwährend zu wechseln pflegte und vielfach völlig unkonzentriert wirkte. So kamen keineswegs nur schöngeistige Dinge zur Sprache, sondern immer wieder auch handfeste ökonomische Fakten und außenpolitische Überlegungen. Aber er genoß es offensichtlich, seinen Gedanken in einem kleinen Kreise von Freunden und Vertrauten freien Lauf zu lassen.

So bleibt am Ende ein zwiespältiges Bild. Friedrich war aus dem großen Krieg als siegreicher Feldherr und als ein Staatsmann zurückgekehrt, der den ungeschmälerten Fortbestand der Monarchie sicherzustellen vermocht hatte. Aber er war zugleich ein Herrscher, der durch das Elend und die Strapazen des Krieges gezeichnet war und sein inneres Gleichgewicht dadurch wiederzufinden suchte, daß er sich immer unnahbarer zeigte und selbst die engsten Freunde mit seinem Sarkasmus vor den Kopf stieß. Um so erstaunlicher ist, daß er im Volke überaus populär war und in einer Aura der Güte und Fürsorglichkeit erschien. Welch ein Unterschied zu seinem Vater, der so sehr darum geworben hatte, als Landesvater geliebt zu werden, aber letztlich doch nur als polternder Despot wahrgenommen wurde!

Das Wiederaufbauwerk

Über das Wirtschaftskonzept des Königs ist wenig bekannt. Jedenfalls fehlt es im Gegensatz zu vielen anderen Bereichen von Staat und Herrschaft an Versuchen Friedrichs, den ökonomischen und wirtschaftlichen Aspekten der Gesamtmonarchie auf den Grund zu gehen. Das hier zu erörternde Kapitel wird zeigen, welche erstaunlichen Kenntnisse und Erfahrungen er im konkreten auf diesem Gebiet besaß. Aber ein theoretischer Vorentwurf, der auch eine Zuordnung zu den damals vorherrschenden Schulmeinungen wie Merkantilismus, Kameralismus oder Physiokratie ermöglichte, fehlt im Œuvre des Königs. Unklar ist auch, welche der damals führenden Theoretiker er gelesen und rezipiert hat. Im Reich, aber auch in Preußen gab es eine ganze Anzahl von kameralistischen Publizisten, die großen Einfluß auf das Wirtschaftsdenken der Zeit gewonnen haben, unter ihnen Johann Joachim Becker, Veit Ludwig von Seckendorff, vor allem aber Johann Heinrich Gottlob Justi, der am Ende seines facettenreichen Lebens und Wirkens vermutlich seit 1760 in Berlin ansässig war, bevor er als preußischer Staatsbeamter in Ungnade fiel und auf persönliche Veranlassung des Königs in Haft genommen wurde.[50] Justi war in seinen politischen Überzeugungen ein Anhänger Montesquieus; er bevorzugte das Modell einer eingeschränkten Monarchie nach dem Vorbild Englands und stand insofern moderneren, keineswegs jedoch radikalen Auffassungen nahe. In ökonomischer Hinsicht verwarf er ei-

nen rigoros vorangetriebenen Fiskalismus und ein Thesaurierungs-
konzept, das in Preußen schon Friedrich Wilhelm I. in allen seinen
Territorien durchgesetzt und praktiziert hatte. Friedrich rechtfertigte dieses das verfügbare Investitionskapital in verhängnisvoller
Weise aufzehrende Verfahren in seinem *Politischen Testament* von
1768 noch einmal unter indirekter Bezugnahme auf die Einwände
Justis.[51] Dennoch scheinen weniger die Differenzen in derartigen
Grundsatzfragen als vielmehr Vorwürfe hinsichtlich der Amtsfüh-
rung Justis das Zerwürfnis herbeigeführt zu haben.

Tiefgreifende Veränderungen der Tarifpolitik traten nach dem
Siebenjährigen Krieg infolge allgemein gestörter Wirtschaftsbezie-
hungen durch das am 14. April 1766 erlassene Deklarationspatent
in Kraft, das die Akziseansätze neu festsetzte und dabei auch sozialen Gesichtspunkten Rechnung zu tragen bestrebt war.[52] So wurde
die Steuer auf Getreide ganz abgeschafft, während die Akzisesätze
für Bier, Branntwein und Schlachtfleisch ebenso erhöht wurden wie
für ausgesprochene Luxusgüter wie Wein, Likör und Kaffee, die
allesamt importiert werden mußten. Noch im selben Jahr wurde
die Erhebung aller indirekten Steuern der sogenannten «Regie»
übertragen, einer aus französischen Amtsträgern zusammengesetzten Behörde, die unter der Leitung des ebenfalls aus Frankreich
berufenen La Haye de Launay am Generaldirektorium und den
nachgeordneten Kommissariatsbehörden vorbei für die Eintreibung
der Steuern zuständig war. Sie führte in einem insgesamt wohlge-
ordneten Verwaltungssystem nicht nur zu allgemeiner Verwirrung,
sondern auch zu einer in den letzten Lebensjahrzehnten des Königs
wachsenden Entfremdung zwischen den Untertanen und einer als
immer despotischer empfundenen Obrigkeit.

Trotz der Indifferenz des Königs gegenüber einem theoretisch
begründeten Wirtschaftskonzept wird er sich zahlreiche Detail-
kenntnisse durch die Vorarbeit und den Sachverstand einer Reihe
höchst kompetenter Mitarbeiter erworben haben; im folgenden
wird davon noch zu sprechen sein. Schon während seines Aufenthaltes in Küstrin war er durch die Unterweisungen seines Mentors,
des Kammerdirektors Christoph Werner Hille, von dem bereits die
Rede war, mit vielen Grundsätzen eines merkantilistischen Wirt-
schaftskonzepts in Berührung gekommen.[53] Vieles hatte er im übrigen von seinem Vater gelernt und häufig als erwiesenermaßen be-

währt übernommen. Aber trotz einer Wirtschaftspolitik, die sich immer wieder und ganz pragmatisch am größtmöglichen Nutzen orientierte, ist er in einigen Bereichen auch über den hausväterlich inspirierten Pragmatismus des Vaters hinausgegangen und hat z. b. mit der Förderung von Luxusindustrien wie der Seidenspinnerei und der Porzellanfabrikation neue Wege beschritten. Letzter Zweck der Wirtschaft blieb aber seiner Auffassung nach unbeirrbar das Prinzip, den Staat und besonders die Armee in einen mit den Rivalen konkurrenzfähigen Stand zu versetzen.

Die Verluste, die der Siebenjährige Krieg verursacht hatte, waren beträchtlich. Nach neueren Schätzungen betrugen sie eine halbe Million Gefallener aller am Krieg beteiligter Mächte. Der König bezifferte die Kriegsverluste allein auf preußischer Seite mit 180 000 Toten. Aber auch unter der Zivilbevölkerung waren hohe Verluste zu verzeichnen. So sank die Einwohnerzahl der Kur- und Neumark um jeweils 57 000, während im Herzogtum Preußen, das von unmittelbaren Kriegseinwirkungen weitgehend verschont geblieben war, sogar ein Bevölkerungsschwund von 90 000 Einwohnern zu verzeichnen war. Das ergab für die Gesamtmonarchie einen Rückgang der Bevölkerungszahl, der zwischen 300 000 und 400 000 gelegen haben dürfte und von Friedrich selbst mit einer halben Million beziffert wurde. Rückblickend schrieb er in der Weiterführung seiner *Mémoires*, daß der Krieg den Adel erschöpft und das niedere Volk ruiniert habe. Zahlreiche Dörfer seien in Schutt und Asche gelegt und die Städte verwüstet worden.[54]

«Um sich einen Begriff von der allgemeinen Zerrüttung zu machen, in die das Land gestürzt war, um die Trostlosigkeit und Entmutigung der Untertanen zu ermessen, muß man sich völlig verheerte Landstriche vorstellen, in denen die Spuren ehemaliger Siedlungen kaum noch zu finden waren, Städte, die von Grund auf zerstört [vor allem Küstrin], andere, die zur Hälfte in Flammen aufgegangen waren, 13 000 spurlos verschwundene Häuser, nirgends bestellte Äcker und kein Getreide mehr für die Bewohner.» Und neben den Menschen, beklagte der König, fehlten auch die Pferde für die Feldarbeit.[55] Das alles war um so einschneidender, als in der Doktrin merkantilistischer Wirtschaftspolitik die Vermehrung der Bevölkerung einen hohen, beinahe kanonischen Stellenwert besaß und immer wieder zu Versuchen europäischer Potentaten geführt hatte, Fremde – vor allem Kolonisten und Exulanten – ins eigene Land zu holen. Hinzu kam, daß nun die Folgen der mit Konsequenz betriebenen Münzverschlechterungspolitik spürbar wurden, die sich im Verfall des Geldwertes und in einer sich beschleunigenden Teuerung niederschlugen. Verschärft wurde diese Krise durch eine außerordentlich drückende Schuldenlast, die vor allem den exponiert und an Handelsstraßen gelegenen Städten durch immer wieder von neuem erhobene Kontributionen auferlegt worden war. Viele dieser enormen Belastungen müssen als unmittelbare Kriegsfolgen betrachtet werden. Ob auch die allgemeine Wirtschafts- und Bankenkrise in Europa, die in der Mitte der sechziger Jahre den gesamten kontinentalen Finanz- und Handelsverkehr zu lähmen drohte, direkt auf die Kriegsereignisse zurückzuführen ist, muß dahingestellt bleiben. Jedenfalls erfaßte sie neben den großen Finanz- und Handelsplätzen Amsterdam und Hamburg auch die preußische Binnenkonjunktur und führte zu panikartigen Reaktionen des Königs.

Alle diese Probleme galt es nun unter außerordentlichem Zeitdruck in Angriff zu nehmen.[56] Denn der König war nach der Beendigung des Krieges mehr denn je von der Befürchtung durchdrungen, daß angesichts der Trägheit und Indolenz des Thronfolgers nur ein wohlgeordneter und wieder zu Kräften gekommener Staat im Konzert der Mächte eine Überlebenschance hatte. Schon im April 1762, als sich die Friedensschlüsse mit Rußland und Schweden abzeichneten, übertrug Friedrich die Durchführung des Retablissements dem zum Geheimen Finanzrat im Generaldirektorium ernannten Franz Balthasar Schönberg von Brenckenhoff, der sich durch umfangreiche Getreide- und Pferdelieferungen bereits während des Siebenjährigen Krieges Verdienste erworben hatte und das Ansehen eines vorzüglichen Landwirts genoß.[57] Er war dem König unmittelbar unterstellt und wurde mit weitreichenden Befugnissen zunächst für Pommern und die Neumark ausgestattet. Die an Brenckenhoff ergangenen Instruktionen dokumentieren überaus eindrucksvoll die Absichten und Zielsetzungen, die der König mit seinen Retablissementplänen verfolgte.

Brenckenhoff wurde beauftragt, sämtliche Kreise der am schlimmsten betroffenen Provinzen zu bereisen und über seine Eindrücke und Erhebungen Bericht zu erstatten. Zugleich wurde er in einer ausführlichen Instruktion vom 20. April 1762 – also noch vor

dem Friedensschluß – angewiesen, eine Bestandsaufnahme der
Schäden und Verwüstungen zu liefern und dem König Vorschläge
zu unterbreiten, wie den Einwohnern im Rahmen der bestehenden
Möglichkeiten «in ihren Wirthschafts-Umständen wieder geholfen
und sie retabliret werden können».[58] Er wünschte genaue Aufstel-
lungen, «um zu sehen, wie denen Ämtern auch Amts und Adeligen
Unterthanen ohne Unterscheidt und durchgehends wiederum zu
helfen und solche vorerst wieder auf die Beine zu bringen seyndt,
die sich zeither etwa verlaufene Unterthanen wiederum beygebracht
und überall dem Landmann insonderheit wiedergeholfen werde, auf
daß er im Stande komme, seine Wirthschaft zu continuiren und
seine Äcker zu bestellen».[59]

Das Ergebnis dieser Anweisungen war, daß über die entsprechenden Erhebungsbögen die Bevölkerungsverluste, die Zahl der verwüsteten Höfe und Feuerstellen, die Aussaat, die Vorräte an Brot- und
Saatgetreide und die Verluste an Vieh so genau wie möglich erfaßt
wurden. Darüber hinaus sollten die Geschädigten nach der Art
ihrer Einbußen befragt, der Umfang der erforderlichen Unterstützungsmaßnahmen ermittelt und bei den Domänenpächtern die
Höhe der Pachtrückstände und Kriegsverluste veranschlagt werden.

Im Zusammenhang mit diesen Maßnahmen zur Registrierung
und Beseitigung der auf dem Lande entstandenen Kriegsschäden
faßte der König jedoch auch Pläne ins Auge, die auf eine generelle
Verbesserung der bäuerlichen Rechtsverhältnisse hinausliefen. So
erklärte er es als seine «expresse Willensmeynung, daß bey der
jetzigen Gelegenheit die Leibeigenschaft der dasigen Unterthanen
überall gäntzlich aufgehoben und abgeschafft werden soll» und bisherige «unangemessene Dienste so reguliret werden, damit der
Unterthan seine Wirthschaft füglich dabey verrichten könne».[60] Im
Mai des folgenden Jahres wiederholte der König noch einmal
mündlich die entsprechenden Anweisungen. «[...] ad 1) Sollen absolut und ohne das geringste raisonniren alle Leibeigenschaften
sowohl in Königlichen, Adeligen als Stadt-Eigentums-Dörfern von
Stund an gänzlich abgeschaffet werden, und alle Diejenigen, so
sich dagegen opponiren würden, so viel möglich mit Güte, in deren
Entstehung aber mit der Force, dahin gebracht werden, daß diese
von Se. Königl. Maj. so festgesetzte Idee zum Nutzen der ganzen
Provinz ins Werk gerichtet werde.»[61]

Das waren Absichtserklärungen von unerhörter Brisanz und Reichweite; sie entsprachen Äußerungen, die auch Eingang in die *Politischen Testamente* des Königs gefunden haben. So hatte er 1768 proklamiert, daß die Bauern «einen ansehnlichen Stand im Staate» bilden. «Sie tragen die Last; die Mühen sind für sie, der Ruhm für andere.»[62] Aber es nimmt angesichts der Statik der bestehenden Sozialverfassung nicht wunder, daß so grundlegende Reformen nur in bescheidenem Umfang umgesetzt werden konnten; sie stellten ein Problem dar, das erst in einem nachrevolutionären Kontext gelöst werden konnte. Und obwohl Friedrich in seinem Essay über *«Herrscherpflichten und Regierungsformen»* von 1777 noch einmal unterstrich, daß Schollenbindung und Erbuntertänigkeit «von allen Lebensumständen die unglücklichsten» sind: «nichts kann das menschliche Empfinden tiefer empören!», bekannte er sich in derselben Denkschrift doch zu der Einsicht, daß die Abschaffung der bäuerlichen Frondienste «die Landwirtschaft von Grund auf erschüttern» würde; denn der Staat hätte dann den Adel für seine Einkommenseinbußen zu entschädigen.[63] Ein solcher Eingriff in das bestehende System mußte einen empfindlichen Rückgang der Agrarproduktion zur Folge haben. Das wollte der König aber in der Hast und Ungeduld seines Planens und Handelns unter allen Umständen vermeiden, und deshalb verzichtete er sicherlich auch aus Gründen einer adligen Standessolidarität darauf, in die Agrarverfassung einzugreifen.

Bemerkenswert an den Instruktionen für Brenckenhoff ist jedoch ohne Zweifel, daß der König die Mängel der bestehenden Agrarverfassung durchaus erkannte und entschlossen war, den mit dem Retablissement verbundenen Neuanfang für eine tiefgreifende Sozialreform zu nutzen. So hatte er in einem geharnischten Erlaß an die kurmärkische Kammer bereits im Juli 1749 verfügt, daß den Pächtern königlicher Domänen unter Androhung von Festungshaft verboten sei, Bauern weiterhin mit dem Stock zu schlagen, weil er «dergleichen Tyrannei gegen die Untertanen durchaus nicht [zu] gestatten» willens sei.[64] Überlegungen dieser Art waren vermutlich nicht aus dem Geist eines humanitären Gerechtigkeitssinns oder einem Gespür für die Ungleichheit der Lebensverhältnisse besonders auf dem Land erwachsen. Aber sie waren selbst in ihrer utilitaristischen Rationalität, ihrer an Effizienz und Ertragssteigerung orientierten Unerbittlichkeit, ein deutliches Zeichen für einen Reformwillen, der zumindest der Intention nach auch Eingriffe in das überkommene Sozialgefüge in Erwägung zog. «Zwar behielt im Konfliktfalle», schreibt Karl Erich Born, «die Staatsräson die Oberhand über das humanitäre Denken, aber dieses war keineswegs ein bloßes Dekorum, um den Beifall eines Publikums von Philosophen und Literaten zu gewinnen; denn besonders markante Äußerungen der humanitären Staatsgesinnung sind in den Schriftstücken enthalten, die nicht für die Öffentlichkeit bestimmt waren.»[65]

In der Umsetzung seiner Retablissementmaßnahmen erließ der König am 30. Dezember 1764 für Pommern eine Bauernordnung, die eine Einschränkung der bäuerlichen Dienstpflichten, eine Verbesserung des Besitzrechts und eine Sicherstellung vor mißbräuchlichen Übergriffen vorsah, die Erbuntertänigkeit aber nicht antastete. So mangelte es dem königlichen Reformwerk schließlich an der unbedingten Konsequenz. Nirgendwo sonst stieß der König so offenkundig an die Grenzen seiner Macht wie bei den Versuchen, die soziale Stellung der Bauern zu verbessern, ohne dabei das materielle und rechtliche Fundament der adligen Grundherrschaft zu beschädigen. Der Einsicht in die Postulate aufgeklärter Humanität stand die Erkenntnis gegenüber, daß eine Durchsetzung dieser Prinzipien zum Einsturz einer Staats- und Wirtschaftsordnung führen mußte, in der der Adel notwendigerweise eine privilegierte Stellung einnahm.[66] Um dem Retablissement ländlicher Regionen aber gleichwohl Nachdruck zu verleihen, ordnete er an, daß für den Wiederaufbau der Dörfer das erforderliche Bauholz aus den königlichen Forsten unentgeltlich bereitgestellt werde. Im übrigen verzichtete er auf alle bis zum Jahresende noch ausstehenden Kontributionszahlungen und Pachtgelder und gewährte einer Vielzahl von Bauern einen erheblichen Steuernachlaß. Ähnlich verfuhr er dann auch in anderen Provinzen und verfügte darüber hinaus, daß besonders betroffene Regionen in zeitlich begrenztem Rahmen die Grundsteuer erlassen wurde.

Bares Kapital stand freilich für die notleidende Landbevölkerung nicht zur Verfügung. Erst die nach dem Friedensschluß eingerichtete «Retablissementkasse» für Pommern war dann in der Lage, erhebliche Zuschüsse für das Wiederaufbauwerk zur Verfügung zu stellen. Aber auch konkrete materielle Hilfe wurde durch den Staat

geleistet. So ließ der König Brenckenhoff wissen, daß er auf dem
Danziger Kornmarkt Getreide habe beschaffen lassen, das in Pommern kostenlos verteilt und vor allem als Saatgut verwendet werden
sollte. Von grundsätzlicherer Bedeutung war darüber hinaus, daß
der König auf den hinzugewonnenen Meliorationsgebieten – etwa
im Oderbruch – unter Umgehung der bestehenden Wirtschafts-
und Sozialverfassung Kolonisten als freie Erbzinsbauern ansiedeln
und auf den königlichen Domänen die bäuerlichen Dienstleistun-
gen herabsetzen ließ. Hier wurden Reformen durchgeführt, die tatsächlich in die Zukunft wiesen.

Mit den Maßnahmen des Retablissements waren offensichtlich
von Anfang an auch Absichten verbunden, die ganz allgemein auf die
Hebung der Landeskultur ausgerichtet waren. In den Instruktionen
für Brenckenhoff – einen Mann, der offensichtlich von einem ganz
ähnlichen, auf die Steigerung landwirtschaftlicher Erträge gerichteten Durchsetzungswillen geprägt war –, wird deutlich, daß der König an eine umfassende Förderung von Handel und Gewerbe dachte.
So ordnete er die Wiederbesetzung aller brachliegenden Höfe an
und drohte den Grundeigentümern mit empfindlichen Sanktionen,
die fällig waren, wenn die Bauern- und Kossätenstellen nicht binnen
Jahresfrist retabliert sein sollten. Darüber hinaus gab er konkrete
Anweisungen, wie mit der Trockenlegung und Nutzbarmachung bisher noch nicht erschlossener Bruchlandschaften verfahren werden
sollte. Er knüpfte hier an erste Bemühungen auf diesem Gebiet in
den vierziger Jahren an, als er einer «Oder-Baukommission» unter
dem Etatminister von Marschall den Auftrag erteilte, unter Einbeziehung holländischer Fachleute die Überschwemmungsgebiete der
Oder flußabwärts von Frankfurt einzudämmen und zu kultivieren.
Die Arbeiten an diesem Projekt konnten unter persönlicher Anteilnahme des Königs im Jahre 1753 abgeschlossen werden. Sie führten
zu einer Neulandgewinnung von ca. 56 000 ha und der Ansiedlung
von 1200 Familien und überdies zu einer erheblichen Verbesserung
der Schiffbarkeit der Oder. Ein weiteres Kolonisationsvorhaben dieser Art stellte im Rahmen des Retablissements die Kultivierung des
neumärkischen Netze- und Warthedistrikts von Driesen und Friedeberg über Landsberg bis nach Sonnenburg (ca. 30 000 ha) dar –
einer Region, in der unter Leitung Brenckenhoffs 668 Familien mit
beinahe 3000 Seelen angesiedelt werden konnten.

Der König traf darüber hinaus Anordnungen, wie die Verbesserung der Schafzucht und der Wollverarbeitung, die Aufforstung und Bepflanzung der verschiedenen Böden und die Einführung neuer Anbaumethoden vorangetrieben werden konnten. Auch förderte er die Anwerbung von Tuchmachern, Beutlern, Wollmanufakturisten, Hut- und Handschuhmachern, Scherenschmieden, Zimmerleuten, Maurern, Seilern und Schiffbauern. «Professionisten», die in der Armee dienten und als Handwerksmeister in den Städten benötigt wurden, sollten vom Kriegsdienst befreit und durch andere Soldaten ersetzt werden. Ganz dem merkantilistischen Wirtschaftskonzept entsprechend versuchte er überdies, die Kaufmannschaft von Kolberg dazu zu bewegen, das verfügbare Handelskapital in den Ausbau einer Flotte zu investieren, die auch Rohstoffe aus Übersee zu beschaffen vermochte. Als wirtschaftlicher Anreiz – auch das war überaus typisch – wurde den Reedern und Kaufleuten das Monopol des Gewürz- und Pechhandels für Pommern, die Neumark und Ostpreußen von Staats wegen zugesichert.

Das Retablissement stellte demnach ein Konzept dar, das den Wirtschaftsdoktrinen der Zeit entsprechend den Wiederaufbau des Landes mit der allgemeinen Förderung von Handel und Gewerbe, mit Peuplierungs- und Meliorationsmaßnahmen, mit Urbarmachung und Kultivierung ganzer Landstriche und dem Streben nach einer positiven Handelsbilanz zu verbinden versuchte. Das alles geschah unter obrigkeitlicher Aufsicht und Protektion, wobei die ebenso aufmunternde wie einschüchternde Allgegenwart des Königs unverkennbar war. An allen Instruktionen, die er etwa Brenckenhoff erteilte, aber vor allem auch an der Unerbittlichkeit, mit der er sich auf seinen Inspektionsreisen wie schon der Vater Rechenschaft über den Zustand seiner Territorien und Provinzen abzulegen versuchte, wurde deutlich, daß der König der personifizierte Staat war, der bis ins kleinste Detail hinein Regie führte und alles überwachte. Das belegen auch die *Politischen Testamente* auf eindringliche und programmatische Weise.

Anders als in Holland und England, wo es längst ein selbstbewußtes, kapitalkräftiges und sich weltweit orientierendes Wirtschaftsbürgertum gab, hing im Preußen Friedrichs des Großen alles von den Impulsen und der Vorsorge des königlichen Willens ab. Das war ohne Zweifel einer der gravierenden Nachteile eines Herrschaftssystems, das sich nach dem Vorbild des ludovizianischen Frankreich überall auf dem Kontinent durchgesetzt hatte und in der historischen Forschung ungeachtet kritischer Einsprüche mit Recht als «Absolutismus» bezeichnet worden ist. Der unbestreitbare Vorsprung dieser Form monarchischer Herrschaft beruhte darauf, daß Regenten, die von einem wirklichen Arbeitsethos und Pflichtbewußtsein durchdrungen waren, sich umfassende Kenntnisse verschaffen mußten. Gerade auch die Anweisungen, die Friedrich nach dem Ende des desaströsen Krieges seinem Thronfolger und den maßgeblichen Vollstreckern des königlichen Willens gegeben hat, dokumentieren, daß er bis in die Einzelheiten des Obstbaus, der Schafzucht und vieler anderer Gebiete über so reiche Erfahrungen verfügte, daß er seinen Anordnungen großen Nachdruck verleihen konnte. Er kannte das Land, das er regierte, bis in den letzten Winkel, er kannte die Beschaffenheit der Böden ebenso wie die Erfordernisse des Hausbaus, und er kannte das Elend, das der Krieg über das Land gebracht hatte, aus eigener Anschauung. «Entweder», hatte er noch 1784 sicherlich auch mit dem Blick auf den Thronfolger proklamiert, «soll einer nicht nach der Herrscherwürde streben, oder aber er muß den edlen Vorsatz fassen, sich ihrer würdig zu erweisen, und zwar dadurch, daß er sich alles Wissen aneignet, was zum Fürstsein gehört», und in edlem Eifer keine Arbeit und keine Sorgen scheut, wenn das Regieren sie erfordert.[67]

Auch in den *Politischen Testamenten* finden sich selbstverständlich entsprechende Maximen. Er komme, schrieb er 1768, noch einmal auf den oft wiederholten Grundsatz zurück und betone von neuem, «daß in einem Staat niemals etwas Großes und Nützliches geschehen kann, in dem der Fürst nicht selbst regiert, weil nur in einem einzigen Kopf ein Plan aufgestellt werden kann und die Politik, Heerwesen und Finanzen alle zum gleichen Ziel geführt werden können. Wenn der Fürst etwas will, fügt sich alles [...]. Dieses Geschäft erfordert bis ins Detail gehende Einzelkenntnisse, die man nur durch Fleiß erwirbt. Es erfordert Mühe, aber man wird reich belohnt durch den Nutzen, den es dem Staate bringt» – vor allem durch die Reputation, die zu erhalten der Herrscher keine Mühen scheuen darf. Er bete, beschwor Friedrich den Kronprinzen, «daß meine Nachfolger sich diesen Grundsatz einprägen und ihn immer befolgen, damit das Glück des Staates unabänderlich sei und sein Bestand den der ältesten Monarchien übertreffen möge».[68] Friedrich verschmolz in dieser Rolle in eigentümlicher Weise mit Wesen und Herrschaftsauffassung des Vaters, über dessen rastloses Wirken er sich immer wieder mit Bewunderung und Respekt geäußert hat. Das Herzogtum Preußen etwa war zu Beginn des 18. Jahrhunderts von einer verheerenden Pestepidemie heimgesucht worden und damals ähnlich verwüstet wie jetzt die vom Krieg betroffenen Kurlande. «Mein Vater», schrieb Friedrich noch als Kronprinz an Voltaire, «war von dem allgemeinen Elend berührt.» Er hatte den König auf seiner Reise begleitet und berichtete Voltaire am 27. Juli 1739 aus Insterburg.[69] Friedrich Wilhelm also «kam hierher, an Ort und Stelle, und sah mit eigenen Augen das weite verwüstete Land mit allen schrecklichen Spuren, die eine Seuche nach sich zieht, dem Hunger, der dumpfen Habsucht der Beamten. Zwölf oder fünfzehn entvölkerte Städte, vier- oder fünfhundert unbewohnte und verödete Flecken waren das traurige Schauspiel, das sich seinen Augen bot. Durch solche grauenvollen Zustände [aber] keineswegs entmutigt, empfand er lebhaftes Mitgefühl und beschloß, Menschen anzusiedeln [und] Handel und Wandel in einer Gegend, die ihr Gesicht verloren hatte, in Schwung zu bringen.»

«Seit jener Zeit», fuhr der Kronprinz fort, «scheut der König keine Kosten, um seine wohltätigen Absichten mit Erfolg zu krönen. Mit umsichtigen Maßnahmen ging er ans Werk; er baute wieder auf, was die Pest verheert hatte, und ließ aus allen Teilen Europas Tausende von Familien kommen. Das Land wurde urbar gemacht, die Bevölkerung nahm wieder zu, der Handel blühte neu auf, und nunmehr herrscht in dieser fruchtbaren Landschaft mehr Überfluß denn je [...]. Was ich Ihnen hier jetzt berichte, ist einzig dem König zu verdanken, der nicht nur anordnete, sondern der Durchführung höchstselbst vorstand, der Pläne entwarf und der sie allein mit Leben erfüllte; der nicht Sorgen, nicht Mühen, nicht Belohnungen scheute, um das Glück einer halben Million denkender Menschen zu sichern, die allein ihm ihre Glückseligkeit und ihr Zuhause verdanken.» Er habe, setzte er hinzu, etwas irgendwie «Heroisches in der Großmut und in dem Fleiß entdeckt, womit der König diese Wüstenei bewohnbar, fruchtbar und glücklich gemacht hat, und es schien mir, als würden Sie dasselbe empfinden, wenn Sie etwas über die Umstände dieses Wiederaufbaus erfahren».[70]

Es ging in diesem Brief ohne Zweifel nicht nur um Reiseimpressionen aus dem fernen Ostpreußen. Vielmehr weisen die große deklamatorische Geste und die Ausführlichkeit der Berichterstattung darauf hin, daß hier Programmatisches übermittelt werden sollte. Es war offenbar das Bild des gütigen und für das Wohlergehen seiner Untertanen unermüdlich tätigen Herrschers, das dem Kronprinzen hier vor Augen stand und das er seinem Mentor mitzuteilen wünschte. Der Vater nötigte ihm also uneingeschränkte Bewunderung ab; er schien ihm aber auch Züge einer heroischen Selbstüberhöhung zu tragen. Insofern müssen diese Äußerungen als Antizipation dessen betrachtet werden, was er sich als König selbst zu tun vorgenommen hatte.

Eine erste Zwischenbilanz bestätigte, daß bereits im Mai 1763 eine beträchtliche Summe bereitgestellt und für die Anschaffung von Pferden, Ochsen, Rindern, Schafen und Getreide verauslagt war. Ein weiteres Problem war aber die enorme Überschuldung des adligen Grundbesitzes in allen vom Krieg betroffenen Gebieten, die jedoch ungeachtet königlicher «Gnadengeschenke» nur sehr langsam abgetragen werden konnte. Zur Schuldentilgung wurde 1770 in Schlesien die «Landschaft» ins Leben gerufen, die als Kreditverband den Wiederaufbau zwar mit königlicher Hilfe, aber zugleich auch aus eigenen Mitteln bewerkstelligen sollte. Nach diesem Muster wurde 1777 eine «Kreditsozietät» für die Kur- und Neumark eingerichtet und 1780 auch in Pommern eine für regionale Belange zuständige Kreditanstalt geschaffen. In den westlichen Provinzen wurde entsprechend verfahren; nur die Tilgung der hohen Schulden, die aus den Kontributionszahlungen an die französische Besatzungsmacht resultierten, mußten die Landstände selbst aufbringen. Mit den landschaftlichen Kreditwerken lebten also ältere Formen ständischer Partizipation noch einmal auf; aber sie eröffneten nicht mehr wie ehedem politische Einflußmöglichkeiten, sondern waren eine ökonomisch kalkulierte Funktion obrigkeitlichen Handelns.

Der König empfand über das Geleistete Genugtuung und Stolz. So nannte er in einem Brief vom 24. Oktober 1766 an Voltaire selbstbewußt auch Zahlen über die in Schlesien, Pommern und der Neumark wiederaufgebauten Häuser – ausgerechnet Voltaire gegenüber, der zu den schärfsten Kritikern seiner unablässigen Kriegspolitik zählte.[71] Vielleicht schwang hier die Einsicht mit, wie widersprüchlich den *philosophes* seine Überzeugungen auf der einen und seine zumindest militärischen Taten auf der anderen Seite erscheinen mußten. Er wollte ja von seinem ganzen Lebenskonzept her ein Friedensfürst sein und als ein programmatisch von Vernunft und Menschenfreundlichkeit geleiteter Wohltäter erscheinen. Und nun, nachdem er das Unheil dieses Krieges verschuldet zu haben nicht leugnen konnte, dieser Versuch, das Humane seines Herrscherwillens doch noch ins rechte Licht zu rücken! Friedrich hat mit den unermüdlichen, angesichts seiner tiefen Erschöpfung erstaunlichen Anstrengungen auch den ökonomischen Fortbestand der Gesamtmonarchie gesichert. Alles, was er in diesem Krieg seinem Land an Entbehrungen und Leid zugefügt hatte, widersprach jeder wirtschaftlichen Rationalität. Aber auch jetzt überspannte er mit seinem Retablissement die Ressourcen seiner Territorien in rigoroser Weise.

Trotz aller Befriedigung, die der König über die innere Konsolidierung der vom Krieg am meisten betroffenen Territorien bereits nach wenigen Monaten empfunden hat, blieb er auch den Vertrautesten seiner Amtsträger gegenüber voller Argwohn und Mißtrauen. So endete auch das Verhältnis zu Brenckenhoff mit einem Eklat. Letzterer wurde angesichts seiner offenkundigen Erfolge beim Retablissement der Kernprovinzen 1772 noch als erster und alleinverantwortlicher Verwalter der nach der ersten Teilung Polens neuerworbenen Gebiete eingesetzt. Er erwarb sich weitere Verdienste mit dem Bau des Bromberger Kanals zwischen Brahe, einem Nebenfluß der Weichsel, und Netze, einem Nebenfluß der Warthe, die ihrerseits in die Oder mündet. So wurde eine Wasserstraßenverbindung von der Weichsel bis zur Oder und damit zu den Flüssen und Kanälen der brandenburgischen Kernprovinzen geschaffen, die es ermöglichte, den für den polnischen Getreideexport maßgeblichen Handels- und Umschlagplatz Danzig zu umgehen. Mit 6000 Arbeitern vollendete er innerhalb von 16 Monaten den größten Teil dieser neuen Wasserstraße. Als der König im Sommer 1773 den Netzedistrikt inspizierte, war der Kanal bereits schiffbar. Dennoch

geriet Brenckenhoff plötzlich in Verdacht, sich durch die Verquik-
kung öffentlicher und privater Finanzinteressen persönliche Vorteile
verschafft zu haben. Die Folge dieses möglicherweise strukturbedingten und sicherlich nicht vorsätzlichen «Brenckenhoffschen
Defekts» war die unnachsichtige Beschlagnahme aller Güter des
Betroffenen, die den Nachkommen erst durch einen Gnadenerlaß
Friedrich Wilhelms II. zurückerstattet wurden.

Bei aller Akribie, zu der der König seine Etatminister, Kommissare und Lokalbehörden anhielt, sind präzise Angaben über den
Erfolg des Retablissements nur unter Vorbehalt möglich. Friedrich
bezifferte in seinen *Mémoires* das Gesamtvolumen der materiellen
Unterstützungsmaßnahmen auf gut 20 Millionen Reichstaler. 1775
konnte Brenckenhoff dem König auch einen beträchtlichen Popu-
lationsgewinn aus den von ihm verwalteten Gebieten melden. Es
besteht demnach kein Zweifel, daß es ungeachtet einer Wirtschaftskrise, die am Ende des Siebenjährigen Krieges viele der für Preußen wichtigen Handelspartner erfaßte, und trotz zahlreicher Mißernten, Viehseuchen und Überschwemmungskatastrophen in den
70er Jahren, in erstaunlich kurzer Zeit gelungen war, die Kriegsschäden zu beseitigen und im Rahmen der bestehenden Sozialverfassung Verhältnisse zu schaffen, die nach dem Konzept einer
dirigistischen Staatsökonomie wieder kalkulierbar waren: kein Neuanfang also, sondern eine Konsolidierung, um für jede außenpolitische Herausforderung ökonomisch und militärisch gerüstet zu sein.
Das bedeutete Beharrung und Vorausschau gleichermaßen. Aber
alles war verknüpft mit dem, was seit der Besitzergreifung von
Schlesien vor nunmehr 33 Jahren auf der Tagesordnung stand.
Insofern war das Wiederaufbauwerk des Königs kein Neubeginn,
sondern die logische Konsequenz dessen, was in seinem Lebens-
plan von Anfang an vorgegeben war.

Die Allianz der drei Schwarzen Adler
und die Erste Teilung Polens

Der Aufstieg der Hohenzollern-Monarchie als fünfte der europäischen Großmächte kann ohne die Umwälzungen, die sich während des Großen Nordischen Krieges, also in den ersten beiden

Dezennien des 18. Jahrhunderts, vollzogen haben, nicht angemessen erklärt werden.[72] Der Kampf um die Vorherrschaft im Bereich der Ostsee veränderte das europäische Mächtesystem von Grund auf und führte anstelle von Schweden das zaristische Rußland in den Kreis der Hegemonialmächte. Dabei geriet besonders die Adelsrepublik Polen in den Sog einer russischen Vorfeldpolitik, die mit fortwährenden Interventionsdrohungen einen Mitherrschafts- und Außensteuerungsanspruch durchzusetzen vermochte. Auch Preußen konnte sich auf die Dauer diesem Expansionsdruck nicht entziehen. Und so kam es schon 1720 zu einer Annäherung zwischen den beiden Mächten, die zur Wahrung und Ausbalancierung der konkurrierenden Territorialinteressen auch eine Teilung Polens von Anfang an in Betracht zog. An dieses Einvernehmen im Hinblick auf eine Abgrenzung der Machtsphären in Ostmitteleuropa konnte nach dem erbittert geführten Krieg und den Turbulenzen auf dem Zarenthron erstaunlich schnell wieder angeknüpft werden.

Der dritte im Bunde war Österreich. Die Rivalität zwischen den Hauptkontrahenten des Siebenjährigen Krieges bestand zwar auch nach dem Friedensschluß fort und mündete infolge einer wechselseitig sich steigernden Prohibitionspolitik in einen fortwährenden Zoll- und Handelskrieg ein. Aber auch die Revision der Schlesienfrage war noch keineswegs zu den Akten gelegt. Vielmehr blieb sie in den verschiedensten Kombinationen im mächtepolitischen Kalkül der Hofburg. So faßte Kaunitz Ende 1768 den Plan, die Rückerstattung der immer noch als unersetzlich geltenden Provinz im Zusammenhang mit ausgreifenden Plänen zur Lösung der Polen- und Balkanfrage zu erreichen.[73] Ihm schwebte vor, den preußischen König bei der Annektierung des Ermlandes und Westpreußens zu unterstützen, wenn dieser im Gegenzug auf Schlesien verzichtete. Es ging also um eine das Prinzip der beiderseitigen Konvenienz wahrende Restituierung und gleichzeitig um den Versuch, den als mitbestimmenden Faktor im Mächtesystem nicht mehr zu übergehenden Rivalen durch Kompensationen nach Ostmitteleuropa abzudrängen.

Im Jahre 1782 – nach der Rückkehr Rußlands zur, wie Kaunitz sich ausdrückte, «natürlichen Allianz» mit Österreich – zog der Staatskanzler dann ein militärisches Vorgehen beider Kaiserhöfe gegen Preußen in Erwägung, wenn sich dieses den gemeinsam mit der Zarin gefaßten Expansionsplänen auf dem Balkan widersetzen sollte. In diesem Fall empfahl er, daß beide Alliierten ihre orientalischen Pläne zunächst zurückstellen und verabreden sollten, den König «totis viribus» zu bekriegen und nicht eher in einen Frieden einzuwilligen, bis man auf österreichischer Seite Schlesien erobert und Rußland mit einer vorher zu vereinbarenden Kompensation entschädigt habe. Auch zwei Jahre später unterstrich Kaunitz noch einmal, daß man zwischen beiden Höfen einen weiteren Schritt zur Wiederherstellung des vormals bestehenden Systems vorangekommen sei und auf russischer Seite jetzt die Notwendigkeit erkenne, die erste sich bietende Gelegenheit zu ergreifen, um das Gewicht und den Einfluß des Königs von Preußen hinwegzufegen.

Solche drastischen Äußerungen mochten als kurzatmige, häufig auch schnell wieder verworfene Planspiele erscheinen. Die Revisionsabsichten der Hofburg in der Schlesienfrage blieben jedoch eine Konstante auch nach dem Ende des dritten Schlesischen Krieges. Sie waren ein Impuls, der für die österreichische Außenpolitik jederzeit wieder handlungsleitend werden konnte. Das Eigentümliche der europäischen Mächtekonstellation nach dem Siebenjährigen Krieg war jedoch, daß Preußen und Österreich sowohl zur Sicherung des Status quo wie zur Erweiterung ihres außenpolitischen Handlungsspielraums auf Bündnispartner angewiesen waren. Hegemonialmächte wie England und Frankreich kamen in Ermangelung übereinstimmender Interessen für beide Rivalen einstweilen nicht in Betracht. So blieb Rußland übrig, das durch die Pattsituation zwischen den beiden deutschen Großmächten plötzlich über mehrere Optionen verfügte.

Zunächst gelang es dem Preußenkönig in einem Allianzvertrag vom 11. April 1764, die mächtepolitische Rückendeckung Rußlands zu erlangen. Das war ohne Frage ein großer diplomatischer Erfolg, der bruchlos an den abrupten Bündniswechsel Peters III. im Januar 1762 anzuknüpfen schien. Die Allianz mit diesem übermächtigen und bedrohlichen Konkurrenten fiel so sehr ins Gewicht, daß Friedrich die innere Konsolidierung der preußischen Monarchie nun erst einmal ungestört und mit aller Energie vorantreiben konnte. Sie verschaffte ihm – wie übrigens auch der Zarin – jenen Spielraum, der für die Beseitigung der Kriegsschäden und die Reorganisation der Armee erforderlich war. Insofern besteht kein

Zweifel, daß es sich bei dieser außenpolitischen Neuorientierung um ein defensives Konzept handelte. Aber was bedeutete diese Anlehnung an Rußland für das gesamte Koordinatensystem der preußischen Politik? Sie war sicherlich das Ergebnis nüchternen Kalküls und der leidvollen Erfahrungen, die Friedrich in den zurückliegenden Feldzügen gemacht hatte. Denn eine innere Affinität zu diesem neuen Verbündeten wird man ihm nach den vielen seiner überaus verächtlichen Äußerungen über Rußland im allgemeinen und die Zarin Elisabeth im besonderen nicht nachsagen können. Das war insofern überraschend, als der Vater ein durchaus gutes Verhältnis zu dem damals regierenden Zaren, dem ohne Zweifel überragenden Peter dem Großen, gehabt hatte. Eine Aversion gegen das barbarische und auftrumpfende Gehabe des Zarenhofes konnte ihm eigentlich nur durch die Erzählungen seiner älteren Schwester Wilhelmine vermittelt worden sein, die sich auch in ihren Memoiren abfällig über den Besuch Peters des Großen in Berlin im Jahre 1717 geäußert hat.[74]

Eine ernsthafte Auseinandersetzung mit dem Zarenreich erfolgte erst, als er sich noch als Kronprinz in einen Dialog mit Voltaire über dieses Thema einließ. Letzterer trug sich damals mit dem Gedanken, nach dem großen Erfolg seiner Geschichte des Schwedenkönigs Karls XII. nun auch eine Lebensbeschreibung des großen und letztlich siegreichen Gegenspielers, des Zaren Peter, zu verfassen.[75] Dabei sollte weniger die Persönlichkeit mit ihren bizarren und grausamen Zügen als vielmehr dessen Beitrag zur Zivilisationsgeschichte der Menschheit im Vordergrund stehen – «à servir le genre humain» –, wie Friedrich das Vorhaben Voltaires auffaßte.[76] Dieser legte dem Kronprinzen in einem Brief vom 1. Mai 1737 eine Reihe von Fragen zum Charakter und Lebenswerk des Zaren vor, die er durch einen zuverlässigen und wohlunterrichteten Helfer, «un serviteur éclairé», aus dem Fundus der preußischen Aktenüberlieferung zu beantworten bat – ein Ansinnen übrigens, das bereits zu den Standards einer modernen, der Aufklärung verpflichteten Geschichtsschreibung – «une histoire en philosophe» – gehörte und Voltaire als entscheidende Voraussetzung für eine authentische Berichterstattung galt.[77]

Der Kronprinz beauftragte den ehemaligen Sekretär an der preußischen Gesandtschaft in St. Petersburg, Johann Gotthilff (sic)

Vockerodt, einen außerordentlich profunden Kenner des Zarenreiches in den ersten Dezennien des 18. Jahrhunderts, ein entsprechendes Memorandum auszuarbeiten. Friedrich antwortete Voltaire am 16. August und dann noch einmal grundsätzlicher am 13. November. Dabei äußerte er sich über den Zaren zwar mit verhaltenem Respekt, aber zugleich auch mit tiefer Skepsis und unverhohlener Abscheu. Peter der Große erschien ihm wie ein «heroisches Phantom» mit neuen Visionen. Aber er sei auch feige und brutal gewesen. Er habe den Despotismus auf die Spitze getrieben; an die Stelle staatsmännischen Weitblicks sei vielfach das Glück getreten. Die übersandte Denkschrift werde Voltaire die Augen öffnen.[78]

In einem weiteren Brief vom 28. März 1738 äußerte sich der Kronprinz noch ungleich schonungsloser über den Heros, den Voltaire als Wohltäter der Menschheit zu würdigen plante und dann zwanzig Jahre später auch in einem zweibändigen Werk gewürdigt hat. Der Zar, schrieb Friedrich, habe keine Menschlichkeit, keinen Großmut und keine Tugend besessen. Er sei in krasser Ignoranz erzogen worden und habe nur aus den Impulsen seiner zügellosen Leidenschaften gehandelt. Die Menschen, urteilte der Kronprinz, seien nur in dem Maße gut, als Erziehung und Erfahrung es vermocht hätten, die Auswüchse ihres Temperaments zu bändigen. Diesen allgemeinen, aus einem klassischen Tugendkanon hergeleiteten Maximen folgten dann drastische Mitteilungen über den hemmungslos autokratischen Herrschaftsstil Peters. Darunter rechnete er vor allem die öffentliche Hinrichtung von zwanzig Angehörigen der Strelitzengarde, an der sich der Zar persönlich und überaus gewalttätig beteiligt habe. Solche «horribles cruautés» seien «un fait notoire».[79]

Selbst das Erscheinungsbild dieses außergewöhnlichen und rastlos tätigen Herrschers konnte Friedrich also von seinem Urteil über das Zarenreich nicht abbringen. Trotz der Kenntnisse jedoch, die er sich noch als Kronprinz durch das Hilfegesuch Voltaires und die sich daran anschließende Korrespondenz erworben hatte, blieb Rußland zunächst ein unbeschriebenes Blatt in seiner mächtepolitischen Vorstellungswelt. Auch im *Politischen Testament* von 1752 sah er keine wirkliche Gefahr von diesem Riesenreich («vaste empire») ausgehen, obwohl sich die schließlich existenzbedrohende Allianz zwischen Wien und St. Petersburg bereits abzeichnete.[80] Erst während und infolge des Siebenjährigen Krieges wuchs sein Einschätzungsvermögen hinsichtlich der besonderen, vielfach verworrenen Strukturen am Zarenhof, die sichere und längerfristige Kalkulationen außerordentlich erschwerten. Immerhin trat, was Friedrich allerdings kaum wahrzunehmen vermochte, mit dem Herrschaftsantritt Katharinas II. eine Konsolidierung des Zarenreiches ein, die nach einer Phase innerer Reformen den außenpolitischen Expansionsdruck in Ostmitteleuropa und auf dem Balkan noch einmal enorm erhöhte. Im übrigen blieb der König aber trotz der schrecklichen Erfahrungen im Siebenjährigen Krieg und trotz des tiefgreifenden Wandels seit dem Herrschaftsantritt Katharinas der Großen bei seiner vorgefaßten Meinung, daß die Russen aus einer Mischung von Mißtrauen und Ruchlosigkeit bestünden. Sie seien faul und selbstsüchtig. «Sie haben», meinte der König noch 1775, «die Fähigkeit zur Nachahmung, aber kein Talent zu eigener Inspiration.»[81]

So waren es eindeutig Maximen der Staatsräson, die Friedrich veranlaßten, sich so schnell nach einem erbittert geführten Krieg mit dem Zarenreich zu arrangieren. Es gehöre, hatte er 1776 noch einmal grundsätzlich festgestellt, zu den Grundregeln der Staatskunst, «ein Bündnis mit dem unter seinen Nachbarn zu suchen, der dem Staat die gefährlichsten Schläge versetzen kann».[82] Zwar mußte er sich eingestehen, daß Europa wahnsinnig und verblendet sei, zum Aufstieg eines Landes die Hand zu bieten, das ihm eines Tages zum Verhängnis werden könne. Im *Politischen Testament* von 1768 führte er aus, wie dieses Riesenreich auch in Zukunft noch anwachsen werde. Gewaltige, kaum noch kalkulierbar erscheinende Dimensionen des Bevölkerungswachstums und der inneren Kraftentfaltung drohten sich hier abzuzeichnen. «Unsere», wandte er sich an den Thronfolger, «unentwegten Zwistigkeiten mit dem Hause Österreich haben es verhindert, daß sich Allianzen hätten bilden können, um den Unternehmungen Rußlands Einhalt zu gebieten.» Es profitiere von Preußens Fehlern und sehe sich zugleich von diesem und Österreich umworben. Wegen der Schwäche Preußens maße es sich eine Stärke und Macht an, die auch in Zukunft schwer einzuschränken sein dürfte.[83] Umso mehr sah er sich in der gegenwärtigen Mächtekonstellation in Ostmitteleuropa genötigt, alle Bedenken zurückzustellen und das Unvermeidliche zu tun: ein Bündnis mit Rußland.

Der Preis freilich, den der König für diese Allianz zu entrichten hatte, war beträchtlich; das sollte sich schon in Kürze erweisen. Gewiß, sie verschaffte ihm eine zusätzliche Garantieerklärung für den Besitzstand in Schlesien und schob damit jene Kriegsziele beiseite, um die sich die große Allianz der Gegner Preußens gebildet hatte. Aber in allen den unmittelbaren Nachbarn Polen betreffenden Fragen mußte er nachgeben und die unverändert bedrohliche Außensteuerungspolitik Rußlands akzeptieren. In mehreren Artikeln dieses als Defensivallianz deklarierten Vertrages verpflichtete er sich, allen Bestrebungen nach einer auf die Stärkung der Krongewalt zielenden Verfassungsreform in Polen, vor allem im Hinblick auf die Abschaffung des Einspruchsrechts jedes einzelnen Ständevertreters auf dem Reichstag (*liberum veto*) und die Einführung der Erbmonarchie, gemeinsam mit Rußland und notfalls mit Waffengewalt entgegenzutreten. Darüber hinaus machte er sich die russische Forderung nach freier Religionsausübung der «Dissidenten», der Angehörigen nichtkatholischer Konfessionen, zu eigen – ein Zugeständnis, das sich insofern als brisant erwies, weil es Rußland immer wieder den Vorwand zu direkten Interventionen verschaffte. Aber das Entscheidende an diesem Arrangement war, daß unter den Bündnispartnern das einvernehmliche Vorgehen in der Frage der anstehenden Königswahl in Polen verabredet wurde. So kam es schon am 7. September 1764 unter ausdrücklicher Bestätigung der althergebrachten Adelsprivilegien zu einer direkten, schließlich auch militärischen Einflußnahme auf eine Wahl, die unter Fernhaltung anderer Mächte – vor allem Frankreichs und Österreichs – nicht mehr wie seit drei Generationen auf einen wettinischen Kandidaten fiel, sondern auf den 32-jährigen polnischen Magnaten Stanislaus August Poniatowski, einen Günstling der Zarin und Vertreter der russisch gesinnten Partei der Czartoryskis. Die Beherrschung der Adelsrepublik durch Rußland war damit sichergestellt und besiegelt.

Friedrich hat die Gefahren, die mit dieser Entwicklung verbunden waren, durchaus erkannt und die immer repressiver in Erscheinung tretende Interventionspolitik der Zarin gegenüber der zu einem Satelliten degradierten Adelsrepublik mißbilligt. Er hat gesehen, daß seine Nachgiebigkeit und sein Wohlverhalten dazu angetan waren, dem Expansionsdrang Rußlands zusätzlich noch Vorschub zu leisten. Aber er hat zugleich auch befürchtet, daß er übergangen werden und Rußland seine Ziele auch im Bunde mit dem Hause Österreich erreichen könnte.[84] Deshalb unterstrich er noch einmal, daß der Bündnisvertrag mit Rußland ohne alle diese Gefälligkeiten («sans toutes ces complaissances») nicht hätte abgeschlossen werden können.[85] Die Erfahrung der Begrenztheit seiner personellen und ökonomischen Ressourcen wirkte so sehr nach, daß er glaubte, sich grundsätzlicher Einsprüche enthalten zu müssen. Wir brauchen, schrieb er, «einen dauerhaften Frieden (une paix stable), um das Elend des letzten Krieges wiedergutzumachen». Und nichts konnte seiner Auffassung nach mehr dazu beitragen als ein Bündnis mit Rußland.[86]

Längerfristig betrachtet stellte der König aber mit dieser Politik der Schadensbegrenzung und des Stillhaltens das Existenzrecht Polens bereits zur Disposition. Er hat das Szenarium einer vollständigen Teilung, die bekanntlich in drei Schritten in den Jahrzehnten zwischen 1772 und 1795 vollzogen wurde, weder herbeigeführt noch geplant. Aber ihm schien in der Perspektive der «Rêves et Projets chimériques», die auch in seinem zweiten *Politischen Testament* nicht fehlten, der Erwerb Danzigs und des polnischen Teils von Preußen durchaus als wünschenswert.[87] Viele dieser Äußerungen des Königs in seinen Träumereien sind weder programmatisch noch im einzelnen präzisiert. Vielmehr hat es den Anschein, als wenn er in der Mächtepolitik in der Zeit nach dem Siebenjährigen Krieg unsicher war und vielfach laviert hat. So gestand er an anderer Stelle der zweiten seiner testamentarischen Verfügungen unumwunden ein, daß seine Polenpolitik zu jenen Arrangements zu rechnen sei, die man nicht völlig billigen könne, weil sie dem preußischen Interesse nur zum Teil entsprächen.

Friedrich konnte dem Dilemma, in das er durch die absolute Priorität des Bündnisses mit Rußland geraten war, nur entrinnen, wenn die gesamte Mächtekonstellation in Ostmitteleuropa aufgerollt und neu formiert werden konnte. Dabei gelangte er im Hinblick auf Polen zu der Überzeugung, daß die dortige Anarchie so lange aufrechterhalten bleibe, bis sich die «mächtigen Nachbarn» geeinigt hätten, wie «die Beute (cette proye)» geteilt werden könne. Vielleicht zwinge, äußerte er in seinem *Testament* von 1768 im Kapitel über die chimärischen Projekte, die wachsende Macht

Rußlands Preußen und Österreich einfach dazu, «sich enger zusammenzuschließen, um mit gemeinsamen Kräften dem gefährlichen Ehrgeiz dieses Riesenreiches Einhalt zu gebieten».[88] Ein förmliches Bündnis kam einstweilen jedoch nicht zustande. Die mächtepolitischen Beziehungen steuerten gleichwohl gerade zu jenem Zeitpunkt, als der König sein zweites *Politisches Testament* zu Papier brachte, auf neue Konfrontationen zu.

Der Hintergrund für die Zuspitzung der Lage war der Versuch Katharinas II., sich durch einen förmlichen Bündnisvertrag mit der Adelsrepublik eine Handhabe für direkte Interventionen zu verschaffen. Gegen dieses im März 1768 geschlossene Bündnis formierte sich in Polen Widerstand, vor allem in Kreisen der katholischen Adelsopposition, die sich in Bar, einer Ortschaft in Podolien, zu einer Konföderation für «Glauben und Freiheit» zusammenschloß. Die Folge waren bürgerkriegsähnliche, ebenso grausame wie verlustreiche Auseinandersetzungen. Sofort griffen russische Truppen zur vertraglich zugesicherten Aufrechterhaltung der bestehenden Verfassungsverhältnisse ein und setzten ihrerseits das Blutvergießen fort. Aus diesen Auseinandersetzungen entlang der ukrainisch-türkischen Grenze entwickelte sich im August 1768 ein offener Konflikt mit dem Osmanischen Reich, in dessen Verlauf russische Truppen ungehindert in die Donaufürstentümer Moldau und Walachei vorstießen und das gesamte Machtgefüge auf dem Balkan zum Einsturz zu bringen drohten. Spätestens zu diesem Zeitpunkt war auch Österreich unmittelbar mit der Polenproblematik konfrontiert.

Aber auch Preußen geriet durch den sich immer mehr verschärfenden Konflikt in eine schwierige Situation. In einer Geheimkonvention mit Rußland hatte Friedrich bereits im April 1767 versucht, sich aus einer direkten Verwicklung in das Dissidentenproblem in Polen herauszuhalten. Statt dessen hatte er zugesagt, im Falle einer russisch-österreichischen Konfrontation in die habsburgischen Kernlande vorzudringen, um den Verbündeten zu entlasten. Das Drängen Rußlands auf eine unmittelbare Beteiligung Preußens wurde gleichwohl immer hartnäckiger. So bestätigten sich die seit langem gehegten Befürchtungen über den stetig wachsenden Druck, den das Zarenreich auf ein Mächteszenarium ausübte, das zwar durch die Abgrenzung großräumiger Interessen-

sphären geregelt schien, sich zugleich aber als außerordentlich labil
erwies. Der König versuchte in dieser sich zuspitzenden Lage auf
der einen Seite, sich unter keinen Umständen zu isolieren und deshalb seinen Bündnisverpflichtungen auch buchstabengetreu nach-
zukommen. Im Falle eines sich verschärfenden Konflikts zwischen
Rußland und der Pforte hatte er die beträchtliche Summe von
400 000 Rubel jährlich an Subsidienzahlungen zugesagt. Auf der
anderen Seite war er jedoch bestrebt, sich weitergehenden Forderungen zu entziehen. So richtete sich seine Mächtepolitik überaus
vorsichtig und im Grunde reagierend darauf, die Expansionsbestrebungen des Zarenhofes zu mäßigen und sie durch sein beharrliches
Zögern in überschaubaren Grenzen zu halten. Er hatte den Ehrgeiz und das Machtkalkül seiner Gegenspielerin, Katharina II., der
Tochter eines deutschen, Preußen immer nahestehenden Fürsten-
hauses, ungeachtet einer liebenswürdigen und respektvollen Korrespondenz sowie intensiver diplomatischer Kontakte nicht wirklich
einzuschätzen vermocht. Das galt in gleicher Weise auch für die
Ratgeber und Favoriten der Zarin, unter ihnen an erster Stelle den
Außenminister Graf Nikita Iwanowitsch Panin und hohe Militärs
wie den ebenso eigenwilligen wie populären Feldmarschall Graf
Alexander Wassiljewitsch Suworow. Um so unheimlicher erschienen ihm die Expansionsgelüste dieses Riesenreiches, die sich auf
Regionen erstreckten, deren Ausmaße ihm allenfalls auf der Landkarte nachvollziehbar waren.

In dieser Situation einer wachsenden Unruhe in den internationalen Beziehungen verfiel der Preußenkönig auf die Idee, dem
Überdruck, dem er sich durch das Zarenreich ausgesetzt sah, durch
einen Polen ins Visier nehmenden Teilungsplan zu begegnen. Er
handelte allerdings erst, als er wegen der Verwicklungen Rußlands
auf dem Balkan sicher sein konnte, daß ein preußischer Anspruch
auf polnisches Territorium das existentiell erscheinende Bündnis
mit St. Petersburg nicht gefährdete. Erforderlich war also, auch
Rußland für ein direktes Eingreifen in Polen zu gewinnen. Der König beauftragte deshalb am 2. Februar 1769 seinen Gesandten in
St. Petersburg, Viktor Friedrich Graf Solms-Sonnenwalde, an ge-
eigneter Stelle vorstellig zu werden, ob und in welcher Weise eine
Verständigung über ein gemeinsames Vorgehen in Polen erreicht
werden könne. Dieser dem dänischen Grafen Rochus von Lynar

zugeschriebene Plan sah vor, Rußland, Österreich und Preußen in einer gegen das Osmanische Reich gerichteten Allianz zusammenzuführen und alle drei Mächte für die entstehenden Kriegskosten durch angemessene und das mächtepolitische Gleichgewicht nicht gefährdende Kompensationen mit polnischen Gebietsanteilen zu entschädigen. Es handelte sich bei diesem kaum ernsthaft diskutierten Sondierungsversuch offensichtlich um eines jener Planspiele, die in der Mächtepolitik des *ancien régime* ebenso schnell beiseitegeschoben wurden, wie sie lanciert worden waren. Aber sie deuteten einmal mehr die Richtung an, in der gerade auch aus preußischer Sicht ein Arrangement unter Rivalen denkbar erschien, die eifersüchtig und mißgünstig nur auf eine Gelegenheit warteten, bis in der Mächtepolitik die Karten neu gemischt wurden.

Der Stein kam Ende 1770 ins Rollen, als die 1412 von der ungarischen (!) Krone an Polen verpfändete Grafschaft Zips und weitere Karpatenbezirke durch österreichische Truppen okkupiert wurden. Und obwohl Rußland zunächst auf dem territorialen Besitzstand seines polnischen Vorfeldes beharrte, willigte die Zarin schließlich unter dem Eindruck eines drohenden Konfliktes mit Wien in die preußischen Wünsche nach ausgewogenen Kompensationen ein. Dem nach St. Petersburg entsandten Prinzen Heinrich, dem Bruder des Königs, wurde in persönlichen Gesprächen und offiziellen Verhandlungen zugesagt, daß die preußische Rückendeckung für Rußland im Rahmen einer allgemeinen «Pazifikation» Polens berücksichtigt werde.[89] So einigte man sich in einem am 17. Februar 1772 unterzeichneten Teilungsvertrag zwischen Berlin und St. Petersburg über die beiderseitigen Anteile an der Beute.

Eine Verständigung mit Österreich in dieser nun immer heikler werdenden Frage war ungleich schwieriger – nicht zuletzt wegen der grundsätzlichen Vorbehalte, die Kaiserin Maria Theresia gegen die von ihrem Sohn und Mitregenten Joseph II. forcierte Annektierungspolitik vorbrachte. In einer Denkschrift von Anfang Februar 1772 äußerte sie die Überzeugung, daß es wohl am leichtesten wäre, auf die uns angebotene Teilung Polens einzugehen. «Aber mit welchem Recht», fragte sie in unverkennbarer Empörung, «kann man einen Unschuldigen berauben, den verteidigen und unterstützen zu wollen wir uns immer gerühmt haben? Warum alle diese großen und kostspieligen Vorbereitungen, warum so viele lär-

menden Drohungen, im Norden Europas das Gleichgewicht aufrechterhalten zu wollen? Der einzige Beweggrund der Convenienz,
nicht allein zu bleiben zwischen den zwei anderen Mächten – Preußen und Rußland –, ohne irgendwelchen Vorteil zu ziehen, scheint
mir nicht zu genügen, ja nicht einmal ein ehrenhafter Vorwand zu
sein, um sich zwei ungerechten Usurpatoren in der Absicht zuzuge-
sellen, ohne irgendeinen Rechtsanspruch einen Dritten noch mehr
zu verderben.»[90] Und schon im Januar 1772 hatte sie sich entrüstet: «wo bliebe sonsten treue und glauben, worauf doch alles
lieget».[91]

Staatskanzler Kaunitz, dem sich die Kaiserin ebenfalls anvertraute und dem sie bekannte, daß sie alle Partagen mißbillige und
sich ihrer schäme,[92] hatte solche Skrupel nicht. Allerdings hätte er
aus längerfristigen Überlegungen den Erwerb der Donaufürstentümer bevorzugt, um dem Vordringen Rußlands auf dem Balkan
einen Riegel vorzuschieben. Am 5. August 1772 kam jedoch zwischen St. Petersburg und Wien ein Vertrag zustande, der auch
Österreich in den Kreis der um Polen gruppierten Teilungsmächte
einbezog.[93] Damit war unter den Drei Schwarzen Adlern besiegelt,
daß Polen, ohne angehört und konsultiert zu werden, in seiner
territorialen Integrität zur Disposition stand und nach dem Gutdünken der Teilungsmächte einschneidende Gebietsabtretungen
hinzunehmen hatte.

Rußland beanspruchte mit ca. 84 000 qkm in Livland und Weiß-
ruthenien flächenmäßig den größten Anteil. Aber auch die von
Österreich annektierten Gebiete in Kleinpolen südlich der oberen
Weichsel, in Rotruthenien, Wolhynien und Podolien (ca. 83 000
qkm) stellten wegen der Fruchtbarkeit der Böden und der Dichte
der Besiedlung einen beträchtlichen Zugewinn dar. Diese den habsburgischen Erbländern angegliederten Territorien wurden in den
Rang eines Königreichs «Galizien und Lodomerien» erhoben. Preußen schließlich erhielt mit dem Königlichen Preußen, dem Ermland und der nördlichen Region von Großpolen (ca. 34 900 qkm
und schätzungsweise 356 000 Einwohner) das kleinste Stück.[94]
Aber diese auf den ersten Blick geringfügig erscheinende Akquisition arrondierte den bisherigen Territorialbesitz Preußens in opti-
maler Weise und trug zu einer erheblichen Konsolidierung der
brandenburgischen Kernlande bei. Zwei Fünftel dieser Gebiete

waren seit dem Spätmittelalter deutsch besiedelt und ließen sich
deshalb ungleich viel leichter inkorporieren als die von den Konkurrenten erworbenen Landesteile.

Mit Recht ist darauf hingewiesen worden, daß die hinzugewonnenen Provinzen vor allem als Landbrücke zwischen Hinterpom-
mern und dem Herzogtum Preußen von kaum zu überschätzender
Bedeutung waren.[95] Hinzu kam, daß sie die Kernlande Preußens
nach Osten hin abschirmten und den unmittelbaren, als so außerordentlich bedrohlich empfundenen militärischen Druck Rußlands
erheblich verminderten. Maßgeblich dürfte im übrigen gewesen
sei, daß Preußen in kürzester Zeit die Kontrolle über vier Fünftel
des polnischen Außenhandels erlangte. Friedrich hatte sich 1731
schon als Kronprinz mit ökonomischen und handelspolitischen Visionen dieser Art auseinandergesetzt und für den Vater eine entsprechende, sehr sachkundige Denkschrift angefertigt.[96] Aber seit
dem Jahre 1775 gelang es nun ganz real, allein aus den Zöllen, die
auf den Weichselhandel erhoben wurden, alle Einkünfte zu übertreffen, die Polen aus anderen Einnahmequellen zu erzielen vermochte. Das kam einem fiskalischen Zugriff gleich, der auf die
vollständige Außensteuerung des polnischen Ostseehandels hinaus-
lief. Nur der zentrale, halbautonome Handels- und Umschlagplatz
Danzig konnte in dieses System einstweilen nicht eingefügt werden.

Aber auch mächtepolitisch bedeutete die Erwerbung des «Königlichen Preußens» einen beträchtlichen Prestigegewinn. Denn es
gelang nun – wie im polnisch-preußischen Zessionsvertrag vom
30. September 1773 ausführlich dargelegt wurde –, die preußische
Lehnsabhängigkeit von der Krone Polens nach Jahrhunderten fortwährend en Streits endgültig abzustreifen. So wurde im diplomatischen Verkehr mit den rivalisierenden Potentaten nun selbstbewußt
und programmatisch mit dem Titel eines «Königs von Preußen»
verhandelt und mehr denn je auf den Rechtsstatus eines souveränen
Herrschers verwiesen. Ein über Generationen verfolgtes Ziel der
dynastischen Politik des Hauses Hohenzollern war damit erreicht.

Der im September 1772 erfolgten feierlichen Inbesitznahme der
annektierten Gebiete waren Österreich und Preußen bereits durch
die militärische Besetzung zuvorgekommen. Beide Länder versuchten überdies, einen viel größeren Anteil polnischen Territoriums in

Besitz zu nehmen, so daß es erneuter Verhandlungen auf lokaler Ebene bedurfte, um den endgültigen Grenzverlauf festzulegen.

Preußen errichtete etwa gleichzeitig mit der österreichischen Besitznahme der Zips auf polnischem Territorium einen *cordon sanitaire*, um sich – wie es hieß – vor der Ausbreitung der in Podolien wütenden Pest zu schützen. Der spektakuläre Auftritt des Landboten Rejtan vor dem polnischen Sejm im April 1773 hatte an dem koordinierten Vorgehen der drei ostmitteleuropäischen Hegemonialmächte ebenso wenig etwas zu ändern vermocht wie die umsichtige Geheimdiplomatie des polnischen Königs Stanislaus August. So nahm das Teilungsprojekt seinen in den entsprechenden, auch international verbrieften Verträgen vorgezeichneten Gang.

Die europäische Öffentlichkeit registrierte das auch für das *ancien régime* Ungeheuerliche dieses *fait accompli* nicht nur mit Erstaunen, sondern immer wieder auch mit publizistisch geäußerter Empörung. Doch vollzog sich dieses unblutige und deshalb zugleich auch als vorbildlich gepriesene Arrangement ohne Einspruch und Gegenmaßnahmen der anderen Großmächte. Nicht einmal Frankreich, das sich in der Aufstandsbewegung der Dissidenten sicherlich halbherzig, aber doch im Sinne alter Mitspracheansprüche in Polen engagiert hatte, raffte sich zu einer Intervention auf. Für den Preußenkönig mochte gelten, daß von ihm anderes als rücksichtsloses Expansionsstreben nicht erwartet werden konnte. Aber nun saßen auch Österreich trotz des heftigen Widerstandes der Kaiserin und das übermächtige Rußland mit im Boot – eine Konstellation, die für den künftigen Umgang mit Schutzlosen und Mindermächtigen nichts Gutes verhieß. Vor allem im Reich löste dieses Vorgehen Schrecken und Beklommenheit aus.

Über die moralische Bewertung dieses offenkundigen Rechtsbruchs wurde schon in der politischen Debatte und Publizistik der Zeit und danach auch in der Historiographie immer wieder gestritten. Dabei sind – wie sollte es anders sein – je nach eigener Intention und Überzeugung kontroverse Auffassungen vertreten worden.[97] Und in der Tat geht es hier um ein Ereignis, das den Historiker aus seiner scheinbar der objektiven Berichterstattung verpflichteten Reserve herauszutreten nötigt. Denn um Willkür und Unrecht handelte es sich bei diesem Teilungsakt auch dann, wenn der *esprit de partage* von jeher zum Instrumentarium mächte-

politischer Konsensfindung gehörte und auch in der jüngsten Geschichte zum Tragen gekommen ist, wenn es galt, in einer angespannten Situation überhaupt zu einem Ausgleich antagonistischer
Interessen zu gelangen. Gewiß gab es im 18. Jahrhundert neben
den ständig latenten Expansions- und Arrondierungsgelüsten großer Mächte konkrete und gelegentlich auch legitime Anlässe für
Interventionen in die inneren Angelegenheiten fremder Mächte. In
der Regel waren dabei mehr oder weniger stichhaltige Erbansprüche der Dynastien maßgeblich. Im Falle Polens jedoch stießen der
religiöse Fanatismus und die exzessive Gewalttätigkeit der Barer
Konföderierten allenthalben auf Abscheu und Entsetzen. Hinzu
trat die offenkundige Unfähigkeit der Krone, der Anarchie und des
Blutvergießens Herr zu werden. Aber keiner der drei Teilungsmächte ging es natürlich um humanitäre Ziele oder die Konsolidierung der polnischen Verhältnisse, sondern allein um die Stabilisierung einer mächtepolitischen Pattsituation, für deren Kosten ein
Unbeteiligter aufkommen sollte.

Dennoch blieb trotz dieses einvernehmlich und unblutig verlau-
fenen Arrangements mächtepolitisch alles im Fluß. Keine der drei
Mächte gab sich mit dem Erreichten zufrieden und konnte in einer
Konstellation fortbestehender Rivalität und unausgesetzten Mißtrauens als saturiert betrachtet werden. Der Konflikt zwischen den
beiden deutschen Großmächten war keineswegs gelöst, sondern
allenfalls vertagt. Denn die beiderseitigen Kompensationen auf
Kosten Polens hatten das Schlesienproblem nicht aus der Welt zu
schaffen vermocht. Und auf der preußischen Agenda stand nach
wie vor an erster Stelle der Erwerb der beiden großen Städte Danzig und Thorn, der trotz beharrlichen Insistierens in den Teilungs-
verhandlungen nicht hatte durchgesetzt werden können. So folgte
einer ersten Teilung Polens eine zweite und eine dritte, bis das
Land schließlich von der Landkarte verschwunden war. Der Rang
jedoch, den Preußen nun im Mächtesystem einnahm, ist daran ablesbar, daß es auch an den Teilungen der neunziger Jahre gleich-
berechtigt beteiligt war. Es gehörte nun endgültig zum «Machtverteilungssyndikat» (Friedrich Meinecke) der großen Mächte. Aus
der Sicht des Königs ist deshalb für das Nachkriegsjahrzehnt eine
außerordentlich positive Bilanz zu ziehen und zu konstatieren, daß
der preußischen Diplomatie und überdies auch dem offenkundigen

Verhandlungsgeschick des Prinzen Heinrich nicht nur eine territoriale Arrondierung gelungen war, sondern auch ein außenpolitischer Prestigegewinn, der langfristige Folgen haben sollte. «Insofern», resümiert Heinz Duchhardt, «hat die These durchaus etwas für sich, daß der Großmachtstatus Preußens nicht von seinem bloßen Überleben im Siebenjährigen Krieg an datiert werden sollte, sondern vom Teilungsakt von 1772, der Preußen über die territorialen Zugewinne hinaus einen entscheidenden Geltungszuwachs im Rahmen der europäischen Bündnisbeziehungen eingebracht» hat.[98]

VI. Kaiser, Reich und Fürstenbund

Vertrauen und Partnerschaft?
Die Treffen mit dem Kaiser in Neiße und Mährisch-Neustadt

Bereits während der sich immer mehr zuspitzenden Krise um Polen
verfolgte der König den bemerkenswerten Plan, sich möglicherweise auch mit Österreich zu arrangieren. Ihm mußte angesichts
des enormen Drucks, den Rußland auf das gesamte mächtepolitische Vorfeld Preußens in Ostmitteleuropa ausübte, daran gelegen
sein, auch die Möglichkeit einer Annäherung an das Kaiserhaus auf
allen nur denkbaren Ebenen auszuloten. Kaiserin Maria Theresia
und den inzwischen in den Fürstenrang erhobenen Staatskanzler
Kaunitz hatte er wie eh und je als unversöhnliche und auf Revision
bedachte Gegner zu betrachten. Immerhin war es das Kaiserhaus
gewesen, das im Januar 1757 die Reichsexekution gegen den Kurfürsten von Brandenburg erwirkt hatte. Kaunitz hatte sich auch
nach dem Scheitern seines mit aller Energie verfolgten Planes einer
Rückgewinnung Schlesiens das uneingeschränkte Vertrauen des
Herrscherhauses zu bewahren vermocht. Er hatte demzufolge auch
an seiner Auffassung festgehalten, daß der Rang und die Reputation des Habsburgerreiches erst dann wiederhergestellt seien, wenn
Preußen in seinen «état primitif de petite puissance très secondaire» zurückversetzt sei. Er zog zwar mit einer für das Zeitalter
der Kabinettspolitik charakteristischen Weise immer wieder auch
andere Optionen in Erwägung und war auch am Zusammenwirken
mit Preußen in der Frage der Teilung Polens beteiligt, obwohl dieses Komplott – wie Kaunitz durchaus erkannte – die Stellung
Preußens im Konzert der Mächte unübersehbar aufgewertet hatte.
Aber der Staatskanzler blieb gleichwohl ein eingeschworener Widersacher Preußens.
Ganz anders muß die Haltung Josephs II. eingeschätzt werden.[1]
Er war 1765 als ältester Sohn des Kaiserpaares nach dem Tod des
Vaters Franz I. Stephan – übrigens mit der Stimme des Kurfürsten
von Brandenburg – zum Kaiser des Heiligen Römischen Reiches

gewählt worden und seitdem auch Mitregent in den österreichischen Erbländern. Den Wahlakt, die Krönung und die anschließenden Krönungsfeierlichkeiten auf dem Römerberg in Frankfurt am Main hat Goethe im fünften Buch von *Dichtung und Wahrheit* anschaulich beschrieben. Joseph war dem Preußenkönig in einigen Charakterzügen und einer Reihe von Zielsetzungen trotz seiner außerordentlich unterschiedlichen Prägung durch Erziehung und Familie durchaus geistesverwandt. Er war im übrigen schon frühzeitig begierig darauf, diesen am Kaiserhof als den Inbegriff eines Despoten betrachteten Mann persönlich kennenzulernen. Er sprach später auch mit dem König darüber mit großem Freimut.

Woher die Prinzipien der Herrschaftsauffassung Josephs stammten, die bereits in den Aufzeichnungen des Erzherzogs hervortraten, ist nicht eindeutig zu belegen. Offenbar war es gerade auch der in Lothringen beheimatete Vater, der dem Thronfolger eine kritische Distanz zu den Vorrechten des Adels in Österreich und den tiefverwurzelten Traditionen des Kaiserhauses und der Kirchenhierarchie zu vermitteln vermochte. Auch Josephs erste Gemahlin, Isabella von Parma, die aus einer bourbonischen Seitenlinie stammte, dürfte ihn im Sinne aufgeklärter Rationalität beeinflußt haben. Der frühe Verlust dieser wichtigen Bezugspersonen führte bei Joseph zu Mißtrauen, Skepsis und schroffer Eigenwilligkeit auch der eigenen Familie gegenüber und schließlich zu einer Vereinsamung, die in vielen ihrer bewußt unprätentiösen Erscheinungsformen der Lebensauffassung des alternden Preußenkönigs sehr ähnlich war. Begleitet und kompensiert wurde diese jedem Glanz und jeder inszenierten Selbstdarstellung entsagende Zurückgezogenheit durch eine rastlose, allein an Nützlichkeitserwägungen orientierte und rigoros antiklerikale Regierungstätigkeit.

Joseph versuchte nach dem Tod Maria Theresias im Jahre 1780, eine Fülle einschneidender Reformmaßnahmen durchzusetzen. Viele dieser Modernisierungs- und Reglementierungsversuche wurden indessen überhastet durchgeführt und waren für die meisten der Betroffenen völlig unverständlich. Sie verfolgten das vielfach auch in grundsätzlichen Verfügungen wie dem Toleranzpatent von 1781[2] proklamierte Ziel, ein Modernisierungsdefizit aufzuholen, das in Konkurrenz zu den protestantischen Reichsterritorien und ihren unverkennbar weiter entwickelten Verwaltungs- und Bildungseinrichtungen, besonders aber auch in den machtpolitisch-militärischen Auseinandersetzungen mit dem preußischen Rivalen offenkundig geworden war. Hier traten – das erkannte Joseph wie kaum ein anderer am Kaiserhof – die Spätfolgen einer konfessionspolitischen Option zutage, die durch die Anlehnung an die römische Kirche und ihre gegenreformatorisch orientierten Ordenskongregationen sicherlich eine grandiose Frömmigkeitskultur und unbestreitbar auch einen Staatsbildungsimpuls hervorgebracht hatte, sich angesichts neuer, allein der Staatsräson und der allgemeinen Wohlfahrt verpflichteter Prinzipien jedoch mehr und mehr als rückständig erwies. Reformen von der Tragweite, wie sie Joseph vorschwebten, waren im vorrevolutionären 18. Jahrhundert in Österreich noch nicht durchsetzbar.[3] So scheiterte sein nach großen Visionen entworfenes Lebenswerk auf eklatante Weise.

Als Joseph das Zusammentreffen mit dem Preußenkönig plante, war Maria Theresia noch die unbestrittene Regentin in allen Angelegenheiten der Erbländer. Deshalb verfolgte sie dieses Vorhaben mit tiefer Sorge, weil sie zeitweise auch Kaunitz befürchtete, daß ihr Sohn und Thronfolger von dem Charme und der lebhaften Eloquenz des Königs allzu sehr eingenommen sein könnte. Schon im Sommer 1766 war auf Wunsch Josephs II. ein solches Fürstentreffen in Torgau oder Dresden geplant, das Maria Theresia nicht billigte und das ihr in höchstem Maße mißfiel.[4] Es scheiterte an scheinbar nebensächlichen Fragen des Protokolls. Aber Joseph gestand seiner Mutter gegenüber bei dieser Gelegenheit, daß er einen Mann zu sehen und kennenzulernen wünsche, «der, wie ich nicht leugnen kann, meine Neugierde furchtbar reizt».[5] Man erweise ihm allerdings, schrieb er wenige Tage später wiederum an die Kaiserin, zu viel Ehre, wenn man ihm unterstelle, daß er sich den König zum Vorbild genommen habe. «Ein Ehrenmann darf ihn nicht nachahmen. Der aber will ich bleiben, allen schönen Vorbildern zum Trotz, sobald sich diese nicht damit vereinbaren lassen.»[6]

In diese Zeit fällt auch die lange, oben bereits angeführte «Strafpredigt» Maria Theresias, in der sie ihrem Sohn und Thronfolger Joseph eindringlich und beschwörend die Trostlosigkeit vor Augen zu führen versuchte, in die ein bedenkenloser, boshafter und menschenverachtender Herrscher wie der Preußenkönig geraten müsse. «Es ist höchste Zeit», schrieb sie am 14. September 1766, «daß Du aufhörst, Geschmack zu finden an all diesen Witzeleien, diesen geistreichen Wendungen, die nur den Zweck haben, andere zu verletzen und lächerlich zu machen, alle ehrlichen Menschen fernzuhalten und den Glauben zu erwecken, daß das ganze Menschengeschlecht nicht verdient, geachtet und geliebt zu werden.»[7]

Der Kaiser brach dennoch am 24. August 1769 mit einem kleinen militärischen Gefolge, im übrigen aber inkognito, nach Schlesien auf, um sich mit Friedrich ohne das bei Ereignissen dieser Art sonst übliche Zeremoniell auf dem Schlosse zu Neiße zu treffen. Adolph Menzel hat diese Szene in einem seiner großformatigen Historiengemälde festgehalten und dabei auch dem bedeutendsten der österreichischen Heerführer des Siebenjährigen Krieges, Ernst Gideon Freiherrn von Loudon, der sich in Neiße im Gefolge des Kaisers befand, die gebührende Beachtung geschenkt.[8] Fast vier Tage konferierten die beiden Monarchen über eine Fülle politischer und militärischer Themen in völliger Vertraulichkeit, obwohl viele der Besprechungsinhalte und auch die Atmosphäre der Verhandlungen über Protokollnotizen und Berichte beider Seiten in erstaunlicher Breite und Intensität dokumentiert sind.[9] Selbst Persönliches kam zur Sprache. So scheute sich der König nicht, in einem Augenblick rückwärtsgewandter Einsicht und Nachdenklichkeit einzugestehen, daß er in seiner Jugend ehrgeizig gewesen sei; solchen Impulsen habe er inzwischen aber abgeschworen. Die unredlichen Absichten, die man ihm nicht ganz zu Unrecht zum Vorwurf gemacht habe, seien allein aus den Erfordernissen erwachsen; aber auch das habe sich geändert. Joseph berichtete, daß er zu diesen Bekenntnissen geschwiegen habe.[10]

Der Kaiser war von Kaunitz über die anstehenden Probleme bis ins kleinste Detail unterrichtet und im übrigen angewiesen worden, den Fragen des Königs soweit als möglich durch die Darlegung der eigenen Grundsätze zuvorzukommen. Dabei sollte vor allem der lebhafte Wunsch des Kaiserhauses zum Ausdruck kommen, ein besseres Verhältnis zwischen den beiden Höfen anzubahnen und dem bisher herrschenden Mißtrauen die Grundlage zu entziehen. Wenn zwischen beiden Mächten in Zukunft ein Grund zu Unruhe und Verstimmung bestehe, sollte durch unmittelbare Konsultationen der Monarchen eine freundschaftliche Beilegung der Differenzen herbeizuführen versucht werden. Man versicherte sich immer

*Adolph Menzel: Begegnung Friedrichs des Großen mit Kaiser Joseph II.
in Neiße im Jahre 1769*

wieder, wie sehr man künftig in gutem Einvernehmen zu stehen
wünsche und eine wirkliche Versöhnung anstrebe. Dabei sei lediglich, legte Kaunitz in seiner Instruktion dem Kaiser in den Mund,
ein Beiseitelassen aller Vorurteile und Leidenschaften, staatsmännische Abgeklärtheit und insbesondere ein hohes Maß an Besonnenheit bei allem erforderlich, was man sage, tue und vorschlage.[11]

Alle an den Gesprächen Beteiligten, aber auch Abwesende wie
Staatskanzler Kaunitz, wurden in ihrem Rang gewürdigt und immer wieder mit Komplimenten überhäuft. Man ging also außerordentlich liebenswürdig und auch ohne protokollarisches Reglement
mit standesgemäßer Courtoisie miteinander um. Das noch wenige
Jahre zuvor für unmöglich gehaltene Treffen der beiden Monarchen wurde nicht nur an den Höfen der beteiligten Mächte als ein
Ereignis von außerordentlicher Tragweite betrachtet, sondern gab
auch im Konzert der Mächte und besonders bei den jeweiligen Verbündeten zu Spekulationen Anlaß. Und so folgten auf die Verhand-

lungen von Neiße intensive diplomatische Kontakte, die hier nicht
im einzelnen dargelegt zu werden verdienen, aber dennoch dokumentieren, daß der König von Preußen nun unangefochten in den
Kreis der in Europa maßgeblichen Herrscher aufgerückt war.
Das Reich als Thema außenpolitischer Überlegungen wurde lediglich am Rande berührt. Der König bemerkte lakonisch, daß ihn
diese Angelegenheit langweile; er überlasse sie seinen Ministern,
die dann ohne weitere Instruktionen am Regensburger Reichstag
verhandelten. Wenn der Kaiser in dieser Beziehung Wünsche habe,
werde er mit Vergnügen bestrebt sein, diese zu erfüllen.[12] Vor allem kam aber das beiderseitige Verhältnis zu Rußland zur Sprache.
Auf österreichischer Seite wurde nicht bestritten, daß das Zarenreich als ein natürlicher Verbündeter zu betrachten sei, wenn man
sich mit Plänen gegen die Pforte oder Preußen befasse. Da aber
beides gegenwärtig nicht der Fall sei, habe man auch keine Veranlassung, zum Petersburger Hof in engere Beziehungen zu treten.
Joseph nahm jedoch vor allem wahr, daß der König in den Gesprächen immer wieder bestrebt war, die österreichische Seite gegen
Rußland und dessen bedrohliches Übergewicht in Ostmitteleuropa
einzunehmen. Um dieses Riesenreich in Schach zu halten, werde
schließlich ganz Europa verpflichtet sein, den Schild zu erheben.
Einstweilen schien Friedrich den Kaiser dafür gewinnen zu wollen,
gemeinsam gegen diese die Ruhe in Europa gefährdende Macht
vorzugehen. Joseph ließ sich jedoch auf keine Zusagen ein. «Je
mehr er uns über die Russen in Unruhe versetzen möchte»,
notierte er in seinem Journal, «um so ruhiger werde ich.» Er habe
dem König versichert: «Sire, im Falle eines allgemeinen Kriegs-
brandes werden Sie die Avantgarde bilden, und demzufolge können
wir ruhig schlafen, da wir unsererseits sicher sind, daß Sie bei den
Russen alles bewirken werden, was Sie wollen [...]. Die Allianz mit
Rußland ist für Sie notwendig, doch nicht für uns; aber Ihnen
kommt sie teuer zu stehen und ist häufig unbequem für Sie.»[13]
Der aus dem Hintergrund agierende Kaunitz gewann aus diesem
Bericht den vermutlich durchaus zutreffenden Eindruck, daß Friedrich die Russen als gefährlicher hinstellte, als er sie tatsächlich einschätzte. Wahrscheinlich, vermutete Kaunitz, fürchte er in Wirklichkeit nur, daß die Hofburg ihm Rußland abspenstig machen
wolle. Das war für den König in der Tat ein ebenso beängstigender

wie realistischer Albtraum, der im übrigen schon in Kürze Wirklichkeit werden sollte und Friedrich mit dem Fürstenbund zu einer völligen Neuorientierung zwang.

Immerhin kannte man sich nun auf preußischer wie österreichischer Seite auch persönlich – sicherlich ein Zugewinn an gegenseitigem Vertrauen, das sich allerdings machtepolitisch nur vorübergehend auszuwirken vermochte. Als Fazit des Eindrucks, den der König bei Joseph hinterlassen hatte, notierte letzterer, daß Friedrich ein Genie sei und darüber hinaus ein Mann, der sich glänzend äußern könne. Aber aus jeder Wendung der Unterhaltung leuchte der Spitzbube («le fourbe») hervor. «Ich glaube, er wünscht den Frieden, nicht aus Herzensgüte, sondern weil er einsieht, daß er bei einem Krieg nichts gewinnen kann.»[14] Man war sich ohne Zweifel nähergekommen und führte – wie Joseph berichtete – über drei Tage «ebenso interessante wie merkwürdige Gespräche». «Ich war fast den ganzen Tag in der Gesellschaft des Königs. Fast immer haben wir die Konversation allein bestritten. Ich kann nur zufrieden sein über die Beweise an Aufmerksamkeit und Freundschaft, mit denen er mich überschüttet hat. Gelegentlich schien er ganz aufrichtig zu sprechen [...].» Der Geist und das überlegene Genie des Königs seien, fuhr Joseph fort, so offenkundig, daß sie hier nicht gerühmt werden müßten. «Wenn er von der Kriegskunst spricht, die er gründlich studiert hat und über die er alles irgend mögliche gelesen hat, ist das zauberhaft; alles hat Nerv, ist fundiert und sehr belehrend. Kein Gerede: die Grundsätze, die er aufstellt, belegt er mit Tatsachen, die ihm seine umfassende Geschichtskenntnis und ein wunderbares Gedächtnis bereitstellen [...].»[15] Das latente Mißtrauen indes und der nicht zu unterdrückende Wunsch, den Rivalen letztlich doch übervorteilen zu können, bestanden fort und führten dazu, daß man sich schon nach einem knappen Jahrzehnt erneut und wiederum auch militärisch als Kontrahenten gegenüberstand.

Einstweilen pflegte man jedoch das in Neiße angebahnte Einvernehmen und verabredete im August 1770 eine weitere *entrevue*, die dieses Mal auf österreichischem Boden im mährischen Neustadt stattfinden sollte – also wiederum in keiner der Residenzen, sondern in einer grenznahen Kleinstadt, die für spektakuläre Auftritte der hohen Potentaten keinerlei Voraussetzungen bot. Das Gefolge war dieses Mal auf beiden Seiten höherrangig und nicht zuletzt auch dadurch aufgewertet worden, daß Staatskanzler Kaunitz anreiste und nun auch in Person an den Verhandlungen teilnahm.[16] Und obwohl Friedrich nach wie vor entschlossen war, am Bündnis mit der Zarin unter allen Umständen festzuhalten, bildete die russische Expansion in Polen und auf dem Balkan das Hauptproblem der Beratungen. Denn auch Österreich war im mächtepolitischen Szenarium Ostmitteleuropas selbstverständlich ein Faktor, der bei dem Versuch einer Eingrenzung der russischen Hegemonial- und Außensteuerungspolitik eine wichtige Rolle spielte. Gerade im Sommer 1770 nahmen die militärischen Erfolge des Zarenreiches vor allem in der Türkei Ausmaße an, die ein engeres Zusammenrücken der beiden anderen Großmächte als unausweichlich und zwangsläufig erscheinen ließen.

Der König traf am Mittag des 3. September in Neustadt ein. Wiederum sind der Ablauf des Geschehens und der Inhalt der Gespräche erstaunlich gut dokumentiert. So ist überliefert, daß Friedrich sich noch vor Tische mit Joseph traf und dann mit Kaunitz zu seiner Linken über Nichtigkeiten plaudernd ausgiebig tafelte. Danach äußerte er allerdings den Wunsch, die im eigentlichen Sinne politischen Themen im engeren Kreis zu erörtern. Deshalb wurde vereinbart, daß Kaunitz den König am nächsten Tag zu einer *tour d'horizon* aufsuchen werde. Man konferierte mehrere Stunden, während man sich in einer Fensternische gegenübersaß, wobei dem Staatskanzler die Rolle zufiel, seine Sicht der augenblicklichen Mächtekonstellation nach einem ausführlichen und bis ins Detail ausgearbeiteten Konzept darzulegen. Es ging dabei vor allem um den Plan, einen das Mächtesystem insgesamt stabilisierenden Friedensschluß zwischen Rußland und dem Osmanischen Reich zu vermitteln.

Friedrichs diesbezügliche Vorstellungen erschienen Kaunitz in seiner in Kreisen der Hofburg natürlich wohlbekannten, immer etwas pedantisch und steif wirkenden Belehrungsmanie wenig substantiell und konsequent. Er stieß sich vor allem an der impulsiven und sprunghaften Art, in der der König seine Gedanken zu fassen pflegte. Friedrich liebte es – wie die Gesprächsnotizen auch anderer Besucher belegen –, scheinbar ganz willkürlich und spontan die Themen der Konversation zu wechseln und erst in anderem Zusammenhang auf Probleme zurückzukommen, die sich schon erledigt zu haben schienen. Dabei verfolgte er durchaus den Plan, die Absichten und Interessen seines Gegenübers kennenzulernen und zu verstehen und Sachverhalte, die ihm interessant und wichtig erschienen, mit Geduld und Hartnäckigkeit zu klären. So behielt er die Fäden des Gesprächs ungeachtet aller Einwürfe und Abschweifungen – vielfach unbemerkt von seinem Gegenüber – in der Hand und war überdies in der Lage, die Resultate solcher Konsultationen und Audienzen zusammenfassend und oft scharfsinnig pointierend festzuhalten. Vieles an dieser Sprunghaftigkeit erinnert auch an seinen Briefstil – besonders in der Korrespondenz mit Voltaire. Die gelegentlich abrupte Art beider so emsigen Briefschreiber, Themen aufzugreifen und wieder fallenzulassen, ihre Wendigkeit, von ernsthaften Erörterungen sogleich zu Nebensächlichkeiten überzugehen, ihre Fähigkeit, auch Fragen des täglichen Lebens und der Gesundheit mit Einfällen zu den *belles lettres* zu verbinden: das alles waren diskursive Eigentümlichkeiten, die einen Mann wie Kaunitz, der nach systematischen Kriterien zu verhandeln und zu entscheiden gewohnt war, wenig überzeugen konnten.[17]

Vielfach ist der König trotz des Respekts, den die meisten seiner Besucher vor dem Witz, den Kenntnissen und der Geistesgegenwart dieses *roi philosophe* empfunden haben, in diesem Punkt nicht ganz ernst genommen worden. Man mochte ihn nach dem Eindruck solcher Begegnungen für unkonzentriert und zu folgerichtigem Denken nicht fähig einschätzen. Aber Friedrich stellte spätestens seit den Konflikten seiner Jugendzeit eine Persönlichkeit dar, die in ihrem Mißtrauen und ihrer Verschlagenheit auch diese gelegentlich bewußt irreführende Attitüde ins Kalkül zu ziehen wußte. So hat es den Anschein, als wenn auch Kaunitz die intellektuelle, zumindest außenpolitische Kompetenz des Königs unterschätzte, obwohl alles darauf hindeutet, daß letzterer schon in Neiße sehr genau im Kopf hatte, wie Österreich in eine Politik eingebunden werden konnte, die trotz des Festhaltens an einem Bündnis mit St. Petersburg auf die Zähmung des russischen Expansionsdrangs gerichtet war.

Beide stimmten in der Überzeugung überein, daß ein Friedensschluß zwischen Rußland und der Pforte wünschenswert sei und nach Kräften befördert werden müsse. Aber jeder versuchte, den anderen aus der Reserve zu locken und zu Absichtserklärungen zu bewegen, die dem Gegenüber die zuverlässigere Einschätzung des eigenen Standorts ermöglichten. So beharrte Kaunitz etwa auf der Überzeugung, daß jede Intervention der Hofburg in St. Petersburg wirkungslos bleiben müsse, wenn der König nicht auch seinerseits zu einer Vermittlung bereit sei. So endete das erste Gespräch Friedrichs mit dem österreichischen Staatskanzler in beträchtlicher Ernüchterung. Kaunitz jedenfalls äußerte angesichts der Konfusion, die er in den Äußerungen des Königs wahrgenommen zu haben vermeinte, die Befürchtung, daß sich Preußen einer Kooperation womöglich verweigern und das Treffen in gedrückter Stimmung und wachsender Entfremdung zu Ende gehen könne.

Kaunitz ließ sich jedoch noch nicht entmutigen und schlug dem König ein erneutes Gespräch vor. Er erbat sich dabei unter Wahrung aller Formen höfischer Konzilianz, daß man ihn geduldig und ohne Unterbrechungen anhören möge. Wieder holte der Staatskanzler weit aus und unterstrich mit großer rhetorischer Geste, daß man in der Politik des Wiener Hofes nicht von der Hand in den Mund lebe, sondern in systematischer Weise vorzugehen pflege. Das Ziel des Kaiserhauses sei eine Politik des Friedens, die man auch im Verhältnis zu Preußen zu verfolgen gedenke. Alle Irritationen, die es in der Vergangenheit gegeben habe, seien mittlerweile ausgeräumt und der Bereitschaft gewichen, mit dem König in gegenseitigem Vertrauen und aufrichtiger Freundschaft zu leben. Im Mittelpunkt der langatmigen Deduktionen des Staatskanzlers standen freilich die beiderseitigen Bündnisse mit Frankreich auf der einen und Rußland auf der anderen Seite, deren Fortbestand er ohne gegenseitiges Mißtrauen und auch ohne förmlichen Bündnisvertrag untereinander zu respektieren empfahl.

Friedrich stimmte den Ausführungen des Staatskanzlers offenbar emphatisch und ohne ausdrückliche Vorbehalte zu, lenkte das Gespräch dann aber auf die aktuellen Probleme der russisch-türkischen Auseinandersetzungen und die Folgen, die dieses dramatisch sich verändernde Szenarium gerade für Österreich, in bezug auf die Bündnisverpflichtungen gegenüber Rußland aber auch für Preußen haben könne. Aus wohlerwogenem Eigeninteresse wollte er sich jedoch nicht herbeilassen, selbst in St. Petersburg vorstellig zu werden, sondern stellte seinerseits Forderungen an die österreichische

Seite, die Kaunitz nicht akzeptabel und einem Manne von Geist unwürdig erschienen. Trotz aller Scheingefechte und taktischen Ablenkungsmanöver und unbeschadet der fortwährenden Befürchtungen hinsichtlich einer weiteren Ausdehnung des Zarenreiches maß der König dem Bündnis mit St. Petersburg jedoch einen solchen Wert bei, daß er es wegen einiger, angesichts der russischen Erfolge ohnehin unvermeidlicher Abtretungen auf Kosten des Osmanischen Reiches nicht aufs Spiel zu setzen bereit war.

So endeten die Konsultationen von Neustadt in gutem Einvernehmen; Kaunitz berichtete der Kaiserin, daß man «à la satisfaction réciproque» voneinander geschieden sei und sich gegenseitig «beaucoup de marques d'affectation et d'Estime personnelle» gegeben habe.[18] Aber eine vertragliche Regelung der bilateralen Beziehungen war nicht zustande gekommen. Der König verstand es offenbar mit großem Geschick, seine wahre Meinung über die von Kaunitz als unumstößlich hingestellten Deduktionen zu verbergen. Jedenfalls hielt er wenig später das eigentümlich starre, allen Erfahrungen vom raschen Wandel der Mächtebeziehungen widersprechende «System» des Staatskanzlers für so wenig tragfähig und flexibel, daß er behutsamer als früher, aber wiederum – wie auch sonst in der Mächtepolitik des *ancien régime* üblich – nach eigenem Gutdünken und in kühler Interessenabwägung handelte. Auch der Kaiserhof verfuhr nach den vorwärtsdrängenden, durchaus auf Expansion gestimmten Absichten Josephs II. nach dem gleichen Konzept. Die Monarchentreffen von Neiße und Neustadt waren demzufolge im Ergebnis Episoden eines Annäherungsversuchs, der die Beilegung des seit 1740 fortschwelenden Konflikts und einer daraus resultierenden Rivalität letztlich nicht herbeizuführen vermochte.

Das Sukzessionsproblem im Hause Wittelsbach:
Der Bayerische Erbfolgekrieg

Ein neues Kapitel der österreichisch-preußischen Beziehungen wurde mit dem Erbfall im Hause Wittelsbach im Jahre 1777 aufgeschlagen. Am 30. Dezember war Kurfürst Max III. Joseph kinderlos gestorben. Damit erlosch die bayerische Kurlinie. Zugleich traten Sukzessionsordnungen in Kraft, die seit dem Spätmittelalter immer wieder unter den zahlreichen, häufig konkurrierenden Zweigen des Hauses geschlossen worden waren und eine Handhabe bieten sollten, die niemals auszuschließenden Erbansprüche anderer Dynastien zurückzuweisen.[19] Noch am 31. Oktober 1746 und dann wiederum im Oktober 1761 hatten Max III. Joseph und der dann auch in Bayern erbberechtigte Kurfürst Karl Theodor von der Pfalz das «Schutz- und Trutzbündnis» der beiden Linien von 1724 erneuert und gegenseitige Konsultationen und gemeinsames Vorgehen im Reich vereinbart. Auch die beiden geistlichen Reichsfürsten aus dem Hause Wittelsbach, Clemens August, Erzbischof von Köln und zugleich Landesherr der halb Nordwestdeutschland umfassenden Suffraganbistümer, und Johann Theodor, Bischof von Freising, Regensburg und Lüttich, waren dem Hausvertrag von 1746 beigetreten und hatten damit die Einheit des Hauses demonstrativ unterstrichen. Trotz dieser z.T. auch reichsrechtlich verankerten Sukzessionsverträge unter den wittelsbachischen Linien war das bayerische Erbe angesichts des enormen Gewichts, das diesem Territorialbesitz nicht nur in der Gemengelage des Reiches, sondern des ganzen Kontinents zugemessen wurde, über Jahrzehnte bereits Gegenstand mächtepolitischer Spekulationen.

In erster Linie war es das Kaiserhaus, das immer unverblümter Erbansprüche auf Bayern geltend machte.[20] Joseph II. war in zweiter Ehe mit Josepha Maria, der jüngsten Schwester des bayerischen Kurfürsten, verheiratet. Sie war allerdings wie seine erste Gemahlin Isabella von Parma früh gestorben (1767) und hatte dem Kaiser keine Kinder hinterlassen. Joseph war dennoch entschlossen, sich zumindest Teile des bayerischen Erbes anzueignen. Die Gründe lagen nach dem vorerst nicht zu revidierenden Verlust von Schlesien auf der Hand und resultierten in elementarer Weise aus machtpolitischem Kalkül. Die Erwerbung Bayerns hätte die Stellung des Hauses Habsburg nicht nur im Reich, sondern auch im Konzert der Mächte erheblich gestärkt. Sie hätte darüber hinaus ein höchst willkommenes Bindeglied zu den vorderösterreichischen Territorien dargestellt und damit einen geschlossenen Länderkomplex geschaffen, der auch Plänen einer expansiven Italienpolitik zugute gekommen wäre. Aber vor allem: Das Kaiserhaus hätte durch eine Arrondierung mit dem bayerischen Erbe seinen beherrschenden

Einfluß im Reich zurückgewonnen und Preußen wieder in seine Schranken zu verweisen vermocht.

Joseph II. erwog schon 1767 in seinen als «Deliberanda» bezeichneten Notizen, Bayern bei dem in Kürze zu erwartenden Erbfall als Ganzes in Besitz zu nehmen. Die Reichskanzlei als kaiserliche Behörde ging in verfahrensmäßiger Hinsicht noch einen Schritt weiter und empfahl, die Herzogtümer Ober- und Niederbayern als heimgefallene Reichslehen einzuziehen und dem erbberechtigten Karl Theodor lediglich die bayerische, d. h. die in der Rangfolge fünfte Kur zuzugestehen. Kaunitz dagegen riet zu einer einvernehmlichen Lösung mit dem Kurfürsten, unterließ es jedoch entgegen den Verabredungen von Neiße und Mährisch-Neustadt, sich über die Erbansprüche der Hofburg auf Bayern mit dem Preußenkönig ins Benehmen zu setzen. Es drohte also ein neuer Konflikt mit dem alten Kontrahenten.

Nach dem Tod des Kurfürsten Max III. Joseph konnte Karl Theodor von der Pfalz jedoch das wittelsbachische Erbe erst einmal antreten.[21] Er war nun nach dem Kaiser und dem König von Preußen der mächtigste Reichsfürst. Sein Territorialbesitz war indessen in extremer Weise heterogen und über den ganzen Süden und Westen des Reiches verstreut. So tauchte wie mehrfach schon in den zurückliegenden Jahrzehnten der Gedanke eines bayerisch-flandrischen Tauschprojektes auf, das unter Preisgabe des altbayerischen Besitzes die Vision eines burgundischen Königtums mit Residenzen in Brüssel, Düsseldorf und Mannheim ins Auge faßte.[22] Zur Verwirklichung solcher Pläne waren engste Konsultationen mit Wien erforderlich. Diese aber erweckten sogleich den Argwohn des Preußenkönigs – nicht zuletzt auch aus reichsrechtlichen Erwägungen, die Friedrich bisher ebenso lästig wie belanglos erschienen waren. Bevor aber Ergebnisse in den Verhandlungen zwischen München und Wien erzielt werden konnten, ließ Joseph II. bereits am 16. Januar 1778, also mitten im Winter und nur wenige Wochen nach dem Tod des bayerischen Kurfürsten, ungeachtet des heftigen Widerspruchs Maria Theresias, Truppen in Niederbayern und der Oberpfalz einmarschieren. «Ich sehe», schrieb Friedrich voller Erbitterung an den Prinzen Heinrich, im Wiener Hof «nur Übermut, Anmaßung und Gewalttätigkeit, aber überhaupt keine Geschicklichkeit und keine gute Politik.» Und die Reichsfürsten erschienen ihm «alle als kreuzlahm, ohne Energie und Ehrgefühl. [...] Es ist eine Schmach für unser Jahrhundert, und ich schäme mich für Deutschland».[23]

Für einen Abtretungsbeschluß war indessen die Zustimmung eines weiteren wittelsbachischen Reichsfürsten, des Herzogs Karl August von Pfalz-Zweibrücken, erforderlich. Hier eröffneten sich also diplomatische Spielräume, die auch Friedrich zur Verhinderung des ihm bedrohlich und unkalkulierbar erscheinenden Tauschprojekts zu nutzen versuchte. Unter dem Einfluß seines in Reichsangelegenheiten überaus versierten Beraters, Johann Christian Freiherr von Hofenfels, und einer Partei bayerischer Patrioten verweigerte sich der Herzog jedoch dem geplanten Ländertausch und bat überdies den Preußenkönig um eine entsprechende Intervention.

Es folgte ein wochenlanges diplomatisches Tauziehen zwischen den Höfen in Berlin und Wien. So wandte sich Joseph II. am 13. April mit dem Vorschlag an Friedrich, über einen allgemeinen Ländertausch in gütlichem Einvernehmen zu verhandeln. Dabei sollten die Erbansprüche Preußens auf die fränkischen Markgrafschaften ausdrücklich bestätigt werden, dem Kaiserhaus aber das bayerische Erbe zufallen. Friedrich antwortete umgehend und wies das Ansinnen Josephs entschieden zurück. In einem handschriftlichen, in der Form sehr konzilianten, aber in der Sache überaus deutlichen Brief erläuterte er seinem «Herrn Bruder», daß niemand mehr als er wünsche, den Frieden und das gute Einvernehmen unter den Mächten aufrechtzuerhalten. «Aber», fuhr er fort, «alles hat seine Grenzen.» Er stelle sich die Frage, «ob ein Kaiser nach seinem Willen über die Reichslehen verfügen kann. Bejaht man diese Frage, so werden diese Lehen Pfründen nach türkischer Art, die nur für die Lebenszeit gelten und über die der Sultan nach dem Tode des Eigentümers verfügen kann. Aber das widerspricht den Gesetzen, Gewohnheiten und Gebräuchen des Römischen Reiches. Kein Fürst», setzte er drohend hinzu, «wird dazu die Hand bieten, jeder wird sich auf das Lehnsrecht berufen, das dieses Eigentum den Nachkommen sichert, und niemand wird seine Zustimmung dazu geben, von sich aus die Macht eines Despoten zu befestigen, der ihn selbst und seine Kinder früher oder später eines Besitzes berauben wird, der ihm seit Menschengedenken gehört.» Und dann unmißverständlich: «Das ist es, was den ganzen deutschen Fürstenstand gegen die gewaltsame Art, mit der Bayern besetzt worden ist, hat aufschreien lassen. Ich selbst fühle mich als Glied des Reiches, und weil ich den Westfälischen Frieden durch den Hubertusburger erneuert habe, direkt verpflichtet, die Freiheiten und Rechte des deutschen Fürstenstandes und die [Wahl-] Kapitulationen aufrechtzuerhalten, durch die man die Macht des Reichsoberhauptes einschränkt, um Mißbräuchen seiner Vormachtstellung vorzubeugen. Das, Sire, ist der wahre Grund der Dinge. Mein persönliches Interesse ist hierbei gleichgültig. Aber ich bin überzeugt, daß Eure Majestät selbst mich als einen feigen und keiner Achtung würdigen Mann betrachten würden, wenn ich in schmählicher Weise die Rechte, Freiheiten und Privilegien opfern wollte, die die Kurfürsten und ich von unseren Vorfahren ererbt haben.» Und Ansbach-Bayreuth müßte deshalb außer Betracht bleiben, weil der Erbanspruch Preußens auf die Markgrafschaften über jeden Zweifel erhaben ist.[24]

Friedrich teilte dem Kaiser beiläufig auch mit, daß er sich unterwegs in Schönwalde ohne Minister und Schreiber befinde und ihm deshalb als alter Soldat schreibe. Um so mehr überrascht es, daß er sich in Fragen der Reichsverfassung spontan und ohne Konsultationen mit seinen Ratgebern, zugleich aber auch sicher und fundiert zu äußern vermochte. Er war mit der reichsrechtlich unhaltbaren Position des Kaisers also aus eigenem Urteilsvermögen vertraut und auch ohne Instruktionen der entsprechenden Minister in der Lage, diese argumentativ und rhetorisch überaus geschickt zurückzuweisen. Das ist insofern bemerkenswert, als er auf einem politischen Terrain, das er aufgrund seiner historiographischen Bemühungen natürlich kannte, aber immer wieder verächtlich und gelangweilt beiseite geschoben hatte, über ein nicht nur juristisch, sondern auch historisch begründetes Wissen verfügte – eine Kompetenz, die ihn weit über den Kenntnisstand seiner Mitregenten hinaushob. Er war in dieser Krisensituation also nicht auf das Votum seiner Ratsgremien angewiesen, sondern zu autonomen Entscheidungen fähig. Sein Gegenspieler Joseph, das erkannte Friedrich mit unerbittlichem Scharfsinn, hatte sich reichs- und mächtepolitisch entschieden zu weit vorgewagt. Aber trotz der Schärfe seines Einspruchs bewahrte er dem Kaiser ein gewisses Maß an Sympathie. Aus Anlaß des Todes seiner Mutter Maria

Theresia notierte er zu Beginn des Jahres 1781 in einem Brief an
d'Alembert, daß er Joseph, «den Sohn dieser großen Frau», persönlich kennengelernt habe. «Ich schätze ihn hoch und fürchte ihn
nicht», was immer auch die Zukunft bringen mag.[25]

Der Konflikt spitzte sich indessen zu, als der König am 13. Juni
ultimativ Auskunft darüber verlangte, welche Gebietsansprüche
Österreich im konkreten stelle und wie Karl Theodor und andere
Erbberechtigte wie Sachsen entschädigt werden sollten. Friedrich
unterstrich dabei, daß der Wiener Hof im Falle eines ausweichenden Bescheides die Verantwortung für die Eskalation der Feindse-
ligkeiten zu tragen habe. «Diese Schufte (ces bougres) von Österreichern», ließ er seinen für die Außenpolitik zuständigen Minister,
Graf Finckenstein, voller Empörung wissen, «machen sich lustig
über uns. Drängen Sie sie energisch, uns eine kategorische Antwort
zu geben, sonst halten uns diese Kanaillen bis zum Winter hin, was
ich absolut nicht möchte.»[26]

In Wien jedoch betrachtete man die Nachfrage des Königs als
ein Zeichen des Einlenkens und beantwortete sie am 27. Juni dila-
torisch. Maria Theresia hatte immer wieder versucht, ihren Sohn
von einer militärischen Konfrontation wegen dieses umstrittenen
Erbanspruchs abzubringen. Ende Mai hatte sie ihm beschwörend
geschrieben, daß alles unternommen werden müsse, «um aus dem
Abgrund, in den wir geraten sind, je eher je besser herauszukommen; da ist nichts zu gewinnen und viel zu verlieren, man kann
‹diesem Unmenschen› nicht trauen».[27] Noch kein europäischer
Fürst, hatte sie sich bereits zuvor ihrer Tochter Marie Antoinette,
der Königin von Frankreich, gegenüber entrüstet, sei der Hinterlist
des Königs entgangen. Und dieser Mann «will sich zum Beherr-
scher und Beschützer ganz Deutschlands aufschwingen! [...] Seit
siebenunddreißig Jahren», fuhr sie in ihrer – wie sie freimütig ein-
gestand – ihren Gefühlen freien Lauf lassenden «Tirade» fort, «hat
er durch seinen Despotismus, seine Gewalttätigkeit usw. das Unglück Europas heraufbeschworen! Er verleugnet alle anerkannten
Grundsätze von Rechtlichkeit und Wahrhaftigkeit und spielt mit
Verträgen und Bündnissen.»[28] Sie bat Marie Antoinette als zärtliche Mutter um Nachsicht, daß sie hier ihr Herz ausgeschüttet und
nicht als Herrscherin gesprochen habe. Sie hatte offensichtlich jedoch das Bedürfnis, ihrer Tochter, ihrer «lieben kleinen Mama»,

die gerade ein Kind erwartete, ihre ganz persönlichen Empfindungen anzuvertrauen. Daß dabei die alten und trotz der Monarchentreffen nicht ausgeräumten Ressentiments gegenüber dem Preußenkönig erneut hervorbrachen, kann angesichts der Spannungen selbst im eigenen Haus kaum verwundern.

Dieses sich noch einmal verdüsternde Feindbild erreichte eine neue, haßerfüllte Dimension, als in Wien die bereits erwähnte ultimative Aufforderung Friedrichs vorlag, die österreichischen Erbschaftspläne offenzulegen. Maria Theresia fürchtete, daß die bevorstehende Auseinandersetzung mit Preußen nur den Ruin der Monarchie herbeiführen könne. Sie empfand Abscheu über die taktischen Finessen, mit denen «dieser elende König», das «Monstrum» – wie sie Friedrich immer wieder bezeichnete –, das Kaiserhaus hinsichtlich seiner Tausch- und Arrondierungspläne aus der Reserve zu locken versuchte. «Da sieht man», schrieb sie am 20. Juni mit grimmigem Sarkasmus an ihren Sohn, «wie dieser große Mann ist, den man für einen Salomo hält; wenn man ihn aber genau und von Anbeginn verfolgt [hat], ist er ganz klein und ein rechter Scharlatan, was nur von seiner Macht und seinem Glück bemäntelt wird. Ich will nicht allzu stolz darauf sein, aber da ist doch mein Joseph ein anderer Mensch.» Allerdings gestand sie im selben Brief auch ein, daß das Kaiserhaus unglücklicherweise im Unrecht sei, «weil wir uns nicht klar aussprechen, was wir auch nicht können, da wir ungerechte Dinge wollen und gehofft haben, sie durch die Ereignisse zu erlangen oder dadurch, daß wir dem König die Lausitz als Köder anbieten.»[29]

Da Maria Theresia die Lage im Laufe des Juni so ausweglos und bedrohlich erschien und ein Krieg ihrer Auffassung nach auf jeden Fall verhindert werden mußte, ergriff sie selbst die Initiative und entsandte ohne Wissen des Kaisers, der als Oberkommandierender bei der Armee in Böhmen weilte, einen Unterhändler an den König. Da sich Joseph nicht in Wien, also nicht an Ort und Stelle aufhielt, war man im Kaiserhaus für mehrere Monate auf eine briefliche Kommunikation angewiesen. So entstand eine umfangreiche und überaus eindringliche Korrespondenz, die für das in diesen Wochen äußerst angespannte Verhältnis zwischen Mutter und Sohn, zugleich aber auch für das unverändert von Herzlichkeit, Güte und Vertrauen geprägte Familienklima in höchstem

Maße aufschlußreich ist. Dabei kamen natürlich immer wieder auch die Beziehungen zu Preußen zur Sprache; insofern gehören diese Briefe sicherlich zu den pointiertesten Äußerungen über die Politik und die Persönlichkeit des alten Königs.

Der Emissär der Kaiserin, der Geheime Rat Johann Amadeus Franz Freiherr von Thugut, überbrachte dem König am 15. Juli, also bereits nach dem Einmarsch der preußischen Armee nach Böhmen, ein Handschreiben Maria Theresias, das erste dieser Art überhaupt![30] «Mein Herr Bruder und Vetter», sprach sie ihn an, «an [...] dem Eindringen der Truppen Eurer Majestät erkenne ich mit dem äußersten Gefühl des Bedauerns den Ausbruch eines neuen Krieges. Mein Alter und meine Neigung für die Erhaltung des Friedens sind aller Welt bekannt, und ich könnte Ihnen dafür keinen glaubwürdigeren Beweis liefern als durch den Schritt, den ich tue. [...] Meine Wünsche», fuhr sie fort, «gehen dahin, die bis zu dieser Stunde durch Seine Majestät den Kaiser geführten Verhandlungen, die zu meinem größten Bedauern abgebrochen worden sind, wieder anzuknüpfen und zum Ende zu führen. [...] Ich hoffe inständig, daß Sie diese Wünsche nach unserer Würde und zu unserer Zufriedenheit erfüllen können, und ich bitte Sie, mit den gleichen Gefühlen auf meine lebhaften Wünsche nach dauerhafter Herstellung unseres guten Einvernehmens einzugehen, zum Wohle des Menschengeschlechts und unserer Familien, indem ich bin Eurer Majestät gute Schwester und Cousine»:[31] ein in der Form überaus korrekter, zugleich aber auch verhaltener Brief, der dem Ziel Maria Theresias, Frieden um jeden Preis zu schließen,[32] insofern näher kam, als dem Zusammentreffen mit Thugut intensive, aber zunächst ergebnislose Verhandlungen folgten. Die Kaiserin ließ sich jedoch nicht beirren. Sie entsandte Thugut Mitte August ein zweites Mal in das Hauptquartier des Königs, aber auch dieses Mal ohne Erfolg.

Friedrich hatte nach der ausweichenden Antwort aus Wien auf seine ultimative Forderung nach Offenlegung der österreichischen Erbansprüche dem Kaiserhaus den Krieg erklärt und danach auch militärisch die Initiative an sich gerissen.[33] Alle gesundheitlichen Bedenken und sein vorgerücktes Alter traten nun in den Hintergrund. Er hatte – um noch einmal zurückzublicken – bereits am 16. März 1778 zusammen mit Mecklenburg, das Ansprüche auf die

Landgrafschaft Leuchtenberg erhob, und den an Bayern grenzenden Hochstiften Augsburg, Eichstätt und Kempten Protest gegen das Vorgehen Österreichs auf dem Reichstag eingelegt. Die Folge waren eine allgemeine, öffentliche Debatte und eine Fülle ebenso kurzatmiger und skrupelloser Planspiele aller Höfe und Kabinette, die über das bayerische Erbe hinaus zugleich auch andere Tausch- und Kompensationsmöglichkeiten wie Galizien, Polen, die Niederlausitz, das Bergische Land und die in Kürze an Preußen fallenden Markgrafentümer Ansbach und Bayreuth in Erwägung zogen. Aber bereits Ende März 1778 begaben sich sowohl Joseph wie Friedrich zu ihren Armeen. Die Lage war also in wenigen Monaten so sehr eskaliert, daß eine neue Konfrontation zwischen den beiden deutschen Großmächten nicht mehr abzuwenden war.

Es war dem König im Vorfeld der bevorstehenden Operationen gelungen, den alten Rivalen Sachsen auf seine Seite zu ziehen und die Zusicherung zu erlangen, daß eines der beiden für den Angriff auf Böhmen vorgesehenen Armeekorps auf sächsischem Territorium operieren konnte. Es sollte unter dem Kommando des Prinzen Heinrich stehen und mit Unterstützung eines sächsischen Kontingents die beachtliche Stärke von 85 000 Mann erreichen. Der König selber plante, von Schlesien aus mit einer etwa gleich starken Armee nach Nordostböhmen in Richtung auf Königgrätz vorzustoßen, um Prinz Heinrich den Weg nach Prag zu öffnen. Beide Operationen sollten also aufs engste miteinander koordiniert sein.

Angesichts der umfangreichen Truppenbewegungen, die gewissermaßen aus dem Stand heraus in Gang gesetzt werden mußten, erwies sich jedoch, daß der preußische Militärapparat, um dessen Konsolidierung und Reorganisation der König in den Jahren nach dem Friedensschluß von 1763 so sehr bemüht gewesen war, erhebliche Schwierigkeiten hatte, der Transport- und Nachschubprobleme Herr zu werden. Vor allem die Bereitstellung des gewaltigen Artillerieaufgebots von 915 Geschützen, Haubitzen und Mörsern war nur mit Mühe und beträchtlichen Verzögerungen zu bewältigen. So konnte der Aufmarsch an der böhmischen Grenze erst am 4. Juli abgeschlossen werden. Der König versuchte in den folgenden Tagen, an der Spitze seiner Explorationstruppen die Stellung der Österreicher zu erkunden. Dabei stellte er fest, daß sich der unter dem Kommando des Kaisers stehende Gegner in diesem unwegsamen, tief eingeschnittenen Waldgelände noch durch zusätzliche Feldbefestigungen, Palisaden und Verhaue gesichert hatte und im Grunde unangreifbar war.[34] Der Zugang in das offene böhmische Hinterland, wo eine Feld- und damit Entscheidungsschlacht erzwungen werden konnte, war demnach nur unter schwer zu kalkulierenden Verlusten zu erreichen. Vieles war an den Verteidigungslinien am Oberlauf der Elbe seit dem letzten Krieg augenscheinlich auch ausgebaut und verbessert worden und bestätigte, daß man sich auf österreichischer Seite nach dem als endgültig zu betrachtenden Verlust von Schlesien auf eine ständige Bedrohung durch den preußischen Nachbarn eingestellt hatte.

Das Armeekorps des Königs bezog ein Lager bei Welsdorf, einer kleinen Ortschaft oberhalb des Elbetales, wo man 37 Tage ausharrte, ohne daß es angesichts einer ausweglosen Pattsituation zwischen den Kontrahenten zu ernsthaften Kampfhandlungen kam. Die Lage spitzte sich dennoch zu, weil es auf preußischer Seite am Notwendigsten mangelte und demzufolge die Fahnenflucht erschreckende Ausmaße annahm. Der König entschloß sich deshalb, Prinz Heinrich mit dem Hauptstoß gegen die österreichischen Verteidigungslinien entlang der Grenze zu Böhmen zu betrauen. Dem Prinzen gelang es tatsächlich, die zweite österreichische Armee unter Loudon mit einem Vormarsch durch unwegsames Gelände abzudrängen und bis nach Niemes, einem Ort am Rande des Isertales, vorzudringen. Prag lag nun in Reichweite eines preußischen Armeekorps und wurde von den Garnisonstruppen bereits aufgegeben. Ein sicherlich für den ganzen Krieg entscheidender Vorstoß unterblieb jedoch aus der alles beherrschenden Furcht, von den rückwärtigen Verbindungen abgeschnitten und für ein allzu riskantes Vorgehen zur Rechenschaft gezogen zu werden. Kampfhandlungen ging man auf beiden Seiten aus dem Weg. Und so entbehrt es nicht einer gewissen Logik, daß Prinz Heinrich alle Angriffspläne fallenließ und zum Verdruß des Königs am 24. September 1778 den Rückzug auf sächsisches Territorium antrat.

Der König war unterdessen aus seinem ursprünglichen Lager bei Welsdorf aufgebrochen und unternahm einen letzten Versuch, die Österreicher doch noch zu einem Waffengang herauszufordern. Er befand sich nach den wenigen Berichten, die über diese Wochen des Zögerns und Abwartens überliefert sind, in einer schlechten körperlichen Verfassung. Er konnte trotz der Gefahren, in die er sich im Angesicht eines ständig und überall gegenwärtigen Widersachers begab, nur im Schritt reiten und heftige Bewegungen ebenso wenig ertragen wie Ratschläge und Widerreden. Selbst der Kaiserin war zu Ohren gekommen, daß Friedrich als Feldherr nach wie vor geschickt und kühn und insofern zu fürchten sei, aber sehr übellaunig und lebensmüde erscheine.[35] So verliefen die Operationen in Richtung auf die nur wenige Kilometer entfernte Ortschaft Hohenelbe äußerst zögerlich – immer in Reichweite österreichischer Patrouillen und Detachements, die in dem durchschnittenen Gelände dieser Vorgebirgsregion ideale Voraussetzungen für Überfälle und Scharmützel fanden. Friedrich hatte zu diesem Zeitpunkt offenbar schon den Entschluß gefaßt, sich schrittweise aus diesem unwegsamen und gefährlichen Terrain, auf dem sich sein nach Westen gerichteter Vorstoß festgefahren hatte, zurückzuziehen und unnachsichtig alles zu requirieren, was für den Unterhalt der eigenen Truppen verwendbar war.

Am 31. August setzte dann aber überdies auch kaltes Regenwetter ein; am nächsten Tag waren alle Höhenzüge und Bergkämme ringsum mit Schnee bedeckt. Die Folge war eine Ruhrepidemie unter den Soldaten, die in kürzester Zeit ein verheerendes Ausmaß annahm und zahlreiche, in die Zehntausende gehende Opfer forderte. Auch der König blieb von entsprechenden Beschwerden nicht verschont. Hinzu kam eine äußerst gedrückte Stimmung. Die düsteren, nebelverhangenen Tannenwälder mitten im Sommer, die aufgeweichten Straßen, eine unfreundliche und verschlossene Landbevölkerung, die barbarischen Ortsnamen, die zahllosen Heiligenstatuen am Wegesrand und die ständigen Nadelstiche durch die leichten Truppen der Österreicher: alles kam zusammen, um den König in tiefe Depression zu stürzen.[36] So gab er am 8. September 1778 resigniert und verdrossen die Lagerstellung am Oberlauf der Elbe auf und begann über Trautenau mit dem Rückzug nach Schlesien auf der Paßstraße nach Landeshut. Mitte Oktober überschritten die letzten Truppenkontingente die böhmisch-schlesische Grenze. Das Mißtrauen vor allem auf seiten der Kaiserin bestand jedoch trotz der großen Freude, die man in Wien über den Rückzug empfand, unvermindert fort. Die Jahreszeit, schrieb sie am 12. September an Joseph, «ist, obgleich abscheulich, noch nicht soweit vorangeschritten, daß auf das Ende des Feldzugs gehofft werden dürfte; er ist so ganz nutzlos und gegen alle methodischen Maßregeln des Königs verlaufen». Er habe nichts anderes zustandegebracht als diese Räubereien. Und da er keine Bedenken habe, seine Leute zu opfern, werde er entweder einen großen Schlag zu führen versuchen oder auch Mähren gänzlich verwüsten. «Seine Kniffe und Schurkereien fürchte ich noch mehr als seine Stärke, und er wird ungeachtet seiner Verluste so nicht abschließen; das wäre zu demütigend.» Deshalb empfahl sie Joseph, seine Wachsamkeit zu verdoppeln. «Denn ich fürchte ihn eben noch viel mehr, weil er wütend ist über die üble Rolle, die du ihn hast spielen lassen.»[37]

Nennenswertes geschah jedoch weder während des Winters noch im Frühjahr 1779, obwohl der König unmittelbar nach seiner Rückkehr aus Böhmen ausgreifende Angriffspläne für den Feldzug des kommenden Jahres entwarf und zu einer gütlichen Beilegung des Konflikts noch keineswegs bereit war. Die Verluste, die er in diesem für beide Seiten wenig rühmlichen Waffengang allein durch Epidemien, aber ebenso auch durch Fahnenflucht erlitten hatte, waren für die Armee so niederschmetternd und demoralisierend, daß an schnelle Operationen einstweilen nicht zu denken war. Hinzu kam, daß die politischen und moralischen Energien, die diesen Konflikt heraufbeschworen hatten, ungeachtet der gewaltigen Truppenaufgebote, die auf beiden Seiten ins Feld geführt wurden, von Anfang an nur äußerst schwach ausgeprägt waren. Die Kriegsziele und der politische Durchsetzungswille hatten auf beiden Seiten zu geringe Überzeugungskraft, um große Energien freizusetzen. Tatsächlich führte ja in dieser eigentümlichen Konstellation nicht der wirklich Betroffene – also Kurpfalz oder ein anderes der wittelsbachischen Reichsterritorien – den Krieg, sondern zwei im Grunde abseits stehende Kontrahenten, die jedoch in einer völligen Blockadesituation einen territorialen Zugewinn des jeweils anderen um jeden Preis zu verhindern suchten. Darüber hinaus erwies sich aber, daß die maßgeblichen Befehlshaber beider Seiten, vom König und seinem Bruder Heinrich angefangen bis zu Loudon und Lacy, der an der Seite des Kaisers das Kommando führte, zu alt, zu erschöpft und zu ängstlich geworden waren, um sich auf große Abenteuer einzulassen. Selbst der erst 37-jährige Joseph schien nach

Auffassung der Kaiserin den geistigen und körperlichen Strapazen eines sich über Monate hinziehenden Feldzugs kaum gewachsen.[38] Vieles spricht im übrigen dafür, daß allein schon die im Vergleich zum Siebenjährigen Krieg nur selten erreichte Truppenstärke beider Armeen als Indikator für ein Sicherheitsbedürfnis zu werten ist, das dem Radius und der Durchschlagskraft der Operationen enge Grenzen zog. So scheint es, als wenn man auf beiden Seiten zu ausgreifendem Handeln weder willens noch fähig war. Selbst der König war angesichts seiner körperlichen Gebrechen zu einem *cunctator* geworden, der als Truppenführer offensichtlich seinen ehemals so unwiderstehlich mitreißenden Wagemut und seine nicht weniger entwaffnende Überzeugungskraft eingebüßt hatte. So stand am Ende nicht der Feldherr, sondern der seine Interventionsmöglichkeiten kühl abwägende Realpolitiker als Sieger da. Friedrich erschien nun als ein Herrscher, dem es durch diesen defensiv geführten Krieg gelungen war, einen Kaiser zum Einlenken zu zwingen, dessen vehemente Expansionsgelüste selbst im eigenen Haus auf Ablehnung gestoßen waren.[39] «Wir können», hatte er Anfang März 1779 aus Schlesien an seinen Bruder Heinrich geschrieben, «nicht mehr verlangen, als daß die Österreicher ihren Raub herausgeben. Das ist deshalb so wichtig, weil – wenn wir ihnen diesen Gewaltakt hätten durchgehen lassen – sie im Reich eine despotische Macht hätten errichten können, deren tödliche Wirkung wir früher oder später zu spüren bekommen hätten. Obwohl diese Restituierung nicht so vollständig ist, wie man sie hätte wünschen können, ist zunächst einmal das erste Ziel des wilden kaiserlichen Ehrgeizes gescheitert, und wir gewinnen den großen Vorteil, daß wir im Reich als ein nützliches Gegengewicht zum österreichischen Despotismus angesehen werden. [...] Ich bin», fuhr er fort, «so erzürnt über diese ganze österreichische Sippschaft (engeance), daß ich gern mein Leben dafür geben würde, wenn ich mich nur gehörig an ihnen rächen könnte.»[40]

Der Friede wurde am 13. Mai 1779, dem 62. Geburtstag der Kaiserin, im österreichischen Teschen, einem Ort nahe der schlesisch-mährischen Grenze, unterzeichnet. Der König war spätestens zum Zeitpunkt des Ablebens seiner langjährigen Gegenspielerin (November 1780) zu der Überzeugung gelangt, daß Maria Theresia ihrem Thron und ihrem Geschlecht Ehre gemacht habe. Er gestand d'Alembert gegenüber in einem Brief vom 6. Januar 1781 mit einem wie so häufig unverkennbaren Anflug von Koketterie ein, daß er sich bereits dem Zustande von Apathie nähere, wohin das Alter die betagten Schwätzer führe. Er sähe, ohne sich zu beunruhigen, diejenigen sterben oder geboren werden, die an der Reihe sind. Aber er bedauere doch den Tod der Kaiserin. Er habe sicherlich mit ihr Kriege geführt, aber sei nie ihr Feind gewesen.[41] In diesem Sinne hatte er seine Kommandeure angewiesen, bis zum Friedensschluß alle Truppen hinter die Grenze zurückzuziehen – eine Geste, die als Zeichen friedfertiger Absichten und höfischer Noblesse der Kaiserin gegenüber durchaus verstanden und gewürdigt wurde. Die Vertragsbestimmungen sahen die völlige Wiederherstellung der territorialen Integrität Bayerns vor und verfügten darüber hinaus die alsbaldige Belehnung des Kurfürsten von der Pfalz mit dem Erbe der bayerischen Wittelsbacher. Um die durch diesen Vertragsabschluß schwer belastete Reputation des Kaiserhauses nicht zusätzlich zu beeinträchtigen, blieb nur das Innviertel (etwa 38 000 qkm mit 80 000 Einwohnern) in österreichischer Hand. Im Gegenzug wurden die Erbansprüche Preußens auf die Markgrafentümer Ansbach und Bayreuth auch international bestätigt und Sachsen und Mecklenburg mit eher symbolischen Zugeständnissen abgefunden.

Zustande gekommen war dieses Arrangement unter Vermittlung Frankreichs und Rußlands. Beide Mächte hatten sich schon am 11. November 1778 bereit erklärt, im Konflikt der beiden deutschen Großmächte eine Vermittlerrolle zu übernehmen. Beide hatten damit zugleich auch die Verpflichtung übernommen, in den Angelegenheiten des Reiches und der Wahrung seiner Verfassungsordnung mitzuwirken. Am 7. März 1779 war zunächst ein Waffenstillstand zwischen den Kriegsparteien vereinbart worden. Drei Tage später wurden dann im entlegenen Teschen die Friedensverhandlungen aufgenommen. Frankreich war seit dem Westfälischen Frieden längst in die Rolle eines Garanten des innerdeutschen Status quo hineingewachsen und hatte es mit großem diplomatischen Geschick bis zum *renversement des alliances* von 1756 immer wieder vermocht, dem Einfluß des Kaiserhauses im Reich konterkarierend entgegenzuwirken.

Aber nun drängte auch Katharina von Rußland als Verbündete Preußens mit kaum gezügelter Entschiedenheit darauf, in den ihr

ja durchaus nicht unvertrauten Reichsangelegenheiten mit eigener
Stimme aufzutreten und damit Schweden, das sich als Garantie-
macht des Westfälischen Friedens und eine der europäischen
Hegemonialmächte zu etablieren vermocht hatte, endgültig in den
Hintergrund zu drängen. Katharina verglich das Reich mit einer
Notablenversammlung, der anzugehören dem russischen Imperium
Ansehen und Ehre einbringen werde.[42] Sie unterschlug dabei, daß
man bereits in Polen mit einer Politik scheinbar Ordnung stiften-
der Außensteuerung große Erfolge erzielt hatte und ähnliches nun
auch im Reich anstrebte. Die Instruktionen für den an den Regensburger Reichstag entsandten Diplomaten Romanzoff ließen an der
Entschlossenheit Rußlands, die Einflußmöglichkeiten als *arbiter
Germaniae* auch zu nutzen, keinen Zweifel.[43] Sowohl für Österreich
als auch für das kaum weniger statusbewußte Preußen waren diese
sich hier eröffnenden Interventionsmöglichkeiten im Grunde nicht
akzeptabel. Aber offenbar lag es in beiderseitigem Interesse, das bilaterale und erwiesenermaßen sinnlose Kräftemessen so schnell wie
möglich zu internationalisieren und mit der Wahrung der Reichsverfassung zu verknüpfen, obwohl beide – sowohl der Preußenkönig wie der Kaiser – nicht das geringste Interesse daran hatten, daß
die Normen und Gepflogenheiten des Reichsrechts in den Mächtebeziehungen zur Geltung kamen und nun auch von Rußland, der
neuen, als despotisch geltenden Hegemonialmacht, garantiert werden sollten.[44] In der Forschung ist Verwunderung darüber geäußert
worden, daß die beiden deutschen Großmächte diese Einmischung
in die Reichsangelegenheiten nicht nur hingenommen, sondern befördert haben.[45] Doch belegt ihre Haltung einmal mehr, daß ihnen
das Reich nicht mehr als ein Faktor erschien, für den es sich im
Sinne der eigenen Reputation zu engagieren lohnte.

Jedenfalls wurde nun ein Schlußstrich unter diesen von allen Seiten immer wieder abfällig als «Kartoffelkrieg» bezeichneten Konflikt gezogen – mit dem für die Mächtepolitik des 18. Jahrhunderts
durchaus paradoxen Ergebnis, daß die latente Rivalität zweier
hochgerüsteter Großmächte nicht wie im Falle Polens zu der Teilung eines machtlosen Dritten führte, sondern zur Restituierung
des an den Kampfhandlungen gar nicht Beteiligten.[46] Paradox an
diesem auch den Zeitgenossen bereits sonderbar erscheinenden
Kriegsszenarium ist im übrigen, daß die Einverleibung polnischer

Gebiete ohne Blutvergießen verlief, während das in territorialer
Hinsicht geringfügige Ergebnis des Bayerischen Erbfolgekriegs mit
hohen Verlusten erkauft wurde. Am Ende dieses vierten Waffengangs zwischen den sich nun seit
Jahrzehnten gegenüberstehenden Kontrahenten hatte sich Preußen
nicht zuletzt auch deshalb durchgesetzt, weil es seinem Kriegsziel
entsprechend auf jeglichen Territorialerwerb verzichtete. Der Wiener Hof dagegen hatte sich im Konzert der Mächte auch durch die
innere Widersprüchlichkeit seiner Politik desavouiert und erschien
mittlerweile gerade auch in reichspolitischer Hinsicht als nicht
mehr kalkulierbar.[47] So eröffnete sich dem König die noch wenige
Jahre zuvor für utopisch gehaltene Perspektive eines mächtepolitischen Rückhalts im Reich. Es zahlte sich jetzt aus, daß die preußische Diplomatie bereits nach dem Ende des Siebenjährigen Krieges
und vor allem seit der Kaiserwahl Josephs II. damit begonnen
hatte, eine sehr viel flexiblere Reichspolitik zu betreiben und dabei
besonders auch im Bereich der *Germania Sacra*, dem quasi natürlichen Klientelsystem der kaiserlichen Reichsadministration, Fuß
zu fassen. Sie hatte zu bemerkenswerten Erfolgen geführt und zugleich bewirkt, daß eine wachsende Zahl von Reichsständen auch
über konfessionelle Barrieren hinweg in Preußen eine politische Al-
ternative zum Kaiserhaus zu sehen begann.[48] Die Garantin einer
moderaten, noch unverkennbar konfessionell geprägten Reichspolitik, Maria Theresia, war am 29. November 1780 gestorben. Das
verstärkte in Wien eine längst schon absehbare Tendenz zu neuen
mächtepolitischen Optionen.

Der Deutsche Fürstenbund

Zu den Präliminarien dieses letzten Kapitels friderizianischer Außenpolitik gehört die von der österreichischen Diplomatie mit Zä-
higkeit und Konsequenz verfolgte Politik einer Wiederannäherung
an Rußland. Ihr hatten zunächst die schwierigen, immer wieder zu
Rivalität und Mißtrauen Anlaß gebenden Verhältnisse auf dem Balkan und die entschieden ablehnende Haltung Maria Theresias ent-
gegengestanden. Schon im Todesjahr der Kaiserin traten jedoch
alle diese Bedenken in den Hintergrund, als es im Mai 1780 im

weißrussischen Mohilev zu einem Fürstentreffen zwischen Joseph II. und der Zarin Katharina kam. Am Ende langwieriger Verhandlungen stand schließlich eine geheime Defensivallianz (Mai bzw. Juni 1781), die im Falle einer osmanischen Bedrohung zu gegenseitiger Militärhilfe verpflichtete. Die gegen die Pforte gerichteten Pläne beider Mächte können hier außer Betracht bleiben; sie stan den von vornherein auf keinem tragfähigen Fundament, weil die Interessengegensätze auf dem Balkan fortbestanden und sich eher noch verschärften. Die *rapprochement*-Politik des Wiener Hofes verfolgte ohnehin die dezidierte, von Friedrich immer wieder vermutete Absicht, Preußen in der bevorstehenden Phase des Thronwechsels entscheidend zu schwächen. Das Kalkül des Kaisers bestand nach dem Scheitern seiner Arrondierungspläne in Bayern unverkennbar darin, den König, den er stärker denn je als Rivalen empfand, im Konkurrenzgefüge der großen Mächte abzudrängen und zu isolieren. Zwar blieben die bestehenden Bündnisse aufgrund der vereinbarten Geheimhaltung einstweilen unangetastet. Aber die Entmachtung des russischen Außenministers Panin, der an der Allianz mit Preußen festhielt, machte deutlich, daß die österreichische Entente-Politik am Zarenhof immer mehr an Boden gewann.

Die Mächtebeziehungen gerieten jedoch erst wieder in Bewegung, als Joseph II. 1783/84 auf die fixe Idee eines Ländertausches zwischen Bayern und den österreichischen Niederlanden noch einmal zurückkam. Kurfürst Karl Theodor von Pfalz-Bayern konnte für diesen Plan wie 1777 schon dadurch gewonnen werden, daß mit dem Tausch auch eine Rangerhöhung in Aussicht stand, die das Haus Wittelsbach seit langem schon anstrebte. Allerdings sträubte sich auch dieses Mal wieder der voraussichtliche Erbe des wittelsbachischen Gesamtbesitzes, Herzog Karl August von Pfalz-Zweibrücken. Er war mächtepolitisch insofern ernstzunehmen, als er die entschiedene Rückendeckung Frankreichs genoß. Aber auch Rußland, der neue Bündnispartner der Hofburg, verhielt sich letztlich nicht so, wie man das in Wien erwartet hatte. Dennoch wurde nicht zuletzt durch die rastlose Geschäftigkeit des ins Reich entsandten russischen Diplomaten, Graf Nikolaj Petrovic Romanzoff, für alle an diesem mächtepolitischen Ränkespiel Beteiligten sichtbar, wie sehr das Einvernehmen zwischen den Höfen von Wien und St. Petersburg mittlerweile vorangeschritten war. Aber am Ende bedurfte es keiner Mutmaßungen mehr. Denn Anfang Januar 1785 wandte sich Karl August auch offiziell um Unterstützung an Preußen und rief zugleich auch die Höfe von Versailles und St. Petersburg als Garantiemächte des Teschener Friedens zur Wahrung seines Erbanspruchs auf Bayern auf. Auch eine Pressekampagne, die durch die Veröffentlichung des bereits obsolet gewordenen Teilungsvertrages in Gang kam, förderte eine allgemeine Debatte über die Rechtmäßigkeit und die Legitimität der kaiserlichen Arrondierungspolitik im Süden und Südwesten des Reiches – eine Konstellation, die viele Fragen und Befürchtungen des Krisenjahres 1777 noch einmal auf die Tagesordnung setzte.

Der Bayerische Erbfolgekrieg und die verheerende Reichspolitik des Kaisers hatten aber schon zuvor eine Debatte über die Verfassung des Reiches und seiner Institutionen ausgelöst. Was der Zweibrücker Geheime Rat Christian Freiherr von Hofenfels, ein strikter Gegner des Tauschprojektes, bereits 1783 als Perspektive einer neuen Reichspolitik entworfen hatte, führte in der sich zuspitzenden Lage zu ernsthaften Überlegungen, wie dem allgemeinen Unbehagen über die immer unberechenbarer werdende Politik des Kaiserhofes begegnet werden könne. Einer der möglichen Auswege bestand – wie so häufig in der wechselvollen Geschichte des Reiches – in dem Gedanken einer Assoziation kleiner und mittlerer Reichsstände, also der Bildung einer dritten Partei.[49] Die treibenden Kräfte bei diesem Versuch eines näheren Zusammenrückens waren Carl August von Sachsen-Weimar, Franz von Anhalt-Dessau, Karl Friedrich von Baden und der unmittelbar in die Tauschpläne verwickelte Karl August von Zweibrücken. Nach ersten Vorverhandlungen wurde noch 1783 der Entwurf eines Bündnisvertrages vorgelegt, der einen Zusammenschluß mindermächtiger, in Verfassungsfragen aber hochsensibilisierter Reichsstände ohne die beiden Großmächte vorsah. Der Reichstag sollte im Mittelpunkt dieser Allianz stehen, der Kaiser auf repräsentative Aufgaben und Preußen auf die Rolle eines Protektors im Kriegsfall beschränkt werden. Aber das waren Planspiele wie viele andere schon zuvor.

Ein ernstzunehmendes Gewicht bekamen diese Bündnisbestrebungen erst, als sie in ein umfassenderes mächtepolitisches Szenarium einbezogen wurden. Die nach innen gewandten Intentionen dieser Reformbemühungen dürfen deshalb nicht nur in einem reichsinternen Rahmen gesehen werden. Vielmehr müssen sie in erster Linie nach den Kategorien der großen Politik der Kabinette beurteilt werden. Nach Lage der Dinge kam nur der sicherlich sehr nüchtern, aber wegen seiner politischen Konsequenz und Standfestigkeit immer höher eingeschätzte Preußenkönig als jener Faktor in Betracht, dem am Fortbestand und an der Sicherung der bestehenden Verhältnisse im Reich gelegen war. Bei einigen der in dieser Krisensituation diskutierten Reformprojekte wurde bereits die Anlehnung an das als alleiniger Rückhalt erscheinende Preußen erwogen. Der Prozeß einer Neuformierung des Reiches kam jedoch erst wirklich in Gang, als es der preußischen Diplomatie am 23. Juli 1785 gelang, ein Drei-Kurfürsten-Bündnis mit Hannover und Sachsen in einem förmlichen *Associations-Tractat* zustande zu bringen. Es sollte – so hieß es – dem Erhalt der Reichsverfassung dienen, war aber vor allem aus preußischer Sicht dazu gedacht, den Erwerb Bayerns durch das Kaiserhaus notfalls auch militärisch zu verhindern und damit eine in insgesamt vier Kriegen errungene Balance unter den mächtepolitischen Rivalen im Reich aufrechtzuerhalten und zu verteidigen.

Alle Reichsstände, die sich schon zu Beginn der achtziger Jahre an Plänen für den Abschluß eines Fürstenbundes beteiligt hatten, wurden aufgefordert, der Allianz beizutreten. So fand sich eine beträchtliche Zahl von kleineren Territorialfürsten aus dem ganzen Reichsgebiet an der Seite der drei Kurfürsten zusammen, denen sich am 18. Oktober 1785 zur Überraschung der gesamten Reichsöffentlichkeit auch der Erzbischof von Mainz und Erzkanzler des Reiches, Friedrich Karl von Erthal, also der maßgebliche unter den katholischen Reichsfürsten, hinzugesellte und das Bündnis damit vom Verdacht einer reinen Konfessionspartei befreite. Schon am 4. Oktober war auch Herzog Karl August von Pfalz-Zweibrücken dem Fürstenbund beigetreten und hatte für sich und seine Nachkommen zugesichert, zu einem Tausch wittelsbachischer Territorien gegen die Niederlande keinesfalls seine Zustimmung zu geben. Damit war das Ziel, um dessentwillen der Fürstenbund geschlossen worden war, bereits erreicht und der von Joseph II. und Kurfürst Karl Theodor betriebene Ländertausch als mit dem Reichsrecht nicht vereinbar verworfen worden.

Die Instrumentalisierung der von den kleineren Reichsständen ausgegangenen Einigungsimpulse durch das übermächtige Preußen hatte selbstverständlich einen grundlegenden Wandel in der Zielrichtung des Bündnisses zur Folge. Denn das ursprünglich reichspatriotische, auf innere Reformen gerichtete und dem «Trias-Gedanken» verpflichtete Konzept, dem der Zusammenschluß eines «Dritten Deutschland» im Spannungsfeld zweier Großmächte vorschwebte, wurde nun von einem zwar nicht offen proklamierten, aber immer unverkennbarer in den Vordergrund tretenden Hegemonialanspruch Preußens überlagert, der letztlich ein mächtepolitisches Ziel verfolgte. So wurde der Fürstenbund in seinem auf innere Konsolidierung und auf die Erweckung eines «Nationalgeistes in unserem Vaterlande» (Carl August von Weimar) gerichteten Kern allmählich ausgehöhlt und in den Dienst einer Staatsräson gestellt, die das Reich allenfalls mittelbar im Auge hatte. Friedrich hat weder in den ersten Jahrzehnten seiner Regentschaft noch später, als sich der überwiegende Teil der Reichsstände offen gegen ihn erklärte und sogar militärisch eingriff, den Versuch unternommen, das Reichssystem in seinen Grundfesten zu erschüttern. Aber er hat eben auch nie daran gearbeitet, das gemeinsame Dach, unter dem zumindest auch die brandenburgischen Kurlande beheimatet waren, so auszubessern, daß es allen Schutz bieten konnte.

Die Entwicklung nach dem Tode des großen Königs ging jedenfalls über diese Episode der Reichsgeschichte hinweg, obwohl der Fürstenbund unter Preußens Führung von einer ungeheuren Woge patriotischer Begeisterung begleitet wurde und eine entsprechende Traktatliteratur hervorgebracht hat. Schon der Dreibund mit England und den Niederlanden von 1788 verschaffte Preußen indessen wieder jenen mächtepolitischen Rückhalt, um dessentwillen sich der König so intensiv mit dem Reich einzulassen genötigt sah. Die Konvention von Reichenbach (27. Juli 1790), die Allianz zwischen den beiden deutschen Hegemonialmächten – abgeschlossen schon vor dem Hintergrund der Französischen Revolution –, besiegelte dann endgültig das Schicksal des Deutschen Fürstenbundes.

Friedrich der Große hatte es mit diesem reichsinternen Bündnis vermocht, die Rolle des ewigen Opponenten und Unruhestifters abzustreifen und als eine integrative Instanz, als Bürge und Garant der Reichsverfassung, in Erscheinung zu treten. Er setzte dabei

seine von ständigem Argwohn geprägte Blockadepolitik gegenüber
dem Kaiserhaus durchaus fort, konnte sie nun aber «in das Gewand
reichsrechtlicher Legalität» (Volker Press) kleiden. Die Spielregeln
des seit 1740 sich immer mehr zuspitzenden Dualismus im Reich
verschafften ihm – dem «Gegenkaiser», wie er in der Forschung
genannt worden ist – größere Vorteile als dem gewählten und gekrönten Reichsoberhaupt.[50] Letzterer war durch die Bestimmungen
der Wahlkapitulation vertraglich dazu verpflichtet, die Reichsstände in ihren «höchsten Würden, Rechten und Gerechtigkeiten,
Macht und Gewalt, jeden nach seinem Stand und Wesen [...] ohn
alle Waigerung [zu] confirmiren und [zu] bestätigen» (§ 4 der immer wieder fortgeschriebenen Wahlkapitulation von 1519). Und
immer dann, wenn der Kaiser die enggezogenen Grenzen der
Reichsverfassung zu überschreiten versuchte, was unter Joseph II.
beinahe zur Regel geworden war, eröffneten sich für einen inzwischen auch verfassungsrechtlich versierten Gegenspieler wie Friedrich beträchtliche Spielräume reichspolitischer Einflußnahme. So
hat der König das Reich gegen den überstürzt und unsensibel agie-
renden Kaiser zu mobilisieren vermocht, ohne sich für eine innere,
von den kleineren Ständen so nachdrücklich geforderte Modernisierung des Reiches in die Pflicht nehmen zu lassen. Er konnte sich
dem Gesetz einer prinzipiellen Gegnerschaft zum Kaiserhaus, dem
er sich seit der Annektierung Schlesiens verschrieben hatte, nicht
mehr entziehen, auch wenn er in seinen letzten Lebensjahren das
Reich in der Bedeutung für seine mächtepolitischen Selbstbehaup-
tungsziele erkannte und dann auch entschlossen einzusetzen wußte.

VII. Krankheit und Tod

Wie ein roter Faden zieht sich durch die gesamte Korrespondenz
der letzten Lebensjahre die Frage nach dem Gesundheitszustand
und dem zu erwartenden Tod des Königs.[1] An die Stelle Voltaires,
der am 30. Mai 1778 gestorben war, trat in diesen Jahren immer
mehr d'Alembert als jener Briefpartner, dem er sich auch in persönlichen Dingen und in Angelegenheiten seines Wohlbefindens
anvertraut hat.[2] Auch Prinz Heinrich war nicht zuletzt im Hinblick
auf die den König so sehr bedrängende Frage der Thronfolge ein
Ratgeber, den er immer wieder in privaten Angelegenheiten ins
Vertrauen zog. «Sie erkundigen sich, lieber Bruder, nach meiner
Gesundheit», schrieb er am 28. Dezember 1775 nach einem erneuten langwierigen Gichtanfall an Heinrich. «Ich entspreche Ihrem
Wunsch und sage Ihnen, daß es sonst ganz gut geht. Nur fühle ich
mich überaus schwach; die Kräfte wollen noch immer nicht wieder-
kommen. Ich fange an, etwas zu gehen, aber die Beine wollen mich
anscheinend nicht tragen, und ich habe in den Händen keine Kraft.
Das Rückgrat will sich nicht aufrichten. Ich bin mehr schwach als
krank; aber das wird alles wieder [besser] werden. Ein Greis
braucht eben mehr Zeit als ein junger Mensch, um wieder zu Kräften zu kommen. In meinen Jahren», er war damals 63 Jahre alt,
«geht alles langsam.»[3]

In einer unverkennbar anderen Ton- und Stimmungslage äußerte
sich der König d'Alembert gegenüber. In diesen Briefen erscheinen
alle seine Gebrechen im Lichte einer philosophisch überhöhten
Heiterkeit, scheinbar abgehoben von den Nöten und Ängsten, die
den König besonders auch im Hinblick auf den Thronfolger ge-
peinigt haben. Sein Brief klinge, schrieb er am 1. August 1780 an
den nach wie vor umworbenen Philosophen, so traurig. «Wir sind
Greise und stehen am Ziel unserer Lebensbahn [d'Alembert war
damals 62, der König 68]; man muß versuchen, sie heiter zu beenden. Wären wir unsterblich, so dürften wir uns wohl über unsere
Leiden betrüben; aber unser Leben ist zu kurz, als daß wir uns an
Dinge klammern sollten, die unseren Augen bald für ewig entrückt

sein werden. Sie sagen, lieber Anaxagoras» – so nannte er
d'Alembert in freundschaftlicher Anspielung auf den griechischen
Philosophen –, «Sie hätten die Tatkraft verloren, die Sie [noch] im
Jahre 1763 besaßen. Ich auch – das ist das Los der Greise. Mein
Namensgedächtnis schwindet, meine geistige Frische läßt nach,
meine Beine sind schwach, ich sehe schlecht: kurz ich habe Be-
schwerden wie jeder andere. Aber diese ganze Prozession von
Krankheiten und Gebrechen raubt mir meine Heiterkeit nicht, und
ich werde mich mit einem Lächeln auf dem Antlitz begraben lassen.
Suchen Sie doch», empfahl er seinem Philosophenfreund, «alles
von sich abzuwälzen, was ihre Seelenruhe stören kann. Bedenken
Sie, daß das Leben nur ein Traum ist, und daß nichts übrig bleibt,
wenn es vorbei ist.» Er fürchte, setzte der König hinzu, daß das
Grab Voltaires zugleich das der schönen Künste sein werde. Er sei
der Schlußstein des Zeitalters Ludwigs XIV. gewesen. Aber, tröstete
er d'Alembert, in Zeiten mangelnder Inspiration scheide man leichter aus dem Leben als in Zeiten des Überflusses. «Folgen Sie deshalb meinem Rat, lieber Anaxagoras, bekränzen Sie Ihr Haupt mit
Rosen, suchen Sie Zerstreuung und fügen Sie sich in Ihr Schicksal.
Mögen Sie glücklich sein und bei guter Gesundheit bleiben.»[4]

Offenbar verschlechterte sich der Zustand des Königs seit dem
Dezember 1785. Noch am 18. Januar, dem Geburtstag des Prinzen
Heinrich, hatte er an dem traditionellen Galadiner im Berliner
Schloß teilgenommen. Man speiste wie immer aus diesem Anlaß an
zwei Tafeln; an der einen präsidierte der bereits gezeichnete und
sich nur mühsam aufrecht haltende König, an der anderen der Ju-
bilar, der den Bruder um sechzehn Jahre überleben sollte, ohne
den erhofften Einfluß auf die Staatsgeschäfte zu gewinnen. An diesem Festtag, der wie jedes Jahr die gesamte Familie zusammenführte, sah Friedrich auch die Königin zum letzten Mal.

Der König entschied sich angesichts seines zunehmend sich ver-
schlechternden Gesundheitszustandes, im Winter 1785/86 nicht
wie gewöhnlich nach Berlin zu gehen und an den Karnevalsveran-
staltungen im Kreise der Familie und des Hofstaats teilzunehmen.
Er litt – davon war mehrfach schon die Rede – seit Jahren immer
wieder an schweren Gichtanfällen. Sie führten zu heftigen Schmerzen und hartnäckig andauernden Lähmungen. Hinzu kamen jetzt
jedoch ein schweres Asthma und eine bedrohlich sich verschlim-

mernde Wassersucht, also Stoffwechselbeschwerden, die quälende
Atemnot und Schwellungen an den Beinen zur Folge hatten. Der
Kreis derer, die er noch in seiner Nähe duldete, wurde nun immer
enger und beschränkte sich schließlich auf die beiden Kammerhusaren und gelegentliche Besucher wie Lucchesini oder den Grafen Goertz, der als Staatsminister, General und Diplomat zu den
wenigen Vertrauten zählte, mit denen er auch jetzt noch Themen
der großen Politik erörterte. In den letzten fünf Wochen seines
Lebens war auch Hertzberg, der Leiter des Departements für die
Auswärtigen Angelegenheiten, in seiner Nähe.[5] Aber keinen seiner
Angehörigen, nicht einmal Prinz Heinrich und den Kronprinzen,
wünschte er zu sehen. Er lebte ohne Wache, ohne Hofstaat und
ohne Adjutanten und entzog sich, je mehr die Schwellung seiner
Beine voranschritt, den Blicken einer wie gelähmt erscheinenden
Öffentlichkeit. Mirabeau, der den König noch in dessen Todesjahr
kennenlernte und zum Zeitpunkt der sich zuspitzenden Krise in
Berlin weilte, berichtete am 18. August, «daß die außerordentliche
Unsauberkeit im Krankenzimmer [des Königs] und an dem Kranken selbst infolge der feuchten Wäsche, die er anbehielt, statt sie
zu wechseln, anscheinend eine Art von Fäulnisfieber erregt hatte»,
das in Kürze einen wassersüchtigen Schlagfluß und ein Aussetzen
des Gehirns befürchten lasse.[6] Schließlich konnte er wegen seiner
Atemnot nicht mehr im Bett liegen, sondern verbrachte Tag und
Nacht sitzend in einem Lehnstuhl.

Friedrich erholte sich im Laufe des Juni 1786 jedoch noch einmal und empfing wieder einige seiner Minister und eine Reihe von
Geschäftsträgern auswärtiger Mächte, die das Geschehen im Umkreis des Königs genauestens beobachteten und entsprechende Berichte an ihre Höfe sandten. Im übrigen widmete er sich scheinbar
ungebrochen den Staatsgeschäften und ließ sich abends aus den
Klassikern vorlesen. Darüber hinaus faßte er den Entschluß, zusätzlich zu seinen Ärzten Cothenius und Selle, die er konsultierte,
ohne sich an ihre Empfehlungen zu halten, den in hannoverschen
Diensten stehenden Doktor Ritter von Zimmermann zu sich zu rufen. Zimmermann, dem der Ruf einer medizinischen Kapazität von
europäischem Rang vorausging, traf am 23. Juni 1786 in Potsdam
ein und erfuhr zu seinem Entsetzen, daß der König keinen anderen
Beistand als den des Kammerhusaren Schöning habe und sich im

Jean-Antoine Houdon:
Marmorbüste von Mirabeau
(1800)

übrigen selbst kuriere. Nach allem, was über den Lebenswandel des Königs überliefert ist, aß er gegen den Rat seiner Ärzte immer noch unmäßig viel und überdies auch Speisen, die selbst nach dem Kenntnisstand des 18. Jahrhunderts seine nun immer häufiger auftretenden Brechanfälle und Koliken hervorrufen mußten.

Der König, berichtete Zimmermann in seinen rückwärtsblickenden Aufzeichnungen, «hatte einen alten, schlichten, vor Jahren abgetragenen Hut mit einer ebenso alten weißen Feder auf dem Kopf. Er war gekleidet in ein Cassaquin aus hellblauem Atlas, vorne herunter ganz von spanischem Tabak gelb und braun gefärbt. Übrigens war Er in Stiefeln. Er lehnte ein schrecklich geschwollenes Bein auf ein Taburett, das andere hieng. [...] Das Gesicht war nicht nur sehr blaß und mager, sondern zumal von der weißgelben Blässe, welche nicht nur die übelste Beschaffenheit der Säfte, sondern auch der festen Teile anzeigt und unter solchen Umständen von der übelsten Bedeutung ist. Auch die Hände fand ich äußerst entfärbt, mager und dürr, den Leib sehr stark und die Beine bis

ganz oben an die Lenden so fürchterlich geschwollen, als nur irgend Beine geschwollen sein können.»[7] Das Bild, das sich Zimmermann vom Zustand des Königs machen konnte, war eindeutig.
Aber auch ihm gelang es nicht, Friedrich von seiner Unbelehrbarkeit und Unvernunft abzubringen und zu einer Änderung seiner
Eß- und Trinkgewohnheiten zu bewegen. So reiste Zimmermann
im Einvernehmen mit dem König ab, ohne dem Patienten geholfen
zu haben.

Am Morgen des 16. August konnte sich der König nicht mehr
verständlich machen. Hustenattacken, unterbrochen von lautem
Röcheln, wechselten mit längerer Ohnmacht. Der aus Berlin her-
beigerufene Arzt, Doktor Selle, blieb in der Nacht bei seinem Patienten, während der Kammerhusar Strützky den im Sessel Sitzenden und immer wieder in sich Zusammensinkenden mit beiden
Händen aufzurichten suchte. Überliefert ist aus dem Kreise der
Augenzeugen im übrigen, daß der Sterbende nach einem erneuten
Hustenanfall geseufzt habe: «La montagne est passée, nous irons
mieux.» Gegen zwei Uhr in der Frühe trat der Tod ein. Hertzberg,
der im Nebenzimmer mit Selle, Goertz und Schwerin gewartet
hatte, drückte dem Entschlafenen die Augen zu und ließ den
Thronfolger verständigen. Der König wurde zunächst in seinem
alten blauen Seidenmantel im Konzertzimmer von Schloß Sanssouci aufgebahrt, bevor der Leichnam dann am Abend auf einem
achtspännigen Wagen in den großen Marmorsaal des Stadtschlosses gebracht wurde, wo die Offiziere seiner Armee Abschied von
ihrem Monarchen nehmen konnten. Entgegen seinen Anweisungen
wurde er jedoch nicht auf der Terrasse von Sanssouci beigesetzt,
wohin er nach einer schließlich auf der Burg Hohenzollern enden-
den Odyssee am 17. August 1991 doch noch überführt worden ist,
sondern an der Seite seines Vaters in der Gruft der Garnisonkirche
in Potsdam. Das öffentliche Leichenbegängnis fand am 9. September nach einem Ritual statt, das im wesentlichen den Beisetzungsfeierlichkeiten des Vaters entsprach.

Friedrich hat sich im Laufe seines Lebens – darauf wurde bereits
hingewiesen[8] – immer wieder mit der Frage seines Todes und seiner Beisetzung beschäftigt.[9] Bekannt und vielfach reproduziert ist
das um 1802 entstandene Gemälde des Hofmalers Johann Christoph Frisch, das den König zusammen mit dem Marquis d'Argens

François Gaspard Adam: Floragruppe auf der oberen Terrasse von Schloß Sanssouci

beim Bau der Gruft auf der östlichen Terrassenseite von Sanssouci zeigt, also vor jener Grabstätte, in der er bestattet zu werden wünschte.[10] Die Szene, die neben den beiden im Gespräch Vertieften eine Reihe von Bauarbeitern bei der Zubereitung des Mörtels und der Aufrichtung des unterirdischen Gewölbes zeigt, steht offenkundig mit einer Anekdote in Beziehung, die Friedrich Nicolai 1788 in einer seiner vielgelesenen Anthologien mitgeteilt hat. Die Gruft war demnach schon 1744 fertiggestellt – zu einem Zeitpunkt also, als am Schloßbau noch gearbeitet wurde. Sie sollte nach einer Anweisung des Königs von 1749 von einer noch ganz dem Stilempfinden des Rokoko verpflichteten, blendend weißen Marmorskulptur überhöht werden, die der in Sanssouci vielfach beschäftigte Hofbildhauer François Gaspard Adam geschaffen hat: die Blumengöttin Flora mit Zephir, dem Gott des Windes, liegend arrangiert auf einem aufwendig drapierten Postament. Dieser Skulpturengruppe entspricht auf der Westseite der Terrasse eine ruhende Kleopatra mit dem trauernden Amor, ebenfalls von Adam. Verbunden wurde das im Halbkreis angeordnete Areal spiegelbild-

Ruhestätte Friedrichs des Großen mit der Floragruppe

lich zum westlichen Rondell der Terrasse von sechs auf Stelen
montierten Büsten römischer Kaiser, die der König schon 1742 aus
der Sammlung des Kardinals Polignac erworben hatte. Bereits zu
Lebzeiten des Königs wurde das Gelände unmittelbar um die Flo-
raskulptur auch für die Bestattung der Hunde des Königs genutzt.
Jedes dieser Windspiele erhielt eine eigene Sandsteinplatte, auf der
der Rufname eingemeißelt wurde. Bis zum Tod des Königs sind im
Umfeld der für den Herrscher selbst bestimmten Gruft in völlig
beliebig erscheinender Anordnung elf Hunde beerdigt worden.

Geplant war demnach keine Sarkophagbestattung in freier Natur,
wie sie sich seit der Antike immer wieder nachweisen läßt. Auch
das Grabmonument des brandenburgischen Statthalters Johann
Moritz von Nassau-Siegen in Bergendael, auf das sich der König in
seinem Testament berief, wies eine Tumba auf – allerdings mit
einem unterirdischen Gewölbe, das für die Bestattung des Fürsten
vorgesehen war. Ferner ist das Grabmal eines der militärischen Gegenspieler Friedrichs, des österreichischen Feldmarschalls Loudon
(† 1790), in Hadersdorf bei Wien ein gattungsgeschichtlich bedeutsames Beispiel für eine dem Zeitgeschmack entsprechende Sarkophagbestattung in der Natur. Friedrich verfügte dagegen ausdrück-

lich eine Beisetzung in einem schmucklosen Gewölbe unter der
Erde und ohne ein Monument, das wie das hochaufragende, mit
Emblemen und Inschriften versehene Pyramidengrab seines Bruders Heinrich im Park von Rheinsberg eine schon für die Zeitgenossen eindeutige Sinnstiftung vermitteln sollte.

In einer neueren Untersuchung zum Gesamtszenarium der Begräbnisstätte ist die letztwillig verfügte Bestattung in den Kontext
eines freimaurerisch inspirierten Totenkultes gestellt worden.[11] Es
gibt eine Reihe von Gründen, die eine solche Deutung als wenig
plausibel erscheinen lassen. Zum einen trat die hermetisch ver-
schlüsselte Vorstellungswelt der Freimaurer für Friedrich spätestens seit dem Herrschaftsantritt völlig in den Hintergrund; sie
hatte vermutlich nicht einmal in der Kronprinzenzeit eine Bedeutung, die Rückschlüsse von solcher Tragweite zuließe.[12] Zum anderen erscheint es überhaupt problematisch, das Figurenprogramm
der oberen Terrasse und einiger anderer Partien der Gartengestaltung ikonologisch auf die Begräbnisstätte des Königs zu beziehen.
Vielmehr spricht der Augenschein dafür, daß die Anlage als Bestandteil eines großflächig konzipierten Barockgartens zu betrachten ist, in dem die antike Götterwelt in ihrer ganzen Vielfalt präsent sein sollte.[13] So muß der Bestattungswunsch Friedrichs
losgelöst von einem in sich abgeschlossenen, eher als konventionell
zu bezeichnenden Gartenszenarium eingeschätzt werden. Die Flo-
raskulptur steht ausgerichtet auf die Terrasse und abgewandt von
der Grablege des Königs. Sie ist spiegelbildlich zum westlichen
Rondell in der Mitte des Halbkreises aufgestellt, während der Eingang zur Gruft von Anfang an seitlich versetzt und völlig unschein-
bar geplant war. Die Bestattungsanweisungen des Königs scheinen
sich demnach bewußt jedes höheren Sinnbezuges und den Prinzipien symmetrischer Gartengestaltung zu entziehen. Auch darin
könnte durchaus etwas von der Einzigartigkeit des Königs zum
Ausdruck kommen.

Nicolai vermutet, daß die Gruft auf der oberen Terrasse des
Schlosses «wahrscheinlich die eigentliche Veranlassung [war], die-
sem Ort die Benennung Sans-Souci zu geben. Der König gab diese
Benennung dem Hause noch nicht als es gebauet ward. Er nannte
es sein Lusthaus, sein Weinberghaus. Als Er, noch im Anfange der
Erbauung des Schlosses, einst mit d'Argens auf diesem Platze spat-

Johann Christoph Frisch: Friedrich II. und Marquis d'Argens beim Gruftbau (um 1802)

zierte, sagte Er Ihm: Da Er den Entschluß gefaßt, auf diesem ange-
nehmen Flecke sich einen Sommeraufenthalt zu bauen, so sey auch
gleich seine Idee gewesen, Sein Grab daselbst einzurichten. Quand
je serai là, sagte Er, indem Er auf die verborgene Gruft zeigte, je
serai *sans souci!*».[14] Sehr frühzeitig scheint der König also den Plan
gehabt zu haben, sich in beispielloser Zurückgenommenheit und in

völligem Widerspruch zum Begräbniszeremoniell der fürstlichen Häuser seiner Zeit bestatten zu lassen.[15]

In seinem privaten Testament von 1769 hatte der König verfügt: «Gern und ohne Klagen gebe ich meinen Lebensodem der wohltätigen Natur zurück, die ihn mir gütig verliehen hat, und meinen Leib den Elementen, aus denen er gebildet ist. Ich habe wie ein Philosoph gelebt und will als solcher begraben werden, ohne Glanz, ohne Pracht, ohne Prunk (sans appareil, sans faste, sans pompe). Ich will weder seziert noch einbalsamiert werden. Man bestatte mich in Sans-Souci oben auf der Terrasse in einem Grab, das ich mir habe herrichten lassen. Auch der Prinz von Nassau, Moritz, ist in einem Garten (dans un bois) in der Nähe von Kleve bestattet worden. Wenn ich im Krieg oder auf einer Reise sterbe, soll man mich am erstbesten Ort begraben und im Winter nach Sans-Souci an die von mir bezeichnete Stelle bringen.»[16] Schon in seinem ersten Privattestament vom 11. Januar 1752 hatte es geheißen: «Man bringe mich beim Schein einer Laterne, und ohne daß mir jemand folgt, nach Sanssouci und bestatte mich dort ganz schlicht auf der Höhe der Terrasse, rechterhand wenn man hinaufsteigt.»[17]

Was ist an diesen Bestattungsbestimmungen – so bleibt zu erörtern – bemerkenswert, und was hat dazu geführt, daß sie unmittelbar nach dem Ableben des Königs beiseite geschoben worden sind? Friedrich wollte offenkundig auch in seinem Sterben und Tod daran gemessen werden, daß er als «Philosoph» gelebt und gehandelt hat. Diese Selbsteinschätzung war es demnach, die ihn Abschied nehmen ließ von aller Prachtentfaltung, mit der sich die europäischen Dynastien gerade aus Anlaß von Leichenbegängnissen hoher Potentaten zu umgeben pflegten. Er hat sich – wie viele seiner Äußerungen und die Schlichtheit seines Lebensstils bezeugen – an Prinzipien orientiert, die zur Charakterisierung einer gewandelten Herrschaftsauffassung mit der Aufklärung in Verbindung gebracht worden sind; auf jeden Fall müssen sie aus einem antihöfischen und antikirchlichen Affekt erklärt werden. Entsprechend wünschte er sowohl die Geistlichkeit wie die Familie von allem fernzuhalten, was sein Ableben und seine Beisetzung betraf. Beide Personenkreise hatten beim Tod Friedrich Wilhelms I. traditionsgemäß eine tragende Rolle gespielt und selbstverständlich zu jenen gehört, die das Sterben und die Bestattung des Vaters begleitet hatten.

Auch in der Ablehnung religiöser und familiärer Vereinnahmung blieb sich Friedrich also treu und vermied es mit rigoroser Konsequenz, sich in die Tradition der *éclats*, der großen Auftritte und der *pompes funèbres* zu stellen. Er entzog sich der zur Schau gestellten Würde und Erhabenheit des Sterbens, der *ars moriendi*, wie sie ihm aus den antiken Autoren oder dem Bestattungszeremoniell der französischen Könige vertraut gewesen sein muß. Er blieb ein Souverän, der sich einem eigenen Verhaltenskodex verpflichtet fühlte und das Gottesgnadentum, wie es auch in der protestantischen Herrscherlegitimation verankert war, grundsätzlich und radikal in Zweifel zog.[18] Kein Geistlicher, kein Familienmitglied, weder die Königin noch der Thronfolger, sollte ihm in seiner Sterbestunde beistehen, wie es der Kronprinz selbst beim Tode seines Vaters in erschütternder Weise erlebt hatte. Er wandte sich wie so häufig in seinem Leben von allen verwandtschaftlichen und religiösen Bindungen ab und beharrte auf einem Ableben, das ohne jede Form der Selbststilisierung an der Autonomie seiner philosophischen Überzeugungen festhielt. Voltaire, der Marquis d'Argens und viele andere seiner Freunde und Geistesverwandten waren längst gestorben; ihnen konnte er mit der Attitüde stoischer Todesergebenheit nicht mehr imponieren. Insofern war es offenkundig ein Teil seines Wesens, der in dieser ostentativen Verweigerung noch einmal dokumentiert werden sollte. Friedrich war wirklich – wie ihn Immanuel Kant bezeichnet hat – der Fürst eines neuen Zeitalters, eines Zeitalters der Aufklärung.[19]

Programmatisch erscheint im übrigen, daß Friedrich den Odem, der ihm verliehen worden war, nicht einem Schöpfergott zu verdanken glaubte, sondern einer wohltätigen Natur. Und so war er auch mit stoischem Gleichmut bereit, seinen Leichnam den «Elementen», die ihn erschaffen hatten, wieder zurückzugeben. Jeder Bezug auf einen Offenbarungsglauben war in seinem Bewußtsein also getilgt. So erschien es auch konsequent, wenn er wie Johann Moritz von Nassau-Siegen unter Bäumen und nicht – wie in der Regel noch üblich – in geweihter Erde oder in der Fürstengruft einer Kirche beigesetzt werden wollte. Sicherlich stammte das Motiv dieses Beisetzungswunsches noch nicht aus einem elegischen, von privaten Empfindungen inspirierten Naturgefühl, wie es etwa beim Grabmonument Jean-Jacques Rousseaus († 1778) auf der Pap-

pelinsel von Ermenonville stilbildend inszeniert wurde. Gleichwohl
ist an dieser Verfügung über eine programmatisch unspektakuläre
Bestattung unter freiem Himmel Regression erkennbar. Sie bedeutete für einen Herrscher wie den König von Preußen – bewußt
oder unwillkürlich – den Abschied von der die abendländische
Monarchiegeschichte prägenden Vision von den «zwei Körpern des
Königs», derzufolge der eine als irdische Kreatur aus dem Leben
scheidet, dem anderen aber eine öffentliche Funktion auch über
den Tod des Individuums hinaus zugedacht war. Diesem letzteren
kam es zu, die Kontinuität und Unantastbarkeit des *ius divinum* unabhängig vom Schicksal eines einzelnen zu manifestieren.[20] «Dig-
nitas non moritur»: Das war eine auch frühneuzeitlichen Staats-
theoretikern und Theologen noch vertraute Vorstellung. Ein Bruch
mit diesen Traditionen ist unverkennbar und war offensichtlich
intendiert.

Die Residenz verfiel nach dem Tode des Königs offensichtlich in
Lähmung und Lethargie. Für Wahrnehmungen dieser Art ist immer wieder der Augenzeugenbericht Mirabeaus angeführt worden,
den dieser an den Abbé de Périgord, den späteren Staatsminister
Talleyrand, unter dem Datum des 17. August 1786 richtete. «Es
herrscht Totenstille», schrieb er, «aber keine Trauer; man zeigt sich
benommen ohne Kummer. Man sieht in kein Gesicht, das nicht
den Ausdruck von Erleichterung, von Hoffnung trüge. Kein Bedauern wird laut, man hört keinen Seufzer, kein lobendes Wort! Ist
das das Resultat so vieler gewonnener Schlachten, so großen
Ruhms? Ist das das Ende einer beinahe ein halbes Jahrhundert
währenden Regierung, die so reich war an glanzvollen Taten? Alle
Welt wünschte das Ende herbei – alle Welt beglückwünschte
sich!»[21]

Mirabeau war nach dem zweiten Besuch bei Friedrich dem Großen am 16. April 1786 aus Berlin abgereist, aber im Juli wieder
zurückgekehrt, um dann in offiziöser Mission bis zum 19. Januar
des folgenden Jahres in der Hauptstadt zu bleiben. Er war über
vieles im Land durch seine intensiven Kontakte zur königlichen
Familie, besonders zum Prinzen Heinrich, und zu den Kreisen ein-
flußreicher Staatsdiener bestens unterrichtet. Ihm war also die
kühle Distanz bekannt, mit der viele in der Residenz dem alternden
König begegneten. Aber Mirabeau blieb dennoch ein Bewunderer

Friedrichs. Insofern wird das düstere, von Gleichgültigkeit geprägte Bild, das er über den Hof und die Einwohner der Hauptstadt vermittelt hat, weniger als Zustimmung denn als Erstaunen gedeutet werden müssen. Seine Bestandsaufnahme der preußischen Monarchie, die er dann in den folgenden Jahren nach gründlichen Recherchen niederschrieb,[22] deckte gleichwohl eine Fülle struktureller Mängel eines Herrschaftssystems auf, das ihm bei aller Bewundcrung für cinc faszinierende Persönlichkeit und einen hochgebildeten, der Aufklärung verpflichteten Fürsten überlebt erschien. Insofern ist sein Bericht über die Stimmung in Berlin im Todesjahr des Königs wohl als ein Hinweis darauf zu werten, daß auch in Preußen ein allgemeines Bewußtsein für die Notwendigkeit eines Neuanfangs verbreitet war.

In der historiographischen Überlieferung wird angeführt, daß Friedrich Wilhelm II., der neue König, noch am Todestage Friedrichs die unterirdische Gruft auf der Terrasse von Sanssouci besichtigt habe und von der Enge, dem Unrat und den Särgen einiger dort beigesetzter Hunde so ernüchtert war, daß er ein öffentliches Leichenbegängnis und eine Bestattung des Verstorbenen in einem würdigeren Rahmen anordnete. Der Zugang zur Gruft geriet schließlich in Verfall, wurde mit Erde bedeckt und stürzte danach mehrfach ein.[23]

Bei der offiziellen Trauerfeier verfuhr man auf Anordnung des neuen Königs ganz nach dem Herkommen, also nach einem Ritual, das Friedrich ausdrücklich zu verhindern versucht hatte. Der Thronfolger, Friedrich Wilhelm II., beauftragte die Architekten Carl von Gontard und Heinrich Ludwig Manger zusammen mit Künstlern wie Andreas Ludwig Krüger und Friedrich Wilhelm Bock, sich um eine angemessene Ausstattung des Stadtschlosses und der Garnisonkirche zu kümmern.[24] Das *castrum doloris* mit einem leeren Paradesarg wurde im Audienzzimmer aufgeschlagen, und die Wände wurden mit violetten Tüchern verhangen. Die Exequien fanden nach dem feierlichen, mit allen militärischen Ehren vollzogenen Trauergeleit in der Garnisonkirche statt, wobei der Sarg unter einem Monopteros, dem Sinnbild der Unsterblichkeit, aufgestellt wurde. Als Bibelspruch für die Trauerfeierlichkeiten in der Garnisonkirche und die Gedächtnisgottesdienste überall im Lande hatte Friedrich Wilhelm II. am 29. August einen Vers aus dem Alten Testament, dem ersten Buch der Chronik (Kap. 17/8) verkünden lassen, in dem der Prophet Nathan – sich an David wendend – mit folgender Sentenz zu Wort kommt: «Ich habe Dir einen Namen gemacht, wie die Großen auf Erden Namen haben». Beabsichtigt war demnach, dem längst schon als der Große bezeichneten König auch eine religiöse Legitimität zu verschaffen. Durch entsprechende Broschüren, teilweise auch als Privatdrucke veröffentlicht, ist dokumentiert, daß sich die meisten Prediger auf das durch den Thronfolger benannte Bibelwort einließen und den Verstorbenen als einen Fürsten würdigten, der das göttliche Geschenk seiner vielfältigen Talente zu großen Taten zu nutzen vermochte. Alles, so der Oberkonsistorialrat Friedrich Samuel Gottfried Sack in seiner Predigt anläßlich eines Trauergottesdienstes in der Oberpfarr- und Domkirche zu Berlin am 10. September, also einen Tag nach den offiziellen Beisetzungsfeierlichkeiten in Potsdam, alles «sei Gottes Werk an ihm, nur durch Gottes Gnade ist der Mensch das, was er ist».[25]

Das durch den neuen König veranlaßte und offenbar auch maßgeblich mitgeprägte Leichenbegängnis entsprach also bis in das theologische Verständnis königlicher Machtvollkommenheit einer Konvention, wie sie auch in Preußen tief verwurzelt war. Es hat den Anschein, als wenn zwischen der königlichen Familie und ihren Ratgebern einschließlich der Künstler, die sich der Trauerdekoration und der Aufrichtung entsprechender Gerüste anzunehmen hatten, und den für die Gedenkgottesdienste und Predigten zuständigen Geistlichen keinerlei Unsicherheiten hinsichtlich der Form bestanden hätten, wie einem solchen Anlaß gerecht zu werden war. Man vertraute sich dabei einem Zeremoniell an, wie es bei den *pompes funèbres* europäischer Potentaten üblich war und durch zahlreiche Bilddokumente auch nachvollzogen werden konnte; selbst von Friedrichs wenig spektakulärer Aufbahrung und den anschließenden Beisetzungsfeierlichkeiten sind solche Stiche überliefert. Es ist schwer zu beurteilen, wie ernst es Friedrich mit seinen Bestattungsverfügungen wirklich war. Festzuhalten ist jedoch, daß er nach seinem Tod von den Konventionen monarchischer Selbstdarstellung eingeholt wurde. Die von ihm schon frühzeitig hergerichtete Ruhestätte blieb bis zur Umbettung des Königs im Jahre 1991 ungenutzt. Und bei seinen Exequien – am Ende eben doch in einem Gotteshaus – waren alle versammelt, die er von seinem Begräbnis fernzuhalten gewünscht hatte: der Thronfolger, die Familie und die Geistlichkeit. Der Philosoph von Sanssouci hatte sich als der Repräsentant einer neuen Auffassung königlicher Würde verstanden. Nach seinem Tode jedoch wurde er zurückversetzt in eine Welt, die die alte Ordnung zu bewahren suchte.

Epilog

War Friedrich, das mag hier zum Schluß erörtert werden, unter den Gestalten der neuzeitlichen Geschichte nun wirklich ein Großer? Die Kategorie der historischen Größe, die schon mit der Beendigung des Zweiten Schlesischen Krieges im Jahre 1745 von den Zeitgenossen und dann in den folgenden Jahrhunderten immer wieder mit dem Preußenkönig in Verbindung gebracht worden ist, stellt ein Problem dar, das nicht nach objektiven, gewissermaßen abmeßbaren Kriterien wissenschaftlicher Erkenntnis beurteilt werden kann. Sie ist vielmehr das Ergebnis einer durchaus subjektiven Bilanz. So wurde in dieser Biographie kein endgültiges Urteil gefällt, sondern vor allem etwas Illustrierendes und immer wieder neu zu Überprüfendes mitgeteilt. Das anzubieten und zu vermitteln, war die Aufgabe dieses Buches.

Jacob Burckhardt ist es gewesen, der in einer Perspektive *Weltgeschichtlicher Betrachtungen* den Versuch unternommen hat, das Phänomen der historischen Größe – ihr «Wesen», wie er sich ausdrückt – nach allgemeingültigen Maßstäben zu bestimmen. Er hat sich dabei neben Heroen wie Alexander dem Großen, Caesar oder Peter dem Großen auch mit dem Preußenkönig auseinandergesetzt und gerade an seiner Person eine Reihe von Eigenschaften festgemacht, «um derentwillen die schon längst latent vorhandene Bewunderung der nächsten Umgebung zu einer allgemeinen Bewunderung wird». Ein Erbprinz, führt er aus, könne sich im Gegensatz zu anderen Potentaten ohne Einspruch und Gefahren sogleich in den vollständigen Besitz der Macht versetzen, «in welcher er Größe entwickeln kann». Sicherlich bestehe die Gefahr, daß dieser durch die Verführung zu Willkür und Genuß «weiter vom Erreichen der Größe entfernt und von Anfang an nicht zur Entwicklung aller inneren Kräfte angespornt» werde. Bei Friedrich dem Großen indessen war zu Befürchtungen dieser Art allerdings kein Anlaß. Denn mit dem Einmarsch in Schlesien wenige Monate nach seinem Herrschaftsantritt fand er sich in einer Konstellation wieder, die ihn alle seine geistigen und physischen Kräfte und alle Ressourcen seines Landes anzuspannen nötigte. Seine Herrschaft begann durch die kaltblütige Ausnutzung der mächtepolitischen Konjunkturen des Jahres 1740 mit dem Ernstfall; und bei diesem Ernstfall ist es trotz Flötenkonzert und Tafelrunde im Marmorsaal von Sanssouci während seines ganzen Lebens geblieben.

Burckhardt rühmt an Friedrich ähnlich wie schon der sonst überaus kritische Thomas Babington Macaulay (1857)[1] die Willenskraft, besonders aber die «Seelen*stärke*», «welche es allein vermag und daher es auch liebt, im Sturm zu fahren». Sie stelle nicht nur die passive Seite der Willenskraft dar, sondern sei etwas von ihr ganz Verschiedenes. Denn – so formuliert Burckhardt – «die Schicksale von Völkern und Staaten, [die] Richtungen von ganzen Civilisationen können daran hängen, daß Ein außerordentlicher Mensch gewisse Seelenspannungen und Anstrengungen ersten Ranges in gewissen Zeiten aushalten» kann. Die neuere mitteleuropäische Geschichte, fährt er fort, sei dadurch bedingt, daß Friedrich der Große dies von 1759 bis 1762 – also in den Krisen des Siebenjährigen Krieges – in «supremem Maße» vermocht habe. «Bloße Contemplation ist mit einer solchen Anlage unvereinbar; in dieser lebt vor allem wirklicher Wille, sich der Lage zu bemächtigen», und zugleich eine «abnorme Willenskraft, welche magischen Zwang um sich verbreitet und alle Elemente der Macht und Herrschaft an sich zieht und unterwirft». Dabei handhabe sie «die Elemente der Macht in ihrer richtigen Koordination und Subordination, ganz als gehörten sie ihr von Hause aus».[2] Die politische Größe müsse egoistisch sein und alle Vorteile [für sich] ausbeuten. So könne das große Individuum auch nicht als Vorbild dienen, sondern müsse eben als Ausnahme gelten. «Die historische Größe betrachtet als erste Aufgabe, sich zu behaupten und [ihre Macht] zu steigern»; diese Macht bessere aber den Menschen in keiner Weise.[3]

Vielleicht kannte Burckhardt die vielgerühmten und in der Tat tiefsinnigen Reflexionen des Clausewitz über die Eigenschaften des «kriegerischen Genius». Sie konnten auch ohne eindeutige personelle Zuordnung unmittelbar auf den Preußenkönig angewendet werden. «Den stärksten Anlaß zum Handeln», schreibt Clausewitz im ersten Buch seines 1832 posthum erschienenen Werkes *Vom Kriege*, «bekommt der Mensch immer durch Gefühle und den kräftigsten Nachhalt, wenn man uns den Ausdruck gestatten will, durch jene Legierung von Gemüt und Verstand, die wir in der Entschlossenheit, Festigkeit, Standhaftigkeit und Charakterstärke kennengelernt haben.»[4] In dieser Kraft also muß das vermutet werden, was auch bei Friedrich Größe in einem weltgeschichlichen Sinne ausgemacht hat.

Es bleibt allerdings die immer wieder diskutierte und immer wieder kontrovers beantwortete Frage, ob denn die Größe, die ohne Zweifel in diesem Standhalten gesehen werden kann, einen Rechtsbruch legitimiert. Thomas Mann etwa hat in seinem am Beginn des Ersten Weltkriegs geschriebenen Essay *Friedrich und die große Koalition* dafür plädiert, daß der König nicht im Recht gewesen sei, «sofern Recht eine Konvention, das Urteil der Majorität, die Stimme der ‹Menschheit› ist. Sein Recht», fährt er fort, «war das Recht der aufsteigenden Macht, ein problematisches, noch illegitimes, noch unerhärtetes Recht, das erst zu erkämpfen, zu schaffen war. Unterlag er, so war er der elendeste Abenteurer, ‹un fou›, wie Ludwig [XV.] von Frankreich gesagt hatte. Nur wenn sich durch den Erfolg herausstellte, daß er der Beauftragte des Schicksals war, nur dann war er im Recht und immer im Recht gewesen».[5] War er wirklich ein Agent der Vorsehung? Es dürfte offenkundig geworden sein, daß man diese Frage auch verneinen kann.

Besonders die Charakterisierungsversuche Burckhardts müssen für die Einschätzung vieler Facetten des Preußenkönigs gewiß als zutreffend betrachtet werden. Sie erfassen in subtiler und bemerkenswert moderner Auffassung Charakterzüge, die ungeachtet der Vielschichtigkeit seines Wesens kaum präziser auf den Begriff gebracht werden können. Aber es gibt in der Geschichtsschreibung seit Leopold von Ranke eben kein normatives System, nach dem Personen und Ereignisse – also das «individuelle Leben in der Historie» – weder nach ihrem Körpermaß noch nach ihrem spezifischen Gewicht beurteilt werden können. Die so überaus kontroverse Rezeptionsgeschichte Friedrichs, der für die einen als der Zweite, für die anderen als der Große gilt, belegt das bis in die jüngste Vergangenheit.[6] Schon Macaulay sprach von den «lächerlichen Eigenthümlichkeiten», die «so seltsam gegen den Ernst, die Energie und Herbheit seines Charakters abstachen». «Wir kennen

kaum einen so schlagenden und [zugleich] so grotesken Beweis von
der Stärke und von der Schwäche der menschlichen Natur, wie den
Charakter dieses stolzen, wachsamen, entschlossenen, scharfsichti-
gen Blaustrumpfs, halb Mithridates und halb Trissotin, der gegen
eine Welt von Waffen Stand hält, eine Unze Gift in der einen und
einen Haufen schlechter Verse in der andern Tasche.»[7] Im übrigen
mögen die so unterschiedliche Wahrnehmung und die vielfältigen
Abgrenzungs- und Vereinnahmungsversuche einer Referenzfigur,
deren man sich auch im geteilten Deutschland nicht zu entledigen
vermochte, hier als Hinweis genügen. So mutet nicht zuletzt auch
die Umbettung des Königs nach Sanssouci zwei Jahre nach der
Wiedervereinigung wie die feierlich inszenierte Heimholung des
verlorenen Sohnes an. In jedem Fall bleibt die immer wieder gestellte Frage nach der historischen Größe gerade auch im Hinblick
auf Friedrich den Großen eine fiktionale Kategorie, die allenfalls
eine Annäherung an ein historisches Individuum ermöglicht. Sie ist
deshalb auch weiterhin offen und kann hier weder für die Weltgeschichte noch für «die Deutschen»[8] beantwortet werden.

Aber wie immer Friedrichs Person und Lebenswerk auch eingeschätzt werden mag: Unbestreitbar ist, daß es keinen unter den
Herrschern seiner Zeit und keinen unter den Preußenkönigen gegeben hat, der mit einer solchen Fülle außerordentlicher Talente
begabt war. So sind die Auseinandersetzungen um das Schicksal
und die Bedeutung seiner Persönlichkeit immer wieder auch darauf
zurückzuführen, daß er von den Zeitgenossen wie von der Geschichtsschreibung als außerordentlich facettenreich und mit Recht
auch als widersprüchlich wahrgenommen wurde und insofern ein
Bild vermittelt, das je nach Blickwinkel, Vorverständnis und politischer Instrumentalisierungsabsicht Bewunderung oder Mißachtung
hervorruft.

Schon die Betrachtung der aufeinanderfolgenden Lebensstufen
wirft eine Fülle von Problemen auf. Während dem Kronprinzen im
Konflikt mit seinem bedingungslose Unterwerfung fordernden Vater Anteilnahme und Sympathie zuteil geworden sind und der
Musenhof von Rheinsberg in der Aura epikureischer Heiterkeit
und ungetrübter Lebensfreude erschien, wurde mit dem Herrschaftsantritt, dem Schlesienabenteuer und der gleichzeitigen Veröffentlichung des *Antimachiavell* eine Diskrepanz im Denken und

Handeln des Königs sichtbar, die sein Erscheinungsbild unter den Zeitgenossen wie in der Historiographie nachhaltig getrübt hat. Auch die zweifellos heroische Selbstbehauptung des *roi connétable* im Siebenjährigen Krieg ist bereits von den Zeitgenossen ebenso maßlos stilisiert wie mit Abscheu kommentiert worden. Erst mit dem «Alten Fritz» verklärte sich noch einmal das Bild des Königs, bevor dann die Illustrationen, Historiengemälde und Porträts von Daniel Chodowiecki, Anton Graff, Adolph Menzel und Carl Röchling/Richard Knötel Entscheidendes dazu beigetragen haben, den Mythos des weisen und gütigen Staatsdieners und des unermüdlich sorgenden Landesvaters zu begründen. Auch «das Groteske, das Donquijotehafte seines Dasein», schreibt Thomas Mann, «trug dazu bei, seine Figur zu vergrößern und volkstümlich zu machen, sein Bild mit dem hinuntergezogenen Mund, den glanzblauen Augen und dem dreieckigen Hut, mit Krückstock, Stern, Fangschnur und Kanonenstiefeln hing in Hütte und Haus; er wurde legendär bei lebendigem Leibe. Von nun an hieß er ‹Der alte Fritz› – ein schauerlicher Name, wenn man Sinn fürs Schauerliche hat; denn es ist wirklich im höchsten Grade schauerlich, wenn der Dämon populär wird und einen gemütlichen Namen erhält.»[9]

Auch die so unendlich vielfältigen Gebiete kulturellen und wissenschaftlichen Mäzenatentums, auf denen sich Friedrich schon als Kronprinz und als König bis ins hohe Alter hervorgetan hat, sind euphorisch und bewundernd betrachtet worden, haben ihm zugleich aber auch den Vorwurf eingetragen, ein ausschließlich auf die französische Klassik fixierter Eklektiker und Traditionalist gewesen zu sein, der den tiefgreifenden Stil- und Bewußtseinswandel vor allem der 1770er und 1780er Jahre nicht mehr erfaßt habe. Auch sein Geschmack im Bereich der Musik ist ebenso wie seine ausgedehnte Bautätigkeit in ihrer Eigenständigkeit in Zweifel gezogen worden. So hat man eingewandt, daß er auf diesen Gebieten weder Originelles noch über ihn selbst Hinausweisendes zu leisten vermochte. Vielmehr habe er überhaupt als typischer Vertreter des *ancien régime* zu gelten und sei bei aller Eigenwilligkeit einem Kanon althergebrachter Selbstdarstellungsmuster verpflichtet geblieben.

Einer solchen, gegensätzliche Aspekte würdigenden Betrachtungsweise kann prinzipiell sicherlich nicht widersprochen werden.

Allerdings sollte nicht außer acht gelassen werden, daß sich die zuletzt angeführten Urteile auf Bereiche beziehen, denen sich Friedrich – eigenem Bekunden nach – spielerisch und vor allem zu seiner Zerstreuung gewidmet hat. Insofern sind sie für das Erscheinungsbild seiner Persönlichkeit gewiß nicht unerheblich, zumal sich das kollektive Gedächtnis, das auch heute noch in Umrissen vorhanden sein mag, vor allem auf diese sinnlicher Wahrnehmung zugänglichen Sektoren bezieht. Der einzigartige Rang jedoch, der Friedrich dem Großen unter den Herrschern des 18. Jahrhunderts im allgemeinen und den Preußenkönigen im besonderen gebührt, liegt auf einem anderen Gebiet. Denn kein anderer hat sich so intensiv und grundsätzlich wie er mit dem Wesen und den Grundprinzipien einer dem Zeitalter aufgeklärter Rationalität angemessenen Fürstenherrschaft auseinandergesetzt. Dabei ist sicherlich nicht zu übersehen, daß es immer wieder tiefe Brüche zwischen seiner in unerbittlich genauen Quellenstudien erarbeiteten Herrschaftsauffassung und seinem rigorosen, in elementarer Weise machtorientierten Handeln als Staatsmann und Feldherr gegeben hat.

Unverkennbar ist gleichwohl, daß sich Friedrich von dem frühen Essay *Considérations sur l'état présent du corps politique de l'Europe* von 1738 und dem *Antimachiavell* bis zu seinen Reflexionen über *Regierungsformen und Herrscherpflichten* von 1777 mit schonungsloser Beharrlichkeit Rechenschaft über die Verantwortung eines unumschränkt regierenden Monarchen und die Möglichkeiten und Grenzen seines Staates abzulegen versucht hat. Auch an seinen dem Voltaireschen Vorbild verpflichteten Geschichtswerken, seinen beiden großen *Politischen Testamenten* und der Fülle seiner Instruktionen und Lehrschriften ist ablesbar, wie sehr er bestrebt war, im Sinne eines aufgeklärten Pragmatismus persönliche und sachliche Schlußfolgerungen aus dem zu ziehen, was ihn die bis ins hohe Alter fesselnde Geschichte und selbstverständlich auch die Empirie, die eigene Erfahrung, gelehrt hatten. Gewiß spielten dabei auch autobiographische Aspekte und – wie die Korrespondenz mit Voltaire belegt – hochgesteckte literarische Ambitionen eine Rolle. Offenkundig ist jedoch, daß er über persönliche Impulse hinaus die grundlegenden Reformanstöße seiner Zeit in Bereichen wie der Staatslehre oder des Justizwesens, des literarischen Diskurses oder den Kriegswissenschaften wie kein anderer theoretisch zu erfassen

und praktisch umzusetzen vermochte. Und darin liegt nicht nur etwas Neues, sondern wirkliche Größe und der unbestreitbare Rang
dieses Herrschers.

Über den hemmungslosen, durchaus persönlich motivierten
Expansionsdrang seiner ersten Regierungsjahre hinaus ist er
schließlich in eine Herrschaftsauffassung hineingewachsen, die sich
hingebungsvoll und uneigennützig an den Erfordernissen der preußischen Monarchie orientierte – eines Machtgebildes, das zu seinen
Lebzeiten ununterbrochen bedroht und angefochten blieb. Er ließ
keine Abweichungen von einem durch Staatsräson und Mäßigung
vorgezeichneten Weg mehr zu. Je mehr ihm in den Feldzügen der
Schlesischen Kriege bewußt wurde, welche weitreichenden Konsequenzen mit dem Zugriff auf Schlesien verbunden waren, desto
entschiedener begriff er sein Herrscheramt als eine Aufgabe, die
ihm harte Pflichten und ein hohes Maß an Selbstentäußerung auferlegte. Sein Handeln galt nun nicht mehr persönlicher Ruhmbegierde, sondern nur noch der Bewahrung des mühsam und unter
hohen Opfern Erreichten. Zwar nahm Friedrich im Bewußtsein
uneingeschränkter Omnipotenz nach wie vor für sich in Anspruch,
allein und ohne Mitsprache von Ständevertretern oder Ministerien
darüber zu befinden, was dem Staatszweck im allgemeinen und der
Wohlfahrt des Landes im besonderen zuträglich sei. Aber anders
als die Repräsentanten des klassischen Absolutismus ließ er sich
nach der Weichenstellung von 1740 in Dienst nehmen von Prinzipien, die ihn auf den Weg einer nüchternen und kalkulierbaren Politik führten. Denn das Ich des Königs wurde nun nicht mehr einfach mit dem Staat gleichgesetzt, wie es dem Selbstverständnis
eines Ludwig XIV. entsprochen hatte, sondern es ließ sich unter
dem unabweisbar eingeforderten Postulat aufgeklärter Rationalität
darauf verpflichten, dem Staat zu dienen.

ANHANG

Danksagung

Der Verfasser hat in vielerlei Hinsicht Dank zu sagen. Nicht alle, die das Entstehen dieses Buches mit ihrem Zuspruch begleitet haben, können hier ausdrücklich genannt werden. Aber ich bin dankbar für viele Gespräche, die ich während des Voranschreitens meiner Friedrichstudien nicht zuletzt auch über das Problem biographischen Erzählens zu führen Gelegenheit hatte. Alle diese Freunde mögen nun in Dankbarkeit und Zuneigung entgegennehmen, was als Ergebnis meiner Bemühungen zustande gekommen ist. Ein eigenes Monument gebührt indessen Dietz Bering, einem Kollegen aus der Sprachwissenschaft an der Kölner Universität, der sich in freundschaftlicher Verbundenheit bereitgefunden hat, mich nach meiner Emeritierung durch das Labyrinth der computergestützten Texterfassung zu geleiten.

Meinem Kölner Kunsthistorikerkollegen Hans Ost habe ich – wie in den letzten Jahren schon häufig – für mehrfache Auskünfte zu danken, aber auch für immer wieder inspirierende Debatten über das Umfeld des an den Künsten interessierten Königs. Für wertvolle Hinweise und die Überlassung einer Reihe von Abbildungen danke ich Helmut Börsch-Supan, Adrian von Buttlar und Christoph Martin Vogtherr. Das in wesentlichen Teilen fertiggestellte Manuskript hat meine Münsteraner Kollegin, Frau Barbara Stollberg-Rilinger, gelesen. Sie hat mir mit ihrem Rat als eine seit vielen Jahren nahestehende Gesprächspartnerin immer wieder zur Seite gestanden. Sie hat mir darüber hinaus zu der Gewißheit verholfen, daß mit der klassischen Gattung der Biographie auch heute noch etwas für die Geschichtswissenschaft Relevantes vermittelt werden kann. Herzlicher Dank gebührt auch Frau Dr. Susanne Heimann, einer langjährigen Kölner Freundin. Sie hat das Manuskript in ganzer Länge gelesen und mir mit ihrer Behutsamkeit, Umsicht und Genauigkeit sehr geholfen. Dankbar bin ich darüber hinaus auch Frau Erika Benn, die sich während der gemeinsamen Tätigkeit am Historischen Seminar der Universität zu Köln der Herstellung meiner Texte gewidmet hat. Sie hat mit Langmut und

Anteilnahme das Fortschreiten meiner Friedrichstudien begleitet und mich immer wieder auch durch ihre Nachfragen zu Präzisierungsversuchen veranlaßt. Beim Korrekturlesen und bei der Herstellung des Registers hat sich schließlich Frau Pascale Breitenstein große Verdienste erworben; auch ihr bin ich von Herzen dankbar.

Als eine glückliche Fügung hat sich erwiesen, daß mir mit Herrn Dr. Detlef Felken ein Lektor zur Seite stand, der das Entstehen dieses Buches mit großer Geduld und Beharrlichkeit befördert hat. Ihm gebührt das Verdienst, mich nach zögerlichem Beginn immer wieder vom Sinn einer neuen Biographie des Preußenkönigs überzeugt zu haben. Er hat das Manuskript sorgfältig und mit kritischer Distanz – gerade auch dem «Helden» dieser Lebensbeschreibung gegenüber – durchgearbeitet und eine Reihe von Ergänzungen und erläuternden Exkursen angeregt. Dieses über Jahre während Zusammenwirken war ein Glücksfall, für den ich sehr dankbar bin.

Mein Dank gilt in besonderer Weise meiner Frau für die Zuneigung und Geduld, mit der sie dieses langwierige, aber immer wieder auch beglückende Vorhaben von der Vertragsunterzeichnung bis zur Fertigstellung des Manuskripts mitgetragen hat. Sie war während all der Jahre intensiver Arbeit an diesem Text eine verständnisvolle, eine unverdrossen zuhörende und eine immer wieder motivierende Wegbegleiterin. Ich danke ihr von Herzen.

Walberberg am Neujahrstag 2004

Chronologische Übersicht

Schlesischen Kriegs – Wahl des bayerischen Kurfürsten Karl Albrecht zum römisch-deutschen Kaiser Karl VII.

1744 Ostfriesland fällt durch Erbschaft an Preußen – Offensivallianz mit Frankreich – Erneuter Einfall in Böhmen: Beginn des zweiten Schlesischen Kriegs

1745 Schlachten bei Hohenfriedeberg (4. Juni) und Soor (30. September) – Tod Kaiser Karls VII. – Friede von Dresden: Österreich bestätigt Preußen den Besitz von Schlesien gegen die Anerkennung Franz Stephans von Lothringen, des Gemahls Maria Theresias, als Kaiser Franz I.: Ende des zweiten Schlesischen Kriegs – Baubeginn von Schloß Sanssouci

1746 Erneuerung des österreichisch-russischen Bündnisses von 1726 mit gegen Preußen gerichteten Geheimabsprachen

1748 Friede von Aachen, der die Besitzergreifung Schlesiens durch Preußen international bestätigt

1752 Erstes «Politisches Testament» des Königs

1753 Wenzel Anton von Kaunitz wird österreichischer Staatskanzler und damit zum Leiter der österreichischen Außenpolitik

1756 Westminster-Konvention zwischen Preußen und England, die das «renversement des alliances» und damit die große Koalition der Gegner Preußens nach sich zieht – Beginn des Siebenjährigen Krieges – Einmarsch Friedrichs in Sachsen – Schlacht bei Lobositz in Böhmen (1. Oktober)

1757 Offensivallianz zwischen Österreich und Frankreich (Versailler Vertrag), der auch Rußland und Schweden beitreten – Schlachten bei Prag (6. Mai) und Kolin (18. Juni) – Niederlage der hannoversch-britischen Observationsarmee unter dem Herzog von Cumberland bei Hastenbeck – Rückzug der preußischen Armee aus Böhmen – Schlachten bei Roßbach (5. November) und Leuthen (5. Dezember)

1758 Subsidienvertrag zwischen Preußen und Großbritannien – Russische Truppen besetzen Ostpreußen – Schlachten bei Zorndorf (25. August) und Hochkirch (14. Oktober)

1759 Schlacht bei Kunersdorf (12. August)

1760 Tod des englischen Königs Georgs II. – Schlachten bei Liegnitz (15. August) und Torgau (3. November)

1761 Friedrich behauptet sich im Lager von Bunzelwitz – Rücktritt des britischen Außenministers William Pitt d. Ä. (5. Oktober): Abkehr Großbritanniens von Preußen

1762 Tod der russischen Zarin Elisabeth (5. Januar) – Friedens- und Bündnisvertrag mit dem Thronfolger Zar Peter III., der nach dessen Tod auch von seiner Gemahlin Katharina II. bestätigt wird

1763 Die Friedensschlüsse von Paris (Frankreich und Großbritannien, 10. Februar) und Hubertusburg (Österreich, Preußen und Sachsen, 15. Februar) beenden den Siebenjährigen Krieg: Während der territoriale Status quo ante auf dem Kontinent wiederhergestellt wird, kommt es in Übersee zu beträchtlichen Gebietsgewinnen Großbritanniens auf Kosten Frankreichs

1764 Bündnis zwischen Preußen und Rußland, 1769 bestätigt

1765 Kaiserwahl Josephs II. in der Nachfolge seines Vaters Franz I.

1768 Zweites «Politisches Testament» des Königs

1769/70 Zusammenkünfte Friedrichs mit Kaiser Joseph II. in Neiße und – zusammen mit Kaunitz – in Mährisch-Neustadt

1771 Österreichisch-preußische Sondierungen über die Möglichkeiten einer Teilung Polens

1772 Vertragsverhandlungen zwischen Österreich, Preußen und Rußland besiegeln die erste Teilung Polens

1778/79 Bayerischer Erbfolgekrieg zwischen Preußen und Österreich zur Verhinderung bayerisch-österreichischer Tauschpläne – Nach ergebnislosem Kriegsverlauf Frieden von Teschen unter Garantieerklärung Frankreichs und Rußlands

1780 Tod Maria Theresias – Alleinherrschaft Kaiser Josephs II. († 1790)

1781 Allianz zwischen Österreich und Rußland

1785 Gründung des Deutschen Fürstenbundes als Gegengewicht zu den österreichischen Expansionsplänen

1786 Tod Friedrichs des Großen (17. August) und Herrschaftsantritt seines Neffen Friedrich Wilhelm II.

Anmerkungen

In die Fußnoten konnten nicht alle Einzelnachweise auf eine außerordentlich umfangreiche Forschungsliteratur aufgenommen werden. Nur die Zitate aus den Quellen sind vollständig dokumentiert. Der Verfasser hat sich jedoch bemüht, vor allem solche Monographien und Aufsätze anzuführen, die den neuesten Forschungsstand nachvollziehbar machen und zugleich Hinweise auf die ältere Literatur enthalten. Vielfach sind die weiterführenden Aspekte der entsprechenden Werke auch ausdrücklich vermerkt, so dass der Zugang zu weiterführenden Studien erleichtert wird. Kontroverse Positionen in der Forschung werden nur ausnahmsweise vermerkt. Im übrigen wird im Anhang auf die wichtigsten bibliographischen Hilfsmittel hingewiesen. – Bei den Friedrich-Zitaten, die im Text in deutscher Übersetzung wiedergegeben worden sind, hat der Verfasser in der Regel die 10-bändige Ausgabe der Werke, hrsg. von *Friedrich von Oppeln-Bronikowski* und *Berthold Volz*, Berlin 1912–14, zugrunde gelegt. Gelegentlich ist in diese Übersetzungen aber auch im Sinne einer Verdeutlichung des Gemeinten eingegriffen worden, ohne daß diese Korrekturen ausdrücklich vermerkt worden sind.

Prolog

1 Vgl. hierzu und im folgenden *Pierre Bourdieu*, Die Illusion der Biographie. Über die Herstellung einer Lebensgeschichte, in: Neue Rundschau 102 (1991), S. 109–115. Zum augenblicklichen Forschungsstand: *Hans Erich Bödeker*, Biographie. Annäherung an den gegenwärtigen Forschungs- und Diskussionsstand, in: *ders.* (Hrsg.), Biographie schreiben, Göttingen 2003, S. 9–63, mit umfassenden Literaturhinweisen.

2 Dazu etwa *Siegfried Kracauer*, Die Biographie als neubürgerliche Kunstform (1930), zuletzt in: *ders.*, Das Ornament der Masse, Frankfurt/Main 1970, S. 75–80, hier S. 76. Zum Wandel der Geschichtsauffassung Kracauers jetzt *Gerd Ueding*, Erzählte Geschichte. Über einige rhetorische und ästhetische Aspekte von Kracauers Geschichtsphilosophie, in: *ders.*, Aufklärung über Rhetorik. Versuch über Beredsamkeit, ihre Theorie und praktische Bewahrung, Tübingen 1992, S. 203–215.

3 Johann Wolfgang von Goethe an Friedrich Schiller, 16. August 1797, in: *ders.*: Johann Wolfgang Goethe mit Schiller. Briefe, Tagebücher und Gespräche, Teil I: Vom 24. Juni 1794 bis zum 31. Dezember 1799, hrsg. von Volker C. Dörr und Norbert Oellers, Frankfurt/Main 1998, S. 389.

4 *P. Bourdieu*, Die Illusion der Biographie (Anm. 1), S. 111.

5 Vgl. etwa *Andreas Gestrich*, Sozialhistorische Biographieforschung, in: *ders.* u. a. (Hrsg.), Biographie – sozialgeschichtlich. Sieben Beiträge, Göttingen 1988, S. 5–28.

6 Grundlegend *Hayden White*, Auch Klio dichtet oder Die Fiktion des Faktischen. Studien zur Tropologie des historischen Diskurses (1978), deutsche Übersetzung mit einer Einleitung von Reinhart Koselleck, Stuttgart 1986; vgl. auch *ders.*, Das Problem der Erzählung in der modernen Geschichtstheorie, in: Theorie der modernen Geschichtsschreibung, hrsg. von Pietro Rossi, Frankfurt/Main 1987, S. 57–106, und *Harald Weinrich*, Narrative Strukturen in der Geschichtsschreibung, in: Geschichte – Ereignis und Erzählung, hrsg. von Reinhart Koselleck und Wolf-Dieter Stempel, München 1973, S. 519–523. Dieser umfangreiche Sammelband enthält auch weitere wichtige Aufsätze zum Thema Narrativität. Einen vorzüglichen Überblick über die Theoriedebatte der jüngsten Zeit vermittelt *Walter Hinck*, Historie und Literatur. Hat Geschichtsdichtung eine Zukunft?, zuletzt in: *ders.*, Geschichtsdichtung, Göttingen 1995, S. 11–60. Vgl. darüber hinaus auch den Sammelband von *Daniel Fulda/Thomas Präfer* (Hrsg.), Faktenglaube und fiktionales Wissen. Zum Verhältnis von Wissenschaft und Kunst in der Moderne, Frankfurt/Main 1997. Anregend auch die Einleitung zu: *Carlo Ginzburg*, Die Wahrheit der Geschichte. Rhetorik und Beweis, Berlin 2001, S. 11–45.

7 Aus der immensen Fülle grundsätzlich relevanter Untersuchungen des Verfassers sei hier nur ein Titel genannt: *Jan Assmann*, Schrift, Erinnerung und politische Identität in frühen Hochkulturen, München 1992, S. 29–160, mit den entsprechenden Hinweisen auf Maurice Halbwachs.

8 *Johann Gustav Droysen*, Historik. Vorlesungen über Enzyklopädie und Methodologie der Geschichte, hrsg. von Rudolf Hübner, 3. Aufl., München 1958, S. 83.

9 *Theodor Mommsen*, Reden und Aufsätze, Berlin 1905, S. 11.

10 *Leopold von Ranke*, Idee der Universalgeschichte, in: *ders.*, Vorlesungseinleitungen, hrsg. von Volker Dotterweich und Walter Peter Fuchs, München 1975, S. 72. Vgl. auch *Jörn Rüsen*, Rhetorik und Ästhetik der Geschichtsschreibung: Leopold von Ranke, in: Geschichte als Literatur. Formen und Grenzen der Repräsentation von Vergangenheit, hrsg. von Hartmut Eggert u. a., Stuttgart 1990, S. 1–11.

I. Der Kronprinz

1 Vgl. den Text bei *Friedrich Cramer*, Zur Geschichte Friedrich Wilhelms I. und Friedrichs II. Königs von Preußen, Hamburg 1829, S. 10.

2 Ebd., S. 12.

3 Ebd., S. 15.

4 Ebd., S. 11.

5 Zitiert nach *A. Berney*, Friedrich der Große, S. 7.

6 Éloge de M. Duhan, in: Œuvres, Bd. 7, S. 10–12, die Zitate S. 11; vgl. auch den in Versen abgefaßten Brief des Kronprinzen an Duhan vom 9. Oktober 1737, in: Œuvres, Bd. 17, S. 276f. Ferner *E. Bratuscheck*, Die Erziehung Friedrichs des Großen, S. 20ff. und 108f.

7 Die Einzelheiten bei *E. Bratuscheck*, Die Erziehung Friedrichs des Großen, S. 25–27; vgl. ferner *Hermann Bingel*, Das Theatrum Europaeum. Ein Beitrag zur Publizistik des 17. und 18. Jahrhunderts, ND Wiesbaden 1969, und *Peter Baumgart*, Naturrechtliche Vorstellungen in der Staatsauffassung Friedrichs des Großen, in: *Hans Thieme* (Hrsg.), Humanismus und Naturrecht in Berlin-Brandenburg-Preußen, Berlin – New York 1979, S. 143–154.

8 *A. Berney*, Friedrich der Große, S. 8, unter Hinweis auf einen Augenzeugenbericht.

9 Vgl. im einzelnen *Henning Scheffers*, Höfische Konvention und die Aufklärung. Wandlungen des honnête-homme-Ideals im 17. und 18. Jahrhundert, Bonn 1980, vor allem S. 85 ff.

10 Instruction au Major Borke vom 24. September 1751, in: Œuvres, Bd. 9, S. 37–40, das Zitat S. 39.

11 Friedrich der Große, Gespräche mit Catt, S. 46 f.

12 Die Einzelheiten bei *E. Bratuscheck*, Die Erziehung Friedrichs des Großen, S. 39–54, und *Bogdan Krieger*, Friedrich der Große und seine Bücher, Berlin – Leipzig 1914, S. 1–8. Vgl. zusammenfassend und bewertend auch *R. Koser*, Geschichte Friedrichs des Großen, Bd. 1, S. 104 f. und *Peter Baumgart*, Kronprinzenopposition. Zum Verhältnis Friedrichs zu seinem Vater Friedrich Wilhelm I., in: Friedrich der Große, Franken und das Reich, hrsg. von Heinz Duchhardt, Köln–Wien 1986, S. 5–23.

13 Friedrich der Große, Gespräche mit Catt, S. 47.

14 Zitiert bei *R. Koser*, Geschichte Friedrichs des Großen, Bd. 1, S. 8.

15 Vgl. etwa *Jill Bepler*, Ferdinand Albrecht, Duke of Braunschweig-Lüneburg (1636–1687). A Traveller and His Travelogue (Wolfenbütteler Arbeiten zur Barockforschung, 16), Wiesbaden 1988.

16 Aus dem Brief Johann Matthias' von der Schulenburg an Grumbkow vom 4. Oktober 1731, abgedr. bei *Wilhelm Förster*, Friedrich Wilhelm I. von Preußen, Bd. 3, Potsdam 1835, S. 69.

17 Friedrich Wilhelm an Friedrich, in: Œuvres, Bd. 27/3, S. 54.

18 *O. Bardong* (Hrsg.), Friedrich der Große, S. 17 f.

19 Ebd., S. 18.

20 Zitiert bei *R. Koser*, Geschichte Friedrichs des Großen, Bd. 1, S. 23.

21 Ebd., S. 27 und 34.

22 *E. Lürßen*, Reinszenierung eines massiven Traumas, S. 416 ff.

23 Instruktion für den Kronprinzen vom 26. August 1731, abgedr. in: *R. Koser* (Hrsg.), Briefwechsel Friedrichs des Großen mit Grumbkow und Maupertuis, S. 3–6, hier S. 4.

24 Einzelheiten bei *R. Koser*, Geschichte Friedrichs des Großen, Bd. 1, S. 25 ff.

25 Ebd., S. 30.

26 Vgl. neben den einschlägigen Biographien auch den erst neuerdings edierten Reisebericht Seckendorffs: *Hans Wagner*, Das Reisejournal des Grafen Seckendorff vom 15. Juli bis 26. August 1730, in: Mitteilungen des Österreichischen Staatsarchivs 10 (1957), S. 186–242.

27 *C. Hinrichs*, Der Kronprinzenprozeß; *Detlef Merten*, Der Katte-Prozeß, Berlin – New York 1980 (mit umfassenden Literaturhinweisen), und *Eberhard Schmidt*, Friedrich der Große als Kronprinz vor dem Kriegsgericht (1966), zuletzt in: *ders.*, Beiträge zur Geschichte des preußischen Rechtsstaates, S. 247–266. Vgl. ferner: Fürsprache. Monarchenbriefe zum Kronprinzen-Prozeß Küstrin 1730, hrsg. von Gerhard Zimmermann und Hans Branig, Berlin 1965.

28 Im Wortlaut abgedruckt bei *C. Hinrichs*, Der Kronprinzenprozeß, S. 31.

29 *Theodor Fontane*, Wanderungen durch die Mark Brandenburg, Bd. 1: Die Grafschaft Ruppin, hrsg. von Edgar Gross, München 1960, S. 8.

30 *E. Lürßen*, Reinszenierung eines massiven Traumas, S. 418 ff.

31 Ebd. S. 422.

32 *C. Hinrichs*, Der Kronprinzenprozeß, S. 90–107, hier bes. S. 106.

33 Der mit der Sache überaus vertraute Strafrechtslehrer Eberhard Schmidt wertet diese Zusatzfragen des Königs sicherlich zutreffend als das Eingeständnis eigenen Versagens und eigener Schuld; vgl. *E. Schmidt*, Friedrich der Große als Kronprinz vor dem Kriegsgericht (Anm. 27), S. 257 f.

34 *C. Hinrichs*, Der Kronprinzenprozeß, S. 106.

35 Ebd.

36 Ebd. Vgl. auch *E. Schmidt*, Friedrich der Große als Kronprinz vor dem Kriegsgericht (Anm. 27), S. 258.

37 Vgl. *R. Koser*, Geschichte Friedrichs des Großen, Bd. 1, S. 46.

38 *C. Hinrichs*, Der Kronprinzenprozeß, S. 106.

39 Ebd., S. 107.

40 Ebd., S. 113–115, hier S. 114.

41 Ebd., S. 114.

42 Ebd., S. 115.

43 Die Zusammensetzung des Gerichts im einzelnen: ebd., S. 116.

44 *D. Merten*, Der Katte-Prozeß (Anm. 27), S. 31–39.

45 So die Formulierung im Votum der drei Obersten, abgedruckt bei *C. Hinrichs*, Der Kronprinzenprozeß, S. 126.

46 So in besonders klarer Deduktion im Votum der Majore, ebd., S. 121.

47 Ebd., S. 123 bzw. S. 126.

48 Zitiert nach dem Votum der Oberstleutnants, ebd., S. 124.

49 Ebd., S. 129 f.

50 Ebd., S. 131 f.

51 Ebd., S. 132.

52 Ebd., S. 137.

53 Im einzelnen *E. Schmidt*, Friedrich der Große als Kronprinz vor dem Kriegsgericht (Anm. 27), S. 251 f. Vgl. ferner *Helga Schnabel-Schüle*, Das Majestätsverbrechen als Herrschaftsschutz und Herrschaftskritik, in: Aufklärung 7 (1994): Staatsschutz, hrsg. von Dietmar Willoweit, S. 29–47.

54 Zitiert nach *R. Koser*, Geschichte Friedrichs des Großen, Bd. 1, S. 55.

55 *C. Hinrichs*, Der Kronprinzenprozeß, S. 143.

56 Ebd., S. 144 f.

57 Immediatbericht des Feldpredigers Müller an den König vom 8. November 1730, ebd., S. 165.

58 Kabinettsordre vom 3. November, ebd., S. 144.

59 Ebd., S. 163.

60 Ebd., S. 167.

61 O. Bardong (Hrsg.), Friedrich der Große, S. 24 f.

62 Nach dem Bericht eines Unbekannten, abgedr. bei C. Hinrichs, Der Kronprinzenprozeß, S. 157. Vgl. ferner die minutiöse Rekonstruktion der Katte-Tragödie bei Theodor Fontane, Wanderungen durch die Mark Brandenburg, Bd. 2: Das Oderland, hrsg. von Edgar Gross, München 1960, S. 267–303.

63 C. Hinrichs, Der Kronprinzenprozeß, S. 147.

64 Ebd., S. 160.

65 Ebd., S. 165.

66 Ebd., S. 162 f.

67 Ebd., S. 169–176.

68 Ebd., S. 171 f.

69 Ebd., S. 176.

70 Ebd., S. 181.

71 Vgl. etwa E. Spranger, Der Philosoph von Sanssouci, S. 16 ff.

72 C. Hinrichs, Der Kronprinzenprozeß, S. 161.

73 E. Lürßen, Reinszenierung eines massiven Traumas, S. 419.

74 Brief Hilles an Grumbkow vom 18. Dezember 1730, abgedr. in: G. B. Volz (Hrsg.), Friedrich der Große im Spiegel seiner Zeit, Bd. 1, S. 14.

75 Vgl. zur Einordnung dieses Problems in systematische Zusammenhänge E. Zeller, Friedrich der Große als Philosoph, S. 47 ff.

76 Ein umfangreicher Quellenbestand zum Streit über die Prädestinationslehre in den Monaten November und Dezember 1730 ist abgedruckt bei Max Lehmann (Hrsg.), Friedrich der Große und die Prädestination, in: HZ 67 (1891), S. 475–485; der Brief des Königs vom 29. November 1730, ebd., S. 476. Auf die religiöse Komponente im Denken und Handeln Friedrichs kann hier nicht näher eingegangen werden. Dazu sind die von ihm geäußerten Gedanken auch zu wenig konsistent. So hat Friedrich niemals eindeutig ausgesprochen, was ihm in religiösen Fragen wichtig und unverzichtbar erschien. Der Grübler und Verzweifelte kann vom Spötter letztlich nicht unterschieden werden. Vgl. im einzelnen Wolf-Dieter Hauschild, Religion und Politik bei Friedrich dem Großen, in: Saeculum 51 (2000), S. 191–211 (mit umfassenden Literaturhinweisen).

77 M. Lehmann (Hrsg.), Friedrich der Große und die Prädestination (Anm. 76), S. 476 f.

78 Vgl. die entsprechenden Kabinettsordres, Eingaben und Protokolle, ebd., S. 477 ff.

79 Vgl. den entsprechenden Brief des Kronprinzen bei O. Bardong (Hrsg.), Friedrich der Große, S. 52.

80 Im einzelnen *Carl Hinrichs*, Hille und Reinhardt, zwei Wirtschafts- und Sozialpolitiker des preußischen Absolutismus, zuletzt in: *ders.*, Preußen als historisches Problem. Gesammelte Aufsätze, S. 161–170.

81 Bericht Hilles an Grumbkow vom 18. Dezember 1730, abgedr. bei *G. B. Volz* (Hrsg.), Friedrich der Große im Spiegel seiner Zeit, Bd. 1, S. 12 f.

82 Schreiben Hilles an Grumbkow vom 27. Dezember 1730, abgedr. bei *G. B. Volz* (Hrsg.), Friedrich der Große im Spiegel seiner Zeit, Bd. 1, S. 18.

83 Zitiert nach *R. Koser*, Geschichte Friedrichs des Großen, Bd. 1, S. 67. Vgl. auch die entsprechenden Immediat-Berichte des Geheimen Rates von Wolden vom 16. und 26. Dezember 1730 bei *M. Lehmann* (Hrsg.), Friedrich der Große und die Prädestination (Anm. 76), S. 481 ff.

84 *M. Lehmann* (Hrsg.), Friedrich der Große und die Prädestination, S. 481 f.

85 Ebd., S. 480.

86 *G. B. Volz* (Hrsg.), Friedrich der Große im Spiegel seiner Zeit, Bd. 1, S. 18.

87 Vgl. den Text bei *Karl von Weber*, Aus vier Jahrhunderten, in: Mitteilungen aus dem Hauptstaatsarchiv zu Dresden, NF Bd. 2, Leipzig 1861, S. 256. Ferner *R. Koser*, Geschichte Friedrichs des Großen, Bd. 1, S. 119 f.

88 Zitiert nach *R. Koser*, Geschichte Friedrichs des Großen, Bd. 1, S. 72.

89 Ebd., S. 72 f.

90 *G. B. Volz* (Hrsg.), Friedrich der Große im Spiegel seiner Zeit, Bd. 1, S. 47.

91 Ebd., S. 52 f.

92 Ebd., S. 48. Vgl. auch die Aufzeichnung eines bemerkenswerten Gesprächs zwischen Graf Schulenburg und dem Kronprinzen im Oktober 1731, abgedr. bei: *F. v. Oppeln-Bronikowski* u. *G. B. Volz* (Hrsg.), Gespräche Friedrichs des Großen, S. 14 ff.

93 Friedrich der Große, Gespräche mit Catt, S. 45 f.

94 Ebd., S. 492 f.

95 Vor allem *E. Lürßen*, Reinszenierung eines massiven Traumas, bes. S. 428 ff. Der Sigmund Freud verpflichtete Psychoanalytiker Ernst Lewy äußert wegen der fragwürdigen Überlieferung dieser Traumberichte «etliche Vorbehalte» hinsichtlich ihrer Aussagefähigkeit. Dennoch hat er sich ausführlich mit diesen Texten beschäftigt; vgl. *Ernst Lewy*, Die Verwandlung Friedrichs des Großen. Eine psychoanalytische Untersuchung, in: Psyche 49 (1995), S. 727–804, hier S. 791–797.

96 Werke, Bd. 10: Dichtungen, S. 4–6. Eine glänzende Einschätzung der Beziehungen Friedrichs zu Louise Eleonore von Wreech findet sich in Fontanes «Wanderungen»; vgl. *Theodor Fontane*, Wanderungen durch die Mark Brandenburg, Bd. 2: Das Oderland, hrsg. von Edgar Gross, München 1960, S. 325–337. Vgl. ferner *Gustav Berthold Volz*, Friedrich der Große und seine Leute II: Luise-Eleonore von Wreech, in: Hohenzollern-Jahrbuch 12 (1908), S. 183–209.

97 Vgl. *Ernst Poseck*, Die Kronprinzessin. Elisabeth Christine, Gemahlin Friedrichs des Großen, geborene Prinzessin von Braunschweig-Bevern, 6. Aufl., Berlin 1952.

98 *O. Bardong* (Hrsg.), Friedrich der Große, S. 38.

99 *R. Koser* (Hrsg.), Briefwechsel Friedrichs des Großen mit Grumbkow und Maupertuis, S. 25. Vgl. auch die nochmalige Ergebenheitserklärung dem Vater gegenüber vom 19. Februar 1732, abgedr. bei *O. Bardong* (Hrsg.), Friedrich der Große, S. 40.

100 Im einzelnen *Alfred von Arneth*, Prinz Eugen von Savoyen, 3 Bde., Wien 1858, hier Bd. 3, S. 336–355, und *Max Braubach*, Prinz Eugen von Savoyen, 5 Bde., München 1963–1965, hier Bd. 4, S. 371 ff. Vgl. ferner *R. Koser*, Einleitung zum Briefwechsel Friedrichs des Großen mit Grumbkow und Maupertuis, S. XV–XXXII.

101 *M. Hein* (Hrsg.), Briefe Friedrichs des Großen, Bd. 1, S. 31.

102 *O. Bardong* (Hrsg.), Friedrich der Große, S. 39 f.

103 *M. Hein* (Hrsg.), Briefe Friedrichs des Großen, Bd. 1, S. 24.

104 *O. Bardong* (Hrsg.), Friedrich der Große, S. 41.

105 Ebd., S. 42 f. Vgl. auch das gleichzeitige Schreiben an den Geheimen Rat von Wolden, der sich für das Anliegen des Kronprinzen verwandt hatte: *G. B. Volz* (Hrsg.), Friedrich der Große im Spiegel seiner Zeit, Bd. 1, S. 55 ff.

106 *R. Koser* (Hrsg.), Briefwechsel Friedrichs des Großen mit Grumbkow und Maupertuis, S. 38; vgl. auch die Einleitung von *R. Koser*, S. XVIII ff.

107 *Friedrich Wilhelm Förster*, Friedrich Wilhelm I. König von Preußen, Bd. 3, Potsdam 1835, S. 82.

108 *O. Bardong* (Hrsg.), Friedrich der Große, S. 43 f.

109 Memoiren der Markgräfin Wilhelmine von Bayreuth, Bd. 1, S. 280.

110 Zitiert nach *E. Poseck*, Die Kronprinzessin (Anm. 97), S. 127.

111 *O. Bardong* (Hrsg.), Friedrich der Große, S. 44.

112 Memoiren der Markgräfin Wilhelmine von Bayreuth, Bd. 2, S. 32.

113 *O. Bardong* (Hrsg.), Friedrich der Große, S. 45 f.

114 Vgl. zu den mächtepolitischen Zusammenhängen in Ostmitteleuropa im 18. Jahrhundert *Klaus Zernack*, Das preußische Königtum und die polnische Republik im europäischen Mächtesystem des 18. Jahrhunderts (1701–1763), zuletzt in: ders., Preußen – Deutschland – Polen. Aufsätze zur Geschichte der deutsch-polnischen Beziehungen, Berlin 1991, S. 243–259; *Michael G. Müller*, Polen zwischen Preußen und Rußland. Souveränitätskrise und Reformpolitik 1736–1752, Berlin 1983, S. 40 ff., und *Martin Schulze Wessel*, Rußlands Blick auf Preußen. Die polnische Frage in der Diplomatie und der politischen Öffentlichkeit des Zarenreiches und des Sowjetstaates 1697–1947, Stuttgart 1995, hier im bes. S. 66 ff.

115 Die entsprechenden Äußerungen des Kronprinzen zitiert bei *Theodor Schieder*, Prinz Eugen und Friedrich der Große im gegenseitigen Bilde, in: HZ 156 (1937), S. 263–283, hier S. 271 ff. Ich beziehe mich auf diese Textversion wegen der ausführlichen Quellenbelege.

116 Ebd., S. 276 ff.

117 Werke, Bd. 6, S. 209.

118 Brief Woldens an Grumbkow vom 2. Februar 1732, abgedr. bei: *G. B. Volz* (Hrsg.), Friedrich der Große im Spiegel seiner Zeit, Bd. 1, S. 51.

119 R. *Koser* (Hrsg.), Briefwechsel Friedrichs des Großen mit Grumbkow und Maupertuis, S. 55.

120 *Th. Schieder*, Prinz Eugen und Friedrich der Große (Anm. 115), S. 269 f. und 274.

121 Ich zitiere diese selbstverständlich auf französisch abgefaßten Oden und Gedichte hier und im folgenden in einer deutschen Nachdichtung, die der Originalfassung womöglich nicht vollständig gerecht wird. Da es mir jedoch nicht um die stilistische Authentizität, sondern um die inhaltlichen Aspekte dieser Poesie geht, scheint mir eine Zitierweise in Übersetzung vertretbar.

122 Œuvres, Bd. 11, S. 85–88; Werke, Bd. 10, S. 15–17.

123 *E. Spranger*, Der Philosoph von Sanssouci, S. 12.

124 *O. Bardong* (Hrsg.), Friedrich der Große, S. 153.

125 *J. Kunisch*, La guerre – c'est moi, S. 27–39. Vgl. ferner *A. Berney*, Friedrich der Große, S. 65 ff.

126 Œuvres, Bd. 12, S. 94 ff.; Werke, Bd. 10, S. 154.

127 Œuvres, Bd. 12, S. 170; Werke, Bd. 10, S. 179.

128 Œuvres, Bd. 2, S. XXV; Werke, Bd. 2, S. 13.

129 Œuvres, Bd. 10, S. 144; vgl. auch *E. Spranger*, Der Philosoph von Sanssouci, S. 23 ff.

130 Brief an Oberst Camas vom 11. September 1734: Œuvres, Bd. 16, S. 132.

131 *O. Bardong* (Hrsg.), Friedrich der Große, S. 56.

132 Brief Friedrich Wilhelms an Leopold von Dessau vom 17. Mai 1735, abgedr. bei *Otto Krauske* (Hrsg.), Die Briefe König Friedrich Wilhelms I. an den Fürsten Leopold zu Anhalt-Dessau, 1704–1740, Berlin 1905, S. 556.

133 Vgl. *Gustav Berthold Volz*, Die Krisis in der Jugend Friedrichs des Großen, in: HZ 118 (1917), S. 377–417.

134 *O. Bardong* (Hrsg.), Friedrich der Große, S. 57.

135 Ebd., S. 58.

136 *F. v. Oppeln-Bronikowski* und *G. B. Volz* (Hrsg.), Gespräche Friedrichs des Großen, S. 21. Der französische Originaltext erschien unter dem Titel: «Journal secret du baron de Seckendorff», Tübingen 1811, hier S. 144 ff.

137 *Hans Jochen Pretsch*, Graf Manteuffels Beitrag zur österreichischen Geheimdiplomatie von 1728 bis 1736. Ein kursächsischer Kabinettsminister im Dienst des Prinz Eugen von Savoyen und Kaiser Karls VI., Bonn 1970.

138 *F. v. Oppeln-Bronikowski* u. *G. B. Volz* (Hrsg.), Gespräche Friedrichs des Großen, S. 21, bzw. «Journal secret du baron de Seckendorff», S. 144.

139 *G. Mendelssohn-Bartholdy* (Hrsg.), Der König, S. 72.

140 Œuvres, Bd. 16, S. 297.

141 *O. Bardong* (Hrsg.), Friedrich der Große, S. 74.

142 Brief vom 25. Mai 1742, in: Œuvres, Bd. 26, S. 21.

143 *F. v. Oppeln-Bronikowski* u. *G. B. Volz* (Hrsg.), Gespräche Friedrichs des Großen, S. 20 bzw. «Journal secret du baron de Seckendorff», S. 143.

144 Dazu auch *E. Lewy*, Die Verwandlung Friedrichs des Großen, S. 757 ff. und S. 783 ff.

145 *Gustav Berthold Volz*, Friedrich der Große und seine Leute III: Charles
Etienne Jordan, in: Hohenzollern-Jahrbuch 12 (1908), S. 210–230, und
neuerdings *Jens Häseler*, Ein Wanderer zwischen den Welten. Charles
Etienne Jordan (1700–1745), Sigmaringen 1993.

146 Vgl. zum geistesgeschichtlichen Hintergrund dieser Ordensgründung *A.
Berney*, Friedrich der Große, S. 69 f. Weitere Literaturhinweise bei *Rüdiger
Hachtmann*, Friedrich II. von Preußen und die Freimaurerei, in: HZ 264
(1997), S. 21–54, hier S. 28 f.

147 Vgl. im einzelnen *Hans Saring*, Chasôt, in: NDB 3 (1971), S. 194 f., und
Kurd von Schlözer, General Graf Chasôt. Zur Geschichte Friedrichs des
Großen und seiner Zeit, 2., umgearb. u. vermehrte Aufl., Berlin 1878.

148 Vgl. *Hans Joachim Kadatz*, Georg Wenzeslaus von Knobelsdorff. Baumeister Friedrichs II., Leipzig 1983, und den Ausstellungskatalog: «Zum
Maler und großen Architekten geboren». Georg Wenzeslaus von Knobelsdorff, 1699–1753, Berlin 1999.

149 Eine quellennahe und differenzierte Erörterung dieses Themenkomplexes
bietet *Werner Hegemann*, Das Jugendbuch vom Großen König. Oder
Kronprinz Friedrichs Kampf um die Freiheit, Hellerau 1930, S. 341 ff. Zuvor aber bereits *Gaston Vorberg*, Der Klatsch über das Geschlechtsleben
Friedrichs II. (Abhandlungen aus dem Gebiete der Sexualforschung, 3),
Bonn 1921. Der Brief an August Wilhelm vom 8. April 1741, in: *O. Bardong* (Hrsg.), Friedrich der Große, S. 97.

150 Dazu Einzelheiten bei *Ernst Lewy*, Die Verwandlung Friedrichs des Großen. Eine psychoanalytische Untersuchung, in: Psyche 49 (1995), S. 726–
804, hier bes. S. 758 ff.

151 Brief an August Wilhelm vom 8. April 1741, in: *O. Bardong* (Hrsg.), Friedrich der Große, S. 97.

152 *E. Lürßen*, Reinszenierung eines massiven Traumas, S. 417.

153 Vgl. Friedrich der Große. Sammler und Mäzen, S. 84 f. Ferner *Gerhard
Zimmer* und *Nele Hackländer*, Der Betende Knabe. Original und Experiment, Frankfurt/Main 1997, und den vortrefflich informierenden Bericht
von *Martin Flashar*, Trügerische Frömmigkeit. Nach gründlicher Diagnose: Neues zum «Betenden Knaben», in: FAZ (Geisteswissenschaften)
vom 12. November 1997. Als instruktive Einführung ferner *Stephanie Gerlach*, Der Betende Knabe. Ein Werk aus dem Alten Museum: Antikensammlung. Staatliche Museen zu Berlin, Berlin 2002.

154 Auch zu diesem Aspekt der Biographie Friedrichs des Großen liegt eine
breite, vielfach kontroverse Literatur vor. Vgl. jetzt zusammenfassend und
weiterführend *Rüdiger Hachtmann*, Friedrich II. von Preußen und die Freimaurerei (Anm. 146), S. 21–54.

155 *Reinhart Koselleck*, Kritik und Krise. Ein Beitrag zur Pathogenese der bürgerlichen Welt, 2. Aufl., Freiburg–München 1959, S. 55–81, hier S. 64.
Zum Grundsätzlichen des Problems auch *Thomas Nipperdey*, Verein als soziale Struktur in Deutschland im späten 18. und frühen 19. Jahrhundert.
Eine Fallstudie zur Modernisierung, in: *ders.*, Gesellschaft, Kultur, Theo-

rie. Gesammelte Aufsätze zur neueren Geschichte, Göttingen 1976,
S. 174–205, und ders., Wie das Bürgertum die Moderne fand, Berlin 1988
bzw. Stuttgart 1998.

156 Die entsprechenden Belege finden sich bei *R. Hachtmann*, Friedrich II. von
Preußen und die Freimaurerei (Anm. 146), S. 44 f.

157 Im einzelnen *Ernest Eugene Helm*, Music at the Court of Frederick the
Great, Norman/Okla. 1960, und *Heinz Becker, Friedrich der Große* und
die Musik, in: *W. Treue* (Hrsg.), Preußens großer König. Leben und Werk
Friedrichs des Großen, Würzburg 1986, S. 150–160.

158 *H. Becker*, Friedrich der Große und die Musik, S. 153.

159 *Friedrich Nicolai*, Beschreibung des Lustschlosses und Gartens Sr. Königl.
Hoheit des Prinzen Heinrich, Bruder des Königs, zu Rheinsberg wie auch
der Stadt und der Gegend um dieselbe, Berlin 1778, ND hrsg. von der
Generaldirektion der Staatlichen Schlösser und Gärten Potsdam-Sanssou-
ci, Potsdam 1985, S. 21.

160 *Hartmut Grosch*, Christoph Schaffrath – Komponist, Cembalist, Lehrmeis-
ter, in: Die Rheinsberger Hofkapelle von Friedrich II. – Musiker auf dem
Weg zum Berliner «Capell-Bedienten», hrsg. von Ulrike Liedtke, Rheinsberg 1995, S. 203–240.

161 *Helmut Börsch-Supan*, Zu einem bisher unbekannten Bildnis Friedrichs des
Großen von Antoine Pesne, in: Jahrbuch Stadtmuseum Berlin 1995,
S. 268–278, hier S. 270; vgl. ferner *ders.*, Die Bildnisse des Königs, in:
Friedrich der Große. Ausstellungskatalog des Geheimen Staatsarchivs
Preußischer Kulturbesitz anläßlich des 200. Todestages König Friedrichs
II. von Preußen 1986, 2., durchges. Aufl., Berlin 1986, S. XII–XIV, und
ders., Friedrich der Große im zeitgenössischen Bildnis, in: Friedrich der
Große in seiner Zeit, hrsg. von Oswald Hauser, Köln–Wien 1987, S. 255–
270. Grundlegend ferner *Arnold Hildebrand*, Das Bildnis Friedrichs des
Großen. Zeitgenössische Darstellungen, 2. Aufl., Berlin–Leipzig 1942,
und *Edwin von Campe*, Die graphischen Porträts Friedrichs des Großen aus
seiner Zeit und ihre Vorbilder, München 1958 (mit Supplement, München
1970). Ferner *Andrea M. Kluxen*, Bild eines Königs. Friedrich der Große
in der Graphik, Limburg/Lahn 1986.

162 *Helmut Börsch-Supan*, Der Maler Antoine Pesne. Franzose und Preuße,
Friedberg 1986.

163 *Berthold Hinz*, Malerei, in: *J. Ziechmann* (Hrsg.), Panorama der Friderica-
nischen Zeit, S. 174.

164 *Christian Garve*, Über die Maxime Rochefoucaults: das bürgerliche Air
verliehrt sich zuweilen bey der Armee, niemahls am Hofe, in: *ders.*, Popu-
larphilosophische Schriften über literarische, ästhetische und gesellschaftliche Gegenstände, ND der Ausgabe von 1775, hrsg. von Kurt Wölfel,
Bd. 1, Stuttgart 1974, S. 375.

165 Ebd., S. 376 f.

166 *Jochen Klepper*, In tormentis pinxit. Briefe und Bilder des Soldatenkönigs,
Stuttgart-Berlin 1938.

167 *H. Pleschinski* (Hrsg.), Aus dem Briefwechsel Voltaire – Friedrich der Große, S.273.

168 Vgl. im einzelnen *Werner Schneiders* (Hrsg.), Christian Wolff 1679–1754. Interpretationen zu seiner Philosophie und deren Wirkung, Hamburg 1983; *Marcel Thoman*, Christian Wolff, in: Staatsdenker im 17. und 18. Jahrhundert. Reichspublizistik, Politik, Naturrecht, hrsg. von Michael Stolleis, 2. Aufl., Frankfurt/Main 1987, S. 257–283, und *Cornelia Buschmann*, Methode und Darstellungsform bei Christian Wolff, in: Die Philosophie und die Belles-Lettres, hrsg. von Martin Fontius und Werner Schneiders, Berlin 1997, S. 41–52. Ferner *E. Zeller*, Friedrich der Große als Philosoph, S. 6–12.

169 *Hans Droysen*, Friedrich Wilhelm I., Friedrich der Große und der Philosoph Wolff, in: FBPG 23 (1910), S. 1–34.

170 Œuvres, Bd. 16, S. 329.

171 Ebd., S. 255.

172 *O. Bardong* (Hrsg.), Friedrich der Große, S. 61.

173 Vgl. im einzelnen etwa *Hans Droysen*, Unvorgreifliche Bemerkungen zu dem Briefwechsel zwischen Friedrich dem Großen und Voltaire, in: Zeitschrift für französische Sprache und Literatur 28 (1905), S. 169–190.

174 *V. Klemperer*, Geschichte der französischen Literatur im 18. Jahrhundert, Bd. 1, S. 33.

175 Die gesamte Voltaire-Forschung wird ausgebreitet und zusammengefaßt in dem Standardwerk von *Christiane Mervaud*, Voltaire et Frédéric II: une dramaturgie des lumières 1736–1778, Oxford 1985; vgl. ferner *Ernst Hinrichs*, Aus der Distanz der Philosophen. Zum Briefwechsel zwischen Voltaire und Friedrich II., in: *ders.* u. a. (Hrsg.), «Pardon, mon cher Voltaire...». Drei Essays zu Voltaire in Deutschland, Göttingen 1996, S. 9–47. Grundlegend nach wie vor auch *Walter Mönch*, Voltaire und Friedrich der Große. Das Drama einer denkwürdigen Freundschaft. Eine Studie zur Literatur, Politik und Philosophie des XVIII. Jahrhunderts, Stuttgart – Berlin 1943.

176 Im einzelnen: Voltaire und Deutschland. Quellen und Untersuchungen zur Rezeption der Französischen Aufklärung. Internationales Kolloquium der Universität Mannheim zum 200. Todestag Voltaires, hrsg. von Peter Brockmeier, Roland Desné, Jürgen Voss, Stuttgart 1979.

177 *O. Bardong* (Hrsg.), Friedrich der Große, S. 61.

178 Ebd., S. 63.

179 Vgl. *Martin Fontius*, Zur Entwicklung des «philosophie»-Begriffs in der französischen Frühaufklärung, in: Die Philosophie und die Belles-Lettres, hrsg. von dems. und Werner Schneiders, Berlin 1997, S. 103–118; *ders.*, Der Ort des «Roi philosophe» in der Aufklärung, in: Friedrich II. und die europäische Aufklärung, hrsg. von dems., Berlin 1999, S. 9–27, hier bes. 12 f., und *Roger Chartier*, Der Gelehrte, in: Der Mensch der Aufklärung, hrsg. von Michel Vovelle, Frankfurt/Main 1996, S. 122–168.

180 Œuvres, Bd. 14, S. 88. Vgl. auch *M. Fontius*, Der Ort des «Roi philosophe» in der Aufklärung (Anm. 179), S. 9–27.

181 Brief vom 23. August 1750, abgedr. bei *H. Pleschinski* (Hrsg.), Aus dem Briefwechsel Voltaire – Friedrich der Große, S. 343.

182 Brief vom 13. Februar 1749, abgedr. bei *M. Hein* (Hrsg.), Briefe Friedrichs des Großen, Bd. 1, S. 269.

183 Ich zitiere diese Briefstelle nach *R. Koser*, Friedrich der Große, Bd. 1, S. 123. Der Originalbeleg war nach den sonst sehr zuverlässigen Angaben Kosers (vgl. Bd. 4, S. 27) nicht ausfindig zu machen.

184 Brief vom 19. Februar 1738, abgedr. bei *M. Hein* (Hrsg.), Briefe Friedrichs des Großen, Bd. 1, S. 123–128, hier S. 124. Vgl. auch *W. Mönch*, Voltaire und Friedrich der Große, S. 56–63.

185 Brief vom 10. Januar 1739, S. 139 f.; ähnlich auch ein anderer Brief von Ende Dezember 1738 an denselben, ebd., S. 137.

186 Ebd., S. 127 f.

187 Zu Friedrichs Montesquieu-Rezeption im einzelnen *Max Posner*, Die Montesquieu-Noten Friedrichs II., in: HZ 47 (1882), S. 193–288; vgl. ferner die kommentierte Textausgabe: *Montesquieu*, Größe und Niedergang Roms (Considérations sur les causes de la grandeur des Romains et de leur décadence). Mit den Randbemerkungen Friedrichs des Großen, übersetzt und hrsg. von Lothar Schuckert (Fischer-Taschenbuch), Frankfurt/Main 1980, mit weiteren Literaturhinweisen. Maßgeblich jetzt *Vanessa de Senarclens*, Mißverständnisse – Friedrich der Große als Leser von Montesquieus «Considérations sur les causes de la grandeur des Romains et de leur décadence» (1734), in: Europäischer Kulturtransfer im 18. Jahrhundert. Literaturen in Europa – Europäische Literatur?, hrsg. von Barbara Schmidt-Haberkamp u. a., Berlin 2003, S. 149–162.

188 Vgl. im einzelnen *J. Kunisch*, Henri de Catt, Vorleser und Gesprächspartner Friedrichs des Großen – Versuch einer Typologie, in: Schweizer im Berlin des 18. Jahrhunderts, hrsg. von Martin Fontius und Helmut Holzhey, Berlin 1996, S. 101–124, hier S. 121 f.

189 Vgl. *V. de Senarclens*, Mißverständnisse (Anm. 187), S. 151.

190 Ebd.

191 Ebd., S. 151 f.

192 Œuvres, Bd. 1, S. 213 ff.

193 *O. Bardong* (Hrsg.), Friedrich der Große, S. 29 ff.

194 Ebd., S. 31 ff.

195 Zum Gesamtzusammenhang des Staatensystems im Zeitalter des Absolutismus *Leopold von Ranke*, Die großen Mächte – Politisches Gespräch, hrsg. von Ulrich Muhlack (Insel-Taschenbuch 1776), Frankfurt/Main–Leipzig 1995. Vgl. ferner *Ulrich Scheuner*, Die großen Friedensschlüsse als Grundlage der europäischen Staatenordnung zwischen 1648 und 1815, in: Spiegel der Geschichte. Festgabe für Max Braubach zum 10. April 1964, hrsg. von Konrad Repgen und Stephan Skalweit, Münster 1964, S. 220–250.

196 *R. Koser* (Hrsg.), Briefwechsel Friedrichs des Großen mit Grumbkow und Maupertuis, S. 162.

197 *Heinz Mohnhaupt*, «Europa» und «jus publicum» im 17. und 18. Jahrhundert, in: Aspekte europäischer Rechtsgeschichte. Festgabe für Helmut Coing zum 70. Geburtstag, Frankfurt/Main 1982, S. 207–232.

198 *Carl Schmitt*, Der Nomos der Erde im Völkerrecht des Jus Publicum Europaeum, Berlin 1950; *Heinrich Lutz*, Friedensideen und Friedensprobleme in der frühen Neuzeit, in: Friedensbewegungen: Bedingungen und Wirkungen (Wiener Beiträge zur Geschichte der Neuzeit, 11), München–Wien 1982, S. 28–54.

199 *O. Bardong* (Hrsg.), Friedrich der Große, S. 66.

200 Ebd., S. 67.

201 Der Text der «Considérations» in: Œuvres, Bd. 8, S. 3–27; Werke, Bd. 1, S. 226–244.

202 Brief des Kronprinzen an Grumbkow vom Januar 1738, in: *M. Hein* (Hrsg.), Briefe Friedrichs des Großen, Bd. 1, S. 121 f. Vgl. ferner *Max Duncker*, Eine Flugschrift des Kronprinzen Friedrich, in: *ders.*, Aus der Zeit Friedrichs des Großen und Friedrich Wilhelms III. Abhandlungen zur preußischen Geschichte, Leipzig 1876, S. 3–46; *Friedrich Meinecke*, Des Kronprinzen Friedrich Considérations sur l'état présent du corps politique de l'Europe, zuletzt in: *ders.*, Brandenburg-Preußen-Deutschland. Kleine Schriften zur Geschichte und Politik, hrsg. von Eberhard Kessel (Werke, Bd. 9), Stuttgart 1979, S. 174–200.

203 Vgl. zu den literarischen Vorbildern *A. Berney*, Friedrich der Große, S. 84–93.

204 Werke, Bd. 1, S. 237.

205 Ebd., S. 238.

206 Vgl. zu diesem Sachverhalt auch Friedrichs Brief an Grumbkow vom 1. November 1737, in: *O. Bardong* (Hrsg.), Friedrich der Große, S. 70.

207 *F. Meinecke*, Des Kronprinzen Friedrich Considérations (Anm. 202), S. 175.

208 Ebd., S. 200.

209 Brief vom 1. November 1737, in: *O. Bardong* (Hrsg.), Friedrich der Große, S. 70.

210 Brief aus dem Januar 1738, in: *M. Hein* (Hrsg.), Briefe Friedrichs des Großen, Bd. 1, S. 121.

211 Brief an Prinz Wilhelm von Oranien vom 7. September 1737, abgedr. bei *Leopold von Ranke*, Über den Briefwechsel Friedrichs des Großen mit dem Prinzen Wilhelm IV. von Oranien und dessen Gemahlin, in: *ders.*, Abhandlungen und Versuche (Sämmtliche Werke, Bd. 24), Leipzig 1872, S. 172–222, hier S. 201.

212 Werke, Bd. 1, S. 236.

213 Ebd., S. 242–244.

214 Ebd., S. 242 f.

215 Ebd., S. 243 f.

216 *A. Berney*, Friedrich der Große, S. 92.

217 Ebd., S. 93.

218 *H. Pleschinski* (Hrsg.), Aus dem Briefwechsel Voltaire – Friedrich der
Große, S. 98 f. Vgl. hier und im folgenden auch *W. von Sommerfeld*, Die
äußere Entstehungsgeschichte des «Antimachiavell» Friedrichs des Großen, in: FBPG 29 (1916), S. 457–470.

219 *M. Hein* (Hrsg.), Briefe Friedrichs des Großen, Bd. 1, S. 144.

220 *J. D. E. Preuß*, Friedrich der Große als Schriftsteller, S. 193–197.

221 Brief vom 28. Dezember 1739, in: *R. Koser* und *H. Droysen* (Hrsg.), Briefwechsel Friedrichs des Großen mit Voltaire, Bd. 1, S. 316.

222 Ebd., S. 344. Vgl. ferner mit den Einzelbelegen *J.D.E. Preuß*, Friedrich
der Große als Schriftsteller, S. 174–192; *W. von Sommerfeld*, Die äußere
Entstehungsgeschichte des «Antimachiavell» Friedrichs des Großen (Anm.
218), und *Karl Siegmar von Galéra*, Voltaire und der Antimachiavell Friedrichs des Großen, Halle 1926. Vgl. ferner *F. Meinecke*, Die Idee der Staatsräson, S. 343–352; *A. Berney*, Friedrich der Große, S. 96–102, und *Th.
Schieder*, Friedrich der Große, S. 103–109.

223 Beide Texte, also sowohl der «Anti-Machiavel [...], publié par M. de Voltaire» als auch der «Examen du Prince de Machiavel» Friedrichs des Großen, liegen jetzt in einer kritischen Edition vor: Anti-Machiavel, éd. par
Werner Bahner et Helga Bergmann (Les Œuvres Complètes de Voltaire,
19), Oxford 1996. Angefügt ist dieser Edition auch Machiavellis Originaltext, der Friedrich in der Übersetzung Amelot de la Houssayes vorlag.
Vgl. zur Überlieferungsgeschichte auch *Gerhard Knoll*, Probleme eines
Verzeichnisses der bis ca. 1800 erschienenen Drucke von Werken Friedrichs II., in: Friedrich II. und die europäische Aufklärung, hrsg. von Martin Fontius, Berlin 1999, S. 90 ff.

224 *F. Meinecke*, Die Idee der Staatsräson, S. 344 f.

225 Ich zitiere im folgenden nach der von Friedrich autorisierten Version der
«Réfutation», also dem von Preuß edierten Text, in: Œuvres, Bd. 8,
S. 163–299, hier S. 163 f.

226 Ebd., S. 164.

227 Ebd., S. 287. Zur heutigen Einschätzung dieses hochbrisanten Themas:
Georg Christoph Berger Waldenegg, Krieg und Expansion bei Machiavelli.
Überlegungen zu einem vernachlässigten Kapitel seiner «politischen
Theorie», in: HZ 271 (2000), S. 1–55 (mit umfangreichen Literaturhin-
weisen).

228 *F. Meinecke*, Die Idee der Staatsräson, S. 343.

229 Œuvres, Bd. 8, S. 287.

230 Ebd., S. 168.

231 *A. Berney*, Friedrich der Große, S. 98 f.

232 Œuvres, Bd. 8, S. 218.

233 Ebd., S. 287 f.

234 Ebd., S. 287. Sehr einleuchtend hierzu die Bemerkungen von *A. Berney*,
Friedrich der Große, S. 100.

235 *Bernhard R. Kroener*, Friedrich Wilhelm von Grumbkow (1678–1739), in:
Persönlichkeiten der Verwaltung. Biographien zur deutschen Verwaltungs-

geschichte 1648–1945, hrsg. von Kurt G. A. Jeserich und Helmut Neuhaus, Stuttgart u. a. 1991, S. 13–17, hier S. 16.
236 *O. Bardong* (Hrsg.), Friedrich der Große, S. 74.
237 *R. Koser*, Aus den letzten Tagen König Friedrich Wilhelms I., in: Hohenzollern-Jahrbuch 8 (1904), S. 23–32, und *G. B. Volz* (Hrsg.), Friedrich der
Große im Spiegel seiner Zeit, Bd. 1, S. 84–92.
238 *M. Hein* (Hrsg.), Briefe Friedrichs des Großen, Bd. 1, S. 160.
239 Friedrich der Große, Gespräche mit Catt, S. 46.

Land und Leute: Ein Exkurs

1 *Kurt Hinze*, Die Bevölkerung Preußens im 17. und 18. Jahrhundert nach
Quantität und Qualität, zuletzt in: Otto Büsch und Wolfgang Neugebauer
(Hrsg.), Moderne Preußische Geschichte 1648–1947. Eine Anthologie,
Bd. 1, Berlin 1981, S. 282–315.
2 Zum Grundsätzlichen *Ulrich Scheuner*, Der Staatszweck und die Entwick-
lung der Verwaltung im deutschen Staat des 18. Jahrhunderts, Beiträge zur
Rechtsgeschichte. Gedächtnisschrift für Hermann Conrad, hrsg. von Gerd
Kleinheyer u. a., Paderborn u. a. 1979, S. 467–489. Vgl. ferner *Wolfgang
Neugebauer*, Staatsverwaltung, Manufaktur und Garnison. Die polyfunktio-
nale Residenzlandschaft von Berlin-Potsdam-Wusterhausen zur Zeit
Friedrich Wilhelms I., in: FBPG NF 7 (1997), S. 233–257 (mit umfangreichen Literaturhinweisen).
3 Abgedr. in: Acta Borussica, Behördenorganisation, Bd. 6/2, Berlin, S. 26 ff.
4 Vgl. *Wolfhard Weber*, Friedrich Anton von Heynitz und die Reform des
preußischen Berg- und Hüttenwesens, in: *J. Kunisch* (Hrsg.), Persönlichkeiten im Umkreis Friedrichs des Großen, Köln–Wien 1988, S. 121–134,
mit Literaturhinweisen.
5 *Gustav Schmoller*, Die Einführung der französischen Regie durch Friedrich
den Großen 1766, in: SB der Preußischen Akad. der Wissensch., Phil.-
Hist. Klasse, Berlin 1888, Bd. 1, 63–85, und *Stephan Skalweit*, Die Berliner
Wirtschaftskrise von 1763 und ihre Hintergründe, Berlin 1937.
6 *Wolfgang Neugebauer*, Das preußische Kabinett in Potsdam. Eine verfassungsgeschichtliche Studie zur fürstlichen Zentralsphäre in der Zeit des
Absolutismus, in: *ders.* (Hrsg.), Potsdam – Brandenburg – Preußen. Beiträge der landesgeschichtlichen Vereinigung zur Tausendjahrfeier der
Stadt Potsdam, Berlin 1993, S. 69–115.
7 *Wolfgang Neugebauer*, Verwaltungsstaat und Bildungswesen, in: *Wilhelm Treue*
(Hrsg.), Preußens großer König, S. 71, vgl. ferner *ders.*, Zentralprovinz im
Absolutismus. Brandenburg im 17. und 18. Jahrhundert, Berlin 2001,
S. 105 ff., mit Hinweisen auf die edierten Quellen und die ältere Literatur.
8 *Gerhard Oestreich*, Strukturprobleme des europäischen Absolutismus, zu-
letzt in: *ders.*, Geist und Gestalt des frühmodernen Staates. Ausgewählte
Aufsätze, Berlin 1969, S. 179–197, hier S. 185 f.

9 Maßgeblich *Peter Baumgart*, Zur Gründungsgeschichte des Auswärtigen Amtes (1713–1728), in: Jb. für die Gesch. Mittel- und Ostdeutschlands 7 (1958), S. 229–248, und *Meta Kohnke*, Das preußische Kabinettsministerium. Ein Beitrag zur Geschichte des Staatsapparates im Spätfeudalismus, in: Jb. für Gesch. des Feudalismus 2 (1978), S. 313–356.

10 Umfassend informierend *J. Kunisch*, Absolutismus. Europäische Geschichte vom Westfälischen Frieden bis zur Krise des Ancien Régime, 2., überarb. Aufl., Göttingen 1999, hier bes. S. 179–206. Kritische Positionen in dem Sammelband: *Ronald G. Asch* und *Heinz Duchhardt* (Hrsg.), Der Absolutismus – ein Mythos? Strukturwandel monarchischer Herrschaft in West- und Mitteleuropa (ca. 1550–1700), Köln–Weimar–Wien 1996.

11 Als Einführung in das Gesamtproblem nach wie vor von grundlegender Bedeutung *Otto Brunner*, Vom Gottesgnadentum zum monarchischen Prinzip. Der Weg der europäischen Monarchie seit dem hohen Mittelalter, in: *ders.*, Neue Wege der Verfassungs- und Sozialgeschichte, 3. Aufl., Göttingen 1980, S. 160–186, und *Gerhard Oestreich*, Die verfassungspolitische Situation der Monarchie in Deutschland vom 16. bis 18. Jahrhundert, in: *ders.*, Geist und Gestalt des frühmodernen Staates. Ausgewählte Aufsätze, Berlin 1969, S. 253–276.

12 Als Überblick umfassend *Wolfgang Neugebauer*, Zur Geschichte der preußischen Untertanen – bes. im 18. Jahrhundert, in: FBPG NF 13 (2003), S. 140–161.

13 Maßgeblich jetzt *Wolfgang Neugebauer*, Der Adel in Preußen im 18. Jahrhundert, in: *Ronald G. Asch* (Hrsg.), Der europäische Adel im Ancien Régime. Von der Krise der ständischen Monarchien bis zur Revolution (ca. 1600–1789), Köln–Weimar–Wien 2001, S. 49–76, mit umfangreichen Literaturhinweisen.

14 *Friedrich der Große*, Lettre sur l'éducation, in: Œuvres, Bd. 9, S. 122 f., bzw. Werke, Bd. 7, S. 257 f.

15 *Th. Schieder*, Friedrich der Große, S. 77 ff.

16 Ebd., S. 83.

17 *Wolfgang Neugebauer*, Die Leibeigenschaft in der Mark Brandenburg, in: *Friedrich Beck* und *Klaus Neitmann* (Hrsg.), Brandenburgische Landesgeschichte und Archivwissenschaft. Festschrift für Liselott Enders zum 70. Geburtstag, Weimar 1997, S. 225–241.

18 Œuvres, Bd. 9, S. 205, bzw. Werke, Bd. 7, S. 233.

19 *Hans-Heinrich Müller*, Domänen und Domänenpächter in Brandenburg-Preußen im 18. Jahrhundert, zuletzt in: *Otto Büsch* und *Wolfgang Neugebauer* (Hrsg.), Moderne Preußische Geschichte 1648–1947. Eine Anthologie, Bd. 1, Berlin 1981, S. 316–359.

20 Grundlegend *Thomas Nipperdey*, Verein als soziale Struktur in Deutschland im späten 18. und im frühen 19. Jahrhundert. Eine Fallstudie zur Modernisierung I., in: *ders.*, Gesellschaft, Kultur, Theorie. Gesammelte Aufsätze zur neueren Geschichte, Göttingen 1976, S. 174–205, und *ders.*, Wie das Bürgertum die Moderne fand, Stuttgart 1998.

21 Diese Gedanken vertiefend *Horst Möller*, Wie aufgeklärt war Preußen?, in: *Hans-Jürgen Puhle* und *Hans-Ulrich Wehler* (Hrsg.), Preußen im Rückblick, Göttingen 1980, S. 176–201, und *Wolfgang Hardtwig*, Wie deutsch war die deutsche Aufklärung?, in: *Helmut Neuhaus* (Hrsg.), Aufbruch aus dem Ancien régime. Beiträge zur Geschichte des 18. Jahrhunderts, Köln–Weimar–Wien 1993, S. 157–184. Für den Gesamtkomplex der bürgerlichen Emanzipationsbewegung im 18. Jahrhundert sind nach wie vor die Forschungen von *Rudolf Vierhaus* maßgeblich; vgl. vor allem seine Aufsatzsammlung: Deutschland im 18. Jahrhundert. Politische Verfassung – Soziales Gefüge – Geistige Bewegungen, Göttingen 1987.

22 Im einzelnen *Günter Birtsch*, Die Berliner Mittwochsgesellschaft, in: *Hans Erich Bödeker* und *Ulrich Herrmann* (Hrsg.), Über den Prozeß der Aufklärung in Deutschland im 18. Jahrhundert. Personen, Institutionen und Medien, Göttingen 1987, S. 94–112.

23 Umfassend dazu *Eckhardt Hellmuth*, Naturrechtsphilosophie und bürokratischer Werthorizont. Studien zur preußischen Geistes- und Sozialgeschichte des 18. Jahrhunderts, Göttingen 1985.

24 *Diethelm Klippel*, Staatsamt und bürgerliche Gesellschaft. Die Theorie des Staatsdienstes im aufgeklärten Absolutismus und im Vormärz, in: Zeitwende? Preußen im 18. Jahrhundert, hrsg. von Eckhardt Hellmuth u. a., Stuttgart 1999, S. 77–96, mit umfassenden Literaturhinweisen.

25 Vgl. *Stefi Jersch-Wenzel*, Juden und «Franzosen» in der Wirtschaft des Raumes Berlin/Brandenburg zur Zeit des Merkantilismus, Berlin 1978, und *Gottfried Bregulla* (Hrsg.), Hugenotten in Berlin, Berlin 1988.

26 *Peter Baumgart*, Kurbrandenburgs Kongreßdiplomatie und ihre Ergebnisse, in: *Heinz Duchhardt* (Hrsg.), Der Westfälische Friede (Beiheft 26 der HZ), München 1998, S. 469–484, mit weiterführender Literatur.

27 *Rudolf von Thadden*, Die Kirche im Staat der Hohenzollern, in: *Manfred Schlenke* (Hrsg.), Preußische Geschichte. Eine Bilanz in Daten und Deutungen, 2. Aufl., Freiburg–Würzburg 1991, S. 86–96, hier S. 87. Grundlegend nach wie vor *Otto Hintze*, Die Epoche des evangelischen Kirchenregiments in Preußen, in: *ders.*, Regierung und Verwaltung, S. 56–96.

28 *C. Hinrichs*, Friedrich Wilhelm I., in: *ders.*, Preußen als historisches Problem, S. 53.

29 *Ders.*, Der Hallesche Pietismus als politisch-soziale Reformbewegung des 18. Jahrhunderts, in: *ders.*, Preußen als historisches Problem, S. 171–184, und umfassend *ders.*, Preußentum und Pietismus. Der Pietismus in Brandenburg-Preußen als religiös-soziale Reformbewegung, Göttingen 1971.

30 Umfassend jetzt *Hans-Wolfgang Bergerhausen*, Friedensrecht und Toleranz. Zur Politik des preußischen Staates gegenüber der katholischen Kirche in Schlesien 1740–1806, Berlin 1999, mit weiterführender Literatur.

31 *Gerd Heinrich*, Friedrich der Große und die preußische Wasserstraßenpolitik, in: Verfassung und Verwaltung. Festschrift für Kurt G. A. Jeserich, hrsg. von Helmut Neuhaus, Köln–Weimar–Wien 1994, S. 103–123, und *Friedrich Wilhelm Henning*, Die Entwicklung der Infrastruktur in Branden-

burg-Preußen als Teil der Staatsbaukunst von 1648 bis 1850, in: FBPG NF 7 (1997), S. 211–232.

32 Im einzelnen *Horst Krüger, Zur Geschichte der Manufakturen und der Ma-nufakturarbeiter* in Preußen. Die mittleren Provinzen in der zweiten Hälfte des 18.Jahrhunderts, Berlin 1958. Als Überblick instruktiv auch *Herbert Aagard* und *Rolf-Jürgen Gleitsmann*, Die Arbeitskräfte, in: *J. Ziech-mann* (Hrsg.), Panorama der Fridericianischen Zeit, S. 539–547.

33 Grundlegend *Bernhard R. Kroener*, Armee und Staat, in: *J. Ziechmann*, (Hrsg.), Panorama der Fridericianischen Zeit, S. 393–404, hier S. 394, und *Wolfgang Neugebauer*, Staatsverfassung und Heeresverfassung in Preu-ßen während des 18.Jahrhunderts, in: FBPG NF 13 (2003), S. 83–102, mit ausführlichen Literaturhinweisen.

34 *B. R. Kroener*, Armee und Staat (Anm. 33), S. 396.

35 *Paul Rehfeld*, Die preußische Rüstungsindustrie unter Friedrich dem Gro-ßen, in: FBPG 55 (1943/44), S. 1–31.

36 Ausführlich dazu *Lars Atorf*, Der König und das Korn. Die Getreide-handelspolitik als Fundament des brandenburg-preußischen Aufstiegs zur europäischen Großmacht, Berlin 1999, hier bes. S. 140–353, mit ausführ-lichen Quellen- und Literaturhinweisen.

37 *B. R. Kroener*, Armee und Staat (Anm. 33), S. 402.

II. Schlesien oder das Rendezvous des Ruhmes

1 *R. Koser* und *H. Droysen* (Hrsg.), Briefwechsel Friedrichs des Großen mit Voltaire, Bd. 2, S. 1.

2 *O. Bardong* (Hrsg.), Friedrich der Große, S. 79 f.

3 *M. Hein* (Hrsg.), Briefe Friedrichs des Großen, Bd. 1, S. 177.

4 *O. Bardong* (Hrsg.), Friedrich der Große, S. 80.

5 Brief vom 26.Oktober 1740, abgedr. in: *O. Bardong* (Hrsg.), Friedrich der Große, S. 88 f. (auch mit dem französischen Originaltext).

6 *M. Hein* (Hrsg.), Briefe Friedrichs des Großen, Bd. 1, S. 181.

7 Als umfassende, wenngleich tendenziöse Untersuchung zur Vor- und Ver-laufsgeschichte der Annektion Schlesiens durch Preußen ist jetzt heranzu-ziehen: *Werner Bein*, Schlesien in der habsburgischen Politik. Ein Beitrag zur Entstehung des Dualismus im Alten Reich, Sigmaringen 1994. Vgl. auch die Rezensionen von *Arno Herzig*, in: FBPG NF 6 (1996), S. 111–113, und *Peter Baumgart*, in: ZHF 26 (1999), S. 471–473.

8 Vgl. im einzelnen *J. Kunisch*, Staatsverfassung und Mächtepolitik. Zur Ge-nese von Staatenkonflikten im Zeitalter des Absolutismus. Ferner *Johannes Burkhardt*, Die Friedlosigkeit der Frühen Neuzeit. Grundlegung einer Theorie der Bellizität Europas, in: ZHF 24 (1997), S. 509–574.

9 *Victor Loewe* (Hrsg.), Preußens Staatsverträge aus der Regierungszeit Kö-nig Friedrich Wilhelms I., Leipzig 1913, S. 368.

10 Œuvres, Bd. 27/3, S. 36–39.

11 S. oben S. 98

12 Der Text des «Entwurfs des Großen Kurfürsten zur Erwerbung von Schlesien» abgedruckt in: *R. Dietrich* (Hrsg.), Die Politischen Testamente, S. 205–210; daß Friedrich diese Denkschrift kannte, geht aus einem Schreiben an den Etatminister von Rochow vom 12. November 1740 hervor: Politische Correspondenz, Bd. 1, S. 100 f.

13 Politische Correspondenz, Bd. 1, S. 74–78, hier vor allem S. 74. Vgl. auch *Gustav Berthold Volz*, Das Rheinsberger Protokoll vom 29. Oktober 1740, in: FBPG 29 (1916), S. 67–93.

14 Diese Äußerung des Kronprinzen ist durch den französischen Diplomaten Abbé Langlois überliefert, hier zitiert nach *E. Lavisse*, Die Jugend Friedrichs des Großen, Bd. 2, S. 26 f.

15 Idées sur les projets politiques à former au sujet de la mort de l'Empereur, niedergeschrieben am 6. November, in: Politische Correspondenz, Bd. 1, S. 90.

16 *R. Koser* (Bearb.), Preußische Staatsschriften, Bd. 1, S. 69 f.

17 Politische Correspondenz, Bd. 1, S. 121 f.

18 *Friedrich der Große*, Considérations, in: Œuvres, Bd. 8, S. 17.

19 Zum Begriff des *droit de bienséance* in der politischen Argumentation des Königs *Erika Bosbach*, Die «Rêveries politiques» in Friedrichs des Großen Politischem Testament von 1752. Historisch-politische Erläuterungen, Köln–Graz 1960, S. 79–81.

20 *Friedrich der Große*, Considérations, in: Œuvres, Bd. 8, S. 10.

21 Vgl. vor allem *Peter Baumgart*, Die Annexion und Eingliederung Schlesiens in den friderizianischen Staat, in: ders., Expansion und Integration. Zur Eingliederung neugewonnener Gebiete in den preußischen Staat, Köln–Wien 1984, S. 81–118; ders. (Hrsg.), Schlesien im Kalkül König Friedrichs II. von Preußen und die europäischen Implikationen der Eroberung des Landes, in: Kontinuität und Wandel. Schlesien zwischen Österreich und Preußen, Sigmaringen 1990, S. 3–16. Ferner *ders.*, Schlesien als preußische Provinz zwischen Annexion, Reform und Revolution (1741–1848), in: Verwaltungsgeschichte Ostdeutschlands 1815–1945, hrsg. von Gerd Heinrich, Friedrich-Wilhelm Henning und Kurt G. A. Jeserich, Stuttgart u. a. 1992, S. 834–876.

22 Œuvres, Bd. 2, S. 54. Vgl. zum Gesamtzusammenhang auch *J. Kunisch*, La guerre – c'est moi, S. 27–39.

23 Œuvres, Bd. 17, S. 89.

24 *M. Hein* (Hrsg.), Briefe Friedrichs des Großen, Bd. 1, S. 186 f.

25 Ebd., S. 185.

26 Œuvres, Bd. 17, S. XXV, bzw. Werke, Bd. 2, S. 13.

27 Zitiert nach *R. Koser*, Friedrich der Große, Bd. 1, S. 162.

28 *R. Koser* (Hrsg.), Briefwechsel Friedrichs des Großen mit Grumbkow und Maupertuis, S. 158.

29 Brief vom 24. März 1737, ebd., S. 154.

30 Erlaß vom 17. September 1740 an den Geheimen Finanzrat von Borcke, in: Politische Correspondenz, Bd. 1, S. 49.

31 Erlaß vom 17. Dezember an denselben, ebd., S. 150.

32 Politische Correspondenz, Bd. 1, S. 88.

33 *R. Dietrich* (Hrsg.), Die Politischen Testamente, S. 364f.

34 *M. Hein* (Hrsg.), Briefe Friedrichs des Großen, Bd. 1, S. 177.

35 Ebd., S. 182.

36 *O. Bardong* (Hrsg.), Friedrich der Große, S. 89.

37 Ebd., S. 90.

38 Brief vom 2. Dezember 1740, ebd., S. 90f. Zu Leopold jetzt maßgeblich: *Bernhard R. Kroener*, Fürst Leopold von Anhalt-Dessau und das Kriegswesen in der ersten Hälfte des 18. Jahrhunderts (1676–1747), in: «Der Alte Dessauer». Ausstellung zum 250. Todestag, Dessau 1997, S. 16–26; vgl. im selben Band auch *Ulla Jablonowski*, Fürst Leopold von Anhalt-Dessau. Versuch einer Wertung seiner Persönlichkeit und seiner Stellung als preußischer Militär und als Landesherr, ebd., S. 130–144.

39 Brief vom 11. Dezember 1740, abgedr. in: Politische Correspondenz, Bd. 1, S. 135f.

40 *O. Bardong* (Hrsg.), Friedrich der Große, S. 91.

41 *E. Lürßen*, Reinszenierung eines massiven Traumas, S. 424ff.

42 Ebd., S. 426.

43 Zum Rüstungsstand und zur Führung der österreichischen Armee am Beginn der Schlesischen Kriege vgl. *Oskar Regele*, Die Schuld des Grafen Reinhard Wilhelm von Neipperg am Belgrader Frieden 1739 und an der Niederlage von Mollwitz 1741, in: Mitteilungen des Österreichischen Staatsarchivs 7 (1954), S. 373–398, und – hier und im folgenden – das militärgeschichtliche Standardwerk: Der Österreichische Erbfolge-Krieg, hrsg. von der Direktion des k.u.k. Kriegs-Archivs, 9 Bde., Wien 1896–1914.

44 Brief an Podewils von Anfang März, in: *O. Bardong* (Hrsg.), Friedrich der Große, S. 95.

45 Brief an Jordan vom 25. Februar, in: ebd., S. 94f.

46 Ebd., S. 95.

47 Im einzelnen *J. Kunisch*, Der kleine Krieg. Studien zum Heerwesen des Absolutismus, Wiesbaden 1973.

48 Im einzelnen *Bernhard R. Kroener*, Die materiellen Grundlagen österreichischer und preußischer Kriegsanstrengungen 1756–1763, in: ders. (Hrsg.), Europa im Zeitalter Friedrichs des Großen. Wirtschaft, Gesellschaft, Kriege, München 1989, S. 47–78, hier S. 51.

49 Im einzelnen *Michael Sikora*, Disziplin und Desertion. Strukturprobleme militärischer Organisation im 18. Jahrhundert, Berlin 1996.

50 *Chr. Duffy*, Friedrich der Große. Ein Soldatenleben, S. 52ff.

51 Brief an August Wilhelm vom 8. April, in: *O. Bardong* (Hrsg.), Friedrich der Große, S. 97. Vgl. ebd., S. 112f., auch den Brief vom 24. Februar 1744. Die Ernennung zum Prinzen von Preußen erfolgte am 30. Juni 1744.

52 Abgedr. in: Sammlung ungedruckter Nachrichten so die Geschichte der Feldzüge der Preußen von 1740 bis 1779 erläutern, Bd. 1, Dresden 1782, S. 21–25.

53 Vgl. zum Verhältnis des Königs zu Schwerin nach der Schlacht von Mollwitz die aufschlußreichen Äußerungen des hannoverschen Geheimen
   Kriegsrats August Wilhelm von Schwicheldt, abgedr. in: *G. B. Volz* (Hrsg.),
   Friedrich der Große im Spiegel seiner Zeit, Bd. 1, S. 192–195.
54 Erlaß vom 15. November 1740, in: Politische Correspondenz, Bd. 1,
   S. 103.
55 Abgedr. bei *R. Koser* (Bearb.), Preußische Staatsschriften, Bd. 1, S. 79–82.
56 Ebd., S. 74–78.
57 Vgl. hierzu und im folgenden *Silvia Mazura*, Die preußische und österreichische Kriegspropaganda im Ersten und Zweiten Schlesischen Krieg,
   Berlin 1996.
58 *Wilhelm Brauneder*, Die Pragmatische Sanktion als Grundgesetz der Monarchia Austriaca von 1713 bis 1918, in: Recht und Geschichte. Festschrift
   Hermann Baltl, hrsg. von Helfried Valentinitsch, Graz 1988, S. 51–84,
   und *J. Kunisch*, Staatsverfassung und Mächtepolitik. Zur Genese von
   Staatenkonflikten im Zeitalter des Absolutismus, Berlin 1979, S. 41–74,
   jeweils mit umfassenden Literaturhinweisen.
59 Zitiert nach *Max Braubach*, Versailles und Wien von Ludwig XIV. bis Kaunitz. Die Vorstadien der diplomatischen Revolution im 18. Jahrhundert,
   Bonn 1952, S. 344.
60 *Ludwig Dehio*, Um den deutschen Militarismus. Bemerkungen zu G. Rit-
   ters Buch: Staatskunst und Kriegshandwerk. Das Problem des «Militarismus» in Deutschland, zuletzt in: Militarismus, hrsg. von Volker R. Berg-
   hahn, Köln 1975, S. 218–235, hier S. 226. Vgl. ferner *Stephan Skalweit*,
   Das Problem von Recht und Macht im historiographischen Bild Friedrichs
   des Großen, in: *ders.*, Gestalten und Probleme der frühen Neuzeit. Ausgewählte Aufsätze, Berlin 1987, S. 155–172, und *Theodor Schieder*, Macht
   und Recht. Der Ursprung der Eroberung Schlesiens durch König Friedrich II. von Preußen, in: Hamburger Jahrbuch für Wirtschafts- und Ge-
   sellschaftspolitik (Festschrift Carl Jantke) 24 (1979), S. 235–251.
61 *Max Weber*, Wirtschaft und Gesellschaft. Grundriß der verstehenden Soziologie (Studienausgabe), Tübingen 1972, S. 520f.
62 *George P. Gooch*, Friedrich der Große. Herrscher – Schriftsteller – Mensch,
   Frankfurt/Main 1974, S. 20.
63 Vgl. *Julia Gross*, Das Bild Friedrichs II. im England des 19. Jahrhunderts
   anhand von Macaulay und Carlyle, in: FBPG NF 2 (1992), S. 47–121.
64 Zitiert nach der Übersetzung von Friedrich Bülau, abgedr. in: Thomas Babington Macaulays Kleine geschichtliche und biographische Schriften,
   Bd. 5, Leipzig 1858, S. 24f.
65 Im einzelnen *A. Alexich*, Die freiwilligen Aufgebote aus den Ländern der ungarischen Krone im ersten Schlesischen Krieg, in: Mittheilungen des K. und
   K. Kriegs-Archivs, NF 4 (1889), S. 113–193, und 5 (1891), S. 109–207.
66 *R. Koser*, Friedrich der Große, Bd. 1, S. 378; vgl. ferner hier und im folgenden *ders.*, Der Zerfall der Koalition gegen Maria Theresia, in: FBPG
   27 (1914), S. 169–188.

67 Vgl. die anschaulichen Schilderungen eines Zeitzeugen bei *Samuel Benedikt Carstedt*, Atzendorfer Chronik, bearb. von *Eduard Stegmann*, Magdeburg 1928, S. 287 ff. und 368 ff.

68 *R. Koser*, Friedrich der Große, Bd. 1, S. 380.

69 Zitiert bei *Chr. Duffy*, Friedrich der Große. Ein Soldatenleben, S. 72.

70 *O. Bardong* (Hrsg.), Friedrich der Große, S. 102 f.

71 *G. L. H. Valori*, Mémoires des Négociations du Marquis de Valori, 2 Bde., Paris 1820, hier Bd. 1, S. 154; zitiert nach *Chr. Duffy*, Friedrich der Große. Ein Soldatenleben, S. 67 f.

72 Das französische Original dieses Briefes befindet sich entgegen der fehlerhaften Angabe bei *O. Bardong* in: Œuvres, Bd. 18, S. 213 f.

73 Einzelheiten bei *R. Koser*, Friedrich der Große, Bd. 1, S. 396 ff.

74 Politische Correspondenz, Bd. 2, S. 270 f.

75 Ebd., S. 211 und 213, in Briefen an Podewils vom 20. und 23. Juni 1742.

76 *Chr. Duffy*, Friedrich der Große. Ein Soldatenleben, S. 88.

77 *G. L. H. Valori*, Mémoires des Négociations (Anm. 71), S. 204, zitiert nach *Chr. Duffy*, Friedrich der Große. Ein Soldatenleben, S. 88.

78 Brief vom 27. April 1745, in: *O. Bardong* (Hrsg.), Friedrich der Große, S. 124.

79 Brief vom 8. Mai 1745, in: Politische Correspondenz, Bd. 4, S. 149.

80 Ebd.

81 Brief vom 2. Mai 1745, in: Politische Correspondenz, Bd. 4, S. 144.

82 Politische Correspondenz, Bd. 4, S. 149.

83 Ebd., S. 148.

84 Brief vom 27. April 1745, in: *O. Bardong* (Hrsg.), Friedrich der Große, S. 124.

85 Solche eher fadenscheinigen Gründe nennt der König in der «Histoire de mon temps»; vgl. *Friedrich der Große*, Geschichte meiner Zeit, Werke, Bd. 1, S. 240.

86 *E. Lürßen*, Reinszenierung eines massiven Traumas, bes. S. 424 f.

87 *Friedrich der Große*, Geschichte meiner Zeit, Werke, Bd. 1, S. 240.

88 Vgl. *Hans-Wolfgang Bergerhausen*, Nur ein Stück Papier? Die Garantieerklärungen für die österreichisch-preußischen Friedensverträge von 1742 und 1745, in: Menschen und Strukturen in der Geschichte Alteuropas, hrsg. von Helmut Neuhaus und Barbara Stollberg-Rilinger, Berlin 2002, S. 267–278.

89 *Chr. Duffy*, Friedrich der Große. Ein Soldatenleben, S. 102.

90 Vgl. ausführlicher *J. Kunisch*, La guerre – c'est moi, S. 3 ff.

91 *Leopold von Ranke*, Die erste Bearbeitung der Geschichte der schlesischen Kriege von König Friedrich II., in: ders., Sämtliche Werke, Bd. 24, Leipzig 1885, S. 115–171. Das textkritische Interesse an der «Histoire de mon temps» erlebte um die Jahrhundertwende einen Höhepunkt und führte zu einer intensiven Debatte über die Entstehungs- und Überlieferungsgeschichte dieses der eigenen Zeitgeschichte gewidmeten Memoirenwerks; einen Überblick über die entsprechenden Forschungsbeiträge vermittelt

U. Muhlack, Geschichte und Geschichtsschreibung bei Voltaire und Friedrich dem Großen, S. 31 f. Vgl. zur Überlieferungsgeschichte auch *Gerhard Knoll*, Probleme eines Verzeichnisses der bis ca. 1800 erschienenen Drucke von Werken Friedrichs II., in: Friedrich II. und die europäische Aufklärung, hrsg. von Martin Fontius, Berlin 1999, S. 92.

92 *Friedrich der Große*, Geschichte meiner Zeit, Werke, Bd. 1, S. 268 ff.

93 Ebd., S. 240.

94 Ebd., S. 239.

95 Ebd., S. 236.

96 Œuvres, Bd. 28, S. 1–95; Werke, Bd. 6, S. 3–86.

97 *O. Bardong* (Hrsg.), Friedrich der Große, S. 149 f.

98 Das Zitat nach der durch den König selbst veranlaßten Übersetzung für seine Generalität, abgedruckt bei *A. v. Taysen* (Hrsg.), Friedrich der Große. Militärische Schriften, S. 84.

99 Da der Artikel (II) über die Feldzugspläne in die für seine Generalität bestimmte Fassung nicht aufgenommen wurde, zitiere ich hier nach der Übersetzung der deutschen Werkausgabe; vgl. Werke, Bd. 6, S. 10.

100 *A. v. Taysen* (Hrsg.), Friedrich der Große. Militärische Schriften, S. 86.

101 Vgl. im einzelnen *J. Kunisch*, Staatsverfassung und Mächtepolitik. Zur Genese von Staatenkonflikten im Zeitalter des Absolutismus, Berlin 1979; *ders.*, Hausgesetzgebung und Mächtesystem. Zur Einbeziehung hausvertraglicher Erbfolgeregelungen in die Staatenpolitik des ancien régime, in: *ders.* (Hrsg. in Zusammenarbeit mit Helmut Neuhaus), Der dynastische Fürstenstaat. Zur Bedeutung von Sukzessionsordnungen für die Entstehung des frühmodernen Staates, Berlin 1982, S. 49–80; *ders.*, Staatsbildung als Gesetzgebungsproblem. Zum Verfassungscharakter frühneuzeitlicher Sukzessionsordnungen, in: Gesetzgebung als Faktor der Staatsentwicklung, Berlin 1984, S. 63–88. Neuerdings *Wolfgang Weber*, Dynastie und Staatsbildung. Die Entfaltung des frühmodernen Fürstenstaates, in: *ders.* (Hrsg.), Der Fürst. Ideen und Wirklichkeiten in der europäischen Geschichte, Köln–Weimar–Wien 1998, S. 91–136.

102 Lex regia (1665), in der Übersetzung von Theodor Olshausen, abgedr. bei *Kersten Krüger*, Absolutismus in Dänemark. Ein Modell für Begriffsbildung und Typologie, in: Zeitschrift d. Gesellschaft für Schleswig-Holsteinische Geschichte 104 (1979), S. 171–206, hier S. 200.

103 Einzelheiten bei *Günther Stökl*, Das Problem der Thronfolgeordnung in Rußland, in: *J. Kunisch* (Hrsg.), Der dynastische Fürstenstaat (Anm. 101), S. 273–289, hier S. 277 f.

104 Lex regia (Anm. 102), S. 198.

105 Hier und im folgenden *J. Kunisch*, Friedrich der Große, Friedrich Wilhelm II. und das Problem der dynastischen Kontinuität im Hause Hohenzollern, in: Persönlichkeiten im Umkreis Friedrichs des Großen, hrsg. von dems., Köln–Wien 1988, S. 1–27.

106 *R. Dietrich* (Hrsg.), Die Politischen Testamente, S. 316 f.

107 *O. Bardong* (Hrsg.), Friedrich der Große, S. 96 f.

108 Vgl. im einzelnen *E. Lewy*, Die Verwandlungen Friedrichs des Großen, S. 757 ff. und S. 783 ff.; dort auch die Nachweise der Zimmermann-Zitate.

109 Abgedruckt bei *Hermann von Caemmerer* (Hrsg.), Die Testamente der Kurfürsten von Brandenburg und der beiden ersten Könige von Preußen, München–Leipzig 1915, S. 447–452, hier S. 448, § 3.

110 Ebd., S. 462.

111 *O. Bardong* (Hrsg.), Friedrich der Große, S. 385.

112 Ebd., S. 386.

113 Ebd., S. 386 f. Weitere wichtige Belege auch bei *G. B. Volz* (Hrsg.), Friedrich der Große im Spiegel seiner Zeit, Bd. 2, S. 29–39.

114 *O. Bardong* (Hrsg.), Friedrich der Große, S. 387 f.

115 Ebd., S. 112 f.

116 Zu den mechanistischen Aspekten der absolutistischen Staatsauffassung *Barbara Stollberg-Rilinger*, Der Staat als Maschine. Zur politischen Metaphorik des absoluten Fürstenstaates, Berlin 1986; zu Friedrich dem Großen im besonderen S. 62–75.

117 *R. Koser* (Hrsg.), Unterhaltungen mit Friedrich dem Großen. Memoiren und Tagebücher von Heinrich de Catt, S. 104; in deutscher Übersetzung bei *W. Schüßler* (Hrsg.), Friedrich der Große. Gespräche mit Catt, S. 149.

118 Ebd., S. 107 f. bzw. S. 155.

119 Ebd., S. 124 bzw. S. 181 f.

120 *Johann David Erdmann Preuß*, Friedrich der Große, Bd. 1, Berlin 1832, S. 449, und hier und im folgenden *Gustav Berthold Volz*, Der Plan einer Mitregentschaft des Prinzen Heinrich und Friedrichs des Großen «Exposé du gouvernement prussien» (1776), in: Hohenzollern-Jahrbuch 20 (1916), S. 175–189.

121 Politische Correspondenz, Bd. 17, S. 183.

122 *R. Dietrich* (Hrsg.), Die Politischen Testamente, S. 396 f.

123 Ebd., S. 396 ff.

124 Zitiert nach *A. v. Arneth*, Geschichte Maria Theresias, Bd. 5, S. 198 und 502; der entsprechende Brief ist nur in einer Abschrift erhalten. Vgl. auch *Th. Schieder*, Friedrich der Große, S. 190 und 210 f.

125 Politische Correspondenz, Bd. 18, S. 696. Vgl. auch *Ch. V. Easum*, Prinz Heinrich von Preußen, S. 172 ff., und *O. Herrmann*, Friedrich der Große im Spiegel seines Bruders Heinrich, in: Hist. Vjschr. 26 (1931), S. 365–379.

126 *Friedrich der Große*, Denkwürdigkeiten zur Geschichte des Hauses Brandenburg, in: Werke, Bd. 1, S. 221.

127 *Ders.*, Kritik der Abhandlung «Über die Vorurteile», in: Werke, Bd. 7, S. 255.

128 *Ders.*, Versuch über Regierungsformen und Herrscherpflichten, in: Werke, Bd. 7, S. 228.

129 Ebd., S. 229.

130 Vgl. *J. Kunisch*, Friedrich der Große, Friedrich Wilhelm II. und das Problem der dynastischen Kontinuität, S. 18 f. mit den Einzelnachweisen.

131 Politische Correspondenz, Bd. 30, S. 261.

132 Ebd., Bd. 32, S. 522.

133 Ebd., Bd. 37, S. 449.

134 Ebd., S. 458.

135 Ebd., S. 465.

136 Ebd., S. 476.

137 Ebd., Bd. 38, S. 339.

138 *Friedrich der Große*, Exposé du gouvernement prussien des principes sur lesquels il roule, avec quelques réflexions politiques, in: Œuvres, Bd. 9, S. 189 f.

139 Politische Correspondenz, Bd. 38, S. 97 f.

140 Ebd., Bd. 41, S. 543.

141 *Friedrich der Große*, Kritik des «Systems der Natur», in: Werke, Bd. 7, S. 268.

III. Die Jahre des Friedens

1 Umfassend informiert über die Bautätigkeit des Königs die Monographie von *Hans-Joachim Giersberg*, Friedrich als Bauherr. Studien zur Architektur des 18. Jahrhunderts in Berlin und Potsdam, Berlin 1986 (mit dem Nachweis der umfangreichen älteren Spezialliteratur), hier bes. S. 304 ff. Vgl. zum Gesamtzusammenhang *Johannes Kunisch*, Funktion und Ausbau der kurfürstlich-königlichen Residenzen in Brandenburg-Preußen im Zeitalter des Absolutismus, in: FBPG NF 3 (1993), S. 167–192.

2 Im einzelnen *Sibylle Badstübner-Gröger*, Aufgeklärter Absolutismus in den Bildprogrammen friderizianischer Architektur?, in: Friedrich II. und die europäische Aufklärung, hrsg. von Martin Fontius, Berlin 1999, S. 29–71.

3 Maßgeblich nach wie vor: *Willy Kurth*, Sanssouci. Ein Beitrag zur Kunst des deutschen Rokoko, Berlin 1962; das Zitat in: ders., Sanssouci. Seine Schlösser und Gärten, Berlin 1965, S. 36. Einen fundierten Überblick bietet auch *Friedrich Mielke*, Potsdamer Baukunst. Das klassische Potsdam, 2. Aufl., Berlin 1998, S. 36–83.

4 Mit guten Abbildungen *Peter-Michael Hahn*, Geschichte Potsdams von den Anfängen bis zur Gegenwart, München 2003.

5 Vgl. *Horst Drescher* und *Sibylle Badstübner-Gröger*, Das Neue Palais in Potsdam. Beiträge zum Spätstil der friderizianischen Architektur und Bauplastik, Berlin 1991.

6 *W. Kurth*, Sanssouci. Ein Beitrag zur Kunst des deutschen Rokoko (Anm. 3), S. 69.

7 Vgl. im einzelnen *Ute Daniel*, Hoftheater. Zur Geschichte des Theaters und der Höfe im 18. und 19. Jahrhundert, Stuttgart 1995, mit einer Fülle von Quellenbelegen und Literaturhinweisen.

8 *S. Badstübner-Gröger*, Aufgeklärter Absolutismus (Anm. 2), S. 43 ff.

9 *U. Daniel*, Hoftheater (Anm. 7), S. 66 ff.

10 Auf diese beiden Baumotive hat besonders *H.-J. Giersberg*, Friedrich als Bauherr (Anm. 1), S. 169 ff. und 223 ff., hingewiesen.

11 Im einzelnen *Johann Georg Prinz von Hohenzollern*, Fürstliches Sammeln, in: Friedrich der Große. Sammler und Mäzen, hrsg. von dems., München 1992, S. 11–32 (mit zahlreichen Einzelnachweisen).

12 *Helmut Börsch-Supan*, Friedrich der Große als Sammler von Gemälden, in: Friedrich der Große, Sammler und Mäzen, hrsg. von Johann Georg Prinz von Hohenzollern, München 1992, S. 96–103, hier S. 98 f.

13 Die Einzelheiten ebd. Vgl. ferner *Berthold Hinz*, Malerei, in: *J. Ziechmann* (Hrsg.), Panorama der Fridericianischen Zeit, S. 166–177.

14 Gespräche Friedrichs des Großen mit H. de Catt und dem Marchese Lucchesini, hrsg. und übersetzt von Fritz Bischoff, Leipzig 1885, S. 200.

15 *Helmut Börsch-Supan*, Watteau und Preußen, in: Bilder vom irdischen Glück, hrsg. von den Freunden der preußischen Schlösser und Gärten, Berlin 1983, S. 53–58.

16 *Ders.*, Fridericianisches Rokoko, in: *J. Ziechmann* (Hrsg.), Panorama der Fridericianischen Zeit, S. 197.

17 *Norbert Miller*, Der Spiegel von Arkadien, in: Bilder vom irdischen Glück, hrsg. von den Freunden der preußischen Schlösser und Gärten, Berlin 1983, S. 40–47, hier S. 46.

18 *H. Börsch-Supan*, Friedrich der Große als Sammler (Anm. 12), S. 100.

19 *Ders.*, ebd., und ausführlicher, *ders.*, Watteau und Preußen (Anm. 15), S. 55 f.

20 *B. Hinz*, Malerei (Anm. 13), S. 175.

21 Im einzelnen *Huberta Heres*, Die Antikensammlung Friedrichs des Großen in: Friedrich der Große als Sammler und Mäzen, hrsg. von Johann Georg Prinz von Hohenzollern, München 1992, S. 84–86; ferner *Klaus Parlasca*, Die Antiken-Sammlungen, in: *J. Ziechmann* (Hrsg.), Panorama der Fridericianischen Zeit, S. 163–166.

22 Den Forschungsstand zusammenfassend: Der Betende Knabe – Original und Experiment, hrsg. von Gerhard Zimmer und Nele Hackländer, Frankfurt/Main 1997. Eine kompetente Einführung bietet jetzt *Stephanie Gerlach*, Der Betende Knabe. Ein Werk aus dem Alten Museum – Antikensammlung Staatliche Museen zu Berlin Preußischer Kulturbesitz, Berlin 2002. Vgl. auch Kapitel I, in diesem Bd. S. 78.

23 Vgl. hier und im folgenden *Johannes Kunisch*, Friedrich der Große und die preußische Königskrönung von 1701, in: *ders.* (Hrsg.), Dreihundert Jahre Preußische Königskrönung. Eine Tagungsdokumentation, Berlin 2002, S. 265–284.

24 Œuvres, Bd. 1, S. 122 f., bzw. Werke, Bd. 1, S. 117 f. Zum Grundsätzlichen *Brunhilde Wehinger*, «Denkwürdigkeiten des Hauses Brandenburg». Friedrich der Große als Autor der Geschichte seiner Dynastie, in: *Günther Lottes* (Hrsg.), Vom Kurfürstentum zum «Königreich der Landstriche». Brandenburg-Preußen im Zeitalter von Absolutismus und Aufklärung, Berlin 2004, S. 137–174.

25 Im einzelnen *Volker Bauer*, Hofökonomie. Der Diskurs über den Fürsten-
   hof in Zeremonialwissenschaft, Hausväterliteratur und Kameralismus,
   Wien–Köln–Weimar 1997.
26 Œuvres, Bd. 8, S. 95.
27 *G. Dietrich* (Hrsg.), Die Politischen Testamente, S. 594.
28 *H. Pleschinski* (Hrsg.), Aus dem Briefwechsel Voltaire – Friedrich der
   Große, S. 184.
29 *O. Bardong* (Hrsg.), Friedrich der Große, S. 75.
30 *R. Dietrich* (Hrsg.), Die Politischen Testamente, S. 330f.
31 Zitiert nach *Albert Waddington*, L'Acquisition de la Couronne royale de
   Prusse par les Hohenzollern, Paris 1888, S. 428.
32 Einen Überblick vermittelt *Barbara Stollberg-Rilinger*, Zeremoniell, Ritual,
   Symbol. Neue Forschungen zur symbolischen Kommunikation in Spätmittelalter und Früher Neuzeit, in: ZHF 27 (2000), S. 389–405. Vgl. ferner auch *Gotthard Frühsorge*, Der Hof, der Raum, die Bewegung. Gedanken zur Neubewertung des europäischen Hofzeremoniells, in: Euphorion
   82 (1988), S. 424–429, *ders.*, Prolegomena einer Zeremonialwissenschaft
   in sittengeschichtlicher Absicht, in: Euphorion 86 (1992), S. 355–361.
33 *Barbara Stollberg-Rilinger*, Höfische Öffentlichkeit. Zur zeremoniellen
   Selbstdarstellung des brandenburgischen Hofes vor dem europäischen Publikum, in: FBPG NF 7 (1997), S. 145–176, hier S. 171; vgl. ferner *dies.*,
   Die zeremonielle Inszenierung des Reiches, oder: Was leistet der kultu-
   ralistische Ansatz für die Reichsverfassungsgeschichte?, in: Imperium Ro-
   manum – irregulare corpus – Teutscher Reichs-Staat. Das Alte Reich im
   Verständnis der Zeitgenossen und der Historiographie, hrsg. von Matthias
   Schnettger, Mainz 2002, S. 233–246, bes. S. 238f.; *dies.*, Die Wissenschaft
   der feinen Unterschiede. Das Präzedenzrecht und die europäischen
   Monarchien vom 16. bis zum 18. Jahrhundert, in: Majestas 10 (2003),
   S. 125–150.
34 Im einzelnen *Milos Več*, Zeremonialwissenschaft im Fürstenstaat. Studien
   zur juristischen und politischen Theorie absolutistischer Herrschaftsrepä-
   sentation, Frankfurt am Main 1998 (mit umfassenden Literaturhinweisen).
   Vgl. ferner *Barbara Stollberg-Rilinger*, Honores regii. Die Königswürde im
   zeremoniellen Zeichensystem der Frühen Neuzeit, in: *J. Kunisch* (Hrsg.),
   Dreihundert Jahre Preußische Königskrönung, Berlin 2002, S. 1–26, und
   André Holenstein, Huldigung und Herrschaftszeremoniell im Zeitalter des
   Absolutismus und der Aufklärung, in: *Klaus Gerteis* (Hrsg.), Zum Wandel
   von Zeremoniell und Gesellschaftsritualen in der Zeit der Aufklärung:
   Aufklärung 6/2 (1992), S. 21–46.
35 *Peter-Michael Hahn*, Der Hof Friedrichs III./I. um 1700 im Spiegel der
   Hofjournale seines Zeremonienmeisters Johann von Besser, in: Preußen
   1701. Eine europäische Geschichte hrsg. vom Deutschen Historischen
   Museum und der Stiftung Preußische Schlösser und Gärten, Berlin 2001
   (Ausstellungskatalog), Bd. 2 (Essays), S. 57–67. Ferner *Bernd Sösemann*,
   Zeremoniell und Inszenierung. Öffentlichkeit und dynastisch-höfische

Selbstdarstellung in der preußischen Krönung und den Jubiläumsfeiern (1701–1851), in: *ders.* (Hrsg.), Kommunikation und Medien in Preußen vom 16. bis zum 19. Jahrhundert, Stuttgart 2002, S. 85–135.

36 Vgl. vor allem die maßgeblichen zeremonialwissenschaftlichen Kompendien: *Johann Christian Lünig*, Theatrum Ceremoniale Historico-Politicum [...], 2 Bde., Leipzig 1719/20, und *Julius Bernhard von Rohr*, Einleitung zur Ceremoniel-Wissenschafft der grossen Herren [...], 2. Aufl., Berlin 1733, ND hrsg. und kommentiert von Monika Schlechte, Weinheim 1990. Zu Rohr im besonderen vgl. *Wolfgang Weber*, J. B. von Rohrs «Ceremoniel-Wissenschafft» (1728/29) im Kontext der frühneuzeitlichen Sozialdisziplinierung, in: Zeremoniell als höfische Ästhetik in Spätmittelalter und Früher Neuzeit, hrsg. von *Jörg Jochen Berns* und *Thomas Rahn*, Tübingen 1995, S. 1–20.

37 *Christian Wolff*, Vernünfftige Gedancken Von dem Gesellschaftlichen Leben der Menschen Und insonderheit Dem gemeinen Wesen zu Beförderung der Glückseligkeit des menschlichen Geschlechts, Frankfurt–Leipzig 1721, S. 466.

38 *Milos Vec*, Das preußische Zeremonialrecht. Eine Zerfallsgeschichte, in: *Patrick Bahners* und *Gerd Roellecke (Hrsg.), Preußische Stile. Ein Staat als Kunststück*, Stuttgart 2001, S. 101–113, hier S. 102.

39 Dazu jetzt *Heinz Duchhardt*, ‹Petite Majesté› oder unterschätzter Architekt? Ein Barockfürst in seiner Zeit, in: Preußen 1701. Eine europäische Geschichte (Anm. 35), Bd. 2 (Essays), S. 47–56. Vor allem B. *Stollberg-Rilinger*, Honores regii (Anm. 34).

40 Diesen Gedanken weiterführend *Johannes Kunisch*, Kurfürst Friedrich Wilhelm und die Großen Mächte, in: Ein sonderbares Licht in Teutschland. Beiträge zur Geschichte des Großen Kurfürsten (1640–1688), hrsg. von Gerd Heinrich (ZHF, Beiheft 8), Berlin 1990, S. 9–32.

41 Œuvres, Bd. 1, S. 102.

42 Umfassend dazu *Reinhold Koser*, Vom Berliner Hofe um 1750, in: Hohenzollern-Jb. 7 (1903), S. 1–37, hier bes. S. 3 f.

43 *Karl Eduard Schmidt-Lötzen* (Hrsg.), 30 Jahre am Hofe Friedrichs des Großen. Aus den Tagebüchern des Reichsgrafen Ernst Ahasverus Heinrich von Lehndorff, Gotha 1907, S. 41, vgl. ferner auch S. 20 und 184 f.

44 Zitiert nach R. *Koser*, Vom Berliner Hofe um 1750 (Anm. 42), S. 3.

45 Brief Friedrichs an Wilhelmine von Bayreuth vom 16. Oktober 1751, in: Politische Correspondenz, Bd. 8, S. 481.

46 Einzelheiten bei R. *Koser*, Vom Berliner Hofe um 1750 (Anm. 42), S. 2 ff.

47 Politische Correspondenz, Bd. 17, S. 183.

48 Œuvres, Bd. 6, S. 215.

49 Vgl. z.B. *Uwe Steiner*, Triumphale Trauer. Die Trauerfeierlichkeiten aus Anlaß des Todes der ersten preußischen Königin in Berlin im Jahre 1705, in: FBPG NF 11 (2001), S. 23–52.

50 Œuvres, Bd. 1, S. 229 f.

51 R. *Dietrich* (Hrsg.), Die Politischen Testamente, S. 482 f.

52 *Reinhart Koselleck*, Kritik und Krise. Ein Beitrag zur Pathogenese der bürgerlichen Welt, Freiburg–München 1959. Aus einer Fülle neuerer Literatur sei ferner verwiesen auf: Über den Prozeß der Aufklärung in Deutschland im 18. Jahrhundert. Personen, Institutionen und Medien, hrsg. von Hans Erich Bödeker und Ulrich Herrmann, Göttingen 1987. Umfassend für die Entwicklung in Preußen *Horst Möller*, Aufklärung in Preußen. Der Verleger, Publizist und Geschichtsschreiber Friedrich Nicolai, Berlin 1974.

53 Vor allem *Carl Hinrichs*, Preußentum und Pietismus. Der Pietismus in Brandenburg-Preußen als religiös-soziale Reformbewegung, Göttingen 1971, und neuerdings *Notker Hammerstein* (Hrsg.), Universitäten und Aufklärung, Göttingen 1995.

54 Noch immer maßgeblich *Adolf von Harnack*, Geschichte der Königlich Preußischen Akademie der Wissenschaften, hier Bd. 1, Berlin 1900.

55 *Karl-Georg Faber*, Zum Verhältnis von Absolutismus und Wissenschaft. Abhandlungen der Akademie der Wissenschaften und der Literatur Mainz, Wiesbaden 1983, S. 18.

56 Pierre Louis Moreau de Maupertuis. Eine Bilanz nach 300 Jahren, hrsg. von *Hartmut Hecht*, Berlin 1999. Das Berufungsschreiben des Königs aus dem Juni 1740 bei *O. Bardong* (Hrsg.), Friedrich der Große, S. 84 f.

57 Vgl. zur Bedeutung Condorcets *Rolf Reichardt*, Reform und Revolution bei Condorcet. Ein Beitrag zur späten Aufklärung in Frankreich, Bonn 1973.

58 Aus der Fülle neuerer Untersuchungen zu diesem Themenkomplex: Deutsche patriotische und gemeinnützige Gesellschaften, hrsg. von Rudolf Vierhaus, München 1980. Grundlegend auch nach wie vor *Thomas Nipperdey*, Verein als soziale Struktur in Deutschland im späten 18. und frühen 19. Jahrhundert. Eine Fallstudie zur Modernisierung, in: *ders.*, Gesellschaft, Kultur, Theorie. Gesammelte Aufsätze zur neueren Geschichte, Göttingen 1976, S. 174–205.

59 Vgl. *Günter Birtsch*, Reformabsolutismus und Gesetzesstaat. Rechtsauffassung und Justizpolitik Friedrichs des Großen, in: Reformabsolutismus und ständische Gesellschaft. Zweihundert Jahre Preußisches Allgemeines Landrecht, hrsg. von dems. und Dietmar Willoweit, Berlin 1998, S. 47–62 (mit weiterer Literatur). Vgl. ferner *Eberhard Schmidt*, Staat und Recht in Theorie und Praxis Friedrichs des Großen, in: ders., Beiträge zur Geschichte des preußischen Rechtsstaates, Berlin 1980, S. 150–209, und *ders.*, Die Justizpolitik Friedrichs des Großen, ebd., S. 305–323, und *Werner Ogris*, Friedrich der Große und das Recht, zuletzt in: ders., Elemente europäischer Rechtskultur. Aufsätze zur Rechtsgeschichte aus den Jahren 1961–2003, hrsg. von Thomas Olechowski, Wien 2003, S. 165–216.

60 *R. Dietrich* (Hrsg.), Die Politischen Testamente, S. 256 f. Vgl. dazu auch *Gerd Kleinheyer*, Friedrich der Große und die Rechtspflege, in: Festschrift für Hans Friedhelm Gaul zum 70. Geburtstag, hrsg. von Eberhard Schilken u. a., Bielefeld 1997, S. 301–315.

61 *R. Dietrich* (Hrsg.), Die Politischen Testamente, S. 256 f.

62 Ebd., S. 464 f.

63 Instruktiv noch immer *Adolf Trendelenburg*, Friedrich der Große und sein Großkanzler Samuel von Cocceji. Beitrag zur Geschichte der ersten Justizreform und des einschlagenden Naturrechts, in: *ders.*, Kleine Schriften, 2 Bde., Leipzig 1871, hier Bd. 1, S. 159–240.

64 *Heinz Mohnhaupt*, Zur Kodifikation des Prozessrechts in Brandenburg-Preußen: Samuel von Coccejis «Project des Codicis Fridericiani Marchici», in: Menschen und Strukturen in der Geschichte Alteuropas, hrsg. von Helmut Neuhaus und Barbara Stollberg-Rilinger, Berlin 2002, S. 279–297.

65 Vgl. G. *Kleinheyer*, Friedrich der Große und die Rechtspflege (Anm. 60), S. 302 f. Vgl. auch *Klaus Luig*, Zivilrecht und Zivilrechtspflege, in: *J. Ziechmann* (Hrsg.), Panorama der Fridericianischen Zeit, S. 375–385.

66 Vgl. etwa *Peter-Michael Hahn*, Die Gerichtspraxis der altständischen Gesellschaft im Zeitalter des «Absolutismus». Die Gutachtertätigkeit der Helmstedter Juristenfakultät für die brandenburgisch-preußischen Territorien 1675–1710, Berlin 1989; dazu auch die Rezension von *Wolfgang Sellert*, in: Göttingische Gelehrte Anzeigen 243 (1991), S. 125–142.

67 Acta Borussica, Bd. 16, Teil 2, bearb. von Peter Baumgart und Gerd Heinrich, Hamburg–Berlin 1982, Nr. 455, S. 584.

68 G. *Dietrich* (Hrsg.), Die Politischen Testamente, S. 462–465.

69 G. *Birtsch*, Reformabsolutismus und Gesetzesstaat (Anm. 59), S. 48.

70 *Eberhard Schmidt*, Johann Heinrich Casimir von Carmer, in: *ders.*, Beiträge zur Geschichte des preußischen Rechtsstaates, Berlin 1980, S. 324–330.

71 *Otto Hintze*, Friedrich der Große und die preußischen Justizreformen des 18. Jahrhunderts, in: Recht und Wirtschaft. Monatsschrift der Vereinigung zur Förderung zeitgemäßer Rechtspflege und Verwaltung 1 (1912), S. 129–135, hier S. 134.

72 *Franz Wieacker*, Privatrechtsgeschichte der Neuzeit unter besonderer Berücksichtigung der deutschen Entwicklung, 2., neubearb. Aufl., Göttingen 1967, S. 332.

73 Umfassend *Malte Dieselhorst*, Die Prozesse des Müllers Arnold und das Eingreifen Friedrichs des Großen, Göttingen 1984 (mit umfangreichem Quellenanhang).

74 Acta Borussica, Bd. 16, Teil 2 (Anm. 67), Nr. 448, S. 573.

75 Zitiert nach M. *Dieselhorst*, Die Prozesse des Müllers Arnold (Anm. 73), S. 82.

76 Acta Borussica, Bd. 16, Teil 2 (Anm. 67), Nr. 450, S. 575 ff., hier S. 576 f.

77 Zitiert nach G. *Kleinheyer*, Friedrich der Große und die Rechtspflege (Anm. 60), S. 311.

78 *Eberhard Schmidt*, Rechtssprüche und Machtsprüche der preußischen Könige des 18. Jahrhunderts, in: *ders.*, Beiträge zur Geschichte des preußischen Rechtsstaates, Berlin 1980, S. 210–246, hier S. 223 ff.

79 Vgl. die «Immediat-Instruction für Großkanzler v. Carmer» vom 25. Dezember 1779: «Prompte und unpartheiische Justiz», in: Acta Borussica, Bd. 16, Teil 2 (Anm. 67), S. 584–587. – Aus der Fülle der einschlägigen

Literatur zum «ALR» sei hier nur angeführt: Reformabsolutismus und ständische Gesellschaft. Zweihundert Jahre Preußisches Allgemeines Landrecht, hrsg. von Günter Birtsch und Dietmar Willoweit, Berlin 1998.

80 *G. Birtsch*, Reformabsolutismus und Gesetzesstaat (Anm. 59), S. 57.

81 Jetzt umfassend: *Andreas Schwennicke*, Die Entstehung der Einleitung des Preußischen Allgemeinen Landrechts von 1794, Frankfurt/Main 1993, und *Eckhart Hellmuth*, Naturrechtsphilosophie und bürokratischer Werthorizont. Studien zur preußischen Geistes- und Sozialgeschichte des 18. Jahrhunderts, Göttingen 1985.

82 Zitiert nach *G. Birtsch*, Reformabsolutismus und Gesetzesstaat (Anm. 59), S. 60.

83 Ebd., S. 59.

84 Im einzelnen *Günter Birtsch*, Die Berliner Mittwochsgesellschaft, in: Über den Prozeß der Aufklärung in Deutschland im 18. Jahrhundert. Personen, Institutionen und Medien, hrsg. von Hans Erich Bödeker und Ulrich Herrmann, Göttingen 1987, S. 94–112, und *Eckhart Hellmuth*, Aufklärung und Pressefreiheit. Zur Debatte der Berliner Mittwochsgesellschaft während der Jahre 1783 und 1784, in: ZHF 9 (1982), S. 315–345.

85 Hier und im folgenden *Johannes Kunisch*, Henri de Catt, Vorleser und Gesprächspartner Friedrichs des Großen. Versuch einer Typologie, zuletzt in: Zeitenwende? Preußen um 1800, hrsg. von Eckhart Hellmuth u. a., Stuttgart 1999, S. 229–250, mit umfassenden Einzelnachweisen.

86 Maßgeblich immer noch *Theodor Schieder*, Der Typus in der Geschichtswissenschaft, zuletzt in: *ders.*, Staat und Gesellschaft im Wandel unserer Zeit. Studien zur Geschichte des 19. und 20. Jahrhunderts, 3. Aufl., München 1974, S. 172–187. Konkreter: Der Mensch der Aufklärung, hrsg. von Michel Vovelle, Frankfurt/Main 1996.

87 *Tobias Garst*, Ein Vorstoß zur Erneuerung der Grabmalkunst. Das Algarotti-Monument im Camposanto zu Pisa und der Beitrag Friedrichs des Großen, in: FBPG NF 12 (2002), S. 175–209.

88 Vgl. vor allem den aufschlußreichen Briefwechsel: *Johannes Richter* (Hrsg.), Die Briefe Friedrichs des Großen an seinen vormaligen Kammerdiener Fredersdorf, Berlin 1926.

89 Umfassend jetzt *Jens Häseler*, Ein Wanderer zwischen den Welten. Charles Etienne Jordan (1700–1745), Sigmaringen 1993.

90 Œuvres, Bd. 23, S. 50.

91 Friedrich der Große, Gespräche mit Catt, S. 28.

92 *Christian Wilhelm von Dohm*, Denkwürdigkeiten meiner Zeit oder Beiträge zur Geschichte vom letzten Viertel des achtzehnten und vom Anfang des neunzehnten Jahrhunderts 1778 bis 1806, 5 Bde., Lemgo–Hannover 1814–1819, hier Bd. 5, S. 193.

93 Vgl. *Wolfgang Neugebauer*, Hof und politisches System in Brandenburg-Preußen: Das 18. Jahrhundert, in: Jb. für die Geschichte Mittel- und Ostdeutschlands 46 (2000), S. 139–169, hier S. 152 ff.

94 Vgl. *Melle Klinkenborg*, Die Stellung des Hauses Finckenstein am preußischen Hofe im 17. und 18. Jahrhundert, in: Hohenzollern-Jb. 17 (1913), S. 156–172.

95 Grundlegend *Christiane Mervaud*, Voltaire et Frédéric II: une dramaturgie des lumières 1736–1778, Oxford 1985, hier S. 181 ff., mit umfassenden Quellen- und Literaturnachweisen; *dies.*, Der Briefwechsel mit Voltaire, in: *J. Ziechmann* (Hrsg.), Panorama der Fridericianischen Zeit, S. 259–265. Ferner *Walter Münch*, Voltaire und Friedrich der Große. Das Drama einer denkwürdigen Freundschaft. Eine Studie zur Literatur, Politik und Philosophie des XVIII. Jahrhunderts, Stuttgart–Berlin 1943. Vgl. auch den Ausstellungskatalog: Friedrich der Große und Voltaire. Ein Dialog in Briefen, Potsdam 2000.

96 Detailliert informierend *André Magnan*, Dossier Voltaire en Prusse (1750–1753), Oxford 1986, mit Bibliographie und chronologischer Tabelle. Die autobiographische, überaus subjektive Sicht Voltaires über seinen Aufenthalt am Hof Friedrichs des Großen: *Voltaire*, Über den König von Preußen. Memoiren, hrsg. und übersetzt (und ausführlich kommentiert) von Anneliese Botond, Frankfurt/Main 1967.

97 Brief vom 7. Oktober 1743, in: Briefwechsel Friedrichs des Großen mit Voltaire, hrsg. von R. Koser und H. Droysen, Bd. 2, S. 196 f.

98 In deutscher Übersetzung bei *H. Pleschinski* (Hrsg.), Aus dem Briefwechsel Voltaire – Friedrich der Große, S. 343 f.

99 In deutscher Übersetzung, in: Friedrich der Große und Wilhelmine von Baireuth (Briefwechsel), hrsg. von G. B. Volz und F. von Oppeln-Bronikowski, hier Bd. 2, Berlin-Leipzig 1926, S. 193.

100 *H. Pleschinski* (Hrsg.), Aus dem Briefwechsel Voltaire – Friedrich der Große, S. 354.

101 Ebd., S. 280.

102 Im einzelnen *Martin Fontius*, Voltaire in Berlin. Zur Geschichte der bei G. C. Walther veröffentlichten Werke Voltaires, Berlin 1966.

103 Brief vom 24. Februar 1751, in: *H. Pleschinski* (Hrsg.), Aus dem Briefwechsel Voltaire – Friedrich der Große, S. 350.

104 Brief vom 28. Februar, ebd., S. 352.

105 Brief aus dem Dezember 1752, ebd., S. 366. Das «Machwerk» Voltaires, so nannte es Friedrich, war übrigens die einzige Schrift, die während der Herrschaft des Königs öffentlich verbrannt wurde.

106 Brief vom 16. März 1754, ebd., S. 378 f.

107 Brief vom 19. April 1753, ebd., S. 370 f.

108 *Ernst Hinrichs*, Aus der Distanz der Philosophen. Zum Briefwechsel zwischen Voltaire und Friedrich II., in: *ders.* u. a. (Hrsg.), «Pardon, mon cher Voltaire…». Drei Essays zu Voltaire in Deutschland, Göttingen 1996, S. 9–47.

109 Brief vom 10. Juni 1759, in: *H. Pleschinski* (Hrsg.), Aus dem Briefwechsel Voltaire – Friedrich der Große, S. 410.

110 Zitiert nach: *Otto Haintz*, Peter der Große, Friedrich der Große und Voltaire. Zur Entstehungsgeschichte von Voltaires «Histoire de l'empire de

Russie sous Pierre le Grand» (Abhandlungen der Akademie der Wissenschaften und der Literatur Mainz, 1961/5), Wiesbaden 1962, S. 540.
111 *Th. Schieder*, Friedrich der Große, S. 454.
112 *Chr. Mervaud*, Der Briefwechsel mit Voltaire (Anm. 95), S. 261 ff.
113 Œuvres, Bd. 23, S. 87.
114 *H. Pleschinski* (Hrsg.), Aus dem Briefwechsel Voltaire – Friedrich der Große, S. 556.
115 Vgl. die bibliographischen Einzelheiten in: Miszellaneen zur Geschichte König Friedrichs des Großen, S. 76 f.
116 *H. Pleschinski* (Hrsg.), Aus dem Briefwechsel Voltaire – Friedrich der Große, S. 562.
117 Ebd., S. 572 f.

IV. Der große Krieg

1 Im einzelnen *Lothar Schilling*, Kaunitz und das Renversement des alliances. Studien zur außenpolitischen Konzeption Wenzel Antons von Kaunitz, Berlin 1994; vgl. ferner *Grete Klingenstein* und *Franz A. J. Szabo* (Hrsg.), Wenzel Anton Fürst Kaunitz-Rietberg, 1711–1794. Neue Perspektive zu Politik und Kultur der europäischen Aufklärung, Graz u. a. 1996.
2 Denkschrift des Grafen Kaunitz zur mächtepolitischen Konstellation nach dem Aachener Frieden von 1748, bearb. von Reiner Pommerin und Lothar Schilling, in: Expansion und Gleichgewicht. Studien zur europäischen Mächtepolitik des ancien régime, hrsg. von Johannes Kunisch, Berlin 1986, S. 165–239, hier S. 196–201.
3 *Joseph A. Schumpeter*, Zur Soziologie der Imperialismus, zuletzt, in: *ders.*, Aufsätze zur Soziologie, Tübingen 1953, S. 72–146, hier S. 116 f.
4 Denkschrift des Grafen Kaunitz (Anm. 2), S. 208.
5 Ebd.
6 Ebd., S. 209.
7 Ebd., S. 208.
8 Ebd., S. 209.
9 Ansicht des Fürsten Kaunitz über die militärische und politische Lage Österreichs vom 7. September 1778, abgedr. bei *Karl Otmar Frhr. von Aretin*, Heiliges Römisches Reich 1776–1806. Reichsverfassung und Staatssouveränität, 2 Bde., Wiesbaden 1967, Bd. 2, S. 2.
10 Denkschrift des Grafen Kaunitz (Anm. 2), S. 225, vgl. auch S. 229.
11 Vgl. hierzu und im folgenden *Johannes Kunisch*, Die große Allianz der Gegner Preußens im Siebenjährigen Krieg, in: Europa im Zeitalter Friedrichs des Großen, hrsg. von Bernhard R. Kroener, S. 79–97, mit weiterführenden Literaturhinweisen. Vgl. ferner *Lothar Schilling*, Wie revolutionär war die diplomatische Revolution? Überlegungen zum Zäsurcharakter des Bündniswechsels von 1756, in: FBPG NF 6 (1996), S. 163–202, wiederum mit umfassenden Literaturhinweisen.

12 Zitiert bei *Reiner Pommerin*, Bündnispolitik und Mächtesystem. Österreich und der Aufstieg Rußlands im 18. Jahrhundert, in: Expansion und Gleichgewicht. Studien zur europäischen Mächtepolitik des ancien régime, hrsg. von J. Kunisch, Berlin 1986, S. 113–164, hier S. 131.

13 Ebd., S. 145 f. und 149 f.

14 Kaunitz an Esterhazy, 22. Mai 1756, abgedr. in: *Gustav Berthold Volz* und *Georg Küntzel* (Hrsg.), Preußische und österreichische Acten zur Vorgeschichte des Siebenjährigen Krieges, ND der Ausgabe von 1899, Osnabrück 1965, S. 369.

15 Maria Theresia an Esterhazy, 31. Oktober 1756, ebd. S. 629.

16 *Gerhard von Scharnhorst*, Entwicklung der allgemeinen Ursachen des Glücks der Franzosen in dem Revolutionskriege und insbesondere in dem Feldzuge von 1794, in: *Frhr. von der Goltz* (Hrsg.), Scharnhorst. Ausgewählte militärische Schriften, Berlin 1881, S. 192–242, hier S. 237.

17 Zitiert bei *R. Pommerin*, Bündnispolitik und Mächtesystem (Anm. 12), S. 150.

18 Einzelheiten bei *J. Kunisch*, Das Mirakel des Hauses Brandenburg. Studien zum Verhältnis von Kabinettspolitik und Kriegführung im Zeitalter des Siebenjährigen Krieges, München–Wien 1978.

19 Staats-Betrachtungen über gegenwärtigen preußischen Krieg in Teutschland, abgedr. in: *J. Kunisch* (Hrsg.), Aufklärung und Kriegserfahrung, S. 665 f. und 688.

20 Abgedr. in: *Rudolf Graf Khevenhüller* und *Hanns Schlitter* (Hrsg.), Aus der Zeit Maria Theresias. Tagebuch des Fürsten Johann Josef Khevenhüller-Metsch, kaiserlichen Oberhofmeisters, 1742–1776, Bd. 6: 1764–1767, Wien–Leipzig–Berlin 1908, S. 170.

21 *Friedrich der Große*, Réflexions sur la tactique, in: *J. Kunisch* (Hrsg.), Aufklärung und Kriegserfahrung, S. 542 f.

22 Ebd., S. 520 ff.

23 Ebd., S. 540–543.

24 Im einzelnen *Dieter Ernst Bangert*, Die russisch-österreichische militärische Zusammenarbeit im Siebenjährigen Krieg in den Jahren 1758–1759, Boppard 1971.

25 Berichte der österreichischen Botschafter am russischen Hof 1762 (Russkoe Istoricheskoe Obshchestvo Sbornik, Bd. 18), ND der Ausgabe von 1876, Nendeln 1971, S. 114 f.

26 Ebd., S. 294 f.

27 *Friedrich der Große*, Réflexions sur la tactique, in: *J. Kunisch* (Hrsg.), Aufklärung und Kriegserfahrung, S. 540 f.

28 Ebd., S. 540–543.

29 *Marquis de Sylva*, Gedanken über die Taktik und Strategik, oder wahre Grundsätze der Kriegswissenschaft. Aus dem Französischen übersetzt, Breslau 1780, S. 252 ff.

30 Staats-Betrachtungen über gegenwärtigen preußischen Krieg in Teutschland, in: *J. Kunisch* (Hrsg.), Aufklärung und Kriegserfahrung, S. 671.

31　Ebd., S. 710.

32　Abgedr. in: *Rudolf Graf Khevenhüller* und *Hans Schlitter* (Hrsg.), Aus der Zeit Maria Theresias [...] (Anm. 20), S. 471.

33　Im einzelnen *Johannes Kunisch*, Der kleine Krieg. Studien zum Heerwesen des Absolutismus, Wiesbaden 1973.

34　Zitiert nach *A. Bisset* (Hrsg.), Memoirs and Papers of Sir Andrew Mitchell, Bd. 1, S. 366.

35　*Gordon A. Craig*, Probleme des Kommandos und der Stäbe in der österreichischen Armee 1740–1866, zuletzt in: *ders.*, Krieg, Politik und Diplomatie, Wien–Hamburg 1968, S. 13–36, hier S. 20 f.

36　*Grete Klingenstein*, Institutionelle Aspekte der österreichischen Außenpolitik im 18. Jahrhundert, in: Diplomatie und Außenpolitik Österreichs. Elf Beiträge zu ihrer Geschichte, hrsg. von Erich Zöllner, Wien 1977, S. 74–93.

37　*Friedrich Walter*, Kaunitz' Eintritt in die innere Politik. Ein Beitrag zur Geschichte in den Jahren 1760/61, in: MIÖG 46 (1932), S. 37–79, mit weiterer Literatur.

38　*John L. H. Keep*, Die russische Armee im Siebenjährigen Krieg, in: Europa im Zeitalter Friedrichs des Großen. Wirtschaft, Gesellschaft, Kriege, hrsg. von Bernhard R. Kroener, München 1989, S. 133–169, mit umfangreichen Literaturhinweisen.

39　*Carl von Clausewitz*, Vom Kriege, hrsg. von Werner Hahlweg, 18. Aufl., Bonn 1973, S. 409.

40　*G. v. Scharnhorst*, Ursachen des Glücks der Franzosen in dem Revolutionskriege [...] (Anm. 16), S. 197.

41　Vortrag des Fürsten Kaunitz vom 24. Januar 1767, abgedr. in: *Rudolf Graf Khevenhüller* und *Hanns Schlitter* (Hrsg.), Aus der Zeit Maria Theresias [...] (Anm. 20), S. 470 f.

42　*Carl von Clausewitz*, Über Koalitionen. Als Anhang abgedruckt bei *Hans Rothfels*, Carl von Clausewitz, Politik und Krieg. Eine ideengeschichtliche Studie, Berlin 1920, S. 198–201, hier S. 200.

43　*R. Dietrich* (Hrsg.), Die Politischen Testamente, S. 322 f.

44　Ebd., S. 484 f.

45　Ebd., S. 482.

46　Maßgeblich für den Gesamtkomplex der friderizianischen Kriegsfinanzierung nach wie vor *Reinhold Koser*, Die preußischen Finanzen im Siebenjährigen Krieg, in: FBPG 13 (1900), S. 153–217 und S. 329–375. Einen umfassenden Überblick – auch über die ältere Literatur – bietet jetzt *Peter Blastenbrei*, Der König und das Geld. Studien zur Finanzpolitik Friedrichs II. von Preußen, in: FBPG NF 6 (1996), S. 55–82. Im europäischen Vergleich: *Bernhard R. Kroener*, Herrschaftsverdichtung als Kriegsursache. Wirtschaft und Rüstung der europäischen Großmächte im Siebenjährigen Krieg, in: Wie Kriege entstehen. Zum historischen Hintergrund von Staatenkonflikten, hrsg. von Bernd Wegner, Paderborn u. a. 2000, S. 145–173. Zum grundsätzlichen *Wolfgang Reinhard*, Kriegsstaat – Steuerstaat –

Machtstaat, in: Der Absolutismus – ein Mythos? Strukturwandel monarchischer Herrschaft in West- und Mitteleuropa (ca. 1550–1700), hrsg. von Ronald G. Asch und Heinz Duchhardt, Köln–Weimar–Wien 1996, S. 277–310; *Norbert Winnige*, Von der Kontribution zur Akzise. Militärfinanzierung als Movens staatlicher Steuerpolitik, in: *Bernhard R. Kroener – Ralf Pröve* (Hrsg.), Krieg und Frieden. Militär und Gesellschaft in der frühen Neuzeit, Paderborn 1996, S. 59–83. Vgl. ferner auch *Wolfgang Neugebauer*, Staat – Krieg – Korporation. Zur Genese politischer Strukturen im 17. und 18. Jahrhundert, in: Hjb. 123 (2003), S. 197–137, mit umfassenden Literaturhinweisen.

47 *R. Koser*, Die preußischen Finanzen (Anm. 46), S. 360, und *P. Blastenbrei*, Der König und das Geld (Anm. 46), S. 60.

48 Vgl. zu den in Finanzgeschäften tätigen Juden und zu ihrer gesellschaftlichen und rechtlichen Stellung im Berlin der fridericianischen Zeit umfassend informierend *Selma Stern*, Der preußische Staat und die Juden, 4 Bde., hier im besonderen Bd. 3/1, Tübingen 1971, S. 43–68 und bes. S. 227–254; ferner *dies.*, Der Hofjude im Zeitalter des Absolutismus. Ein Beitrag zur europäischen Geschichte im 17. und 18. Jahrhundert (Erstveröffentlichung 1950), aus dem Englischen übertragen, kommentiert und hrsg. von Marina Sassenberg, Tübingen 2001. Grundlegend auch *Stefi Jersch-Wenzel*, Juden und «Franzosen» in der Wirtschaft des Raumes Berlin-Brandenburg zur Zeit des Merkantilismus, Berlin 1978. Vgl. neben dem grundlegenden Aufsatz von *Peter Baumgart*, Absoluter Staat und Judenemanzipation in Brandenburg-Preußen, in: Jb. für die Geschichte Mittel- und Ostdeutschlands 13/14 (1965), S. 60–87, jetzt auch *Friedrich Battenberg*, Hofjuden in Residenzstädten der Frühen Neuzeit, in: Juden in der Stadt, hrsg. von Fritz Mayrhofer und Ferdinand Oppl, Linz 1999, S. 297–325, mit weiteren Literaturhinweisen.

49 Im einzelnen *Jörg K. Hoensch*, Friedrichs II. Währungsmanipulationen im Siebenjährigen Krieg und ihre Auswirkungen auf die polnische Münzreform von 1765/66, in: Jb. für die Geschichte Mittel- und Ostdeutschlands 22 (1973), S. 110–173.

50 *P. Blastenbrei*, Der König und das Geld (Anm. 46), S. 76, mit Einzelnachweisen.

51 Vgl. *Ludwig Beutin*, Die Wirkung des Siebenjährigen Krieges auf die Volkswirtschaft in Preußen, in: VSWG 26 (1933), S. 209–243; *Ingrid Mittenzwei*, Preußen nach dem Siebenjährigen Krieg. Auseinandersetzungen zwischen Bürgertum und Staat um die Wirtschaftspolitik, Berlin 1979, und *P. Blastenbrei*, Der König und das Geld (Anm. 46), S. 76 ff.

52 Grundlegend *Walther Schultze*, Geschichte der preußischen Regieverwaltung von 1766 bis 1786, Leipzig 1888.

53 *I. Mittenzwei*, Preußen nach dem Siebenjährigen Krieg (Anm. 51).

54 *Georg Friedrich von Tempelhoff*, Geschichte des siebenjährigen Krieges in Deutschland zwischen dem Könige von Preußen und der Kaiserin Königin mit ihren Alliierten, Bd. 4, Berlin 1789, S. 168 f.

55 Zitiert nach *Chr. Duffy*, Friedrich der Große, S. 177.

56 Politische Correspondenz, Bd. 15, S. 216f.

57 *G. B. Volz* (Hrsg.), Friedrich der Große im Spiegel seiner Zeit, Bd. 2, S. 33. Über den Gesamtzusammenhang des sich seit dem 15. Juli 1757 immer mehr zuspitzenden Verhältnisses unter den beiden Brüdern: *G. B. Volz* (Hrsg.), Briefwechsel Friedrichs des Großen mit seinem Bruder Prinz August Wilhelm, S. 291 ff.

58 Vgl. zur Reichsarmee *Helmut Neuhaus*, Das Reich im Kampf mit Friedrich dem Großen. Reichsarmee und Reichskriegführung im Siebenjährigen Krieg, in: *B. R. Kroener* (Hrsg.), Europa im Zeitalter Friedrichs des Großen, S. 213–243, und *ders.*, Das Problem der militärischen Exekutive in der Spätphase des Alten Reiches, in: Staatsverfassung und Heeresverfassung in der europäischen Geschichte der Frühen Neuzeit, hrsg. von Johannes Kunisch, Berlin 1986, S. 297–346, jeweils mit dem Nachweis der älteren Literatur. Zur französischen Armee vgl. *Lee Kennett*, The French Armies in the Seven Years' War. A Study in Military Organization and Administration, Durham N.C. 1967. Vgl. auch *Sven Externbrink*, Frankreich und die Reichsexekution gegen Friedrich II. Zur Wahrnehmung der Reichsverfassung durch die französische Diplomatie während des Siebenjährigen Krieges, in: Altes Reich, Frankreich und Europa. Politische, philosophische und historische Aspekte des französischen Deutschlandbildes im 17. und 18. Jahrhundert, hrsg. von Olaf Asbach u. a., Berlin 2001, S. 221–253.

59 Im einzelnen *John L. H. Keep*, Die russische Armee im Siebenjährigen Krieg, in: *B. R. Kroener* (Hrsg.), Europa im Zeitalter Friedrichs des Großen, S. 133–169, mit umfangreichen Literaturhinweisen. Zur Situation Ostpreußens im Siebenjährigen Krieg jetzt umfassend: *Wolfgang Neugebauer*, Zwischen Preußen und Rußland. Rußland, Ostpreußen und die Stände im Siebenjährigen Krieg, in: Zeitwende? Preußen um 1800, hrsg. von Eckhardt Hellmuth u. a., Stuttgart 1999, S. 43–76.

60 Vgl. im einzelnen *Wolfgang Petter*, Hans Karl von Winterfeldt als General der friderizianischen Armee, in: Persönlichkeiten im Umkreis Friedrichs des Großen, hrsg. von J. Kunisch, Köln–Wien 1988, S. 59–87.

61 *R. Koser*, Friedrich der Große, Bd. 2, S. 530.

62 *O. Bardong* (Hrsg.), Friedrich der Große, S. 389f.

63 Im einzelnen *E. Lürßen*, Reinszenierung eines massiven Traumas, S. 427ff.

64 Zitiert nach *R. Koser*, Friedrich der Große, Bd. 2, S. 531. Vgl. auch *Otto Herrmann*, Friedrich der Große im Spiegel seines Bruders Heinrich, in: Hist. Vjschr. 26 (1931), S. 365–379.

65 *H. Schumann* (Hrsg.), Mein lieber Marquis!, S. 86.

66 Zitiert nach *R. Koser*, Friedrich der Große, Bd. 2, S. 531.

67 *O. Bardong* (Hrsg.), Friedrich der Große, S. 392.

68 Ebd., S. 392f. Die tatsächlichen Verluste auf preußischer Seite dürften höher gelegen haben; vgl. *R. Koser*, Friedrich der Große, Bd. 2, S. 546.

69 Im einzelnen *Tony Hayter*, England, Hannover, Preußen. Gesellschaftliche und wirtschaftliche Grundlagen der britischen Beteiligung an Operationen

auf dem Kontinent während des Siebenjährigen Krieges, in: *Bernhard R. Kroener* (Hrsg.), Europa im Zeitalter Friedrichs des Großen, S. 171–192. Zu den im engeren Sinne militärgeschichtlichen Aspekten: *Reginald Savory*, His Britannic Majesty's Army in Germany during the Seven Years War, Oxford 1966.

70 Aufschlußreich in diesem Zusammenhang *Bernhard R. Kroener*, «Nun danket alle Gott». Der Choral von Leuthen und Friedrich der Große als protestantischer Held. Die Produktion politischer Mythen im 19. und 20. Jahrhundert, in: «Gott mit uns». Nation, Religion und Gewalt im 19. und frühen 20. Jahrhundert, hrsg. von Gerd Krumeich und Hartmut Lehmann, Göttingen 2000, S. 105–134, hier S. 113 ff. (mit Abb.). Unverzichtbar nach wie vor: *Reinhold Koser*, Vor und nach der Schlacht bei Leuthen. Die Parchwitzer Rede und der Abend im Lissaer Schloß, in: FBPG 1 (1888), S. 288–294.

71 Zitiert nach *Otto Herrmann*, Prinz Ferdinand von Preußen über den Feldzug vom Jahre 1757, in: FBPG 31 (1918), S. 85–105, hier S. 101 f.

72 *Chr. Duffy*, Friedrich der Große. Ein Soldatenleben, S. 221.

73 *B. R. Kroener*, «Nun danket alle Gott». Der Choral von Leuthen (Anm. 70), mit zahlreichen Belegen zur Wirkungsgeschichte.

74 *Friedrich der Große*, Gespräche mit Catt, S. 270 f.

75 Ebd., S. 280.

76 *Friedrich der Große*, Réflexions sur la tactique, in: *J. Kunisch* (Hrsg.), Aufklärung und Kriegserfahrung, S. 515–545 bzw. S. 942–950.

77 Ebd., S. 542 f.

78 Ebd., S. 520 f.

79 Ebd., S. 540 f.

80 Ebd., S. 542 f.

81 Vgl. neben *Chr. Duffy*, Friedrich der Große. Ein Soldatenleben, S. 263 ff., auch *Rüdiger Michael*, Kunersdorf 1759. Prestige- oder Vernichtungsschlacht?, in: Militärgeschichte 9 (1999), S. 79–88.

82 *O. Bardong* (Hrsg.), Friedrich der Große, S. 403.

83 Brief vom 16. August 1759, in: Politische Correspondenz, Bd. 18, S. 488.

84 *O. Bardong* (Hrsg.), Friedrich der Große. S. 405 f. Ich zitiere auch an dieser Stelle die Anthologie von Bardong, weil sie die am leichtesten zugängliche Auswahl aus den Briefen des Königs darstellt. Gerade an dem hier zitierten Schreiben wird jedoch deutlich, mit welcher Vorsicht diese Edition zu benutzen ist. Das französische Original des Briefes steht entgegen den Angaben Bardongs auf Seite 88 des 19. Bandes der «Œuvres». Cottbus schreibt man nicht nur im 18. Jahrhundert, sondern auch heute mit «C». Und Zeno muß Zenon heißen, auch im Register.

85 Brief vom 22. September 1759, in: *H. Pleschinski* (Hrsg.), Aus dem Briefwechsel Voltaire – Friedrich der Große, S. 414.

86 *A. Bisset* (Hrsg.), Memoires und Papers of Sir Andrew Mitchell, Bd. 1, S. 455.

87 *Th. Schieder*, Friedrich der Große, S. 179.

88 Brief an Finck von Finckenstein, in: Politische Correspondenz, Bd. 18, S. 492.

89 Brief vom 1. September 1759, in: *O. Bardong* (Hrsg.), Friedrich der Große, S. 405.

90 *Friedrich der Große*, Réflexions sur les talents militaires et sur le caractère de Charles XII, Roi de Suède, in: *J. Kunisch* (Hrsg.), Aufklärung und Kriegserfahrung, S. 547–587 bzw. S. 951–970.

91 Brief aus dem Oktober 1759, in: *H. Schumann* (Hrsg.), Mein lieber Marquis!, S. 158 f.

92 *R. Koser* und *H. Droysen* (Hrsg.), Briefwechsel Friedrichs des Großen mit Voltaire, Bd. 3, S. 78 ff.; die deutsche Nachdichtung: in: Werke, Bd. 10, S. 162 f.

93 Brief vom 28. Oktober 1760, in: *H. Schumann* (Hrsg.), Mein lieber Marquis!, S. 241.

94 Brief vom 17. November, in: *H. Schumann* (Hrsg.), Mein lieber Marquis!, S. 163 f. «Pères de l'Oratoire» – so der Originaltext – sind übrigens keine «Ordensgeistliche» – so die Übersetzung –, sondern Oratorianer.

95 Die Einzelheiten jetzt bei *Thomas Lindner*, Die Peripetie des Siebenjährigen Krieges. Der Herbstfeldzug 1760 in Sachsen und der Winterfeldzug 1760/61 in Hessen, Berlin 1993.

96 Brief vom 27. Juni 1761, in: Politische Correspondenz, Bd. 20, S. 489 ff.

97 *H. Schumann* (Hrsg.), Mein lieber Marquis!, S. 292.

98 Ebd., S. 289.

99 Im einzelnen *Eberhard Kessel*, Friedrich der Große im Lager von Bunzelwitz, in: *ders.*, Militärgeschichte und Kriegstheorie in neuerer Zeit, S. 285–302.

100 *G. F. v. Tempelhoff*, Geschichte des siebenjährigen Krieges, Bd. 5, S. 168 f.

101 Vgl. zu den Einzelheiten *Alois Schmid*, Der geplante Friedenskongreß in Augsburg 1761, in: Land und Reich, Stamm und Nation. Probleme und Perspektiven bayerischer Geschichte. Festgabe für Max Spindler zum 90. Geburtstag, hrsg. von Andreas Kraus, Bd. 2, München 1984, S. 235–258. Vgl. auch *Johannes Burkhardt*, Abschied vom Religionskrieg. Der Siebenjährige Krieg und die päpstliche Diplomatie, Tübingen 1985, S. 283 ff. Vgl. ferner *ders.*, Vom Debakel zum Mirakel. Zur friedensgeschichtlichen Einordnung des Siebenjährigen Krieges, in: Menschen und Strukturen in der Geschichte Alteuropas, hrsg. von Helmut Neuhaus und Barbara Stollberg-Rilinger, Berlin 2002, S. 299–318.

102 *Georg Küntzel*, Friedrich der Große am Ausgang des Siebenjährigen Krieges und sein Bündnis mit Rußland, in: FBPG 13 (1900), S. 75–122.

103 *A. Schmid*, Der geplante Friedenskongreß in Augsburg 1761 (Anm. 101), und *H. Duchhardt*, Balance of Power und Pentarchie. 1700–1785, S. 367 f.

104 In kritischer Edition abgedr. bei *J. Kunisch* (Hrsg.), Aufklärung und Kriegserfahrung, S. 651 ff.

105 Vor allem *Friedrich Walter*, Kaunitz' Eintritt in die innere Politik, in: MIÖG 46 (1932), S. 37–79, und *ders.*, Der letzte Versuch einer Verwal-

tungsreform unter Maria Theresia (1764/65), in: MIÖG 47 (1933), S. 427–469.

106 Vgl. *Heinz Duchhardt*, Gleichgewicht der Kräfte, Convenance, Europäisches Konzert, Darmstadt 1976, S. 90–120, und *ders.*, Balance of Power und Pentarchie. 1700–1785, S. 363–370.

107 *Reichsgraf Ernst Ahasverus Heinrich Lehndorff*, Dreißig Jahre am Hofe Friedrichs des Großen, hrsg. von Karl Eduard Schmidt-Lötzen, Gotha 1907, S. 451.

108 Vgl. im einzelnen *Hermann Wellenreuther*, Der Vertrag zu Paris (1763) in der atlantischen Geschichte, in: Niedersächs. Jb. für LG 71 (1999), S. 81–110; ferner *ders.*, Die Bedeutung des Siebenjährigen Krieges für die englisch-hannoveranischen Beziehungen, in: England und Hannover, hrsg. von Adolf M. Birke und Kurt Kluxen, München 1986, S. 145–175.

109 Vgl. hier und im folgenden *J. Kunisch*, Friedrich der Große als Feldherr, in: *ders.*, Fürst – Gesellschaft – Krieg, S. 83–106, und *Wolfgang Petter*, Zur Kriegskunst im Zeitalter Friedrichs des Großen, in: *B. R. Kroener* (Hrsg.), Europa im Zeitalter Friedrichs des Großen, S. 245–268.

110 *Jakob Friedrich von Bielfeld*, Des Freiherrn von Bielfeld Lehrbegriff der Staatskunst, 3 Teile, 3. Ausgabe, Breslau–Leipzig 1775, hier Bd. 1, S. 49 f.

111 *Friedrich der Große*, L'Antimachiavel, in: Œuvres, Bd. 8, S. 218.

112 Ebd. S. 287 f.

113 Staats-Betrachtungen über den gegenwärtigen Preußischen Krieg in Teutschland, in: *J. Kunisch* (Hrsg.), Aufklärung und Kriegserfahrung, S. 681 f.

114 *C. v. Clausewitz*, Vom Kriege, S. 959.

115 *G. F. v. Tempelhoff*, Geschichte des siebenjährigen Krieges, Bd. 4, S. 170 f.

116 Brief vom 31. März 1758, abgedr. bei *G. B. Volz* (Hrsg.), Friedrich der Große im Spiegel seiner Zeit, Bd. 2, S. 196. Eine ähnliche Äußerung Choiseuls auch bei *R. Koser*, Friedrich der Große, Bd. 2, S. 564 f.

117 *R. Koser*, Die preußische Kriegführung im Siebenjährigen Kriege, in: HZ 92 (1904), S. 239–273, hier S. 243.

118 *Ders.*, Friedrich der Große, Bd. 3, S. 163.

119 *G. F. v. Tempelhoff*, Geschichte des siebenjährigen Krieges, Bd. 4, S. 169 f.

120 *R. Koser*, Die preußische Kriegführung im Siebenjährigen Kriege (Anm. 117), S. 259 und 262; vgl. Auch *H. Rothfels*, Friedrich der Große in den Krisen des Siebenjährigen Krieges, S. 14–30.

121 *Reinhard Höhn*, Revolution – Heer – Kriegsbild, Darmstadt 1944, S. 40 und S. 35 f.

122 *Eberhard Kessel*, Zum Problem des Wandels in der Kriegskunst vom 18. zum 19. Jahrhundert, in: *ders.*, Militärgeschichte und Kriegstheorie, S. 46–56.

123 *Ders.*, Friedrich der Große im Wandel der kriegsgeschichtlichen Überlieferung, in: *ders.*, Militärgeschichte und Kriegstheorie, S. 57–79.

124 *Friedrich der Große*, Gespräche mit de Catt, S. 217 f.

125 Abgedr. bei: *Johann Joseph Fürst Khevenhüller-Metsch*, Aus der Zeit Maria Theresias. Tagebuch des Fürsten Johann Joseph Khevenhüller-Metsch,

Kaiserlichen Obersthofmeisters 1742–1776, hrsg. von Rudolf Graf Khevenhüller-Metsch und Hanns Schlitter, Bd. 6: 1764–1767, Wien-Leipzig-Berlin 1908, S. 470 f.

126 Maßgeblich jetzt *Hans-Martin Blitz*, Aus Liebe zum Vaterland. Die deutsche Nation im 18. Jahrhundert, Hamburg 2000, mit umfangreichen Literaturhinweisen. Aufschlußreich in diesem Zusammenhang auch *Franz Mehring*, Die Lessing-Legende. Zur Geschichte und Kritik des preußischen Despotismus und der klassischen Literatur (Erstveröffentlichung 1893), 8. Aufl., Stuttgart–Leipzig 1922, bes. das Kapitel «Zur Psychologie des siebenjährigen Krieges», S. 171–198.

127 *Johann Wolfgang von Goethe*, Aus meinem Leben. Dichtung und Wahrheit (Bibliothek Deutscher Klassiker, Bd. 15), Frankfurt/Main 1986, S. 306 f.

V. Stillstand, Retablissement und große Politik der Kabinette

1 Politische Correspondenz, Bd. 22, S. 497. Vgl. auch *Gustav Berthold Volz*, Prinz Heinrich als Kritiker Friedrichs des Großen, in: HVjschr. 27 (1932), S. 390–400, und *Otto Herrmann*, Friedrich der Große im Spiegel seines Bruders Heinrich, in: HVjschr. 26 (1931), S. 365–379.

2 Zitiert nach *R. Koser*, Friedrich der Große, Bd. 3, S. 165 (ohne nachvollziehbare Quellenangabe!).

3 *H. Schumann* (Hrsg.), Mein lieber Marquis!, S. 322.

4 Ebd., S. 331.

5 Ebd., S. 333.

6 *Reichsgraf Ernst Ahasverus Heinrich von Lehndorff*, Dreißig Jahre am Hofe Friedrichs des Großen. Tagebücher, hrsg. von Karl Eduard Schmidt-Lötzen, Gotha 1907, S. 457.

7 Zitiert nach *Reinhold Koser*, Vom Berliner Hofe um 1750, in: Hohenzollern-Jb. 7 (1903), S. 1–37, hier S. 37, mit einer Fülle von Einzelbelegen.

8 *H. Schumann* (Hrsg.), Mein lieber Marquis!, S. 375.

9 Ebd., S. 336; vgl. ähnlich lautend auch S. 374.

10 Œuvres, Bd. 19, S. 353, bzw. *H. Schumann* (Hrsg.), Mein lieber Marquis!, S. 355.

11 Brief vom 14. September 1766, in deutscher Übersetzung abgedruckt in der Anthologie: *F. Walter* (Hrsg.), Maria Theresia. Briefe und Aktenstücke in Auswahl, S. 224–227, hier S. 226.

12 *Chr. Duffy*, Friedrich der Große. Ein Soldatenleben, S. 351.

13 Vgl. *Brunhilde Wehinger*, Geist und Macht. Zum Briefwechsel zwischen d'Alembert und Friedrich II. von Preußen, in: *Günter Berger–Franziska Sick (Hrsg.), Französisch-deutscher Kulturtransfer im Ancien Régime, Tübingen* 2002, S. 241–261, mit weiteren Literaturhinweisen.

14 Œuvres, Bd. 24, S. 378.

15 De Ligne hielt sich vom 11. bis 13. Juli 1780 in Potsdam auf. Sein Bericht «Mémoires sur le Roi Prusse Frédéric le Grand» erschien 1789 in Berlin.

Vgl. den Text in der Anthologie: Mémoires et Mélanges historiques et littéraires, par le Prince de Ligne, Bd. 1, Paris 1827, S. 3–40. Eine deutsche Übersetzung in: Gespräche Friedrichs des Großen, hrsg. von F. von Oppeln-Bronikowski und G. B. Volz, Berlin 1919, S. 146–153 und S. 193–199.

16 Vgl. Gespräche Friedrichs des Großen, hrsg. von F. von Oppeln-Bronikowski und G. B. Volz, S. 194 f.

17 Œuvres, Bd. 24, S. 381.

18 Eine eindringliche Charakterisierung des gegenseitigen Verhältnisses stammt von *Friedrich Nicolai*, abgedr. in: *G. B. Volz* (Hrsg.), Friedrich der Große im Spiegel seiner Zeit, Bd. 3, S. 183–185.

19 Brief vom 6. Mai 1780, zitiert nach *G. B. Volz* (Hrsg.), Friedrich der Große im Spiegel seiner Zeit, Bd. 3, S. 191.

20 Ebd., S. 190.

21 Im einzelnen *J. Kunisch*, Friedrich der Große, Friedrich Wilhelm II. und das Problem der dynastischen Kontinuität im Hause Hohenzollern, S. 24 ff.

22 Maßgeblich nach wie vor *R. Koser*, Vom Berliner Hofe um 1750 (Anm. 7), S. 1–37.

23 Ausführlicher dazu *Wolfgang Neugebauer*, Hof und politisches System in Brandenburg-Preußen: Das 18. Jahrhundert, in: Jb. für die Gesch. Mittel- und Ostdeutschlands 46 (2000), S. 139–169, hier S. 156–163.

24 Ebd., S. 154 ff., mit den entsprechenden Quellenbelegen und Literaturhinweisen.

25 Einen Überblick vermittelt *Wolfgang Neugebauer*, Residenz – Verwaltung – Repräsentation. Das Berliner Schloß und seine historischen Funktionen vom 15. bis zum 20. Jahrhundert, Potsdam 1999; ferner *ders.*, Hof und politisches System in Brandenburg-Preußen, S. 139 ff.

26 Vgl. *W. Neugebauer*, Hof und politisches System in Brandenburg-Preußen, S. 154, unter Bezugnahme auf Reinhold Koser (Anm. 7), vor allem S. 37.

27 Zitiert nach *Fürstin Anton Radzivill geb. Prinzessin Luise von Preußen*, Fünfundvierzig Jahre aus meinem Leben, hrsg. von Fürstin Radzivill geb. Castellane. Aus dem Französischen von E. von Kraatz, Berlin 1912, S. 20. Vgl. auch *Franzisco Agramonte y Cortijo*, Friedrich der Große. Die letzten Lebensjahre, Berlin 1928, S. 73 f.

28 Brief vom 28. Dezember 1775, in: Politische Correspondenz, Bd. 37, S. 379.

29 Vgl. etwa: Der allgegenwärtige König. Friedrich der Große im Kabinett und auf Inspektionsreisen, bearb. und hrsg. von Carl Hinrichs, 3. Aufl., Berlin 1943. Entsprechende Literatur auch in: Bibliographie Friedrich der Große, bearb. von H. und E. Henning, S. 55–61.

30 Im einzelnen *Wolfgang Neugebauer*, Das preußische Kabinett in Potsdam. Eine verfassungsgeschichtliche Studie zur fürstlichen Zentralsphäre in der Zeit des Absolutismus, in: Jb. für Brandenburg, LG 44 (1993), S. 69–115; ferner *ders.*, Monarchisches Kabinett und Geheimer Rat. Vergleichende

Betrachtungen zur frühneuzeitlichen Verfassungsgeschichte in Österreich, Kursachsen und Preußen, in: Der Staat 33 (1994), S. 511–535, jeweils mit umfassenden Literaturhinweisen.

31 Einen guten Überblick über die Inhalte dieser Monologe vermitteln die Tagebuchaufzeichnungen des Marchese Lucchesini, der seit September 1780 regelmäßig an den Mittagsmahlzeiten des Königs teilnahm; vgl. Gespräche Friedrichs des Großen mit H. de Catt und dem Marchese Lucchesini, hrsg. und übersetzt von Fritz Bischoff, Leipzig 1885, S. 159 ff.

32 Vgl. die einzelnen Texte in: Œuvres, Bd. 29 und 30, bzw. Werke, Bd. 6, S. 127 ff.

33 Œuvres, Bd. 9, S. 153–167, bzw. Werke, Bd. 7, S. 258–269.

34 Œuvres, Bd. 9, S. 131–152, bzw. Werke, Bd. 7, S. 238–257.

35 Œuvres, Bd. 9, S. 195–210, bzw. Werke, Bd. 7, S. 225–237.

36 Maßgeblich jetzt: *Friedrich der Große*, De la littérature allemande. Französisch-deutsch. Kritische Ausgabe von Christoph Gutknecht und Peter Kerner, Hamburg 1969, mit zahlreichen Literaturhinweisen. Eine gute Einführung in die Probleme der Entstehung und Wirkung bietet auch *Günter Berger*, De la littérature allemande, in: *J. Ziechmann* (Hrsg.), Panorama der Fridericianischen Zeit, S. 239–242.

37 Ebd., S. 7 ff.

38 Einen umfassenden Überblick über die Rezeption ebd., S. 30 ff.; im Anmerkungsapparat auch die entsprechenden Einzelnachweise. Vgl. auch G. *Berger*, De la littérature allemande (Anm. 36), S. 239 f.

39 *Friedrich der Große*, De la littérature allemande (Anm. 36), S. 31 ff.

40 Ebd., S. 81.

41 Ebd., S. 83.

42 Ebd., S. 86 f.

43 Ebd., S. 80.

44 Ebd., S. 110.

45 Ebd., S. 95 f.

46 Ebd., S. 80 f.

47 Vgl. einen Auszug bei *G. B. Volz* (Hrsg.), Friedrich der Große im Spiegel seiner Zeit, Bd. 3, S. 203.

48 Vgl. im einzelnen *Rosa Kaulitz-Niedeck*, Die Mara. Das Leben einer berühmten Sängerin, Heilbronn 1929, und neuerdings *Hans Ost*, Johann Christoph Frischs Bildnis der Gertrud Elisabeth Mara. Zu Malerei und Musik am Hof Friedrichs des Großen, in: Wallraf-Richartz-Jahrbuch 59 (1998), S. 213–222 (mit weiterer Literatur). Ein Auszug aus der Autobiographie der Mara, in: Gespräche Friedrichs des Großen, hrsg. von F. von Oppeln-Bronikowski und G. B. Volz, S. 153–156.

49 *Christoph Henzel*, Friedrich II., Friedrich der Große, in: Die Musik in Geschichte und Gegenwart, 2., neubearb. Aufl., Kassel u. a. 2002, Sp. 138–144.

50 Im einzelnen *Ingrid Mittenzwei*, Preußen nach dem Siebenjährigen Krieg. Auseinandersetzungen zwischen Bürgertum und Staat um die Wirtschafts-

politik, Berlin 1979, hier bes. S. 223 ff. Vgl. ferner *Lars Atorf*, Der König und das Korn. Die Getreidehandelspolitik als Fundament des brandenburg-preußischen Aufstiegs zur europäischen Großmacht, Berlin 1999, S. 42 ff.

51 *R. Dietrich* (Hrsg.), Die Politischen Testamente, S. 482–487.

52 Ausführlich *Stephan Skalweit*, Die Berliner Wirtschaftskrise von 1763 und ihre Hauptgründe, Berlin 1937, und *Gustav Schmoller*, Die Einführung der französischen Regie durch Friedrich den Großen 1766, in: SB der Preußischen Akad. der Wissensch., Phil.-Hist. Klasse, Berlin 1888, Bd. 1, S. 63–85.

53 Im einzelnen *Carl Hinrichs*, Hille und Reinhardt, zwei Wirtschafts- und Sozialpolitiker des preußischen Absolutismus, zuletzt in: *ders.*, Preußen als historisches Problem. Gesammelte Abhandlungen, hrsg. von Gerhard Oestreich, Berlin 1964, S. 161–170.

54 *Friedrich der Große*, Denkwürdigkeiten vom Hubertusburger Frieden bis zum Ende der Polnischen Teilung, in: Werke, Bd. 5, S. 3 f.

55 Ebd., S. 56 f.

56 Vgl. im einzelnen *Otto Hintze*, Friedrich der Große nach dem Siebenjährigen Kriege und das Politische Testament von 1768, in: *ders.*, Regierung und Verwaltung. Gesammelte Abhandlungen zur Staats-, Rechts- und Sozialgeschichte Preußens, hrsg. von Gerhard Oestreich, 2. Aufl., Göttingen 1967, S. 448–502; *ders.*, Zur Agrarpolitik Friedrichs des Großen, in: FBPG 10 (1898), S. 275–309. Ferner *Ludwig Beutin*, Die Wirkung des Siebenjährigen Krieges auf die Volkswirtschaft in Preußen, in: VSWG 26 (1933), S. 209–243; *William O. Henderson*, Studies in the Economic Policy of Frederick the Great, London 1963; *Karl Erich Born*, Wirtschaft und Gesellschaft im Denken Friedrichs des Großen, in: Abhandlungen der Akademie der Wissenschaften und der Literatur Mainz 1979/9, Wiesbaden 1979. Zum Retablissement im besonderen: *Rüdiger Schütz*, Das Retablissement, in: *J. Ziechmann* (Hrsg.), Panorama der Fridericianischen Zeit, S. 436–441.

57 Einzelheiten bei *Benno von Knobelsdorff-Brenkenhoff*, Eine Provinz im Frieden erobert. Brenkenhoff als Leiter des friderizianischen Retablissements in Pommern 1762–1780, Köln–Berlin 1984.

58 Preußens Könige in ihrer Thätigkeit für die Landescultur, hrsg. von Rudolph Stadelmann, Bd. 2, Leipzig 1882, S. 336.

59 Ebd.

60 Ebd.

61 Ebd., S. 340.

62 *R. Dietrich* (Hrsg.), Die Politischen Testamente, S. 504 f.

63 Œuvres, Bd. 9, S. 205 f., bzw. Werke, Bd. 7, S. 233.

64 Preußens Könige, hrsg. von R. Stadelmann (Anm. 58), S. 287.

65 *K. E. Born*, Wirtschaft und Gesellschaft (Anm. 56), S. 8.

66 *Th. Schieder*, Friedrich der Große, S. 80 ff.

67 *Friedrich der Große*, Betrachtungen über die preußische Finanzverwaltung (1784), in: Werke, 7, S. 222–224.

68 R. Dietrich (Hrsg.), Die Politischen Testamente, S. 666 f.

69 H. Pleschinski (Hrsg.), Aus dem Briefwechsel Voltaire–Friedrich der Große, S. 139–141.

70 Ebd., S. 141.

71 Ebd., S. 434 f.

72 Vgl. vor allem *Klaus Zernack*, Der große Nordische Krieg und das europäische Staatensystem. Zu den Grundlagen der preußisch-polnischen Beziehungen im 18. Jahrhundert, zuletzt in: *ders.*, Preußen – Deutschland – Polen. Aufsätze zur Geschichte der deutsch-polnischen Beziehungen, hrsg. von Wolfram Fischer und Michael G. Müller, 2. Aufl., Berlin 2001, S. 261–278, und *ders.*, Negative Polenpolitik als Grundlage deutsch-russischer Diplomatie in der Mächtepolitik des 18. Jahrhunderts, ebd., S. 225–242. Vgl. ferner *Johannes Kunisch*, Der Aufstieg neuer Großmächte im 18. Jahrhundert und die Aufteilung der Machtsphären in Ostmitteleuropa, in: Das europäische Staatensystem im Wandel. Strukturelle Bedingungen und bewegende Kräfte seit der frühen Neuzeit, hrsg. von Peter Krüger, München 1996, S. 89–105, mit weiteren Literaturhinweisen. Neuerdings *Hamish M. Scott*, The Emergence of the Eastern Powers, 1756–1775, Cambridge 2001, S. 103 ff.

73 Im einzelnen *Lothar Schilling*, Kaunitz und das Renversement des alliances. Studien zur außenpolitischen Konzeption Wenzel Antons von Kaunitz, Berlin 1994.

74 Zitiert nach: Eine preußische Königstochter. Die Memoiren der Markgräfin Wilhelmine von Bayreuth, neu hrsg. von J. Weber-Kellermann, Frankfurt/Main 1981, S. 52 ff.

75 Vgl. im einzelnen *Otto Haintz*, Peter der Große, Friedrich der Große und Voltaire. Zur Entstehungsgeschichte von Voltaires «Histoire de l'empire de Russie sous Pierre le Grand», in: Akademie der Wissenschaften und der Literatur Mainz, Abh. der Geistes- und Sozialwissenschaftl. Klasse 1961/5, Wiesbaden 1962.

76 Œuvres, Bd. 21, S. 83.

77 *O. Haintz*, Peter der Große (Anm. 75), S. 5 ff. Vgl. ferner *Ulrich Muhlack*, Geschichte und Geschichtsschreibung bei Voltaire und Friedrich dem Großen, in: Persönlichkeiten im Umkreis Friedrichs des Großen, hrsg. von J. Kunisch, Köln–Wien 1988, S. 29–57. Die Anfrage Voltaires in: Œuvres, Bd. 21, S. 70 ff. bzw. S. 83.

78 Ebd., S. 113–116, hier S. 114.

79 Ebd., S. 179–183, hier S. 182.

80 R. Dietrich (Hrsg.), Die Politischen Testamente, S. 330 ff.

81 *Friedrich der Große*, Geschichte meiner Zeit, in: Werke, Bd. 2, S. 33–35, das Zitat S. 35.

82 *Friedrich der Große*, Darlegung der preußischen Regierung [und] der Grundsätze, auf denen sie beruht, nebst einigen politischen Betrachtungen, in: R. Dietrich (Hrsg.), Die Politischen Testamente, S. 698–711, hier S. 704 f.

83 *Friedrich der Große*, Politisches Testament (1768), in: *R. Dietrich* (Hrsg.), Die Politischen Testamente, S. 624f.
84 Ebd., S. 646ff.
85 Ebd., S. 648f.
86 Ebd., S. 646f.
87 Ebd., S. 664f.
88 Ebd., S. 670f.
89 *Gustav Berthold Volz*, Prinz Heinrich und die Vorgeschichte der ersten Teilung Polens, in: FBPG 35 (1923), S. 193–211.
90 *F. Walter* (Hrsg.), Maria Theresia, S. 307.
91 Ebd., S. 305.
92 Ebd., S. 309.
93 Vgl. auch *H. Duchhardt*, Balance of Power und Pentarchie. 1700–1785, S. 379ff.
94 Abweichende Flächen- und Einwohnerzahlen nennt *Gotthold Rhode*, Kleine Geschichte Polens, Darmstadt 1965, S. 313, mit entsprechenden Erläuterungen. Alle diese Angaben müssen deshalb als Annäherungswerte betrachtet werden.
95 Ebd., S. 311ff., und bes. *Hans Roos*, Polen von 1668 bis 1795, in: Handbuch der Europäischen Geschichte, hrsg. von Theodor Schieder, Bd. 4: Europa im Zeitalter des Absolutismus und der Aufklärung, Stuttgart 1968, S. 745ff.
96 «Plan wegen des Commercii nach Schlesien», in: Œuvres 27/3, S. 36–39.
97 Die Grundpositionen skizziert bei *Th. Schieder*, Friedrich der Große, S. 254f.
98 *H. Duchhardt*, Balance of Power und Pentarchie. 1700–1785, S. 381.

VI. Kaiser, Reich und Fürstenbund

1 Vgl. jetzt: *Derek Beales*, Joseph II, Bd. 1: In the Shadow of Maria Theresia 1741–1780, Cambridge 1987, mit ausführlichen Hinweisen auf die zahlreichen Quelleneditionen und die ältere Literatur. Ferner *Peter Baumgart*, Joseph II. und Maria Theresia, in: Die Kaiser der Neuzeit 1519–1918. Heiliges Römisches Reich, Österreich, Deutschland, hrsg. von Anton Schindling und Walter Ziegler, München 1990, S. 249–276, ebenfalls mit Literaturhinweisen. Vgl. den Text in der Anthologie: Der Josephinismus. Ausgewählte Quellen zur Geschichte der theresianisch-josephinischen Reformen, hrsg. von Harm Klueting, Darmstadt 1995, S. 252–255.
2 Vgl. den Text in der Anthologie: Der Josephinismus (Anm. 1) hrsg. von Harm Klueting, S. 252–255.
3 Als Problemaufriß instruktiv und weiterführend *Harm Klueting*, «Quidquid est in territorio, etiam est de territorio». Josephinisches Staatskirchentum als rationaler Territorialismus, in: Der Staat 37 (1998), S. 417–434.
4 Eine deutsche Übersetzung dieses Briefes in: *G. B. Volz* (Hrsg.), Friedrich der Große im Spiegel seiner Zeit, Bd. 2, S. 211 (mit dem Hinweis auf den Originaldruck).

5 Ebd., S. 211.

6 Ebd., S. 211 f.

7 *L. Walter* (Hrsg.), Maria Theresia, S. 224–227, hier S. 226 f.

8 Heute in der Berliner Nationalgalerie. Vgl. *Hubertus Kohle*, Adolph Menzels Friedrich-Bilder. Theorie und Praxis der Geschichtsmalerei im Berlin der 1850er Jahre, München-Berlin 2001, Abb. auf S. 313. Zur Bildüberlieferung der Monarchentreffen ferner: Friedrich der Große, Ausstellungskatalog 1986, S. 374–378.

9 Vgl. im einzelnen (mit einem ausführlichen Quellenanhang) *Adolf Beer*, Die Zusammenkünfte Josefs II. und Friedrichs II. zu Neiße und Neustadt, in: Archiv für Österreichische Geschichte 47 (1871), S. 385–527, hier S. 413.

10 Ebd., S. 449; vgl. dasselbe Dokument auch in: Politische Correspondenz, Bd. 29, S. 41–43, hier S. 42.

11 *A. Beer*, Die Zusammenkünfte Josefs II. und Friedrichs II. (Anm. 9), S. 413.

12 Ebd., S. 416.

13 Politische Correspondenz, Bd. 29, S. 46.

14 *A. Beer*, Die Zusammenkünfte Josefs II. und Friedrichs II. (Anm. 9), S. 417 f.; eine Übersetzung dieses wichtigen Berichts Josephs an die Kaiserin auch in: *G. B. Volz* (Hrsg.), Friedrich der Große im Spiegel seiner Zeit, Bd. 2, S. 213 f.

15 *G. B. Volz* (Hrsg.), Friedrich der Große im Spiegel seiner Zeit, Bd. 2, S. 214.

16 Vgl. die umfangreichen Berichte des Staatskanzlers an Kaiserin Maria Theresia bei *A. Beer*, Die Zusammenkünfte Josefs II. und Friedrichs II. (Anm. 9), S. 495–527.

17 Vgl. dazu auch *Ernst Hinrichs*, Aus der Distanz der Philosophen. Zum Briefwechsel zwischen Voltaire und Friedrich II., in: *ders.* u. a. (Hrsg.), «Pardon, mon cher Voltaire...». Drei Essays zu Voltaire in Deutschland, Göttingen 1996, S. 7–47, hier S. 28 f.

18 Ebd., S. 517.

19 Vgl. zu diesem umfangreichen Themenkomplex etwa *Karl-Friedrich Krieger*, Bayerisch-pfälzische Unionsbestrebungen vom Hausvertrag von Pavia (1329) bis zur wittelsbachischen Hausunion vom Jahre 1724, in: ZHF 4 (1977), S. 385–413. Einen instruktiven Überblick vermittelt *Ludwig Hammermayer*, Bayern im Reich und zwischen den großen Mächten, in: Handbuch der Bayerischen Geschichte, hrsg. von Max Spindler und Andreas Kraus, Bd. 2, 2. Aufl., München 1988, S. 1198–1224, hier im besonderen S. 1211 ff. – Zum Grundsätzlichen und im europäischen Vergleich: Der dynastische Fürstenstaat. Zur Bedeutung von Sukzessionsordnungen für die Entstehung des frühmodernen Staates, hrsg. von Johannes Kunisch, Berlin 1982.

20 Hier und im folgenden *Volker Press*, Bayern am Scheideweg. Die Reichspolitik Kaiser Josephs II. und der Bayerische Erbfolgekrieg 1777–1779, zuletzt in: *ders.*, Das Alte Reich. Ausgewählte Aufsätze, hrsg. von Johannes

Kunisch, 2. Aufl., Berlin 2000, S. 289–325. Umfassend ferner *Karl Otmar Frhr. von Aretin*, Heiliges Römisches Reich 1776–1806. Reichsverfassung und Staatssouveränität, 2 Bde., Wiesbaden 1967, hier und im folgenden vor allem Bd. 1, S. 110–240.

21 Vgl. zu dieser umstrittenen Herrscherpersönlichkeit jetzt die umfassende Ausstellungsdokumentation: Lebenslust und Frömmigkeit. Kurfürst Carl Theodor (1724–1799) zwischen Barock und Aufklärung, hrsg. von Alfried Wieczorek u.a., 2 Bde.: Handbuch und Ausstellungskatalog, Regensburg 1999.

22 Die Einzelheiten bei *L. Hammermayer*, Bayern im Reich und zwischen den großen Mächten (Anm. 19), S. 1214f.

23 Brief vom 3. März 1778, in: Politische Correspondenz , Bd. 40, S. 196f.

24 Brief vom 14. April, in: Politische Correspondenz, Bd. 40, S. 394–396, hier vor allem S. 394. Eine Teilübersetzung dieses wichtigen Textes bei *O. Bardong* (Hrsg.), Friedrich der Große, S. 500f.

25 Œuvres, Bd. 25, S. 171.

26 Brief vom 9. Juni, in: Politische Correspondenz, Bd. 41, S. 156.

27 Brief vom 29. Mai, abgedr. in: *F. Walter* (Hrsg.) Maria Theresia, S. 435; das Original in französisch, nur die Charakterisierung Friedrichs auf deutsch.

28 Brief vom 17. Mai, ebd., S. 430–432, hier S. 432.

29 Ebd., S. 445.

30 Vgl. im einzelnen *Adolf Beer*, Die Sendung Thuguts in das preußische Hauptquartier und der Frieden von Teschen, in: HZ 38 (1877), S. 403–476.

31 *F. Walter* (Hrsg.), Maria Theresia, S. 451f.

32 Vgl. dazu neben anderen grundsätzlichen Äußerungen der Kaiserin auch ihren Brief an Joseph vom 25. Juli 1778, ebd., S. 461.

33 Im einzelnen auch *Gustav Berthold Volz*, Friedrich der Große und der bayrische Erbfolgekrieg, in: FBPG 44 (1932), S. 264–301.

34 Ausführlich dazu *Oskar Criste*, Kriege unter Kaiser Josef II., Wien 1904, hier im besonderen: Der bayrische Erbfolgekrieg 1778–1779, S. 47–134. Maßgeblich, weil quellenorientiert auch immer noch *Adolf Beer*, Zur Geschichte des Bayerischen Erbfolgekrieges, in: HZ 35 (1876), S. 88–152.

35 Brief vom 12. Juli an Joseph II., in: *F. Walter* (Hrsg.), Maria Theresia, S. 454.

36 Zitiert nach *Chr. Duffy*, Friedrich der Große. Ein Soldatenleben, S. 393.

37 *F. Walter* (Hrsg.), Maria Theresia, S. 486f.

38 Brief vom 20. Juni an Joseph II., ebd., S. 445.

39 Vgl. zur hausinternen Kritik an der Mächtepolitik und der Kriegsentschlossenheit des Kaisers *Karl Otmar Frhr. von Aretin*, Europa und der Friede von Teschen, zuletzt in: *ders.*, Das Reich. Friedensordnung und europäisches Gleichgewicht 1648–1806, Stuttgart 1986, S. 325–336, hier S. 330–333. Drastische Urteile über die Politik des Kaiserhauses auch bei

V. *Press*, Bayern am Scheideweg. Die Reichspolitik Kaiser Josephs II. und der Bayerische Erbfolgekrieg (Anm. 20), S. 317ff.

40 Brief vom 4. März 1779 aus Silberberg, in: Politische Correspondenz, Bd. 42, S. 420.

41 Brief vom 6. Januar 1781 an d'Alembert, in: Œuvres, Bd. 25, S. 171.

42 *K. O. Frhr. von Aretin*, Europa und der Frieden von Teschen (Anm. 39), S. 326. Vgl. ferner *Manfred Hellmann*, Die Friedensschlüsse von Nystad (1721) und Teschen (1779) als Etappen des Vordringens Rußlands nach Europa, in: HJb 97/98 (1978), S. 270–288.

43 Vgl. im einzelnen *Karl Otmar Frhr. von Aretin*, Die Mission des Grafen Romanzoff im Reich 1782–1797, in: *ders.*, Das Reich (Anm. 20), S. 337–352.

44 *K. O. Frhr. v. Aretin*, Europa und der Friede von Teschen (Anm. 39), S. 330 und S. 336.

45 Ebd., S. 335ff.

46 *H. Duchhardt*, Balance of Power und Pentarchie. 1700–1785, S. 388f.

47 Vgl. hier und im folgenden *Alfred Kohler*, Das Reich im Spannungsfeld des preußisch-österreichischen Gegensatzes, in: Fürst, Bürger, Mensch. Untersuchungen zu politischen und soziokulturellen Wandlungsprozessen im vorrevolutionären Europa, hrsg. von Friedrich Engel-Janosi u. a., München–Wien 1975, S. 71–96.

48 *H. Duchhardt*, Balance of Power und Pentarchie. 1700–1785, S. 369f. Ferner mit zahlreichen Einzelhinweisen *Volker Press*, Friedrich der Große als Reichspolitiker, zuletzt in: *ders.*, Das Alte Reich. Ausgewählte Aufsätze, hrsg. von Johannes Kunisch, 2. Aufl., Berlin 2000, S. 260–288, bes. S. 271ff.

49 Im einzelnen *Dieter Stievermann*, Der Fürstenbund von 1785 und das Reich, in: Alternativen zur Reichsverfassung in der Frühen Neuzeit?, hrsg. von Volker Press, München 1995, S. 209–226.

50 *V. Press*, Friedrich der Große als Reichspolitiker (Anm. 48), S. 284ff.

VII. Krankheit und Tod

1 Kenntnisreich und kompetent die medizinhistorische Studie von *Günther Wolff*, Friedrich der Große. Krankheit und Tod, Mannheim 2000.

2 Im einzelnen *Brunhilde Wehinger*, Geist und Macht. Zum Briefwechsel zwischen d'Alembert und Friedrich II. von Preußen, in: *Günter Berger–Franziska Sick* (Hrsg.), Französisch deutscher Kulturtransfer im Ancien Régime, Tübingen 2002, S. 241–261.

3 Politische Correspondenz, Bd. 37, S. 379.

4 Œuvres, Bd. 25, S. 158ff.

5 Im einzelnen *Harm Klueting*, Ewald Friedrich von Hertzberg – preußischer Kabinettsminister unter Friedrich dem Großen und Friedrich Wilhelm II. in: *J. Kunisch* (Hrsg.), Persönlichkeiten im Umkreis Friedrichs des Großen, Köln–Wien 1988, S. 135–152.

6 Mirabeau an den Abbé de Périgord, abgedr. in: *G. B. Volz* (Hrsg.), Friedrich der Große im Spiegel seiner Zeit, Bd. 3, S. 254.

7 *Ritter von Zimmermann*, Über Friedrich den Großen und meine Unterredungen mit Ihm kurz vor seinem Tode, Leipzig 1788, S. 21 bzw. S. 27. Vgl. auch *Christian Gottlieb Selle*, Krankheitsgeschichte des Höchstseeligen Königs von Preußen Friedrichs des Zweyten Majestät, Berlin 1786.

8 Vgl. etwa Kapitel III, S. 26.

9 *Hans-Joachim Giersberg – Rolf-Herbert Krüger*, Die Ruhestätte Friedrichs des Großen zu Sanssouci, 2. Aufl., Berlin 1992, und *Adrian von Buttlar*, Das Grab im Garten. Zur naturreligiösen Deutung eines arkadischen Gartenmotivs, in: Landschaft und Landschaften im 18. Jahrhundert, hrsg. von *Heinke Wunderlich*, Heidelberg 1995, S. 79–119, hier im besonderen S. 106–115.

10 *Rainer Michaelis*, Friedrich der Große und der Marquis d'Argens besichtigen den Gruftbau von Sanssouci. Ein Gemälde des Malers Johann Christoph Frisch (1738–1815), in: Jb. für Brandenburg. LG 42 (1991), S. 102–110. Vgl. zur Bedeutung Frischs als Hofmaler des Königs auch *Hans Ost*, Johann Christoph Frischs Bildnis der Gertrud Elisabeth Mara. Zu Malerei und Musik am Hof Friedrichs des Großen, in: Wallraf-Richartz-Jb. 59 (1998), S. 213–222.

11 *A. v. Buttlar*, Das Grab im Garten (Anm. 8), S. 106 ff.

12 Im einzelnen *Rüdiger Hachtmann*, Friedrich II. von Preußen und die Freimaurerei, in: HZ 264 (1997), S. 21–54.

13 Eine schlüssige Interpretation der ikonologischen Absichten des Königs bei *Sibylle Badstübner-Gröger*, Aufgeklärter Absolutismus in den Bildprogrammen friedericianischer Architektur?, in: *Martin Fontius* (Hrsg.), Friedrich II. und die europäische Aufklärung, Berlin 1999, S. 29–71.

14 *Friedrich Nicolai*, Anekdoten von König Friedrich II. von Preußen und von einigen Personen, die um ihn waren. Erstes Heft, Berlin–Stettin 1788, S. 203 f. Vgl. ferner *Heinz Dieter Kittsteiner*, Das Komma von SANS, SOUCI. Ein Forschungsbericht mit Fußnoten, Heidelberg 2001, S. 12 ff.

15 Als Beispiel sei auf die Exequien für Königin Sophie Charlotte verwiesen: *Uwe Steiner*, Triumphale Trauer. Die Trauerfeierlichkeiten aus Anlaß des Todes der ersten preußischen Königin in Berlin im Jahre 1705, in: FBPG NF 11 (2001), S. 23–52.

16 Œuvres, Bd. 6, S. 215.

17 *Hermann von Caemmerer* (Hrsg.), Die Testamente der Kurfürsten von Brandenburg und der beiden ersten Könige von Preußen, München–Leipzig 1915, S. 447 f.

18 Vgl. *Hans Liermann*, Untersuchungen zum Sakralrecht des protestantischen Herrschers, zuletzt in: ders., Der Jurist und die Kirche. Ausgewählte kirchenrechtliche Aufsätze und Rechtsgutachten, hrsg. von Martin Heckel u. a., München 1973, S. 56–108.

19 Im einzelnen *Claudia Schröder*, «Siècle de Frédéric II.» und «Zeitalter der Aufklärung». Epochenbegriffe im geschichtlichen Selbstverständnis der Aufklärung, Berlin 2002.

20 Grundlegend dazu *Ernst H. Kantorowicz*, Die zwei Körper des Königs. Eine Studie zur politischen Theologie des Mittelalters (erstmals Princeton 1957), in deutscher Übersetzung, Stuttgart 1992, vor allem das Kapitel: «Der König stirbt nie», S. 322–450.

21 *G. B. Volz* (Hrsg.), Friedrich der Große im Spiegel seiner Zeit, Bd. 3, S. 255.

22 *Honoré Gabriel Riquetti Graf Mirabeau*, De la monarchie prussienne sous Frédéric le Grand, 7 Bde., London 1788; schon in den neunziger Jahren erschienen zahlreiche Übersetzungen ins Deutsche; ferner *ders.*, Histoire secrète de la cour de Berlin, 3 Bde., 1789. Vgl. auch *Th. Schieder*, Friedrich der Große, S. 465–472, mit Literaturhinweisen (S. 527f.).

23 *Friedrich R. Paulig*, Friedrich der Große, König von Preußen. Neue Beiträge zur Geschichte seines Privatlebens, seines Hofes und seiner Zeit, Frankfurt a. d. Oder 1892, S. 362; vor allem *Friedrich Laske*, Die Trauerfeierkeiten Friedrichs des Großen, Berlin 1912, S. 12 ff.

24 Eine überaus genaue und kenntnisreiche Beschreibung des Leichenbegräbnisses bei: *Heinrich Ludwig Manger's* Baugeschichte von Potsdam, besonders unter der Regierung König Friedrichs des Zweiten, 3 Bde., Berlin–Stettin 1789, ND Leipzig 1987, hier Bd. 2, S. 504–532.

25 *F. S. G. Sack*, Gedächtnispredigten auf den allerdurchlauchtigsten, großmächtigsten König und Herrn Friedrich den Zweyten König von Preussen. In Gegenwart Sr. Majestät des Königs und des Königl. Hauses [...], Berlin o. J.

Epilog

1 *Thomas Babington Macaulay*, Friedrich der Große, Halle 1857, S. 5.

2 *Jacob Burckhardt*, Über das Studium der Geschichte. Der Text der «Weltgeschichtlichen Betrachtungen», nach den Handschriften hrsg. von Peter Ganz, München 1982, S. 395–403; vgl. auch *Th. Schieder*, Friedrich der Große, S. 473–491, bes. S. 489 f.

3 *J. Burckhardt*, Über das Studium der Geschichte, S. 396.

4 *Carl von Clausewitz*, Vom Kriege, hrsg. von Werner Hahlweg, 18. Aufl., Bonn 1973, S. 231–252, hier S. 252.

5 *Thomas Mann*, Friedrich und die große Koalition. Ein Abriß für den Tag und die Stunde (1915), in: *ders.*, Gesammelte Werke (in zwölf Bänden), Bd. 10, Frankfurt/Main 1960, S. 76–135, hier S. 122 f.

6 Vgl. aus der immensen Literatur, die sich mit der Wahrnehmungsgeschichte des Preußenkönigs beschäftigt, *Walter Bußmann*, Friedrich der Große im Wandel des historischen Urteils, in: Deutschland und Europa. Historische Studien zur Völker- und Staatsordnung des Abendlandes. Festschrift für Hans Rothfels, hrsg. von Werner Conze, Düsseldorf 1951, S. 375–408, und neuerdings *Eckhardt Hellmuth*, Ein Denkmal für Friedrich den Großen. Architektur, Politik und Staat in Preußen im ausgehen-

den 18. Jahrhundert, in: Zeitenwende? Preußen um 1800, hrsg. von dems. u. a., Stuttgart 1999, S. 285–319 (mit Abbildungen), und *Frank-Lothar Kroll*, Friedrich der Große, in: Deutsche Erinnerungsorte, hrsg. von Etienne François und Hagen Schulze, Bd. 3, München 2001, S. 620–635.

7 *Th. B. Macaulay*, Friedrich der Große (Anm. 1), S. 75.

8 So der Titel der Friedrich-Biographie von *Rudolf Augstein*, Preußens Friedrich und die Deutschen, Frankfurt/Main 1968.

9 *Th. Mann*, Friedrich und die große Koalition (Anm. 4), S. 132.

Quellen- und Literaturverzeichnis

I. Quellen

Kurz nach dem Tode Friedrichs des Großen erschien die erste Gesamtausgabe seiner Schriften, die allerdings nur Bruchstücke dessen enthielt, was er tatsächlich an Texten und Korrespondenzen hinterlassen hat (Œuvres de Frédéric II, 15 Bde., Berlin 1788). Es folgten auf diese Ausgabe dann zahlreiche Nachdrucke und Übersetzungen (vor allem Friedrich II. Königs von Preußen hinterlassene Werke, 15 Bde., o.O. 1788–1789), bevor in den Jahren 1846 bis 1857 von *Johann David Erdmann Preuß* die erste kritische Gesamtausgabe der Werke in 30 Bänden (Œuvres de Frédéric le Grand, ergänzt um eine «Table chronologique générale des ouvrages de Frédéric le Grand et Catalogue raisonné des écrits, qui lui sont attribués», Berlin 1857) erschien. Verdient gemacht haben sich um die Erschließung einzelner Werkkomplexe auch *Reinhold Koser* (Briefwechsel mit Grumbkow und Maupertuis, Leipzig 1898), *Koser* und *Hans Droysen* (Briefwechsel mit Voltaire, Leipzig 1908–1911) u.a. Auf der Grundlage dieser Texte erschien zum zweihundertsten Geburtstag des Königs eine opulent ausgestattete, um Abbildungen bereicherte Werkausgabe in deutscher Übersetzung (Die Werke Friedrichs des Großen, hrsg. von *Gustav Berthold Volz*, 10 Bde., Berlin 1912–1914), die neben der Edition von *Preuß* bis heute maßgeblich geblieben ist. Daneben sind in meist vaterländischer Absicht zahlreiche Werkanthologien und Ausgaben von Einzelschriften vorlegt worden, die allerdings in den letzten Jahrzehnten in ihrer Zahl und ihrem editorischen Ertrag erheblich zurückgegangen sind. Eine deutschsprachige Friedrichforschung ist praktisch zum Erliegen gekommen.

Quellenpublikationen von wissenschaftlichem Gewicht wurden in den letzten Jahren nur im Ausland vorgelegt, so die erste kritische Ausgabe des «Antimachiavell», ed. par *Werner Bahner* et *Helga Bergmann*, Oxford 1996, oder die «Correspondance de Frédéric II avec Louise-Dorothéa de Saxe-Gotha (1740–1767)», ed. par *Marie-Hélène Cotoni*, Oxford 1999. Es hat den Anschein, als wenn das Erstaunen des englischen Historikers Edward Gibbon (1737–1794), eines Zeitgenossen Friedrichs, auch heute noch berechtigt ist, der angesichts der Unzulänglichkeiten der ersten Gesamtausgabe des Philosophen von Sanssouci bemerkte: «Hätte je ein britischer König solche und so viele Schriften hinterlassen, gewiß würde das Parlament eine angemessene Summe ausgesetzt haben, um eine mit allem literarischen Apparat versehene, durch größte Correctheit und typographische Pracht glänzende Ausgabe zu veranstalten.»

Quellengrundlage aller Friedrichstudien ist ferner das großangelegte, aber schließlich unvollendet gebliebene Editionsunternehmen der «Politischen Correspondenz Friedrichs des Großen» (46 Bde., Berlin 1879 bis 1939), an dessen Herausgabe und Bearbeitung große Gelehrte wie *Johann Gustav Droysen, Max Duncker, Reinhold Koser* und *Gustav Berthold Volz* beteiligt waren. Erst kürzlich ist, herausgegeben von Peter Baumgart und bearbeitet von Frank Althoff, ein weiterer Band dieser Reihe erschienen, der bis zum Dezember 1782 reicht (Köln–Weimar–Wien 2003). – Alle diese Quelleneditionen sind erschlossen in zwei bibliographischen Nachschlagewerken, deren Letzteres zugleich auch die Sekundärliteratur systematisch erfaßt: *Gustav Leithäuser*, Verzeichnis sämtlicher Ausgaben und Übersetzungen der Werke Friedrichs des Großen, Königs von Preußen, in: Miscellaneen zur Geschichte König Friedrichs des Großen, hrsg. von der Königlich Preußischen Archiv-Verwaltung, Berlin 1878, S. 1–101; *Herzeleide* und *Eckart Henning*, Bibliographie Friedrichs des Großen, 1786–1986. Das Schrifttum des deutschen Sprachraums und der Übersetzungen aus Fremdsprachen, Berlin–New York 1988.

Bardong, Otto (Hrsg.), Friedrich der Große, Darmstadt 1982.

Bisset, Andrew (Hrsg.) Memoirs and Papers of Sir Andrew Michell, 2 Bde., London 1850.

Dietrich, Richard (Bearb.), Die politischen Testamente der Hohenzollern, Köln–Wien 1986.

Hein, Max (Hrsg.), Briefe Friedrichs des Großen, deutsch von Friedrich von Oppeln-Bronikowski und Eberhard König, 2 Bde., Berlin 1914.

Koser, Reinhold (Hrsg.), Briefwechsel Friedrichs des Großen mit Grumbkow und Maupertuis (1731–1759), Leipzig 1898.

ders., (Hrsg.), Heinrich von Catt. Unterhaltungen mit Friedrich dem Großen. Memoiren und Tagebücher, Leipzig 1884.

ders. und Hans *Droysen* (Hrsg.), Briefwechsel Friedrichs des Großen mit Voltaire, 3 Bde., ND der Ausgabe von 1908/1909 und 1911, Osnabrück 1965.

ders. und Otto *Krauske* (Hrsg.), Preußische Staatsschriften aus der Regierungszeit König Friedrichs II., 3 Bde., Berlin 1877–1892.

Kunisch, Johannes (Hrsg.), Aufklärung und Kriegserfahrung. Klassische Zeitzeugen zum Siebenjährigen Krieg, Frankfurt/Main 1996.

Mendelssohn-Bartholdy, Gustav (Hrsg.), Der König. Friedrich der Große in seinen Briefen und Erlassen, Ebenhausen 1923.

Oppeln-Bronikowski, Friedrich von und Gustav Berthold *Volz* (Hrsg.), Gespräche Friedrichs des Großen, Berlin 1919.

Politische Correspondenz Friedrichs des Großen, hrsg. von Reinhold Koser, Albert Naudé, K. Treusch von Buttlar, Otto Herrmann, Gustav Berthold Volz und Peter Baumgart, 47 Bde., Berlin 1879–1939 und Köln–Weimar–Wien 2003.

Preuß, Johann David Erdmann (Hrsg.), Œuvres de Frédéric le Grand, 31 Bde., Berlin 1846–1857.

Schüssler, Willy (Hrsg.), Friedrich der Große. Gespräche mit Henri de Catt, ND der Ausgabe von 1926, Bremen 1955.

Schumann, Hans (Hrsg.), Friedrich der Große, Mein lieber Marquis! Sein Briefwechsel mit Jean-Baptiste d'Argens während des Siebenjährigen Krieges, Zürich 1985.

Volz, Gustav Berthold (Hrsg.), Briefwechsel Friedrichs des Großen mit seinem Bruder Prinz August Wilhelm, Leipzig 1927.

ders., Friedrich der Große im Spiegel seiner Zeit, 3 Bde., Berlin 1926–1927.

ders. und Georg *Küntzel* (Hrsg.), Preußische und österreichische Akten zur Vorgeschichte des Siebenjährigen Krieges, ND der Ausgabe von 1899, Osnabrück 1965.

II. Literatur

Aretin, Karl Otmar Frhr. von, Das Alte Reich 1648–1806, Bd. 3: Das Reich und der österreichisch-preußische Gegensatz (1745–1806), Stuttgart 1997.

ders. (Hrsg.), Der Aufgeklärte Absolutismus, Köln 1974.

ders., Friedrich der Große. Größe und Grenzen des Preußenkönigs, Freiburg–Basel–Wien 1985.

Arneth, Alfred Ritter von, Geschichte Maria Theresias, 10. Bde., ND der Ausgabe von 1863–1879, Osnabrück 1971.

Baumgart, Peter, Epochen der preußischen Monarchie im 18. Jahrhundert, in: ZHF 6 (1979), S. 287–316.

ders., Fridericiana. Neue Literatur aus Anlaß des zweihundertsten Todestages Friedrichs II. von Preußen, in: HZ 245 (1987), S. 363–388.

ders., Kronprinzenopposition. Zum Verhältnis Friedrichs zu seinem Vater Friedrich Wilhelm I., in: Friedrich der Große, Franken und das Reich, hrsg. von Heinz Duchhardt, Köln–Wien 1986, S. 5–23.

ders., Naturrechtliche Vorstellungen in der Staatsauffassung Friedrichs des Großen, in: Humanismus und Naturrecht in Berlin/Brandenburg/Preußen, hrsg. von Hans Thieme, Berlin–New York 1979, S. 143–154.

Benninghoven, Friedrich, Helmuth Börsch-Supan und Iselin Gundermann (Hrsg.), Friedrich der Große (Ausstellungskatalog), Berlin 1986.

Berney, Arnold, Friedrich der Große. Entwicklungsgeschichte eines Staatsmannes [bis 1755], Tübingen 1934.

Blastenbrei, Peter, Der König und das Geld. Studien zur Finanzpolitik Friedrichs II. von Preußen, in: FBPG 6 (1996), S. 55–82.

Bratuschek, Ernst, Die Erziehung Friedrichs des Großen, Berlin 1885.

Bußmann, Walter, Friedrich der Große im Wandel des europäischen Urteils, in: Deutschland und Europa. Festschrift für Hans Rothfels, hrsg. von Werner Conze, Düsseldorf 1951, S. 375–408.

Dilthey, Wilhelm, Friedrich der Große und die deutsche Aufklärung, in: ders., Studien zur Geschichte des deutschen Geistes (Gesammelte Schriften, Bd. 3), 2. Aufl., Stuttgart–Göttingen 1959, S. 83–205.

Droysen, Hans, Tageskalender des Kronprinzen Friedrich bzw. Friedrichs des Großen, Teil 1: 1732–1740, Teil 2: 1740–1763, in: FBPG 25 (1912), S. 417–443, und ebd. 29 (1916), S. 95–157.

Duchhardt, Heinz, Balance of Power und Pentarchie. Internationale Beziehungen 1700–1785, Paderborn 1997.

Duffy, Christopher, Friedrich der Große. Ein Soldatenleben, Zürich–Köln 1986.

Easum, Chester V., Prinz Heinrich von Preußen, Bruder Friedrichs des Großen, Göttingen–Berlin–Frankfurt/Main 1958.

Der österreichische Erbfolgekrieg von 1740–1748, bearb. von der kriegsgeschichtlichen Abt. des k.u.k. Kriegsarchivs, 3 Bde., Wien 1896.

Fontius, Martin (Hrsg.), Friedrich II. und die europäische Aufklärung, Berlin 1999.

Giersberg, Hans-Joachim, Friedrich als Bauherr. Studien zur Architektur des 18. Jahrhunderts in Berlin und Potsdam, Berlin 1986.

Hachtmann, Rüdiger, Friedrich II. von Preußen und die Freimaurerei, in: HZ 264 (1997), S. 21–54.

Hauser, Oswald (Hrsg.), Friedrich der Große in seiner Zeit, Köln–Wien 1987.

Heinrich, Gerd, Friedrich der Große und die deutsche Geschichte, in: Actio formans. Festschrift für Walter Heistermann, Berlin 1978, S. 155–184.

ders., Friedrich der Große. Brandenburger und Preuße, in: Preußische Stile. Ein Staat als Kunststück, hrsg. von Patrick Bahners und Gerd Roellecke, Stuttgart 2001, S. 274–293.

ders., Geschichte Preußens. Staat und Dynastie, Frankfurt/Main–Berlin–Wien 1984.

Hellmuth, Eckhart, Naturrechtsphilosophie und bürokratischer Werthorizont. Studien zur preußischen Geistes- und Sozialgeschichte des 18. Jahrhunderts, Göttingen 1985.

Herrmann, Otto, Friedrich der Große im Spiegel seines Bruders Heinrich, in: Hist. Vjschr. 26 (1931), S. 365–379.

Hinrichs, Carl, Der Kronprinzenprozeß. Friedrich und Katte, Hamburg 1936.

ders., Der allgegenwärtige König. Friedrich der Große im Kabinett und auf Inspektionsreisen, Berlin 1940.

ders., Preußen als historisches Problem. Gesammelte Abhandlungen, hrsg. von Gerhard Oestreich, Berlin 1964.

Hintze, Otto, Regierung und Verwaltung. Gesammelte Abhandlungen zur Staats-, Rechts- und Sozialgeschichte Preußens, 2. Aufl., hrsg. von Gerhard Oestreich, Göttingen 1967.

Hohenzollern, Johann Georg Prinz von (Hrsg.), Friedrich der Große. Sammler und Mäzen, München 1992.

Hubatsch, Walther, Friedrich der Große und die preußische Verwaltung, Stuttgart 1973.

Kadatz, Hans-Joachim, Georg Wenzeslaus von Knobelsdorff, Baumeister Friedrichs II., Leipzig–München 1983.

Kessel, Eberhard, Militärgeschichte und Kriegstheorie in neuerer Zeit. Ausgewählte Aufsätze, hrsg. von Johannes Kunisch, Berlin 1987.

Kittsteiner, Heinz Dieter, Das Komma von SANS,SOUCI. Ein Forschungsbericht mit Fußnoten, Heidelberg 2001.

Klemperer, Victor, Geschichte der französischen Literatur im 18. Jahrhundert, 2 Bde., Berlin 1954.

Klippel, Diethelm, Von der Aufklärung der Herrscher zur Herrschaft der Aufklärung, in: ZHF 17 (1990), S. 193–210.

Koser, Reinhold, Geschichte Friedrichs des Großen, 4 Bde., ND der 6. und 7. Aufl. von 1925, Darmstadt 1963.

ders., Vom Berliner Hofe um 1750, in: Hohenzollern-Jb. 7 (1903), S. 1–37.

ders., Die preußische Kriegführung im 7jährigen Kriege, in: HZ 92 (1904), S. 239–273.

Die Kriege Friedrichs des Großen, hrsg. vom Großen Generalstab, Abt. Kriegsgeschichte. Teil 1: Der erste Schlesische Krieg 1740–1742, 3 Bde., Berlin 1890–1893; Teil 2: Der zweite Schlesische Krieg 1744/45, 3 Bde., Berlin 1895/96; Teil 3: Der Siebenjährige Krieg 1756–1763, 13 Bde. [bis 1760], Berlin 1901–1914 [weitere Bände in Vorbereitung].

Kroener, Bernhard R. (Hrsg.), Europa im Zeitalter Friedrichs des Großen. Wirtschaft, Gesellschaft, Kriege, München 1989.

Kunisch, Johannes (Hrsg.), Analecta Fridericiana, Berlin 1987.

ders., Friedrich II., der Große, in: Preußens Herrscher. Von den ersten Hohenzollern bis Wilhelm II., hrsg. von Frank-Lothar Kroll, München 2000, S. 160–178 und S. 329–331.

ders., Friedrich der Große als Feldherr, zuletzt in: ders., Fürst – Gesellschaft – Krieg. Studien zur bellizistischen Disposition des absoluten Fürstenstaates, Köln–Weimar–Wien 1992, S. 83–106.

ders., Friedrich der Große, Friedrich Wilhelm II. und das Problem der dynastischen Kontinuität im Hause Hohenzollern, in: Persönlichkeiten im Umkreis Friedrichs des Großen, hrsg. von dems., Köln–Wien 1988, S. 1–27.

ders., Das Mirakel des Hauses Brandenburg. Studien zum Verhältnis von Kabinettspolitik und Kriegführung im Zeitalter des Siebenjährigen Krieges, München–Wien 1978.

Langer, Werner, Friedrich der Große und die geistige Welt Frankreichs, Hamburg 1932.

Lewy, Ernst, Die Verwandlung Friedrichs des Großen. Eine psychoanalytische Untersuchung, in: Psyche 49 (1995), S. 727–804.

Lürßen, Ernst, Reinszenierung eines massiven Traumas. Leitmotive im Leben Friedrichs des Großen, in: Jutta Gutwinski-Jeggle und Johann Michael Rotmann (Hrsg.), «Die klugen Sinne pflegend». Psychoanalytische und kulturkritische Beiträge – Hermann Beland zu Ehren, Tübingen 1993, S. 414–431.

Mediger, Walther, Moskaus Weg nach Europa. Der Aufstieg Rußlands zum europäischen Machtstaat im Zeitalter Friedrichs des Großen, Braunschweig 1952.

Meinecke, Friedrich, Die Idee der Staatsräson in der neueren Geschichte, 2. Aufl., hrsg. von Walther Hofer, München 1960.

Mervaud, Christiane, Voltaire et Frédéric II: une dramaturgie des lumières 1736–1778, Oxford 1985.

Mittenzwei, Ingrid, Friedrich II. von Preußen, Berlin–Köln 1980.

dies., Preußen nach dem Siebenjährigen Krieg. Auseinandersetzungen zwischen Bürgertum und Staat um die Wirtschaftspolitik, Berlin 1979.

Möller, Horst, Aufklärung in Preußen. Der Verleger, Publizist und Geschichtsschreiber Friedrich Nicolai, Berlin 1974.

ders., Wie aufgeklärt war Preußen?, in: Preußen im Rückblick, hrsg. von Hans-Jürgen Puhle und Hans-Ulrich Wehler, Göttingen 1980, S. 176–201.

Mönch, Walter, Voltaire und Friedrich der Große, Stuttgart–Berlin 1943.

Muhlack, Ulrich, Geschichte und Geschichtsschreibung bei Voltaire und Friedrich dem Großen, in: Persönlichkeiten im Umkreis Friedrichs des Großen, hrsg. von Johannes Kunisch, Köln–Wien 1988, S. 29–57.

Neugebauer, Wolfgang, Die Hohenzollern, 2 Bde., Stuttgart 1996/2003.

ders., Zentralprovinz im Absolutismus. Brandenburg im 17. und 18. Jahrhundert, Berlin 2001.

Prinz Heinrich von Preußen. Ein Europäer in Rheinsberg (Ausstellungskatalog Rheinsberg), München–Berlin 2002.

Rosenberg, Hans, Bureaucracy, Aristocracy and Autocracy. The Prussian Experience, 1660–1815, 2. Aufl., Boston 1966.

Rothfels, Hans, Friedrich der Große in den Krisen des Siebenjährigen Krieges, in: HZ 134 (1926), S. 14–30.

Schieder, Theodor, Friedrich der Große. Ein Königtum der Widersprüche, Berlin 1983.

Schilling, Lothar, Kaunitz und das Renversement des alliances. Studien zur außenpolitischen Konzeption Wenzel Antons von Kaunitz, Berlin 1994.

Schlenke, Manfred, England und das friderizianische Preußen 1740–1763. Ein Beitrag zum Verhältnis von Politik und öffentlicher Meinung im England des 18. Jahrhunderts, Freiburg–München 1963.

Schlobach, Jochen, Französische Aufklärung und deutsche Fürsten, in: ZHF 17 (1990), S. 327–349.

Schmidt, Eberhard, Beiträge zur Geschichte des preußischen Rechtsstaates, Berlin 1980.

Seidel, Paul, Friedrich der Große und die Bildende Kunst, 2. Aufl., Leipzig–Berlin 1924.

Skalweit, Stephan, Frankreich und Friedrich der Große, Bonn 1952.

ders., Das Problem von Recht und Macht und das historiographische Bild Friedrichs des Großen, zuletzt in: ders., Gestalten und Probleme der frühen Neuzeit. Ausgewählte Aufsätze, Berlin 1987, S. 155–172.

Spranger, Eduard, Der Philosoph von Sanssouci, 2. Aufl., Heidelberg 1962.

Stribrny, Wolfgang, Die Rußlandpolitik Friedrichs des Großen 1764–1786, Würzburg 1966.

Thieme, Hans (Hrsg.), Humanismus und Naturrecht in Berlin-Brandenburg-Preußen. Ein Tagungsbericht, Berlin–New York 1979

Treue, Wilhelm (Hrsg.), Preußens großer König. Leben und Werk Friedrichs des Großen. Eine Ploetz-Biographie, Freiburg–Würzburg 1986.

Vierhaus, Rudolf, Deutschland im 18. Jahrhundert. Politische Verfassung, soziales Gefüge, geistige Bewegungen. Ausgewählte Aufsätze, Göttingen 1987.

Vogtherr, Christoph Martin, Absent Love in Pleasure Houses. Frederick II of Prussia as Art Collector and Patron, in: Art History 24 (2001), S. 231–246.

Volz, Gustav Berthold, Friedrich der Große und seine Leute, in: Hohenzollern-Jb. 12 (1908), S. 183–230.

ders., Friedrich der Große und die erste Teilung Polens, in: FBPG 23 (1910), S. 71–143 und S. 225 f.

ders., Die Krisis in der Jugend Friedrichs des Großen, in: HZ 118 (1917), S. 377–417.

ders., Der Plan einer Mitregentschaft des Prinzen Heinrich und Friedrichs des Großen «Exposé du gouvernement prussien» (1776), in: Hohenzollern-Jb. 20 (1916), S. 175–189.

ders., Prinz Heinrich als Kritiker Friedrichs des Großen, in: Hist. Vjschr. 27 (1932), S. 390–400.

Zeller, Eduard, Friedrich der Große als Philosoph, Berlin 1886.

Zernack, Klaus, Preußen – Deutschland – Polen. Aufsätze zur Geschichte der deutsch-polnischen Beziehungen, hrsg. von Wolfram Fischer und Michael G. Müller, 2. Aufl., Berlin 2001.

Ziechmann, Jürgen (Hrsg.), Panorama der Fridericianischen Zeit. Friedrich der Große und seine Epoche. Ein Handbuch, Bremen 1985.

Bildnachweis

Archiv der Berlin-Brandenburgischen Akademie der Wissenschaften, Abteilung Sammlungen, Büstensammlung, F.-M. A. de Voltaire, VZLOBO-0029, Berlin: S. *95*; Archiv für Kunst und Geschichte – akg-images, Berlin: S. *86*; aus: Arnason, H. H.: The Sculptures of Houdon, London 1975: S. *528*; Bildarchiv Preußischer Kulturbesitz, Berlin: S. *63*, *89* (Fotograf: Jörg P. Anders), *266* (unten), *302*, *497*; Buttlar, Adrian von, Berlin: S. *80*; aus: «Friedrich der Große als Sammler und Mäzen», hrsg. von Johann Georg Prinz von Hohenzollern, München 1992: S. *447* (Sammlung Onnasch, Berlin); aus: Giersberg, Hans-Joachim und Krüger, Rolf-Herbert: Die Ruhestätte Friedrichs des Großen zu Sanssouci, Berlin 1992: S. *254*, *530* (oben); Heeresgeschichtliches Museum, Wien: S. *365*; Prinz Georg Friedrich von Preussen, Burg Hohenzollern: S. *88*; aus: «Schloß Wahn und die Theaterwissenschaftliche Sammlung», hrsg. vom Rheinischen Verein für Denkmalpflege und Landschaftsschutz, Köln 1999: S. *461*; Stiftung Preußische Schlösser und Gärten, Berlin-Brandenburg: S. *12* (Fotograf: Roland Handrick), *13* (Fotograf: Jörg P. Anders), *82* (Fotograf: Roland Handrick), *254* (unten – Fotograf: Wolfgang Pfauder), *255* (Fotograf: Roland Handrick), *256* (Fotograf: Roland Handrick), *257*, *266* (oben – Fotograf: Murza), *267* (Fotograf: Roland Handrick), *372* (Fotograf: Roland Handrick), *406* (Fotograf: Walter Steinkopf), *531* (Fotograf: Daniel Lindner), *533* (Fotograf: Gerhard Murza); Vogtherr, Christoph Martin, Berlin: S. *262*;

Verlag und Autor danken den Bildgebern für die Erlaubnis zum Abdruck der Abbildungen in diesem Band. Leider war es nicht in allen Fällen möglich, die Inhaber der Rechte zu ermitteln. Es wird deshalb gegebenenfalls um Nachricht gebeten.

Personenregister

Nicht aufgenommen wurden die Stichwörter Friedrich II. (der Große) und Friedrich Wilhelm I. Im Text erwähnte Autoren aus dem Bereich der Forschung wurden kursiv gesetzt.